Das große Lexikon über Stephen King

Marcel Feige

DAS GROSSE LEXIKON ÜBER STEPHEN KING

LEXIKON
LEXIKON IMPRINT VERLAG

DANKSAGUNG

Niemand schreibt ein Buch ganz allein, vor allem nicht, wenn es sich dabei um ein seitenstarkes Kompendium wie dieses handelt. Für ihre Unterstützung bei den Recherchen am Großen Lexikon über Stephen King möchte ich folgenden Personen danken:

An erster Stelle geht mein Dank an Nicole und Dirk Rensmann sowie Angelika Phillipen, ohne deren Tips, Hinweise, Korrekturen und sonstige Unterstützung dieses Buch mit Sicherheit nicht in der vorliegenden, »monströsen« Form erschienen wäre. Gesondert erwähnen möchte ich das unermüdliche Engagement von Nicole Rensmann, die den Text noch einmal auf sachliche Fehler überprüfte. Dir ein ganz besonderer Dank!

Dank geht aber auch an Christian Meißner vom Stephen-King-Archiv, der jede noch so kleine Notiz zum Autor abgeheftet und mir Einblick gewährte. Dank geht an Joachim Körber, King-Übersetzer und -Kenner sowie seit jüngstem preisgekrönter Autor, der mir erlaubte, mich auf seine Arbeit stützen zu dürfen. Weiterhin möchte ich Kerstin Knehrler von der Presseabteilung beim Heyne-Verlag sowie Frau Krossmann vom Bastei Lübbe Verlag für die großzügige und prompte Zurverfügungstellung von Rezensionen und Büchern danken. Wieder einmal trug auch Frank Festa sein Scherflein zum Gelingen dieses Buches bei. Auch danke ich Oliver Schwarzkopf, weil er mir die Möglichkeit gab, ein Buch zu schreiben über einen Mann, dem ich viele, sehr viele durchwachte Nächte verdanke – Stephen King. Ganz besonderen Dank schulde ich aber meiner Familie: Nicole, Thea, Heinz, Karin, Jeremias, Badiva und meiner Ehefrau Rocita, dafür, daß ich von ihnen auch in stressigsten (Lexikon-) Zeiten Unterstützung erfahren darf. Ausdrücklicher Dank an dieser Stelle auch an Martin Hatton und Heiko Mülleneisen, dafür, daß sie mir in so manch »brenzliger« Situation ihr Gehör schenken.

Wie würde unser aller Freund Stephen King sagen? »Sie, liebe Leser, und ich, wir kennen den Refrain, also sagen wir ihn im Chor, einverstanden? Für alles, was richtig ist, danken Sie ihnen; für das, was falsch ist, machen Sie mich verantwortlich.«

Marcel Feige, im Juli 1999

VORWORT

»O Gott! Da hast du dir aber etwas vorgenommen!« Das war die erste, entsetzte Reaktion, die ich vernahm, als in Fan-Kreisen bekannt wurde, daß ein Stephen-King-Lexikon geplant sei. Erst schlotterten mir die Knie. War die Idee wirklich so abwegig? Nein, ehrlich gesagt: Das Erstaunen verwunderte mich kein bißchen, denn echte Fans kennen natürlich das Standardwerk über Stephen King, die »Complete Stephen-King-Encyclopedia« von Stephen J. Spignesi aus dem Jahr 1992. Aber, mit Verlaub, eine komplette Enzyklopädie habe ich mir mit Sicherheit nicht vorgenommen. Spignesi hat in seinem seitenstarken Lexikon (778 Seiten) jeden kleinen Deut registriert. Personen, Orte, Dinge, die King in seinen Büchern (und das sind wahrlich nicht wenige) »angedeutet« hat. Was natürlich zu einem Kompendium führte, das bislang alle deutschen Verlage – und wahrscheinlich Übersetzer – mehr abschreckte als einlud. Vielleicht liegt das Desinteresse deutscher Verlage aber auch nur an der mangelnden Tiefe, die das Spignesi-Werk in Sachen Personen, Orte, Dinge, Romane und Erzählungen aufweist.

Was auch immer – seit der Veröffentlichung von Spignesis »Complete Stephen-King-Encyclopedia« sind beinahe acht Jahre ins Land gezogen. Was das in King'scher Zeitrechnung bedeutet, das wissen wir: Ein Dutzend neuer Filme sind zu Kings Romanen gedreht worden. Mehr als ein Dutzend neuer Romane haben den Mikrokosmos des Bestsellersaurus Rex aus Bangor, Maine, erweitert. Von den Kurzgeschichten wollen wir erst gar nicht reden ...

Nein, eine – im Sinne von Spignesi – komplette Enzyklopädie bietet das vorliegende Lexikon mit Sicherheit nicht. Dieses Lexikon bietet »nur« einen Überblick über alle Romane, Sammelbände und Kurzgeschichten und deren Inhalte sowie die vielzähligen Querverweise. Es kommentiert alle Filme, Kurzfilme und Episoden, listet alle Soundtracks und Singles, Audiofassungen und Computerspiele sowie die Musicals und Theaterfassungen auf. Dieses Lexikon schafft aber noch viel mehr: Es benennt und beschreibt die literarischen Vorbilder, die King für seine Romane Pate standen. Es schlüsselt die Verbindungen zwischen den einzelnen Büchern, den einzelnen Welten des Stephen King auf. Es bietet einen Überblick über die entscheidenden, die wichtigsten Protagonisten. Es benennt ihre Charaktere, die Hintergründe, die Beschaffenheit und Besonderheit. Außerdem schafft es einen Überblick über die Handlungsorte, über Einzelheiten, Feinheiten, die zum Gesamtverständnis des bisherigen Gesamtwerkes von King entscheidend sind. Dieses Lexikon ist, mit Verlaub, ein Werkführer. Nicht mehr. Nicht weniger.

Ich hoffe trotzdem, daß die Lektüre des Lexikons Ihnen (ähnlich wie die Romane von King selbst) einige unterhaltsame Stunden bereitet, und einen aufschlußreichen Einblick in die faszinierende Welt des Stephen King gewährt.

Marcel Feige, im August 1999

VORWORT ZUR 2. AUFLAGE

Er schreibt und schreibt, und die Fans, sie kaufen ohne Ende. Wohl auch aus diesem Grund steht schon jetzt, knapp anderthalb Jahre nach Erstveröffentlichung, eine Neuauflage des Großen Lexikons über Stephen King ins Haus. Keine Frage, daß diese natürlich aktualisiert worden ist, denn schließlich hat sich seit dem Ersterscheinen vieles getan.
Nicht nur, daß King den Sprung ins Internet gewagt hat (nein, nicht mit einer Homepage, die hat er schon lange, sondern mit einem eBook). »Riding the Bullet« hieß die kurze Geschichte, die ausschließlich übers Internet zu beziehen war. Und wie gehabt, King brach alle Rekorde, denn innerhalb eines Tages trafen 700.000 Bestellungen ein.
Was gab's sonst noch? Ein weiteres Internet-Serial, ein King-Computerspiel mit Namen F13, drei neue Romane, zwei Sachbücher, eine Hör-CD und zwei neue deutsche Verlage. Erst sicherte sich der Schneekluth Verlag, der einst dem amerikanischen Autor mit dem Erstling »Carrie« den Weg in Deutschland ebnete, die Rechte an »Das Mädchen«, bevor er den Preispoker um die nächsten vier Bücher an den Ullstein-Econ-List-Verlag verlor. Damit ist King nach Schneekluth, Pabel-Moewig, Bastei-Lübbe, Hoffmann & Campe und zuletzt Heyne bei einem ganz neuen Verlag gelandet. Mehr dazu natürlich in diesem Lexikon ...
Mein besonderer Dank geht an Nicole und Dirk Rensmann, deren Newsletter regelmäßig über Stephen King informiert, sowie Regina Cuno, deren Internet-Seite die wohl ambitionierteste zum Thema »Stephen King« ist.

Marcel Feige, im Frühjahr 2001

EINFÜHRUNG

»Steve hat das Genre neu geformt, daß er es Lesern erschlossen hat, die sonst nie ein Horror-Buch gekauft hätten. Damit hat er für uns alle einen riesigen neuen Markt aufgetan. Und er ist ein glänzender und zugänglicher Geschichtenerzähler.«

Clive Barker über Stephen King

Eines ist sicher: »Stephen King ist ein Phänomen. Der ehemalige Lehrer aus Maine, der kaum den Lebensunterhalt für sich und seine Familie erwirtschaften konnte, ist heute der meistverkaufte, meistgelesene und bestverdienende Schriftsteller der Welt – und das in einem literarischen Genre, Horror, dem kaum jemand dieses gewaltige Bestsellerpotential zugetraut haben würde.«

1989 leitete Joachim Körber, Herausgeber zahlreicher Horror-Anthologien, mehr aber noch als Übersetzer des amerikanischen Horror-Königs populär geworden, mit diesen Worten »Das Stephen-King-Buch« ein. Zehn Jahre sind seitdem ins Land gezogen, und Stephen King hat – allen Unkenrufen zum Trotz – eine Menge neuer Bücher geschrieben. Viele mögen dem Autor eine Form der trivialen Monotonie vorwerfen, aber das sind in der Regel wohl eher Kritiker, die dem Autor (hoffnungsvollerweise) nachsagen, es wäre geschrieben, was zu schreiben sei, und er, King, würde den Griffel zukünftig beiseite legen.

Aber das ist nur ein Gerücht. Stephen King schaltet sein Apple Powerbook natürlich nicht aus. Er schreibt und schreibt, und seine Bücher – zunehmend feinfühlige Schauermärchen mit psychologischem Tiefgang – offenbaren, daß ihm die Ideen noch lange nicht ausgehen. Das Werk des amerikanischen Autors wird immer komplexer, ein dicker roter Faden liegt allem zugrunde, der sich mit Sicherheit auch noch die nächsten zehn Jahre prächtig weiterspinnen läßt, ein höchst bemerkenswertes Experiment.

Jeder Roman, der neu hinzukommt, bildet auf faszinierende Weise ein Paralleluniversum zu den bereits im Markt erschienenen Geschichten von King; die feinen Verwebungen, die er zwischen ihnen zunehmend anstellt, sind bisweilen amüsant, oftmals hilfreich, inzwischen aber gewaltig. Sie lassen es selbst eingefleischten Fans bisweilen schwerfallen, sich in dem Dschungel der Querverweise, im modernen Computerjargon Links genannt, zurechtzufinden.

King ist es gelungen, einen eigenen Makrokosmos zu entwickeln, in dem alle seine Romane – neben der sogenannten Realität – parallele Wirklichkeiten bilden, durch die sich, und das ist das Besondere, wiederum eine gesonderte Roman-Saga, die des Dunklen Turms nämlich, und deren Held, der Revolvermann Roland, hindurchbewegen.

Wie wahr: Ein verwirrenderes und komplexeres literarisches Experiment könnte man sich kaum vorstellen.

WARUM WIR GERN HORROR LESEN

»Ich glaube nicht, daß ich je ernst genommen werde. Die Leute schreiben mir, wie gut ihnen meine Bücher gefallen haben, aber wenn jemand mit einem Buch von John Barth in der Hand an ihnen vorbeiläuft, dann verstecken sie meines, damit sie nicht erwischt werden. Das hängt mit dem Genre zusammen, aber ich finde, man kann auch mit Horror und Fantasy ernsthafte Arbeiten abliefern. Man kann Menschen jeglichen Alters erreichen, ihnen eine Katharsis liefern und dafür sorgen, daß sie einige ihrer bösen Empfindungen loswerden. Ich komme mir in gewisser Weise vor wie die walisischen Sündenesser, die Sterbenden symbolisch die Sünden abnahmen, damit diese in den Himmel kommen konnten. Natürlich kam der Sündenesser in die Hölle, wenn er starb, weil seine Seele von den vielen aufgenommenen Sünden schwarz geworden war. Meine Seele muß wirklich schwarz sein.«

Stephen King

»Harte Zeiten für Heidi, Sissi und Anwalt Liebling. Keine Zeit für ihre heile Welt, die Mystik hat Hochkonjunktur. Kein Fernsehsender, der sich nicht mit »Millennium«, »Profiler«, »Pretender«, »Dark Skies« oder der Mutter allen übersinnlichen Erscheinens, der »Akte X«, sein Publikum sucht. Dämonische Kräfte, die schalten und walten.

Nicht erst seit Bram Stoker seinen Vlad Tepes, genannt Dracula, nach England schickte und Edgar Allan Poe das Grauen hinter den Mauern entdeckte, scheint Horror – eine würzige Mischung aus urmenschlichen Phantasien und mystischer Metaphysik – sich eines erlesenen Anhängerzirkels zu erfreuen. Stephen King (Carrie), Clive Barker (Hellraiser), Dean Koontz (Drachentränen) und Peter Straub (Koko) gehören heute zu den bekanntesten Literaten, die uns mit fast beängstigender Regelmäßigkeit Material für Alpträume schenken. In zweiter Garde phantasieren weniger bekannte Autoren wie John Saul (Blitze des Bösen), James Herbert (Die Ratten), David Morrell (Totem), Dan Simmons (Kraft des Bösen) oder der emsigste Poet unter ihnen, Ramsey Campbell (Straßen der Vergangenheit), die die Arbeit mit den übermächtigen, dämonischen Kräften fortsetzen, die H.P. Lovecraft, ihrer aller Vorläufer, um die Jahrhundertwende aus den Tiefen unseres Bewußtseins rief.

Die Rede ist nicht von stumpfsinnigen Blutorgien, wie sie in »Freitag, der 13.« gefeiert werden. Auch nicht von einem »Freddy Krüger«, der mit seinem mitternächtlichen Massaker bei wahren Kennern des Genres für Verachtung sorgt. »Geschichten aus der Gruft« mit dem kultigen »Crypt Keeper« und einem feinsinnigen Gespür für prickelnde Gänsehaut entsprechen schon eher dem Geschmack der Horror-Gemeinde. Sie treten somit die Nachfolge spitzfindiger Schauerfilme vom Format eines Boris Karloff oder Bela Lugosi, den Gruselstars der 20er, an. Nicht zuletzt mit der Verfilmung der trashigen »Geisterjäger John Sinclair«-Geschichten, der Spezialagenten von Scotland Yard, entsprungen der Feder des Dortmunder Autoren Jason Dark alias Helmut Rellergerds, ist dem Siegeszug des Unheimlichen Beweis genug erbracht.

Und trotzdem: Insgeheim herrscht das Gefühl vor, daß das Interesse an Horror abnormal ist. Denn Horror ist perverser Schrecken, mephistophelische Dämonie und alles andere als heile Welt. Wer will denn so etwas überhaupt lesen, geschweige denn sehen?

»Die Umwandlung irdischer Feinde in Dämonen«, schrieb der Kulturphilosoph Micea Eliade jüngst im SPIEGEL, sei ein »sehr häufiges Phänomen«. Sigmund Freud entschlüsselte Dämonen als »böse, verworfene Wünsche«.

Da muß was dran sein, denn bereits in der »schwarzen« deutschen Romantik, in der neben Tränen und Alkohol auch Opiumtinkturen fließen, ging kaum was ohne die »Elixiere des Teufels« (E.T.A. Hoffmann). Kein Phantasma ist ohne Satanshilfe zu fangen, keine blaue Blume oder bleiche Schönheit zu knicken. Ohne den bösen Kerl jedenfalls gäbe es keine guten Bücher, keine »Brüder Karamasow« von Dostojewski, nicht seine »Dämonen«.

Die Beschäftigung mit dem Bösen hat gesellschaftliche Hintergründe. Vom »schrecklichsten Jahrhundert in der Geschichte des Westens« spricht der britische Philosoph Isaiah Berlin. Er sehe nur, sagt der französische Ökologe René Dumont, »ein Jahrhundert der Massaker und Kriege«. Und für den englischen Nobelpreisträger William Golding ist es das »gewalttätigste Jahrhundert der menschlichen Geschichte«.

»Wir haben keine Sprache«, klagt der US-Literaturprofessor Andrew Delbanco, »um den Horror mit unserem Innern zu verbinden.« Die Sprache scheint gefunden, der grundsätzliche Hang zum perfiden Horror erklärt. Erstaunlicherweise können sich auch die Schöpfer von Film und Literatur auf einen Nenner einigen: Der von ihnen geschilderte Schrecken hat einen profanen Hintergrund – die ureigene Angst der Menschen und deren Bewältigung. Der unbestrittene König zeitgenössischen Horrors, Stephen King, glaubt den Ursprung am gegenwärtigen Grusel-Boom im »Laß uns den Unfall genauer ansehen«-Syndrom zu finden, das auf alle Horrorfilme und -geschichten zutrifft. Er hat nicht ganz unrecht: George A. Romeros »Die Nacht der lebenden Toten« mit seinen grausamen Szenen von Kannibalismus und Muttermord war ebenso ein Film für Leute, die sich gerne die Autounfälle genau ansehen; und wie war das wohl mit diesem kleinen Mädchen, das einen Priester mit Erbsensuppe bespuckte, in »Der Exorzist«? In Bram Stokers »Dracula« kommt ein Verrückter namens Renfield vor, der Fliegen herunterschlingt, Spinnen und schließlich einen ganzen Vogel. Er würgt den Vogel wieder aus, nachdem er ihn mit Federn und allem geschluckt hat.

Stephen King: »Tatsache ist einfach – und im Grunde unseres Herzens wissen wir das fast alle –, daß nur sehr wenige an dem Unfall vorbeifahren können, ohne nicht einen schnellen, neugierigen Blick auf die Autowracks zu werfen, die da vom flackernden Blaulicht eingerahmt werden. Rentner schlagen die Zeitung erst einmal auf, um zu sehen, wen sie überlebt haben. Wir spüren Entsetzen vermischt mit einer eigenartigen Faszination, wenn wir in der Boulevardpresse lesen, daß eine Frau auf einem kleinen Landflughafen während eines dichten Regenschauers in einen laufenden Propeller gestolpert ist oder daß ein Mann von einer Stahlpresse erfaßt und zerquetscht wurde. Es ist nicht notwendig, weiter für diese offenkundige Tatsache zu argumentieren: Das Leben steckt voller großer und kleiner Schrecken, aber weil die kleinen Katastrophen diejenigen sind, die unsere Vorstellungskraft nicht überschreiten, sind sie es, die uns am deutlichsten mit unserer Sterblichkeit konfrontieren.«

Und doch: Das Genre »Horror« an sich – Film und Literatur – hat sich selten besonderer Wertschätzung erfreut. Das mag daran liegen, daß Horror immer schlechte Nachrichten zu melden hat: Du mußt sterben, heißt es; Horror erzählt, daß man sich nichts aus all der aufbauenden Alltagspsychologie in der Art von »es wird Ihnen immer wieder etwas Gutes widerfahren« machen soll, denn es wird auch immer etwas Schlechtes passieren, und das könnte ein Schlaganfall sein, Krebs, ein Autounfall, aber es kommt bestimmt. Horror »nimmt Sie bei der Hand, öffnet Ihnen Ihre Hand, führt

Sie in das Zimmer und legt Ihre Hand auf die Form unter dem Tuch ... und sagt Ihnen, daß Sie diese Gestalt unter dem Tuch berühren sollen ... hier ... hier ... und da ...«

Natürlich ist das Thema der Angst und des Todes nicht exklusiv für den Horrorautor reserviert. Eine ganze Reihe von Schriftstellern der sogenannten »Hochliteratur« haben sich auf die verschiedenste Art mit diesen Fragen beschäftigt. Die Angst ist immer ein großes Thema gewesen. Der Tod auch. Sie sind zwei der menschlichsten Konstanten.

Was die Lebenden zur Distanzierung von den Sterbenden treibt, ist das Wissen, daß sie selber sterben werden. Der Tod eines Menschen, der uns nahe ist, den wir also nicht übersehen können, gemahnt an den eigenen Tod. Der Psychoanalytiker Sigmund Freud attestierte einst: »Wenn der Tod sich bemerkbar macht, dann sind wir tief erschüttert, und wie durch etwas Ungewöhnliches aus unserer Sicherheit gerissen.«

Wir finden es schrecklich, wenn fremde Menschen durch spektakuläre Unfälle zu Tode kommen, und wenn es sich gar um Nahestehende handelt, dann gehen wir auch zur Beerdigung. Aber, fügt Freud hinzu, »niemand könnte aus unserem Benehmen schließen, daß wir den Tod als eine Notwendigkeit erkennen, daß wir die sichere Überzeugung haben, ein jeder von uns sei der Natur seinen Tod schuldig. Im Gegenteil, wir wissen jedesmal eine Erklärung, welche diese Notwendigkeit zur Zufälligkeit herabdrückt. Der eine, der da gestorben ist, hatte sich eine infektiöse Lungenentzündung geholt; die war ja doch nicht notwendig; der andere war schon sehr lange krank, er wußte es nur nicht, ein dritter war ja sehr alt und gebrechlich.«

Phantastische, unheimliche Literatur, in der immer übersinnliche Phänomene eine Rolle spielen, lassen solche Erklärungen nicht zu. Für die Vorfälle gibt es keine Erklärung – der Tod gehört einfach dazu. Der Tod als ein Stück Leben dieser Welt, getreu dem römischen Dichter Marcus Manilius: »Das Ende ist mit dem Anfang unlösbar verbunden.«

Die Menschen früher wußten damit umzugehen. Die Menschen lebten in bewußter Erwartung des Todes. Der vorbereitete Tod stellte den Sterbenden stets in den Mittelpunkt einer Zusammenkunft. Großfamilien versammelten sich beim nahenden Tod um das Bett, die Gemeinschaft wußte den einzelnen in seiner Trauer aufzufangen. Es gab vielgestaltige Sterbeszenarien, Todesrituale und erst recht Bestattungszeremonien. Solche Rituale, solche Inszenierungen waren es gerade, die den Menschen früherer Jahrhunderte das Sterben erträglich gemacht, die den Tod für sie »gezähmt« und seines schrecklichen Habitus entkleidet haben.

Heute ist kein Raum mehr für Bilder und Symbole von Leben und Tod, in denen man eine »tragende Form« oder gar die Qualität des Trostes erkennen könnte.

»Seit der Tod in der modernen Gesellschaft entzaubert und auftragslos geworden ist, taucht er verwildert oder ästhetisiert überall auf«, weiß Dr. Peter Gross, Professor für Soziologie an der Hochschule St. Gallen (Schweiz) zu berichten. Freund Hain als »letzte Konsequenz einer kulturellen Entwicklung, die den Tod aussperrt, zum Todfeind erklärt, und der nun wiederkehrt, inmitten der Gesellschaft, in der Gier nach Irrationalem, in SM-Kulten, im Hang zum Tod als Offenbarung, in der heimlichen Kommunion mit dem Tod.«

Ist also die Zeit für Horror und seine mannigfaltige Interpretation von Tod, Jenseits und Metaphysik gekommen?

Der guten Horrorgeschichte liegt die Gewißheit zugrunde, »daß, um es mit Hamlets Worten auszudrücken, ›alles, was lebt, sterben muß‹«, vermutet Douglas E. Winter, erfolgreicher amerikanischer Horrorautor: »Wir suchen nicht nach Lösungen für dieses Mysterium, wir wissen, und wenn auch rein instinktiv, daß es sich hier um Angelegenheiten des Glaubens handelt. Was wir suchen, ist ein Weg, uns unsere Zweifel zu gestehen, unseren Unglauben, unsere Furcht. Die Horrorgeschichte bietet uns die seltene Gelegenheit, über die unumstößliche Tatsache unserer Sterblichkeit gleichzeitig lachen und weinen zu dürfen.«

Dean Koontz, Multimillionär mit Thrillern und phantastisch-schaurigen Erzählungen, läßt seine Gedanken schweifen: »Wenn die Hauptfiguren in solchen Geschichten Ehre und Mut haben – und nicht nur oberflächlich dargestellt werden –, können diese Geschichten auch als Beispiel dafür dienen, wie man würdevoll mit Tod, Verlust, Einsamkeit und anderen Tragödien des wirklichen Lebens umgehen kann.«

Mit anderen Worten: »Spannungsliteratur kann sowohl ein aufregendes Erlebnis als auch eine unaufdringliche moralische Lektion sein«, so Koontz. »Düstere Geschichten, die direkt die Kernängste des menschlichen Unterbewußtseins ansprechen – Aliens und Psycho, Blattys »Der Exorzist« und Stephen Kings »Shining« – mögen ebenfalls nutzbringend für uns sein, weil sie uns von dem psychologischen Dreck reinigen, der Rückstände hinterläßt, wann immer wir im Leben schlechte Erfahrungen machen.«

David B. Silva glaubt, daß diejenigen die besten Geschichtenerzähler seien, »die Spannungs- und Horrorromane schreiben, weil ihre Geschichten die kraftvollsten Wahrheiten erzählen«.

Bei vielen Autoren der neuen Generation jedoch ist das übernatürliche Element einem realen, greifbaren »Alltagsschrecken« gewichen, der im gewöhnlichen Leben einfacher Menschen lauert. Kate Koje, eine der modernen Autorinnen, greift beispielsweise in ihrer Erzählung »Monstrositäten« das klassische Thema des Vampirismus auf, abstrahiert es aber so, daß es im Kontext ihrer Story kaum noch wiederzuerkennen ist. Und eben dadurch schafft sie mit ihrem Familienvater, der seiner Familie langsam die

Lebenskraft aussaugt, eine für unsere Zeit möglicherweise wirksamere und treffendere Metapher, als noch so viele soziologische und gesellschaftliche Studien es je könnten.

»Gegenstand wirklich guter Horrorliteratur sind die Menschen und nicht die Ungeheuer«, bestätigt Douglas E. Winter: »Sie sollen uns Wichtiges über uns erzählen.«

Die Horrorliteratur des 20. Jahrhunderts kommt tatsächlich oftmals ohne blutspeiende Ungeheuer und dämonische Gespenster aus. Denn das Grauen lauert in den Schlupfwinkeln des Alltags, es nährt sich aus ganz gewöhnlichen Schuld- und Rachegefühlen, aus kindlichen Alpträumen und übersinnlichen Wahrnehmungen.

»Die Horrorgeschichte dient – ob nun bewußt oder unbewußt – als unvollkommener Spiegel der wirklichen Ängste der Zeit, in der sie geschrieben wird«, vermutet Douglas E. Winter. Die denkwürdigen Horrorfilme der fünfziger Jahre spiegeln die Mentalität des kalten Krieges wider: Die großen Käfer in »Them« und »The Beginning of the End« müsse man wohl als instinktive Reaktionen auf die atomare Bedrohung begreifen, so Winter weiter, »Das Ding« und »Die Invasion der Körperfresser« seien nichts anderes als Ausdruck einer antikommunistischen Hysterie, einer Wut auf »fremde« Lebensformen, die den »American Way« bedrohen.

Winter: »Ein Blick in den dunklen Spiegel zeitgenössischen Horrors enthüllt kaum weniger reaktionäre Trends. Konventionelle Horrorliteratur war schon immer reich an puritanischen Untertönen: Wenn es in ihr eine Wahrheit zu entdecken gibt, dann jene, daß Teenager, die in Papas Auto nachts im Wald Sex miteinander treiben, unweigerlich sterben müssen. Die meisten Bücher und Filme der achtziger Jahre bieten uns eine Botschaft an, die mindestens so konservativ ist wie dieser Moralismus: Konformität. Die Ungeheuer der »Halloween«- und »Freitag der Dreizehnte«-Filme sind Einpeitscher der Gleichschaltung. Tu das nicht, sagen sie zu uns, oder du wirst einen furchtbaren Preis zahlen müssen. Sprich nicht mit Fremden. Geh nicht auf Parties. Laß die Finger vom Sex. Wage es bloß nicht, anders sein zu wollen, als wir alle.«

Aller Psychologie zum Trotz – vielleicht liegt es aber auch einzig in der verwirrten Natur des Menschen. Lassen wir zum Abschluß den Meister höchstpersönlich zu Worte kommen.

Stephen, was meinst du?

»Warum lesen die Leute solche Sachen? Warum sehen sich die Leute solche Filme an? Und die Antwort, vor der wir alle zurückschrecken – die aber dennoch wahr ist –, ist die, daß sie ebenso verdreht sind wie ich.«

Und auch das ist eine kraftvolle Wahrheit.

WARUM WIR GERN STEPHEN KING LESEN

»Während des Lesens hatte ich das Gefühl, mitten im Geschehen zu stehen.«

Ein Fan

Das Ziel ist denkbar einfach. In einem Vortrag in der Bibliothek von Virginia Beach am 22. September 1986 erklärte Stephen King seine Vorstellungen von einem guten Buch:

»Wenn der Verfasser, tot oder lebendig, plötzlich aus den Seiten herausgreift und einen am Hals packt und sagt: ›Du gehörst mir, Baby! Du gehörst mir! Versuch doch zu fliehen! Möchtest du deinem Mann das Essen kochen? Zu schade! Möchtest du ins Bett? Verfluchte Scheiße! Du bist mein! Du gehörst mir!‹ Sehen Sie, das ist meine Vorstellung, wie es sein sollte. Man soll sich aufmachen und die da draußen erwischen. Man soll nicht herummachen und behutsam sein, oder so was; man soll sie niederwalzen.«

»Es gibt nur eines, über das es sich zu schreiben lohnt, und das ist die Studie des Herzens.«

William Faulkner

»Wenn eine Geschichte der Angst erfolgreich sein soll, müssen Figuren und Situationen so gestaltet sein, daß sie sofort Assoziationen im Leser wecken«, bemühte sich der Literaturkritiker Ben P. Indick 1985 in seinem Buch »Discovering Stephen King« um eine grundsätzliche Definition. Der Leser, so Indick weiter, müsse an der Handlung teilhaben, müsse mit dem Helden glauben, fühlen, sorgen, sich identifizieren, vergleichen mit den eigenen Kümmernissen des Lebens. Alle Geschichten von Stephen King, dem »brillanten Geschichtenerzähler aus Maine« (Der Spiegel, Februar 1999) sind in einem modernen, der Wirklichkeit nachempfundenen Schauplatz angesiedelt, den der Leser sofort als seine vertraute Umwelt erkennt. Ein mit wohligem Behagen geschildertes Stück banalen, täglichen Lebens Amerikas, das jeder kennt.

»Es trifft ins Mark. Es ist die Essenz des Geheimnisses um Stephen Kings phänomenalen Erfolg: Ein alltägliches Erlebnis wird durch die Kraft phantastischer Bilder auf eine mythische Ebene erhoben. Es ist die gemeinsame,

schreckliche Erinnerung der Bevölkerung. Es ist das Aufblitzen des Wiedererkennens, das Wunder jenes seltenen Augenblicks, in dem der durch das jahrelange Lesen kunstvoller Lügen abgestumpfte Leser spürt, wie seine Haut bis zum Bersten gespannt wird durch die Begegnung mit der kunstvollen Wahrheit.«

Harlan Ellison

Stephen King bemüht sich wie kein anderer zeitgenössischer Horror-Schriftsteller um Realismus in der Schilderung von Situationen und Hintergründen seiner Geschichten. Er schafft eine Identifikation mit den allgemeinen Problemen und Überzeugungen jenes Massenpublikums. Kings Welt ist also die Welt der amerikanischen Mittelschicht: Weil das so ist und King das weiß, bettet er seine Geschichten, seine Helden, mitunter auch seine Anti-Helden, in eine typisch menschliche Umgebung: Job, Haus, Familie, Kinder, freundliche Nachbarn, heimeliger Ort – das bin ich, das bist du, das sind wir, ja, das kennen wir, das wollen wir, dem können wir folgen. Schlicht und einfach, was will man mehr? Ob nun Derry, Haven oder Little Tall Island – es sind kleine, eingeschworene Gemeinschaften. Oder jenes Kaff namens Castle Rock, um das sich ein ganzer Zyklus rankt. Ein Dorf wie jedes andere. Der rechtschaffene Sheriff Alan Pangborn, der um die charmante Kellnerin Polly freit. Pop Merrill, dessen Neffe Ace ein wirklich böser Schurke ist. Aber so einen gibt es schließlich in jedem Ort. Nicht zu vergessen »Buster« Keeton, der durchtriebene Stadtvater, der lieber einen großen Bogen um Castle Hill macht, wo die Altvorderen sich im Sommer täglich treffen und wieder tuscheln, was »Buster« Neues im Schilde führt. King schafft über viele Bücher hinweg eine familiäre, vertraute Atmosphäre, in der wir, das Unheil ahnend, den Helden (und den Anti-Helden) begegnen, daß wir fast sagen möchten: »Hey, hallo, Alan Pangborn! Wie geht es dir, Alan? Hast du schon gehört, Alan, daß der Schriftsteller Thad Beaumont in Castle Rock ist und lieber mit der Axt spielt anstatt mit der Schreibmaschine?« Das wissen wir, und wir wissen auch, daß Alan wieder einmal der letzte sein wird, der das erfährt. Wir wollen sagen: »Warum schickst du nicht mal deinen dämlichen Officer, Norris Ridgewick, dorthin? Warum nicht er? Warum wieder du?«

Doch Alan kann uns nicht hören, und das ist das Verdrießliche. Die Geschichte gerät außer Kontrolle, wie das Auto in »Christine«; es fährt von alleine, und zwar nicht immer in die Richtung, die man selbst gerne hätte. Und damit trifft uns King an einem wunden Punkt. Er greift zum Skalpell, seziert unsere Seele und fingert mit bewundernswerter Schärfe an unseren realen Ängsten herum: Angst vor finanziellem Ruin, die allgegenwärtige (und nicht nur auf die Mittelschicht beschränkte) Angst vor einer ungewissen Zukunft in einem ständig von der Vernichtung bedrohten zwanzigsten Jahrhundert. Existenzsorgen, Angst vor gescheiterten Beziehungen usw. »Es mag in den Romanen von Stephen King von übernatürlichen Schrecken und Monstern wimmeln, aber die größten – weil menschlichen, allzu menschlichen – Schrecken sind stets die Furcht vor wirtschaftlicher Depression oder der Verfall der Familie als Grundeinheit eines funktionierenden und gesunden Staatswesens«, glaubt Joachim Körber, langjähriger King-Übersetzer. »Der Subtext dieser gesellschaftlichen und sozialen Belange ist es, der sein Werk weit über den Durchschnitt hinaus hebt und Grund für seine anhaltende Faszination auf das Lesepublikum ist.«

»Nicht die Ungeheuer, die seine Bücher bevölkern, faszinieren seine Leser dermaßen; sie sind nur äußerer Ausdruck der inneren Ängste, die jeder seiner Leser in sich selbst findet«, mutmaßt auch Uwe Anton in seinem Buch »Wer hat Angst vor Stephen King?«. Die Angst, daß die Menschen, die wir am meisten lieben, sterben könnten, die Angst vor einer schrecklichen Krankheit, bei der wir langsam und Stück für Stück zerfallen oder verfaulen, das ist es, wovor wir alle Angst haben. Indem King uns das Grauen, diese Ängste, die tief in unserem Herzen, in unseren Nerven stecken, zeigt, macht er uns klar, wie froh wir sein können, morgens in unserem warmen Bett aufzuwachen und noch Herr unserer Sinne zu sein.

»Zum Beispiel die Geschichte [»Die Leiche«] von den Jungen, die in einem Teich schwimmen, und als sie wieder rauskommen, sind sie vollkommen bedeckt mit Blutsaugern. Das«, erzählt Stephen King, »ist mir wirklich passiert! Und zwar war es so, daß ich aus dem Wasser kam, mir eine von diesen Nacktschnecken abstreifte und entdeckte, daß ein großer Blutegel mitten in meinem Nabel steckte. Also bin ich in der Geschichte einen Schritt weitergegangen und hab die Schnecke auf die Hoden von dem Jungen gesetzt. Das war das Ekligste, das ich mir vorstellen konnte. Das Ekligste, das man sich denken kann, was auch immer das ist: Genau das ist es, was die Leute wollen. Man kann sich dabei alles mögliche denken, aber das einzige, woran ich dabei dachte, war: ›Da werden sich die Leute wirklich tierisch ekeln! Das wird ihnen echt den Magen umdrehen!‹, und hinter so was ist man eben her.«

Gewiß makabrer Humor, den der Kerl zur Schau stellt. Aber, mal ehrlich, fanden wir es nicht toll, als in »Regulator« der abgeschossene Arm der Marielle Soderson noch ein wenig hin und her pendelt, bis er wie ein Stein zu Boden tropft? Haben wir nicht gegrinst, als der Zombie Jackson, der im Urwald hinter der Poplar Street wie ein Blöder auf einen Kaktus zukriecht, sich schließlich erschöpft dagegenlehnt? Oder in »Desperation«: Der verrückte Cop Entragian, der seine Zunge herausreißt und anschließend achtlos wegschmeißt, als wäre es ein Streifen Kaugummipapier ...

ZUM GEBRAUCH DES LEXIKONS

Das Lexikon beschäftigt sich mit den Romanen, Erzählungen, Filmen, Vorbildern, mit den Geschichten, Handlungssträngen, -orten und -personen. Querverweise auf Namen lesen sich im Fließtext wie folgt:

- Peter Straub
- H. P. Lovecraft
- Leland Gaunt

Im Verzeichnis findet der Leser die Schriftsteller bzw. Protagonisten aber unter:

- Straub, Peter
- Lovecraft, H. P.
- Gaunt, Leland

Das Lexikon listet alle erschienenen Romane, Sammelbände und Kurzgeschichten auf. Es beschreibt Inhalte, vergleicht Kings Romane untereinander, knüpft Verbindungen, versucht sich an einer Interpretation und stellt die Querverweise zu literarischen Werken anderer Autoren her, die King möglicherweise als Vorbild dienten. Diese werden ebenfalls genannt und inhaltlich vorgestellt.

Beispiel:
- Shirley Jackson: »Die Lotterie«
- J. R. R. Tolkien: »Der Herr der Ringe«
- George R. Stewarts: »Leben ohne Ende«
- M. P. Shiels: »Die Purpurne Wolke«

Das Lexikon listet darüber hinaus entscheidende Handlungsorte (Ludlow, Castle Rock, Haven, Derry), Protagonisten (Jack Torrance, Mike Hanlon, Alan Pangborn, Roland Deschain) und Dinge (Captain Trips, Zimmer 217) auf, die entscheidend für das Verständnis der Geschichten sind, die sich mehrmals wiederholen oder schlicht und einfach Kult sind. Eine Ausnahme bildet die symbolträchtige Saga »Der dunkle Turm«, aus der beinahe alle Personen, Handlungsorte und Gegenstände eine Kurzbeschreibung gefunden haben. Denn vielfach ist nicht absehbar, inwiefern sie noch eine Bedeutung in zukünftigen, noch nicht geschriebenen Romanen haben werden.

Beispiel:

- Oy, das seltsam sprechende Tier, das Jake seit Band 3, »Tot«, begleitet, ohne daß wir wissen, welche Rolle es spielen wird.
- Die Silberkette von Talitha Unwin, die Roland im Band 3, »Tot«, in dem

Ort River Crossing erhält und am Fuße des dunklen Turms niederlegen soll. Alle veröffentlichten Romane, Kurzgeschichten und Sammlungen werden im Lexikon nach deutschem Titel (sofern bereits übersetzt, ansonsten Originaltitel) gelistet, der Originaltitel steht in Klammern dahinter. Es folgt Art der Veröffentlichung, Originalverlag, Ort der Originalveröffentlichung, Jahr der Originalveröffentlichung, Verlag der deutschen Erstveröffentlichung, Ort der deutschen Erstveröffentlichung, Jahr der deutschen Erstveröffentlichung, Übersetzer der deutschen Erstveröffentlichung. Es werden Neuübersetzungen bzw. ungekürzte Neuauflagen vormals gekürzter Werke berücksichtigt. Inhaltsgleiche Neuauflagen bzw. Nachdrucke werden nicht genannt. Seien Sie aber gewiß – jeder Roman bzw. jede Story-Sammlung ist noch auf dem deutschen Buchmarkt erhältlich, so daß mit der Nichtnennung weiterer Neuauflagen gewiß kein Fauxpas begangen wird.

Beispiel:

- Das letzte Gefecht (The Stand)
  Roman. O.1, gekürzt: Doubleday, Garden City 1978, O.2, ungekürzt: Doubleday, Garden City, 1990/Dt.1, gekürzt: Bastei-Lübbe Verlag, Bergisch Gladbach 1985; Ü.: Harro Christensen, Dt.2, ungekürzt: Bastei-Lübbe Verlag, Bergisch Gladbach 1990; Ü.: Joachim Körber

Wer nur den Originaltitel eines Buchs oder Films kennt, sich aber nicht sicher ist, wie die deutsche Fassung lautet, der wird im Anhang fündig. Dort findet sich auch eine umfangreiche Bibliographie aller bislang veröffentlichten, eigenständigen Sachbücher, Romane und Sammelbände, aufgelistet nach dem jeweiligen Erscheinungsjahr des Originaltitels. Es folgen Originalverlag, Ort der Originalveröffentlichung, Jahr der Originalveröffentlichung, Verlag der deutschen Erstveröffentlichung, Ort der deutschen Erstveröffentlichung, Jahr der deutschen Erstveröffentlichung, Übersetzer der deutschen Erstveröffentlichung

Beispiel:

- INSOMNIA. Viking, New York 1994
  SCHLAFLOS – INSOMNIA. Heyne Verlag, München 1994. Deutsche Übersetzung von Joachim Körber

Nur die bekanntesten der unveröffentlichten Erzählungen von Stephen King, beispielsweise »Blaze« oder »Aftermath«, fanden ebenfalls Aufnahme ins A bis Z. Alle anderen Essays, Erzählungen und Gedichte, die King geschrieben hat, finden sich in der umfangreichen Bibliographie Kurzgeschichten und Essays, verzeichnet nach dem Originaltitel, Erscheinungsjahr, Erscheinungsort (sofern erschienen), deutschem Titel (sofern übersetzt) und Erscheinungsjahr, Erscheinungsort.

Beispiel:

- IT GROWS ON YOU. In: 1) Marshroots, 1975/2) »Nightmares & Dreamscapes«, Viking, New York 1993
  ES WÄCHST EINEM ÜBER DEN KOPF
  In: »Alpträume«; Hoffmann & Campe Verlag, Hamburg 1993

Gleiches gilt auch für die Filmographie, die die Filme nach jeweiligem Erscheinungsjahr unter dem Originaltitel auflistet. Weitere Angaben sind der deutsche Titel, das Herstellungsjahr, die Laufzeit der Originalfassung und der deutschen Fassung.

Beispiel:

- STEPHEN KING'S THE NIGHT FLIER
  STEPHEN KING'S THE NIGHT FLIER
  USA 1997
  93 Minuten (OF/DF).

Abkürzungen

O.: Original- und Erstveröffentlichung
O.1: Original- und Erstveröffentlichung in einem Magazin/einer Zeit-schrift
O.2: Spätere Veröffentlichung in einem Sammelband
Dt.: Deutsche Erstveröffentlichung
Dt.1: Deutsche Erstveröffentlichung in einem Magazin/einer Zeitschrift
Dt.2: Spätere Veröffentlichung in einem Sammelband
Ü.: Übersetzer

A

Abagail

Auch »Mutter Abagail« genannt. 108jährige schwarze Frau, die in dem Roman → »Das letzte Gefecht« nach der großen Katastrophe das Ideal des Reinen und Guten verkörpert. Die letzten Überlebenden der Seuche → »Captain Trips« suchen den Weg zu Mutter Abagail, um sich dort für das letzte aller irdischen Gefechte – Gut gegen Böse, Schwarz gegen Weiß – zu rüsten. Ihr Gegner ist Kings Lieblingsbösewicht, der → Dunkle Mann → Randall Flagg.

Achterbahn

→ »Riding the Bullet«

Achtung – Tiger! (Here There Be Tygers)

Kurzgeschichte. In: O.1: »Ubris«, Frühling 1968; O.2: »Skeleton Crew«, Putnam Verlag, New York 1985 / Dt.1: »Im Morgengrauen«, Heyne Verlag, München 1985; Ü.: Alexandra von Reinhardt; Dt.2: »Blut«, Heyne Verlag, München 1996; Ü.: Joachim Körber

Der kleine Charles muß während des öden Unterrichts der Miß Bird dringend mal austreten. Als ihn die alte Schreckschraube endlich in die Waschräume der Acorn Street Grammar School entläßt, findet er dort einen großen lohfarbenen Tiger vor, am anderen Ende des Raums, direkt unter dem weißen Milchglasfenster. Charles' Blase scheint zu platzen, aber er getraut sich nicht, die Kloschüssel zu benutzen. Sein Klassenkamerad Kenny Griffith, den Miß Bird nach einiger Zeit nach ihm schickt, nennt Charlie einen Angsthasen und verschwindet albernd in den Waschraum ... Lange Zeit geschieht nichts. Zitternd und stöhnend (aber lautlos) schleicht Charles bis zur Ecke und späht vorsichtig hinüber. Dort liegt der Tiger, ein zerrissenes Stückchen Hemd zwischen den Krallen. Ausgerechnet als Charles in das Waschbecken pinkelt, weil er es nun wirklich nicht mehr länger aushält, erscheint die Furie Miß Bird auf der Bildfläche. »Wo ist Kenneth?« fragt sie keifend und geht um die Ecke. Charles denkt, daß Miß Bird es gleich am eigenen Leibe verspüren wird, wie es ist, wenn jemand über einen herfällt. Er kehrt zum Unterricht zurück, und dort warten die Mitschüler wohl noch heute auf die Rückkehr ihrer Lehrerin. In der Neuübersetzung für den Sammelband »Blut« wird die Erzählung umbenannt in → »Hier seyen Tiger!«.

Adley, David

Besucher im Privatclub → »Der Club« in den Erzählungen → »Atemtechnik« (in: → »Jahreszeiten«, O.: 1982; dt: 1984) und → »Der Mann, der niemandem die Hand geben wollte« (in: → »Blut«, O./Dt.: 1996).

Adresse

Alle, die den Meister höchstpersönlich einmal grüßen wollen, dürfen ihm an folgende Adresse schreiben: Stephen King, 49 Florida Avenue, 04401 Bangor/Maine, USA, Telefax: 001/2079423386. Selbstverständlich erreichen die Faxe nicht Stephen persönlich – aber man ist verdammt nahe dran. Seine gegenwärtigen Sekretärinnen sind Marsha Defilippo und Julie Eugley.

Akte X

Für die 5. Staffel der beliebten Mystery-Fernsehserie von Chris Carter schrieb King 1997 das Drehbuch zur Folge → »Chinga«.

Alarm im Weltall

Kinofilm (USA 1956) von Regisseur Fred McLeod Wilcox, der Pate stand für Kings Roman → »Das Monstrum«. In dem Film nähert sich Captain

Die Sekretärinnen Marsha Defilippo und Julie Eugley sorgen dafür, daß das Unternehmen »Stephen King« reibungslos funktioniert

Adams mit seiner Crew dem vierten Planeten der Sonne Altair, auf dem vor zwanzig Jahren ein Raumschiff verschollen ist. Wie die Astronauten schon bald feststellen müssen, sind zwar die Ureinwohner von Altair 4 vor langer Zeit gestorben, ihre unterirdischen Kraftwerksanlagen aber noch immer voll funktionstüchtig. Diese schleichen sich in das Bewußtsein der Raumfahrer-Crew ein. Jeder Gedanke, alle unterbewußten Wünsche und Emotionen werden materialisiert – positiv wie negativ, was natürlich einige schlimme Monster auf den Plan ruft. In Kings Roman stranden Außerirdische auf der Erde und dringen in das Bewußtsein der Menschen von → Haven ein. Stephen King unterstreicht die Parallele zwischen Buch und Film, indem in seinem Roman der junge Nachwuchszauberer Hilly Brown dank eines Zauberkastens seinen Bruder David auf einen Lichtjahre von der Erde entfernten Planeten versetzt – nach Altair 4!

Alhambra Inn

Hotel in Arcadia Beach, New Hampshire, in dem im Roman → »Der Talisman« (O.: 1984; Dt.: 1986) → Jack Sawyer und seine todkranke Mutter Lili Cavanaugh Sawyer nach Jahren rastlosen Umherziehens stranden. Später, in → »Das Monstrum« (O.: 1987; Dt.: 1988), wird das Hotel dem versoffenen Dichter → Jim Gardener, Freund der Western-Autorin → Bobby Anderson, Unterkunft bieten. Als dieser eines Morgens verkatert am Strand erwacht, steht Jack Sawyer neben ihm, sie plauschen ein wenig und gehen dann wieder ihrer eigenen Wege ...

Hier entstehen die schrecklichen Geschichten: Kings Arbeitsplatz in seinem Haus in Bangor

Alhazred, Arab

Verfasser des gräßlichen → »Necronomicon«. Das ist ein von → H. P. Lovecraft im Rahmen des → Cthulhu-Mythos geschaffenes, in nur geringer Auflage existentes Buch, das von der Existenz der gräßlichen Cthulhu-Monster berichtet und die Möglichkeiten aufzeigt, Kontakt zu ihnen oder ihren Helfershelfern aufzunehmen. → Randall Flagg, der in diversen King-Romanen als übernatürlicher, magischer Bösewicht in Erscheinung tritt, liest in dem Roman → »Die Augen des Drachen« in einem Zauberbuch, das »in Menschenhaut gebunden« ist. Er hat »schon tausend Jahre« in diesem Buch gelesen und trotzdem »erst ein Viertel davon geschafft«. Es wurde »auf der fernen Hochebene von Leng von einem Wahnsinnigen: Alhazred« geschrieben. Kings versteckte Hommage an sein großes Vorbild Lovecraft.

Alice hinter den Spiegeln
(Through the Looking-Glass and what Alice found there)

Erzählung von → Lewis Carroll.
O.: London 1872 / Dt.: Wien 1923; Ü.: H. Scheu-Rieß.

Überrascht von dem großen Erfolg seines ersten Kinderbuches, → »Alice im Wunderland«, schickt Lewis Carroll seine junge Heldin Alice sieben Jahre später erneut auf Abenteuer, diesmal nicht in ein unterirdisches Wunderland, sondern in eine Traumlandschaft, die hinter dem Spiegel liegt, vor dem Alice, mit ihrer weißen und ihrer schwarzen Katze spielend, einen Nachmittag verplaudert und verträumt. Mehr noch als »Alice im Wunderland« hat »Alice hinter den Spiegeln« Kings Idee zu → »Das Bild – Rose Madder« beeinflußt. Bei King ist es zwar kein Spiegel, sondern ein Bild, durch das seine Heldin → Rosie Daniels in eine andere Welt tritt, aber wie Alice findet sich auch Kings Protagonistin auf einem imposanten Hügel wieder, auf dem sie einer weiblichen, herrischen Gestalt begegnet und auf eine Landschaft mit Hecken und Bächen herabblickt. Nach bestandenem Abenteuer müssen sich sowohl Alice als auch Rosie fragen: Haben sie dies alles nur geträumt?

Alice im Wunderland (Alice's Adventure in Wonderland)

Kindergeschichte von → Lewis Carroll.
O.: London 1865 / Dt.: Leipzig 1869; Ü.: A. Zimmermann

Märchenhafte Erzählung, die der Autor Lewis Carroll erst auf Drängen seiner Freunde und deren kleiner Töchter publiziert. Darin gleitet die kleine Alice auf den Schwingen des Schlafes in ein Wunderland hinüber. Der Roman ist sehr populär. Noch erfolgreicher ist allerdings die Fortsetzung → »Alice hinter den Spiegeln«. Sie hat wesentlichen Einfluß auf den King-Roman → »Das Bild – Rose Madder«.

Aliens

Wie in vielen Dingen, hat King auch seine eigene Meinung zum Thema Außerirdische: »Ich denke mir, daß Wesen von anderen Welten, wo interstellares Leben existiert, Welten, wo die Bewohner imstande sind, andere Sonnensysteme zu besuchen und zu erforschen, eher die Neigung zu studieren als zu erobern verspüren würden. Mehr wie Safaris in Afrika mit Fotos statt mit Gewehren. Und falls sie Interesse an uns hatten, hat dieses inzwischen wahrscheinlich auch schon nachgelassen, weil wir den Weg der Selbstzerstörung schon soweit beschritten haben, daß wir buchstäblich in unserem eigenen Dreck ertrinken. Der echte Witz, wenn man sich die Untertassen-Filme aus den fünfziger Jahren ansieht, wo die Außerirdischen sagen: ›Wir sind die letzten Angehörigen einer sterbenden Art‹, ist der, daß wir selbst einmal diejenigen sein werden, die das zu ein paar armen Narren sagen.« Sein Roman → »Das Monstrum«, in dem die Macht der außerirdischen → Tommyknockers die Menschen zunehmend vernichtet, ist daher auch »nur« als eine große Parabel auf den »technologischen Krimskrams« der Menschen und die Gefahr, sich dadurch selbst zu vernichten, zu verstehen.

Alles ist riesig (Everything's Eventual)

Erzählung. In: O.: »The Magazine of Fantasy & Science Fiction«, Oktober 1997 / Dt.: »Stephen King's F13«, Computerspiel. Blue Byte Software, 1999.
Der junge Dinky Earnshaw besitzt die paranormale Fähigkeit, Menschen zu töten, indem er ihnen persönliche E-Mails schickt. Das bleibt natürlich nicht lange geheim, und die Firma Trans Corporation heuert Dinky für »die gute Sache« an: Er schreibt in ihrem Auftrag E-Mail-Exekutionen, und TC erfüllt ihm dafür jeden erdenklichen Wunsch. Bis er beginnt, sich für das Leben seiner Opfer zu interessieren und merkwürdige Entdeckungen macht. Die Story wird erstmals 1999 ins Deutsche übersetzt, und zwar für das PC-Spiel »Stephen King's F13«. Allerdings kann man die Geschichte nur am Computer lesen, ausdrucken läßt sie sich nämlich nicht.

Allgood, Cuthbert

[Kiuthbert] In der bislang vierbändigen Saga »Der dunkle Turm« ist Cuthbert viele Jahre lang der beste Freund und treue Gefährte von → Roland Deschain. Nur wenig ist bisher über den albernen Kauz aus Delain bekannt, der manchmal zu vorschnellen Reaktionen neigt. Wir wissen, daß er seinen Freund Roland wenige Jahre vor der großen Revolution in → Mittwelt nach → Hambry begleitet, wo er miterleben muß, wie Roland im Kampf gegen den bösen Zauberer → Marten Broadcloak zu einem lethargischen Bündel wird (→ »Der dunkle Turm IV: Glas«). Wir wissen auch, daß Cuthbert in den Wirren der Revolution sein Leben läßt. Die genauen Umstände liegen jedoch noch im Dunkeln.

Allgood, Robert

In der bislang vierbändigen Saga → »Der dunkle Turm« ist Robert Allgood der Vater von → Cuthbert Allgood. Auch von ihm ist bisher nur wenig bekannt. (→ »Der dunkle Turm IV: Glas«)

Alpträume (Nightmares & Dreamscapes)

Sammelband. O.: Viking Verlag, New York 1993 /
Dt.: Hoffmann & Campe, Hamburg 1993; Ü.: Joachim Körber

Nach → »Nachtschicht« (O.: 1978; Dt.: 1984), → »Jahreszeiten« (O.: 1982; Dt.: 1984) und »Skeleton Crew« (O.: 1985; Dt.: 1985) legt Stephen King mit diesem Band die vierte, umfangreiche Sammlung von Erzählungen vor. Die einzelnen Geschichten (sie stammen aus über zwei Jahrzehnten, die früheste stammt von 1972) sind sowohl inhaltlich als auch von der Qualität her sehr unterschiedlich und decken so ziemlich alle bekannten Sparten der Genreliteratur ab. Im einzelnen enthält die Anthologie folgende Erzählungen: → »Dolan's Cadillac«; → »Das Ende des ganzen Schlamassels«; → »Kinderschreck«; → »Der Nachtflieger«; → »Popsy«; → »Es wächst einem über den Kopf«; → »Klapperzähne«; → »Zueignung«; → »Der rasende Finger«; → »Turnschuh«; → »Verdammt gute Band haben die hier«; → »Hausentbindung«; → »Regenzeit«; → »Mein hübsches Pony«; → »Entschuldigung, richtig verbunden«; → »Die Zehn-Uhr-Leute«; → »Crouch End«; → »Das fünfte Viertel«; → »Das Haus in der Maple Street«; → »Der Fall des Doktors«; → »Umneys letzter Fall«; → »Kopf runter«; → »August in Brooklyn; → »Der Bettler und der Diamant«.

Alter Ego

→ Schriftsteller

Alpträume

Alter Häuptling Holzkopf (Old Chief Wood'nhead)

Unveröffentlichtes Drehbuch für den Film »Creepshow II« (USA 1987).
Das alte Ehepaar Martha und Ray Spruce, das in dem heruntergekommenen Kaff Dead River einen Laden betreibt und die mittellosen Indianer aus dem Reservat immer anschreiben läßt, wird vom Sohn des Häuptlings und zwei üblen Halunken brutal ermordet. Daraufhin erwacht der lebensgroße Holzindianer, der auf der Veranda des Ladens steht, zum Leben und begibt sich mit Tomahawk und Jagdmesser auf Kriegspfad. Rache ist angesagt!

American Express

King macht 1989 in einem »gruseligen« Spot Werbung für American Express. Darin wandelt er mit einer Kerze bewaffnet eine Treppe hinab in einen Keller, während draußen ein heftiges Gewitter tobt. Später, von allerlei mysteriösem Brimborium umgeben, erklärt King dem Zuschauer: »Es bringt mich um, wenn man mich nicht erkennt.« Deshalb: »Die American-Express-Karte – verlassen Sie das Haus nie ohne.«

Amok (Rage)

Roman. O.: NAL, New York 1977 /
Dt.: Heyne Verlag, München 1988; Ü: Joachim Honnef
Das erste Buch unter dem Pseudonym → Richard Bachman, ursprünglich unter dem Titel »Getting it on« verfaßt, ist »eines von Kings besten Werken überhaupt«, glaubt der amerikanische Horrorexperte S. T. Joshi in seinem Essay »Moderne Horrorautoren« (Edition Metzengerstein, Kerpen 1999). Der Roman ist – wie die anderen Bachman-Bücher – in keiner Bedeutung des Wortes eine unheimliche Geschichte, aber dafür eine spannende und psychologisch zutreffende Erzählung, die in gewisser Weise auch → »Ich, der letzte Mensch« von → Richard Matheson ähnelt, dessen Werke sowieso einen großen Einfluß auf King haben.

»Amok« erzählt vom siebzehnjährigen → Charlie Decker, der zum Rektor Thomas Denver gerufen wird, weil er beinahe den Chemie- und Physiklehrer John Carlson mit einem Schraubenschlüssel erschlagen hat. Doch nicht nur der Spott seines Lehrers führte zu Charlies Gewaltausbruch, tatsächlich versetzt es ihn zunehmend in Rage, in einer Welt zu leben, in der die Menschen ihre eigene Identität verlieren. Selbst sein Vater ist der gesellschaftlichen Konformität erlegen; prügelnd und herrschend will er aus seinem Sohn endlich einen Mann machen. Was nicht gelingt. »Als ich mich zu meinem Vater umdrehte, schaute er mich an. Er sagte kein Wort, doch ich konnte ihm die Verachtung und Enttäuschung an den Augen ansehen. Ich hatte beides oft genug in seinem Blick gesehen«, erinnert sich Charlie. Was nicht weiter schlimm ist, denn Charlie will ein falsches Steinchen in einem Mosaik sein. Als sein enttäuschter Vater ihm mit einer Harke den

Schädel einschlagen will, greift Charlie zum Hackbeil: »Man kann mit jedem fertig werden, wenn man einen Knüppel hat, der groß genug ist.« Eine Lektion, die auch den Rektor Denver ereilt. Als dieser Charlie zu keiner Reue bewegen kann, schmeißt er ihn von der Schule. Doch Charlie läßt sich nicht verweisen. Mit der Waffe aus seinem Spind läuft er Amok. »Wenn wir die Anzahl der Variablen erhöhen, ändern sich die Axiome selbst nie«, erläutert gerade Mrs. Jean Alice Underwood. Nur ein algebraisches Theorem. Wir werden es vorerst nicht erfahren, denn Charlie erschießt sie, später auch den Geschichtslehrer John Downes Vance. Die High-School-Klasse sieht Charlie aufmerksam an, als hätte er soeben angekündigt, er würde ihnen erzählen, wie sie alle für Freitagabend kostenlose Eintrittskarten fürs Autokino von Placerville bekommen könnten. Er hält sie mit vorgehaltener Waffe als Geiseln gefangen, mehrere Stunden, in denen sie ihrem persönlichen und sozialen Groll Luft machen. Die Fassade der Zivilisation bröckelt. Der Goldjunge (der das System repräsentiert) und Klassenschwarm Ted Jones, Sohn eines renommierten Bankiers, wird bloßgestellt, als man erfährt, daß seine Mutter eine Alkoholikerin ist. Die leichtlebige Grace Stanner und die biedere Irma Bates hauen sich vor versammelter Mannschaft die Köpfe ein. Als der Schulpsychologe Don Grace das Telefongespräch mit Charlie ergebnislos beenden will, sagt Charlie: »Wenn du ausschaltest, bevor ich es erlaube, erschieße ich jemanden. Du ... beantwortest meine Fragen.« Die erste Verzweiflung, das erste Schwitzen, so gut verborgen wie der Achselschweiß auf dem Schülerball. Der Lehrer sagt: »Das muß ich wirklich nicht, Charlie. Ich kann nicht die Verantwortung dafür übernehmen, daß ...« Die Kapitulation der Gesellschaft vor dem Individuum. Grace ist zutiefst erniedrigt. Was auch für den einstigen Schwarm Ted Jones gilt, der ein sabberndes Etwas ist, während Charlie zum Helden aufsteigt. Für wenige Stunden ist jeder »wirklich«, eine wahre Seele, nicht nur eine Akte, ein »Dead Man Walking«.

Charlie wähnt sich an seinem Ziel, läßt die Geiseln frei und ergibt sich der Polizei. Aber er ist und bleibt das Opfer einer Gesellschaft, die Konformität zur Norm und zum höchsten Gut erhebt und keinen Platz für Abweichler hat. Man erklärt ihn für geistig unzurechnungsfähig (obwohl er der einzig Normale in dieser Welt ist, wie absurd!) und liefert ihn ins Augusta State Hospital ein. Die traurige Wahrheit ist, liebe Mrs. Jean Alice Underwood: Charlie hat versucht, die Anzahl der Variablen (der Menschen, die er für sich gewinnen kann) zu erhöhen, aber die Axiome (heuchelndes Verhalten, Vorurteile, soziale Schemata) bleiben die gleichen!

King beginnt mit der Arbeit zu »Amok« bereits im Sommer 1965, was möglicherweise die Ähnlichkeit zu der zur gleichen Zeit entstandenen Kurzgeschichte → »Kains Aufbegehren« (O.: 1968) erklärt, in der ein Collegestudent aus heiterem Himmel mit einem Gewehr auf Menschen feuert.

Im Oktober 2000 läßt Stephen King verlauten, daß er »Amok« vom amerikanischen Buchmarkt genommen habe, da die Gewalt mit Schußwaffen an den Schulen in den USA immer mehr zunehme und er einen schlechten Einfluß befürchte.

An Evening at God's

Theaterstück. O.: American Repertory Theater, 1990

Über zweieinhalb Seiten debattieren Gott und Petrus über Gott und die Welt, was wiederum ernsthafte Folgen für die Erde hat. In gewisser Weise eine Vorstudie zu → »Der Bettler und der Diamant« (O.:/Dt.: 1993).

Anderson, Roberta »Bobbie«

Roberta »Bobbie« Anderson ist eine siebenunddreißigjährige Western-Schriftstellerin aus → Haven, Maine, die in dem Roman → »Das Monstrum – Tommyknockers« am 21. Juni 1988 über ein acht Zentimeter langes Metallstück stolpert, das aus dem Waldboden ragt. Irgendetwas geht davon aus, denn in seiner Nähe liegen tote Vögel herum, und Bobbies alter Hund Peter, schon lange erblindet, läßt Zeichen der Besserung erkennen. Roberta berührt das Metall, und wird von einem intensiven Vibrieren durchflutet. Mit schrecklicher Gewißheit erkennt sie: »Jemand war dort begraben ... Die Vibration. Das war der Ruf menschlicher Gebeine gewesen.«

Bobbie gräbt dieses Relikt aus, das seit Urzeiten hinabreicht in den Waldboden und Felsgrund, und befreit die Tommyknockers und ihre Kraft: plötzlich entwickeln die Bürger Havens, allen voran Bobbie Maschinen, ohne daß sie die geringste Ahnung haben, was sie da eigentlich tun oder welche Konseqenzen es haben kann, diese Geräte zu benutzen.

An Bobbie zeigt King sein beliebtestes Thema auf, das »technologische Schreckgespenst« (siehe auch → Maschinen). Dadurch, daß er seine Heldin Bobbie am Ende sterben läßt, weist er uns aus die einzige Lösung aus dem Techno-Schlamassel des 20. Jahrhunderts.

Andrews, Peter

Besucher im Privatclub → »Der Club« in den Erzählungen → »Atemtechnik« (in: → »Jahreszeiten«, O.: 1982; dt: 1984) und → »Der Mann, der niemandem die Hand geben wollte« (in: → »Blut«, O./Dt.: 1996).

Angst pur (Bare Bones)

Interviewband, herausgegeben von Tim Underwood und Chuck Miller.
O.: McGraw-Hill Book Company, New York 1988 /
Dt.1: Edition Phantasia, Linkenheim 1989; Ü.: Joachim Körber;
Dt.2: Heyne Verlag, München 1990; Ü.: Joachim Körber

Unter dem Titel »Angst« wird »Bare Bones« 1989 bereits von der → Edition Phantasia« in einer auf 300 Exemplare limitierten Luxusausgabe veröffentlicht. Die Taschenbuch-Ausgabe folgt ein Jahr später unter dem Titel »Angst pur« im Heyne Verlag. »Angst pur« ist eine Sammlung von Interviews mit Stephen King aus den Jahren 1979 bis 1987, die aus zwei Dutzend Quellen, von bekannten Magazinen bis zu Fachpublikationen, zusammengetragen wurden. Viele der im vorliegenden Lexikon verwendeten Zitate entstammen dem Gesprächsband, der im regulären Buchhandel nicht mehr erhältlich ist. Mit viel Glück stößt man in Antiquariaten noch auf das Buch.

Im einzelnen enthält das Buch folgende Texte:

Teil 1: Skelette im Schrank: 1) »An Evening With Stephen King At the Billerica, Massachussetts Public Library«, Vortrag 1984. 2) »Playboy Interview: Stephen King«, in: Playboy, Juni 1983. 3) »Would You Buy a Haunted Car from this Man?« von Edwin Pouncy, in: Sounds, 21. Mai 1983

Teil 2: Wie man Alpträume macht: 1) »The Man Who Writes Nightmares« von Mel Allen, in: Yankee Magazine, März 1979. 2) »An Interview with Stephen King«, von Joyce Lynch Dewes Moore, in: Mystery Magazine, März 1981. 3) »An Interview with Stephen King«, von Paul Janeckzko, in: English Journal, Februar 1980. 4) »Interview with Stephen King«, von Charles L. Grant, in: Monsterland Magazine, Mai/Juni 1985. 5) »The King of Terror«, von Keith Bellows, in: Sourcebook, 1982. 6) »He Brings Life to Dead Issues«, von Christopher Evans, in: Minneapolis Star, 8. September 1979

Teil 3: Terror-Schreibe: 1) »Stephen King's Court of Horror« von Abe Peck, in: Rolling Stone College Papers, Winter 1980. 2) »Interview mit Stephen King«, von Michael Kilgore, in: The Tampa Tribune, 31. August 1980. 3) »Interview with Stephen King«, von Mat Schaffer, in: WBCN-FM Radio Boston, 31. Oktober 1983. 4) »The Night Shifter«, von Stephen Jones, in: Fantasy

Angst – Gespräche über das Unheimliche mit Stephen King

Media, März 1979. 5) »Shine of the Times«, ein Interview von Marty Ketchum, Pat Cadigan und Lewis Shiner, in: Shayol, Sommer 1979. 6) »Dear Walden People« von Stephen King, in: Book Notes, August 1983

Teil 4: Hollywood Horror: 1) »Flix« von Bhob Stewart, in: Heavy Metal, Februar/März 1980. 2) »The Dark Beyond the Door: Walking (Nervously) into Stephen King's World« von Freff, in: Tomb of Dracula, Ausgabe 4 und 5, 1980. 3) »Topic: Horrors!« von Craig Modderno, in: USA Today, 10. Mai 1985. 4) »Interview with Stephen King« von Tim Hewitt, in: Cinefantastique Nr. 2, 1985. 5) »Stephen King: The Maximum Overdrive Interview« von Stanley Wiater, in: Preview Magazine, Mai/Juli 1986 und in: The Valley Advocate, 21. Juli 1986

Teil 5: Partner der Angst: 1) »Drei Interviews mit Stephen King und Peter Straub« von Stanley Wiater und Roger Anker, Interview 1 in: Springfield Morning Union, 31. Oktober 1979; Interview 2 in: The Valley Advocate, 21. Oktober 1984 und in: Fangoria Nr. 42/43, Februar 1985/März 1985

Teil 6: Tanz im Dunkeln: 1) »Penthouse Interview: Stephen King« von Bob Spitz, in: Penthouse, April 1982. 2) »Stephen King is Cashing In« von Randi Henderson, in: The Baltimore Sun, 26. August 1980.

Teil 7: Die böse Saat: 1) »Stephen King Takes A Stand for Records« von Joel Denver, in: Radion and Records, 24. Februar 1984. 2) »Interview with Stephen King«, von Martha Thomases und John Robert Tebbel, in: High Times, Januar 1981. 3) »Novelist Loves His Nightmares« von Jack Matthews, in: Detroit Free Press, 12. November 1982

Aschenputtel

Wer kennt nicht das → Märchen vom »Aschenputtel«, dem kleinen, vielleicht etwas naiven Mädel, ausgestoßen und allein, unscheinbar und ignoriert? In vielen Romanen von Stephen King hat das Märchen Einzug gehalten. Ob die unglückselige → »Carrie«, der trottelige → Arnie Cunningham (als maskuline Version des Aschenputtels) in → »Christine«, die zarte Matthie in → »Sara«, der arme Charlie in → »Amok« oder gleich der komplette → »Club der Verlierer« in dem epochalen → »Es« – alle Kinder, Jungen wie Mädchen, haben eines gemein: Sie sind Ausgestoßene, die Verlierer, Opfer einer auf ihre Art nicht minder bigotten und heuchlerischen Gesellschaft, die Konformität zur Norm und zum höchsten Gut erhebt und keinen Platz für Abweichler hat. Es sind aber auch Menschen, die im Laufe einer Geschichte zu Schönlingen, Lieblingen, ja zu wahren Helden reifen. Kings Romane sind also beinahe Märchen, und unser Ziel liegt greifbar nahe: das → »Happy End«. Mitnichten. Für weltfremden Optimismus hat Stephen King in seinen Büchern nämlich keinen Platz. Einzig die Möglichkeit zur Rache steht seinen heldenhaften Aschenputteln offen, wenn überhaupt. Und das war's dann auch schon. Seine Helden waren, sind und bleiben zukünftig Opfer der Dunkelheit, der sie entstammen. Ein »Happy End« liegt in weiter Ferne – denn mal ehrlich, wäre das im bluttrunkenen 20. Jahrhundert realistisch? Eben! King weiß um diese Tatsache, und eben weil seine Geschichten von bitterem → Realismus gezeichnet sind, erfüllt er den sehnlichen Wunsch seines Lesers auch an dieser Stelle – an der die moderne Adaption eines Märchens ihre volle Perfektion erreichen könnte – nicht.

Ashem Fictions
Verlag des kanadischen King-Fanclubs → »Fenêtre Secrète sur Stephen King«.

Atemtechnik (The Breathing Method)
Novelle. In: O.: »Different Seasons«, Viking, New York 1982
Dt.: »Jahreszeiten«, Bastei-Lübbe Verlag, Bergisch Gladbach 1984, Harro Christensen
Im Mittelpunkt der 90seitigen Novelle steht die junge, schwangere Jane Smith, die bei einem Verkehrsunfall enthauptet wird und dennoch ihr Kind zur Welt bringt. Die Geschichte wird Mitte der 70er Jahre von → Emlyn McCarron berichtet, und seine Zuhörer sind → David Adley, → Peter Andrews und → George Gregson, Mitglieder im geheimnisvollen Privatclub → »Der Club« in einem alten Backsteinhaus in der 249 B East 35th Street in Manhattan, in dem sich eine seltsame Schar Männer regelmäßig trifft, um sich ungewöhnliche Geschichten zu erzählen. Oben in dem Gebäude sind viele Zimmer, und als ein neues Mitglied sich nach der exakten Zahl erkundigt, sagt der seltsame alte Butler Stevens zu ihm: »Das weiß ich nicht, Sir, aber Sie könnten sich da oben verirren.« »Dieser Herrenclub ist«, bekennt King, »in Wahrheit eine Metapher für den gesamten Prozeß des Geschichtenerzählens. In mir sind ebenso viele Geschichten, wie es Zimmer in diesem Haus gibt, und ich kann mich sehr leicht in ihnen verirren.« Vorliegende Novelle ist im übrigen die einzige Geschichte der vier in »Jahreszeiten« enthaltenen Novellen, die ein wenig von jenem »schaurigen« King widerspiegelt, den man gewohnt ist. Die anderen drei → »Pin Up«, → »Der Musterschüler« und → »Die Leiche« sind klassische Mainstream-Literatur.

Atlantis (Hearts of Atlantis)
Roman. O.: Scribner, New York 1999
Dt.: Heyne Verlag, München 1999, Ü.: Peter Robert
Stephen King schreibt, das wissen wir seit → »Das Mädchen« und → »Der dunkle Turm IV: Glas«, nicht unbedingt mehr nur straighten Horror. King ist sehr gefühlvoll geworden, sehr intensiv. Auch imposanter, poetischer. Romantischer. Wundert es? Nach nunmehr 60 Veröffentlichungen ist auch für King der Punkt erreicht, wo er nicht mehr an seinen alten Sachen gemes-

sen werden möchte ... Immer noch der alte Horror-Hansel sein, irgendwann hat wohl jeder die Nase voll. Die Schublade, in die man ihn drängt, ist ohnehin voll. Warum also noch ein neues Monster aus der Tasche packen, das nächste PSI-Phänomen erfinden ... Die Zeit ist reif für Neues.

Er experimentiert (z.B. das Drehbuch → »Der Sturm des Jahrhunderts«). Ein Zeichen dafür, daß er reifer geworden ist. So auch bei »Atlantis«. Der Roman besteht aus fünf Erzählungen, die trotz wenig Action und Handlung echte Pageturner sind – Kings rasante, mitreißende Schreibe ist der Garant für fesselnde Unterhaltung.

Zum Inhalt: Harwich, Connecticut im Jahr 1960. In der Broad Street 149 wohnt Bobby Garfield mit seiner strengen und geizigen Mutter Liz. Seine Freunde sind der kräftige John Sullivan und die hübsche Carol Gerber, die über beide Ohren in Bobby verknallt ist. Doch der kann sie auch nicht davor retten, daß der arrogante William Sheaman sie mit seinen Kumpels fürchterlich verdrischt. Eines Tages zieht Theodore Brautigan, ein freundlicher älterer Herr, in das Haus mit ein, der Bobby in das Geheimnis der Männer in Gelb einweiht. Männer, die ihn verfolgen. Männer mit übernatürlichen Fähigkeiten. »Niedere Männer«, wie Ted sie nennt. Oder auch: »Brecher.« Brecher?

Ted erklärt: »Da ist ein Turm. Der hält alles zusammen. Da sind → Balken, die ihn irgendwie schützen. Da ist ein → Scharlachroter König, und da sind Brecher, die daran arbeiten, die Balken zu zerstören ... nicht, weil die Brecher es wollen, sondern weil er will, daß sie es tun. Der Scharlachrote König.«

Bobby versteht nicht, doch der King-Leser weiß es. Und ist entsetzt, als die niederen Männern Ted zurückholen in die → Mittwelt. Wer also ist Ted? Welche Rolle spielt er in der Sage → »Der dunkle Turm«. Fragen über Fragen, die King unbeantwortet läßt, denn er setzt die Geschichte von »Atlantis« fort, anders, als es der eingefleischte King-Fan erwarten würde.

Wenige Jahre später, 1966, führen das Kartenspiel »Hearts« und der

Atlantis (Hearts of Atlantis)

Vietnamkrieg dazu, daß ein Haufen College-Studenten an der Universität von Maine den Boden unter den Füßen verliert, unter ihnen Ronnie Malenfant, der wenig später in den Krieg ziehen muß. Carol Gerber, die ebenfalls studiert, wird dagegen zunehmend zur militanten Vietnam-Gegnerin.

Jahre später, 1983, New York. Bill Shearman tut Buße dafür, daß er Carol Gerber 1960 fürchterlich verdroschen hat. Jeden Tag geht er als Penner auf die Straße und sammelt Geld, vieles davon spendet er. Doch ein korrupter Bulle will ihn an seiner Buße hindern. Da erinnert er sich an seine alten, skrupellosen Vietnam-Kameraden. Sie könnten ihm helfen, tummeln sie sich doch immer noch in seinem Kopf.

Jahre später, 1999, New York. John Sullivan gibt einem Vietnam-Kameraden die letzte Ehre. Dabei durchlebt er die Kriegstage noch einmal, die abgestürzten Hubschrauber, die herausquellenden Gedärme, Willie Shearman und Roonie Malenfant, die an seiner Seite kämpften. Auf dem Weg nach Hause erleidet John einem Herzinfarkt und stirbt. Daraufhin kehrt Bobby Garfield in seine Heimat zurück, um John Sullivan die letzte Ehre zu erweisen. Dabei trifft er Carol wieder, die inzwischen unter anderem Namen lebt. Gemeinsam schauen sie in den Sonnenuntergang ...

Diese fünf Erzählungen sind unverkennbar miteinander verwoben. Auch die Schicksale der Menschen kreuzen sich immer wieder. Zufall? Schicksal? Menschliche Schicksale, Leiden, Liebe ... und Glaubwürdigkeit. Der aufrichtige Charakter des Menschen, als Kind, am College, in Vietnam, daheim in den Staaten, und am Ende, als Bobby seiner Kinderliebe Carol gesteht, daß er bereits verheiratet ist und Kinder hat (er hätte ja auch schweigen und seine alte Liebe Carol endlich, endlich ins Bett zerren können) spielt in den fünf Erzählungen eine bedeutsame Rolle!

Im Grunde erzählt King also eine herkömmliche Geschichte, die die Emotionen, die Gefühle, die Gedanken der krisenbewegten 60er und 70er Jahre zum Ausdruck bringt. Aber King erzählt die Geschichte nicht, wie wir es gewohnt sind, anhand eines x-beliebigen Protagonisten, sondern anhand diverser Personen, deren Wege sich immer wieder kreuzen. Es geht King weniger um die Protagonisten; King geht es um Gefühle.

PS: Wer wissen will, wie es mit Ted weitergeht – nun, es wird weitergehen. Die Bezüge zum »Dunklen Turm« sind offenkundig. Wer alle vier Dark-Tower-Romane (inklusive der Erzählung → »Der dunkle Turm – Die kleinen Schwestern von Eluria«) gelesen hat, der wird wissen, daß im kommenden fünften Roman die sogenannten Balkenbrecher noch eine bedeutsame Rolle spielen, denn: Alles dient dem Turm. Die Balken führen zum Turm ...

PPS: Die Balkenbrecher und die Männer in Gelb sind in »Atlantis« augenscheinlich nur ein Zugeständnis von King an seine hartgesottenen Horror-Fans.

PPPS: Laut StephenKing.com laufen jetzt auch die Vorbereitungen zur Verfilmung von »Atlantis«. Allerdings werden dabei nur zwei Storys genutzt.

Atropos

In der griechischen Mythologie ist Atropos eine der drei (antiken) Schicksalsgöttinnen, die den Ablauf der Ereignisse im menschlichen Leben bestimmen. Sie verkörpern die Idee des unerbittlichen Schicksals, wurden von verschiedenen Schriftstellern aber unterschiedlich aufgefaßt. In manchen Fällen scheinen die Schicksalsgöttinnen nur den Willen anderer Götter auszuführen, in anderen beugt sich sogar Zeus ihrem Willen. So oder so, sie stellen das ordnungsgemäße Funktionieren des Universums sicher: → Klotho spinnt, → Lachesis reicht den Lebensfaden zu, Atropos schneidet ihn ab. In dem Roman → »Schlaflos« sind es drei kleine, bleiche, kahlköpfige Gestalten, die der schlaflose → Ralph Roberts in einer ihm plötzlich offenbarten Hyperrealität wahrnimmt, die sich an den Lebensschnüren seiner Mitmenschen, seltsam farbigen Auren, zu schaffen machen. Während Klotho und Lachesis den »Großen Plänen« des Lebens, dem sogenannten → »Ka« entsprechen, ist Atropos bei King für den Zufall verantwortlich. Und der will es, daß Atropos das Leben des → Revolvermannes → Roland Deschain in der Saga → »Der dunkle Turm« bedroht.

Auflage

Vorsichtigen Schätzungen zufolge wird die Weltauflage von Stephen King im Jahr 2001 annähernd 220 Millionen betragen.

August in Brooklyn (Brooklyn August)

Gedicht. In: O.1: »Io«, 1971; O.2: »Nightmares & Dreamscapes«, Viking Verlag, New York 1993 / Dt.: »Alpträume«, Hoffmann & Campe, Hamburg 1993; Ü.: Joachim Körber

Auf zwei lyrischen Seiten bringt King seine Begeisterung für das Baseball-Spiel zum Ausdruck.

Außenseiter

→ Aschenputtel

Auszeichnungen

Folgende Auszeichnungen konnte King in den letzten 20 Jahren in Empfang nehmen:

1980: »Alumni Career Award« von der University of Maine in Orono;

1981: »Best Book for young adults« für den Roman → »Feuerkind«, ausgewählt von der American Library Association;

1981: »World Fantasy Award«, Best Short Fiction, für die Erzählung → »Der Gesang der Toten«;
1982: »Best Fiction Writer of the Year«, ausgewählt vom »Us«-Magazin; »Hugo Gernsbeck Award«, Best Non Fiction, für das Buch → »Danse Macabre«; »Locus Award«, Best Non Fiction, für das Buch »Danse Macabre«.
1986: »Golden Pen Award« von der Young Adult Advisory Committee of the Spokane Public Library;
1988: »Bram Stoker Award«, Best Novel, für den Roman → »Sie«;
1990: »Bram Stoker Award«, Best Collection, für die Novellensammlung → »Four Past Midnight«;
1994: »O. Henry Award«, Best American Short Story, für die Erzählung → »The Man in the Black Suit«; »World Fantasy Award«, Best Short Fiction, für die Erzählung »The Man in the Black Suit«.
1995: »Bram Stoker Award«, Best Short Story, für die Kurzgeschichte → »Lunch im Gotham Café«;
1996: »Bram Stoker Award«, Bester Horrorroman, für → »The Green Mile«; »9th Annual Collectors Award« für sammelnswerte Einzelausgabe, für »The Green Mile«;
1997: »Locus Award«, Bester Horrorroman, für den Roman → »Desperation«;
1999: »Bram Stoker Award«, Bester Horrorroman, für → »Sara«, »Locus Award«, Bester Horrorroman, für »Sara«
2000: »Saturn Award«, Bester Film im Bereich Action/Abenteuer/Thriller, für »The Green Mile«; beste Einzelpräsentation im TV, für → »Sturm des Jahrhunderts«.

Authentizität
→ Realismus

Autopsy Room 4
Kurzgeschichte. In: »Six Stories«, Philtrum Press, Bangor 1997
Die Erzählung wird in der auf 1100 Stück limitierten, numerierten und signierten Sammlung »Six Stories« veröffentlicht, gedruckt im Eigenverlag → Philtrum Press.

Avery, Herkimer
Auch »Herk« genannt. In der Saga → »Der dunkle Turm« war Herk Avery – fett wie ein Schwein voller Erde – der Chief Constable von → Hambry und Hohe Sheriff der → Baronie Mejis im Osten von → Mittwelt. (»Der dunkle Turm IV: Glas«).

B

Babylon Here
→ Sword in The Darkness

Bachman, Richard
Bekanntestes → Pseudonym von Stephen King, mit dem der Taschenbuchverlag NAL (→ New American Library) nach dem rasanten Erfolg von → »Carrie«, → »Brennen muß Salem« und → »Shining« operiert, weil er befürchtet, der Markt wäre zu schnell übersättigt. Stephen King ist's recht, will er doch, »daß Bachman sich im Hintergrund hielt«, und testen, ob sich seine Romane auch verkaufen, wenn nicht »King« auf dem Cover steht. Der erste der insgesamt fünf Romane, die zwischen 1977 und 1984 unter Bachmans Namen veröffentlicht werden, ist → »Amok« (O.: 1977; Dt.: 1988), der ursprünglich den Titel »Getting It On« trägt und 1971, knapp sechs Jahre vor dem Erscheinen unter Bachman, von → Doubleday abgelehnt worden ist. Es folgen → »Todesmarsch« (O.: 1979; Dt.: 1987) → »Sprengstoff« (O.: 1981; Dt.: 1986), → »Menschenjagd« (O.: 1982; Dt.: 1986). Vier Romane, die King lange vor »Carrie« geschrieben hat und sich deshalb auch maßgeblich davon abheben. Den vier Romanen liegt eine strikte, sozialkritische Haltung zugrunde; sie halten den Lesern, vornehmlich der Mittel- und Oberschicht, einen Spiegel vors Gesicht: Menschen, die zum Zwecke der Unterhaltung in den Tod geschickt werden (»Menschenjagd«); Menschen, die Colaschlürfend dabei zusehen (»Todesmarsch«), Menschen, denen alles wichtiger ist als die Ängste, Nöte und Belange ihrer Mitmenschen (»Amok« und »Sprengstoff«). Die Kluft zwischen Arm und Reich, Macht und Ohnmacht ist groß, und die Wahrheit hinter allem ist: Wer den größten Knüppel hat, hat die meiste Macht. Kings Helden, der Randexistenz entsprungen, lehnen sich auf – und werden für verrückt erklärt. Aber in Wirklichkeit sind sie nur Opfer einer verrückten Gesellschaft. Sie versuchen, normal zu sein, aber in einer falschen Welt kann Normalität sehr, sehr gefährlich werden.

Einzig das fünfte Bachman-Buch, → »Der Fluch« (O.: 1984; dt: 1986), entsteht, als King schon erfolgreich ist, und entspricht dank des übersinnlichen Elements eher dem typischen King-Style. Angeblich weiß aber niemand außer Lektorin Elaine Koster und dem Leiter der Lizenzabteilung bei NAL, wer sich tatsächlich hinter Bachman verbirgt. Die offizielle Verlagsvita liest sich so: Richard Bachman ist ein Vietnamveteran, der 1942 geboren wurde, an der University of New Hampshire studiert hatte, bevor er u.a. als Fensterputzer, Fischer, Sicherheitsbeamter und Molkereiwirt arbeitete.

Enttarnt wird King 1985 von dem Buchverkäufer → Stephen Brown, der angeregt durch den King'schen Stil in »Der Fluch« die alten Bachman-Büchern hervorkramt und in den Urheberrechtsunterlagen von »Amok« auf Kings Namen stößt – ein Versehen des Verlages, indes die späteren vier Bücher alle auf Richard Bachman eingetragen waren. Am 9. Februar 1985 läßt Joan Smith von den »Bangor Daily News« mit ihrem Artikel »Fünf King-Romane durch ein Pseudonym zum Mysterium gemacht« die Welt an der Nachricht teilhaben, was die fünf Bachman-Romane wiederum umgehend auf die Bestsellerliste katapultiert. »Aber die Tatsache, daß ›Der Fluch‹ mit 28.000 Exemplaren verkauft wurde, solange Richard Bachman der Autor war, jedoch 280.000 Exemplare über den Ladentisch gingen, nachdem Stephen King als Autor bekannt wurde, spricht ja auch für sich, nicht?« kontert King in der Einleitung zu dem flugs vom Verlag nachgereichten Sammelband »Stephen King: The Bachman Books: Four Early Novels« (O.: 1985). Alle weiteren Pläne (der Roman → »Sie« ist als nächstes Bachman-Buch geplant) werden begraben. Die Ereignisse um und Erlebnisse mit Bachman verarbeitet King 1989 in dem Roman → »Stark«, in dem ein enttarnter Schriftsteller von seinem medienwirksam ›begrabenen‹ Pseudonym heimgesucht wird. 1996 lebt Bachman überraschend wieder auf, als auf einen Schlag → »Desperation« (als King) und → »Regulator« (als Bachman) erscheinen – ein einzigartiges Experiment. Beide Romane behandeln das gleiche Thema, die Geschehnisse um das Monster → TAK, nur aus unterschiedlichen Perspektiven betrachtet. Kritiker werfen King zwar doppeltes Absahnen vor, tatsächlich gelingen dem Autor aber zwei unterschiedliche Romane, von denen »Regulator« weitestgehend dem ungestümen, reißerischen Stil des aus den 80ern bekannten Richard Bachman folgt.

Balazar, Enrico

In der bislang vierbändigen Saga »Der dunkle Turm« ist Enrico Balazar ein New Yorker Pate, in dessen Auftrag → Eddie Dean im Band → »Der dunkle Turm II: Drei« als Drogenkurier arbeitet. Enrico baut aus Spielkarten leidenschaftlich gerne Häuser. Als das Kartenhaus einmal über neun Ebenen reicht, hat Enricos Bodyguard → Carlocimi 'Cimi Dretto eine Vision von einem Turm, der neun Ebenen hoch gewesen war, ehe er einstürzte ... ein spitzenähnliches Gebilde aus Buben und Damen und Königin und Zehnen und Assen, eine rote und schwarze Konfiguration von Papierdiamanten, die einer Welt zum Trotz standen, welche sich kreisend durch ein Universum unverständlicher Bewegungen und Kräfte bewegte; ein Turm, der für Cimis staunende Augen ein schallendes Leugnen sämtlicher unfairen Paradoxen des Lebens zu sein schien. Hätte er gewußt wie, hätte er gesagt: »Ich habe gesehen, was er gebaut hat, und für mich hat es die Gestirne erklärt.« Die Vision gewährt ihm zweifelsfrei einen Blick auf das endgültige Ziel des → Revolvermanns → Roland Deschain in dessen → Mittwelt.

Balken

In der Saga → »Der dunkle Turm« liegen zwölf sogenannte → Portale ringförmig um → Mittwelt und entscheiden über das Zusammenwirken von Raum, Größe und Dimension aller existierender Welten und Parallelwelten. Die zwölf Portale sind durch magische, unsichtbare Linien, eben jene Balken, miteinander verbunden. Dort, wo die Balken sich kreuzen, im Mittelpunkt, befindet sich die → »Dreizehnte Pforte« als Entree in den dunklen Turm, der das endgültige Wissen um Raum und Zeit enthält. Der → Revolvermann → Roland Deschain und seine Freunde stoßen zu Beginn des Bandes → »Der dunkle Turm III: Tot« auf eines der Portale und müssen nur der sogenannten → »Spur der Balken« folgen, um an ihr Ziel zu gelangen.

Bangor

In Bangor lebt und schreibt der Autor Stephen King, umgeben von seiner Familie, in einem 129 Jahre alten, viktorianischen 23-Zimmer-Haus (histo-

In dieser 129 Jahre alten, viktorianischen 23-Zimmer-Villa lebt und arbeitet Stephen King. Links: Das Ambiente in der Villa ist modern. Ein Blick in den langen Flur, der zu den Arbeitsräumen von King, seiner Frau Tabitha und den Sekretärinnen führt.

risch als italianisierte William-Arnold-Villa bekannt), das von einem schwarzen schmiedeeisernen 82 Meter langen, 4990 Kilo schweren Zaun (entworfen von der Artist Blacksmith Association of North America) mit den verschlungenen Formen von Fledermäusen, Ziegenköpfen, Spinnen und Spinnennetzen umgeben ist. Adresse: Stephen King, 49 Florida Avenue, 04401 Bangor/Maine, USA, Telefax: 001 / 2079423386.

Bannerman, George

Behäbiger, sympathischer Sheriff in den ersten beiden Romanen des mehrbändigen Zyklus um die Stadt → Castle Rock. George Bannerman, von den Bürgern liebevoll »Big Horn« genannt, hat eine Menge schlimmer Sachen überlebt. Zum Beispiel eine Reihe von grausamen Sexualmorden, die ein Mann aus seinen eigenen Reihen, der Cop → Frank Dodd (→ »Das Attentat«) verübt hat. Zwei Jahre danach ist Bannerman draußen an der Town Road Nr. 3 selbst ein Opfer, und zwar vom tollwütigen Bernhardiner → Cujo. »Beide Fälle waren überaus seltsam gewesen, aber die Welt ist ein seltsamer Ort. Und ein harter«, muß sein Nachfolger → Alan Pangborn in den Romanen → »Stark« und → »In einer kleinen Stadt« feststellen.

Baronie Mejis

In der Saga → »Der dunkle Turm« schickte der Baron der → »Baronie von Neu-Kanaan«, → Steven Deschain, seinen 14jährigen Sohn → Roland Deschain in die Baronie Mejis am östlichen Ende der → Mittwelt, um ihn vor dem böswilligen Einfluß des hinterlistigen Hofzauberers → Marten Broadcloak sicher zu wissen. Dessen dunkle Beziehungen erstreckten sich aber inzwischen schon bis in die Hauptstadt der Baronie Mejis, → Hambry, wo er die → Gesetzlosen des → John Farson in ihrer Revolution gegen den → »Bund von Mittwelt« unterstützte (→ »Der dunkle Turm IV: Glas«).

Baronie von Neu-Kanaan

In der Saga → »Der dunkle Turm« ist es das Königreich von → Steven Deschain, dem Vater vom → Revolvermann → Roland Deschain und liegt in der westlichen Region von → Mittwelt. Jedes Jahr fanden zur Unterhaltung der Menschen in → Gilead, der Hauptstadt der Baronie, sieben Jahrmärkte statt: Winteranfang, Weite Erde, Säen, Mittsommer, Volle Erde, Ernte, Jahresende. Rätsel waren feste Bestandteile dieser Volksfeste, bei denen es stets die dickste Gans der Baronie zu gewinnen gab, und zu ›Weite Erde‹ und ›Volle Erde‹ sagten die Rätsel gleichzeitig über Wohl oder Wehe der Ernte voraus. Als Roland entdeckte, daß → Marten Broadcloak, der Zauberer am Hof seines Vaters, ein Verhältnis mit seiner Mutter → Gabrielle Deschain, hat, begann das Ende der Baronie, und eine blutige Revolution suchte Mittwelt heim.

Baum, Lyman Frank

Amerikanischer Schriftsteller, geboren 1856, gestorben 1919. Lyman Frank Baum veröffentlicht 1900 sein Kinderbuch → »Der Zauberer von Oz« und gilt seither als Erfinder des amerikanischen Märchens. Der Roman wird in den USA sofort ein riesiger Erfolg und schon bald in viele Sprachen übersetzt. Gesteigert wird die Popularität noch durch die Verfilmung von Victor Flemming als Musical (1939) mit Judy Garland als Heldin Dorothee. Lyman hat mit dem Zauberer von Oz wesentlichen Einfluß auf die Saga → »Der dunkle Turm« von Stephen King. (→ »Der dunkle Turm IV: Glas«)

Beahm, George

Amerikanischer Autor aus Virginia, der inzwischen zum Haus- und Hofbiograph von Stephen King mutiert ist. In beinahe beständiger Regelmäßigkeit publiziert er Bücher über King, dessen Leben und dessen Werk. Sein wohl populärstes ist »Die Welt des Stephen King« aus dem Jahr 1989 (zwischenzeitlich gibt es eine aktualisierte Neuauflage, erschienen 1995). Seitdem ist »Stephen King – Leben und Werk«, 1992, erschienen, eine sehr weitschweifige, nichts desto trotz aber aufschlußreiche Biographie. 1994 hat er in limitierter Auflage eine weitere, schmuckvolle King-Biographie unter dem Titel »Demon Drive« veröffentlicht. 1998 sind »Stephen King – America's Best Loved Boogeyman« und »Stephen King from A to Z« erschienen, die jedoch nur ein schwacher Aufguß der ersten beiden Bücher sind, darüber hinaus einen intensiven Blick auf Stephen Kings neue Werke (und das sind in zehn Jahren weiß Gott nicht wenige) leider vermissen lassen. (Siehe dazu auch im anhängenden Register: »Weiterführende Literatur zu Stephen King«.) George Beahm gibt auch einen regelmäßigen Newsletter zu Stephen King heraus: Phantasmagoria. Adresse: George Beahm, P.O. Box 3602, Williamsburg, Va. 23187, Telefon 001/757/221-0119, Telefax 001/757/221-0121, eMail: geobeahm@aol.com, http://members.aol.com/geobeahm/index.html.

Beaumont, Thad

Mit dem Schreiberling Thad Beaumont in → »Stark« verarbeitet King sein Alter Ego und langjähriges Pseudonym → Richard Bachman. Wie King wird Beaumonts Pseudonym → George Stark von einem übereifrigen Fan enttarnt. Sowohl King als auch Beaumont entscheiden sich für den Schritt nach vorne und begraben ihr literarisches Alter Ego. Was Beaumont nicht schwer fällt, war der doch nie glücklich über das Pseudonym, das der Öffentlichkeit das Bild eines unsympathischen Rohlings verkauft. Er entschließt sich, im Rahmen eines großen Werbefeldzuges seine »Dunkle Hälfte«, wie er George Stark nennt, feierlich beerdigen zu lassen. Inschrift des Grabsteins aus Pappmaché, neben dem sich Beaumont ablichten läßt: »George Stark,

1975–1988. Kein angenehmer Zeitgenosse.« Thad Beaumont kehrt in sein Landhaus am Ufer des Castle Lake in → Castle Rock ein, um dort keinen weiteren Kriminalbestseller unter dem Namen Stark zu schreiben, sondern wieder anzufangen, Belletristik unter seinem eigenen Namen zu veröffentlichen. Problem: George Stark hat keine Lust zu sterben und steht von den Toten auf.

Before the Play

Erzählung. In: O.: »Whispers«, 1982

In der episodenhaften Erzählung werden fünf unerklärliche Ereignisse im → Overlook-Hotel zwischen 1907 und 1960 geschildert. Die Erzählung ist der nicht veröffentlichte Prolog zu → »Shining«, zwar zum Romanverständnis nicht nötig, aber die Bedeutung des Hotels unterstreichend.

Belegter

In der Saga → »Der dunkle Turm« ist ein Belegter in → Mittwelt so etwas wie ein Sandwich in unserer Welt.

Berühmtheit

Wie es sei, wenn man berühmt ist? Stephen King: »Nicht anders als sonst, nur wenn man sieht, daß einen alle anstarren, ist das ein wenig seltsam. Wenn man berühmt ist, lernt man eines, nämlich immer den Hosenschlitz zuzuknöpfen oder den Reißverschluß hochzuziehen, weil die Leute sagen: ›Das ist Stephen King, und sein Hosenschlitz ist offen.‹ Was immer peinlich ist.«

Bestsellersaurus Rex

Stephen King ist für Verleger und Verlage zweifelsohne ein Goldesel. In seinem Essay »The Politics of Limited Editions« beschreibt er sich selbst wie folgt: »Ich bin zu einem Bestsellersaurus Rex geworden – einer großen, trampelnden Bücherbestie, die geliebt wird, wenn sie Geld scheißt, die man aber haßt, wenn sie Häuser niederstampft ... Ich habe als Geschichtenerzähler angefangen; irgendwo auf meinem Weg bin ich dann zu einem Wirtschaftsfaktor geworden.« Heute sagt man ihm nach, er könne selbst seine Wäscheliste veröffentlichen, weil jeder sie kauft.

Bett's Bookstore

Bett's Bookstore ist nicht nur die älteste Buchhandlung (seit 1931) in Stephen Kings Heimatstadt Bangor. Es ist nach wie vor die beste Buchhandlung für King-Fans, denn hier gibt's → Raritäten, Originalausgaben und limitierte, signierte Exemplare. Bett's Bookstore ist auch eine der besten Möglichkeiten, King-Artikel zu beziehen. Man sollte allerdings zunächst den aktuellen Katalog anfordern. Adresse: Bett's Bookstore, 26 Main Street, Bangor, ME 04401, USA, Telefon 207/947-7052, Telefax 207/947-6615, http://www.bettsbookstore.de; eMail: bettsbooks@aol.com

Bibliothek

In der Erzählung → »Der Bibliothekspolizist« (O./Dt.: 1991) beschreibt Stephen King die öffentliche Bibliothek von → Junction City an der Ecke State Street und Miller Avenue: »Ein eckiger Granitklotz von einem Bauwerk mit so schmalen Fenstern, daß sie wie Schießscharten wirkten. Ein Schieferdach bedeckte alle vier Seiten des Hauses, und wenn man sich ihm von vorne näherte, verliehen die schmalen Fenster und die vom Dach geworfene Schattenlinie dem Gebäude das finstere Gesicht eines Roboters aus Stein ... Mittelwesten-scheußlich. Im Frühling, Sommer und Herbst dämpften die Ahornbäume, die eine Art Hain darum bildeten, das bedrohliche Äußere des Bauwerks, aber jetzt, am Ende eines strengen Iowa-Winters, waren die Ahornbäume noch kahl, und die Bibliothek sah wie eine überdimensionale Gruft aus.« Eindeutig kein Kompliment für amerikanische Büchereien. Ob es daran liegt, daß die frühen King-Romane der → Zensur zum Opfer gefallen und wegen »widerlich obszöner Sprache« aus den Regalen verbannt worden sind?

Billy-Bumbler

Im Band → »Der dunkle Turm III: Tot« begegnen der Revolvermann → Roland Deschain und seine Freunde → Eddie Dean, → Susannah Dean und → John Jake Chambers auf ihrer Reise durch → Mittwelt den Billy-Bumblern, einer mutierten Mischung aus Waschbär und Waldmurmeltier, der man noch einen Schuß Dackel verpaßt hat. Die frühen Exemplare, die die große Katastrophe der → Großen Alten überlebt haben, konnten sprechen, aber inzwischen sind die Billy-Bumblers wortkarg geworden. Mit dem Gesprächigsten von allen schließt der kleine Jake Freundschaft. Er nennt ihn »Boy«, worauf der Billy-Bumbler ihm mit »Oy« antwortet. Jake beschließt, seinen neuen Freund zukünftig »Oy« zu nennen, und Oy wird zu einem Teil des → »Ka-tet«, ihrer Schicksalsgemeinschaft, und begleitet die vier Helden fortan.

Blaine

In der Saga → »Der dunkle Turm« ist Blaine ein Mono, eine rosafarbene Einschienenbahn, mehr aus Fleisch denn aus Metall, die mit Überschallgeschwindigkeit durch → Mittwelt, von der Stadt → Lud bis nach → Topeka fährt. Blaine ist ein Geist-im-Computer-Zug, der dank der Vernetzung mit dem gewaltigen Zentralcomputer unter der Stadt Lud denken und sprechen kann und für sein »Leben« gerne Rätsel löst. Auf ihrer Reise zum dunklen Turm betreten der → Revolvermann → Roland Deschain und seine Gefährten am Ende vom Band → »Der dunkle Turm III: Tot« den Zug, um mit ihm der verseuchten Stadt Lud zu entkommen. Zuvor können sie noch einen Blick auf Blaines Formen werfen: Seine Oberfläche wird an beiden Seiten nur einmal unterbrochen – von einem dreieckigen Fenster mit riesigem Wischer. Was ihm ein sardonisch-grinsendes, menschliches Antlitz gibt, bei dem → John Jakes Chambers fürchterlich erschrickt. Seine Befürchtung – er hat das Buch → »Charlie Tschuff-Tschuff« gelesen – bewahrheitet sich auf unheimliche Weise: Blaine ist ein Monsterzug, der sie gefangen hält und in voller Fahrt dem Tod entgegenrattert, es sei denn, es gelingt ihnen, ihm ein unlösbares Rätsel zu stellen. In letzter Sekunde (→ »Der dunkle Turm IV: Glas«) gelingt das Unterfangen: → Eddie Dean überrascht den High-Tech-Zug mit albernen Scherzfragen aus seiner Kindheit. Witze sind mit der Logik eines Computers nun mal nicht zu lösen, und die »Pseudorätsel« überfordern das Computerhirn, worauf es implodiert. Der Zug stoppt und seine Insassen können sich befreien. »Happy fucking Thanksgiving«, jubelt Eddie und schießt mit seiner Pistole in das menschenleere Führerhaus Blaines.

Blatty, William Peter

Amerikanischer Autor, geboren 1928. Blatty ist mit seinem Roman → »Der Exorzist« richtungweisend für das Horrorgenre. In diesem Buch verarbeitet Blatty seine streng katholische Erziehung, ein Thema, das in der Folgezeit weitere Bestseller wie »Rosemarys Baby« von Ira Levin hervorbringt. Auch Kings Erstling → »Carrie« zehrt vom Erfolg Blattys.

Blaze

Erzählung.

Unveröffentlichtes, am 15. Februar 1973 fertiggestelltes Manuskript mit 173 Seiten, fünfzigtausend Worten und zwanzig Kapiteln. »Blaze« ist ein Melodrama über den plumpen, geistig zurückgebliebenen Claiborne Blaisdell Jr., genannt Blaze, der durch seine Verbindung zum Schuft George Rockley auf die schiefe Bahn gerät und ein Baby entführt, um es der Familie eines bekanntes Geschäftsmannes gegen ein Lösegeld zurückzugeben ... und sich stattdessen in das Kind verliebt. Blaze ist jedoch so dämlich, daß er viele Spuren hinterläßt und von der Polizei schließlich in die Enge getrieben und erschossen wird. »Blaze« ist wie viele andere unveröffentlichte King-Werke in der Stephen-King-Abteilung der → Universität von Maine in Orono hinterlegt.

Blind Willie

Kurzgeschichte. In: O.: »Six Stories«, Philtrum Press, Bangor 1997

In der auf 1100 Stück limitierten, numerierten und signierten Sammlung »Six Stories« veröffentlichte Erzählung, gedruckt im Eigenverlag → Philtrum Press.

Bloch, Robert

Amerikanischer Schriftsteller, geboren 1917, gestorben 1994. Autor des weltberühmten »Psycho«, einem herausragenden Beispiel für die → »Gothic Novel«, deren zentraler Inhalt oft geheimnisvolle Häuser sind. Kings Anlehnung findet sich in dem Roman → »Shining«, in dem das → Overlook-Hotel einen bösartigen Einfluß auf seine Bewohner hat.

Blut (Skeleton Crew)

Sammelband. O.: Putnam, New York 1985 /
Dt.: Heyne Verlag, München 1996; Ü.: Joachim Körber

In Deutschland wird der im Original lautende Sammelband »Skeleton Crew« 1985 in drei Teilen veröffentlicht, nämlich in den Bänden → »Der Fornit«, → »Der Gesang der Toten« und → »Im Morgengrauen«. Mit »Blut« folgt 1996 eine Neuübersetzung aller Erzählungen, und zwar: → »Der Nebel«; → »Hier seyen Tiger!«; → »Der Affe«; → »Kains Aufbegehren«; → »Mrs. Todds Abkürzung«; → »Der Jaunt«; → »Der Hochzeitsempfang«; → »Paranoid: Ein Gesang«; → »Das Floß«; »→ Der Textcomputer der Götter«; → »Der Mann, der niemandem die Hand geben wollte«; → »Dünenwelt«; → »Das Bildnis des Sensenmanns«; → »Nona«; → »Für Owen«; → »Überlebenstyp«; → »Onkel Ottos Lastwagen«; → »Morgenlieferung (Milchmann 1)«; → »Große Räder: Eine Geschichte aus dem Wäschereigeschäft (Milchmann 2)«; → »Omi«; → »Die Ballade von der flexiblen Kugel«; → »Die Meerenge«. In Amerika gibt es darüber hinaus eine auf 1052 numerierte und signierte Exemplare veröffentlichte Ausgabe (O.: Scream Press, Santa Cruz 1985) von »Skeleton Crew«, die neben den oben genannten zusätzlich die Kurzgeschichte → »Die Offenbarungen der Becka Paulson« enthält, die später in überarbeiteter, endgültiger Form in den Roman → »Das Monstrum« (O: 1987; Dt.: 1988) einfließt.

Blut und Rauch (Blood & Smoke)

Hör-CD. O.: Scribner, New York 2000; Dt.: Ullstein, München 2000, Dt. Übersetzung von Wulf Bergner

Stephen King hat einen solchen Spaß bei der Aufnahme der monumentalen, ungekürzten Audioversion seines Romans → »Sara«, daß er sich entschließt, die aus den drei Geschichten → »Lunch in Gotham Café, → »1408« und → »Im Kabinett des Todes« bestehende Sammlung »Blood and Smoke« exklusiv als Hörbuch herauszubringen, gelesen von ihm höchstpersönlich (in Deutschland von Ulrich Pleitgen). Hierbei handelt es sich um Horror-

geschichten, die durch das Thema Zigaretten miteinander im Zusammenhang stehen. Die einer Zigarettenschachtel nachempfundene Verpackung ist amüsant und originell. »Drei Erzählungen, ihr gemeinsames Thema ist Rauchen, das fröhliche Gift, wie King es nennt. Die Verpackung sieht aus wie eine Schachtel Zigaretten, sogar die Gesundheitswarnung steht drauf: Hören nach Sonnenuntergang kann Angst und Verwirrung verursachen und akute Paranoia auslösen.« (Bild Online, 25. Dezember 1999).

Bowden, Todd

Der dreizehnjährige Todd Bowden aus New York verkörpert in der Novelle → »Der Musterschüler« (in: → »Jahreszeiten«) den typischen Durchschnittsamerikaner, mehr noch, den lieben, netten (unbekümmerten) Jungen von nebenan, den wir alle kennen, der trotz (oder gerade wegen) aller Behutsamkeit, in der er aufwächst (sein Vater hält nichts von Prügel, denn »körperliche Züchtigung schafft mehr Probleme als sie kuriert«), anfällig ist für die Gefahren da draußen in der weiten Welt. Todd hat nämlich ein makabres Hobby: Der Holocaust der Nazis fasziniert ihn sondergleichen, und obwohl er über die Verwerflichkeit Bescheid weiß (Todd sagt, die Bücher über die Nazigreuel seien geschrieben, als hätten die Autoren »darüber schlaflose Nächte gehabt. Und daß wir aufpassen müssen, daß so etwas nie wieder geschieht.«), erliegt er der Faszination aus Grauen, Macht und Tod. King glaubt: »Was die Deutschen taten, übt vielleicht auf uns alle eine Art tödliche Faszination aus – es erschließt die tiefsten Abgründe unserer Phantasie ... Vielleicht wissen wir, daß unter den richtigen Umständen die Dinge, die in diesen Abgründen unserer Phantasie leben, nur allzu gern herauskriechen.« Auch wenn die Novelle inzwischen 20 Jahre alt ist, Todd Bowden sollte uns immer noch eine deutliche Warnung sein, heute vielleicht sogar mehr denn je ...

Bradbury, Ray

Amerikanischer Schriftsteller, geboren 1920. Stephen King sieht sich selbst in der Traditin eines Ray Douglas Bradbury, dessen literarisches Schaffen - von »Fahrenheit« und den »Mars-Chroniken« abgesehen – zumeist rätselhaft – und häufig makaber ist. »Ich bin der Meinung«, schreibt King voller Hochachtung in seinem Buch → »Danse Macabre« über Bradbury, »daß

›Das Böse kommt auf leisen Sohlen‹, eine dunkle, poetische Geschichte, die in der halb mythischen, halb realen Kleinstadt Green Town, Illinois, spielt, wahrscheinlich Bradburys bestes Buch ist – ein schattenhafter Nachfahre der Tradition, die uns Geschichten über Paul Bunyan und seinen blauen Ochsen, Babe, Pecos Bill und Davy Crockett brachte. Es ist kein perfektes Buch; manchmal verfällt Bradbury in die schwülstigen Übertreibungen, die zu viele seiner Werke aus den siebziger Jahren kennzeichnen. Einige Absätze sind Eigenplagiate und peinlich überzeichnet. Aber das ist nur ein kleiner Teil des gesamtes Werkes; in den meisten Fällen zieht Bradbury seine Story mit Nachdruck und Schönheit und panachage durch.«

Bereits in frühen Jahren versucht King seinem Vorbild nachzueifern. 1974, noch vor seinem großen Erfolg mit → »Carrie«, beginnt er die Kurzgeschichte → »Darkshine«, die sich an Bradburys Erzählung »Das Kinderzimmer« anlehnt.

Bram Stoker Award

Die Horror Writers of America, die amerikanischen Horrorprofis, verleihen jährlich den Bram Stoker Award. 1988 geht der Preis in der Kategorie »Best Novel« an King für den Roman → »Sie«. 1990 in der Kategorie »Best Collection« für die Novellensammlung → »Four Past Midnight«, 1995 in der Kategorie »Best Short Story« für → »Lunch im Gotham Café«; 1996 in der Kategorie »Best Novel« für den Roman → »The Green Mile«; 1999 in der Kategorie »Best Novel« für seinen Roman → »Sara«.

Brennen muß Salem (Salem's Lot)

Vampirroman. O.: Doubleday, Garden City 1975 /
Dt.1: Paul Zsolnay Verlag, Wien 1979; Ü.: Ilse Winger, Christoph Wagner;
Dt.2: Paul Zsolnay Verlag, Wien 1995; Ü.: Peter Robert

Die Kings und Freunde eines Abends beim Essen. Stephen King: »Was würde passieren, wenn Dracula heute zurückkommen würde?« Seine Ehefrau → Tabitha King: »Nun, er würde im Port Authority in New York landen und von einem Taxi überfahren werden, und das wäre sein Ende.« Ein Freund des Hauses: »Aber angenommen, er würde in einer Kleinstadt irgendwo im Landesinneren von Maine wiederkehren. Ihr wißt schon, in einen dieser Orte, durch die man hindurchfahren kann, und alle könnten gestorben sein, ohne daß man es je erfahren würde.« Die Idee zu »Brennen muß Salem« ist geboren. Stephen King verlegt mit diesem Roman die Vampirlegende von Transsylvanien in Europa nach Neuengland in Maine und erweckt sie dort zu neuem, modernem Leben. Als Gegengewicht für die Unwirklichkeit des Vampirmythos, wie sie → Bram Stoker in → »Dracula« schafft, setzt King die alltägliche Wirklichkeit von → Jerusalem's Lot ein, einer verschlafenen Kleinstadt nahe → Falmouth. Dorthin kehrt der Schriftsteller

Ben Mears nach einem Vierteljahrhundert zurück, um ein Buch über das → Marstenhaus zu schreiben, angeblich ein → Spukhaus. Ob da was Wahres dran ist, erfahren wir erst später, denn zuvor gilt es die idyllische Szenerie einer typisch amerikanischen Kleinstadt aufzusaugen, wie sie King bekanntlich par excellence zu schildern versteht. Da sind zwei Jungs, die mit Angelruten gleich Karabinern über den Schultern parallel zur Schnellstraße gehen. Dort, im Norden, der dichtbewaldete Teil der Stadt, wo das Gelände hügelig ist, obwohl es niemandem so vorkommt, höchstens jemandem aus den Ebenen des Mittelwestens. Hier ist der Royal River, ein alter Fluß, der seine Ufer beinahe senkrecht abgeschliffen hat. Im Südwesten von Salem's Lot sind die Wohnwagen. In einem wohnt Sandy McDougall, eine Siebzehnjährige, die in einem Wohnwagen mitten im Nirgendwo festsitzt, mit einem Mechaniker verheiratet ist und ein neugeborenes Baby aufzieht, statt ihre Träume von einem Leben als Fotomodell zu verwirklichen. Sie ist umgeben von ausgeschlachteten Autos auf Ziegelsteinen, Schaukelreifen an ausgefransten Stricken, glitzernden Bierdosen am Straßenrand, zerlumpter Wäsche an Leinen. Und da sind Jack und Hal Griffen, zwei kleine Jungs, deren Vater Charles die größte Milchfarm südlich von Mechanic Falls gehört. Wir laufen dem Milchmann Irwin Purinton über den Weg, der → Pater Callahan grüßt. Wir sehen Eva Miller, die die einzige Pension am Ort betreibt, in der auch Mears sich ein Zimmer nimmt. Natürlich treffen wir auch Susan Norton, mit der sich Ben Mears schnell anfreundet, und vielleicht wäre aus der Bekanntschaft noch viel mehr geworden, wäre da nicht das Marstenhaus, jenes alte Haus, das über der Stadt thront wie Bates Motel in → »Psycho« über dem Highway. Plötzlich verdunkelt sich Mears Blick. Tatsächlich lebt in dem Marstenhaus – wie in einer klassischen → »Gothic Novel« von → Shirley Jackson – das Böse.

Anstatt erotischer und homoerotischer Schwülstigkeiten, die sich in dem großen → Vorbild → »Dracula« von → Bram Stoker« finden, exerziert King (einmal mehr) die typischen Ängste des kleinen Bürgers auf dem Land. Veräußerlicht wird diese Angst durch den Vampir, der schleichend und beißend seine üble Saat verbreitet. King glaubt: »Dracula ist für mich eine hervorragende Leistung, weil dort das Konzept des äußeren Bösen vermenschlicht wird; wir begreifen es auf eine vertraute Weise.«

Richard Throckett Straker, ein hochgewachsener, kahlköpfiger Fremder, hat das Marstenhaus gekauft und eröffnet ein Antiquitätengeschäft. Er ist der Gesandte von Kurt Barlow, dem grausigen Vampir, der wie eine elegante Bela-Lugosi-Kopie ausschaut, der sich zuallererst über den armen Danny Glick hermacht, später beinahe die ganze Ortschaft in Vampire verwandelt hat, bis auf eine Gruppe furchtloser Jäger. Stokers tapfere Helden um Van Helsing lassen grüßen. Aber Stephen King hat nie einen Hehl daraus gemacht, daß sein Roman eine große Verbeugung vor »Dracula« ist.

Am deutlichsten wird die Salem-Dracula-Parallele, als Mears die geliebte Susan Norton pfählen muß (in Anlehnung an das Pfählen der geliebten Lucy Westenra in Stokers Buch). Oder: Pater Callahans Hand verbrennt, als dieser die → Kirche betritt, um die Absolution zu empfangen (als Van Helsing in »Dracula« Minnas Stirn mit einer Hostie berührt, um sie von der unreinen Berührung des Grafen zu reinigen, lodert diese in Flammen auf). Eine andere Parallele muß King auf Anraten seines entsetzten Lektors jedoch herausstreichen: Ursprünglich wimmelt es im Keller des Barlow-Sitzes vor fürchterlichen Ratten (wie im Keller von Carfax, dem Londoner Sitz des Stokerschen Grafen), die sich mit viel Geschmatze über den örtlichen Arzt Jimmy Cody hermachen. King: »Sie greifen Jimmy zu Hunderten an, und wir werden mit der Schilderung verwöhnt, wie der gute Doktor die Treppe wieder hinaufstolpert und dabei von Ratten bedeckt ist. Sie sind in seinem Hemd, krabbeln in seinem Haar, beißen ihn in Hals und Arme. Als er den Mund aufmacht, springt ihm eine hinein und nistet sich dort wuselnd ein.« Ekel hin, Ekel her. Ben Mears gelingt es gemeinsam mit dem elfjährigen Mark Petrie, dem üblen Widersacher zu trotzen – sie können ihn in letzter Sekunde pfählen –, müssen am Ende aber trotzdem fliehen. Die Stadt geht in einem gewaltigen → Feuermeer unter und scheint seitdem ausgestorben. Doch in der Erzählung → »Einen auf den Weg« (in: → »Nachtschicht«), die im Nachbarort Falmouth spielt, erfahren wir, daß das vampiröse Treiben in Salem's Lot noch lange nicht zu Ende ist.

»Brennen muß Salem« ist auch eine kunterbunte Hommage an die von King heißgeliebten Cartoons (→ Zeichentrick) der → E.C.Comics aus den 50er Jahren, in denen Vampirgeschichten stets ein Teil des Repertoires waren. Jene Szene, die laut King am besten in der E.C.-Tradition funktioniert, ist die, als der Busfahrer Charlie Rhodes (der ein typischer E.C.-Tunichtgut ist) um Mitternacht erwacht und hört, wie jemand die Hupe seines Busses betätigt. Nachdem die Bustüren für immer hinter ihm zugefallen sind, findet er heraus, daß der Bus voller Kinder ist – aber sie sind allesamt Vampire. Eine andere, vielleicht sogar die absurdeste Szene: Eva Millers Ehemann Ralph findet sein Ende in einem Häcksler, er stirbt. Das Schräge daran: Ralph (dank seines Cartoon-Namens das Sinnbild einer allen Widrigkeiten trotzenden Zeichentrickfigur) ist einer der wenigen, der in Jerusalems Lot auch wirklich tot bleibt – verkehrte King-Welt. Last but not least: Der elfjährige Mark Petrie bezieht seine Kenntnisse über den Kampf gegen Vampire ausgerechnet aus den kruden Pulp-Comics.

»Brennen muß Salem« ist im übrigen, wenn auch nur beiläufig, mit der Saga → »Der dunkle Turm« verknüpft. Im Nachwort zu → »Der dunkle Turm IV: Glas« schreibt King als Vorankündigung für Teil 5, in dem der → Revolvermann → Roland Deschain in ein Land namens → Donnerhall gelangen wird: »In Mittwelt gibt es Platz für ... Pater Callahan, den verfluchten Priester aus Salem's Lot, der Neuengland mit dem Greyhound-Bus verließ und an der Grenze eines schrecklichen Landes von Mittwelt namens Donnerhall herauskam.«

Briefe aus Jerusalem

Kurzgeschichte. In: O.: »Nightshift«, New York 1978 / Dt.: »Nachtschicht«, Bastei-Lübbe Verlag, Bergisch Gladbach 1984; Ü.: Barbara Heidkamp

Wie sein erklärtes → Vorbild → Bram Stoker mit → »Dracula«, erzählt King anhand der Briefkorrespondenz zwischen Charles Boones und Everett Granson das mysteriöse Wirken eines → Vampirs in dem verlassenen Ort → Jerusalem's Lot. Möglicherweise möchte King »Briefe aus Jerusalem« sogar als Fortsetzung von Bram Stokers Roman verstanden wissen, denn am Ende schreibt der unselige Charles Boones, kurz bevor er voller Verzweiflung freiwillig aus dem Leben scheidet: »Er [der Vampir] lebt noch immer in den gewundenen, finsteren Gängen unter Jerusalem's Lot.« Kings Geschichte, die 1850 spielt, ist mit Sicherheit aber eine frühe Einleitung zum Roman → »Brennen muß Salem«, in dem Kurt Barlow die ganze Bevölkerung von Jerusalem's Lot auslöscht, indem er sie zu Vampiren macht.

Brillenstärke

Wohl jeder hat sich schon einmal über die ungeheuren Brillengläser von Stephen King gewundert. Inzwischen wissen wir: Kings Sehvermögen ist nicht sonderlich gut. In → »Danse Macabre« (1981) schreibt King über seine Sehkraft: »Meine Brille sieht wie eine aus, aber manchmal denke ich, ich habe ein paar Colaflaschenböden auf der Nase.« Auch sein Vater trug eine Brille, und dessen größte Sorge galt – nach Aussage von Stephens Mutter – »der Tatsache, daß man ihm seiner schlechten Augen wegen den Führerschein wegnehmen könnte [...] Er [hatte] die Angewohnheit, über Bordsteine und an roten Ampeln vorbei zu fahren. Mit meinem eigenen Sehvermögen ist es ähnlich ...«

1999 berichtet King in einem Interview mit der BBC (in dem er seine Brille aber nicht trug, »weil sie nur stört«) ernster und ausführlicher über seine drohende Erblindung: »Ich leide an einer [Retina]-Degeneration, allerdings nicht in einer aktiven Phase. Es handelt sich um eine Verdünnung der Netzhaut, die meist in fortgeschrittenem Alter auftritt. Bei mir hängt sie aber mit einer ausgeprägten, genetisch bedingten Kurzsichtigkeit zusammen. Am Ende wird die Netzhaut so dünn, daß sie durchscheuert – wie bei einem Loch in einem Schuh. Bislang gibt es noch keine wirkliche Heilmethode. Ich kann mir auch nicht vorstellen, wie es ist, blind zu sein, weil ich es – Gott sei Dank – noch nicht war [...] Ich trage zwar diese dicken [Brillen]Gläser und habe einige Probleme mit den Augen, aber noch kann ich sehen. Und wer weiß ...? Ich denke, auch ohne Schreiben würde ich weiterleben.«

Broadcloak, Marten

In der bislang vierbändigen Saga → »Der dunkle Turm« war Marten Broadcloak der Hofzauberer der → Baronie von Kanaan, der Heimat des → Revolvermannes → Roland Deschain. Weil Marten den dunklen Plänen des → Scharlachroten Königs folgt, ging er ein Verhältnis mit → Gabrielle Deschain ein, der Mutter von Roland und Ehefrau des Barons von Kanaan, → Steven Deschain. Das führte zu einem Eklat und öffnete den Revolutionären um → John Farson Tor und Türen im Kampf gegen den → Bund von Mittwelt. In den darauffolgenden Gefechten tötete Marten auch den unliebsamen Steven Deschain. Wie sich in dem Band → »Der dunkle Turm IV: Glas« herausstellt, ist Marten Broadcloak in Wirklichkeit nur eines von vielen Gesichtern, die der Bösewicht → Randall Flagg trägt.

Broadway

Amerik. Musical-Boulevard

Stephen King und der Rocker John Mellencamp bereiten ein gruseliges Musical für den Broadway vor. Das »Billboard Magazine« berichtet, das Musical drehe sich um Brüder und deren Vater, die in einer Zelle landen, welche von den Geistern ihrer Vorfahren besetzt ist. Die Idee für das Theaterstück hatte Mellencamp, der King das Konzept in Florida unterbreitet habe. King möge die Story und habe daher zugesagt, bei dem Musical mitzuarbeiten. Das wäre dann Kings zweiter Ausflug ins Musical-Fach. Der erste Versuch mit → »Carrie« scheiterte 1988 kläglich.

Brower, Henry

Henry Brower ist → »Der Mann, der niemandem die Hand geben wollte« in gleichnamiger Erzählung, die 1919 spielt. Möglicherweise der Großvater von → Ray Brower, der in der Novelle → »Die Leiche« vermißt wird.

Brower, Ray

Ray Brower ist der Junge, dessen sterbliche Überreste die vier Freunde aus → Castle Rock in der Novelle → »Die Leiche« (In: »Jahreszeiten«) suchen wollen. Möglicherweise ist er der Enkel von → Henry Brower in der Erzählung → »Der Mann, der niemandem die Hand geben wollte«.

Brown, Stephen

Findiger Buchhändler aus Washington, D.C., der 1985 Stephen King hinter dem Pseudonym → Richard Bachman enttarnte.

Browning, Robert
Britischer Dichter und Autor, geboren 1812, gestorben 1889. Sein Gedicht → »Herr Roland kam zum finstern Turm« dient als literarische Vorlage für Kings Sage → »Der dunkle Turm«.

Bund von Mittwelt
In der Saga »Der dunkle Turm« war der »Bund von → Mittwelt« der Zusammenschluß der hochherrschaftlichen Baronien, die Recht und Ordnung aufrechterhielten, bevor mit → John Farson und seinen → Gesetzlosen Mittwelt ein Desperado für Schurken und Halunken wurde.

Burlingame, Jessie
Unglückliche Heldin in dem Roman → »Das Spiel«. Wie → Dolores Claiborne St. George in dem Roman → »Dolores« ist sie Gefangene ihrer Ehe. Sie kann sich nicht gegen ihren Mann Gerald wehren, der immer mehr Freude an abartigen Sexspielen empfindet. Als sie schließlich die Kraft hat, seine Wünsche abzuwehren, ist es beinahe zu spät. Sie ist mit Handschellen an das Bett gefesselt, als Gerald aufgrund ihrer rüden Gegenwehr einen Herzinfarkt erleidet und vor dem Bett tot zusammenbricht. In der nun folgenden Zeit kämpft Jessie, die von Männern zum Opfer gemacht wurde, darum, ihre Identität als starkes und kompetentes Individuum zu etablieren. Ihr Weg zum Triumph führt sie zurück zum Auslöser ihrer langwährenden »Pechsträhne«: Die Sonnenfinsternis am 20. Juli 1963, als ihr Vater sie am Ufer des → Dark Score Lake sexuell mißbrauchte, was ihr für viele Jahre Selbstbewußtsein, Kraft und Mut raubte. Denn Jessie fühlte (und fühlt) sich schuldig am Vergehen ihres Vaters und hat geschworen, »nie Möpse und breite Hüften zu bekommen«, was schrecklich sei, wenn sie »das« bei Männern bewirken.

Burning Chris
→ Christopher Johns.

C

Callahan, Donald

Donald Callahan ist der Pater in dem Roman → »Brennen muß Salem« (O.: 1975; Dt.: 1979), der das Örtchen → Jerusalems Lot in Neuengland mit dem Greyhound-Bus verläßt und an der Grenze eines schrecklichen Landes von → Mittwelt namens → Donnerhall herauskommt, einer Parallelwelt zu unserer Welt in der Saga → »Der dunkle Turm«. Was genau der Pater dort macht, ist noch ungewiß. Wir wissen nur, daß zum Ende des Bandes → »Der dunkle Turm IV: Glas« (O./Dt. 1997) der → Revolvermann → Roland Deschain und seine vier Freunde einem unbekannten Land namens Donnerhall entgegeneilen.

Camber, Charity

Wie ihr Ehemann → Joe Camber ist Charity in dem Roman → »Cujo« eine gewöhnliche Vertreterin der Unterschicht von → Castle Rock. Sie ist ein Symbol für die Ängste vor privaten, finanziellen, ja existentiellen Verlusten, aber auch für die alltägliche Wahrheit über Betrug, Untreue und Vergewaltigung im American Way of Life. Ihr Ehemann Joe Camber schlägt sie, und sie versucht sich verspätet gegen ihn durchzusetzen. Leidtragender ihrer Zwistigkeiten ist ihr zehnjähriger Sohn Brett.

Camber, Joe

In dem Roman → »Cujo« ein gewöhnlicher Vertreter der Unterschicht in → Castle Rock. Joe lebt mit seiner Familie auf der Seven Oaks Farm am Ende der Town Road Nummer 3, die er 1963 vom inzwischen verstorbenen John Mousam gekauft hat. Dort betreibt Joe eine Autowerkstatt, was nicht unbedingt die Erfüllung ist. Er schlägt seine Ehefrau → Charity Camber, und überhaupt, ist er ein alternder Kotzbrocken, der sein Schicksal verdient hat, oder nicht? Der tollwütige Bernhardiner → Cujo seines zehnjährigen Sohnes Brett macht sich über ihn her. Auch wenn Joe ansonsten zu nicht viel nütze ist, in den folgenden Jahren sorgt sein blutiges Ende für reichlich Gesprächsstoff in Castle Rock. (→ »Mrs. Todds Abkürzung«).

Cameo
Alfred Hitchcock hat's vorgemacht und tänzelte in vielen seiner Filme kurz durchs Bild. Stephen King folgt diesem Beispiel gerne und hatte inzwischen in einer Vielzahl seiner Romanverfilmungen einen Auftritt, nämlich als Band Leader in »The Shining« (1997), als Dr. Bangor in »Thinner« (1996), als Tom Holby in »The Langoliers« (1995), als Teddy Weizak in »The Stand« (1994), als Friedhofswärter in »Sleepwalkers« (1992), als Busfahrer in »Stephen King's Golden Years« (1991), als Pfarrer in »Pet Sematary« (1989), als LKW-Fahrer in »Creepshow 2« (1987), als Mann am Geldautomat in »Maximum Overdrive« (1986) und als Hoagie Man in »Knightriders« (1981). Für »Creepshow« (1982) schlüpfte King sogar in die Hauptrolle und spielte den tumben Jordy Verrill. Nicht aus seiner Feder stammt die TV-Serie »Baseball« (1994), der er seine Stimme lieh.

Can de lach, mi him en tow
Can de lach [kändi lätsch]: Herz des Ungeformten/Mi him en tow [mei him än tau]: Unser Gott ist stark! In dem Roman → »Desperation« (O./Dt.: 1996) erweisen die dem urzeitlichen Monster → TAK verfallenen Menschen mit diesen Worten ihren Respekt. Ähnlichen Ritus verfolgen die magischen Schwestern in dem Kloster von → Eluria in der Erzählung → »Der dunkle Turm: Die kleinen Schwestern von Eluria« (O.: 1998 / Dt.: 1999). (→ TAK-Sprachkurs)

Captain Trips
Zum ersten Mal taucht die Seuche mit dem sinnigen Namen 1974 in der Kurzgeschichte → »Nächtliche Brandung« (in: → »Nachtschicht«) auf. Diese Erzählung ist später als Rahmenhandlung eingebettet in dem Roman → »Das letzte Gefecht« (O.: 1978; Dt.: 1985), in dessen gekürzter Fassung Captain Trips im Jahr 1986 (ungekürzte Fassung: 1990) einen Großteil der Menschheit ausrottet und die letzten Überlebenden sich für den Endkampf Gut gegen Böse rüsten. Als in der Saga → »Der dunkle Turm«, die in der Parallelwelt → Mittwelt spielt, der → Revolvermann → Roland Deschain und seine Freunde in eine weitere Parallelwelt gelangen, ist dort die Menschheit im Jahr 1986 von Captain Trips nahezu vollkommen ausgelöscht worden. Es handelt sich dabei offensichtlich um die Erde aus »Das letzte Gefecht«.

Carrie (Carrie)
Roman. O.: Doubleday, Garden City 1973 Dt.1: Schneekluth Verlag, München 1977; Ü.: Elisabeth Epple; Dt.2: Gustav Lübbe Verlag, Bergisch Gladbach 1992, Ü.: Wolfgang Neuhaus»

Carrie« ist der erste veröffentlichte King-Roman (wenngleich im dokumentarischen Stil verfaßt) und gleichzeitig der Auslöser seines bis heute anhaltenden Erfolges. Kritiker unterstellen dem Autor »flachen, Umgangssprache und poetische Klischees gekonnt mischenden Stil« (Rein A. Zondergeld, Lexikon der Phantastischen Literatur, Weitbrecht Verlag, Stuttgart 1998). → »Märchen«, spötteln andere. Tatsächlich spielen aber Märchen in Kings Frühwerken eine nicht unwesentliche Rolle; viele seiner Kurzgeschichten und Romane sind Nacherzählungen bekannter Märchen oder enthalten zumindest märchenhafte Strukturen. Die in »Carrie« erzählte Geschichte der sechzehnjährigen → Carietta White, genannt Carrie, ist eine überdeutliche Anlehnung an das Märchen vom → »Aschenputtel«, wenngleich Stephen King die Probleme unserer Zeit wie die Auswirkungen religiösen Fundamentalismus auf das Leben von Menschen, die sozialen Probleme im Milieu einer High School sowie Telekinese als Metapher für unterdrückte Wut und Angst geschickt einzubinden weiß. Doch zurück zum Aschenputtel: Carrie ist ein häßliches Entlein, der Prototyp der Außenseiterin, des gequälten Individuums, Tochter der religiös fanatischen → Margarete White und Opfer einer heuchlerischen Gesellschaft, die Konformität zur Norm und zum höchsten Gut erhebt und keinen Platz für Abweichler hat. Wenn Carrie nicht schon von Geburt an eine Außenseiterin wäre, dann würde sie es später werden, da sie sich im Verlauf der Erzählung ihrer außergewöhnlichen Fähigkeiten – Telekinese – bewußt wird, die sie ehedem zu

einem Sonderling machen. Trotz allem mausert sie sich zu einem wunderschönen Schwan. Als nämlich Carries Mitschülerin Susan Snell ein schlechtes Gewissen angesichts der Hänseleien bekommt, fordert sie ihren eigenen Freund Tommy Ross auf, Carrie zum Abschlußball der Schule zu begleiten. Mit Schminke verschönert und in einem neu geschneiderten Kleid, vom Glück der scheinbaren Anerkennung gezeichnet, wird aus Carrie – ganz wie im Märchen – tatsächlich eine Schönheit. Doch King würde tatsächlich allen Klischee-Vorwürfen gerecht werden, würde er damit die Geschichte von Carrie mit einem Happy End versehen. Der Roman-Schluß ist somit im Grunde ein großer Widerspruch: Er stellt einerseits den größten Bezug auf Aschenputtel dar (wobei die biestigen Mitschülerinnen Christine Hargensen, Tina Blake, Norma Watson die Rollen der bösen Stiefschwestern übernehmen), den King selbst deutlich macht, indem er Carrie den Schuh verlieren läßt, als sie vom Abschlußball flieht. Andererseits wird ihr die endgültige Demütigung zuteil, die zum bitteren Finale führt: Carrie wird von haßerfüllten Mitschülerinnen, als sie zur Ballkönigin gekrönt werden soll, mit Schweineblut übergossen, was seinerseits eine Anspielung auf Carries erste Menstruation ist, die sie zu Anfang des Romans überraschend (weil ihre Mutter sie nie aufgeklärt hat) im Duschraum der Mädchenumkleidekabine bekommt. Für weltfremden Optimismus hat Stephen King also keinen Platz. Einzig die Möglichkeit zur Rache für die erlittene Demütigung steht seiner zweifelhaften Heldin frei, was der Leser mit größter Genugtuung zur Kenntnis nimmt. »Gibt es einen Leser, der nicht auch gewisse schlechte Erinnerungen an seine Schulzeit hat und den Gedanken, sich für das vermeintlich oder tatsächlich erlittene Unrecht zu rächen, nicht mit einem gewissen süffisanten Genuß hegen würde?« fragt Uwe Anton in seinem Buch »Wer hat Angst vor Stephen King?«. Das bombastische Ende, in dem Carrie – dank ihrer telekinetischen Fähigkeiten – die Schule mitsamt der Menschen in Schutt und Asche legt, beweist einmal mehr ihre Rolle als ein Opfer des Dunkels, eine Rolle, der man im realen Leben schließlich auch nicht einfach so entkommen kann. Aber immerhin: »Die Katastrophe des Finales läutert und erlöst sie, so daß sie nicht ewiger Verdammnis anheim fällt«, interpretiert King-Kenner Joachim Körber. Carrie, so bekennt King selbst in einem Interview, wurde von einem gräßlichen alten B-Film mit dem Titel »Die Augen des Satans« abgeleitet. Unverkennbar auch der Einfluß von → »Der Exorzist«, einem Roman »über explosive gesellschaftliche Veränderungen, ein scharf geschliffener Brennpunkt für die gesamte Jugendexplosion, die in den späten sechziger und frühen siebziger Jahren stattfand«, so King. Ein Buch »... für alle Eltern, die voll Schmerz und Schrecken feststellen, daß sie ihre Kinder verloren haben, ohne zu begreifen, wie oder warum es geschah«. Trotz weltweitem Erfolg sorgt »Carrie« auch für Wirbel. So wird der Roman 1975 in der Bibliothek der Clark High School in Las Vegas, Nevada, als »Schund« bezeichnet und aus dem Sortiment gestrichen und 1978 in der Bibliothek der High School von Vergennes, Vermont, unter Verschluß genommen, weil es den Schülern schaden könnte, »besonders jungen Mädchen«. »Carrie« wurde am 12. Mai 1988 von Regisseur Terry Hands als Musical in New York uraufgeführt. Nach fünf Vorstellungen und massiv-schlechten Kritiken wurde es als »Größter Flop der Broadway-Geschichte« wieder abgesetzt.

Caroll, Lewis

Heißt tatsächlich Charles Lutwidge Dodgson, britischer Autor, geboren 1832, gestorben 1898. Mit der märchenhaften Kindergeschichte → »Alice im Wunderland« gelingt dem Autor 1865 ein weltweiter Erfolg. Überrascht von dem großen Erfolg der Geschichte, die er nur auf Drängen seiner Freunde und deren kleiner Töchter publiziert hat, schickt er seine Heldin Alice 1872 erneut auf Abenteuer, diesmal nicht in ein unterirdisches Wunderland, sondern in die Welt, die hinter dem Spiegel liegt: Die Erzählung → »Alice hinter den Spiegeln« gehört als zweiter Teil der Alice-Erzählung neben der King-James-Version der »Bibel« und den Werken Shakespeares zu den bekanntesten und meistzitierten Texten der englischen Literatur. Sie findet schließlich auch Aufnahme in Kings Roman → »Das Bild – Rose Madder«, in dem die von ihrem Mann mißhandelte → Rosie Daniels durch ein Bild in eine wundersame Welt steigt, die der von Alice hinter dem Spiegel sehr ähnlich ist.

Cartoons

→ Zeichentrick

Carver, David

Elfjähriger Junge, der in dem Roman → »Desperation« (O./Dt.: 1996) mit seiner Familie von dem Monster → TAK in das Bergwerksdorf → Desperation verschleppt wird. Hier zeigt sich für den bibelfesten Bub, der vor kurzem ein religiöses Offenbarungserlebnis hatte, daß alle Ereignisse der Vergangenheit einem bestimmten Muster folgen. Gott läßt seinen Freund Brian verunglücken und David um dessen Rettung beten. Das Wunder geschieht, Brian erwacht aus dem Koma. Und David hat eine Rechnung offen, was ihm freilich erst gegen Ende wirklich bewußt wird: Denn es ist kein Zufall, daß die Familie Carver in Desperation strandet. David ist Gottes Auserwählter, der, nach dem Verlust seiner Eltern, gegen das Monster TAK anführen muß. In der Gestalt von David erzählt King nun die Passion Jesu nach, nicht ohne den typischen, rabenschwarzen Humor, der die besten seiner Bücher auszeichnet – beispielsweise wird aus der biblischen Speisung der Fünftausend (Brot und Fische) bei King eine karge Mahlzeit aus

Crackern und Ölsardinen, die David auf wundersame Weise vermehren kann, daß alle satt werden. David Carver wird für die Gruppe verzweifelter Menschen, die TAK nach Desperation entführt hat, eine Art Messias. Er steht für den Glauben, der Berge versetzen kann, und die Liebe, die letztendlich allein der Existenz einen Sinn gibt. Rettung bringt in Desperation nur das selbstlose Opfer für die Gemeinschaft – wie Christus sich einst ans Kreuz nageln ließ – allerdings nicht das von David Carver, wie der Leser überraschend feststellt, sondern vom geläuterten → John Marinville.

Castle Rock

Fiktive Stadt im Bundesstaat Maine, die über viele Jahre und einen vierbändigen Roman-Zyklus sowie acht Kurzgeschichten hinweg Handlungsort unheimlicher Ereignisse ist. Castle Rock war, zumindest bis zu dem großen Brand, ein vom Unglück verfolgter Ort in den Novellen und Romanen: → »Die Leiche«, → »Das Attentat«, → »Cujo«, → »Stark«, → »Zeitraffer«, → »In einer kleinen Stadt«, → »Das Spiel«, → »Sara« sowie in den Kurzgeschichten → »Nona«, → »Onkel Ottos Lastwagen«, → »Mrs. Todds Abkürzung«, → »Es wächst einem über den Kopf« sowie → »Pin Up«. Diese Romane und Kurzgeschichten spielen zum großen Teil in Castle Rock (oder verweisen auf Ereignisse dort), beinhalten neben den wechselnden Protagonisten stets die gleichen Charaktere und schildern in obengenannter Chronologie auf faszinierende Weise das Schicksal der kleinen Stadt. Castle Rock ist für den Autor zweifelsfrei das maßstabsgetreue Modell dessen, war wir »Gesellschaft« nennen, die fast heilige Vorstellung von der Kleinstadt als sozialem und psychologischem Mikrokosmos (auch wenn das in diesen sozial schwachen Zeiten für viele nur noch ein Wunschtraum ist – aber vielleicht erklärt gerade das den Erfolg Stephen Kings).

Für den Leser ist Castle Rock »seine« Stadt. Er begegnet stets auf ein Neues alten Bekannten. Beispielsweise dem Hüter der Gerechtigkeit, die aufrechte Verkörperung des Guten, zuerst dem gemütlichen Sheriff → George Bannermann, der mit viel Glück den Wirbel um → Johnny Smith in »Das Attentat« überlebt, nur um dann in den Fängen des tollwütigen Bernhardiners → Cujo sein Leben zu lassen. Sein Nachfolger wird in »Stark« der rechtschaffene → Alan Pangborn, dem zur Seite der nicht minder eifrige, aber leicht unterbemittelte Officer → Norris Ridgewick steht, der stets gut ist für eine amüsante Anekdote am Rande. Der Leser trifft in »In einer kleinen Stadt« wiederholt den jähzornigen Vorsitzenden des Stadtrates → Dan »Buster« Keeton, den besser niemand »Buster« nennen sollte und der heimlich sein Geld am Spieltisch verzockt. Der Leser leidet mit der armen, arthritisgeplagten Polly Chamlers, um die der Sheriff Alan Pangborn freit und deren Zuneigung von → Leland Gaunt und seinem unheilvollen Laden »Needful Things« so teuflisch früh im Keim erstickt wird. Es sind Menschen wie du und ich, die Kuchen essen und Kaffee trinken und hinter vorgehaltener Hand übereinander reden, so wie es die Pädagogen im Lehrerzimmer der Castle Rock Middle School tun.

Wenn wir nach Castle Rock zurückkehren, dann kommen wir über die Town Roads, die wie ein Wirrwarr am westlichen Stadtrand verlaufen und geradewegs zum Stadtpark führen. Von dessen Mitte aus, dem Musikpavillion, kann man das ganze Geschäftsviertel überblicken. Der Leser besucht den Castle Lake, und wer will, kann an klaren Sommertagen vom Castle Hill, dem bei den Sommergästen beliebten Aussichtspunkt Castle View, einen Blick bis zum Lake Kashwakamak werfen. Dort steht übrigens das Sommerhaus der Burlingames, in dem die unglückliche → Jessie Mahou Burlingame mit ihrem Mann Gerald Burlingame ausgerechnet im Oktober (der, was die Touristen betrifft, bekanntlich ein ruhiger Monat in Castle Rock County ist) → »Das Spiel« zelebriert, sich ans Bett fesseln läßt und dabei ihr blaues Wunder erlebt. Solche abwegigen Spielchen sind dem Bürger von Castle Rock natürlich völlig fremd. Denn der geht sonntags brav in die »Our Lady of Serene Waters«, die hübsche, kleine → Kirche von Father Brigham, jenem Priester, der auch die Idee zur wohltätigen Kasino-Nacht von Castle Rock hatte. Castel Rock ist also ein recht hübsches Städtchen, in dem wir leben und es uns gutgehen lassen können, wie es auch auf dem Schild am Ortseingang heißt. Ja, Castle Rock ist ein Ort, der uns vertraut ist, in dem wir uns heimisch fühlen, aufgehoben und geborgen, jedes Mal auf ein Neues. Selbst King sagt: »Immer, wenn ich nach Castle Rock zurückkam, war es für mich wie eine Heimkehr, als würde ich in einen alten Morgenmantel oder ein bequemes Paar Jeans schlüpfen und mich häuslich niederlassen. Nach einer Weile begann ich mich in Castle Rock überaus heimisch zu fühlen.«

Aber darin besteht Kings sagenhafter Trick: »Der Trick besteht darin, sich das Vertrauen des Lesers zu erschleichen. Es interessiert mich wirklich nicht, schon im ersten Abschnitt eines Romans jemanden zu töten. Ich möchte Ihr Freund sein. Ich möchte zu Ihnen kommen, meinen Arm um Sie legen und sagen: ›He, möchtest du etwas sehen? Es ist toll!‹« Klar möchten wir etwas sehen, denn was kann schon Schlimmes geschehen in diesem typischen, kleinen Kaff, das in der Sonne liegt und schläft. Tut es das wirklich? Umso härter trifft uns der Schrecken, der ein ums andere Mal in die Glieder der arglosen Menschen (das sind wir!) von Castle Rock fährt.

Zu seiner 1990 veröffentlichten Erzählung → »Zeitraffer« erklärt King in seinem Vorwort, es wäre nach einer Reihe von Kurzgeschichten und den Romanen »Dead Zone«, »Cujo« und »Stark« die vorletzte Geschichte, die in dem Mikrokosmos von Castle Rock spielt. Folgen wird noch »In einer kleinen Stadt« als das krönende »abschließende Feuerwerk«, so King, womit er nicht ganz Unrecht hat, legt der Teufel höchstpersönlich das beschauli-

CASTLE ROCK

The Stephen King Newsletter

June 1989 | Bangor, Maine — Vol. 5, No. 6 | $1.75

The Play's the Thing for the Parker Family

by Patti Hartigan

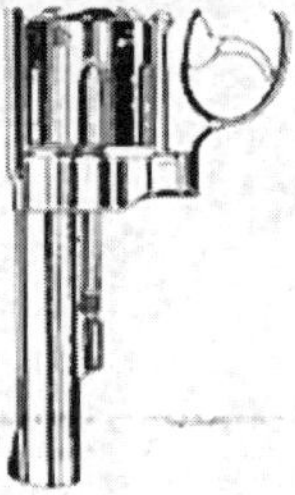

RAGE

The cover art from the program of the play, "Rage."

Continued on page 12

Pet Sematary Doesn't Draw Raves in Boston

Your Comments, pp. 2, 4, 11, 12

Continued on page 12

One Fan's Night in Pasadena

Continued on page 12

Castle Rock Magazine

che Städtchen in Schutt und Asche. Ist dieses Inferno das Ende? Mitnichten. Knapp ein Jahr nach »In einer kleinen Stadt« läuft uns Officer Norris Ridgewick in »Das Spiel« (O./Dt.: 1992) erneut über den Weg, und auch → »Sara« (O./Dt.: 1998) spielt am → Dark Score Lake, der bekanntlich zum Regierungsbezirk Castle Rock County gehört.

Castle Rock Entertainment

Nach dem Erfolg von »Stand by me« (der cineastischen Adaption der Novelle → »Die Leiche«) gründet der Regisseur Rob Reiner 1987 die Film- und TV-Produktionsgesellschaft, die inzwischen zu den Großen der Branche gehört. Web-Site: http://www.castle-rock.com

Castle Rock Magazine

Ehemaliges Magazin für Stephen-King-Fans in Amerika. Gegründet als sechsseitiges Info-Zine in Briefformat im Januar 1985 von → Christopher Spruce, einem Schwager von Stephen, erscheint das Magazin schon bald monatlich als gedruckte Zeitung mit Fotos und Zeichnungen bis zu seiner Einstellung im Dezember 1989. Teilweise liegt die Auflage bei 5.000 Exemplaren. Heute sind die Hefte heiß begehrte Sammlerobjekte, denn King hat in einer Vielzahl von ihnen Beiträge geschrieben.

Chambers, John »Jake«

John Jake Chambers lebt mehr oder minder alleine in New York, von den lieblosen Eltern Elmer und Laurie Chambers abgeschoben an Babysitter, die Haushälterin Greta Shaw und die Lehrer der Piper School (»die beste verdammte Schule im ganzen Land für einen Jungen in seinem Alter«, protzt Vater Elmer, ein kokainschnupfender Medienmagnat). Obwohl elf Jahre alt und in der sechsten Klasse, ist Jake klein für sein Alter, und die Leute, die ihn zum ersten Mal sehen, halten ihn meist für viel jünger. Lange Zeit halten ihn die Leute irrtümlich sogar für ein Mädchen, bis er sich entscheidet, die Haar kurz zu schneiden (»Der Junge möchte wie ein Soldat aussehen. Gut für ihn«, findet Vater Elmer, ein herrschsüchtiges Karriereschwein.) Auf dem Weg zur Schule verschlägt es Jake am 7. Mai 1977 um 8.25 Uhr in die postapokalyptische → Mittwelt vom → Revolvermann → Roland Deschain, indem ihn der → Mann in Schwarz vom Serienmörder → Jack Mort vor die Reifen eines Autos werfen läßt (→ »Der dunkle Turm III: Tot«).

Jake stirbt in unserer Welt und erwacht in der Wüste von → Parsek, wo ihn kurze Zeit später Roland Deschain auf seiner Jagd nach dem Mann in Schwarz aufliest (→ »Der dunkle Turm I: Schwarz«). Gemäß des → Orakels in den Bergen ist Jake für Roland der Schlüssel zum Mann in Schwarz. Als die Stahlbrücke in einem finsteren Mienenschacht unter ihnen zusam-

menzubrechen droht, muß sich Roland entscheiden: Jake, der an einer Stahltrasse baumelt, das Leben retten, oder dem Mann in Schwarz folgen, der ihm den Weg zum langersehnten Ziel weist, dem dunklen Turm, der die Antwort auf alle Fragen unserer Existenz birgt. Roland entscheidet sich für den Mann in Schwarz und Jake stirbt zum zweiten Mal. Endgültig?
Als Roland der Weissagung des Mannes in Schwarz entsprechend drei Gefolgsleute für seinen weiteren Weg zum dunklen Turm suchen muß, schlüpft er durch Raumzeittüren in unsere Welt und dort in die Körper dreier ausgewählter Menschen (→ »Der dunkle Turm II: Drei«). Nach → Eddie Dean und der schizophrenen → Odetta Holmes gelangt Roland in den Körper vom Serienmörder Jack Mort. Roland zappt in das Jahr 1977, 7. Mai, um 8.25 Uhr, und kann den Killer von seiner Tat abhalten. Damit rettet er Jake zwar nachträglich das Leben, verändert dadurch aber auch den Lauf der Ereignisse in Mittwelt. Wenn Jake nicht auf die Straße gestoßen wird, ist er nie gestorben. Und wenn er nie gestorben ist, ist er nie nach Mittwelt gekommen. Und wenn er nie nach Mittwelt gekommen ist, hat Roland ihn auch nie als Schlüssel zum Mann in Schwarz benutzen können. Der Mann in Schwarz war aber nötig, um in die Welten zappen und sich die Gefolgsleute für die Reise suchen zu können. Ein schier unentwirrbares Zeitparadoxon, das nicht nur Roland beinahe den Verstand kostet, sondern auch Jake, der derweil in New York weiterlebt. Bis Roland erkennt, daß Jake der dritte seiner Weggefährten sein wird. Am 29. Mai 1977, New Yorker Zeitrechnung, gelangt Jake abermals nach Mittwelt und vervollständigt das → »Ka-tet«, die Schicksalsgemeinschaft um Roland Deschain (→ »Der dunkle Turm IV: Glas«).

Char

In der Saga → »Der dunkle Turm« ist »Char« ein anderer Begriff für »Tod«. Als der junge → John Jake Chambers ein Buch mit dem Titel → »Charlie Tschuff-Tschuff« erhält, kurz bevor er in die → Mittwelt vom → Revolvermann → Roland Deschain gelangt, ahnt dieser, daß das ein böses Omen für ihre gemeinsame Reise zum dunklen Turm ist. Und siehe da, sie geraten an den intelligenten, sprechenden Mono-Zug (→ Mono) → Blaine, der mit Überschallgeschwindigkeit und ihnen als Gefangene an Bord Selbstmord begehen will (→ »Der dunkle Turm III: Tot«).

Charlie Tschuff-Tschuff

Kindergeschichte von Beryl Evans, die → John Jake Chambers in einem New Yorker Buchladen kauft. Sie handelt von der Lokomotive Charlie, die nicht nur dem Lokomotivführer Bob viel Freude bereitet, sondern auch den vielen Menschen in Mittwelt und dem Vorstand der Eisenbahngesellschaft, Mr. Raymond Martin und seiner Tochter Susannah. Doch irgendwann wird eine moderne Lokomotive angeschafft und Charlie ausrangiert, was Bob gar nicht schön findet. Alle anderen Zugführer machen sich lustig über ihn, weil er nicht versteht, daß sich die Welt weitergedreht hat. Als die moderne Lokomotive aber einen Aussetzer hat, wird Charlie reaktiviert, und alle freuen sich, so daß Charlie für alle Zeit in einem Freizeitpark die Kinder kutschieren darf. Auf den ersten Blick scheint Charlie zu lächeln, aber es ist ein falsches, ein sardonisches Lächeln. Auch schreien die Kinder in den Waggons nicht etwa vor Freude, sondern weil sie dem furchtbaren Zug nicht entkommen können. Das Buch ist dem → Revolvermann → Roland Deschain und seinen Freunden eine deutliche Warnung, als sie den reaktivierten Zug namens → Blaine besteigen, der mit seinen windschnittigen Formen und dreieckigen Fenstern wie Augen hinterlistig zu lächeln scheint. Denn in dem Namen Charlie steckt das Wörtchen → »Char«, und das bedeutet in Rolands Welt, der → Mittwelt, nichts anderes als Tod (→ »Der dunkle Turm III: Tot«).

Chastain, Misery

Buchheldin des Schriftstellers → Paul Sheldon in dem Roman → »Sie«. Misery, jene traumhafte, gottgleiche Fraugestalt, besitzt eine große Fan-Gemeinde. In dem Roman → »Das Bild Rose Madder« flüchtet die von ihrem brutalen Mann → Norman Daniels geschundene → Rosie Daniels sich für ihr Leben gerne in die märchenhafte Welt von Misery.

Chesley, Chris

Ein Jugendfreund von Stephen King, mit dem dieser 1960 in Durham die legendäre Storysammlung → »People, Places and Things« herausgibt.

Chinga

Drehbuch.

1997 schreibt Stephen King für die 5. Staffel (Folge 10) der Erfolgsserie »Akte X« ein Drehbuch. Die FBI-Agentin Dana Scully verbringt darin ihren Urlaub in Maine, wo sonst? Dort scheinen sich die Aggressionen der Menschen in einem Ausbruch kollektiver Gewalt gegen sich selbst zu richten. Ein Mann hat sich auf grausige Weise erstochen, andere Menschen haben sich verstümmelt. Die örtliche Polizei und Scully, die kurzerhand einspringt, stehen vor einem Rätsel. Seltsamerweise gibt es um die Witwe Melissa und deren Tochter Polly einige Gerüchte. Als Melissa sich, ihre Tochter und eine Puppe durch Feuer vernichten will, ahnen wir, daß an den Gerüchten was Wahres dran sein kann. Und siehe da, die Puppe besitzt teuflische Kräfte. Ihr Einfluß auf die Mitmenschen ist gefährlich. Erst Dana Scully gelingt es unter Aufwendung immenser Kräfte, die Puppe in der Mikrowelle (sic!) zu rösten und zu zerstören.

Die Idee ist äußerst schwach, zu allem Übel aber derart dilettantisch und lieblos umgesetzt, daß sie im Grunde keiner weiteren Erwähnung wert ist. Die Folge wurde in Deutschland 1998 ausgestrahlt. Umgangssprachlich ist »Chinga« auf mexikanisch ein nicht gerade anständiges Wort für Sexualverkehr. Ob es die unheilige Verbindung zwischen Melissa und einem Dämon impliziert, ist ungewiß. Stephen King gibt keinen Kommentar dazu ab.

Christine (Christine)

Roman. O.: Viking, New York 1983 /
Dt.: Bastei-Lübbe Verlag, Bergisch Gladbach 1983; Ü.: Harro Christensen.

Daß auch → Maschinen eine Seele haben (meist eine schwarze), das hat uns Stephen King mehr als einmal und mehr als schmerzhaft bewußt gemacht. In »Christine« vermengt King all das, was bis dato seinen Erfolg begründet. Das typisch amerikanische Kleinstadtleben (manche würden sagen: Seifenoper-Leben) an einer High School, Teenager, deren Schritt ins Erwachsensein noch nicht ganz vollzogen ist, → Rock 'n' Roll und erster, aufregender → Sex auf der Rückbank von Papas Auto. Inmitten dieser uns wohlbekannten Szenerie ist ein Außenseiter, der etwas dümmliche, siebzehnjährige → Arnie Cunningham. Natürlich schließen wir ihn sofort ins Herz, natürlich erkennen wir uns in ihm wieder. Haben wir uns nicht selbst im Sportunterricht in Grund und Boden geschämt, weil sich unsere magere Gestalt inmitten der blendend schönen Mädels und der muskulösen Macho-Jungs wie eine dürre Bohnenstange ausmachte? Haben wir uns nicht auch immer nach dem ersten Glas Bier schon übergeben müssen? Und standen uns nicht immer – völlig uncool! – die Tränen in den Augen, wenn uns einer der Klassenkameraden eine scheuerte?

Was also bleibt dem armen Arnie? Sein Hobby. Nun, Arnie übertreibt es ein wenig mit der amerikanischen Liebe zum Auto – oder ist es vielleicht anders herum: Ist es die Liebe des Autos zu ihm? Sei's drum, das Credo der Geschichte ist: Enttäusche die Liebe deines Autos nicht, dann wird

Christine

dein Auto dich nicht enttäuschen. Aber natürlich geht es auch um die Besessenheit vom Auto als Ausdruck unserer wachsenden Faszination angesichts immer komplizierterer Maschinen, die unser Leben zunehmend bestimmen, ohne daß wir wissen, wie genau.

Die Angst vor der Verselbständigung der Maschinen ist zweifellos in uns vorhanden – und als der Klassentrottel Arnie Cunningham auf dem Weg durch das Städtchen → Pittsburgh seinem besten Freund Dennis Guilder zubrüllt, er solle anhalten, weil er am Straßenrand einen heruntergekommenen 1958er Plymouth Fury gesehen hat, da ahnen wir, was kommen wird. Denn der Fury gehört Roland D. LeBay, und in dem Wagen starben bereits dessen Frau und Tochter. Arnie kauft das Gefährt, pflegt und hegt es gesund, und wir wissen, was kommen wird, als Arnie – wie sein Auto Christine – hübscher wird, muskulöser, selbstbewußter. Eine heilvolle Beziehung. Als Klassenkameraden Arnie wieder ärgern und gar Hand anlegen an Christine, da ist es ihr Verderben. Eine unheilvolle Beziehung. Denn das Auto lebt. Und liebt. Nämlich Arnie. Und der liebt Christine. Bis zu jenem Tag, an dem das frischerblühte → Aschenputtel Arnie die hübsche Leigh Cabot kennenlernt – Arnies erste, wirkliche (menschliche) Liebe. Doch Christine ist eifersüchtig. Schließlich gibt es keine größere Furie als ein verschmähtes Weib ...

Die Idee zum Roman fand vorab dermaßen viel Begeisterung, daß die Filmrechte bereits verkauft wurden, obwohl das Buch noch gar nicht erschienen war. Dabei ist die Idee von einem Spukauto (nach dem 1977 veröffentlichen Roman → »Shining« über ein → Spukhaus) wirklich nicht sonderlich originell – doch abermals erweist sich King mit »Christine« als ein fabulöser Geschichtenerzähler, der den Leser von Anfang an zu fesseln vermag. Bis zum bitteren Ende, an dem Arnie stirbt und »Christine« in der Schrottpresse landet. Trotzdem wurde der Roman 1985 aus sämtlichen Schulbibliotheken in Washington County, Alabama, entfernt, weil er eine »inakzeptable Sprache« enthalte und als »pornografisch« angesehen wurde.

Cleaver

Italienischer Stephen King Club, der die gleichnamige Publikation herausgibt. Adresse: Cleaver, via A Volta 4, 84092 Bellizzi Salerna, Italien, Telefon 0828/53108.

Club der Verlierer

Der »Club der Verlierer« sind in dem Roman → »Es« sieben jugendliche Außenseiter aus der fiktiven Stadt → Derry. Ein sozialer Mischmasch aus allen erdenklichen Mankos, die man sich als Kind nie zu haben oder zu sein wünscht: → Bill Denbrough, der Stotterer, der Schwarze → Mike Hanlon, → Beverly Marsh, die regelmäßig von ihrem Vater verdroschen wird, der dicke → Ben Hanscom, der Brillenträger → Richie Tozier, der Asthmakranke → Eddie Kaspbrak und der Jude → Stan Uris (seltsamerweise haben auch alle ihren Vater frühzeitig verloren, wenngleich dieser Umstand augenscheinlich keine besondere Bedeutung für den weiteren Verlauf der Handlung hat).

Die künftige Verbundenheit der sieben Kids wird am 19. Juni 1958 unter Beweis gestellt, zu einem Zeitpunkt, an dem sie sich zwar aus der Schule her kennen, von ihrer schicksalhaften Verbindung aber noch nichts ahnen. Sie alle schauen gleichzeitig auf, in jenem Augenblick, als ein Junge aus der Nachbarschaft stirbt, als hätten sie im Unterbewußtsein einen Schrei vernommen. Nach und nach finden sie sich in den nächsten Wochen nicht nur »telephatisch« zusammen. Sie treffen aufeinander, meist nachdem sie von den Halbstarken Victor Criss, Belch Huggins und dem schlimmsten Schläger, Henry Bowers, gejagt werden. Sie helfen sich gegenseitig aus der Bredouille, was der Beginn einer wunderbaren, einzigartigen Freundschaft wird. Sie sind insgesamt sieben, die schließlich zueinandergefunden haben und sich den Namen »Club der Verlierer« geben. Sieben, das ist die Zahl des Risikos, der Wandlung und des Neubeginns, was auf diese Kinder sehr wohl zutrifft, wie wir nachfolgend noch sehen werden. Gemeinsam bauen sie ein unterirdisches Clubhaus in den Wäldern von Derry, den Barrens, in dem sie sich vor Henry Bowers verstecken, ihre Geheimnisse austauschen, spielen und rauchen. Sie sind eine eingeschworene Gemeinschaft, in der sie ihre Kindheit erleben. Wohl wahr, der »Club der Verlierer« ist Kings Symbol von Kindheit und seiner Vorstellung, wie man die eigene Kindheit mit allen Höhen und Tiefen erlebt und sie letztendlich wegsteckt, um ein Erwachsener werden zu können.

Die sieben Kinder spüren, daß sie aus noch ganz anderen Gründen miteinander verbunden sind. Jeder weiß von grausigen, abnormen Erlebnissen zu berichten, die sich auf merkwürdige Weise ähneln. Im Mittelpunkt steht jener Clown, → Pennywise, der alles andere als witzig ist. In ihrem kindlichen Ehrgeiz wollen die tapferen Sieben das beängstigende Geheimnis lüften, aber natürlich sind sie nicht TKKG oder die drei Fragezeichen, sondern sie sind, noch immer, der »Club der Verlierer«. Und es reicht auch nicht aus, den Grund aller grausigen Ereignisse in Derry herauszubekommen (es ist »ES«, der Clown, der keiner ist, sondern ein unbeschreibliches Monster, das in jede erdenkliche Rolle schlüpfen kann), der Polizei den Fall zu übergeben, auf daß diese den Täter zur Strecke bringt. Auch das obliegt dem »Club der Verlierer«. Werden sie siegen? Sie siegen, weil sie gemeinsam stark, und, nur in dieser Konstellation (wir erinnern uns: die magische Zahl Sieben!) dazu in der Lage sind. In ihrer kindlichen Wut schwören sie sich mit ihrem Blut, daß sie wiederkehren werden, wenn ES zurückkehrt. Natürlich kommt es zurück, 27 Jahre später. Bis auf Mike, der als Hüter in Derry zurückgeblieben ist, haben Bill, Ben, Stan, Bev, Eddie und Richie zwischenzeitlich ein neues, ein anderes Leben gefunden. Sie haben ihre Kindheit und die Unschuld verloren, die Jugend hinter sich gelassen. Das Empfinden der Kindheit vergessen. Sie sind, schlicht gesagt, erwachsen geworden. Mitnichten. Die, die geheiratet haben, sind erstaunlicherweise mit Personen liiert, die einem Menschen ihrer Kindheit gleichen. Alle sind zwar kinderlos, doch dafür erfolgreich in ihrem Beruf: Bill ist Schriftsteller, Ben renommierter Architekt, Eddie Unternehmer, Stan Agenturchef, Richie ein berühmter Radio-DJ und Bev angesehene Modedesignerin. Sie sind zweifellos nicht mehr der »Club der Verlierer«, und doch hat der Erfolg sie weiterhin auf Distanz zur Gesellschaft gehalten. ES hat allen zweifellos sein Siegel aufgedrückt. Aber nicht alle kehren nach Derry zurück, als Mikes Anruf sie erreicht. Stan bringt sich lieber um, als der Gefahr ein weiteres Mal ins Auge zu sehen. Doch auch das hat seine Richtigkeit. Die sechs verbliebenen »Club«-Mitglieder können nur in dieser neuen Konstellation gewinnen. Denn die Zahl Sechs ist magisch, steht für die Vereinigung und für Hilfe.

Club Stephen King Lille
Französischer Fan-Club, der die Zeitschrift »Steve's Rag« herausgibt. Adresse: Club Stephen King Lille, 31, Rue Jeanne d'Arc, 59000 Lille, Telefon 03/20580428, Telefax 03/20054408.

Coos
In dem Roman → »Die Augen des Drachen« lebt → Rhiannon, die Dunkle Hexe, auf dem Berg Coos vor den Toren der Stadt Delain. Ähnlichkeiten zu der Hexe → Rhea Dubadivo sind nicht ungewollt, denn diese lebte auf dem Berg → Cöos vor den Toren der Stadt → Hambry, in die der Revolvermann → Roland Deschain im Alter von 14 Jahren reist (→ »Der dunkle Turm IV: Glas«).

Cöos
In der bislang vierbändigen Saga → »Der dunkle Turm« ist Cöos eine Anhöhe in der Nähe der Stadt → Hambry in der → Baronie Mejis. Dort lebte und hauste die alte Hexe → Rhea Dubadivo (→ »Der dunkle Turm IV: Glas«).

Cort
In der Saga »Der dunkle Turm« war Cort der skrupellose, gefühlskalte Lehrmeister der heranwachsenden → Revolvermänner von → Mittwelt. Zum Abschluß der Ausbildung mußte jeder angehende Revolvermann Cort im Rahmen einer Mannbarkeitsprüfung zu einem blutigen Kampf herausfor-

dern. Ging man als Sieger daraus hervor, war man ein »Revolvermann«, eine Art Hüter von Recht und Ordnung im Namen des → »Bundes von Mittwelt«. Unterlag der Lehrling jedoch, wurde er ein Leben lang nach Westen verbannt. → Roland Deschain forderte Cort im Alter von 14 Jahren heraus, nachdem er von dem Hofzauberer (→ Marten Broadcloak) seines Vaters, → Steven Deschain, Baron der → Baronie von Neu-Kanaan, dazu gezwungen worden war. Roland besiegte Cort und war damit der jüngste aller Lehrlinge, die die Prüfung je vollzogen haben.

Cort war einer der wenigen, der von anderen Welten außerhalb Mittwelt wußte, offensichtlich, weil er Kontakt zu den → Manni, einer sektiererischen Gemeinschaft außerhalb der Stadt → Gilead in der Baronie hatte. Cort starb schließlich in den Wirren der Revolution, die → John Farson mit den → Gesetzlosen entfachte. Mittwelt wurde daraufhin ein Desperado für Halunken und Schurken.

Creed, Gage

Der kleine Gage Creed wird in → »Friedhof der Kuscheltiere« (O.: 1983; Dt.: 1985) Opfer eines rasenden LKWs auf der Route 15 in → Ludlow, an der das neue Haus seiner Eltern, Rachel und → Louis Creed, steht. Was kein Zufall ist, denn Gage ist das auserwählte Opfer des böswilligen → Parzen → Atropos, wie im Roman → »Schlaflos« (O./Dt.: 1994) zu erfahren ist. Atropos ist dort für den »zufälligen« Tod der Mitmenschen um → Ralph Roberts verantwortlich; und für jeden Tod, den er verursacht, hat er in seiner kleinen Höhle unter → Derry, einem Nachbarort von Ludlow, ein Souvenir. Unter anderem den »Turnschuh eines kleinen Jungen namens Gage Creed, den ein zu schnell fahrender Tanklaster auf der Route 15 in Ludlow überfahren hatte.« (Kapitel 25, Abschnitt 4, Absatz 57). Damals begrub sein Vater Louis ihn auf dem alten Micmac-Indianerfriedhof, und Gage kehrte kurze Zeit später als muttermordender Zombie zurück.

Creed, Louis

Dr. Louis Creed wird in dem Roman → »Friedhof der Kuscheltiere« als Leiter der Universitätsklinik an der University of Maine angestellt – und gemeinsam mit Ehefrau Rachel, den Kindern Gage und Ellie verkörpert er das Bild vom »American Dream«: Jung, schön und – erfolgreich. Doch Creed hat auch seine Schattenseiten: Er, Arzt und »Halbgott in Weiß«, der es eigentlich besser hätte wissen müssen, distanziert sich vom Tod. Warum? Der Tod eines Menschen, der uns nahe ist, den wir also nicht übersehen können, gemahnt an den eigenen Tod. Der Psychoanalytiker Sigmund Freud attestierte einst: »Wenn der Tod sich bemerkbar macht, dann sind wir tief erschüttert, und wie durch etwas Ungewöhnliches aus unserer Sicherheit gerissen.«

Dr. Louis Creed schließt sich dem gängigen Bild vom Tod an, den die Gesellschaft am Ende des 20. Jahrhunderts proklamiert: Wir finden es schrecklich, wenn fremde Menschen durch spektakuläre Unfälle zu Tode kommen, und wenn es sich gar um Nahestehende handelt, dann gehen wir auch zur Beerdigung. Aber niemand könnte aus unserem Benehmen schließen, daß wir den Tod als eine Notwendigkeit erkennen, daß wir die sichere Überzeugung haben, ein jeder von uns sei der Natur seinen Tod schuldig. Im Gegenteil, wir wissen jedesmal eine Erklärung, welche diese Notwendigkeit zur Zufälligkeit herabdrückt. Der eine, der da gestorben ist, hatte sich eine infektiöse Lungenentzündung geholt; die war ja doch nicht notwendig; der andere war schon sehr lange krank, er wußte es nur nicht, ein dritter war ja sehr alt und gebrechlich. Und Creed trägt, das ist das Schlimme, in Ausübung seines Berufes zu dieser Ansicht bei. Kein Wunder, daß gerade er auf den Indianerfriedhof hinter seinem Haus in → Ludlow anspringt, den geheimnisvollen Ort der Micmac-Indianer, der die Toten zum Leben erweckt. Kein Wunder, daß er den Tod seines Sohnes → Gage Creed nicht akzeptieren kann und ihn, nachdem ein LKW auf der Route 15 Gage angefahren hat, dort begräbt. Wenige Stunden später steht Gage zu neuem Leben erwacht wieder auf der Matte – doch irgendwie wirkt er ein wenig angeschlagen ... und bösartig. Der wirkliche Schrecken beginnt, und ist am Ende nur ein Symbol für die heutige Gesellschaft. Wenn wir den Tod aus unserem Leben verbannen, und ihn nicht als Notwendigkeit, als einen sinnvollen Teil unseres Lebens akzeptieren, werden wir an unserem Ende oder dem unserer Freunde immer nur mit Verstörung, Schrecken und Angst reagieren können.

Creepshow – Der Comic

Comic. O.: Penguin, New York 1982 /
Dt.: Bastei-Lübbe Verlag, Bergisch Gladbach 1989; Ü.: Hajo F. Breuer

Comic-Adaption der von Stephen King (Drehbuch) und George A. Romero (Regie) cineastisch aufbereiteten Storys in → »Creepshow – Der Film«, zeichnerisch umgesetzt von → Berni Wrightson. Die Storys sind im Stil der Horror-Strips der → E.C. Comics aus den 50er Jahren gehalten, mit einem finalen Höhepunkt versehen. Meist sind es die verstorbenen Verwandten, Bekannten oder Arbeitskollegen, die sogar als gräßliche Leiche noch Rache nehmen können. Die Comic-Adaption in Form eines übergroßen Comic-Heftes enthält: → »Vatertag«; → »Der einsame Tod des Jordy Verrill«; → »Die Kiste«; → »Wenn das Grauen dich überrollt«; → »Der Wanzenhasser«.

Creepshow – Der Film

Anthologie-Film fürs Kino aus dem Jahr 1982, den Stephen King gemeinsam mit seinem Freund George A. Romero in Anlehnung an die Horror-

Strips der heißgeliebten → E.C. Comics aus den 50er Jahren ins Leben ruft. Enthält die Episoden »Fathers Day« (→ »Vatertag«), »The Crate« (→ »Expedition ins Tierreich«) und »The Lonesome Death of Jordy Verrill« (→ »Mondgestein«). In letzterer Geschichte spielt King (nach einer Reihe von → Cameo-Auftritten) erstmals die mehr oder weniger tragende Rolle des dumpfbackigen Jordy Verrill, der die Innereien eines auf die Erde gestürzten Meteors freisetzt und dadurch den Weg für die Invasion grünleibiger Aliens ebnet. In der entsprechenden Videofassung sind zusätzlich die Episoden → »Wenn das Grauen dich überrollt« und → »Der Wanzenhasser« zu sehen.

Creepshow II – Kleine Horrorgeschichten

Anthologie-Film aus dem Jahr 1987. Fortsetzung von → »Creepshow – Der Film«, die Stephen King und George A. Romero nach dem großen Erfolg vom ersten Teil erneut in Anlehnung an die → E.C. Comics produzieren. Verfilmt wurde die bereits literarisch veröffentlichte Geschichte, »The Raft« (→ »Das Floß«) sowie zusätzlich »The Hitchhiker« (→ »Der Anhalter«) und Old Chief Wood'nhead« (→ »Alter Häuptling Holzkopf«). Anders als zum ersten Film gibt es zu diesem Sequel keine Comic-Version.

Crouch End (Crouch End)

Kurzgeschichte. In: O.1: »New Tales of the Cthulhu Mythos«, Arkham House, Sauk City 1980; O.2: »Nightmares & Dreamscapes«, Verlag Viking, New York 1993 / Dt.: »Alpträume«, Hoffmann & Campe, Hamburg 1993; Ü.: Joachim Körber

»Crouch End« ist eine deutliche Reminiszenz an H. P. Lovecraft und seinen Mythos der → Cthulhu-Monster. Die Erzählung spielt im Londoner Stadtteil Crouch End, in dem sich von Zeit zu Zeit die festgefügten Grenzen des Universums als durchlässig erweisen und Menschen in unbekannte Dimensionen verschwinden. Genau das widerfährt auch Lonnie Freemann, einem amerikanischen Touristen, dessen Frau Doris völlig aufgelöst auf einem Londoner Polizeirevier erscheint und den beiden Police Constables Vetter und Farnham eine mächtig hanebüchene Geschichte auf den Tresen knallt.

Die beiden entschließen sich, freundlich wie sie sind, dennoch der Sache auf den Grund zu gehen, doch dabei geht auch Constable Farnham verloren. Daraufhin beschließt man, vorsichtig wie man ist, die Sache auf sich beruhen zu lassen. Die Moral von der Geschichte: »In Crouch End, das wirklich ein ruhiger Vorort von London ist, geschehen von Zeit zu Zeit immer noch merkwürdige Dinge, und man weiß, daß Menschen sich verirren. Manche verirren sich für immer. »Crouch End« ist eine der wenigen Geschichten von King, die außerhalb der USA spielen.

STEPHEN KING
CREEPSHOW
COMIC VON BERNI WRIGHTSON
ZUM FILM VON GEORGE A. ROMERO
DAWN OF THE DEAD
CARRIE
CREEPSHOW
EIN
HORROR-COCKTAIL
AUS ABGRÜNDIGEN
GESCHICHTEN!
DREHBUCH: STEPHEN KING
PRODUZENT: RICHARD P. RUBINSTEIN
REGIE: GEORGE A. ROMERO

Creepshow

Cthulhu

Außerirdische Monstrosität. Schöpfung vom amerikanischen Horror-Autor → H. P. Lovecraft. Der Mythos taucht zum ersten Mal in der Erzählung »The Call of Cthulhu« (In: »Weird Tales«, New York 1928, Dt.: »Cthulus Ruf«, Suhrkamp Verlag, Frankfurt 1972) auf. Zeitungsausschnitte und Tagebucheintragungen, ein fester Bestandteil der späteren Cthulhu-Geschichten, geben dem Wesen in der Erzählung einen scheindokumentarischen Hintergrund. Lovecraft beschreibt, daß mysteriöse Reliefdarstellungen mit Fischwesen, Schriften und kultischen Gegenständen, auf der ganzen Welt zusammengetragen, das → Necronomicon ergeben und zu dem Wesen Cthulhu führen, das auf einer Insel im Pazifik haust. Es kam vor Äonen aus dem All zur Erde, um als Rasse der Elder Beings den Menschen den Platz auf der Erde streitig zu machen. Der Cthulhu-Mythos beeinflußte eine große Zahl nachfolgender Schriftsteller und noch heute werden Geschichten geschrieben, in denen das Monster Cthulhu sein Unwesen treibt. Ein Beispiel dafür dürfen King-Romane sein wie → »Es«, in dem ein urzeitliches Monster im Kanalsystem von → Derry haust, »Desperation«, in dem die Wesenheit → TAK unter der Erde lebt, oder King-Erzählungen wie → »Crouch-End« und → »Omi«. Selbst in dem Fantasy-Roman → »Die Augen des Drachen« (Abschnitt 21, Absatz 17) findet sich ein Hinweis auf Lovecrafts Mythos: Der Hofzauberer im Königreich Delain, → Randall Flagg, liest in einem Buch von → Arab Alhazred, der in Lovecrafts Werken der Verfasser des »Necronomicon« ist, dem einzigen Weg, von der Existenz der gräßlichen Cthulhu-Monster zu erfahren.

Cujo (Cujo)

Zweiter Roman des Castle Rock-Zyklus. O.: Viking, New York 1981 / Dt.: Bastei-Lübbe Verlag, Bergisch Gladbach 1986; Ü.: Harro Christensen

»Cujo« ist nach → »Das Attentat« (O.: 1979; Dt.: 1981) der zweite Roman des → Castle-Rock-Zyklus. Der Roman verzichtet auf übernatürliches Beiwerk und bietet ein Gesellschaftsporträt in Form zweier Familien, im Grunde herzensgute Menschen, denen das Schicksal eines gleichgültigen Universums, das sich nicht um menschliche Belange schert, jede Menge Pech zugedacht hat: Gescheiterte Ehen, finanzieller Ruin – die Kraft von »Cujo« liegt in dem realen Schrecken unserer Existenz, der im alltäglichen Leben verborgen ist (→ Realismus), und dem wir nicht so leicht entkommen können. King-Kenner halten das Buch deshalb für Kings düsteres Werk. Da ist was dran, denn es zeigt die häßlichsten Wahrheiten des Lebens: Unglück widerfährt den guten Menschen, einfach, weil das Leben so ist. Und wenn es schlimm ist, dann kann es mit Sicherheit auch noch schlimmer kommen! Auf der einen Seite sind da → Donna Trenton und → Vic Trenton, die nach Castle Rock gezogen sind, weil es Vics Traum war, aus der Großstadt New York in die kleinstädtische Idylle zu fliehen und dort seine eigene Werbeagentur »Ad Worx« zu gründen. Andererseits leben in Castle Rock → Joe Camber und → Charity Camber, die der Unterschicht angehören. Beide Ehen stehen auf der Kippe. Donna sitzt daheim, von der eingeschworenen Dorfgemeinschaft ausgeschlossen, fühlt sich in die langweilige Rolle der amerikanischen Hausfrau gedrängt. Sie hat mit dem Tennislehrer Steve Kemp ein Verhältnis, das sie nun beendet. Die Werbeagentur ihres Mannes steht nach einer Panne vor dem finanziellen Ruin; Joe Camber schlägt seine Frau, die sich verspätet gegen ihn durchzusetzen bemüht. Bis dahin ist alles altbekannter Alltag. Das vordergründige Funktionieren des American Way of Life, hinter dessen Fassade die Ängste vor privaten, finanziellen, ja existentiellen Verlusten tief sitzen, die Wahrheit über Betrug und Untreue und Vergewaltigung alltäglich ist. Das richtig Böse aber kommt auf vier Pfoten: Es ist der Bernhardiner → Cujo, der Joes zehnjährigem Sohn Brett Camber gehört. Im Sommer 1980 jagt Cujo ein Wildkaninchen, das sich in einem versteckten Erdloch in Sicherheit bringt. In blindem Jagdeifer will der Hund seine Beute verfolgen und scheucht einige Fledermäuse auf, die Cujo mit Tollwut infizieren, worauf er Joe und seinen Saufkumpan tötet. Als Donna mit ihrem Sohn Tad auf die abgelegene Farm der Cambers kommt, um ihr Auto reparieren zu lassen, ist sie bei extremer Bullenhitze fast zwei Tage lang in der engen Fahrerkabine eingeschlossen und wird von dem tollwütigen Hund belagert. Als sie endlich vom unglückseligen Sheriff → George Bannermann gefunden wird, ist ihr kleiner Sohn tot. Auch George Bannermann kann sich nicht rechtzeitig retten – er stirbt in den Klauen der Bestie.1982 wird »Cujo« von der New York Public Library als eines der besten Bücher für Jugendliche ausgewählt. Trotzdem stieß es in den USA teils auch auf heftige Ablehnung. Ähnlich → »Carrie« wurde »Cujo« von einigen Bibliotheken boykottiert. In Rankin County, Mississippi, wird 1984 der Vorwurf laut, das Buch sei »schmutzig und von fragwürdigem sexuellen Gehalt«. In Bradford,

Cujo

New York, wird das Buch 1984 aus der Schulbücherei entfernt, weil es sich um »einen Haufen Dreck« handle. In Hayward, Kalifornien, wird der Roman 1985 von der Einkaufsliste aller Schulbibliotheken gestrichen, weil der Roman eine »obszöne Sprache« und »explizite Sex-Szenen« enthalte.

Cujo

Im Grunde ein gemütlicher, bernsteinfarbener Bernhardiner im Roman → »Cujo«. Cujo ist fünf Jahre alt und fühlt sich definitiv zu alt zum Jagen. Aber an diesem 16. Juni, einem wunderschönen, frühen Morgen, an dem der Tau noch auf dem Gras liegt und der laue Sommerwind zwischen dem würzigen Geruch des Grases, dem Aroma der Heckenkirschen auch den Geruch von einem sorglosen Kaninchen um seine Schnauze weht, ist es für Cujo ein Vergnügen, über die Felder zu jagen – und in einem Kaninchenloch steckenzubleiben. Fledermäuse zwicken ihn in die Schnauze und infizieren ihn mit einem Virus. Aus dem geduldigen, fröhlich jauchzenden Schoßhund vom zehnjährigen Brett Camber wird eine schlammbedeckte, zottige Kreatur, das Maul zu einem höhnischen Grinsen verzerrt, dicker, weißer Schaum zwischen den Zähnen, der in → Castle Rock auf Mordtour geht. Der Hund steht für den ganz normalen, alltäglichen Horror, der uns fern ab von übersinnlichen Erscheinungen treffen kann: Ein Autounfall, ein irrer Mörder – oder halt ein tollwütiger Hund. Schrecken, der im alltäglichen Leben verborgen liegt. → Realismus pur!

Culch

Vierseitiges, unveröffentlichtes Essay.

Cunningham, Arnie

Der unverkennbare Verlierertyp an der High School, die maskuline Variante des Grimm'schen → Aschenputtel in dem Roman → »Christine«. Arnie ist siebzehn Jahre, und »er mußte eine Menge einstecken; aber umgebracht wurde er nicht.« Arnie ist der geborene Prügelknabe oder Fußabstreifer. Ausgelacht und verspottet, hager, dumm und zu allem Übel mit einem anarchistischen Drüsenhaushalt gesegnet, der sein Gesicht wie eine doppelt belegte Pizza ausschauen läßt. Arnies bester Freund Dennis Guilder hält ihm die Jahre auf der High School den Rücken frei, »weil Arnie wußte, wie man aus verregneten Tagen genauso wie beim Scrabble das Bestmögliche herausholen konnte. Vielleicht ist das eine Methode, mit der man wirklich einsame Menschen zu erkennen vermag ... sie wissen, wie man sich an verregneten Tagen auf vernünftige Weise die Zeit vertreibt. Man kann sie immer telefonisch erreichen. Sie sind immer zu Hause. Absolut immer.«

D

Daniels, Norman

Norman Daniels ist in → »Das Bild – Rose Madder« zweifelsfrei die Bestie, die in jedem von uns schlummert. Doch er ist noch ein bißchen mehr: Er ist ein Jäger, migränegeplagter Killer, politisch rechtsaußen, Frauenfeind und Psychopath, der nicht von ungefähr den Vornamen mit Noman Bates aus dem Roman → »Psycho« gemein hat. Er repräsentiert das Symbol für das vordergründige Funktionieren des American Way of Life, denn als Cop ist er in den Augen der Bevölkerung eine respektierte Persönlichkeit. Hinter der Fassade lauern aber auch bei ihm unbeherrschte Ängste vor existentiellen Verlusten (als Norman durch einen Fehler vor der Degradierung steht), verbirgt sich die Wahrheit über alltäglichen Betrug und Vergewaltigung (seine Wut darüber läßt Norman schlagkräftig an seiner Ehefrau → Rosie Daniels aus).

Daniels, Rosie

Rosie ist die moderne → »Alice im Wunderland«. Im Grunde eine Frau wie jede andere, die Freude an den kleinen Dingen des Lebens hat (sie liest für ihr Leben gern die Misery-Chastain-Romane von → Paul Sheldon), nur ihr Mann → Norman Daniels, ein Cop, entpuppt sich als Arschloch, das sie vierzehn Jahre lang schlägt, vergewaltigt und schließlich brutal ihr Kind abtreibt, heftige Schläge mit einer Faust, mit getrocknetem Blut an den Knöcheln und auf der Goldgravur seines Rings von der Polizeiakademie. Manchmal waren die Worte auf diesem Ring – Hilfsbereitschaft, Loyalität, Kameradschaft – am Morgen in die Haut ihres Bauchs gedrückt oder auf einer ihrer Brüste abgebildet. »Verstehst du nicht?« flüstert sie, während sie am Boden liegt, blutend und heulend. »Ich verliere das Baby.« Es ist unglaublich, aber er lächelt. »Du kannst wieder eins bekommen«, sagt er. Als würde er ein Kind trösten, das seine Eistüte hat fallen lassen. Schon in der Hochzeitsnacht hat er Rosie mit Bissen verletzt, ihr später die Rippen gebrochen, unvorhersehbar, anfallartig und grundlos. Auch Rosie repräsentiert einmal mehr das vordergründige Funktionieren des American Way of Life, hinter dessen Fassade abgründige Ängste und schreckliche Wahrheiten lauern. Aber das will ja niemand wissen. Nur aus eigener Kraft gelingt es Rosie, ihrem Mann den Rücken zu kehren, was der natürlich nicht auf sich sitzen lassen kann. Er folgt ihr quer durch die Staaten, und erst mit der magischen Hilfe eines Bildes gelingt es ihr, den gewalttätigen Verfolger zu vernichten.

Danse Macabre (Danse Macabre)

Sachbuch. O.: Everst House, New York 1981 / Dt.1: Heyne Verlag, München 1988; Ü.: Joachim Körber; Dt.2: Ullstein Verlag, München 2001; Ü.: Joachim Körber

In über zehn Kapiteln erstellt Stephen King eine sehr umfassende Studie über Horror in Buch, Film und Comics. Das Buch gewann 1982 den von der World Science Fiction Convention (World Con) verliehenen Hugo Gernsbeck Award als Bestes Nonfiction Buch; im gleichen Jahr den Locus Award als bestes Nonfiction Buch, den die Leser der Zeitschrift »Locus – The Newspaper of the Science Fiction Field« ermitteln. Im Anhang des Buches finden sich zwei, zugegebenermaßen subjektive, Empfehlungslisten von 100 Filmen (1950 bis 1980) und von 100 Büchern (1950 bis 1980).

Danville, Patrick

Kleiner Junge mit blondem Haar, das ihm strähnig in die Stirn hängt, und einer hakenförmigen Narbe auf dem Nasenrücken. Unscheinbarer Junge, der über 700 Seiten des Romans → »Schlaflos« gar nicht auftaucht, und plötzlich die Schlüsselrolle spielt. Patrick nämlich soll vom durchgeknallten → Ed Deepneau, der unter Einfluß des → Scharlachroten Königs steht, umgebracht werden, da er in unbestimmter Zukunft in einer anderen Welt, der → Mittwelt, dem → Revolvermann → Roland Deschain das Leben retten wird. Der wiederum ist in der Saga → »Der dunkle Turm« bekanntlich der ärgste Widersacher vom Scharlachroten König. Patrick ist einer der »Großen, und ihr Leben dient immer dem Plan. Wenn sie zu früh geholt werden, verändert sich alles. Die Verhältnisse sind nicht mehr im Gleichgewicht.« Deshalb ist → Ralph Roberts, Protagonist in »Schlaflos«, von ebenso hohen Mächten dazu auserkoren, Patricks Leben gegen Ed Deepneau und den Scharlachroten König zu verteidigen. Was ihm, natürlich, auch gelingt.

Dark Score Lake

Beliebter Touristensee nicht unweit der Stadt → Castle Rock. In → »Das Spiel« (O./Dt.: 1992) läßt sich → Jessie Burlingame im Rahmen eines bizarren Sex-Spielchens ans Bett ihres Ferienhauses am Lake Kashwakamak fesseln, als ihr Göttergatte Gerald sich entscheidet, mit einem Herzinfarkt von dieser Welt abzutreten. In der Folgezeit erinnert sich die arme Frau an ein schlimmes Ereignis ihrer Kindheit, als ihr Vater sie am Ufer des Dark Score Lake sexuell mißbrauchte. Glücklichere Erinnerungen hat der → Schriftsteller → Michael Noonan, als er in → »Sara« (O./Dt.: 1997) nach dem Tod seiner Ehefrau Jo an den Ort vertrauer Zweisamkeit zurückkehrt, in das Ferienhaus »Sara Lacht« am Dark Score Lake. Doch das Glück währt nicht lange, denn in dem Haus geht der Geist einer alten Bluessängerin um.

Darkshine

Unvollendete Kurzgeschichte aus dem Jahr 1974, die sich an → Ray Bradburys Erzählung »Das Kinderzimmer« anlehnt. »Darkshine« handelt von telepathisch begabten Kindern. Nachdem King diese Idee später in »Shining« umsetzt, hat er »Darkshine« nicht mehr fortgesetzt.

Das Attentat (The Dead Zone)

Erster Roman des Castle-Rock-Zyklus. O.: Viking, New York 1979 / Dt.1: Arthur Moewig Verlag, Rastatt 1981; Ü.: Alfred Dunkel; Dt.2: Heyne Verlag, München 1987; Ü.: Joachim Körber

Wie in anderen Romanen, die in späteren Jahren noch folgen werden (→ »Cujo«, → »Friefhof der Kuscheltiere«, → »Dolores« und → »In einer kleinen Stadt«), handelt der Roman vom typischem Amerikaner der Mittelschicht, der sich nichts hat zu Schulden kommen lassen und trotzdem vom Schicksal schwer bestraft wird. Nicht umsonst rätselt → Johnny Smiths Freundin: »Es tut mir leid, daß es passiert ist. Ich versuchte dahinter zu kommen, warum ... oder wie man es hätte anders machen können ...« Sie schüttelt den Kopf und sieht ihn aus roten Augen an. Sie weiß keine Antwort. Natürlich weiß sie die nicht. Kings Credo ist schließlich: »Guten Menschen stoßen böse Dinge zu, weil das Leben nun einmal so ist.«

Aus diesem Grund erleben wir, wie der schlacksige, dreiundzwanzigjährige Johnny Smith, der seit einem Kindheitsunfall am Kopf schwach präkognitiv ist, mit seiner Freundin Sarah Bracknell, die wie er gerade erst Lehrer an der Cleaves Mills High School geworden ist, an Halloween 1970 einen fantastischen Tag auf dem Jahrmarkt

Dead Zone

in Castle Rock verlebt. Alles deutet darauf hin, daß das junge Paar an diesem Abend zum ersten Mal miteinander schlafen wird. Es muß nicht unbedingt geschehen, aber es wäre auch nicht schlecht, oder? King schafft eine anheimelnde Szenerie, der der Leser nur zu gerne folgt, wünscht er dem Paar doch nur das Beste, wirklich, das Allerbeste. Doch das genaue Gegenteil tritt ein. Ein Autounfall geschieht, und Johnny fällt für fünf Jahre ins Koma. Als er erwacht, hat sich sein Leben grundlegend geändert: Nicht nur, daß Sarah inzwischen mit Walter Hazletts verheiratet ist und einen Sohn, Danny, hat; Johnnys Fähigkeit, in die Vergangenheit und Zukunft gucken zu können, ist vollends ausgeprägt. Er braucht nur noch einen Menschen zu berühren, um dessen Vergangenheit, gegenwärtige Lebensumstände und Zukunft bildlich vor sich zu sehen.

In einigen Fällen sind diese Visionen entweder vage oder überhaupt nicht vorhanden; offensichtlich ist ein Teil von John Smiths Gehirn unwiederbringlich geschädigt – ein sehr kleiner Teil, aber jeder Teil des Gehirns ist unter Umständen lebensnotwendig. Ärzte nennen das die »tote Zone«, und anscheinend waren dort eine Anzahl von Erinnerungsspuren gespeichert. Alle diese ausgelöschten Erinnerungen scheinen zu einem »Set« zu gehören – einem Set von Straßen-, Landstraßen- und Autobahnbezeichnungen. Ein Teil eines größeren, übergeordneten Sets, demjenigen des »wo ist was«. Es handelt sich um eine kleine, aber vollkommene Aphasie, die allem Anschein nach sowohl das Sprach- als auch das Visualisierungsvermögen einschließt. Wie auch immer, die Meinungen über das inzwischen weit über Castle Rock hinaus bekannte Phänomen John Smith scheiden sich – einige halten ihn für einen Scharlatan. Andere halten ihn für einen neuen Messias. Fakt ist: Als Johnny Chuck Chatsworth berührt, einen Jugendlichen, dem er Nachhilfeunterricht gibt, sieht er ein Feuer voraus in dem Restaurant, in dem Chucks Klasse an diesem Abend ihre Abschlußfeier haben wird. Mit Mühe und Not überredet er Chuck, nicht hinzugehen – und natürlich bricht ein Feuer in dem Restaurant aus, bei dem viele von Chucks Schulkameraden getötet werden. Man bezichtigt ihn kurzzeitig, das Feuer selber ausgelöst zu haben »wie in dem Buch Carrie«, wie einer der Officer gehässig sagt (Teil 2, Kapitel 23, Absatz 5). Johnnys Fähigkeit macht Furore. Er erhält Besuch von dem wohlbekannten, sensationsgierigen Reporter namens → Richard Dees vom blutrünstigen Boulevardmagazin → »Inside View«, einem Schundblatt über Aliens, Sekten und andere Wunder (→ »Der Nachtflieger«).

Einzig der örtliche Sheriff → George Bannermann hält zu Johnny, in der Hoffnung, die seltsame Gabe werde helfen, einen Serienkiller zu entlarven. Tatsächling gelingt dies (es ist der örtliche Polizeichef → Frank Dodd), doch Johnny hat ein dringlicheres Problem: Auf einer Kundgebung hat er die Hand von Greg Stillson geschüttelt, einem mit Wahnsinn gesegneten

Politiker, und in einer Vision gesehen, daß dieser als späterer Präsident der USA einen Atomkrieg auslösen wird. Johnny steht vor der moralischen Qual der Wahl: Mit einem schlechten Gewissen wegschauen und den atomaren Gau in Kauf nehmen – oder reinen Gewissens die Katastrophe verhindern, aber sein Gewissen mit einem Mord zu belasten? Die Entscheidung fällt: Johnnys ganzes Bestreben gilt nun, auch wenn es gleichzeitig seinen Untergang bedeuten wird, Stillson von seinem weiteren Karriereweg abzuhalten. Er plant ein Attentat. Furios ist das Finale, in dem Johnny auf einer Wahlveranstaltung das Gewehr auf Stillson richtet und dieser vor den laufenden Kameras ein Kind als Schutzschild mißbraucht. Stillson steht – ohne von einer Kugel getroffen zu werden – vor dem politischen Aus, und Johnny stirbt im Kugelhagel der Sicherheitskräfte. Ungerechte Welt, meint der Leser, doch Johnny wird auch gerettet, nämlich von dem schmerzhaften Leidensweg einer Krankheit: einem Gehirntumor. Gerechte Welt!

Das Bild – Rose Madder (Rose Madder)

Roman. O.: Viking, New York 1995 / Dt.: Heyne Verlag, München 1995; Ü.: Joachim Körber

In »Das Bild – Rose Madder« hat Stephen King sich zum dritten Mal nach → »Das Spiel« (O./Dt. 1992) und → »Dolores« (O./Dt.: 1993) einem Frauenthema zugewandt, vordergründig jedenfalls. Es ist die Geschichte der mißhandelten → Rosie Daniels, die aus der Hölle ihrer Ehe mit dem psychopathischen Polizisten → Norman Daniels flieht, vorübergehend Zuflucht in einem Frauenhaus, erst eine Freundin → Cynthia Smith [die in den Romanen → »Desperation« (O./Dt.: 1996) und → »Regulator (O./Dt.: 1996] noch eine tragende Rolle erhalten wird) und schließlich in ihrem Nachbarn Bill Steiner eine neue Liebe findet. In Wahrheit erzählt er abermals dieselbe alte Geschichte von der Bestie, die in jedem von uns schlummert, das vordergründige Funktionieren des American Way of Life, hinter dessen Fassade Ängste, Verluste und Wahrheiten über Betrug und Untreue und Vergewaltigung lauern. Bevor wir das erkennen, unterbreitet King uns Identifikationsangebote zur Genüge. Lokalkolorit? Kein Problem: → Winsconsin, die kleine, verschlafene Stadt, das Provinznest mit dem Tante-Emma-Laden, das Einfamilienhaus in der Vorstadt, der McDonald's gleich um die Ecke. Erneut schafft King keine neue Welt, zeichnet die bekannte in seinem postmodernen »bürgerlichen → Realismus« detailgetreu nach. Alles ist in Ordnung. Ist es das wirklich? Im Grunde ja, würde sich nicht ein Rädchen dieses Gefüges in die falsche Richtung drehen. Die Trennlinie zwischen Alltag und Wahnsinn ist nur ein schmaler Grat.

Norman Daniels haßt es, wenn seine Frau Rosie sich in die von ihr heiß- und inniggeliebte Trivialliteratur um → Misery Chastain vertieft, die der Schriftsteller → Paul Sheldon, leidgeplagter Held aus dem Roman → »Sie«

(O./Dt.: 1987) veröffentlicht. Daß ein Mann, der deshalb (und aus vielen anderen nichtigen Gründen) seine Frau schlägt, ein aggressiver Rohling ist, dürfte klar sein. Daß er nach außen hin trotzdem gut da steht, in den Augen der Welt sozusagen, ist auch nur allzu bekannt. Schlimmer ist: Er ist Polizist, im Grunde der Hüter der Gerechtigkeit. Daß ein solcher Gewaltmensch die Angetraute als Besitz betrachtet, den er um jeden Preis zurückholen will, ist ein gesellschaftliches Phänomen, das man nur zu oft betrachten könnte, würde man die Augen nicht davor verschließen. Daß dies in einem Mord endet, mag zwar nicht die Regel sein, ist aber noch denkbar. Daß der Täter am Tag danach aber Schmerzen im Kiefer verspürt, macht den Leser stutzig und – richtig: Der Jäger, Killer und migränegeplagte Norman Daniels, politisch rechtsaußen, Frauenfeind und Psychopath, der nicht von ungefähr den Vornamen mit Norman Bates gemein hat, jenem »Psycho«, ist ein Kannibale. Schon in der Hochzeitsnacht hat er Rosie mit Bissen verletzt, ihr später die Rippen gebrochen, unvorhersehbar, anfallsartig und grundlos.

Wir bangen mit Rosie, wenn sich dieser Unhold auf der Treppe nähert; wir freuen uns, als Rosie sich endlich, endlich in den Bus setzt, die Stadt verläßt, den Bundesstaat verläßt, in das Frauenhaus D & S flüchtet, nachdem sie wieder ihren Mädchennamen → Rosie McClendon angenommen hat. Wir freuen uns, als sie in das möblierte Zimmer zieht, nachdem sie eine Stelle als Sprecherin für Audiocassetten gefunden hat. Wir sind auch diejenigen, die davon überzeugt sind, daß es mit dem Bild, das Rosie in dem kleinen Antiquitätenladen ersteht, eine besondere Bewandtnis haben muß; mit dem Bild, auf dem Grillen zirpen; mit dem Bild, das sich von Tag zu Tag unmerklich verändert. Mit dem Bild, durch das man hindurchgehen kann in eine andere Welt (Eine Welt, die der → Mittwelt vom Revolvermann → Roland Deschain im dritten Band der Saga → »Der dunkle Turm III: Tot«, sehr ähnlich ist. Dort dient ein Geisterhaus in New York City als Übergang.) Der Leser weiß, daß dem so ist, bevor Rosie es weiß.

Das Bild

Denn King spielt mit Dingen, die wir alle kennen. Man fühlt sich an das → Märchen → »Alice im Wunderland« erinnert. Mehr noch: Der Leser weiß nicht nur, daß Rosie durch dieses Bild hindurchgehen kann, er will es sogar. Er will wissen, was hinter der Leinwand ist, und plötzlich entwickelt der Roman seine eigene Logik. Was in der Realität unmöglich ist, wird hier wahrscheinlich. So wie der Leser sich in das Gemälde versenkt, das King mit Worten zeichnet, und so seine Welt betritt, die doch unsere ist, schreitet Rosie McClendon durch das Ölgemälde in ihrem Zimmer, um ihrem mythischen Selbstbildnis zu begegnen, Rose Madder, der großen Göttin, dem freundlichen Ungeheuer, Kings Version der → Medusa (An dieser Stelle scheint sich zu verdichten, daß Rose Madders Welt und Mittwelt aus → »Der dunkle Turm« gleich sind: Es fällt der Name der untergegangenen Stadt → Lud aus »Der dunkle Turm III: Tot«, und Rose leidet an der seltsamen Krankheit → Hurenblüte, die in Mittwelt grassiert.) Rose Madder hilft Rosie gegen ihr → »Ka« aufzubegehren (und auch das ist ein Begriff, der der Saga »Der dunkle Turm« entstammt).

Auf einmal glaubt der Leser dem Autor, wenn er sagt, daß die graue Maus Rosie McClendon eine Schönheit ist. Denn während er sie bisher nur aus der Sicht des Mannes sah, der sie ständig schlug, mit einem Tennisschläger einmal anal vergewaltigte und ihr das langersehnte Kind, die Tochter Caroline, kurz vor der Geburt brutal abtrieb, nehmen wir sie jetzt aus der Perspektive des Mannes wahr, der um gut sieben Jahre jünger ist als sie und sich in sie verliebt. Es ist Bill Steiner, und ist derjenige, der ihr das ominöse Bild verkauft. Natürlich kommt es auch diesmal wieder zum spannungsgeladenen Showdown. Das Monster Norman Daniels verfolgt seine Ex-Frau und deren Liebhaber in ihr Zimmerchen. Beide flüchten durch das seltsame Bildnis, verfolgt von Daniels. Rose Madder, Rosies mythisches Gegenstück in der Spiegelwelt, eine griechische Medusa, tötet den Killer, indem sie die → Erinyen ruft, griechische Mythengestalten, die jene Menschen bestrafen, die sich gegen Bande des Blutes vergangen haben. Norman stirbt. Das ist das Ende. Aber ist das ein gutes Ende? Nein, es ist überhaupt kein Ende. Denn Rosie und Bill kehren zurück in die reale Welt. Sie heiraten und bekommen ein Kind. Sie könnten glücklich leben bis an ihr seliges Ende, wären da nicht die Tobsuchtsanfälle, die Rosie immer häufiger heimsuchen. Nun, Rosie bekommt sie unter Kontrolle. Damit ist das Buch zu Ende! Aber trauen wir dem Frieden?

Im Juli 2000 haben die Dreharbeiten zu einer Verfilmung des Buches als sechsstündige Mini-Serie »Rose Red« begonnen. Regie bei der Serie, die im November 2001 in den USA auf dem Network ABC zu sehen sein soll, führt Craig R. Baxeley, der bereits bei der Mini-Serie → »Der Sturm des Jahrhunderts« Regie führte. Gegen Ende 2000 werden die Dreharbeiten allerdings auf Eis gelegt. Fortsetzungstermin ist noch unbekannt.

Das Bildnis des Sensenmann (The Reaper's Image)
Erzählung. In: O: »Skeleton Crew«, Putnam, New York 1985 / Dt.: »Blut«, Heyne Verlag, München 1996; Ü.: Joachim Körber
Die Erzählung wird bereits 1985 unter → »Der Sensenmann« im Sammelband → »Der Gesang der Toten« veröffentlicht.

Das Ende des ganzen Schlamassels (The End of the Whole Mess)
Kurzgeschichte. In: O.1: »Omni«, New York 1986; O.2: »Nightmares & Dreamscapes«, Verlag Viking, New York 1993 / Dt.: »Alpträume«, Hoffmann & Campe, Hamburg 1993; Ü.: Joachim Körber
Erzählt wird die Geschichte der beiden Brüder Howie und Bobby, von denen Bobby hochbegabt ist und bereits mit zwei Jahren lesen und schreiben kann. Er findet heraus, daß es an bestimmten Stellen auf der Erde ein Wasser gibt, das aggressionshemmend wirkt. Als die Erde kurz vor dem Ausbruch umfassender Kriege steht, bringt er große Mengen dieses Wassers in die Krisengebiete, kippt sie in Vulkane, die hochgehen und das Friedenswasser unters Volk verstreuen. Siehe da, die Erde wird befriedet, drei Jahre wie ein Indianersommer, doch der dann auftretende Nebeneffekt macht die Menschen zu Idioten. Völlig umnachtet stammelt Bobby noch: »Tut mir leid.« Aber ehrlich gesagt, lieber eine Welt voller Schwachköpfe und Schwachsinniger als ein großer, schwarzer Schlackehaufen im All.

Das Floß (The Raft)
Erzählung. In: O.: »Skeleton Crew«, Putnam Verlag, New York 1985 / Dt.1: »Der Gesang der Toten«, Heyne Verlag, München 1985; Ü.: Rolf Jurkeit; Dt.2: »Blut«, Heyne Verlag, München 1996; Ü.: Joachim Körber
»Das Floß« spielt wie der Roman → »Christine« in dem Städtchen → Pittsburgh. Es ist eine typische High-School-Horror-Geschichte. Vier Jugendliche (zwei Jungs, der eher schmächtige Randy und der muskulöse Deke; zwei Mädchen, die schüchterne Rachel und die dralle LaVerne), die den letzten lauen Altweibersommertag nutzen und einen Trip an den Cascade Lake unternehmen. Man neckt sich, albert herum, eifersüchtelt ein wenig, das übliche Prozedere, wenn pubertierende Jugendliche unter sich sind. »Deke hatte im Laufen seine Jeans geöffnet, und irgendwie schaffte er es weiterzurennen, während er die Hose über die schlanken Hüften streifte; es war ein Gag, den Randy nie hinkriegen würde, und wenn er tausend Jahre übte. Deke rannte weiter, er trug jetzt nur noch seine knapp geschnittene Unterhose, das Spiel der Muskeln auf seinem Rücken und auf seinem Gesäß war zu sehen, Randy kam sich klein und häßlich vor, als er seine Levis gleiten ließ. Was Deke vorführte, war Ballett; was er machte, waren komische Verrenkungen.« Die Atmosphäre knistert vor erstem Sex, als die Sonne sich über den Horizont schiebt, die Jugendlichen sich nacheinander

entkleiden, um eine letzte Runde zu schwimmen. Sie entdecken das Badefloß in der Mitte des Sees, und natürlich drängt sich – auch für den Leser – die Frage auf, wie schön es wäre, es darauf zu treiben. Gesagt, getan. Aber da ist plötzlich diese dunkle Flüssigkeit, die wie ein Ölfleck über den See schwimmt und ihnen den Rückweg ans Ufer abschneidet. »Gott, ist mir kalt«, sagte LaVerne im einen Augenblick noch. Sie erschaudert und achtet darauf, daß es hübsch aussieht. Typisch Mädchen. Doch das Hübsch-sein-Wollen vergeht ihr, als Rachel plötzlich von dem Ölfleck verschluckt und gefressen wird. Im nächsten Augenblick sieht LaVerne gar nicht mehr hübsch aus, und es ist ihr auch egal. Sie schreit und schreit wie eine Irre, als wolle sie gar nicht mehr aufhören, schlägt sich immer wieder mit der flachen Hand auf die Augen. Mit wahrer Akribie beschreibt King, wie der Fleck die vier Jugendlichen nacheinander verschlingt. Besonders gelungen ist die Szene, in der das seltsame Monster (die Frage nach dem Was oder Woher wird gar nicht mehr gestellt – der Schrecken sitzt in den Gliedern und läßt uns die Seiten im Sauseschritt wenden) Deke durch einen schmalen Holzspalt in den See zieht. Man hört förmlich die Knochen brechen, sieht, wie das Blut aus Dekes Augenhöhlen spritzt, mit solcher Kraft, daß der schmächtige Randy – absurderweise, aber auch insgeheim sehr spöttisch – denkt: »Vital ist er ja, das muß man ihm lassen. Spritzt Blut wie ein Feuerlöscher! Gottogottogott!« Bis auch ihm aufgeht, daß er nicht entrinnen kann ...

Das fünfte Viertel (The Fifth Quarter)

Kurzgeschichte. In: O.1: »Cavalier«, New York 1972; O.2: »Nightmares & Dreamscapes«, Verlag Viking, New York 1993 / Dt.: »Alpträume«, Hoffmann & Campe, Hamburg 1993; Ü.: Joachim Körber

Die Erzählung wird bereits 1972 in dem Herrenmagazin »Cavalier« unter dem → Pseudonym → John Swithen veröffentlicht. Es ist die einzige Geschichte, die in den Sammelband → »Alpträume« aufgenommen wird und die am wenigsten Alpträume verursacht, ist sie doch eine rüde Mainstream-Geschichte von vier Männern, die einen Überfall begangen und dabei vierhundertachtzigtausend Dollar abgesahnt haben. Jeder hat ein Viertel der Karte, in der verzeichnet ist, wo das Geld vergraben ist. Ein fünfter, Jerry Tarkanian, versucht in den Besitz der kompletten Karte zu kommen, was ihm nach hartem Kampf, Verrat, Mord und Show-Down gelingt.

Das Grauen von Dunwich (The Dunwich Horror)

Erzählung von → H. P. Lovecraft. In: O.: »The Call of Cthulu«, 1929 / Dt.: »Cthulhu Geistergeschichten«, Suhrkamp Verlag, Frankfurt 1982; Ü.: H. C. Artmann

H. P. Lovecraft schreibt über einen Jungen namens Wilbur Whateleys, der am 2. Februar 1913 geboren wird. Die Mutter Lavinia Whateleys war eine »irgendwie entstellt wirkende wenig anziehende Frau von albinohaftem Aussehen, 35 Jahre alt, die mit ihrem alten halbverrückten Vater zusammenlebte, über den in seiner Jugend die schrecklichsten Geschichten von Hexenkunst und Zauberei gemunkelt wurden.« Niemand weiß, wer der Vater des dunklen, ziegenbockähnlichen Säuglings ist, bis sich herausstellt, daß er der Sohn des Yog-Sothoth ist, einem der Großen Alten des → Cthulhu-Mythos. Lovecraft erzählt in dieser Geschichte auch von der tödlichen Furcht der Einwohner vor den Ziegenmelkern, Vögeln, die ihren Ruf an lauen Abenden hören lassen. Diese Vögel liegen angeblich auf der Lauer und warten auf die Seelen der Sterbenden, und sie stoßen ihre schauerlichen Schreie im Einklang mit dem keuchenden Atem des Dahinscheidenden aus. Glückt es ihnen, die fliehende Seele im Augenblick einzufangen, da sie den Körper verläßt, so Lovecraft, flattern sie auf der Stelle unter dämonischem Gekreische davon. Die Idee der »Seelen-Vögel« adaptiert Stephen King in seinem Roman → »Stark«.

Das Haus in der Maple Street (The House on Maple Street)
Kurzgeschichte. In: O.: »Nightmares & Dreamscapes«, Verlag Viking, New York 1993 / Dt.: »Alpträume«, Hoffmann & Campe, Hamburg 1993; Ü.: Joachim Körber
Die Erzählung verknüpft verschiedene Genres miteinander: den Schrecken eines abgrundtief bösen Stiefvaters, die klassische Geisterhaus-Geschichte und moderne Science Fiction. Die Bradbury-Kinder Trent, Laurie, Brian und Lessa leiden wie ihre Mutter Catherine unter dem herrischen und cholerischen Stiefvater Lewis Ewans. Als die Familie nach dem England-Urlaub nach Hause kommt, stellen die vier Kinder fest, daß mit ihrem Haus etwas nicht stimmt. Unter dem Putz wächst eine harte metallähnliche Schicht. Nach einiger Zeit entdecken sie in einem abgelegenen Teil des Kellers eine Art Zeitmaschine mit Zeitzünder, der rückwärts läuft. Trent »war ziemlich sicher, daß er es wußte. Jeder amerikanische Junge weiß, daß zweierlei passieren kann, wenn eine Uhr, die rückwärts läuft, schließlich Zero anzeigt: entweder eine Explosion oder ein Start. Trent überlegte sich, daß zuviel Ausrüstung vorhanden war, zuviel Technik für eine bloße Explosion. Er glaubte, daß sich etwas in das Haus geschlichen hatte, während sie in England waren. Möglicherweise eine Art Spore, die eine Milliarde Jahre durch das Weltall getrieben war, bevor sie in den Gravitationssog der Erde geriet, durch die Erdatmosphäre schwebte wie eine Pusteblume in einer leichten Brise, und schließlich in den Kamin eines Hauses in Titusville, Indiana, fiel.« Die vier hellen Kids entwickeln einen komplizierten Plan, damit ihr Stiefvater zum Zeitpunkt, wenn die Uhr Null anzeigt, im Haus ist. Der Plan

gelingt, und im Moment, als der Zünder Null erreicht, hebt das Haus ab und entschwebt ins Weltall. Auf Nimmerwiedersehen, Lewis Ewans!

Das heimliche Fenster, der heimliche Garten (Secret Window, Secret Garden)

Novelle. In.: O.: → »Four Past Midnight«, Viking, New York 1990 / Dt.: → »Langoliers«, Heyne Verlag, München 1991; Ü.: Joachim Körber

Nach dem Roman → »Stark« (O./Dt.: 1989), der von der Auferstehung eines Pseudonyms handelt, arbeitet Stephen King mit dieser Novelle erneut eine weitere, tiefe Furcht des Schriftstellers auf. Der mehr oder minder seit den Romanen »Der Sohn des Leierkastenmanns« und »Die Familie Delacourt« erfolgreiche Mort Rainey aus → Derry wird von einem zwielichtigen Kerl names John Shooter aus Dellacourt, Mississippi, des Plagiats bezichtigt: Auf einer Busreise nach Perkingsburg sei Shooter angeblich beim Lesen auf »seine« Erzählung »Das heimliche Fenster, der heimliche Garten«, ein Frühwerk Raineys, gestoßen. Rainey ist bemüht, seine Unschuld zu beweisen, doch alle Beweise gehen in Flammen auf, Zeugen werden getötet und der Kampf zwischen den beiden Männern wird immer erbitterter. Erst als Raineys Ex-Frau Amy auftaucht, zeigt sich, daß Rainey von seiner wirklichen Vergangenheit eingeholt worden ist: Er ist schizophren geworden und trägt Zwiekämpfe aus mit sich selbst und seinem schlechten Gewissen. Denn in Jugendjahren »stahl« er in der Vorlesung des Romanciers Richard Perkins Jr. seinem Kommilitonen John Kintner die Geschichte »Hahnenfuß-Meile« und veröffentlichte diese erfolgreich. In letzter Sekunde kann Ted Milner, Amys neuer Freund aus Shooters Knob in Mississippi, sie aus den brutalen Fängen befreien, indem er Mort erschießt. Der Epilog indes stützt nicht nur den Leser, auch Amy und Ted in Verwirrung, denn sie erhalten ein Schreiben von John Shooter, mit einer Entschuldigung für alle Unannehmlichkeiten: »Ich habe meine Geschichte, wegen der ich in erster Linie gekommen bin. Sie trägt den Titel ›Hahnenfuß-Meile‹ und ist ein echter Schlager.«

Das Jahr des Werwolfs (Cycle of the Werwolf)

Kalendergeschichte. O.: Land of Enchantment, Michigan 1983 / Dt.: Bastei-Lübbe Verlag, Bergisch Gladbach 1985; Ü.: Harro Christensen

Die Geschichte wird später auch als → »Der Werwolf von Tarker Mills« mit neuem Vorwort und Filmfotos veröffentlicht. Ursprünglich soll die Erzählung als Kalender erscheinen, weil der Umfang – typisch King! – aber wächst, erscheint sie als Buch beim Kleinverlag Land of Enchantment von Christopher Zavisa in Michigan in einer großformatigen Ausgabe, auf 7500 Exemplare limitiert, numeriert und von King und dem Zeichner → Bernie Wrightson signiert. »Das Jahr des Werwolfs« ist eine simple Horror-

Geschichte ohne tiefgründige Symbolik. Sie verdankt ihre Entstehung der Idee »Zwölf Monate = Zwölf Vollmonde«. Zum Inhalt: Ein → Werwolf macht alle vier Wochen das Dörfchen Tarker's Mills unsicher, bis der an einen Rollstuhl gefesselte Marty Coslaw dahinter kommt und ihm – artgerecht – mit einer Silberkugel den Garaus macht.

Das Leben und das Schreiben (On Writing)

Sachbuch. O.: Scribner, New York 2000, Dt.: Ullstein, München 2000; Ü.: Andrea Fischer

Stephen King mal ganz sachlich, und irgendwie auch wieder nicht. In »Das Leben und das Schreiben« schildert King auf anrührige, ihm ganz eigene unterhaltsame Weise seine Kindheit, seine Jugend und die Ereignisse, die dazu führten, daß er schlußendlich zum Schreiberling, wohlgemerkt einer der populärsten dieser Welt, wurde. Dabei schafft er mitunter so manchen schönen Mythos aus der Welt, den die Biographen um ihn errichtet haben. Zum Beispiel den, daß er jeden Tag außer Weihnachten, dem vierten Juli und seinem Geburtstag schreibe. King: »Das war gelogen. Ich habe gelogen, weil man irgend etwas sagen muß, wenn man die Einwilligung zu einem Interview gibt, und es kommt besser, wenn es sich halbwegs gewitzt anhört. Außerdem wollte ich nicht wie ein strebsamer Workaholic klingen (Workaholic allein reichte mir wohl).« Stattdessen legt er so manche Wahrheit an den Tag: »Wahr ist, daß ich, wenn ich dran bin, jeden Tag schreibe, Streber hin, Streber her. Und zwar auch an Weihnachten, dem vierten Juli und an meinem Geburtstag.« Oder wer wußte schon, daß King jahrelang mit Alkohol und Drogen zu kämpfen hatte? »Durch eine Analyse der kurzen Abschnitte des Lebenslaufs merkt man, welch brillanter Erzähler King sein kann«, urteilt das Magazin Alien Contact. Zu guter Letzt gibt King allen Nachwuchsautoren, die ihn mit Fragen gelöchert haben wie »Warum haben Sie verdammt noch mal so viel Erfolg, Herr King?« und ihm verbissen, aber vergeblich nacheifern, Tips und Ratschläge für ein besseres, ein

Das Leben und das Schreiben (On Writing)

erfolgreicheres Schreiben. Erfolgreich aber nicht im Sinne von finanziellem Reichtum, sondern dem, was King am besten kann: den Leser fesseln mit den Alpträumen, die am Grunde unserer Seele – also unseres Lebens! – liegen. Das Leben und das Schreiben. Lebe und schreibe! Kurz und bündig sagt King mehr, als hundert Leitfäden erklären könnten. »Insgesamt ein sehr unterhaltsames und vor allem lehrreiches Buch, das ich allen angehenden Autoren dringend ans Herz legen möchte«, so der deutsche SF-Herausgeber Hardy Kettlitz.

Interessant übrigens auch: Das Buch erscheint Ende August 2000 in Deutschland, erst im Oktober 2000 in Amerika. In Amerika erscheint zusätzlich und exklusiv der Band → »Secret Windows«.

Das letzte Gefecht (The Stand)

Roman. O.1, gekürzt: Doubleday, Garden City 1978; O.2, ungekürzt: Doubleday, Garden City, 1990 / Dt.1, gekürzt: Bastei-Lübbe Verlag, Bergisch Gladbach 1985; Ü.: Harro Christensen; Dt.2, ungekürzt: Bastei Lübbe Verlag, Bergisch Gladbach 1990; Ü.: Joachim Körber

Mit dem Roman »Das letzte Gefecht« führt Stephen King die Kurzgeschichte → »Nächtliche Brandung« (in: »Nachtschicht«) fort, in der er eine von der Seuche → Captain Trips dahingeraffte Menschheit schildert. »Das letzte Gefecht« wird das bis dahin umfangreichste Roman-Projekt aus der Feder von Stephen King, gleichzeitig der erste Ausflug des vielgelobten »King of Horror« in das Fantasy-Genre. Daß dabei das ultimative Fantasy-Epos → »Der Herr der Ringe« von → J. R. R. Tolkien Pate steht, verwundert nicht. Wie bei Tolkien reagieren die Kritiker bei Veröffentlichung von »Das letzte Gefecht« zweigeteilt. Die einen sehen in ihm eine »gigantische Utopie«, ein literarisches Ereignis. Anderen ist das Kingsche Werk zu aufwendig, das Ergebnis zu gering.

Im Wesentlichen geht »Das letzte Gefecht« zurück auf 1. George R. Stewarts Roman → »Leben ohne Ende«, in dem eine Epidemie fast die gesamte Menschheit vernichtet; 2. → M. P. Shiels Roman → »Die Pur-

The Stand

purne Wolke«, in dem ein Großteil der Menschheit durch ein entsetzliches Gas ausgelöscht wird. Die letzten Überlebenden sind das Werkzeug kosmischer Kräfte, die auf der Erde ihren mystischen Kampf austragen.

Letzteres ist im Wesentlichen auch die Handlung von »Das letzte Gefecht«. Nachdem der Großteil der menschlichen Bevölkerung 1986 von der in geheimen kalifornischen Militärlabors gezüchteten Supergrippe Captain Trips ausgelöscht wird, werden die dank der angeborenen Immunität Überlebenden von Träumen heimgesucht, die sie entweder zum → »dunklen Mann«, zu → Randall Flagg, nach Las Vegas im → Westen der USA locken, oder zur 108jährigen Mutter → »Abagail« nach Boulder, Colorado, ziehen. Im Folgenden schildert Stephen King den beschwerlichen Weg, den die unterschiedlichsten Menschen auf sich nehmen, um ihr Ziel zu erreichen. Die Idee ist spannend umgesetzt, fesselnd geschrieben, aber nicht neu, und wenngleich auch der Einfluß früherer Werke immanent ist, möchte King den Roman als ein modernes Fantasy-Epos sehen. »›Das letzte Gefecht‹«, erklärt auch King-Biograph Georg Beahm, »ist eine Parabel auf unsere Zeit. Wir haben Spielzeuge und Gerätschaften erschaffen, die wir nicht verstehen, und technologische Katastrophen, die wir vielleicht nicht kontrollieren können.« King bestätigt: »Ich schrieb das Buch während einer schlimmen Zeit für die Welt und besonders für Amerika; wir litten unter der ersten Benzinknappheit in der Geschichte, wir waren gerade Zeugen des traurigen Endes der Regierung Nixon und des ersten Rücktritts eines Präsidenten überhaupt geworden, wir waren in Südostasien vernichtend geschlagen worden, wir kämpften mit einer ganzen Reihe interner Probleme, von der beunruhigenden Frage von Abtreibung auf Verlangen bis hin zu einer Inflationsrate, die in beängstigender Weise in die Höhe schnellte.«

Am Ende der ersten Fassung, die 1978 um mehr als 400 Seiten vom Verlag Doubleday gekürzt wird, weil er dem Markt eine Schwarte von 1000 Seiten für 12,95 Dollar nicht zumuten will, steht der Sieg, und der amerikanische Traum vor einem

Das Mädchen
(The Girl Who Loved Tom Gordon)

Neubeginn. Erst 1990 erscheint bei Doubleday schließlich die Neufassung, in der die Virus-Katastrophe ins Jahr 1990 verlegt wird, die Charaktere vom Autor weiter ausgefeilt werden, der Roman selbst zusätzlich mit einem Prolog und Zeichnungen von → Berni Wrightson versehen wird. Gleichzeitig fügt King ein neues Ende hinzu, indem er Flagg noch einmal hervorholt und ihn damit drohen läßt, noch weiteren Schaden anzurichten. Für die Menschheit bleibt also ein dunkler Schatten: Wird die Menschheit je vernünftig werden? Vielleicht aber ist das neuerliche Aufbäumen von Randall Flagg nur ein Hinweis auf die Saga → »Der dunkle Turm«, in der der Weltenwanderer Flagg abermals die Rolle des Bösewichts innehat. Die Welt, in die der → Revolvermann → Roland Deschain und seine Freunde auf der Suche nach dem dunklen Turm gelangen, ist 1986 von der Seuche → Captain Trips heimgesucht, augenscheinlich also die Welt aus »Das letzte Gefecht«.

Der Roman erscheint 1990 zusätzlich in einer auf 1250 Exemplare limitierten, handsignierten Vorzugsausgabe mit schwarzem Leder, dreiseitigem Goldschnitt, aufwendigen Vorsatzblättern und einer Holzkassette, die von der Vereinigung amerikanischer Antiquare einen Preis für das »Begehrteste Sammlerstück des Jahres 1991« erhält.

Das Mädchen (The Girl Who Loved Tom Gordon)

Roman. O.: Scribner, New York 1999 / Dt.: Schneekluth, München 2000, Ü: Wulf Berger

Über die Erfolge von Romanen wie → »Shining«, → »Friedhof der Kuscheltiere« oder → »Das letzte Gefecht« und den danach entstandenen Fernseh- und Kinofilmen gerät leicht in Vergessenheit, daß King längst nicht mehr nur Vampire, Zombies und schleimige Außerirdische aus dem Hut zaubert. Parallel dazu und in den letzten Jahren immer häufiger verfaßt er Geschichten ohne übernatürliche Elemente, die verwurzelt im Hier und Jetzt ganz »normale« Menschen in oft extremen, aber alltäglichen Situationen zeigen, z.B. → »Die Leiche«, → »Pinup«, → »Das Spiel«, → »Dolores« oder zuletzt → »Atlantis«. »Das Mädchen« fällt sogar noch ein ganzes Stück mehr aus dem King-typischen Rahmen. Diesmal führt er

Red Sox-Fan King in entsprechender Pose für das Autorenfoto in »Das Mädchen«

nicht Dutzende von Figuren ein, sondern schildert die Geschichte anhand einer einzigen Person.

»Die Welt hatte Zähne, und sie konnte damit zubeißen, wann immer sie wollte. Das entdeckte Trisha McFarland, als sie neun Jahre alt war«, lauten die ersten beiden Sätze des Romans. Trisha unternimmt mit ihrer Mutter und ihrem älteren Bruder eine Wanderung durch die Wälder von Maine. Wie stets zanken sich die beiden ununterbrochen, denn Trishas Eltern haben sich scheiden lassen, die Mutter erhielt das Sorgerecht und zog mit den Kindern von Boston in den Süden von Maine – und Bruder Pete paßt das alles gar nicht. In ihren fortwährenden Disputen nehmen die beiden von nichts Notiz, bemerken nicht einmal, daß Trisha ihnen mitteilt, daß sie mal eben pinkeln muß. An einer Webgabelung verrichtet sie ihr Geschäft und anstatt auf den Pfad zurückzukehren, beschließt sie, geradeaus weiterzugehen, um wieder zum Hauptweg zu gelangen. Es ist wirklich ganz unmöglich, sich zu verlaufen. Doch es ist möglich. Trisha verliert die Orientierung. Neun Tage und Nächte irrt sie durch die Wildnis – allein mit ihren Ängsten, der unbekannten Natur ausgesetzt, krank und verfolgt von einem vermeintlich mysteriösen Wesen. Ihre einzige Verbindung zur zivilisierten Welt ist das Radio in ihrem Walkman. Ihr einziger Begleiter ist Tom Gordon, der Baseball-Star, den sie so verehrt; doch er begleitet sie natürlich nur in ihrer Phantasie. Egal: Er ist ihre wichtigste Bezugsperson in der ruppigen Wildnis.

»Das Mädchen« ist eindringlich, sehr spannend und – das ist das Besondere – frei von übertriebenen Horroreffekten. Eindeutig ein neuer King! »Schon mit → ›Atlantis‹ hat King bewiesen, wie subtil er die Klaviatur des alltäglichen Grauens zu beschreiben versteht. Und siehe da: hinter dem unschuldig-grünen Gewand der Natur lauert für kleine Kinderaugen das blanke Entsetzen«, urteilt das Buch-Magazin »Lesen & Leute«. Und »Publishers Weekly« findet: »Dieses Mädchen ist das beste Kind, das King jemals geschaffen hat: absolut glaubwürdig und in ihrer Verwundbarkeit und ihrem Einfallsreichtum von schmerzhafter Eindringlichkeit.« Auch in anderen Rezensionen internationaler Magazine und Zeitungen wird die Glaubwürdigkeit gelobt, mit der King Trisha schildert. In einem Interview sagt King, daß »Der Herr der Fliegen« das Buch sei, das er gerne selbst geschrieben hätte. Als Trisha inmitten der Wildnis einer summenden Horrorvision begegnet, schafft King seine bisher stärkste Annäherung an die zentrale Stelle von Goldings Roman.

Übrigens: Schneekluth vertreibt »Das Mädchen« als Marketing-Gag in zwei Versionen: mit einem schwarzen und einem weißen Schutzumschlag. Der Inhalt ist jedoch identisch. Inzwischen ist bekannt geworden, daß George A. Romero das Buch verfilmen wird. Romera wird auch das Drehbuch schreiben.

Das Monstrum (The Tommyknockers)

Roman. O.: Putnam, New York 1987

Dt.: Hoffmann & Campe Verlag, Hamburg 1988; Ü.: Joachim Körber

Nach den Ausflügen in das Fantasy-Genre mit den Romanen → »Das letzte Gefecht« (O.: 1978; Dt.: 1985), → »Der Talisman« (O: 1984/Dt.: 1986) und → »Die Augen des Drachen« (O: 1987/Dt.: 1987) beschreitet King nun den Weg der Science Fiction. Laut King-Kenner George Beahm stellt »Das Monstrum« »Science Fiction mit einem kräftigen Schuß von Kings einzigartiger Mischung aus Fantasy und Horror« dar. King selbst glaubt, daß Leute, die SF schreiben, die Nase über »Das Monstrum« rümpfen und sagen: »Das ist Mist, weil nirgends erklärt wird, wie etwas funktioniert.« Vielleicht deshalb bezeichnet SF-Autor John Clute das Werk schlicht als »Gothic Horror in SF gekleidet«. Tatsächlich scheint diese Definition am zutreffendsten, denn King selbst gesteht: Ihm sei »einerlei, wie der technische Krimskrams funktioniert. Mir ist wichtig, wie die Menschen funktionieren.«

In »Das Monstrum« gibt es freilich eine Menge seelischer Abgründe zu erforschen. Denn der Einfluß der außerirdischen → Tommyknockers auf Körper und Psyche ist furchterregend, nachdem die siebenunddreißigjährige Western-Schriftstellerin → Roberta »Bobbie« Anderson in Haven, Maine, am 21. Juni 1988 über ein acht Zentimeter langes Metallstück stolpert, das aus dem Waldboden ragt. Irgendetwas geht davon aus, denn in seiner Nähe liegen tote Vögel herum, und Bobbies alter Hund Peter, schon lange erblindet, läßt Zeichen der Besserung erkennen. Roberta berührt das Metall und wird von einem intensiven Vibrieren durchflutet. Mit schrecklicher Gewißheit erkennt sie: »Jemand war dort begraben ... Die Vibration. Das war der Ruf menschlicher Gebeine gewesen.«

Mitnichten, aber das wird Bobbie wohl nie erfahren. Sie beschließt, es auszugraben, und das Metallstück erweist sich als größer, als auf den ersten Blick zu vermuten war: ein Monstrum, das, so scheint es, tief

Das Monstrum

hinabreicht in den Waldboden und Felsgrund. Schon seit Urzeiten muß es sich dort befunden haben, längst bevor es die Stadt Haven gab; und seit ihrer Gründung hat es unterschwellig die Geschicke Havens und seiner Bewohner beeinflußt. Denn schon immer hat es seltsame Vorkommnisse gegeben – und seltsame Todesfälle. Jetzt, da das Monstrum von Bobbie freigelegt wird, entfalten die Tommyknockers ihre ganze Kraft, das Raumschiff wird zum »technologischen Schreckgespenst« mit einem telepathischen, bösartigen Einfluß auf die Menschen und die Stadt. Wie Regisseur Don Siegel 1956 in dem Film »Die Dämonischen« entwirft Stephen King in »Das Monstrum« eine außerirdische Bedrohung, aber er projiziert sie nicht in ein häßliches Monstrum, das per fliegender Untertasse auf der Erde landet – vielmehr ist es ein gestaltloser Aggressor, eine gesichtslose Macht, die vom Menschen Besitz ergreift, ihn umformt, ihn verändert, ihn seiner Individualität beraubt: Zum Befehlsempfänger dieser unbekannten Intelligenz degradiert, wird der Mensch zur Triebkraft seines eigenen Untergangs. Waren in Siegels Film Warnungen vor aufkeimenden faschistischen Tendenzen in den USA, vor Auswüchsen des Tolitarismus, des Kommunismus verborgen – so ist in »Das Monstrum« das ganze, moralische Dilemma unserer Zeit verborgen: Maschinen werden von Leuten erfunden, die nicht die geringste Ahnung haben, was sie da eigentlich tun oder welche Konseqenzen es haben kann, diese Geräte zu benutzen.

Die Tommyknockers schaffen mit Hilfe der Menschen ein kollektives Bewußtsein, um mit gebündelter Geisteskraft das Raumschiff ans Laufen zu bekommen, gleichzeitig haben die an das Alien-Netzwerk »angeschlossenen« Menschen für die kurze Zeit ihres Lebens noch Zugriff auf ein jahrtausendealtes Know-how. Roberta Anderson erfindet eine Schreibmaschine, auf der sie Tag und Nacht mittels Telepathie einen Roman schreiben kann, einen Traktor, mit dem sie das Feld schwebend pflügt. Die etwas dümmliche → Rebecca Becka Paulson, deren seltsame Geschichte bereits als Short Story → »Die Offenbarungen der Becka Paulson« in »Skeleton Crew« veröffentlicht und als → »Kugel im Kopf« für die TV-Serie → »Outer Limits« verfilmt wurde, funktioniert die Kabel des Fernsehers geschickt um, so daß ihr untreuer Ehemann Joe von einem Schlag getötet wird, als er das Gerät anschaltet. Nancy Voss, auf dem Postamt die dralle Geliebte vom inzwischen gegrillten Joe Paulson, erfindet eine Maschine, die Briefe ganz von selbst sortiert. Mabel Noyes erfindet ein Gerät, das Silber poliert, doch als sie es benutzt, wird sie vom Diesseits ins Jenseits befördert. Der Preis für dieses Wissen ist hoch. Zuallererst ist es Roberta, deren Körper, mehr aber noch ihr Bewußtsein von der freigelegten außerirdischen Macht verbraucht werden. Dann das vom jungen Tommy, der halluzinierend durchs Nachbarstädtchen → Derry fährt und einen Clown (→ Pennywise, → »Es«) sieht, der ihn aus einem offenen Kanalisationsschacht heraus angrinst – ein Clown, der glitzende Silberdollar anstelle von Augen hat und Luftballons in der geballten, weißbehandschuhten Hand hält. Tommy wird in dem geistigen Würgegriff der Tommyknockers bewußtlos, genauso wie der junge Nachwuchs-Zauberer Hilly Brown, der seinen Zauberkasten ergänzt und seinen Bruder David auf einen Lichtjahre von der Erde entfernten Planeten versetzt – nach Altair-4, übrigens jener Planet, der → Schauplatz der telepatischen Ereignisse in dem Film → »Alarm im Weltall« ist, der gleichermaßen → Vorbild für Kings »Das Monstrum« ist.

An dieser Stelle greift Stephen King auch für einen Augenblick seinem Roman → »Schlaflos« vorweg (in dem der Pensionär → Ralph Roberts täglich am Krankenbett seiner Frau im → Zimmer 217 des Derry Home Hospitals wacht, während er nachts kaum Schlaf findet). In »Das Monstrum« ist von Hilly Browns Großvater Ev Hillman die Rede, der seine Vormittage im → Zimmer 217 des → Derry Home Hospitals verbringt, wo er auf seinen nun lethargischen Neffen Hilly aufpaßt. Seine Nächte sind zunehmend schlaflos, und manchmal liegt er sogar in der Dunkelheit und glaubt, kichernde Laute aus dem Abfluß zu hören (was wiederum eine überdeutliche Anspielung auf das Kanalmonster Pennywise in »Es« ist). Ev Hillmann, der seit der Ardennenoffensive im Zweiten Weltkrieg zwei kleine Stahlplatten im Schädel hat, macht sich einige Sorgen um die außergewöhnlichen Ereignisse in Haven, und als er sich nach nach Hillys sagenhaftem »Zaubertrick« ein wenig umhört, bekommt er in einer kleinen Bar in Lower Main die Geschichte von einem Mann namens → Johnny Smith (→ »Das Attentat«) zu hören, der jahrelang im Koma gelegen hatte und mit einer hellseherischen Begabung aufgewacht war. Ev recherchiert weiter und erinnert sich an die seltsame Geschichte von einem großen Wald in → Ludlow, in dem die Micmac-Indianer ihre Toten nach der Grippe von 1880 begraben haben, bevor sie weiterzogen. Auch dieser Wald hat einen unheimlichen Einfluß auf die Menschen (→ »Friedhof der Kuscheltiere«).

Aber auch Roberta Andersons früherer Liebhaber, der erfolglose Dichter und Verlierertyp → Jim Gardener, der im Hotel → Alhambra Inn am Arcadia Beach in New Hampshire lebt und dort im Buch 1, Kapitel 6, Absatz 2, nach durchsoffener Nacht von → Jack Sawyer (dem Protagonisten aus dem Roman → »Der Talisman«, der im gleichen Jahr zur gleichen Zeit im Alhambra Hotel spielt) am Strand geweckt wird, spürt, daß Gefahr in Verzug ist. Gardener ist immun gegen den Einfluß der Aliens, was er einem Stück Metall verdankt, mit dem die Ärzte ein Loch in seinem Schädel verschlossen haben. Zwar kann er seine geliebte Bobbie aus den psychischen Fängen der Tommyknockers befreien, muß aber wie sie am Ende sein Leben lassen. Vielleicht ist das auch die einzige Lösung, die King uns aus dem Techno-Schlamassel des 20. Jahrhunderts empfiehlt ... Übrigens: Die Aufräumarbeiten in Haven übernimmt in → »Die Firma« eine Institution für außergewöhnliche Erscheinungen, die der Leser bereits aus dem Roman → »Feuerkind« und der TV-Mini-Serie → »Stephen King's Golden Years« (1991) kennt.

Das Orakel und die Berge (The Oracle and the Mountains)

Erzählung. In: O.1: »The Magazine of Fantasy and Science Fiction, Februar 1981; O.2: »The Dark Tower I: The Gunslinger«, NAL, New York 1988 / Dt.1: »Die besten Geschichten aus dem Magazine of Fantasy & Science Fiction 65 – Cyrion in Bronze«; Heyne Verlag, München 1983; Ü.: Uwe Anton; Dt.2: »Schwarz«, Heyne Verlag, München 1988; Ü.: Joachim Körber.

Der Revolvermann → Roland Deschain und → John Jake Chambers kommen auf der Jagd nach dem → Mann in Schwarz in die Berge, wo ein uraltes → Orakel auf sie wartet. Dem Revolvermann offenbart sich ein Geheimnis: »Der Junge ist die Pforte zum Mann in Schwarz. Der Mann in Schwarz ist Deine Pforte zu den Dreien. Die Drei sind Dein Weg zum Dunklen Turm.« Drei ist Rolands Schicksalszahl. Drei Menschen muß er auswählen, damit er seine Suche nach dem Turm fortsetzen kann. Wer und was diese Drei sind, bleibt für Roland vorerst im Unklaren. Einzig der Leser, der sich mit Tarot auskennt, weiß, daß die Zahl Drei für Stabilität steht.

Die Erzählung fließt als Kapitel 3 in den Roman → »Der dunkle Turm I: Schwarz« ein.

Das Rasthaus (The Way Station)

Erzählung. In: O.1: »The Magazine of Fantasy and Science Fiction, April 1980; O.2: »The Dark Tower I: The Gunslinger«, NAL, New York 1988 / Dt.1: »Die besten Geschichten aus dem Magazine of Fantasy & Science Fiction 58 – Grenzstreifzüge«; Heyne Verlag, München 1981; Ü: Walter Brumm; Dt.2: »Schwarz«, Heyne Verlag, München 1988; Ü.: Joachim Körber

Der Revolvermann → Roland Deschain entdeckt auf seiner Jagd nach dem → Mann in Schwarz ein heruntergekommenes Rasthaus mitten in der Wüste → Parsek von → Mittwelt, wo der Junge → John Jake Chambers lebt. Jake weiß nicht, wie er hergekommen ist, nur daß er einfach hier ist. Indem er eine Patrone geschickt zwischen Fingern balanciert, versetzt Roland ihn in Hypnose. Jake erinnert sich: Von den Eltern an die Lehrer, Köchin, Babysitter abgeschoben, wächst Jake ohne Freunde in New York auf. Eines Tages wird er auf dem Weg zur Schule vom Mann in Schwarz vor ein Auto gestoßen und stirbt. Als er erwacht, findet er sich im Rasthaus in der Wüste wieder. Roland schließt den Jungen in sein Herz, ahnt aber, daß Jake einzig seiner Sache, der Suche nach dem dunklen Turm, dienen wird. Gemeinsam setzen sie die Jagd auf den Mann in Schwarz fort. Der ist nämlich der einzige, der Roland den Weg zum dunklen Turm weisen kann. Die Erzählung fließt als Kapitel 2 in das Buch → »Der dunkle Turm I: Schwarz« ein.

Das Schreckgespenst (The Boogeyman)

Kurzgeschichte. In: O.1: »Cavalier«, New York 1973; O.2.: »Nightshift«, Doubleday, Garden City 1978 / Dt.: »Nachtschicht«, Bastei-Lübbe Verlag, Bergisch Gladbach 1984; Ü.: Harro Christensen

Lester Bellings aus Waterbury in Connecticut sucht die Hilfe des Psychiaters Dr. Harper. Ein Schreckgespenst, das stets aus dem Schrank kommt, hat seine drei Kinder Denny, Shirl und Andy umgebracht. Seine Frau will sich scheiden lassen, er steht kurz vor dem Zusammenbruch. Dr. Harper hört sich geduldig seine Geschichte an, und als Lester weitere Behandlungstermine mit der Schwester vereinbaren will, ist der Arzt plötzlich verschwunden. Der Raum ist leer. Aber die Schranktür ist offen. Nur einen Spalt. Das Schreckgespenst tritt aus dem Schrank. In einer verfaulten Klauenhand hält es noch Dr. Harpers Maske.

Das Spiel (Geralds Game)

Roman. O.: Verlag Viking, New York 1992 /
Dt.: Heyne Verlag, München 1992; Ü.: Joachim Körber

»Das Spiel« sorgt für Überraschung. Statt das vereinbarte, vierte Buch »Dolores« seines Mega-Deals mit → Viking präsentiert Stephen King dem Verlag unerwartet »Das Spiel«. Viking kauft es und veröffentlicht es zusätzlich. Auch wenn »Das Spiel« bar jeglicher übersinnlicher Erscheinungen ist, wie sie Kings frühere Werke auszeichnen, gelingt es ihm, dem Leser Schrecken zu unterbreiten. Auf leisen Pfoten zwar, aber dafür in Form des »wahren« Horrors, der in uns Menschen lauert. Wie der verspätet veröffentlichte Roman »Dolores« ist es das einfühlsame Porträt einer Frau, die von Männern zum Opfer erzogen wird, aber darum kämpft, inmitten der Pein und der Qualen ihre Identität als starkes und kompetentes Indivi-

Das Spiel

duum zu etablieren. Es ist → Jessie Burlingame, die mit ihrem Ehemann Gerald zu einem Schäferstündchen ins Sommerhaus am Ufer des Kashwakamak Lake reist. Doch es ist kein gewöhnliches Liebesspiel, denn Gerald hat nach 17 Jahren Ehe einige Gelüste entwickelt, die Jessie so gar nicht gefallen. Eigentlich weiß sie gar nicht, warum sie sich auf das abseitige Spiel einläßt. Als sie mit Handschellen ans Bett gefesselt ist, wird ihr bewußt, daß sie Gerald schon lange satt hat. Doch zu jenem Zeitpunkt ist es bereits zu spät, denn Gerald ist obergeil und denkt gar nicht ans Aufhören. Für Jessie gibt es nur die eine Lösung, um in den Verstand ihres »Göttergatten« vorzudringen: Sie tritt ihn kräftig in die Hoden. Gerald erleidet einen Herzinfarkt und liegt infolgedessen tot am Boden vor dem Bett. Er wird später zur Hauptmahlzeit für einen ausgehungerten streunenden Hund.

Der Roman handelt nun von Jessies Befreiungsversuchen. Nur mit einem Bikinihöschen bekleidet, befindet sich Jessie Burlingame während zwei Dritteln des Romans mit Handschellen ans Bett gefesselt. Kings Stil ist hier knapp, versiert und packend: eine zehnseitige Szene, in der Jessie versucht, nach einem Glas Wasser zu greifen, und es zuletzt noch schafft, nachdem sie die Sache bereits als hoffnungslos aufgegeben hat, ist eine äußerst spannende wie lebendige Passage. Doch geht es in dem Roman um mehr als nur darum, wie sich eine Frau aus einer scheußlichen und lebensgefährlichen Situation rettet. Es ist die nicht minder spannende Charakterstudie einer vom Leben enttäuschten Frau und die qualvolle Rekonstruktion, wie sie – sowohl in wörtlichem als auch in übertragenem Sinne – in diese Situation gekommen ist. Da Jessie den Tod ihres Mannes durch einen Tritt verursacht, nachdem dieser sich weigert, ihr die Handschellen abzunehmen, hat sie verständlicherweise Schuldgefühle (»Ich hatte nicht vor, ihn umzubringen.«), diese gehen sogar so weit, daß sie sich fragt, ob sie ihr Schicksal nicht verdient. Aber das hat sie nicht: Die Ehe war für beide Seiten emotional leer und unausgefüllt, und es war Geralds gottverdammte Pflicht, sie aus den Fesseln zu entlassen. Jessie wird klar, daß das Bedürfnis ihres Mannes, ständig härter werdende Fesselspielchen zu veranstalten, nur um Geschlechtsverkehr haben zu können, viel eher ein Zeichen seiner Unzulänglichkeiten darstellt als ihrer eigenen. Während Jessie um ihre Befreiung kämpft, denkt sie über ihr Leben nach. Personen suchen sie in ihren Träumen heim, Visionen quälen sie. Ein Ereignis, das mit ihrem Vater zu tun hatte und ihr als ein zehnjähriges Kind während einer totalen Sonnenfinsternis im Jahre 1963 (der auch im Roman → »Dolores« eine Schlüsselrolle zukommt; in Kapitel 18, Ende, hat Jessie sogar eine kurze Vision von Dolores: für einen Augenblick befindet sie sich neben einem Brombeerdickicht, »das schattenlos unter einem von der Sonnenfinsternis verdunkelten Himmel lag« und »Jessie sah eine dürre Frau im Morgenmantel, die das graumelierte Haar zu einem Knoten hochgesteckt hatte. Sie kniete neben einem gesplitterten Bretterboden«) zustieß, martert ihr Bewußtsein; endlich wird es zuletzt in einer langen Rückblende enthüllt: Ihr Vater hatte sie am Ufer des → Dark Score Lake sexuell mißbraucht, indem er masturbierte, während sie auf seinem Schoß saß. Dieses ganze ausgedehnte Tableau wird mit größtmöglicher Rücksichtnahme und emotionaler Kraft erzählt, und es führt Jessie unweigerlich dazu, sich zu fragen: »Wie viele der Entscheidungen, die sie seit diesem Tag getroffen hatte, waren direkt oder indirekt beeinflußt gewesen von dem, was während der letzten Minute auf dem Schoß ihres Daddys geschehen war ...? Und was war ihre gegenwärtige Situation anderes als das Ergebnis von dem, was ihr während der Sonnenfinsternis zugestoßen war?«

Während Jessie am Bett hängt, sieht sie eine schattenhafte Gestalt, die sie aus einer dunklen Ecke des Raumes heraus anstarrt und ihr schließlich ein Köfferchen mit Knochen und Schmuck präsentiert. Ist es Illusion? Eine Vision? Sind es Gespenster? Ist es ihr von den Toten zurückgekehrter Vater? Ist es der Tod, der sie holen kommt? Oder nur ein Traum: »Tut mir leid, Leute«, denkt Jessie, »aber das muß ein Traum sein. Für die Wirklichkeit ist er viel zu absurd.« Jessie schiebt es auf ihren von Hunger und Durst verwirrten Geist. Schließlich kann sie sich befreien, indem sie knapp unterhalb der Pulsadern ihre Haut aufschneidet und das Blut als Gleitmittel benutzt, um sich aus den Handschellen herauszuwinden. Ins Leben zurückgekehrt, muß sie feststellen, daß der nächtliche Besucher keineswegs das Produkt ihrer aufgewühlten Phantasie war (oder gar ein Gespenst), sondern ein Mann, der eine Serie scheußlicher Sexualverbrechen begangen hat. Erst da wird ihr bewußt, mit wieviel Glück sie dem Tod entronnen ist. Sie beteiligt sich an den polizeilichen Ermittlungen, die Castle County-Sheriff → Norris Ridgewick, wohlbekannter Deputy aus → Castle Rock, führt. Der Horror-Experte S. T. Joshi lobt in seinem Essay »Moderne Horror-Autoren«, daß »Das Spiel« »zu dem Besten in Kings Werk« gehört; und es ist ein Anzeichen dafür, daß King nicht länger sklavisch Lesererwartungen folgt, die er selbst in seinem Roman → »Sie« (O.:/Dt.: 1987) beklagt hat, sondern anfängt, über knallharte, emotional verfängliche Angelegenheiten kompromißlos und unsentimental zu schreiben.«

Dawes, Barton George

Protagonist in dem Roman → »Sprengstoff«, der nach einer Reihe von Rückschlägen durchdreht, als auch die letzten Stützpfeiler seines Lebens zerbrechen. Der typische Verlierertyp, dem das Unglück immer aufs neue widerfährt, weil das Leben so ist. Basta!

Dean, Eddie Cantor

In der bislang vierbändigen Saga → »Der dunkle Turm« ist Eddie Dean ein

21jähriger, stets alberner Heroin-Junkie, geboren → 1964. Eddie wächst zeit seines Lebens in der Obhut seines Bruders und Tunichtgutes → Henry Dean auf, der Eddies Geschicke mit sarkastischem Unterton kommentiert. Trotzdem begegnet Eddie seinem Bruder mit aufrichtiger Liebe, und die ist es auch, die ihn schließlich in Henrys Drogengeschäfte folgen läßt. In dem Roman → »Der dunkle Turm II: Drei« schmuggelt Eddie 1987 für → Enrico Balazar, einen Kumpan des New Yorker Mafioso → Richard Ginelli, Kokain durch den Flughafenzoll. Kurz bevor die Beamten die Möglichkeit haben, ihn auf frischer Tat zu überführen, zappt der → Revolvermann → Roland Deschain in Eddies »Geist« und kann die Drogenpakete nach → Mittwelt retten. Eddie hat noch einmal Glück gehabt. Mitnichten. Denn Eddie ist gemäß der Weissagung vom → Mann in Schwarz in → »Der dunkle Turm I: Schwarz« der »Gefangene«, der laut dem → Orakel in den Bergen einer der künftigen drei Gefährten Rolands auf der Suche nach dem dunklen Turm ist. Eddie wird von Roland in dessen Welt hinübergezogen, wo er sich von den Drogen lossagt. Zu Hilfe kommt ihm die Hybride → Susannah Dean, in die er sich verliebt und mit der er in dem Roman → »Der dunkle Turm III: Tot« schließlich ein Kind zeugt.

Dean, Henry
In der Saga → »Der dunkle Turm« war Henry Dean, geboren 1962, der zwei Jahre ältere Bruder von → Eddie Dean. Henry verbrachte seine Zeit überwiegend damit, Eddie fertigzumachen, weil er Angst vor ihm hatte und eifersüchtig auf ihn war. Nach dem frühen Tod ihrer Schwester bekam Henry von seiner Mutter den Auftrag, immer und überall auf das Nesthäkchen Eddie achtzugeben. Henrys Leben verkümmerte, während Eddie sich in seiner Obhut zu einem Alleskönner und Alleswisser entwickelte, den Henry zwar liebte, andererseits aber auch beneidete. Umgeben von dieser Haßliebe griff Henry zu Drogen, wurde später stark von Heroin abhängig. Im New York 1987 wird Henry bei der Auseinandersetzung zwischen Eddie, dem → Revolvermann → Roland Deschain und den Gangstern um → Enrico Balazar getötet (→ »Der dunkle Turm II: Drei«). Noch lange spukt Henrys eifersüchtige Aufpasser-Stimme in Eddies Kopf.

Dean, Susannah
Die farbige Dame → Odetta Holmes ist hochangesehen, reich – und schizophren. Immer wieder wird sie zu → Detta Walker, einer obszönen Schlampe, die für ihr Leben gerne klaut. Als der Revolvermann → Roland Deschain sie gemäß des → Orakels in den Bergen nach → Mittwelt herüberzieht, kann sie ihr Leiden überwinden und vereint sich zu einer Person, der Hybridin Susannah Dean, Freundin und Frau von → Eddie Dean.

Dearborn, Will
→ Roland Deschain

Death of a President
Roman von William Manchester
Innerhalb der ersten vierundzwanzig Jahre seines Lebens kauft Stephen King sich nur ein einziges Mal ein Hardcover: »Death of a President« von William Manchester. Erst als er als Schriftsteller mit → »Carrie« Fuß gefaßt hat, kann er es sich leisten, auch andere gebundene Bücher zu kaufen.

Decker, Charlie
Siebzehnjähriger Held und gleichzeitig Verlierertyp in dem Roman → »Amok«. Charlie begehrt gegen die Konformität, die die Menschen zu reinen Akten degradiert, auf. Sein Vater prügelt und herrscht, weil er enttäuscht ist von seinem verweichlichten Sohn. Die Mitschüler schwärmen blindlings für die coolen Typen, die nur »political correctness« zur Schau stellen. Die Lehrer auf der High School spulen ihr Lehrbuch-Programm ab, ohne auf die individuellen Bedürfnisse ihrer Schüler einzugehen. Nicht umsonst setzt Charlie schließlich, die Waffe auf die Mitschüler gerichtet, den Schulpsychologen unter Druck, als dieser das Gespräch mit Charlie beenden möchte, weil der 08/15-Psycho-Ritus keinen Erfolg zeigt: »Mein Gott, du hast die Verantwortung übernommen, seit sie dich vom College freiließen«, weist ausgerechnet die Rotznase Charlie hin. »Jetzt willst du aussteigen, wenn du zum ersten Mal den nackten Arsch zeigen mußt!« Mit Charlie Decker hält Stephen King der Gesellschaft den Spiegel vor Augen und zeigt, was vom schönen Schein der Zivilisation übrigbleibt, wenn die vermeintlich »Abnormalen«, die Individualisten, den Knüppel in der Hand halten: Nichts!

Deepneau, Aaron
In dem Buch → »Der dunkle Turm III: Tot«, ist Aaron Deepneau ein schachspielender Kauz in New York, eventuell verwandt mit → Ed Deepneau, der in dem Roman → »Schlaflos« auf Geheiß der bösen Macht des → Scharlachroten Königs den Jungen → Patrick Danville in → Derry ermorden soll, während Aaron dem elfjährigen → John Jake Chambers überaus freundlich gesinnt ist, indem er ihm ein Rätsel gibt, das Jake möglicherweise im Kampf gegen den selbstgefälligen → Mono-Zug → Blaine verwenden kann. Jake ist einer der Freunde vom → Revolvermann → Roland Deschain in → Mittwelt, der wiederum der ärgste Feind vom Scharlachroten König ist.

Deepneau, Ed
In dem Roman → »Schlaflos« ist Ed Deepneau eigentlich der friedlichste Mensch, den → Ralph Roberts kennt. Dann aber wird Ed vom → Scharlachroten König mißbraucht, um den kleinen → Patrick Danville zu ermorden, der des Königs Erzfeind, dem Revolvermann → Roland Deschain, in der Saga → »Der dunkle Turm« zukünftig einmal das Leben retten wird. Ein entsprechender Roman ist aber bislang in dem Zyklus noch nicht erschienen. Es bleibt also spannend. Auch stellt sich bei der Vielzahl an Querverweisen die Frage, ob Ed Deepneau möglicherweise mit dem greisen Schachspieler → Aaron Deepneau verwandt ist, der in dem Roman → »Der dunkle Turm III: Tot« dem Jungen → John Jake Chambers ein Rätsel aufgibt, das dieser im Kampf gegen den → Mono-Zug → Blaine verwenden kann.

Dees, Richard
Sensationsheischender, skrupelloser Journalist, der notfalls auch mal eine Story für das Regenbogenblatt → »Inside View« erfindet. Richard Dees macht sich in dem Roman → »Das Attentat« an → Johnny Smith heran, der übersinnlich begabt ist, und bietet ihm einen Job als Hellseher bei seiner gräßlichen Zeitschrift an. Johnny wirft ihn, zu Recht, von der Veranda seines Vaterhauses, und Dees verschwindet unverrichteter Dinge. In der Erzählung → »Der Nachtflieger« taucht Dees abermals auf, diesmal ist er auf der Jagd nach einem Vampir, der auf kleinen Flughäfen das Bodenpersonal aussaugt. Vampir und Reporter besitzen eine gewisse Ähnlichkeit, denn beide zehren vom Leben anderer. Dees sei, so Stephen King, ein vollkommen entfremdeter Mann, der die schrecklichsten und verwirrendsten Züge unserer angeblich freiheitlichen Gesellschaft im letzten Viertel des Jahrhunderts verkörpere. Dees ist der essentielle Ungläubige, und seine Begegnung mit dem Nachtflieger am Ende der Geschichte ruft die Zeile von Giorgios Seferis ins Gedächtnis, die King in dem Roman → »Brennen muß Salem«, ebenfalls einem Vampir-Roman, verwendet hat: »Diese Säulenschaft hat eine Höhlung, siehst du Persephone?« Dees entdeckt dieses Loch.

Delgado, Cordelia
In der Saga → »Der dunkle Turm« war Cordelia Delgado die skrupellose Jungfer und Tante der 16jährigen → Susan Delgado, die diese für ein paar Goldstücke an den Bürgermeister von → Hambry, → Hart Thorin, verschacherte. Als Susan gegen diese Pläne rebellierte und sich in den → Revolvermann → Roland Deschain verliebte, sah Cordelia ihre Träume von einem eigenen Grundstück und eigenem Haus schwinden. Angestachelt von der Hexe → Rhea Dubadivo war es Cordelia höchstpersönlich, die ihre Nichte

schließlich auf dem Scheiterhaufen verbrannte (→ »Der dunkle Turm IV: Glas«).

Delgado, Patrick
In der Saga → »Der dunkle Turm« war Patrick Delgado der Vater von → Susan Delgado. Er wurde von den Stadtobersten von → Hambry umgebracht, als er sich weigerte, sie bei den Machenschaften für den Revolutionär → John Farson zu unterstützen. Die Tat wurde als Reitunfall vertuscht; als jedoch der → Revolvermann → Roland Deschain und seine Freunde → Cuthbert Allgood und → Alain Johns in die Stadt kamen und die revolutionären Pläne aufdeckten, fand Susan die wahren Hintergründe heraus. (→ »Der dunkle Turm IV: Glas«)

Delgado, Susan
In der Saga → »Der dunkle Turm« traf der Revolvermann → Roland Deschain in der Stadt → Hambry auf die 16jährige Susan Delgado und verliebte sich auf den ersten Blick in sie. Leider war Susan von ihrer skrupellosen Tante → Cordelia Delgado nach dem Tod ihres Vaters → Patrick Delgado dazu überredet worden, für ein paar Goldstücke dem alten Bürgermeister → Hart Thorin und seiner unfruchtbaren Frau → Olivia Thorin ein Kind auszutragen. Roland verleitete sie dazu, das Versprechen zu brechen. Er ließ sie jedoch hinter sich, als er sich für die Reise zum dunklen Turm entschied. Susan starb auf dem Scheiterhaufen, den die aufgebrachte Meute von Hambry wegen der Untreue am Bürgermeister aufschichtete. Das Feuer entfachte ihre Tante, die sich um ihren Reichtum betrogen sah (→ »Der dunkle Turm IV: Glas«).

Denbrough, William »Bill«
Antiheld und Mitglied in → Derrys → »Club der Verlierer« in dem »Magnum Opus« → »Es«, einem der zentralen Werke Stephen Kings.

Bill stottert leicht und wird daher gehässig »Stotter-Bill« genannt. Mit drei Jahren wird er von einem Auto angefahren; seine Mutter Sharon ist der Auffassung, das Sprachproblem rühre daher. Sein Vater Zack teilt diese Theorie jedoch nicht. Wenn Bill nämlich mit seinem kleineren Bruder George zusammen ist, stottert er kaum oder gar nicht. George ist sechs Jahre alt, als er bei strömendem Regen Bills Papierschiff im Rinnstein fahren läßt und von dem Monster ES in den Kanal gezogen wird. Bill, der zu dem Zeitpunkt – Herbst 1957 – krank im Bett liegt, macht sich noch Jahre später heftige Vorwürfe, vor allem, weil seine Eltern ihm seitdem kaum Beachtung schenken. Das Stottern wird schlimmer, in der Schule spricht er kaum ein Wort. Allerdings weiß er die Lehrer durch phantasievolle Aufsätze zu begeistern. Auch im »Club der Verlierer« ist Bill sehr beliebt, weiß er doch stets was zu unternehmen. Obwohl es niemand laut ausspricht, ist Bill der Anführer. An seinem zehnten Geburtstag bekommt er eine Steinschleuder geschenkt, die dem Club im Kampf gegen ES sehr nützlich sein wird.

Von seinem Ersparten kauft er sich ein Fahrrad, das ihm eigentlich viel zu groß ist. Aber er liebt es, wie es ist: mit den abgeblätterten Lackstellen und den Spielkarten zwischen den Speichen, die ein lautes knatterndes Geräusch erzeugen, wenn er die Straßen hinabsaust. Bill tauft das Fahrrad auf den Namen »Silver«. Auch Bill fühlt sich wie seine Freunde im Club zu Beverly Marsh (→ Rogan, Beverly) hingezogen, aber als er mit 14 Jahren nach Portland zieht, vergißt er Bev. Er besucht eine Sprachtherapeutin, die ihn einen Trick lehrt, das Stottern zu besiegen: In Gedanken französisch sprechen, bevor er die Worte ausspricht. Als Bill 17 Jahre alt ist, stirbt sein Vater. Kurze Zeit später erhält Bill ein Stipendium und besucht die Universität, an der er einen Kurs für Kreatives Schreiben belegt. Er schreibt ein Theaterstück, das später als Guerilla-Theaterstück aufgeführt wird: Es handelt von sieben (!) Personen, von denen nach und nach jede nur ein Wort sagt: »Krieg ist das Werkzeug der sexistischen Todeshändler.« Er schreibt mehrere Horrorgeschichten und Science-Fiction-Storys. Als er »The Dark« schreibt, eine Horrorgeschichte, in der ein Junge ein Monster besiegt, erhält er dafür die Note Sechs. Seine Lehrer und Mitschüler strafen ihn mit bösen Blicken, als er fragt: »Kann eine Geschichte nicht einfach eine Geschichte sein?« (Kings Wink an seine Kritiker!). Kurzerhand scheidet Bill aus dem Kurs aus. Er schickt »The Dark« an ein Herrenmagazin, das sie für 200 Dollar veröffentlicht und sie für die beste Story seit Bradburys »The Jar« hält. Der Erfolg läßt nicht auf sich warten: Mit 23 Jahren ist Bill Erfolgsautor. Seine Geschichten entspringen seiner schrecklichen Kindheitserfahrung in Derry. Als Bill am Abend des 28. Mai 1985 einen Anruf von → Mike Hanlon erhält, stottert er seit 21 Jahren das erste Mal wieder. In Derry trifft er nicht nur Bev wieder, er entdeckt in einem alten Ramschladen »Silver«. Er kauft es. Um den Kreis zu schließen (und das Verlangen zu stillen), betrügt er seine Frau, die Filmschauspielerin Audra, mit Bev. Unterdessen reist Audra ihm nach, nicht aus Eifersucht, sondern weil sie spürt, daß etwas Böses im Anzug ist. ES kidnappt sie, doch Bill kann sie aus den Fängen des Monsters retten und gemeinsam verlassen sie Derry, als ES endgültig besiegt ist.

Depape, Roy

In der Saga → »Der dunkle Turm« war Roy Depape einer der finsteren Halunken in → Hambry, die sich die → »Großen Sargjäger« nannten (»Der dunkle Turm IV: Glas«).

Department of Scientific Intelligence
→ »Die Firma« in → »Feuerkind«, → »Das Monstrum« und → »Stephen King's Golden Years«.

Der Affe (The Monkey)
Kurzgeschichte. In: O.1: »Gallery«, November 1980; O.2: »Skeleton Crew«, Putnam Verlag, New York 1985 / Dt.1: »Der Fornit«, Heyne Verlag, München 1985; Ü.: Alexandra von Reinhardt; Dt.2: »Blut«, Heyne Verlag, München 1996; Ü.: Joachim Körber
Hal Shelburn verschlägt es die Sprache, als ihm sein zwölfjähriger Sohn Dennis einen aufziehbaren Affen mit Zimbeln präsentiert. Es ist der gleiche, mörderische Affe, der ihn bereits in seiner eigenen Kindheit verfolgt hat und für den Tod seiner Mutter verantwortlich ist. Plötzlich hat Hal furchtbare Angst um Ehefrau Colette, Dennis und Sohnemann Petey. Und tatsächlich wird man den Affen nicht einfach los. Nur mit Mühe gelingt es, das böse Spielzeugviech im Crystal Lake zu versenken. Am nächsten Tag schwimmen Hunderte Fische mit den Bäuchen nach oben.

Der Anhalter (The Hitchhiker)
Drehbuch. In: Creepshow II – Der Film, 1987
Die Ehebrecherin Annie Lansing jagt nach einem Schäferstündchen mit ihrem Liebhaber in panischer Eile nach Hause, um vor ihrem Mann daheim zu sein. Dabei überfährt sie einen Anhalter. Kopflos begeht sie Fahrerflucht, doch der Anhalter erweist sich als überaus aufdringlich und taucht mit zerschmettertem Schädel immer wieder auf, bis Annie schließlich zum Revolver im Handschuhfach greift und die Trommel in den Kopf ihres unheimlichen Verfolgers leert, der einfach nicht liegenbleiben will. Aber man kann doch nicht töten, was bereits tot ist. Deshalb kann die Frau ihrem Schicksal auch nicht entgehen. So ist das nun mal.

Der Bettler und der Diamant (The Beggar and the Diamond)
Parabel. In: O.: »Nightmares & Dreamscapes«, Verlag Viking, New York 1993 / Dt.: »Alpträume«, Hoffmann & Campe, Hamburg 1993; Ü.: Joachim Körber.
Gott und der Erzengel Uriel reden über den zerlumpten Bettler Ramu, der all das verkörpert, was jemals mit den Söhnen und Töchtern der Erde schiefgegangen ist. Weil beide das Leid des alten Mannes nicht ertragen können, werfen sie ihm einen großen Edelstein zur Seite, der ihn und seine Kinder ein Leben lang ernähren wird. Doch Ramu ist gefangen vom wunderschönen Anblick des wunderbaren Tageslicht, und er dankt Gott dafür, daß er nicht blind ist. Am Edelstein läuft er derweil vorbei. Wahres Glück findet man halt nur in sich selbst.

Der Bibliothekspolizist (The Library Policeman)

Novelle. In: O.: → »Four Past Midnight«, Viking, New York 1990 / Dt.: »Nachts«, Heyne Verlag, München 1991; Ü.: Joachim Körber

Mit »Der Bibliothekspolizist« arbeitet Stephen King einmal mehr seine Kindheitsängste auf. Nicht nur, daß er mit der Schilderung einer tristen Bücherei eine herbe Kritik an die Spießigkeit der amerikanischen → Bibliotheken verfaßt, »ich hatte als Kind auch Angst vor der Bibliothekspolizei gehabt – diesen anonymen Vollstreckern, die tatsächlich zu einem nach Hause kamen, wenn man seine überfälligen Bücher nicht zurückbrachte. Das war an sich schon schlimm genug«, erklärt King. In der Novelle geht er auch der Frage nach, was passieren würde, »wenn man die fraglichen Bücher nicht fand, wenn diese seltsamen Gesetzeshüter aufkreuzten? Was dann? Was würden sie mit einem machen? Was mochten sie als Ersatz für die verlorenen Bücher mitnehmen?« Soweit zur Grundidee der Geschichte, die nach knapp 70 Seiten eine düstere Wendung erhält.

Der Versicherungsmakler Sam Peebles leiht eines Tages zwei Bücher aus in der örtlichen Leihbücherei von → Junction City, in der es im übrigen auch Romane von Stephen King (sic!) und viele Liebesromane von → Paul Sheldon – fiktiver Autor aus dem Roman → »Sie« – gibt, wie die Bibliothekarin → Ardelia Lortz zu berichten weiß. Was Sam wiederum nicht weiß: Just an diesem Tag wird die Bibliothek für kurze Zeit und nur für Sam in die Vergangenheit katapultiert, denn Ardelia Lortz ist die ehemalige, verstorbene Bibliothekarin, ein Seelenvampir in Frauengestalt, der sich seinerzeit von den Ängsten der Menschen, bevorzugt Kinder, ernährte. Lortz ist auferstanden, um nun dem armen Sam »gefährlicher als ein Dosenpfirsich« zu werden: Sie will – wie die → Körperfresser – seinen Verstand aushöhlen, ihn zu einem willenlosen Spielzeug machen, um am Ende in seinem Körper weiterleben zu können. Fast gelingt ihr das, denn sie hetzt Sam, als er die beiden Bücher nicht mehr findet, tatsächlich den Bibliothekspolizisten auf den Hals. Dieser ist die Personifizierung eines kollektiven Alptraums amerikanischer Kinder, denen man schon in frühester Jugend mit der Buchpolizei droht. Doch deren Schrecken erweist sich im Gegensatz zu Ardelia Lortz, das Böse in Person, als harmlos, und Sam kann sich dieses Ardelia-Monsters nur erwehren, indem er ihm Lakritze in den Rüssel stopft.

Der Club

»Der Club« ist ein Privatclub in der 249 B East 35th Street von Manhattan in einem großen Sandsteingebäude. Dort treffen sich seit vielen Jahrzehnten unter der Obhut des Butlers → Stevens regelmäßig Männer um einen knisternden Kamin, wo sie sich unheimliche Geschichten erzählen, nämlich → »Atemtechnik« (in: → »Frühling, Sommer, Herbst und Tod«), eine Geschichte aus den 70ern, und → »Der Mann, der niemandem die Hand geben wollte« (in: → »Im Morgengrauen«), die sich 1919 ereignete. Der Club hat seinen realen Ursprung in einem Schuppen hinter Stephen Kings Haus in der Kindheit – dem »249 Club«, wo die Kinder sich trafen, um Geschichten zu erzählen.

Der Dünenplanet (Beachworld)

Kurzgeschichte. In: O.1: »Weird Tales«, 1985; O.2: »Skeleton Crew«, Putnam Verlag, New York 1985 / Dt.1: »Der Fornit«, Heyne Verlag, München 1985; Ü.: Alexandra von Reinhardt; Dt.2: »Blut«, Heyne Verlag, München 1996; Ü.: Joachim Körber

8000 Jahre in der Zukunft. Versorgungsschiff ASN/29 fällt wie ein Vogel vom Himmel und zerschellt. Etwas später kriechen die beiden Raumfahrer Bill Shapiro und Rand hervor und entdecken den Wüstenplaneten. Dünen. Nichts als Dünen. Zuerst erleidet Rand nur einen Schock. »Niemand wird herkommen«, sagt er. »Nicht einmal die Beach Boys.« Rand wird wahnsinnig. Er hört die Beach Boys, und die Beach Boys singen von Spaß, Spaß, Spaß. Er hört sie singen, daß die Mädchen am Strand noch alle zu haben sind. Plötzlich formt der Sand Hände und Arme und droht die beiden Astronauten zu verschlingen. Da kommt ein Rettungskreuzer, der in letzter Sekunde mit Shapiro den Planeten verlassen kann. Rand bleibt zurück. Er beginnt sich Sand in den Mund zu stopfen. Er schluckt ... schluckt ... schluckt, bis er ausschaut wie ein → Shai-Hulud aus → Frank Herberts Roman → »Der Wüstenplanet«.

Der dunkle Turm (The Dark Tower)

Unvollendete, laut King auf 3000 Seiten ausgelegte Saga über sieben Bände, die sich thematischer Elemente von → Robert Brownings erzählendem Gedicht → »Herr Roland kam zum finstern Turm« bedient. Derzeit sind erschienen die vier Romane: → »Der dunkle Turm I: Schwarz« (O.: 1978–1982; Dt.: 1988); → »Der dunkle Turm II: Drei« (O./Dt.: 1989); → »Der dunkle Turm III: Tot« (O.: 1991; Dt.: 1992); → »Der dunkle Turm IV: Glas« (O./Dt.: 1997) und die Erzählung; → »Der dunkle Turm: Die kleinen Schwestern von Eluria« (O.: 1998/Dt.: 1999). Der fünfte Band ist unter dem Titel »The Dark Tower V: The Crawling Shadow« für das Jahr 2001 angekündigt.

In entscheidendem und weniger entscheidendem Zusammenhang mit der Geschichte vom → Revolvermann → Roland Deschain in → Mittwelt stehen dank mannigfaltiger Querverweise die Romane → »Brennen muß Salem«; → »Das letzte Gefecht«; → »Friedhof der Kuscheltiere«; → »Der Talisman«; → »Es«; → »Die Augen des Drachen«; → »Das Bild – Rose Madder«; → »Schlaflos«; → »Desperation«; → »Regulator«; → »Shining«, → »Atlantis«.

Gewisse Zusammenhänge lassen sich erst nach der Lektüre der originären Geschichten um den dunklen Turm erschließen. Der dunkle Turm selbst ist das bisher nicht erreichte Ziel, dem der letzte Revolvermann von Mittwelt, Roland Deschain aus → Gilead, der Unterstadt der → Baronie von Neu-Kanaan in der westlichen Region von Mittwelt, entgegenstrebt. Mittwelt ist eine surrealistische Mischung aus unserer Vergangenheit und Zukunft. Vielleicht ist Mittwelt nur eine Parallelwelt zu unserer. Vielleicht ist sie aber auch mehr als das. Denn Mittwelt war, das wissen wir aus Rolands Bemerkungen, eine einst blühende Gesellschaft von feudaler Natur, die die gottgleichen → Großen Alten vor vielen Jahrtausenden gründeten. »Die Großen Alten lebten in der Mittwelt, als alles neu war«, erinnert sich Roland. Aber: Die Großen Alten »waren keine Götter, sondern Menschen, die das Wissen der Götter besaßen«. Sie besaßen technische Errungenschaften wie Elektrizität, Eisenbahn, Waffen. Sie besaßen auch das Wissen um Raum und Zeit aller Welten. Als allesverbindende Achse dieser Welten schufen sie den dunklen Turm. Er ist der Mittelpunkt der zwölf → Portale, die Mittwelt ringförmig umgeben.

Trotz ihres enormen Wissens hatten die Großen Alten ihre Fähigkeiten nicht gewinnbringend einsetzen können. Sie haben sich selbst ausgelöscht mit einem globalen Unglück, das als der Alte Krieg, das Große Feuer, der Kataklysmus, die Große Verseuchung in Erinnerung blieb. Seltsame Geschöpfe wie → Oy, der → Billy-Bumbler, die zweiköpfigen → Muties, die → Langsamen Mutanten oder weiße Bienen waren die Folge, die gemeinsam mit den überlebenden Menschen die Mittwelt neu bevölkerten. Über die nachfolgenden Jahrhunderte sind die technischen Überreste aus der präapokalyptischen Zeit zu Götterwerkzeugen mystifiziert worden, weil man das Verständnis zur Benutzung verloren hatte. Die Vorfahren wurden zwangsläufig zu Halbgöttern: den Großen Alten.

Zieht man nun das verschwommene, mystifizierte Wissen der Mittwelt-Menschen über die Großen Alten in Betracht (»Sie waren keine Götter, sondern Menschen, die das Wissen der Götter besaßen«.), stellt man dem dann unsere Erde und unser gegenwärtiges Wissen gegenüber, so ist wahrscheinlich, daß Mittwelt schlicht und einfach eine inhaltsgleiche Parallelwelt zu unserer Welt ist, mit der King zu mäßigem Fortschritt warnt, bevor die Menschheit sich selbst ein unheilvolles Ende bereitet. Andererseits: Wenn die Götter nur Menschen waren, die einer großen Seuche anheimfielen, wie Roland berichtet, was spricht dagegen, daß Mittwelt in Wahrheit die Erde selbst ist, die in → »Das letzte Gefecht« durch → Captain Trips weitestgehend verseucht wird? Sind die Großen Alten also niemand anderes als wir selbst, die Menschen am Ende des 20. Jahrhunderts, und Roland einer unserer Nachfahren?

Daß zweifelsfrei eine Parallele besteht, beweist → Randall Flagg, der sowohl in »Das letzte Gefecht« als auch in »Der dunkle Turm« eine tragende Rolle als Bösewicht spielt. Wie wir wissen, endet der in »Das letzte Gefecht« angezettelte Kampf zwischen Gut und Böse zugunsten des Guten. Randall Flagg muß von der Bildfläche verschwinden.

In den nachfolgenden Jahrhunderten bilden, so unsere These, die Überlebenden der Seuche Captain Trips eine neue Gesellschaft, aufgeteilt in Baronien, die später als → »Bund von Mittwelt« bekannt werden sollten. Benzinpumpen, Flugzeuge, Elektrizität, Lokomotiven, Ölraffinerien, gewaltige Computersysteme und bestimmte Songs (»Hey Jude« zum Beispiel, das in → »Der dunkle Turm I: Schwarz« im Salon von → Tull gesungen wird; »See you later, Alligator, after awhile, Crocodile«, das Lieblingslied vom → Mono-Zug → Blaine in → »Der dunkle Turm III: Tot« und »Velcro Fly« von ZZ Top in → »Der dunkle Turm IV: Glas«, oder das Liedchen »Es grünt so grün, wenn Spaniens Blüten blühen«, abermals im Band »Schwarz«) überdauern den Neuaufbau, sind ein untrügliches Zeichen einer Verbindung zwischen Mittwelt und unserer Erde aus der Zeit vor »Das letzte Gefecht«. Wie sonst sollten die Menschen in Mittwelt an Songs der Beatles oder ZZ Top gelangen? Anderes Beispiel: Eine schwärende Krankheit sucht die Menschen von Mittwelt heim, die → Hurenblüte, die den Symptomen von Captain Trips sehr ähnlich ist.

So oder so, die Jahre ziehen ins Land. Eine der vielen Baronien im Bund von Mittwelt ist die → »Baronie von Kanaan« des → Steven Deschain, Rolands Vater. An dieser Stelle teilt sich nun der Pfad der Geschichte:

ERSTER PFAD: Mittwelt wird von keiner Revolution heimgesucht und Roland übernimmt irgendwann die Baronie seines Vaters. Er wird bekannt als König Roland, und da tritt der viele Jahrhunderte alte Bösewicht Randall Flagg wieder in Erscheinung. Er ist der Hofzauberer, der die Macht in Delain anstrebt. Das Ganze schildert Stephen King in dem Roman → »Die Augen des Drachen« (→ »Die Augen des Drachen = Der dunkle Turm?«). Daß eine Ähnlichkeit besteht, zeigt nicht nur die Anwesenheit von Randall Flagg, sondern auch die verblüffende Ähnlichkeit zwischen Roland Deschain in »Der dunkle Turm« und dem Namen des Königreichs Delain in »Die Augen des Drachen«. Weitere Parallelen bestehen: zum Beispiel die Hexe → Rhea Dubadivo vom Berg → Cöos (in »Der dunkle Turm«) und → Rhiannon vom Berg → Coos (in »Die Augen des Drachen«).

ZWEITER PFAD: Viele Jahrhunderte später, die Erde hat mit dem »Bund von Mittwelt« wieder das Niveau eines mittelalterlichen Wilden Westen erreicht, kommt es zu einer Revolution, die die → Gesetzlosen mit → John Farson entfachen. Natürlich mischt auch wieder Randall Flagg als Bösewicht und Hofzauberer mit. Die weitere Geschichte von Mittwelt ist jene, wie wir sie aus → »Der dunkle Turm I: Schwarz«, → »Der dunkle Turm II: Drei«, → »Der dunkle Turm III: Tot« und → »Der dunkle Turm IV: Glas«

kennen. In Kürze: → Marten Broadcloak, das ist Randall Flagg, der Hofzauberer Kanaans, tötet Rolands Vater. Die Revolution gegen den Bund von Mittwelt gelingt, Mittwelt (die Erde) versinkt abermals in Dunkelheit; Zucker und Papier sind kostbare Raritäten, und die wenigen Menschen, die überleben, die alternden → Pubes und → Die Grauen, die Nachfahren der Gesetzlosen, liefern sich letzte, blutige Scharmützel. Das letzte Gefecht auf der Erde, das im gleichnamigen Roman gescheitert ist, ist in der Zukunft offensichtlich geglückt. Und nur Roland kann mit seiner Reise zum dunklen Turm Rettung bringen.

Damit dies gelingt, zappt er über eine Nabelschnur zwischen den Welten. Unserer vorangegangenen These entsprechend wäre dieses »Zappen« nichts anderes als eine Zeitreise von der Zukunft in die Vergangenheit der Erde. In »Der dunkle Turm I: Schwarz« trifft Roland auf seiner Jagd nach dem → Mann in Schwarz in einem Rasthaus an einer längst vergessenen Kutschenstraße in der Wüste auf → Jake Chambers, der im New York 1977 gestorben ist. Jakes letzte Erinnerung ist die, daß er in seiner Welt – unserer Welt! der Vergangenheit? – von den Reifen eines Cadillac zerquetscht wurde, als er mit dem Schulranzen in einer und dem Vesperkoffer in der anderen Hand zur Schule ging. Gemeinsam folgen Roland und Jake dem Mann in Schwarz. Bevor sie ihn erreichen, stirbt Jake noch einmal ... dieses Mal, weil der Revolvermann, der vor die zweitschmerzlichste Entscheidung seines Lebens (die erste schmerzliche Erfahrung war, als er sich gegen seine erste und einzige Liebe → Susan Delgado und für die Suche nach dem dunklen Turm entschieden hat) gestellt wird, beschlossen hat, seinen symbolischen Sohn zu opfern. Mit der Wahl zwischen Turm und Kind, möglicherweise zwischen Verdammnis und Erlösung, entscheidet sich Roland abermals für den Turm. »Dann geh«, sagt Jake zu ihm, bevor er in den Abgrund stürzt. »Es gibt mehr Welten als diese.« Was auch Roland begreifen wird, denn bereits in »Der dunkle Turm II: Drei« pendelt er zwischen seiner und unserer Welt (zwischen Zukunft und Vergangenheit) hin und her, um seine Gefolgsleute → Eddie Dean und → Susannah Dean zu »rekrutieren«. In diesem Fall ist die Nabelschnur eine Tür (Zeittor?), die wie aus dem Nichts am Strand steht. In »Der dunkle Turm III: Tot« zappt Roland abermals in die Vergangenheit und rettet Jake vor dem Cadillac – was ein gewaltiges Zeitparadoxon auslöst, an dem Rolands Verstand zu zerbrechen droht. Zeitparadoxa treten in der Regel dann auf, wenn das Zusammenspiel zwischen verschiedenen Welten nicht funktioniert. Zeitparadoxa sind eine Fehlfunktion von Vergangenheit, Gegenwart und Zukunft – also ein neuerlicher Beweis, daß Mittwelt nichts anderes ist als die zukünftige Erde?

Roland löst das Zeitparadoxon, indem er Jake endgültig nach Mittwelt holt. In »Der dunkle Turm IV: Glas« geraten die vier Reisenden Roland,

Eddie, Susannah und Jake dank einer → Schwachstelle, einem Tor zwischen Raum und Zeit, in das vom Virus Captain Trips heimgesuchte Amerika aus dem Roman → »Das letzte Gefecht«. Eindeutiger Beweis ist die Notiz, die sie in »Glas«, Teil 4, Kapitel 1, Abschnitt 4 entdecken: »Die alte Frau aus den Träumen ist in Nebraska. Ihr Name ist → Abagail. Der dunkle Mann [d.i. Randall Flagg] ist im → Westen. Möglicherweise Vegas.«

Stehen Roland und seine Freunde also in der irdischen Vergangenheit vor den Trümmern unseres blindwütigen Techno-Wahns? Ein Beweis, daß dem so sein könnte, mag jene Schwachstelle im Raum-Zeit-Gefüge sein, die bereits in der Novelle → »Langoliers« (In: → »Four Past Midnight«) ein Flugzeug in die Vergangenheit katapultierte.

Erst der dunkle Turm, das endgültige Ziel Rolands langer Reise, wird wohl Antwort auf alle Fragen, Spekulationen und Thesen enthalten. Eddie Dean hat in »Der dunkle Turm III: Tot« eine sehr klare Vision: »Es handelte sich um eine Säule aus dunklem Stein, die so hoch in den Himmel aufragte, daß man die Spitze kaum erkennen konnte. Das Fundament, das von roten, leuchtenden Rosen umgeben war, war unvorstellbar und titanisch, was Größe und Gewicht betraf, und dennoch war der Turm mit zunehmender Höhe seltsam anmutig. Die Steine, aus denen er erbaut war, waren nicht schwarz, sondern rußfarben. Schmale Fensterschlitze verliefen spiralförmig an den Außenmauern; unter den Fenstern befanden sich endlose Treppenstufen, die immer höher führten. Der Turm war ein dunkelgraues Ausrufungszeichen, das in die Erde gepflanzt war und über einem Feld blutroter Rosen aufragte.«

Der Turm, das ist klar, ist die Achse aller Raum-Zeit-Kontinuen. Er birgt als sogenannte → Dreizehnte Pforte das Wissen um Raum und Zeit und alle Welten, die sich darin bewegen. Er ist zweifelsohne symbolischen Charakters. In »Der dunkle Turm II: Drei« hat der etwas dümmliche Bodyguard des New Yorker Paten → Enrico Balazar, → Carlocimi 'Cimi Dretto, eine Vision, als er seinen Chef mit Spielkarten ein Kartenhaus bauen sieht, das er wie folgt beschreibt: Er habe »Balazar einmal etwas bauen sehen, was kein Kartenhaus mehr war, sondern ein Turm, der neun Ebenen hoch gewesen war, ehe er einstürzte ... ein spitzenähnliches Gebilde aus Buben und Damen und Königin und Zehnen und Assen, eine rote und schwarze Konfiguration von Papierdiamanten, die einer Welt zum Trotz standen, welche sich kreisend durch ein Universum unverständlicher Bewegungen und Kräfte bewegte; ein Turm, der für 'Cimis staunende Augen ein schallendes Leugnen sämtlicher unfairer Paradoxen des Lebens zu sein schien. Hätte er gewußt wie, hätte er gesagt: Ich habe gesehen, was er gebaut hat, und für mich hat es die Gestirne erklärt.«

In diesem Zusammenhang sollte man schließlich auch die Bedeutung des Talismans in dem Roman → »Der Talisman« berücksichtigen: Er ist für den kleinen Helden → Jack Sawyer eine Kristallkugel von vielleicht einem Meter Umfang – die Korona, die sie umgibt, ist so hell, daß sich ihre genaue Größe nicht feststellen läßt. Anmutig gerundete Linien scheinen sich über ihre Oberfläche zu ziehen wie Längen- und Breitengrade – und warum nicht? »Es ist die Welt – ALLE Welten – ein Mikrokosmos. Mehr noch; es ist die Achse aller denkbaren Welten.« Es gibt also Parallelen zwischen dem Talisman und dem dunklen Turm. Frage: Ist der dunkle Turm der Talisman? Ist Mittwelt der Talisman? Ist vielleicht alles Leben der Talisman?

Das bis zur endgültigen Klärung aller Symbole, Metaphern und Spekulationen noch einige Zeit und viele Abenteuer vergehen werden, darf als gesichert gelten. Im Roman → »Schlaflos« (O./Dt.: 1994) muß Protagonist → Ralph Roberts beispielsweise im → Derry des Jahres 1992 den kleinen Jungen → Patrick Danville vor den Mächten des → Scharlachroten Königs retten. Als dies gelingt, setzen in sämtlichen Ebenen des Universums Plan und Zufall ihren vorherbestimmten Kurs fort. »Welten, die einen Augenblick auf ihren Bahnen erbebten, wurden wieder stabil, und auf einer dieser Welten, in einer Wüste, die der Inbegriff aller Wüsten war, drehte sich ein Mann namens Roland in seinem Schlafsack um und schlief wieder ruhig unter den fremdartigen Sternbildern.« Patricks → »Ka« wird es sein, dem Revolvermann in der Zukunft (!) das Leben zu retten. Wann, wo und wie, das ist eine noch nicht erzählte Geschichte. Auch wissen wir nicht, was → Pater Callaghan aus → Jerusalem's Lot im Land → Donnerhall treibt, wohin es ihn nach den Ereignissen im Roman → »Brennen muß Salem« verschlägt. Dorthin reisen Roland und seine Freunde, das hat King insoweit verraten, im Band 5 der Saga. In Donnerhall warten wohl auch Ted und die Balkenbrecher auf Roland; sie hat King in dem Roman »Atlantis« (O./Dt.: 1999) kurz eingeführt. Eine kleine, 90seitige Fortsetzung mit dem Titel → »Der dunkle Turm: Die kleinen Schwestern von Eluria« findet sich zwar in der Fantasy-Anthologie »Der 7. Schrein« (O.: 1998/Dt.: 1999); es ist aber mitnichten eine Fortsetzung, sondern erzählt ein Erlebnis von Roland vor den Ereignissen in »Der dunkle Turm I: Schwarz«. Daß in dieser Erzählung ein Ritus mit den Worten → »Can de lach« vollzogen wird, wirft nur weitere Fragen auf, als welche zu klären: Denn mit diesen Worten wurde das Monster → TAK in dem Roman → »Desperation« gehuldigt. Welche Rolle spielt nun wiederum TAK im Gesamtzyklus? Wir wissen es nicht.

Die Vielzahl der Querverweise (siehe dazu im Lexikon-Anhang: Alle wichtigen Querverweise auf einen Blick) provoziert geradezu eine weitere Frage: Wie real schreibt King eigentlich? Ist ihm wirklich bewußt, daß er seine Bücher derart miteinander verknüpft? Ist es Zufall oder Absicht? Wie weit wird er es noch treiben? Als Stephen King 1973 zu veröffentlichen begann, hat er eine Vielzahl diverser Ideen und Themen umgesetzt. Inzwischen ist er an einem Punkt angelangt, an dem er seinen Geschichten nicht mehr entfliehen kann – wenn es denn überhaupt mehrere Geschichten sind. Vielleicht vereinen sich alle diese Erzählungen und Romane in der Zukunft zu einem großen, einheitlichen Projekt: Der dunkle Turm! Fakt ist: King kann seine Protagonisten nicht mehr loslassen, verwebt alles und jeden miteinander ... und gelangt am Ende wirklich zum dunklen Turm? Vielleicht ist Roland Deschain deshalb nur ein Sinnbild für Stephen King. Vielleicht ist King selbst der Suchende, der sich eine Antwort erhofft auf die Fragen unserer Existenz ... (→ »Deschain, Roland – eine These«)

Der dunkle Turm I: Schwarz (The Dark Tower I: The Gunslinger)
Erster Roman der epischen Saga → »Der dunkle Turm«.
O.1: Donald M. Grant, West Kingston 1982; O.2: NAL, New York 1988 / Dt.: Heyne Verlag, München 1988; Ü.: Joachim Körber
»Schwarz« besteht aus fünf Kapiteln, die einzeln bereits im Oktober 1978, April 1980, Februar 1981, Juli 1981 und November 1981 im → »Magazine of Fantasy & Science Fiction« veröffentlicht werden. Zusammen ergeben sie ein höchst surreales Bild. Sehr parabelhaftig, wobei dem Leser sich der endgültige Sinn erst zum Schluß der gesamten Saga erschließen wird. Der erste Band ist knapp und komprimiert formuliert, untypisch für Stephen King, wahrscheinlich aus Experimentierfreude heraus geschrieben, deshalb ursprünglich auch nur in einer signierten Vorzugsausgabe mit 500 Exemplaren und einer Verkaufsausgabe mit »nur« 10.000 Exemplaren vom Kleinverleger Donald M. Grant aus West Kingston veröffentlicht. Aufgrund der hohen Nachfrage wird »Schwarz« später von NAL (→ New American Library) für die breite Masse im Taschenbuch aufgelegt.

Kapitel 1: Der Revolvermann. »Der Mann in Schwarz floh durch die Wüste, und der Revolvermann folgte ihm. Die Wüste war der Inbegriff aller Wüsten; sie war riesig und schien sich in alle Richtungen Parseks bis zum Himmel zu erstrecken.« Auf der Jagd nach dem → Mann in Schwarz, die in → Mittwelt nach Westen führt, verschlägt es den → Revolvermann → Roland Deschain aus Gilead in das Städtchen → Tull. In Seth's Salon (→ Seth), in dem die Männer »Hey, Jude« singen, lernt er die Barkeeperin Allie kennen. Sie lieben sich, doch ihre Liebe wird vereitelt, durch Tulls Bürger. Einige Tage zuvor hat nämlich der Mann in Schwarz den alten → Teufelsgrasfresser Nort von den Toten auferweckt. Jetzt sehen die Bürger in dem Mann in Schwarz einen Gott, der mit Hilfe der Predigerin Sylvia Pittston nun gegen Roland hetzt. Sie glauben in Roland einen Dämon zu sehen. Roland erschießt in einem erbarmungslosen Kampf 39 Männer, 14 Frauen und fünf Kinder. Tull ist ausradiert. Die Jagd auf den Mann in Schwarz geht weiter.

Kapitel 2: Das Rasthaus. Roland entdeckt wenig später ein heruntergekommenes Rasthaus mitten in der Wüste, wo der Junge → John Jake Chambers lebt. Jake weiß nicht, wie er hergekommen ist. Nur daß er einfach hier ist. Indem er eine Patrone geschickt zwischen den Fingern balanciert, versetzt Roland ihn in Hypnose. Jake erinnert sich: Von den Eltern an die Lehrer, Köchin und Babysitter abgeschoben, wächst Jake in einer Stadt namens New York ohne Freunde auf. Auf dem Weg zur Schule wird er eines Tages vom Mann in Schwarz, so scheint's, vor ein Auto gestoßen und stirbt. Als er erwacht, findet er sich im Rasthaus in der Wüste von Mittwelt wieder. Roland zeigt sich überrascht: Es existieren offenbar noch andere Welten. Gleichzeitig ist er verbittert: »Dinge wie Vergewaltigung existieren in dieser Welt. Vergewaltigung und Mord und unaussprechliche Praktiken, sie alle waren für das Gute, für das verdammte Gute, für den Mythos, für den Gral, für den Turm.« Schon jetzt wird ihm offenbar, daß auch er sich vor dem verwerflichen Mythos nicht schützen kann. Doch zuvor schließt Roland den Jungen in sein Herz, ahnt aber, daß Jake einzig seiner Sache, der Suche nach dem dunklen Turm dient. Gemeinsam setzen sie die Jagd auf den Mann in Schwarz fort. Denn er ist der einzige, der Roland den Weg zum dunklen Turm weisen kann.

Kapitel 3. Das Orakel und die Berge. Roland und Jake kommen in die Berge, wo ein uraltes → Orakel auf sie wartet. Dem Revolvermann offenbart sich das nächste Geheimnis. »Der Junge ist die Pforte zum Mann in Schwarz. Der Mann in Schwarz ist Deine Pforte zu den Dreien. Die Drei sind Dein Weg zum Dunklen Turm.« Drei ist also Rolands Schicksalszahl, drei Menschen muß er auswählen, damit er seine Suche nach dem Turm fortsetzen kann: »Der erste ist jung und dunkelhaarig. Er steht am Rand von Raub und Mord. Ein Dämon hat von ihm Besitz ergriffen. Der Name des Dämon heißt Heroin.« Roland kennt keinen Dämon namens Heroin. Und wieder heißt es: »Es gibt andere Welten und andere Dämonen.« Die zweite »kommt auf Rädern. Ihr Verstand ist hart wie Stahl, doch ihr Herz und ihre Augen sind weich.« Der dritte kommt »in Ketten«. Wer und was diese drei sind, bleibt vorerst im Unklaren. Sie müssen den Mann in Schwarz erreichen.

Schwarz – Der dunkle Turm

Tarotkarten

Kapitel 4: Die langsamen Mutanten. Roland und Jake gelangen in die Berge. Sie betreten eine Mine, die immer tiefer führt, bis sie auf eine Draisine stoßen. Jake zeigt dem ahnungslosen Roland, wie diese zu benutzen ist. Unterwegs müssen sie sich den → Langsamen Mutanten stellen: »Das Gesicht eines ausgehungerten Idioten. Der zierliche nackte Körper war in eine wulstige Masse tentakelähnlicher Gliedmaßen mit Saugnäpfen verwandelt worden.« Sie können diesen widerlichen Viechern widerstehen und erreichen einen alten, unterirdischen Bahnhof, das Relikt ehemaliger Zivilisation. »Wie in der U-Bahn«, erinnert sich Jake. »U-Bahn?« Roland weiß nichts damit anzufangen. Zuviele Jahre sind ins Land gezogen, seit der großen Katastrophe. Bevor Jake und Roland die Miene verlassen, müssen sie eine gewaltige, zusammenstürzende Stahlbrücke überqueren. Auf der anderen Seite wartet der Mann in Schwarz. Rolands Ahnung bewahrheitet sich. Das Orakel erfüllt sich: Jake ist der Schlüssel zum Mann in Schwarz. Jake stürzt. Baumelt über dem Abgrund, »eine lebende Tarotkarte, der Gehängte«. Roland muß sich entscheiden: Jake retten oder den Mann in Schwarz fassen. Indem Roland Jake dem Tod anheimstellt, wirft er endgültig den Ehrenkodex der Revolvermänner (die Liebe und das Licht zu wahren) über Bord, um ein größeres Ziel, den Turm, zu erreichen. Kurz bevor Jake fällt, fallen wird, fallen gelassen wird, sagt er dem Revolvermann: »Es gibt andere Welten als diese.« Dic Wahrheit dieser Worte wird Roland erst sehr viel später verstehen.

Kapitel 5: Der Revolvermann und der Mann in Schwarz. Roland und der Mann in Schwarz verlassen die Granithöhle des Berges. Auf einem Hügel aus Knochen und Gebeinen, einem staubigen Golgatha, sitzen sie sich gegenüber. Die Nacht zieht auf, der Mann in Schwarz mischt die Tarotkarten und sagt Roland die Zukunft voraus. Die erste Karte zeigt ihm den Gehängten: Jake. Die zweite Karte zeigt ihm den Seefahrer, einen Reisenden: Roland. Die dritte Karte zeigt ihm: den Gefangenen. Die vierte Karte: Herrin der Schatten. Die fünfte Karte: Sensenmann. Die sechste Karte ist der Turm. Das ist das Ziel, das ihn durch Universen und Welten führen wird. Viele Welten. Wieviele Welten? Erst der dunkle Turm wird alle Antworten liefern: »Das größte Geheimnis, welches das Universum bereithält, ist nicht das Leben, sondern Größe. Größe umfaßt das Leben, und der Turm umfaßt die Größe. Das Kind, für das Wunder nichts Ungewöhnliches ist, sagt: Vater, was ist über dem Himmel. Und der Vater sagt: Das schwarze Weltall. Das Kind: Und über dem Weltall. Der Vater: Die Milchstraße. Das Kind: Über der Milchstraße. Der Vater: Eine andere Galaxis. Das Kind: Über den anderen Galaxien. Der Vater: Das weiß niemand.« Rolands Ziel ist also nicht der Turm, sondern das Wissen um Raum und Zeit, vielleicht auch Hoffnung für die sterbende Welt des Revolvermannes. Der Mann in Schwarz schickt ihn zum Meer, wo er auswählen wird. Wen und was – das weiß er nicht. Die Zeit des Auswählens wird kommen. Was er weiß ist: Drei. Dann bringt der Mann in Schwarz, der sich als → Walter entpuppt, das Licht. Roland erwacht und ist nach einer Nacht um zehn Jahre gealtert. Der Mann in Schwarz sitzt als staubiges Skelett neben ihm. Roland findet daraufhin zum Strand und wartet auf die Zeit des Auswählens.

Der dunkle Turm II: Drei (The Dark Tower II: The Drawing of the Three)
Zweiter Roman der epischen Saga → »Der dunkle Turm«.
O.1: Donald M. Grant, West Kingston 1987; O.2: NAL, New York 1989 / Dt.: Heyne Verlag, München 1989; Ü.: Joachim Körber
Der zweite Roman ist deutlich flüssiger, fabulierfreudiger, King-typischer als → »Der dunkle Turm I: Schwarz« es ist. Ursächlich wohl, weil King die Saga nun für eine breite Masse zugelassen hat, auch wenn der zweite Band als Erstausgabe abermals nur in einer limitierten/signierten Vorzugsausgabe von 850 Exemplaren und einer Verkaufsausgabe von »nur« 10.000 Exemplaren beim Kleinverleger Donald M. Grant erscheint, bevor NAL (→ New American Library) die Taschenbücher unter die Massen streut.

Die Handlung setzt sieben Stunden nach dem Ende von »Der dunkle Turm I: Schwarz« ein. Der → Revolvermann → Roland Deschain findet sich am Strand des westlichen Meeres in → Mittwelt wieder und muß sich nach Sonnenuntergang monströser Hummer erwehren, wobei er zwei Finger und einen Zeh verliert. Das Wundfieber beginnt ihn zu schütteln, trotzdem rafft er sich auf und marschiert gen Norden. Er kommt zu einer Tür. »Die Tür hatte Angeln, aber sie waren an nichts befestigt ... Diese Tür. Diese Tür, wo keine Tür sein sollte. Sie stand einfach hier auf dem grauen Strand.« Zwei Worte sind, wie es der → Mann in Schwarz dem → Orakel entsprechend weissagte, auf die Tür geschrieben: »Der Gefangene«.

Roland tritt durch die Tür in eine andere Welt, unsere Welt, und findet sich im Jahr 1987 im Körper von → Eddie Dean wieder, einem heroinabhängigen Schmuggler, der gerade dabei ist, für den Dealer, Mafiosi und passionierten Kartenhausbauer → Enrico Balazar, einem Partner vom uns wohlbekannten New Yorker Mafioso → Richard Ginelli, ein Paket Kokain durch den New Yorker Flughafenzoll zu schmuggeln. Roland erhofft sich von Eddie und seiner modernen Welt medizinische Hilfe gegen das zunehmende Wundfieber. Er nimmt mit Eddie über einen unerklärlich telepathischen Weg Kontakt auf. Indem sie das Kokain in Rolands Welt schaffen, kann Eddie seinen Arsch vor den Zollbeamten retten. Nicht retten kann sich Eddie vor Balazar, der das Koks haben möchte. Als Faustpfand hat Enrico sich Eddies zwei Jahre älteren Bruder, den Heroinabhängigen → Henry Dean, geschnappt. Als dieser wegen einer Überdosis stirbt, kommt es zum erbitterten Kampf, bei dem Roland Eddie zur Seite steht. Siegreich gehen sie am Ende daraus hervor. Eddie entschließt sich, Roland in seine

Welt und auf der Suche nach dem dunklen Turm zu folgen. Gemeinsam durchschreiten sie, nachdem sie sich mit Penicillin versorgt haben, die Tür, die daraufhin ins Schloß fällt. Roland wird wieder gesund, Eddie kommt von den Drogen herunter und sie ziehen nach Norden, bis sie zu einer weiteren Tür kommen: »Herrin der Schatten«. Sie öffnen die Tür und sehen ins New York von → 1964, und was sie sehen »war einer dieser mitreißenden Filme mit beweglichen Kameras wie ›Halloween‹ und → ›Shining‹.« Sie befinden sich im Körper der schwarzen Rollstuhlfahrerin → Odetta Susannah Holmes, der reichen, kultivierten Erbin der Holmes Dental Industries. Ihr Chauffeur Andrew Feeny kommentiert gerade den Tod von John F. Kennedy, mit dem »der letzte Revolvermann Amerikas gestorben« sei. Odetta hört ihm kaum zu, denn sie ist schizophren, verwandelt sich häufig in die verschlagene, vulgäre Kleptomanin → Detta Walker. Als Detta wird sie auch im New Yorker Kaufhaus Macy erwischt, doch bevor der Wachmann sie verhaften kann, zappt Roland in ihren Körper und rettet sie in seine Welt. Detta, ein brutaler und direkter Intellekt, stellt sich die Aufgabe, Roland und Eddie zu töten, während Eddie sich in Odetta verliebt. Unterdessen gehen ihnen die Patronen aus, und Rolands Wundfieber kehrt zurück, stärker als vorher. Die Situation spitzt sich zu.

Sie erreichen die dritte Tür, auf der steht: »Der Mörder«. Roland flippt hindurch und befindet sich in New York, Mai 1977, im Körper des Serienmörders → Jack Mort, der den kleinen → John Jake Chambers in diesem Augenblick zu seinem Opfer erwählt hat und vor ein Auto schmeißen wird. Roland hat seine Entscheidung, Jake dem → Mann im Schwarz zu opfern, mehr als einmal bereut. Jetzt, in der Vergangenheit angelangt, kann er dem Jungen das Leben retten. Aber er steht vor einem neuerlichen Geheimnis: Roland hat keinen Grund gehabt, an Jakes Geschichte, wie er in unserer Welt gestorben ist, zu zweifeln, ebensowenig die Identität von Jakes Mörder zu hinterfragen – der Mann in Schwarz, → Walter, natürlich. Jake sieht ihn als Priester verkleidet, als sich eine Menge um die Stelle ver-

Drei – Der dunkle Turm

sammelt hat, wo er im Sterben liegt, und Roland hat nie an der Beschreibung gezweifelt. Auch jetzt zweifelt er nicht daran; Walter ist dort, o ja, kein Zweifel. Aber angenommen, es ist Jack Mort, nicht Walter, der Jake vor den heranfahrenden Cadillac gestoßen hat? Wäre so etwas überhaupt möglich? Roland kann es nicht mit Sicherheit sagen, aber wenn das der Fall ist, wo ist dann Jake jetzt? Tot? Am Leben? Irgendwo in der Zeit gefangen? Und wenn Jake Chambers in seiner Welt in Manhattan Mitte der siebziger Jahre noch am Leben ist [Was er ja nach Rolands Rettungsaktion offensichtlich ist!], wie kommt es dann, daß sich Roland immer noch an ihn erinnert [Denn das wäre ein offensichtliches Zeitparadoxon!]? Die endgültige Antwort wird wohl nur der dunkle Turm als Brennpunkt aller Raum-Zeit-Kontinuen enthalten.

Fragen über Fragen, doch die Zeit drängt, denn Rolands schwächlicher Körper neigt sich in Mittwelt dem Ende zu. Roland braucht Medizin. Sie alle brauchen Waffen, um sich sicher der Monsterhummer zu erwehren. Roland geht mit Jack Morts Körper auf irrwitzige Einkaufstour: Im Laden »Clements Schußwaffen und Sportausrüstung« besorgt er sich Patronen und Waffen, ohne dabei nicht auch noch die zwei behäbigen Cops O'Mearah und Delevan aufzumischen. In »Katz' Pharmacy and Soda Foundation – Diverses und Galanteriewaren für Damen und Herren« kauft (!) er mit vorgehaltener Waffe Penicillintabletten en masse. Zu guter Letzt fährt er mit einem geraubten Polizeiauto nach Greenwich Village, wo Jack Mort einst Odetta auf die Gleise der U-Bahn geschmissen hat. Indem er nun Jack vor den Zug schmeißt, beendet er das Leben dieses armseligen Irren. Er folgt »einem Kurs, der logisch und zerschmetternd brutal war, einem Kurs, gegen den nur Stahl und Liebreiz bestehen konnten«. Roland zappt zurück in seine karge Welt, wo es zum finalen Kampf zwischen Detta und Odetta kommt. Keine von beiden überlebt, sondern es bleibt die Hybridin Susannah Dean zurück, die sagt : »Ich bin drei Frauen. Ich, die war; ich, die kein Recht zu sein hatte und dennoch war; ich, die Frau, die du gerettet hast.« Gemeinsam ziehen die drei – Roland, Eddie und Susannah im Rollstuhl – dem lockenden Turm entgegen: »Roland ... komm ... Roland ... komm ... komm ... komm«, schallt es ihm entgegen. Zum ersten Mal seit dem Beginn seiner Suche nach dem dunklen Turm ist Roland nicht mehr alleine. Das Orakel hat sich erfüllt. So scheint es.

Der dunkle Turm III: Tot (The Dark Tower III: The Wastelands)

Dritter Roman der epischen Saga → »Der dunkle Turm«.

O.1: Donald M. Grant West Kingston 1991; O.2.: NAL, New York 1991/ Dt.: Heyne Verlag, München 1992; Ü.: Joachim Körber

Die Handlung setzt zweieinhalb Monate nach → »Der dunkle Turm II: Drei« ein. Der → Revolvermann → Roland Deschain, → Susannah Dean und → Eddie Dean, die von Roland zu Revolverleuten ausgebildet werden, müssen nach 60 Meilen oder mehr, östlich des Westlichen Meeres, einen 20 Meter großen Bären töten. Er wurde von den Vorfahren Rolands Mir, von den gottgleichen → Großen Alten, die ihn gebaut haben, → Shardik genannt. Shardik ist ein Cyborg, einer der → Wächter der zwölf → Portale, die die Großen Alten vor über 2000 Jahren ringförmig um → Mittwelt errichtet haben. Zwischen den zwölf Türen erstrecken sich sechs Linien, sogenannte → Balken. An der Stelle, wo sich die Balken kreuzen – im Zentrum von Mittwelt – hofft Roland den dunklen Turm zu finden, als → Dreizehnte Pforte, »die nicht nur diese Welt beherrscht, sondern alle Welten«. Sie folgen der → Spur der Balken.

Während Eddie unterwegs geheimnisvolle Träume von einem Schlüssel und einer Rose hat, bringt das Zeitparadoxon um → John Jake Chambers Roland beinahe um den Verstand. Er ahnt, daß der → Mann in Schwarz in unserer Welt 1977 den Serienmörder → Jack Mort benutzt hat, um Jake aus New York nach Mittwelt zu schaffen. Indem Roland in → »Der dunkle Turm II: Drei« in den Körper von Jack Mort zappt, rettet er zwar dem Jungen das Leben, schafft aber gleichzeitig ein großes Problem: Wenn Jake nicht auf die Straße gestoßen wurde, ist er nie gestorben. Und wenn er nie gestorben ist, ist er nie in diese Welt gekommen. Und wenn er nie in diese Welt gekommen ist, hat Roland ihn auch nicht in dem Rasthaus treffen können. »Es ist ein Paradoxon – etwas, das ist und gleichzeitig nicht«, glaubt Roland.

Ähnlich zerrissen ist auch der kleine Jake im New York von 1977, der das entsetzliche Wissen hat: »Der Tod war zu ihm gekommen ... und vorübergegangen, ohne ihn eines zweiten Blickes zu würdigen. Es hatte nicht so kommen sollen, und das wußte er auf der tiefsten, grundlegendsten Ebene seiner Existenz, aber es war so gekommen.« Für Jake ein widerstreitendes Gefühl, solchen Erlebnissen nicht unähnlich, von denen Zeitungen wie → »Inside View« berichten. Erschwerend kommt dieses eigenartige Verlangen hinzu, jedwede Türe zu öffnen, in der seltsamen Hoffnung, eine andere Welt durch sie bestaunen (und betreten) zu können. Als Jake, dessen Realitätssinn zunehmend verblaßt, entsetzt feststellt, daß er in seinem Abschlußaufsatz aus unerfindlichen Gründen nicht mehr als »Tschuff, Tschuff, Tschuff, Blaine, die Pein muß sein« geschrieben hat, macht er sich aus dem Staub (der Schule). Er läßt sich durch die Stadt treiben, bis er zur Buchhandlung »Das Manhattan-Restaurant für geistige Nahrung« kommt, deren Besitzer den vielsagenden Namen → Calvin Tower trägt. Calvin Tower spielt gerade mit → Aaron Deepneau Schach. Jake wird magisch anzogen von zwei Büchern: Beryl Evans' Kinderbuch → »Charlie Tschuff-Tschuff« und dem Rätselbuch »Ringelrätselreihen«, dessen erste Frage lautet: »Wann ist eine Tür keine Tür? – Wenn sie ein Glas ist.« Auch

Aaron Deepneau gibt ihm ein Rätsel auf: »Speise ging von dem Fresser, und Süßigkeiten von dem Starken – was ist das?«

Jake weiß keine Antwort, verläßt die beiden Tattergreise und gelangt zu einem brachen Grundstück in Manhattan, → »Ecke Second und Forty-sixth Street«, auf dem er eine Rose (ein Symbol in unserer Welt für den dunklen Turm?) und einen Schlüssel findet. Der Schlüssel stellt eine »telepathische« Verbindung, das → Khef, zu Eddie in Mittwelt dar, und Jake beginnt zu ahnen, daß er die Schnittstelle mehrerer Welten gefunden hat. Dieses Wissen gibt ihm wiederum die Kraft, endlich seiner Welt und seinem herrischen Vater die Stirn zu bieten. Am Abend beginnt Jake die Geschichte von Charlie Tschuff-Tschuff zu lesen.

Sie handelt von der Lokomotive Charlie, die nicht nur dem Lokomotivführer Bob viel Freude bereitet, auch den vielen Menschen in Mittwelt und dem Vorstand der Eisenbahngesellschaft, Mr. Raymond Martin und seiner Tochter Susannah. Doch irgendwann wird eine moderne Lokomotive angeschafft, und Charlie ausrangiert, was Bob gar nicht schön findet. Alle anderen Lokomotivfahrer machen sich lustig über ihn, weil er nicht versteht, daß sich die Welt weitergedreht hat. Als die moderne Lokomotive aber einen Aussetzer hat, wird Charlie reaktiviert, und alle freuen sich, so daß Charlie für alle Zeit in einem Freizeitpark die Kinder kutschieren darf. Auf den ersten Blick scheint Charlie zu lächeln, aber es ist ein falsches Lächeln. Auch die Kinder in den Waggons schreien nicht vor Freude, sondern weil sie dem furchtbaren Zug nicht entkommen können.

Von düsteren Visionen getrieben, folgt Jake am nächsten Tag dem damals zwölfjährigen Eddie Dean und seinem vierzehnjährigen Bruder Henry, die einen Ausflug zu einer alten, verlassenen Villa in der Rhinehold Street in Dutch Hill unternehmen, in der es angeblich spuken soll. Tatsächlich haust in der Villa ein dunkler Dämon, eine nichtmenschliche Gestalt wie ein Mantarochen mit gewaltigen, angelegten Schwingen, der das Tor bewacht, das in die Mittwelt führt. Es gelingt ihm, dem Monster zu trotzen, er zappt durch einen sprechenden Steinkreis nach Mittwelt, wo Eddie, Susannah und Roland zwischenzeitlich ein Ritual zur Rettung von Jake durchführen.

Der dritte Gefährte für Roland ist damit gemäß des → Orakels gefunden, wenngleich die Freude darüber geteilt ist. Denn das Buch, das Jake mitbringt, »Charlie Tschuff-Tschuff«, ist offensichtlich eine Warnung. → »Char« bedeutet in Rolands Welt nichts anderes als Tod. Doch vorerst setzen sie gemeinsam ihre Reise entlang des Flusses Send fort, der sie zur Stadt → Lud bringen wird. Sie treffen die hundeartigen → Billy-Bumbler, von denen sich einer ihrer Gemeinschaft anschließt. Jake nennt ihn → Oy, der damit zu einem Teil ihres → »Ka-tet« wird. Sie passieren das heruntergekommene Örtchen → River Crossing, in deren Hinterhöfen sich ein Dutzend alter Menschen inmitten der kargen Mittwelt ein blühendes Kleinod geschaffen haben. Von ihnen erfahren Roland und seine Freunde von einem überschallschnellen Einschienenzug, dem → Mono namens → Blaine. Bevor sie ihre Reise fortsetzen, gibt ihnen die Matriarchin von River Crossing, Tante → Talitha Unwin, eine feine Silberkette, die Roland am Fuß des dunklen Turms niederlegen soll.

Bevor die fünf Reisenden Lud erreichen, finden sie ein abgestürztes Flugzeug aus unserer Welt, eine deutsche Focke-Wulf aus den 30er Jahren des zwanzigsten Jahrhunderts, ein Symbol von Faust und Blitz und einem Hakenkreuz, offenbar durch das Weltentor Bermuda-Dreieck nach Mittwelt entschlüpft. Im Cockpit eingezwängt hängt der Leichnam eines Riesen, mit ziemlicher Sicherheit der legendäre Gesetzlose David Quick. Dessen Neffe ist → Andrew Quick, der in Lud die ehemaligen → Gesetzlosen, heute nur noch »Die Grauen« genannt, anführt. Diese entführen Jake, doch Roland kann ihn mit Hilfe von Oy aus deren Fängen befreien. Sie lassen Andrew Quick zurück, weil sie ihn für tot halten. Halb blind und mit schrecklichen Gesichtsverletzungen wird Quick von einem Mann namens Richard Fannin (→ Randall Flagg) aufgesucht, der sich als der Zeitlose Fremde entpuppt, ein Dämon, vor dem bereits → Walter Roland gewarnt hat. Eddie und Susannah müssen sich unterdessen der → Pubes erwehren, der ehemaligen Bewohner von Lud, die alle von einer schwärenden, eitrigen Krankheit, der → Hurenblüte, gezeichnet sind. Die Pubes verarbeiten getreu → Shirley Jacksons → »Die Lotterie« ihre Freunde dreimal täglich zu Hackfleisch. Schließlich gelangen die fünf Freunde zum Bahnhof, der auch Krippe genannt wird, wo sie auf den Mono Blaine treffen, das letzte oberirdische Werkzeug des riesigen Computersystems, das unter der Stadt Lud liegt. An dieser Stelle gewinnt das Rätselheft »Ringelrätselreihen« an Bedeutung. Blaine löst für sein Leben gerne Rätsel. Er verspricht, die Reisenden zur letzten Haltestelle der Einschienenbahn in → Topeka zu befördern, wenn sie ein Rätsel lösen, das er ihnen stellt.

Die Zeit drängt, denn Blaine hat die Absicht, innerhalb von fünfzehn Minuten ein Nervengas freizusetzen, das alles Leben in Lud auslöscht. In letzter Sekunde gelingt die Aufgabe. Sie betreten die Einschienenbahn, in der Not die Warnungen von Blaines geistig gesundem, aber schwachem Unterbewußtsein (Eddie nennt diese Stimme den »Kleinen Blaine«) mißachtend. Als die Reise durch das wüste Land – in Richtung des südöstlichen Topeka in Mittwelt – beginnt, gesteht ihnen Blaine, daß er vorhat, mit ihnen an Bord Selbstmord zu begehen. Roland ahnt, daß die Rettung in Blaines Vorliebe für Rätsel liegt. Er schlägt ihm einen Handel vor: Gelingt es Blaine nicht, die von Roland und seinen Gefährten gestellten Rätsel zu lösen, sind sie frei. Gelingt es ihm wohl, wird das rosa Geschoß mit einer Geschwindigkeit von achthundert Meilen pro Stunde mit ihnen an Bord aus den Schienen springen ...

Der dunkle Turm IV: Glas (The Dark Tower IV: Wizard and Glas)
Vierter Roman der epischen Saga → »Der dunkle Turm«.
O.1: Donald M. Grant, West Kingston 1997; O.2: NAL, New York 1997/ Dt.: Heyne Verlag, München 1997; Ü.: Joachim Körber
Der vierte Teil setzt ein, wo → »Der dunkle Turm III: Tot« endet. Der → Revolvermann → Roland Deschain und seine Gefährten → Eddie Dean, → Susannah Dean, → John Jake Chambers und → Oy sind Gefangene des Hightech-computerisierten → Mono-Zugs → Blaine, der der → »Spur der Balken« folgt und dessen einziges Faible das Rätselraten ist. Blaine will mit ihnen an Bord Selbstmord begehen. Roland ahnt, daß die Rettung für sie in Blaines Vorliebe für Rätsel liegt, und schlägt ihm einen Handel vor: Gelingt es Blaine nicht, die von Roland und seinen Gefährten gestellten Rätsel zu lösen, sind sie frei. Gelingt es ihm wohl, wird das rosa Geschoß mit einer Geschwindigkeit von achthundert Meilen pro Stunde mit ihnen an Bord aus den Schienen springen. Offensichtlich scheint das Buch »Ringelrätselreihen«, das Jake im New York seiner Welt vom vielsagenden → Calvin Tower erhalten hat, genau die richtigen Fragen für Blaine zu enthalten. Mitnichten. Es ist nämlich gar nicht so einfach, jemandem ein Rätsel zu stellen, wenn dieser Zugriff auf das Wissen einer ganzen Computerstadt hat, und somit alle logischen Kniffe dieser und anderer Welten beherrscht. Doch zum Glück erinnert sich Eddie an alberne Scherzfragen seiner Kindheit, und erstmals kommt Blaine ins Schwitzen. Denn Witze sind mit Logik nicht zu lösen. Blaines Maschinenverstand gerät mächtig ins Wanken, als Eddie immer mehr Scherzfragen auf ihn abfeuert. Als Blaine schließlich »Velcro Fly« von ZZ Top singt, ist der Ringelrätselreihen vorüber. Blaine implodiert, wird langsamer und rollt aus. Roland und seine Freunde entdecken in → Topeka, daß sie während der Hochgeschwindigkeitsfahrt durch eine sogenannte → Schwachstelle zwischen den Welten von Mittwelt nach Kansas gezappt sind. Dies weist verblüffende Ähnlichkeiten mit unserer Welt auf (also der »realen«, aus der Eddie, Jake und Susannah stammen). Hier gibt es die »Interstate 70«, Kansas, Cleveland oder Denver, Pizza Hut und McDonalds – aber auch haarfeine Unterschiede: Autos wie den Takuro Spirit, die Fast Food Kette Boing Boing Burger und die Baseballmannschaft der Kansas City Monarchs (die in unserer Welt die Kansas City Royals heißen).

Es existiert aber noch ein anderer, entscheidender Unterschied: Diese Welt wurde im Juni 1986 (ein Jahr, bevor Roland Eddie aus dem höchst lebendigen New York herüber nach Mittwelt zog) von einer Seuche namens → Captain Trips heimgesucht und ausgerottet. Sie sind, das weiß der Leser, in der Welt aus dem Roman → »Das letzte Gefecht« gelandet. Wenn es dafür einen Beweis erfordert, dann erhält der Leser diesen in Teil 4, Kapitel 1, Abschnitt 4, wo Jake an einem Auto eine Nachricht entdeckt: »Die alte Frau aus den Träumen ist in Nebraska. Ihr Name ist → Abagail. Der dunkle Mann ist im → Westen. Möglicherweise Vegas.«

Dessen ungeachtet wandern unsere fünf Freunde über die Interstate 70 einem gläsernen Schloß entgegen, in dessen Angesicht ihnen Roland erstmals einen Teil seiner Leidensgeschichte offenbart.

Als 14jähriger entdeckt Roland das Verhältnis seiner Mutter → Gabrielle Deschain mit dem Hofzauberer → Marten Broadcloak und wird von diesem zur Mannbarkeitsprüfung getrieben. Rolands Vater, → Steven Deschain, mißfiel Rolands heldenmütiger Einsatz, wußte er doch bereits seit zwei Jahren von dem Verhältnis seiner Gattin mit Marten. Doch er schwieg, weil es bei allem um viel mehr ging als nur den schlichten Ehebruch: Es ging um eine blutige Revolution in Mittwelt, die der »Gute Mann« → John Farson mit seinen → Gesetzlosen entfachte, denen auch Marten mit seinem heimtückischen Plan diente. Um seinen Sohn aus Martens Einflußbereich und dem sich entfachenden Flächenbrand in Kanaan fernzuhalten, schickte Steven Deschain Roland und dessen Freunde → Cuthbert Allgood und → Alain Johns in den scheinbar sicheren Osten, in das beschauliche Küstenstädtchen → Hambry in der → Baronie Mejis, ohne zu ahnen, daß das Verderben bereits dort angelangt war. Als die drei Freunde, die vorgaben, als Will Dearborn, Arthur Heath, Richard Stockworth als Strafe von ihren Eltern zu einer Inspektionsreise im Namen des → »Bundes von Mittwelt« geschickt worden zu sein, nach Hambry gelangten, trafen sie auf → Susan Delgado. Sie war 16 Jahre alt, als sie zur Hexe → Rhea Dubadivo auf den Berg → Cöos geschickt wurde, um ihre Ehrbarkeit nachzuweisen. Sie wollte, von ihrer skrupellosen Tante, der alten Jungfer → Cordelia Delgado, gedrängt, dem alten Bürgermeister von Hambry, → Hart Thorin, und seiner unfruchtbaren Frau Olive ein Kind austragen.

Nach dem Antrittsbesuch beim Bürgermeister kam es in der Bar Travellers Rest zur Auseinandersetzung, als der Dorfdepp Sheemie mißhandelt wurde von den drei → Großen Sargjägern → Eldred Jonas, → Roy Depape und → Clay Reynolds. Das sind üble Burschen, die sich einen Sarg auf ihre rechte Hand hatten tätowieren lassen. Sie arbeiteten offiziell als die Leibgarde des Bürgermeisters, inoffiziell wurden sie vom → Mann in Schwarz → Walter nach Hambry abgesandt. Roland, Cuthbert und Alain warfen alle Vorsätze um Vorsicht und Zurückhaltung über Bord und gaben den drei Kriminellen vor den Augen der Bevölkerung die Blöße. Den Menschen in Hambry keimten erstmals Zweifel an der Echtheit der Burschen aus der Fremde. Richtig kritisch wurde es, als Roland und Susan sich unsterblich ineinander verliebten. Susans Versprechen dem Bürgermeister gegenüber stand einer Beziehung im Wege. Deshalb trafen sich die beiden immer häufiger heimlich an versteckten Orten. Auf dem Gelände der alten Ölraffinerie entdeckten die beiden, daß man dort das scheinbar nutzlose Öl in Tanks abfüllte. Die

Wahrheit war: Die Dorfgemeinschaft, allen voran der abgefeimte Dorfkanzler → Kimba Rimer, der Hohe Sheriff von Mejis, → Herkimer Herk Avery und die Drei Sargjäger standen im Dienst des Revolutionärs John Farson.

Rolands Liebestaumel drohte unterdessen die Gemeinschaft der drei Freunde zu zerstören. Besonders Cuthbert sah in Susan eine Bedrohung für ihr → »Ka-tet«. Als Susans Tante Cordelia argwöhnisch wurde und ihre Befürchtungen dem Sargjäger Jonas mitteilte, verschärfte sich die Lage. Jonas verwüstete die Unterkunft der jungen Männer, um sie aus der Reserve zu locken. Doch Roland verhielt sich auch jetzt noch abwartend. Für Cuthbert war das der Beweis, daß der alte Roland ein zögernder Schwächling geworden war. Nur Alain spürte, daß hinter dem Verhalten ihres Anführers eine durchdachte Taktik stecken könnte. Währenddessen beobachtete die alte Hexe Rhea vom Cöos die intimen Treffen von Roland und Susan in einer magischen → Glaskugel des Magiers → Maerlyn. Diese gewährte den Menschen einen Blick zwischen den Welten, in die Vergangenheit und in die Zukunft, und ist im Besitz John Farsons, der sie bei der alten Vettel Rhea verborgen hielt.

Cuthbert fing eine Mitteilung der Hexe an Susans Tante ab, und Roland mußte eingestehen, daß er sich zu sicher gefühlt hatte. Entschlossen wollte er gegen Rhea vorgehen, doch statt sie zu erschießen, warnte er sie davor, weitere Intrigen zu spinnen. Ein böser Fehler! Denn am großen Erntefest drohte sich der Konflikt zu verschärfen. Jonas und seine Männer töteten den Bürgermeister und seinen Kanzler, und Roland wurde mit seinen Gefährten als vermeintlicher Täter ins Gefängnis gesteckt. Susan gelang es, die drei zu befreien, wurde endgültig zum Mitglied ihres »Ka-tet«, als sie Sheriff Herkimer Avery erschoß. Auf der Flucht gelang es Roland, Farsons Öl in die Luft zu jagen, wobei ihm die geheimnisvolle Glaskugel in die Hände fiel. Die geheimnisvolle Kugel, der Menschen, die in sie blicken, in kürzester Zeit verfallen, offenbarte Roland zum ersten Mal eine klare Vision vom dunklen Turm. Als er schließlich erwachte, war er nicht mehr der Roland, den seine Gefährten kannten. Der kühne Kämpfer von einst schien zu einem freudlosen, gefühllosen, wortkargen Geist geworden zu sein, der der Macht des Glases und des dunklen Turmes verfallen war. Er ließ seine Liebe zu Susan hinter sich, denn »ihre Rolle in unserem »Ka-tet« ist zu Ende. In der Kugel hatte ich eine Wahl: Susan und mein Leben als ihr Mann und Vater des Kindes, das sie unter dem Herzen trägt ... oder der Turm. Ich hätte mich sofort für Susan entschieden, wenn eines nicht wäre: Der Turm zerfällt, und wenn er einstürzt, wird alles hinweggefegt, was wir kennen. Ein Chaos wird anbrechen, das unsere Vorstellungskraft übersteigt ... Ich habe mich für den Turm entschieden. Das mußte ich. Soll sie ein gutes und langes Leben mit einem anderen leben – das wird sie, mit der Zeit.« Was Roland nicht bedachte: die

Schicksalsgemeinschaft des »Ka-tet« kann nur durch den Tod beendet werden.

Susan fiel in die Hände der Hexe Rhea, die das Mädchen als Mörderin der rachedurstigen Dorfgemeinschaft übergab, angeheizt und angeführt von der bitter enttäuschten Tante. Roland mußte hilflos das grausige Ende seiner ersten und einzigen Liebe in der Glaskugel mit ansehen. Das schreckliche Schicksal ließ den jungen Revolvermann in eine tiefe Lethargie fallen, während seine beiden Freunde Alain und Cuthbert ihn zurück nach Gilead brachten. Bevor er seinem Vater daheim die Kugel übergab, warf er noch einen Blick hinein, und sah den Mord seiner Mutter an ihrem Mann, den Untergang von Gilead, den Triumph des Guten Mannes, den sie mit ihrem Kampf in Hambry nur um zwanzig Monate aufgeschoben hatten. Als Roland versuchte, seine Mutter von ihrem Plan abzubringen, wurde er unter dem Einfluß Rheas arglistig getäuscht und tötete selbst seine Mutter, als sie im Begriff war, sich bei ihm mit einem Geschenk – einem Gürtel – zu entschuldigen. Wie Roland den Gürtel später verlor, wie Cuthbert und Alain den Tod fanden, wie Mittwelt unterging, wie sein Vater starb, wie die Hexe Rhea wieder in den Besitz der Kugel gelangte und Roland abermals begegnete – das erzählt Roland seinen Freunden ein anderes Mal.

Während sie nun dem gläsernen Schloß entgegenwandern, wandelt sich das Land aus »Das letzte Gefecht« zum Land aus → »Der Zauberer von Oz«. Am Schloß angelangt, müssen sie sich des irren → Andrew Quick (→ »Der dunkle Turm III: Tot«) erwehren und treffen auf Rolands alten Bekannten → Marten Broadcloak, der sich auch Maerlyn oder → Randall Flagg nennt und im Besitz der Zauberkugel ist. Er verspricht Roland und seinen Freunden eine wundervolle Zukunft, wenn sie die Suche nach dem Turm aufgeben. Roland, Eddie, Susannah, Jake und Oy schlagen das Angebot aus. Als sich Marten dadurch in die Enge gedrängt fühlt, löst er sich auf, aber er läßt die Kugel zurück. Wenig später befinden sich Roland und seine Gefährten zurück in Mittwelt. Das Wissen um Rolands Vergangenheit schweißt die Gruppe nur noch enger zusammen, und gemeinsam folgen sie wieder der Spur des Balkens. Die Reise wird sie in das Land → Donnerhall führen ... wo übrigens bereits → Pater Callahan (→ »Brennen muß Salem«) auf sie wartet, »der verfluchte Priester aus Salem's Lot, der Neuengland mit dem Greyhound-Bus verließ und an der Grenze eines schrecklichen Landes von Mittwelt namens Donnerhall herauskam.« Aber das ist Inhalt des fünften Bandes.

Der dunkle Turm V (The Dark Tower V: The Crawling Shadow)

Roman. O.: Scribners, New York 2002

Wenn die Gesundheit von Stephen King es zuläßt, möchte er noch in 2001 an einer Fortsetzung seiner Sage vom dunklen Turm arbeiten. Der fünfte

Band wird die Reise vom Revolvermann → Roland Deschain und seinen Freunden beschreiben, die in das Land → Donnerhall führt ... wo übrigens bereits → Pater Callahan (→ »Brennen muß Salem«) auf sie wartet, »der verfluchte Priester aus Salem's Lot, der Neuengland mit dem Greyhound-Bus verließ und an der Grenze eines schrecklichen Landes von Mittwelt namens Donnerhall herauskam.« Eine Rolle werden dabei sicherlich auch die → Balkenbrecher und Ted, spielen, die King in dem Roman → »Atlantis« kurz einführt.

Der dunkle Turm: Die kleinen Schwestern von Eluria (The Dark Tower: The Little Sisters Of Eluria)

Erzählung. In: O.: »Legends«, Tom Doherty Associations, New York 1998 / Dt.: »Der 7. Schrein«, Heyne Verlag, München 1999; Ü.: Joachim Körber

Keine Fortsetzung der Ereignisse in den ersten vier Bänden der Saga → »Der dunkle Turm«, jedoch aktuellste Veröffentlichung zum Zyklus. Die Erzählung schildert die Ereignisse vor → »Der dunkle Turm I: Schwarz«, als der → Revolvermann → Roland Deschain noch auf der Jagd nach dem → Mann in Schwarz war. Roland fand mit seinem alten, kranken Klepper Topsy zur Stadt → Eluria, die wie ausgestorben lag. Nur ein humpelnder Kläffer, der das christliche Kreuzsymbol auf der Brust trug, schwarzes Fell auf weißem, machte sich über die Leiche des Jungen → James Norman her. Roland verscheuchte den Köter und nahm James' Medaillon an sich. Ausgerechnet in diesem Augenblick brach Topsy erschöpft zusammen, und Roland entdeckte acht Leute mit grüner, bleicher Haut, → Langsame Mutanten, Opfer der großen Katastrophe von → Mittwelt, die sich an ihn heranpirschten. Sie überwältigten ihn und als er aus seiner Bewußtlosigkeit erwachte, fand er sich neben einem alten Greis und neben → John Norman, dem Bruder des Verstorbenen, im Heim der Kleinen Schwestern von Eluria wieder. Es ist das Kloster und Hospital der fünf merkwürdigen Vetteln Michela, Coquina, Louise, Tamra und Mary (die ihn beängstigenderweise an die Hexe → Rhea Dubadivo aus → Hambry erinnerten) und der jungen, hübschen Schwester namens Jenna, die noch nicht lange dem Orden angehört.

Die fünf häßlichen Schwestern pflegten die Patienten mit Hilfe kleiner, krabbelnder Käfer, und zelebrierten des Nachts einen geheimnisvollen Ritus mit den Worten → »Can de lach, mi hem en tow«. Mit diesen Worten zollten bereits im Roman → »Desperation« (O./Dt.: 1996) die besessenen Menschen dem urzeitlichen Monster aus einer anderen (Rolands?) Welt, → TAK, ihren Respekt. Dann begannen die Schwestern sich saugend und schmatzend wie Vampire über das Blut des alten Mannes herzumachen. Am nächsten Tag war er verschwunden. Vor Roland und John unterdessen schraken die Schwestern zurück, denn beide trugen das geheimnisvolle Medaillon. Mit Hilfe der Langsamen Mutanten nahmen die Harpyien schließlich John das Medaillon ab und labten sich an seinem Blut. Schwester Jenna, die an Roland Gefallen fand, verhalf ihm zur Flucht, und als die Obervampirin Mary sich ihnen in den Weg stellte, fiel der Hund mit dem Jesuszeichen auf der Brust sie an. Roland konnte mit den beiden Medaillons der Norman-Brüder entkommen, die er auf seiner weiteren Reise den Eltern übergeben wollte. Jenna verwandelte sich unterdessen in eine Heerschar von Käfern, die sich in alle Windrichtungen zerstreuten. Alleine zog Roland daraufhin dem Mann in Schwarz hinterher.

Der einsame Tod des Jordy Verrill (The Lonesome Death of Jordy Verrill)

Erzählung. In: O.1: »Cavalier«, New York 1976 (als »Weeds«); O.2: »Creepshow«, Penguin, New York 1982 (als Comic-Adaption) / Dt.: »Creepshow«, Bastei Lübbe Verlag, Bergisch Gladbach 1989; Ü.: Hajo F. Breuer.

In Deutschland nur als Comic-Adaption im Rahmen der → »Creepshow« erschienen. Ein Meteor stürzt auf den Acker des dämlichen Bauern Jordy Verrill (in der »Creepshow«-Verfilmung erstklassig dargestellt von Stephen King). Der seltsame Stein bricht auf, als Jordy einen Eimer Wasser darüberschüttet, und leitet damit eine Invasion interplanetarischen Grünzeugs ein. Verrill wird mehr und mehr von dem außerirdischen Blumenkohl überwuchert, bis er schließlich nahezu verschwunden ist und sich mit letzter Kraft eine Flinte in den Mund steckt.

Der Exorzist (The Exorcist)

Roman von → William P. Blatty.

O.: Bantam, New York 1992 / Dt.: Heyne Verlag, München 1997

Vordergründig schildert Blattys Roman das Bemühen zweier Priester, einen Dämon aus dem jungen, hübschen Teenager Regan MacNeil auszutreiben. Der Roman gilt als Meilenstein der Horrorliteratur und hat auf eine Vielzahl anderer Werke Einfluß ausgeübt, natürlich auch auf → »Carrie« von Stephen King. Der bekennt, »Der Exorzist« sei ein Buch »über explosive gesellschaftliche Veränderungen, ein scharf geschliffener Brennpunkt für die gesamte Jugendexplosion, die in den späten sechziger und frühen siebziger Jahren stattfand«. Ein Buch »... für alle Eltern, die voll Schmerz und Schrecken feststellen, daß sie ihre Kinder verloren haben, ohne zu begreifen, wie oder warum es geschah.« Damit schließt sich in gewisser Weise der Kreis zu »Carrie«, in dem → Margarete White nicht wahrhaben will, daß ihre Tochter → Carietta White sich verändert. Es ist Margarete White, die religiös besessen ist.

Der Fall des Doktors (The Doctor's Case)

Kurzgeschichte. In: O.1: »The New Adventures of Sherlock Holmes«, Car-

rol & Graf, New York 1987; O.2: »Nightmares & Dreamscapes«, Verlag Viking, New York 1993 / Dt.: »Alpträume«, Hoffmann & Campe, Hamburg 1993; Ü.: Joachim Körber

Klassische Geschichte vom perfekten Mord in einem verschlossenen Zimmer, den die von Arthur Conan Doyle geschaffenen Charaktere Dr. Watson, Sherlock Holmes und Inspektor Lestrade im Februar 1899 aufzuklären versuchen. Diesmal hat es den Reeder Lord Albert Hull erwischt, ein Tyrann im Geschäft und ein Despot daheim. Hull ist fürwahr kein angenehmer Familienvater: Schläge für die Frau Rebecca. Terror für die Söhne, den sechsunddreißigjährigen Lebemann William, den als »Fettwanst« und »Fischgesicht« verspotteten Jory, der als exzellenter Maler beträchtlichen Erfolg hat, den achtundzwanzigjährigen Stephen, der das perfekte Beispiel abgibt für das, was die Bibel mit »guter Sohn« bezeichnet, trotzdem mit Eifersucht, Spott und Argwohn gestraft. Als die Familie herausfindet, daß der alte Patriarch das Testament geändert hat und sein Vermögen einem Katzenheim vermachen will, bringen die Söhne ihn mit einer spitzfindigen Idee gemeinsam um. Ausgerechnet Watson durchschaut das findige Spiel, in dem von Jory gemalte Requisiten den Mord vertuschen sollen: »Ich glaube, es kam nur ein einziges Mal vor, daß ich ein Verbrechen tatsächlich früher aufklärte als mein etwas berühmterer Freund, Mr. Sherlock Holmes.« Im Angesicht der langen Leiden der jungen Familie halten die Ermittler Stillschweigen über ihr Wissen und ziehen von dannen. Die Erzählung »Der Fall des Doktors« beruht auf den von Conan Doyle eingeführten Charakterisierungen und Erzählmustern und ist bemüht, eine möglichst große Nähe zum Vorbild zu erlangen, wenngleich King ein wichtiges Muster umkehrt: Watson hat das Rätsel schon gelöst, während Holmes ausnahmsweise im Dunkeln tappt.

Der Fluch (Thinner)

Roman. O.: NAL, New York 1985 /
Dt.: Heyne Verlag, München 1986; Dt.: Nora Jensen

Das fünfte Buch unter dem Pseudonym → Richard Bachman. → Billy Halleck ist erfolgreicher Anwalt und fett. Sage und schreibe 246 Kilogramm bringt er auf die Waage. Doch das hält Ehefrau Heidi nicht davon ab, ihm eines Abends während der Heimfahrt eine entspannende Handmassage zuteil werden zu lassen. Ausgerechnet beim Orgasmus tritt die alte Suzanne Lemke auf die Straße und Billy überfährt sie, bevor er auch nur den Hauch einer Chance hat zu bremsen. Natürlich wird er freigesprochen, nicht nur, weil er ein erfolgreicher Anwalt ist. Er ist mit Richter Cary Rossington, seinem alten Poker- und Golf-Kumpan, per Du. Das Opfer ist »nur« eine tote Zigeunerin, deren Familie vom Polizeichef Duncan Hopley, der die Untersuchungen des Unfalls vertuscht, kurzerhand aus der Stadt vertrieben wird.

Doch Suzannes Sohn Taduz paßt Billy vor dem Gerichtsgebäude ab und belegt ihn mit einem Fluch: »Dünner«. Was Billy natürlich lächerlich findet. Innerhalb der nächsten Tage magert Billy auf 173 Kilogramm ab, und freut sich, daß seine Diät endlich anschlägt. Als die Pfunde aber weiter purzeln, beginnt er sich Sorgen zu machen. Er schlingt alles in sich hinein, doch er wird dünner und dünner. Ist er krank? Ein Check in einer Klinik bringt nichts zu Tage. Als er erfährt, daß auch Richter Cary Rossington von Taduz berührt wurde, und sich seitdem in ein »Raritätenshowmonster« mit einer Schuppenhaut wie ein Krokodil verwandelt, und der Polizeichef von Bangor, Duncan Hopley, mit eitrigen Geschwüren überwuchert ist, verliert er das Vertrauen in die Schulmedizin. Doch wer seiner Freunde glaubt schon an einen Fluch? Ehefrau Heidi wendet sich an seinen Hausarzt Mike Houston, beide erklären Billy für wahnsinnig und wollen ihn in die Klinik bringen.

Billy macht sich derweil auf die Suche nach den Zigeunern. Als er sie findet, wird er als Mörder beschimpft, aber den Fluch will der alte Lemke nicht von ihm abwenden. Billy spricht nun seinerseits einen Fluch über die Zigeuner aus, den »Fluch des weißen Mannes aus der Stadt«. Wie ein solcher Fluch ausschaut, stellt Billys Freund → Richard Ginelli unter Beweis, ein Altmafioso, der das Restaurant »Three Brothers« in New York betreibt und den Billy einst vor dem Knast bewahrte. Mit Raketen und Gewehren geht die Zeltstadt der Zigeuner in Flammen auf. Ginelli hetzt ihnen die Polizei auf den Hals und entführt Taduz' hübsche Enkelin Gina. Er droht damit, erst ihr und dann zwei Zigeunerkindern Säure ins Gesicht zu schütten. »Er hat euch verflucht«, sagt Ginelli. »Der Fluch bin ich.« Es gelingt ihm, den Fluch von Billy abzuwenden. Taduz gibt ihm eine Torte, in die Billy sein Blut tropfen läßt und die er jemand anderm zu essen geben muß, auf den dann der Fluch fällt. Billy will den Kuchen seiner Frau geben, der er die Schuld an dem gibt, was ihm widerfahren ist. Er schenkt ihr die Torte, wohl wissend, daß sie in ihrer Naschsucht nicht widerstehen kann. Als er am nächsten Morgen aus dem Schlaf schreckt, hat Heidi tatsächlich von dem Kuchen gegessen – zusammen mit Linda, der überraschend nach Hause gekehrten Tochter. Etwa ein Viertel der Torte ist übriggeblieben. Billy holt sich einen Teller, setzt sich und schneidet für sich selbst ein Stückchen ab.

Der Fornit (The Ballad of the Flexible Bullet)

Kurzgeschichte. In: O.1: »The Magazine of Fantasy & Science Fiction«, Juni 1984; O.2: »Skeleton Crew«, Putnam Verlag, New York 1985 / Dt.1: »Der Fornit«, Heyne Verlag, München 1985; Ü.: Alexandra von Reinhardt; Dt.2: »Blut«, Heyne Verlag, München 1996; Ü.: Joachim Körber

Erzählt wird die Geschichte vom jungen, erfolgreichen Schriftsteller des Romans »Underworld Figures«, Reg Thorpe, der sich, seine Frau Jane und den Redakteur der Literaturzeitschrift »Logans«, Henry Wilson, beinahe zum Wahnsinn treibt, weil er glaubt, die Welt bestehe nur aus Finanzbeamten, CIA-, FBI- und Sonst-was-für-Agenten, die es auf ihn und seinen angeblichen Glücksbringer, den kleinen Gnom »Fornit« in seiner Schreibmaschine, abgesehen haben. Nur um den Autor bei der Stange zu halten und die Erzählung »The Ballad of the Flexible Bullet« in seiner Zeitschrift abdrucken zu können, heuchelt Wilson (der im übrigen → Shirley Jacksons Geschichte → »Die Lotterie« für eine großartige Erzählung hält; Kings erneute literarische Huldigung an ein → Vorbild) Verständnis und berichtet von seinem eigenen Gnom »Bellis«. Aus dem Verständnis wird Glaube, als er seinen Job verliert, schließlich Wahnsinn, als er auf der Straße landet, und als Wilson eines Tages tatsächlich ein kleines Männchen in der Schreibmaschine begegnet, betrinkt er sich und rast einen Brücke hinab (was er zum Glück überlebt). Reg Thorpe derweil entscheidet sich, sich ein Gewehr an den Kopf zu setzen (was dieser zum Glück nicht überlebt). Die Erzählung heißt in der Neuübersetzung des Sammelbandes »Blut« → »Die Ballade von der flexiblen Kugel«.

Der Fornit (Skeleton Crew)

Dritter von drei deutschen Sammelbänden zu »Skeleton Crew«. O.: Putnam Verlag, New York 1985 / Dt.: Heyne Verlag, München 1985; Ü.: Alexandra von Reinhardt

Enthält die Erzählungen: → »Der Affe«; → »Paranoid: Ein Gesang«; → »Der Textcomputer der Götter«; → »Für Owen«; → »Überlebenstyp«; → »Der Milchmann schlägt wieder zu«; → »Der Fornit«; → »Der Dünenplanet«

Der Fornit

Der geheimnisvolle Fremde

Erzählung von → Mark Twain. O.: New York 1916 / Dt.: Insel Verlag, Frankfurt 1985

Der geheimnisvolle Fremde in der gleichnamigen Erzählung von Mark Twain ist dem dämonischen → Leland Gaunt in dem Roman → »In einer kleinen Stadt« von Stephen King ein → Vorbild. In der Erzählung von Twain erscheint in dem österreichischen Eseldorf im Mittelalter (»Österreich lag weit aus der Welt und schlief« – gewisse Ähnlichkeiten zu dem beschaulichen Örtchen → Castle Rock sind nicht von der Hand zu weisen) der Satan in Gestalt eines geheimnisvollen Fremden, der mit seinen übernatürlichen Fähigkeiten imponiert. Er greift in die Geschicke der Dorfbewohner ein, ohne dabei die menschlichen Kategorien von Gut und Böse zu beachten. Im Gegenteil: Er entlarvt das »sittliche Gefühl« des Menschen als eigentliche Ursache für Kriege, Folterungen, Ungerechtigkeiten.

Der Gesang der Toten (The Reach)

Preisgekrönte Kurzgeschichte. In: O.1: »Yankee Magazine«, November 1984; O.2: »Skeleton Crew«, Putnam Verlag, New York 1985 / Dt.1: »Der Gesang der Toten«, Heyne Verlag, München 1985; Ü.: Alexandra von Reinhardt; Dt.2: »Blut«, Heyne Verlag, München 1996; Ü.: Joachim Körber

»Der Gesang der Toten« erhält 1981 den World Fantasy Award in der Kategorie »Kurzprosa«. Die Erzählung beschreibt das Leben der 95jährigen Stella Flanders, die ihr Leben auf Goat Island verbracht hat, einer Insel vor der Küste von Maine. Als sie jetzt an Krebs erkrankt, beginnt sie Geister zu sehen, die Angehörigen ihrer Generation, die lange schon verstorben sind und sie bitten, die Wasserstraße zu überqueren und sich ihnen anzuschließen. Sie singt mit den Toten, und als ihr Sohn Alden sie findet, sitzt sie vier Meilen entfernt auf einem Felsen am Rande der Insel, die Mütze ihres toten Mannes auf ihrem Kopf. In der Neuübersetzung des Sammelbandes« → »Blut« wird die Erzählung umbenannt in → »Die Meerenge«.

Der Gesang der Toten (Skeleton Crew)

Zweiter von drei deutschen Sammelbänden zu »Skeleton Crew«. O.: Putnam Verlag, New York 1985 / Dt.: Heyne Verlag, München 1985; Ü.: Alexandra von Reinhardt

Enthält die Erzählungen → »Mrs. Todds Abkürzung«; → »Der Hochzeitsempfang«; → »Travel«; → »Kains Aufbegehren«; → »Das Floß«; → »Der Gesang der Toten«; → »Der Sensenmann«; → »Nona«; → »Onkel Ottos Lastwagen«

Der Gesang der Toten

Der Herr der Ringe

Romantrilogie von → J. R. R. Tolkien. O.: London 1954/55 / Dt.: Klett-Cotta Verlag, Stuttgart 1969

J. R. R. Tolkien schildert in seinem Roman »Der kleine Hobbit« (1937) das Phantasiereich der »Hobbits«. Sie finden eine Fortsetzung in der Trilogie »Der Herr der Ringe« mit den einzelnen Teilen »Die Gefährten«, »Die zwei Türme« und »Die Rückkehr des Königs«, wobei letzterer maßgeblichen Einfluß auf den Fantasy-Roman → »Das letzte Gefecht« von Stephen King hat. Denn auch in Tolkiens »Die Rückkehr des Königs« wird von der »Großen Dunkelheit« erzählt, dem Krieg zwischen den Vertretern des Guten (die von einer kleinen Schar erlesener Helden geführt werden) und den Mächten des Bösen.

Der Hochzeitsempfang (The Wedding Gig)

Kurzgeschichte. In: O.1.: »Ellery Queens Mystery Magazine«, Dezember 1980; O.2: »Skeleton Crew«, Putnam Verlag, New York 1985 / Dt.1: »Der Gesang der Toten«, Heyne Verlag, München 1985; Ü.: Alexandra von Reinhardt; Dt.2: »Blut«, Heyne Verlag, München 1996; Ü.: Joachim Körber

Die Jazzband von Buddy-Gee soll 1927 (»als der Jazz noch Jazz war und kein Lärm«) auf der Hochzeit von Maureen Scollay, der Schwester des Chicagoer Mafioso Mike Scollay, spielen. Maureen ist eine unglaublich fette Frau, die während des Hochzeitsmahls pausenlos in sich hineinstopft. »Unter einem Foto von ihr hätte am besten die Unterschrift ›Schwer arbeitende Frau‹ gepaßt.

Diese Dame«, glaubt Buddy-Gee, »hätte eigentlich nicht Messer und Gabel gebraucht, sondern einen Großbagger und ein Fließband.« Buddy-Gee ist angewidert, und als Maureen sich mit ihm unterhalten möchte, reagiert er kurz angebunden. Als schließlich noch ein Abgesandter vom Griechen kommt, Scollays ärgster Widersacher, der die Botschaft überbringt: »Ihre Schwester ist eine fette Sau. Wenn fette Frau Juckreiz haben an Rücken, kaufen Rückenkratzer. Er sagen, wenn Frau haben Juckreiz an anderes Stelle, kaufen Mann«, kommt es zum blutigen Scharmützel, bei dem die Band fleißig wie die Galaband auf der Titanic zum Untergang spielt. Einzig Maureen überlebt, die 1933 mit 500 Pfund an einem Herzschlag stirbt und einen Sarg so groß wie eine gewaltige Fleischtruhe braucht. Buddy-Gee fragt sich noch, ob er der Frau damals in dem Gespräch hätte helfen können, aber er glaubt: »Fette Leute können schließlich aufhören, soviel zu fressen.«

Der Jaunt (The Jaunt)

Erzählung. In: O: »Skeleton Crew«, Putnam, New York 1985 / Dt.: »Blut«, Heyne Verlag, München 1996; Ü.: Joachim Körber

Die Erzählung wurde bereits 1985 unter → »Travel« im Sammelband → »Der Gesang der Toten« veröffentlicht.

Der Mann, der Blumen liebte (The Man Who Loved Flowers)

Kurzgeschichte. In: O.1: »Gallery«, New York 1977; O.2.: »Nightshift«, Doubleday, Garden City 1978 / Dt.: Nachtschicht«, Bastei-Lübbe Verlag, Bergisch Gladbach 1984; Ü.: Bernd Seligmann

Ein junger Mann kauft einen wunderschönen Blumenstrauß und wartet in der Abenddämmerung auf seine Freundin, die er schon bald kommen sieht. »Norma«, sagt er. Sie schaut auf und lächelt ... doch als er näherkommt, erfriert das Lächeln in ihrem Gesicht. Es ist nicht Norma, keine von ihnen ist Norma gewesen; es ist eine blutjunge Frau, die wieder ein Opfer des Totschlägers mit dem Hammer wird. Der Mann, der Blumen liebt, wird Norma niemals finden, denn sie ist bereits seit zehn Jahren tot.

Der Mann, der niemandem die Hand geben wollte (The Man Who Wouldn't Shake Hands)

Kurzgeschichte. In: O.1: »Shadows 4«, Doubleday, Garden City 1982; O.2: »Skeleton Crew«, Putnam Verlag, New York 1985 / Dt.1: »Im Morgengrauen«, Heyne Verlag, München 1985; Ü.: Alexandra von Reinhardt; Dt.2: »Blut«, Heyne Verlag, München 1996; Ü.: Joachim Körber

Die Rahmenhandlung bildet abermals der geheimnisvollem Männertreff → »Der Club« in der 249 B East 35th Street von Manhattan, den der Leser bereits in → »Atemtechnik« (in »Frühling, Sommer, Herbst & Tod«) betreten darf. Auch diesmal wird eine unheimliche Geschichte erzählt. → George Gregson berichtet den aus »Atemtechnik« wohlbekannten → David Adley, → Peter Andrews und → Emlyn McCarron die Geschichte von → Henry Brower, einem Mann, der 1919 als Mitglied der Handelskommissionsgruppe in Bombay unterwegs ist und durch ein unglückliches Versehen den Tod eines kleinen Inders verursacht. Dessen Vater belegt Henry daraufhin mit einem Fluch: Jedes Lebewesen, das Brower mit seinen Händen berührt, muß sterben. Er wird nun von allen gemieden, ist dazu verurteilt, immer allein zu bleiben und sich nur herauszutrauen, nachdem sich jedes andere Lebewesen hinter verschlossenen Türen in Sicherheit gebracht hat. Henry, der durch eine Verkettung unglücklicher Zufälle ein weiteres Menschenleben auf dem Gewissen hat (der Mann hat ihm überraschend die Hand geschüttelt), hält den entsetzlichen Qualen seines Lebens nicht mehr stand und bringt sich um. Als man ihn findet, sitzt er aufrecht da, in seinem braunen Anzug, ganz wie ein vornehmer Herr, das Haar ordentlich frisiert. Mit der linken Hand hält er die rechte umklammert.

Der Mauervorsprung (The Ledge)

Kurzgeschichte. In: O.1: »Penthouse«, New York 1976; O.2: »Nightshift«, New York 1978 / Dt.: »Nachtschicht«, Bastei-Lübbe Verlag, Bergisch Gladbach 1984; Ü.: Harro Christensen

Der Tennislehrer Norris verliebt sich in Marcia Cressner, doch die ist ausgerechnet die Gattin eines Unterwelt-Paten. Als der von der Liaison erfährt, reagiert er natürlich ungehalten. Da Cressner aber ein Spieler ist, schlägt er Norris eine Wette vor: Norris soll auf dem Mauervorsprung im dreiundvierzigsten Stock das Hochhaus umrunden, dann kann er Marcia behalten, oder die Polizei findet ein Päckchen Heroin im Kofferraum seines Wagens. Norris geht die Wette ein, und an dieser Stelle beginnt der eigentliche Reiz der Geschichte. Auf faszinierende Weise gelingt es King, die Angst, die Panik und die Furcht des schmächtigen Norris zu beschreiben. Als dieser schließlich allen Widrigkeiten (eine wütende Taube, ein unfair spielender Cressner) zum Trotz wohlbehalten in das Penthouse zurückkehrt, fühlt sich nicht nur Norris, auch der Leser entsetzlich geschlaucht. Die Wut steigt, als Cressner zugibt, ein schlechter Verlierer zu sein und Norris einen Beutel vor die Füße schmeißt, aus dem der Kopf Marcias rollt. Norris gelingt es, den Leibwächter zu erschießen und zwingt Cressner dazu, selbst auf den Mauervorsprung zu steigen. Wo dieser sich natürlich nicht lange halten kann.

Der Milchmann schlägt wieder zu
(Big Wheels: A Tale of the Laundry Game, Milkman #2)

Kurzgeschichte. In: O.1: »New Terrors 2«, Pan Books, London 1980; O.2: »Skeleton Crew«, Putnam Verlag, New York 1985 / Dt.1: »Der Fornit«, Heyne Verlag, München 1985; Ü.: Alexandra von Reinhardt; Dt.2: »Blut«, Heyne Verlag, München 1996; Ü.: Joachim Körber

Rocky hat ein Problem: Es ist der letzte Junitag, und der Inspektionsaufkleber für seinen Chrysler, Baujahr 1957, wird genau um 0.01 Uhr in der Nacht ungültig. Er muß einen Aufkleber finden, denn »ohne Blechsarg ist ein Mann nichts wert.« Aber wie sein Kumpel Leo treffend bemerkt: »Kein Mensch wird dieses Goldkind aus Detroit noch einmal zulassen.« Vier Stunden vor Mitternacht stoßen die beiden, inzwischen sternhagelvoll, auf »Bob's Gas & Service«-Tankstelle, die Leos Highschool-Freund Bob Driscoll gehört. Driscoll erklärt sich schließlich, nach zwei Kästen Bier, bereit, dem Wagen einen Aufkleber zu geben, und als Rocky und Leo wieder davonfahren, ist es weit nach Mitternacht. Plötzlich fährt der Lieferwagen von »Cramers Molkerei« (→ »Morgenlieferung«) hinter ihnen. »Es ist Spike«, stellt Rocky fest. »Es ist Spike Milligan. Mein Gott, ich dachte, er macht nur Morgenlieferungen.« Nun ja, manche Kunden wollen's auch nachts ... Rocky und Leo geben Gas und haben Spaß – bis sie den nächsten Baum treffen. »Das war's«, sagt Spike. »Jetzt fahren wir mal rüber zu Bob Driscolls Haus.« In der Neuübersetzung des Sammelbandes → »Blut« trägt die Erzählung den Titel → »Große Räder: Eine Geschichte aus dem Wäschereigeschäft – Milchmann 2«.

Der Musterschüler (Apt Pupil)

Novelle. In: O.: »Different Seasons«, Viking, New York 1982
Dt.: »Frühling, Sommer, Herbst & Tod«, Bastei-Lübbe Verlag, Bergisch Gladbach 1984; Ü.: Harro Christensen
Der dreizehnjährige → Todd Bowden hat ein makabres Hobby: Er fährt auf die Greuel der Nazis ab. Bei seinen Nachforschungen stößt er auf den im Moloch New York als Arthur Denker untergetauchten, ehemaligen stellvertretenden Auschwitz-Kommandanten, den sechsundsiebzigjährigen Mr. Dussander, der seinerzeit von den Medien auch »Bluthund von Patin« getauft wurde. Für den Teenager ein gefundenes Fressen. Er zwingt den Altnazi, in allen Einzelheiten von den unsäglichen Greueln der deutschen Konzentrationslager zu berichten, und die perversen Grausamkeiten, die Dussander begangen hat, bilden zunehmend die Basis der verwerflichen Beziehung zwischen den beiden. »Was die Deutschen taten, übt vielleicht auf uns alle eine Art tödliche Faszination aus – es erschließt die tiefsten Abgründe unserer Phantasie«, vermutet King. Und tatsächlich, Todd verinnerlicht das braune Gedankengut derart, daß er selbst zu morden beginnt. »Vielleicht besteht ein Teil unseres Grauens und Entsetzens darin, daß wir insgeheim wissen, daß wir unter den richtigen – oder falschen – Umständen selbst bereit wären, solche Lager zu bauen und das Personal dafür zu stellen.« Die Novelle ist auch knapp 20 Jahre nach ihrer ersten Veröffentlichung noch aktuell. Im Zeichen von Hoyerswerda und Lübeck aktueller denn je: Die Monster leben unter uns, auch wenn sie vollkommen normal erscheinen. »Vielleicht wissen wir, daß unter den richtigen Umständen die Dinge, die in diesen Abgründen unserer Phantasie leben, nur allzu gern herauskriechen«, so King.

Der Nachtflieger (The Night Flier)

Kurzgeschichte. O.1: »Prime Evil«, New York 1988;O.2: »Nightmares & Dreamscapes«, Verlag Viking, New York 1993 / Dt.: »Alpträume«, Hoffmann & Campe, Hamburg 1993; Ü.: Joachim Körber
Der Sensationsreporter des Schundmagazins → »Inside View«, → Richard Dees, den wir bereits als neugierigen Journalist aus → »Das Attentat« kennen, kommt einer unheimlichen Mordserie auf die Spur: Der Täter ist ein Vampir mit Privatfluglizenz, der nachts das Bodenpersonal ländlicher Flughäfen leer säuft. Dees gelingt es, mit Kamera und Stenoblock das blutsaugende Monster auf frischer Tat zu ertappen – und während er auf die

Flughafentoilette stürzt, um sich nach dem abscheulichen Anblick der vielen Leichen zu übergeben, steht der Vampir am Pissoir neben ihm und pinkelt in aller Seelenruhe. Der Vampir zwingt Dees dann, den Film aus der Kamera zu vernichten, bevor er wieder in den Abendhimmel verschwindet. Stattdessen wird Dees als Täter von der Polizei verhaftet.

Der Nebel (The Mist)

Kurzgeschichte. In: O.1: »Dark Forces«, Viking, New York 1980; O.2.: »Skeleton Crew«, Putnam Verlag, New York 1985 / Dt.1: »Im Morgengrauen«, Heyne Verlag, München 1985; Ü.: Alexandra von Reinhardt; Dt.2: »Blut«, Heyne Verlag, München 1996; Ü.: Joachim Körber

In einer kleinen Stadt am Long Lake in Maine zieht nach einem unerwarteten Sommergewitter wie aus dem Nichts ein seltsamer Nebel auf. David Drayton geht gemeinsam mit seinem Sohn Billy und seinem Nachbarn Brenton Norton, einem Anwalt aus New Jersey, in den Supermarkt, um Einkäufe zu erledigen. Das Grauen beginnt, als die Nebelwolke das ganze Land verschluckt. Der Nebel wird anscheinend von einem Atomkraftwerk produziert und mutiert Insekten zu gigantisch großen, bedrohlichen Monstern. Unsere Aufmerksamkeit gilt einer Gruppe in einem Supermarkt eingeschlossener Menschen und ihren Bemühungen, mit dem Nebel, den Käfern und Tentakeln, die sie bedrohen, zu Rande zukommen. Am Ende ist ein kläglicher Rest der Truppe zwar aus dem Laden geflüchtet, doch sitzen sie nun in einem anderen Gebäude fest.

Eine limitierte Ausgabe von »Der Nebel« erscheint 1986 als »Nebel« in der → »Edition Phantasia«. Das auf 500 Exemplare limitierte Buch muß jedoch wieder eingestampft werden, weil King sich nachträglich weigert, den zwischen der Edition und dem deutschen Rechteinhaber, dem Heyne-Verlag, geschlossenen Lizenzvertrag anzuerkennen. Rund 100 Exemplare sind zu dem Zeitpunkt bereits verkauft, die heute natürlich für Fans und Sammler einen hohen Wert besitzen.

Der Nebel

Der rasende Finger (The Moving Finger)

Kurzgeschichte. In: O.: »Nightmares & Dreamscapes«, Verlag Viking, New York 1993 / Dt.: »Alpträume«, Hoffmann & Campe, Hamburg 1993; Ü.: Joachim Körber

Als seine Frau Violet zum Laden um die Ecke geht, um sich ein Eis zu kaufen, hört der Buchprüfer Howard Mitla in seinem Apartment in New York eines Abends, während er die Quizsendung »Risiko« im Fernsehen anschaut, ein schabendes Geräusch aus dem Badezimmer: Mit ziemlicher Sicherheit eine Maus oder eine Ratte. Kleine Krallen, die auf dem Porzellan klicken. In Wirklichkeit stammt das Geräusch von einem Finger, der aus dem Ausfluß des Waschbeckens ragt und an dem Porzellan kratzt. In den nächsten Tagen immer dann, wenn Gattin Violet das Haus verlassen hat. Howard nimmt den Kampf gegen den Finger auf, dem bald sogar die ganze Hand folgt. Zuerst versucht Howard es mit einem Besen, dann mit ätzenden Chemikalien, und als das nichts hilft, mit einer elektrischen Heckenschere. Der Kampf ist erbarmungslos, und der Finger zieht sich schließlich zurück. Die Nachbarn, aufgeschreckt durch den Lärm, verständigen die Polizei und finden Howard inmitten eines blutigen Badezimmers. Er wird unter dem Verdacht verhaftet, seine Frau ermordet zu haben, doch die ist nur beim Zahnarzt. Howard stellt noch die Frage: »Warum passieren den nettesten Menschen manchmal die schrecklichsten Sachen?« Doch King hat, seinem typischen → Realismus entsprechend, die passende Antwort darauf: »Frag nicht!« Es geschieht einfach.

Der Rasenmähermann (The Lawnmower Man)

Kurzgeschichte. In: O.1: »Cavalier«, New York 1975; O.2: »Nightshift«, New York 1978 / Dt.: »Nachtschicht«, Bastei-Lübbe Verlag, Bergisch Gladbach 1984; Ü.: Sabine Kuhn

Das wohl beste Beispiel, wie eine Verfilmung gar nichts, aber wirklich rein gar nichts mit der literarischen Vorlage zu tun hat. Kurz, aber schmerzvoll ist nämlich die Geschichte von Stephen King, und kein Cyberspace-Abenteuer wie der gleichnamige Kinofilm. Da Schüler Frank zum Studieren in die Großstadt gezogen ist, braucht Harold Parkette in der Kurzgeschichte dringendst jemanden, der ihm den Vorgartenrasen mäht. Er beauftragt einen professionellen Service, der ihm einen fetten Rasenmähermann ins Haus schickt. Dieser entkleidet sich, rennt hinter dem Rasenmäher her und frißt das Gras, bis er schließlich rumpeldipumpel mit dem Rasenmäher über Harold hinwegfährt. Das war's dann mit Harold.

Der Revolvermann (The Gunslinger)

Erzählung. In: O.1: »The Magazine of Fantasy and Science Fiction«, Okto-

ber 1978; O.2: »The Dark Tower I: The Gunslinger«, NAL, New York 1988 / Dt.1: »Die besten Geschichten aus dem Magazine of Fantasy and Science Fiction 55 – Sterbliche Götter«; Heyne Verlag, München 1980; Ü: Marcel Bieger; Dt.2: »Schwarz«, Heyne Verlag, München 1988; Ü.: Joachim Körber

»Der → Mann in Schwarz floh durch die Wüste, und der → Revolvermann folgte ihm. Die Wüste war der Inbegriff aller Wüsten; sie war riesig und schien sich in alle Richtungen →.Parseks bis zum Himmel zu erstrecken.« Auf der Jagd nach dem Mann in Schwarz verschlägt es den Revolvermann → Roland Deschain aus → Gilead in das Städtchen → Tull. In → Seth's Salon, in dem die Männer »Hey, Jude« singen, lernt er die Barkeeperin Allie kennen. Sie lieben sich, doch ihre Liebe wird durch Tulls Bürger vereitelt. Der Mann in Schwarz erweckte den alten → Teufelsgrasfresser Nort von den Toten. Die Bürger sehen in dem Mann in Schwarz einen Gott. Die Predigerin Sylvia Pittston hetzt die Bürger gegen Roland auf, in dem sie einen Dämon sehen und ihn steinigen wollen. Roland erschießt in einem aberwitzigen Kampf 39 Männer, 14 Frauen und fünf Kinder. Tull ist ausradiert. Die Jagd auf den Mann in Schwarz geht weiter. Durch die Wüste, die der Inbegriff aller Wüsten ist. Heiß, tot und leer.

Die Erzählung fließt als Kapitel 1 in den Roman → »Der dunkle Turm I: Schwarz« ein.

Der Revolvermann und der Mann in Schwarz
(The Gunslinger and the Dark Man)

Erzählung. In: O.1: »The Magazine of Fantasy and Science Fiction, November 1981; O.2: »The Dark Tower I: The Gunslinger«, NAL, New York 1988 / Dt.1: »Die besten Geschichten aus dem Magazine of Fantasy & Science Fiction 68 – Mythen der nahen Zukunft«, Heyne Verlag, München 1984«; Ü.: Joachim Körber; Dt.2: »Schwarz«, Heyne Verlag, München 1988; Ü.: Joachim Körber

Der → Revolvermann Roland Deschain und der → Mann in Schwarz verlassen die Granithöhle des Berges. Auf einem Hügel aus Knochen und Gebeinen sitzen sie sich gegenüber. Die Nacht zieht auf, der Mann in Schwarz mischt die Tarotkarten und sagt die Zukunft voraus. Roland lernt seinen Auftrag kennen, der ihn durch Universen und Welten führen wird. Viele Welten. Wieviel Welten? Erst der dunkle Turm wird alle Antworten liefern: »Das größte Geheimnis, welches das Universum bereithält, ist nicht das Leben, sondern Größe. Größe umfaßt das Leben, und der Turm umfaßt die Größe. Das Kind, für das Wunder nichts Ungewöhnliches ist, sagt: Vater, was ist über dem Himmel. Und der Vater sagt: Das schwarze Weltall. Das Kind: Und über dem Weltall. Der Vater: Die Milchstraße. Das Kind: Über der Milchstraße. Der Vater: Eine andere Galaxis. Das Kind: Über den anderen Galaxien. Der Vater: Das weiß niemand.« Rolands Ziel ist also nicht der Turm, sondern das Wissen um Raum und Zeit, vielleicht auch Hoffnung für die sterbende Welt. Der Mann in Schwarz schickt ihn zum Meer, wo er auswählen wird. Wen und was – das weiß er nicht. Die Zeit des Auswählens wird kommen. Was er weiß ist: Drei. Wie das → Orakel am Berg verhieß. Dann bringt der Mann in Schwarz, der sich als → Walter entpuppt, das Licht. Roland erwacht und ist nach einer Nacht um zehn Jahre gealtert. Der Mann in Schwarz sitzt als staubiges Skelett nehmen ihm. Roland findet zum Strand und wartet auf die Zeit des Auswählens.

Die Erzählung fließt als Kapitel 5 in den Roman → »Der dunkle Turm I: Schwarz« ein.

Der Sammler

Roman von → John Fowles. O.: London 1963 /
Dt.: Ullstein Verlag, Berlin 1964

Der Roman von John Fowles steht Pate für den Roman → »Sie« (O./Dt.: 1987) von Stephen King. »Der Sammler« besteht aus damals experimentell geltenden zwei Teilen, die aus zwei verschiedenen Perspektiven geschildert werden: aus der Sicht des etwa fünfundzwanzigjährigen Ich-Erzählers Frederick Clegg und aus jener der zwanzigjährigen Kunststudentin und Aristokratin Miranda Grey.

In gewisser Weise ist also auch »Sie« ein Experiment, denn neben der Geschichte um → Annie Wilkes und → Paul Sheldon fügt King immer wieder Auszüge aus dem Roman »Miserys Rückkehr« ein, die auf den ersten Blick keinen Bezug zur eigentlichen Geschichte haben, durchaus aber ihren Teil beitragen: Denn der gefangene Sheldon läßt seine realen Erlebnisse in das Manuskript »Miserys Rückkehr« einfließen, was im Subtext Kings manchmal bizarren Humor unter Beweis stellt, wenn er zeigt, wie sich Alltägliches in Phantastisches umsetzen läßt. Als Sheldon beispielsweise in Annies linkes Ohr blickt, ist er angewidert vom Ohrenschmalz. Wenig später dürfen wir lesen, wie seine Heldin Misery von Eingeborenen in Afrika entführt wird und sie ins linke Ohr eines gigantisches Götzenbildes entführen. In »Der Sammler« sind beide Protagonisten, der einsame Frederick und die an aristokratische Standesdünkel gebundene Miranda, Gefangene ihrer sozialen Lebensbedingungen, aus denen sie sich nicht befreien können. Was auch für die gefühlskalte, zurückgezogen lebende Annie und den von Markt und Fans auf die Misery-Chastain-Romane festgelegten Paul Sheldon gilt, obwohl dieser seine Kritiker endlich gerne mit anderen Romanen überzeugen würde. Clegg schwärmt für die hübsche Miranda, und diese heimliche Liebe geht soweit, daß er sie schließlich entführt und gefangenhält. Während Miranda in der Gefangenschaft stirbt, was die Unfähigkeit versinnbildlicht, dem Gefängnis zu entfliehen, gelingt es Paul zwar, sich aus der Gewalt seines extremen Fans zu befreien, doch der Markt tut sein übriges – denn mit »Miserys Rückkehr«, jenem Roman, den Paul auf Annies Geheiß schreiben muß und den er sich nicht zu vernichten traut, landet er erneut einen vielbeachteten Bestseller. Auch Paul kann seinem (wahren) Gefängnis nicht entfliehen.

Der Sensenmann (The Reaper's Image)

Kurzgeschichte. In: O.1: »Startling Mystery Stories«, Frühling 1969; O.2: »Skeleton Crew«, Putnam Verlag, New York 1985 / Dt.1: »Der Gesang der Toten«, Heyne Verlag, München 1985; Ü.: Alexandra von Reinhardt; Dt.2: »Blut«, Heyne Verlag, München 1996; Ü.: Joachim Körber

Der DeIver-Spiegel, der benannt ist nach dem Handwerker John DeIver, offenbart manchen Personen den Sensenmann. Mr. Carlin warnt Johnson Spangler auf dem Weg zum Dachboden: »Ich habe Angst, in diesen Spiegel zu schauen. Ich habe Angst, daß ich eines Tages hineinschauen und ... und das sehen könnte, was die anderen sahen.« Mr. Spangler ist aber ein Idiot, der nichts hören will von Mrs. Shallott, Richter Carter oder dem jungen Bates. »Sie sahen nichts als ihr eigenes Spiegelbild«, berichtet Mr. Carlin. Mr. Spangler lacht. Dann hat Mr. Spangler Durst. Er rennt hinab in den Waschraum, einen Schluck Wasser trinken. Carlin erinnert sich: »Der Bates-Junge hatte einen Schluck Wasser trinken wollen, und der Trinkbrunnen befand sich in der Halle im Erdgeschoß. Er war die Treppe hinuntergerannt und ... und nie mehr zurückgekommen.« Carlin wartet auf Mr. Spangler. Und wartet. Und wartet.

In der Neuübersetzung des Sammelbandes → »Blut« wird die Erzählung in → »Das Bildnis des Sensenmannes« umbenannt.

Der Straßenvirus zieht nach Norden (The Road Virus Heads North)

Kurzgeschichte. In: O: Al Sarrantonio (Hg.): 999 New Stories of Horror and Suspense, Avon Books, New York 1999. / Dt.: Al Sarrantonio (Hg.): 999, Piazza, München 1999, Dt.: Jochen Stremmel

Eine der schwächeren Storys von Stephen King. Mann im Bild folgt Mann im Auto, bis er ihn erreicht hat und umbringt. Die Stärke Kings liegt gegenwärtig zweifelsohne im Romanbereich.

Der Sturm des Jahrhunderts (The Storm of the Century)

Drehbuch. O.: Pocket Books, New York 1998
Dt.: Heyne Verlag, München 1999; Ü.: Peter Robert.

»Der Sturm des Jahrhunderts« ist ein Drehbuch. Doch einmal in die Story eingelesen, merkt das keiner. Ganz ehrlich. Die Geschichte, im Februar 1999 als Dreiteiler im amerikanischen Network-Sender ABC ausgestrahlt, spielt in → Little Tall Island, einem fiktiven Küstenort in Maine, den der Autor 1992 bereits für → »Dolores Claiborne« aus der Taufe gehoben hat.

Dort erleben die Einwohner die ersten Vorzeichen eines gewaltigen Schneeunwetters. Der Kaufmann Mike Anderson, der gleichzeitig auch Chief Constable ist, trifft alle Vorbereitungen, die im Vorfeld eines Jahrhundertsturms zu treffen sind. Die Dorfgemeinschaft geht ihm zur Hand. Nur der widerliche Bürgermeister Robbie Beals hält das für übertriebenes Gebaren. Rausgeschmissenes Geld, gibt Robbie zu verstehen. Manchmal kann man aber nicht vorsichtig genug sein. Vor allem, wenn ein mysteriöser Fremde namens → Andre Linoge die 80jährige Martha Clarendon mit dem silbernen Knauf seines Gehstocks erschlägt und sich dabei vom 14jährigen Davey Hopewell erwischen läßt. Die Bürger des kleinen Ortes sind entsetzt, denn Mike Anderson weiß: »Seit fast siebzig Jahren ist auf dieser Insel kein Mord mehr geschehen ... außer wenn man Joe mitzählt, der Ehemann von Dolores Claiborne, aber das ist nie bewiesen worden.«

Mike sperrt Linoge in die einzige Gefängniszelle der Insel, die ausgerechnet in der Hinterstube seines Kramladens liegt. Doch wer glaubt, daß die Gefahr damit gebannt ist, der irrt. Natürlich. Linoge zerrt auf unheimliche Weise die abgründigen Geheimnisse der Bewohner hervor. Er weiß, daß der alte Fischer Peter Godsoe heimlich mit Marihuana handelt. Er weiß, daß Cat Whiters ihr Kind hat abtreiben lassen, daß ihr Freund Billy Soames sie mit Jenna Freeman betrügt. Daß der beleibte Reverend Bob Riggins seine neun- und elfjährigen Nichten mehr »mag«, als es sich für einen Onkel ziemt. Daß Stan Hopewell regelmäßig seine Firma bestiehlt, weil er dem Glücksspiel verfallen ist. Linoge entblößt nach und nach die kleinbürgerliche Fassade, unter der ein unheilvolles Konglomerat aus Ehebrechern, Kinderschändern, Dieben, Prassern, Mördern, Schlägern, Schurken und begehrlichen Schwachköpfen lauert. Schuld, Wut und Haß entfachen plötzlich Mord und Selbstmord. Nicht viele erwischt es, aber so viele, daß jeder weiß: Es gibt kein Entrinnen. Denn Linoge ist, obwohl er im Knast sitzt, für diese Tode verantwortlich. An jedem Tatort findet sich seine Botschaft: »Gebt mir was ich will und ich gehe weg.« Was aber will er so verzweifelt, daß er vor keinem Mord zurückschreckt? »Ich bin hier, weil Leute, die auf Inseln leben, zugunsten des Gemeinwohls an einem Strang ziehen können, wenn es sein muß...«, sagt Linoge, »und weil sie ein Geheimnis bewahren können.« Wie aber schaut Linoges Geheimnis aus? Der Sturm nähert sich seinem Höhepunkt, Litte Tall Island ist von der Außenwelt abgeschnitten, Hilfe vom Festland ist nicht zu erwarten, als Linoge sein wahres Ich entblößt: Er ist ein jahrtausendalter Dämon, dessen Leben sich dem Ende neigt. Er fordert eines der acht Kinder der Dorfgemeinschaft, will es zu seinem Nachfolger machen. »In einer solchen Angelegenheit kann ich mir nicht einfach nehmen, was ich will...«, gesteht er, »aber ich kann strafen, ich versichere euch, ich kann strafen.« Die Verzweiflung ist groß. Ist sie das? Die kleinbürgerliche Fassade beginnt vollends zu bröckeln. »Was haben wir denn für eine Wahl? Was sollen wir tun?« Dem aufrichtigen Mike Anderson widerstrebt es: »Uns gegen ihn stellen, Seite an Seite, Schulter an Schulter. Mit einer Stimme Nein sagen. Das tun, was auf der Tür steht, durch die wir hereingekommen sind – Gott und einander vertrauen. Und dann verschwindet er vielleicht. Wie Stürme das immer tun, wenn sie sich ausgetobt haben.« Warum aber sollen alle sterben, wenn es nur einen trifft? Eines von acht Kindern!« Mike warnt: »Wenn wir ein Kind hergeben – eins unserer eigenen Kinder –, wie sollen wir dann miteinander weiterleben, selbst wenn er uns am Leben läßt?«

»Na, sehr gut!« entgegnet Bürgermeister Robbie Beals lapidar. Der egoistische Sonderling, der sich bisher keinen Deut um die Dorfgemeinschaft scherte, weiß die Bürger hinter sich. Sie verkaufen ihre Seele, entblößen ihr sorgsam gehütetes Miteinander als bloße Heuchelei. Die Wahrheit ist, mal wieder: Jeder ist sich selbst der nächste. Seien wir ehrlich: Auch wenn es den rechtschaffensten Dorfbewohner trifft, Mikes Sohn Ralphie, am Ende ist es nur eines von vielen Geheimnissen, die die Menschen verbergen. Ach so, vergessen wir nicht: Da war doch dieser Sturm. Dieser Jahrhundertsturm. Und? Nichts und! Nur der Sturm. Er forderte Opfer. Einige Opfer. Aber zum Glück nicht alle ...

Der Talisman (The Talisman)

Roman. O.: Viking, New York 1984 /
Dt.: Hoffmann & Campe Verlag, Hamburg 1986; Ü.: Christel Wiemken

Den Roman »Der Talisman« verfaßte Stephen King gemeinsam mit seinem Freund und Kollegen → Peter Straub. Protagonist ist der zwölfjährige → Jack Sawyer, ein braver Junge mit einem ebenso stürmischen Herzen wie sein geistiger Vorfahr in → »Tom Sawyers Abenteuer« (von → Mark Twain) am Mississippi. Jack zieht seit dem Tod seines Vaters Philip mit seiner Mutter Lily Cavanaugh Sawyer durch die Lande, einer abgehalfterten Schauspielerin, die ihre größte, oscarnominierte Rolle 1968 in einem Film spielte, der ausgerechnet den Titel → »Blaze« trug (ein King-Roman, der nie veröffentlicht wurde). Die beiden stranden im September 1981 im Hotel → Alhambra Inn, wo Jack dem versoffenen → Jim Gardener aus dem Roman → »Das Monstrum« über dem Weg läuft. Im Alhambra Inn feierte Lily einst mit Ehemann Philip ihren größten Triumph: die Oscarnominierung. Jack stellt fest, daß die dem Alkohol zusprechende Lily nicht nur hierher zurückgekehrt ist, um sich der guten Zeiten zu erinnern. Während Jack am verlassenen Dezemberstrand von New Hampshire sitzt, hört er aus einem kleinen Sandtrichter die böse Stimme des Widerlings Morgan Sloats, der skrupellose Geschäftspartner seines Vaters: »Deine Mutter ist so gut wie tot, Jack.« Lily ist an Krebs erkrankt. Die Stimme, die Jack hört, ist ebenso wirklich wie eine große, böse Möwe, die Jack mit einem gespenstigen, unmißverständlichen Grinsen, der Fratze Morgans, verhöhnt. Kurze Zeit später trifft Jack den Farbigen → Lester »Speedy« Parker, der ihn wie sein Vater »Travelling Jack« nennt, von seinem Leiden weiß und ihm zeigt, wie er Lily vor dem Tod bewahren kann: Er muß den geheimnisvollen Talisman finden. Doch der liegt in der → »Region«, einem Tagtraum-Land, einer Parallelwelt, in die Jack überwechseln kann, er nennt es »flippen«, wenn er einen Schluck von Speedys Zaubersaft aus einer billigen Weinflasche trinkt. Die »Region« ist eine mittelalterliche, aber gar nicht märchenhafte Welt, in der die »Twinners« der Menschen leben, ihre Spiegelbilder. In dieser Welt ist seine Mutter die Königin Laura DeLoessian, der ihre Feinde hartnäckig zusetzen und die von einer seltsamen Schlafkrankheit befallen ist. Nur Jack scheint keinen Twinner zu haben, denn der, Jason, wurde vom bösen Morgan von Orris, der den Thron der »Region« beansprucht, im Alter von sechs Wochen im Schlaf ermordet. Was bei Jack wiederum die Erinnerung an ein anderes Erlebnis weckt: Im Alter von sechs Wochen ist er beinahe in seiner Wiege gestorben – und Morgan Sloat war dabeigewesen. Die Erkenntnis überkommt ihn wie ein Blitz: Morgan von Orris ist in unserer Welt der Fiesling Morgan Sloat. Und der hat auch den Tod von Jacks Vater auf dem Gewissen: Sloat ließ ihn ermorden, als sie sich über ihr Engagement in der »Region«, von deren Existenz sie erfahren haben, zerstritten haben.

Genau einhundert Jahre nach Tom Sawyer, im September 1981, bricht also dessen Namensvetter Jack zu seiner Reise auf, aber nicht den Mississippi entlang, sondern quer durch die USA. Tom Sawyers Mississippi ist zu Jack Sawyers Straßen- und Schienennetz geworden, doch ihrer beider Ziele liegen im → Westen. Jack reist durch zwei Welten, die in einer Wechselwirkung zueinander stehen: Ereignisse in der einen Dimension beeinflussen auch die andere. So ist ein kleiner, sechswöchiger Krieg in der »Region« Auslöser für den Zweiten Weltkrieg bei uns. Und der Krebs von Lily bedeutet Krankheit für die Königin der »Region«. In Kalifornien heißt Jacks Ziel Agincourt, in der »Region« sind es die Ruinen Alhambras. Auf dem Weg dorthin findet er in der »Region« einen Freund, den → Werwolf namens Wolf, der mit besonderer Vorliebe Oshkosh-Latzoveralls trägt. Von ihm erfährt Jack, daß Morgan in der Region zu Macht gelangt ist, weil er unsere Technik mit hinübergenommen hat. Hauptsächlich Waffen, deren sterile Rationalität nun die Region des Zaubers und der Phantasie verdirbt.

Diese Komponente verdeutlicht den ökologischen Unterton des Romans: »Das Buch scheint vom Tod des Landes zu handeln, von der schrecklichen Vergiftung des Landes. Es ist unter anderem eindeutig gegen die Kernenergie«, erklärt Co-Autor Peter Straub. Mehr noch: Das Buch schildert Stephen Kings Grundthema (das Erwachsenwerden in einer Welt, deren Realität zunehmend aus den Fugen gerät) vor einem Hintergrund, in dem Sorge vor gesellschaftlicher Verelendung und zunehmender Umweltverschmutzung zum Ausdruck gebracht werden. »So gesehen«, erklärt King-Kenner Joachim Körber, »ist der Roman eine weitere Auseinandersetzung mit dem amerikanischen Traum, der zum Alptraum geworden ist.«

Als Morgan von Orris (aka Sloat), der das rationalistische Prinzip blinder Fortschrittsgläubigkeit und kapitalistischer Profitsucht verkörpert, die sich nicht um die erbarmungslosen Folgen ihres Tuns kümmert, in der »Region« Jagd auf Jack und Wolf macht, »flippen« die beiden in unsere Welt. Sie begegnen im Amerika der Rezession dem Elend, den Ausgestoßenen der Gesellschaft, den Opfern der Wirtschaftspolitik. Sie begegnen aber auch Menschen, die lügen, stehlen und morden, aber im gleichen Atemzug beten, tüchtig arbeiten, von der eigenen Anständigkeit, Gerechtigkeit und Christlichkeit überzeugt sind und dennoch das Leben eines Schwarzen oder eines kleinen Jungen weniger achten als das eines Hundes. Sie werden von der Polizei in ein Kinderheim gesteckt, das von dem teuflischen Reverend Sunlight Gardener geleitet wird, der in der »Region« der brutale Osmond, Morgans Untertan, ist. Wolf kann die technische Welt und die Gewalt nicht überleben, Jack jedoch flüchtet. Er läßt sich von einem Farmer mitnehmen, der Bill Thompson heißt [Bill Thompson war 1973 bei → »Carrie« Kings Lektor], und findet den Weg zu Morgans Sohn, Richard Lewellyn Sloat, der seit Kindheitsbeinen sein Freund ist. Dessen Twinner Ruston existiert ebenfalls nicht mehr, und gemeinsam streben die beiden nun ihrem Ziel entgegen, sich den mutierten Gefahren widersetzend: Nach Menschenblut lechzende Werwölfe mit rasierklingenscharfen Reißzähnen, mordende Kamikazeblumen, Horrorvögel, marodierende Würmer, Sümpfe und eine Schreckensvision beider Welten: die radioaktiv verseuchte Zone des »Verheerten Landes«. Am Ziel angelangt erkennt Jack, was der Talisman wirklich ist:

»Es war eine Kristallkugel von vielleicht einem Meter Umfang – die Korona, die sie umgab, war so hell, daß sich ihre genaue Größe nicht feststellen ließ. Anmutig gerundete Linien schienen sich über ihre Oberfläche zu ziehen wie Längen- und Breitengrade – und warum nicht? Dachte Jack, noch immer von Ehrfurcht und Staunen benommen. Es ist die Welt – ALLE Welten – ein Mikrokosmos. Mehr noch; es ist die Achse aller denkbaren Welten.« In gewisser Weise ist der Talisman damit dem Ziel des → Revolvermannes → Roland Deschain in der Saga → »Der dunkle Turm« sehr ähnlich. Der dunkle Turm ist in → Mittwelt die Stütze aller Welten, die Achse aller Raum-Zeit-Kontinuen. Er enthält alle Antworten um Raum und Zeit, aber auch die Hoffnung auf das Gute. Ähnliche Wirkung hat der Talisman. Seine Kraft ist die des Guten, die auch in Jack, als er in Besitz des Talisman ist, freigesetzt wird, das Böse, also Morgan, auslöschen und das Kranke heilen kann. Lily überlebt. »Da es, strenggenommen, die Geschichte eines Jungen ist, muß hier Schluß sein; die Geschichte könnte nicht weitergehen, ohne zur Geschichte eines Mannes zu werden«, zitieren Straub/King ihr Vorbild Mark Twain.

Der Textcomputer der Götter (Word Processor of the Gods)
Kurzgeschichte. In: O.1: »Playboy«, Januar 1983; O.2: »Skeleton Crew«, Putnam Verlag, New York 1985 / Dt.1: »Der Fornit«, Heyne Verlag, München 1985; Ü.: Alexandra von Reinhardt; Dt.2: »Blut«, Heyne Verlag, München 1996; Ü.: Joachim Körber
Richard Hagstrom ist ein erfolgloser Schriftsteller, der eine lieblose Ehe mit der fetten und trägen Lina führt und einen ungeliebten Sohn Seth hat. Sein Neffe Jon, seine Schwägerin Belinda – die er geliebt hat! – und sein Bruder Roger, der ihm als Kind heftig zusetzte, sind bei einem Autounfall ums Leben gekommen. Zuvor hat Jon seinem Onkel einen Computer vermacht, den er selbst gebastelt hat. Ein ganz besonderer Computer, der die eingegebenen Dinge Wirklichkeit werden läßt. Richard tippt ein: »Mein Sohn ist Seth Robert Hagstrom.« Er drückt die Delete-Taste und Seth ist aus seinem Leben verschwunden. Dann kehrt Lina vom Bingo-Spiel zurück. Die Frau, die zum Bingospielen weggefahren war, hatte so um die 180 Pfund gewogen. Die Frau, die zurückgekommen ist, wiegt mindestens 300 Pfund, wenn nicht mehr. Sie hat einen Truthahn gewonnen und fängt an zu motzen, als Richard das nicht zu würdigen weiß. Richard stürzt angewidert zum Textcomputer und spielt abermals Gott. Dann tauchen die Worte auf: »Ich bin ein Mann, der allein lebt, abgesehen von meiner Frau Belinda und meinem Sohn Jonathan.« Fünf Minuten später gehen Vater und sein neuer Sohn gemeinsam auf ein Haus zu, in das nie ein tiefgefrorener, beim Bingospielen gewonnener Truthahn gekommen war.

Der Wanzenhasser (They're Creeping Up On You)
Comic-Adaption. O.: »Creepshow«, Penguin, New York 1982 / Dt.: »Creepshow«, Bastei-Lübbe Verlag, Bergisch Gladbach 1989; Ü.: Hajo F. Breuer
Zeichnerisch umgesetzt von → Berni Wrightson nach → »Creepshow – Der Film« von George A. Romero und Stephen King. Der Menschenhasser und Multimillionär Upson Pratt kommuniziert aus Angst vor Schmutz und Bakterien nur noch per Funk und Telefon mit der Außenwelt, für die er nichts anderes übrig hat als Verachtung. Doch das kann ihn nicht davor retten, daß er Opfer einer Hundertschaft Küchenschaben (dem Inbegriff des Unreinen) wird. Zum Schluß ist er von Kakerlaken regelrecht überwachsen, in einem steten Strom quellen ihm die Viecher aus Mund und Nase.

Der Wäschemangler (The Mangler)

Kurzgeschichte. In: O.1: »Cavalier«, New York 1972; O.2: »Nightshift«, New York 1978 / Dt.: »Nachtschicht«, Bastei-Lübbe Verlag, Bergisch Gladbach 1984; Ü.: Karin Balfer

Wie in den → Zeichentrickfilmen der Warner Brothers erwacht in dieser Erzählung eine → Maschine zum Leben, die alles, was ihr nahe kommt, genüßlich verspeist. Natürlich ist die literarische Version der Cartoons ein wenig blutiger. Die Mangel in der Wäscherei von Bill Gartley erwacht durch das Blut von Jungfrauen zu bösem Leben und verstümmelt die Mitarbeiter der Reihe nach. Bevor sich der Polizist John Hunton und sein Schwager Mark Jackson, der sich mit Okkultismus beschäftigt, der sabbernden Kiste exorzistisch in den Weg stellen können, kappt das monströse Vieh seine Halterungen und verschwindet in die Nacht.

Der Werwolf von Tarker Mills (Silver Bullet)

Roman. O.: NAL, New York 1985
Dt.: Bastei-Lübbe Verlag, Bergisch Gladbach 1986; Ü.: Harro Christensen

Der Roman wurde ein Jahr zuvor als Kalendergeschichte → »Das Jahr des Werwolfs« veröffentlicht. Aus Anlaß der Verfilmung wird er mit neuem Titel, einem Vorwort von Stephen King sowie acht Seiten bunter Filmfotos aufgelegt.

Der Wüstenplanet (Dune)

Roman von → Frank Herbert. O.: New York 1963 / Dt.: Heyne Verlag, München 1978

Auf dem Wüstenplaneten leben die monströsen, aber friedfertigen Sandwürmer → Shai-Huluds, die für das gesamte Universum eine wichtige Bedeutung haben. Die Sandwesen in der Erzählung → »Der Dünenplanet« von Stephen King dagegen scheinen das entsprechende Pendant zu sein: gefährlich und bedrohlich. Nichtsdestotrotz geht Protagonist Rand schließlich eine Symbiose mit dem Sand ein, ähnlich Herberts Protagonisten Leto Attreides.

Der Werwolf von Tarker Millis

Der Zauberer von Oz

Roman von → Lyman Frank Baum. O.: 1900

Durch einen maßlos heftigen Wirbelwind ist Dorothee Gale samt ihrem kleinen Hund Toto in eine ganz fremde Welt geschleudert worden, auf eine gelbe Ziegelsteinstraße. Hier begegnen ihr die seltsamsten Wesen, alles ist ganz anders als zu Hause in Kansas. Alle Wesen scheinen im Bann eines geheimen Zaubers zu stehen. Gefahren gibt es genug. Dorothee hat viele Bewährungsproben zu bestehen. Das gelingt nur, weil sie gute Freunde findet: die Vogelscheuche, die nicht länger ein Strohkopf sein möchte, den Blechmann, der sich ein Herz wünscht, und den Löwen, der gerne mutig wäre. Gemeinsam machen sie sich auf den Weg zum Zauberer von Oz, der in einem Smaragdpalast lebt, ihr den Heimweg zeigen und den anderen Freunden ihre Wünsche erfüllen soll. In dem Roman → »Der dunkle Turm IV: Glas« von Stephen King werden der → Revolvermann → Roland Deschain und seine drei Freunde, nachdem der maßlos heftige → Mono-Zug → Blaine sie in das verseuchte Kansas aus dem Roman → »Das letzte Gefecht« bringt, auf einen Highway in einem Land ähnlich dem vom »Zauberer von Oz« versetzt. Sie gelangen zu einem Glaspalast, in dem sie sich nur Zutritt verschaffen können, wenn sie die roten Schuhe, die sie am Wegesrand finden, dreimal hintereinander an den Absätzen zusammenschlagen. Im Schloß treffen sie auf den Bösewicht → Randall Flagg. Wie der Zauberer von Oz in dem Roman von Lyman Frank Baum ist Randall Flagg ein Bösewicht, der die Menschen mit seinen Schandtaten zu blenden versteht. Er will Roland und seine Gefährten von ihrer Suche nach dem Turm abhalten, dafür verspricht er ihnen eine rosige Zukunft. Doch Roland schlägt das großzügige Angebot aus, und das Abenteuer geht weiter. Das Abenteuer ist auch bei Dorothee mit der Ankunft beim Zauberer von Oz nicht zu Ende, denn ihr Zauberer erweist sich als grenzenloser Pfuscher, der – im Gegensatz zu Flagg – überhaupt keine Wünsche erfüllen und Dorothee schon lange nicht heimzaubern kann. Dorothee kehrt schließlich nach Kansas zurück, indem sie die Absätze ihrer Schuhe dreimal anschlägt.

Derry

Fiktives Städtchen am Kenduskeag in Maine, → Schauplatz in den Romanen → »Es«, → »Das Monstrum«, → »Das geheime Fenster, der geheime Garten«, → »Schlaflos« und → »Sara«. Hat dank der häufigen Erwähnung und dem Einsatz bekannter Personen (→ Joe Wyzer, → Mike Hanlon) und bestimmter Örtlichkeiten (die Barrens) beinahe ebenso Kultstatus wie → Castle Rock. Nach dem finalen Kampf im Abwassersystem mit dem Monster ES in dem gleichnamigen Roman »Es« (O./Dt.: 1986) suchen ein heftiger Sturm und eine Überschwemmung die Stadt heim. Vieles wird zerstört, unter anderem das Stadthaus. → Ben Hanscom, eines der Kinder des

→ »Clubs der Verlierer«, inzwischen ein berühmter Architekt, schenkt der Stadt ein neues Stadthaus. Mit dem Tod von ES 1985 kehrt endlich Frieden ein. Im Grunde hat sich die Atmosphäre der Stadt seit der großen Überschwemmung tatsächlich deutlich verbessert, aber es ist trotzdem nicht wie anderswo. Derry hat einen Hang zum Bösen, und wenn seine Einwohner in Rage kommen, können sie bekanntlich ausgesucht scheußliche Taten vollbringen. Derry ist und bleibt also eine gefährliche Maschine, wie auch → Ralph Roberts in → »Schlaflos« (O./Dt.: 1994) erfahren muß, als der → Scharlachrote König, eine dunkle Macht aus einer anderen Welt, das Städtchen heimsucht. Ralph Roberts weiß: »Unter der Oberfläche von Derry lauern viele scharfe Spitzen und Schnittkanten. Das trifft selbstverständlich auf viele Städte zu, aber in Derry scheint das Häßliche schon immer eine zusätzliche Dimension gehabt zu haben.« Wie zur Bestätigung dieses Gedankens schreibt Stephen King am Ende von »Schlaflos«, als ein kleiner Ring über den Rinnstein rollt und in einem Kanalgitter verschwindet: »Da blieb er noch lange, lange Zeit. Aber nicht für immer. In Derry haben Gegenstände, die in der Kanalisation verschwinden, die – häufig unerfreuliche – Angewohnheit, immer wieder aufzutauchen.« Vielleicht gibt es also noch ein Wiedersehen in Derry ...

Deschain, Deidre

In der bislang vierbändigen Saga → »Der dunkle Turm« war Deidre Deschain die Großmutter vom → Revolvermann → Roland Deschain. Ihr Name ist bislang nur an einer Stelle gefallen; möglicherweise wird sie bei den zukünftig folgenden Romanen, in denen Roland uns einige Geschichten aus seiner Kindheit und Jugend schuldig ist, eine wesentliche Rolle spielen. Vielleicht aber auch nicht ...

Deschain, Gabrielle

In der Saga → »Der dunkle Turm« ist Gabrielle Deschain die Mutter vom → Revolvermann → Roland Deschain, die ein Verhältnis mit dem hinterlistigen → Marten Broadcloak, dem Hofzauberer von → Steven Deschain, ihrem Ehemann, eingeht und somit dessen Plänen vom Untergang der → Baronie von Kanaan behilflich ist. Sie soll es gemäß ihres → »Ka« auch sein, die das Messer gegen Steven führt. Das zumindest sieht Roland dank eines Blickes in die weissagende → Glaskugel des bösen Zauberers → Maerlyn (alias → Marten Broadcloak alias → Randall Flagg). Als Roland sie eines Tages bitten will, von diesem heimtückischen Plan abzusehen, glaubt er sich von ihr mit einem Messer angegriffen und erschießt sie. In Wahrheit wollte seine Mutter sich bei ihm entschuldigen, aber Roland befindet sich in jenem Augenblick im Bann der Hexe → Rhea Dubadivo aus → Hambry (→ »Der dunkle Turm IV: Glas«).

Deschain, Roland

Protagonist im Zyklus → »Der dunkle Turm«, Sohn der abtrünnigen → Gabrielle Deschain und vom → Revolvermann → Steven Deschain, dem edlen Baron der → Baronie von Kanaan in der westlichen Region von → Mittwelt. Roland ist nicht breitschultrig wie Marshal Dillon, auch nicht annähernd so groß, und sein Gesicht mehr das eines resignierten Dichters. Mit 11 Jahren deckt Roland einen Komplott am Hof seines Vaters auf. Der Koch Hax, der Gift unter das Essen mischt, wird bestraft. Roland, der gemeinsam mit seinen Freunden → Cuthbert Allgood und → Alain Johns vom hartherzigen Cort zum Revolvermann ausgebildet wird, erlebt zum ersten Mal, wie ein Mensch gehängt wird.

Drei Jahre später entdeckt Roland, daß → Marten Broadcloak , der Hofzauberer von Kanaan, der unter Einfluß des → Scharlachroten Königs steht, ein Verhältnis mit seiner Mutter → Gabrielle Deschain hat. Marten zwingt ihn zu einer frühen Mannbarkeitsprobe: Roland fordert Cort zum entscheidenden Ritual heraus. Ein Sieg bedeutet das Erwachsensein als Revolvermann, eine Niederlage lebenslange Verbannung nach → Westen ins wüste Land. Marten hegt die Hoffnung, daß Roland verlieren, verbannt werden und seine weiteren Revolutionspläne nicht weiter durchkreuzen wird. Doch er irrt sich. Roland siegt in dem Zweikampf und wird ein Revolvermann, zwei Jahre jünger als sein Vater, der bisher der jüngste aller Revolvermänner war. Kurz bevor ihm an diesem glücklichen Tag der Schlaf überkommt, denkt er, zum ersten Mal, daß er auch der letzte Revolvermann sein könnte ...

Steven Deschain ist derweil von der frühen Mannbarkeitsprobe seines Sohnes nicht angetan. Er bekennt gegenüber Roland, daß er bereits seit zwei Jahren von dem Verhältnis seiner Gattin mit dem hinterlistigen Marten weiß. Doch er bewahrt Stillschweigen, weil es bei allem um viel mehr geht als nur den schlichten Ehebruch: Es geht um eine blutige Revolution in Mittwelt, die der Gute Mann → John Farson mit seinen → Gesetzlosen entfacht, denen auch Marten mit seinem heimtückischen Plan in die Hände spielt. Um seinen Sohn aber nun aus Martens Einflußbereich und dem sich entfachenden Flächenbrand in Kanaan fernzuhalten, schickt Steven Deschain Roland und dessen Freunde Cuthbert und Alaine in den scheinbar sicheren Osten, in das beschauliche Küstenstädtchen → Hambry in der → Baronie Mejis, ohne zu ahnen, daß das Verderben bereits dort angelangt ist.

Als die drei Freunde, die vorgeben, als Will Dearborn, Arthur Heath, Richard Stockworth (→ Roland Deschain; → Cuthbert Allgood; → Alain Johns) als Strafe von ihren Eltern zu einer Inspektionsreise im Namen des → Bundes von Mittwelt geschickt worden zu sein, nach Hambry gelangen, treffen sie auf → Susan Delgado. Sie ist 16 Jahre alt, als sie sich zur Hexe

→ Rhea Dubadivo auf den Berg → Cöos aufmacht, um ihre Ehrbarkeit nachzuweisen. Sie will, von ihrer skrupellosen Tante, der alten Jungfer → Cordelia Delgado, gedrängt, dem alten Bürgermeister von Hambry, → Hart Thorin, und seiner unfruchtbaren Frau Olive ein Kind austragen. Nach dem Antrittsbesuch beim Bürgermeister kommt es in der Bar Travellers Rest zur Auseinandersetzung, als der Dorfdepp Sheemie mißhandelt wird von den drei → Großen Sargjägern → Eldred Jonas, → Roy Depape und → Clay Reynolds. Das sind üble Burschen, die sich einen Sarg auf ihre rechte Hand haben tätowieren lassen. Sie arbeiten offiziell als die Leibgarde des Bürgermeisters, inoffiziell aber wurden sie vom → Mann in Schwarz → Walter nach Hambry abgesandt.

Roland, Cuthbert und Alaine werfen alle Vorsätze um Vorsicht und Zurückhaltung über Bord und geben den drei Kriminellen vor den Augen der Bevölkerung die erniedrigende Blöße einer Niederlage. Den Menschen in Hambry kommen erste Zweifel an der Echtheit der jungen Inspektoren. Richtig kritisch wird es, als Roland und Susan sich unsterblich ineinander verlieben. Susans Versprechen dem Bürgermeister gegenüber steht einer Beziehung im Wege. Deshalb treffen sich die beiden immer häufiger heimlich an versteckten Orten. Auf dem Gelände der alten Ölraffinerie entdecken die beiden, daß man dort das scheinbar nutzlose Öl in Tanks abfüllt. Die Wahrheit ist: Die Dorfgemeinschaft, allen voran der abgefeimte Dorfkanzler → Kimba Rimer, der Hohe Sheriff von Mejis, → Herkimer Herk Avery und die drei Sargjäger stehen in John Farsons Dienst.

Roland unterdessen schwebt im siebten Himmel. Aber sein Liebestaumel droht die Gemeinschaft der drei Freunde zu zerstören. Besonders Cuthbert sieht in Susan eine Bedrohung für ihr → »Ka-tet« und für den Bund von Mittwelt, der dringendst gewarnt werden sollte. Doch Roland lehnt ab. Als Susans Tante Cordelia argwöhnisch wird und ihre Befürchtungen dem Sargjäger Jonas mitteilt, verschärft sich die Lage. Jonas verwüstet die Unterkunft der jungen Männer, um sie aus der Reserve zu locken. Doch Roland verhält sich auch jetzt noch abwartend. Für Cuthbert ist das der Beweis, daß Roland ein zögernder Schwächling geworden ist. Nur Alain spürt, daß hinter dem Verhalten ihres Anführers eine durchdachte Taktik stecken kann. Währenddessen beobachtet die alte Hexe Rhea vom Cöos die intimen Treffen von Roland und Susan in der → Glaskugel des Magiers → Maerlyn. Diese gewährt den Menschen einen Blick zwischen den Welten, in die Vergangenheit und in die Zukunft und ist im Besitz des → Gesetzlosen → John Farson, der sie bei der alten Vettel versteckt hält. Rhea will Susans Tante über das heimliche Treiben informieren, doch Cuthbert fängt eine Mitteilung der Hexe ab. Roland muß eingestehen, daß er sich zu sicher gefühlt hat. Entschlossen will er gegen Rhea vorgehen, doch statt sie zu erschießen, warnt er sie davor, weitere Intrigen zu spinnen. Ein böser

Fehler! Zum Erntefest kommt es zum großen Knall. Jonas und seine Männer töten den Bürgermeister und seinen Kanzler, und Roland wird mit seinen Gefährten als vermeintliche Täter ins Gefängnis gesteckt. Susan gelingt es, die drei zu befreien, indem sie Sheriff Herkimer Avery erschießt und damit endgültig zum Mitglied von Rolands »Ka-tet«, wird. Auf der Flucht jagen sie Farsons Öl in die Luft, wobei Roland die geheimnisvolle Glaskugel in die Hände fällt. Die Kugel, der Menschen, die in sie blicken, in kürzester Zeit verfallen, offenbart ihm zum ersten Mal eine klare Vision vom dunklen Turm. Als er schließlich von der Vision erwacht, ist er nicht mehr der Roland, den seine Gefährten kennen. Der kühne Kämpfer von einst scheint zu einem freudlosen, gefühllosen, wortkargen Geist geworden zu sein, der der Macht des Glases und des dunklen Turmes verfallen ist.

Er läßt sogar die Liebe zu Susan hinter sich, denn, so sagt er, »ihre Rolle in unserem »Ka-tet« ist zu Ende. In der Kugel hatte ich eine Wahl: Susan und mein Leben als ihr Mann und Vater des Kindes, das sie unter dem Herzen trägt ... oder der Turm. Ich hätte mich sofort für Susan entschieden, wenn eines nicht wäre: Der Turm zerfällt, und wenn er einstürzt, wird alles hinweggefegt, was wir kennen. Ein Chaos wird anbrechen, das unsere Vorstellungskraft übersteigt ... Ich habe mich für den Turm entschieden. Das mußte ich. Soll sie ein gutes und langes Leben mit einem anderen leben – das wird sie, mit der Zeit.« Was Roland bei diesen Worten nicht bedenkt: Die Schicksalsgemeinschaft des »Ka-tet« kann nur durch den Tod beendet werden. Susan fällt infolgedessen in die Hände der Hexe Rhea, die das Mädchen als Mörderin der rachedurstigen Dorfgemeinschaft übergibt, angeheizt und angeführt von der bitter enttäuschten Tante. Roland muß hilflos das grausige Ende seiner ersten und einzigen Liebe in der Glaskugel mit ansehen. Das schreckliche Schicksal läßt den jungen Revolvermann in eine tiefe Lethargie fallen, wird er sich doch zum ersten Mal bewußt, wie weit ihn seine dunkle Passion vom Turm getrieben hat.

Seine beiden Freunde Alain und Cuthbert bringen ihn zurück nach Gilead. Bevor Roland seinem Vater dort die Kugel übergibt, wirft er noch einen letzten Blick hinein. Er sieht den heimtückischen Mord seiner Mutter an seinem Vater, den Untergang von Gilead, den Triumph des Guten Mannes. Als Roland versucht, seine Mutter von ihrem teuflischen Plan abzubringen, wird er unter dem Einfluß der Hexe Rhea arglistig getäuscht und tötet seine Mutter, als sie im Begriff ist, sich bei ihm mit einem Geschenk – ein Gürtel – zu entschuldigen. Wieder kommt ein Mensch, den Roland liebt, durch seine Schuld ums Leben. Ihm bleibt keine Wahl: Der dunkle Turm ist sein → »Ka«, sein Schicksal und das seiner Mitmenschen.

Wie Roland sich schließlich mit seinen Freunden Cuthbert und Alaine auf die Suche nach dem dunklen Turm begibt, wie er den Gürtel seiner Mutter später verliert, wie Cuthbert und Alain den Tod finden, wie der

Untergang von Mittwelt geschieht, wie sein Vater wirklich stirbt, wie die Hexe Rhea wieder in den Besitz der Kugel gelangt und Roland abermals über den Weg läuft, wie Marten alias Maerlyn alias Randall Flagg zurück in den Besitz der Glaskugel gelangt – das sind bislang noch unerzählte Geschichten.

Wir wissen nur, daß Roland die Revolution nicht verhindern kann und Mittwelt in Haß und Dunkelheit versinkt. Die Revolvermänner, zu Ehrlichkeit, Entschlossenheit und Tapferkeit ausgebildet, können die Apokalypse nicht verhindern. Sie sterben aus. Rolands frühe Ahnung bewahrheitet sich: Er ist der letzte lebende Revolvermann. Er ist verbittert, verhärmt und freudlos geworden durch die zweifache Schuld, die er auf sich geladen hat. Er wird zu einem Symbol seiner sterbenden Welt. Zwölf Jahre ziehen ins Land. Wir wissen aus → »Der dunkle Turm I: Schwarz«, daß Roland, dem → »Ka« willig folgend, den → Mann in Schwarz jagt, der wiederum aus bisher unbekannten Gründen der einzige ist, der ihm den Weg zum Turm weisen kann. Auf seiner Jagd kommt Roland mit seinem alten Klepper Topsy in das ausgestorbene Örtchen → Eluria (→ »Der dunkle Turm: Die kleinen Schwestern von Eluria«), wo fünf merkwürdige Vetteln Michela, Coquina, Louise, Tamra und Mary nachts einen geheimnisvollen Ritus mit den Worten → »Can de lach, mi hem en tow« (→ »Desperation«) vollziehen und sich dann saugend und schmatzend wie Vampire über das Blut der Menschen hermachen. Roland gelingt die Flucht und nimmt zwei Medaillons der Norman-Brüder an sich. Alleine zieht Roland daraufhin dem Mann in Schwarz hinterher, begegnet dem Jungen → John Jake Chambers, der der Schlüssel zum Mann in Schwarz wird. Rolands Schicksal ist die Zahl Drei, sagt ihm das → Orakel, und zum dritten Mal muß Roland schwere Schuld auf sich laden: Er opfert Jake, um den Mann in Schwarz zu treffen. Dieser offenbart ihm die Zukunft. Aber auch das hat seinen Preis: Roland altert innerhalb einer Nacht um zehn Jahre. In → »Der dunkle Turm II: Drei« findet Roland mit → Eddie Dean und → Susannah Dean neue Freunde, in → »Der dunkle Turm III: Tot« vervollständigt John Jake Chambers, den Roland durch einen Sprung in die Vergangenheit vor dem Tod retten kann, das neue »Ka-tet«. Eine Teilschuld ist dadurch gesühnt. Roland ist nicht mehr allein. Und in → »Der dunkle Turm IV: Glas« findet er sogar das Lachen wieder. Im Land von → »Der Zauberer von Oz« begegnen die vier dem Bösewicht Marten, der im Eifer des Gefechts die Glaskugel an Roland verliert. Mit ihr im Gepäck verlassen Roland, Eddie, Susannah und Jake das Land von Oz und machen sich auf den Weg ins Land → Donnerhall.

Deschain, Roland – eine These

In dem Roman → »Schlaflos« kommentiert der kleine → Patrick Danville seine Zeichnung, die einen dunklen Turm, einen roten König (d.i. der → Scharlachrote König) und einen Cowboy zeigt: »Der heißt Roland, Mama. Manchmal träume ich von ihm. Der ist auch ein König.« (Kapitel 30, Abschnitt 4, Absatz 8). Wie sich wenig später herausstellt (der Dauerleser weiß es schon), meint Patrick damit den → Revolvermann → Roland Deschain aus der Saga → »Der dunkle Turm«. Moment! Roland ist ein König? Wer den Roman → »Die Augen des Drachen« gelesen hat, weiß, daß der König des Königreichs Delain (man beachte die Ähnlichkeit mit dem Nachnamen Deschain!) dort Roland heißt. Die Welt in »Die Augen des Drachen« ist der mittelalterlichen Welt, der → Mittwelt von »Der dunkle Turm« sehr ähnlich. In beiden Welten existiert ein Bösewicht → (Randall) Flagg, der als jahrhundertealter Hofzauberer erbitterter Widersacher vom König/Revolvermann Roland ist. Darüber hinaus existiert in »Die Augen des Drachen« eine Hexe mit Namen → Rhiannon, die auf dem Berg → Coos haust und den Menschen in der Stadt das Fürchten lehrt. In → »Der dunkle Turm IV – Glas« trifft der Revolvermann Roland auf die Hexe → Rhea Dubadivo, die vor den Toren der Stadt auf dem Berg → Cöos lebt.

In Anbetracht dieser vielzähligen Überschneidungen steht die These im Raum: Ist die Welt in »Die Augen des Drachen« eine weitere Parallelwelt zu der Welt in »Der dunkle Turm«? Kann es sein, daß es in der Welt von »Die Augen des Drachen« keine Revolution durch → Gesetzlose und → John Farson gegeben hat, die Welt sich nicht weiterdrehte und Rolands Vater → Steven Deschain irgendwann gestorben ist, Roland ihn als Baron und König abgelöst hat und als solcher sich nun der dunklen Machenschaften des Hofzauberers Flagg erwehren muß?

Diese These, in Verbindung mit der großen Anzahl anderer Querverweise (siehe dazu im Lexikon-Anhang: Alle Querverweise auf einen Blick) provoziert geradezu eine weitere Frage: Wie real schreibt King eigentlich? Ist ihm wirklich bewußt, daß er seine Bücher derart miteinander verknüpft? Ist es Zufall oder Absicht? Wie weit wird er es noch treiben? Als Stephen King 1973 zu veröffentlichen begann, hat er diverse Ideen und Themen umgesetzt. Inzwischen ist er an einem Punkt, an dem er aus seinen alten Geschichten nicht mehr herauszukommen scheint – wenn es denn überhaupt mehrere Geschichten sind. Vielleicht vereinen sich alle (naja, zumindest ein Großteil der) Erzählungen und Romane irgendwann zu einem großen, einheitlichen Projekt. Fakt ist: King kann seine Protagonisten nicht mehr loslassen, verwebt alles und jeden miteinander ... und gelangt am Ende wirklich zum dunklen Turm? Vielleicht ist Roland Deschain deshalb nur ein Sinnbild für Stephen King. Vielleicht ist King selbst der Suchende, der sich eine Antwort erhofft auf die Fragen unserer Existenz ...

Deschain, Steven
In der Saga → »Der dunkle Turm« ist Steven Deschain der Vater vom → Revolvermann → Roland Deschain. Steven ist Baron der → Baronie von Neu-Kanaan, die vom abtrünnigen Hofmagier → Marten, der unter Einfluß der dunklen Mächte des → Scharlachroten Königs steht, zum Sturz gebracht wird.

Desperation (Desperation)
Roman. O.: Viking, New York 1996
Dt.: Heyne Verlag, München 1996; Ü.: Joachim Körber
Mit dem 1996 mit dem → »Locus Award«, Kategorie Dark Fantasy/Horror, ausgezeichneten Roman »Desperation« gelingt Stephen King ein einzigartiger Coup. Zu diesem Buch gehört der zur parallel unter dem Pseudonym → Richard Bachman veröffentlichte Roman → »Regulator«, der ähnliche Ereignisse wie in »Desperation« schildert, allerdings ein wenig straffer im Stil und aus einer anderen Erzählperspektive. Während »Regulator« einen Handlungszeitraum von zwei Stunden beschreibt, dauern die Ereignisse in »Desperation« schreckliche zwei Tage. Im Grunde aber geht es in beiden Romanen um → TAK, ein dem Lovecraftschen Kosmos (→ Lovecraft) der → »Großen Alten« entlehntes, übernatürliches Wesen, das die ihm verfallenen Menschen mit »Can de lach« ([kändi lätsch]: Herz des Ungeformten) und »Mi him en tow« ([mei him än tau]: Unser Gott ist stark!) anbeten. TAK ist seit Jahrtausenden im rostrotschimmernden »Brunnen der Welten« in der alten Chinamina des Bergbaukaffs Desperation (Nevada) gefangen, bei dem es sich offensichtlich um einen Zugang in eine andere Welt als unsere handelt. Höchstwahrscheinlich in die von → Roland Deschain, dem → Revolvermann aus dem Zyklus → »Der dunkle Turm«, denn in der Erzählung → »Der dunkle Turm: Die kleinen Schwestern von Eluria« huldigen die Nachtschwestern, denen Roland begegnet, ebenfalls einem übergeordneten Wesen mit dem Ritus: → »Can de lach, mi him en tow«.

TAK hat in der Chinamina geduldig auf seine Befreiung gewartet, die erfolgt, als der alte Stollen bei einer Sprengung freigelegt wird. TAK hat die dumme Angewohnheit, sich in die Körper der Menschen oder größere Tiere einzunisten (→ Körperfresser), die daraufhin erst ein Stück größer werden, sich dann aber langsam in einer wahren Splatterorgie auflösen. Im Augenblick hat TAK sich in den Cop Collie Entragian eingenistet, der gelegentlich ausschaut wie »eine Comic-Figur von → Berni Wrightson«. Doch weiteres Menschenfleisch muß her, und dazu dient offensichtlich ein versprenkeltes Häuflein Menschen, das Collie sich mehr oder minder per Zufall vom nahen Highway 50 in das inzwischen weitestgehend ausgelöschte Desperation verschleppt: Da haben wir den Schriftsteller → John

Edward Marinville, die literarische Hoffnung Amerikas, über den sogar das blutrünstige Boulevardmagazin → »Inside View« doppelseitig berichtete, als er seine dritte Ehefrau krankenhausreif geschlagen hat, und der sich jetzt mit seiner Harley Davidson auf einem Trip quer durch die USA befindet, um für eine Essaysammlung zu suchen, die (in Anspielung auf John Steinbecks kommerziell erfolgreichstes Buch »Travels With Charley«) den Titel »Travels With Harley« erhalten soll. Ihm folgt in sicherem Abstand der Roadie Steve Ames, der verhindern soll, daß Marinville etwas passiert und der trotz ausdrücklichen Verbots die (aus dem Roman → »Das Bild – Rose Madder« bekannte) Anhalterin → Cynthia Smith mitnimmt. Beide stoßen sie auf den verlassenen Wohnwagen der Durchschnittsfamilie Ralph und Ellen Carver mit ihren Kindern → David Carver und Kirsty Carver (wo Steve ein Gedankenspiel à la → »Akte X – Die unheimlichen Fälle des FBI« anstellt). Dann haben wir noch das junge Urlauberpaar Peter und Mary Jackson, den alten, versoffenen Stadtrat Tom Billingsley und die Minenarbeiterin Audrey Wyler.

Die Helden wider Willen verkörpern einen Querschnitt durch die amerikanische Bevölkerung, und alles scheint willkürlich. Wer den modernen Stephen King kennt, weiß, daß natürlich nichts dem Zufall überlassen ist und ein jeder seine Rolle in einem globalen Spiel zu spielen hat. Das deckt sich wunderbar mit der christlichen Lehre von der göttlichen Vorherbestimmung. Waren es in Frühwerken wie → »Carrie« oder → »Das Attentat« religiös besessene Menschen, so sind es in »Desperation« Ungläubige, die von Gott heimgesucht werden und erkennen müssen, daß nichts willkürlich ist und alles – bis zum bitteren Ende, dem Tod – einen bestimmten Zweck verfolgt. Denn: »Gott ist grausam«. Was auch für TAK gilt, von dem die verzweifelte Gruppe zwischenzeitlich glaubt, es könnte einer der → »Tommyknockers« sein, die dem Roman → »Das Monstrum« einst den Originaltitel verliehen.

Seinen erbittertsten Widersacher findet TAK in dem elfjährigen David Carver, der nach einem religiösen Offenbarungserlebnis zum christlichen Glauben gefunden hat. Wie die ersten Christen Zuflucht in den Katakomben suchten, verbirgt sich in »Desperation« die kleine, flüchtende Gemeinde in einem alten Kino, wo sich ein wunderschön gemalter Fisch an der Wand der Toilette befindet (Zur Erinnerung: Der Fisch ist ein Symbol des Christentums.) Das griechische Wort für Fisch lautet: »Ichthys«. Die Anfangsbuchstaben bilden die Worte »Iesous Christos Theou Yios Soter«, und das heißt: »Jesus Christus, Sohn Gottes, Erlöser«. Womit wir beim eigentlichen Plot der Geschichte sind. King erzählt in der Gestalt David Carvers, mit zahlreichen biblischen Anspielungen gespickt, die Passion Jesu nach, nicht ohne den typischen, rabenschwarzen Humor, der die besten seiner Bücher auszeichnet – beispielsweise wird aus der biblischen Speisung der fünftausend (Brot und Fische) bei King eine karge Mahlzeit aus Crackern und Ölsardinen, die David freilich auch auf wundersame Weise so sehr vermehren kann, daß alle satt werden. Rettung bringt nur das selbstlose Opfer eines Einzelnen – wie seinerzeit Jesus, allerdings nicht David, sondern der vom ungläubigen Saulus zum gläubigen Paulus geläuterte Marinville.

Trotz des tiefgründigen Subtextes gelingt King ein spannender Horrorroman, mit dem er im übrigen das Credo seiner frühen Werke widerlegt: »Guten Menschen geschieht Böses, weil das im Leben so ist!« Haste gedacht! »Der Kosmos von ›Desperation‹ ist ein geordnetes Universum, dessen fortschreitende Evolution letztendlich zu einem besseren, höheren Dasein führen muß«, wagt sich King-Kenner Joachim Körber an eine Erklärung. »Kings Protagonisten leiden und sterben, und gerade die Konfrontation einer abstrakten, christlichen Heilslehre mit der sehr realen Brutalität und Ungerechtigkeit der ›conditio humana‹ bilden eine konstante Grundspannung, zwischen der der Autor seine kontroverse Botschaft verkündet, daß der Gott des Alten Testaments ein grausamer Gott ist, der Leid und Elend nicht nur duldet, sondern seinen Anhängern sogar abverlangt.« Als sein Messias verkündet David Carver ergänzend die neutestamentarische Heilsbotschaft, wonach das Leiden nicht umsonst und der Tod nicht das Ende ist. Ganz nebenbei findet sich in »Desperation« offensichtlich auch Kritik an der Mißachtung göttlicher Wunder, an der ökologisch maroden Situation in Nevada: Die vom durchgeknallten Cop Collie Entragian Gefangenen vermuten, dieser sei womöglich das Opfer von Strahlung. Tatsächlich wurde die Wüste Nevadas vom Militär lange Jahre ausgiebig für Atombombentests genutzt.

Desperation

Fiktives Bergwerkskaff in den Romanen → »Desperation« und → »Regulator«. Desperation liegt am Highway 50, dem einsamsten Highway Amerikas. In den unterirdischen Schächten haust das uralte Monster → TAK. Es wurde im September 1859 zum ersten Mal freigesetzt, konnte aber noch gebannt werden, als man die Schächte rechtzeitig sprengte. Mit TAK wurden siebenundfünfzig chinesische

Bergarbeiter und vier weiße Aufseher begraben. Als 1995 die Minengesellschaft entscheidet, erneut nach Erz zu graben, wird TAK abermals befreit und kann seinen damals gestoppten Weg an die Oberfläche endlich fortsetzen. In dem Roman »Regulator« verläßt TAK das Städtchen im Körper eines autistischen kleinen Jungen und kommt in die Stadt → Wentworth, wo es die Bewohner der Popular Street mit einem comichaften Szenario erschreckt.

Die Augen des Drachen (The Eyes of the Dragon)

Roman. O.: Philtrum Press, Bangor 1983 /
Dt.: Heyne Verlag, München 1987; Ü.: Joachim Körber

»Die Augen des Drachen« ist ein → Märchen und ein Fantasy-Roman in einem, eigens für Kings Tochter Naomi geschrieben, ihr und → Peter Straubs Sohn Ben gewidmet. Daher 1983 auch nur als auf 1250 limitierte Erstausgabe mit Illustrationen auf handgeschöpftem Papier in eigens entworfenem Schuber im Rahmen der → Philtrum Press veröffentlicht, bevor der Verlag → Viking das Buch 1987 kauft und in den Buchhandel bringt. In Deutschland erscheint in der → Edition Phantasia ein aufwendiges, limitiertes Portofolio zum Roman. Es enthält 13 Illustrationen von Johann Peterkaon. Der Roman spielt in dem Königreich Delain, das in einer Welt liegt, daß der → »Region« aus → »Der Talisman« und der → Mittwelt aus der Saga → »Der dunkle Turm« nicht unähnlich ist. Es herrscht der König Roland, der Gütige, der zwei Söhne hat, aber keine Frau, da diese, Sasha, bei der Geburt ihres jüngsten Sohnes gestorben ist. Roland ist alt und schwach, und nur der Kopf eines von ihm erlegten Drachen, der im Palast hängt, zeugt von seiner ehemaligen Stärke. Jeder im Königreich, vom reichsten Baron und prunkvoll gekleideten Höfling bis hin zum ärmsten Leibeigenen und seiner zerlumpten Frau, spricht vom künftigen König, Rolands ältestem Sohn Peter, einem strahlenden, kräftigen, stattlichen, intelligenten Helden. Nur ein Mann überlegt und plant und denkt über etwas anderes nach: wie er es bewerkstelligen kann, daß Rolands jüngerer Sohn, Thomas, dick, pickelig, linkischer Nasebohrer, statt Peter zum König gekrönt wird. Dieser Mann ist der wohlbekannte Bösewicht → (Randall) Flagg, der Hofzauberer des Königs, der am liebsten in seinem Zauberbuch (→ Necronomicon) liest, das »in Menschenhaut gebunden« ist. Er hat »schon tausend Jahre« in diesem Buch gelesen und trotzdem »erst ein Viertel davon geschafft«. Es wurde »auf der fernen Hochebene von Leng von einem Wahnsinnigen namens → Alhazred« geschrieben. Flagg entfacht stets auf ein Neues den Kampf um Gut und Böse (→ »Das letzte Gefecht«, → »Der dunkle Turm«), strebt die endgültige Vernichtung allen Lebens und das Chaos an. So auch in vorliegendem Roman, in dem er die Glasaugen des Drachenkopfes im Palast nutzt, um zu spionieren. Flagg, der bereits Sashas Tod arrangiert hat, weil sie mit ihrem Sissy-Charme zu mächtig wurde, ermordet nun auch den König und kann die Tat dem eigentlichen Thronerben Peter in die Schuhe schieben, der nun im Turmgefängnis schmachten muß, während sein jüngerer, willensschwacher Bruder Thomas als Flaggs Strohmann regiert. Das Volk leidet unter der Schreckensherrschaft von Thomas – Flagg. Selbst vor → Rhiannon, der Dunklen Hexe von → Coos (→ Rhea Dubadivo, Hexe vom → Cöos in → »Der dunkle Turm IV: Glas«), haben die Menschen Angst. Währenddessen webt Peter mit einem winzigen Webstuhl einen Faden, mit dem ihm schließlich aus dem hundert Meter hohen Turm – wie weiland Rapunzel – die Flucht gelingt. Er schart seine Freunde um sich, mit denen er Thomas zur Vernunft bringen kann. Es kommt zur finalen Auseinandersetzung, während der Thomas Flagg einen Pfeil ins Auge schießt. Flagg schreit noch einmal und sinkt auf die Knie ... und plötzlich ist er verschwunden. Alles wird gut? Sie leben von nun an glücklich bis ans Ende ihrer Tage? »Nein. Niemand tut das jemals, einerlei, was in den Märchen steht«, klärt King uns zum Ende auf. Peter darf zwar auf den rechtmäßigen Thron, aber Thomas muß gehen. Und zwar heute nacht noch. Je früher, desto besser.

»Aber ... wohin willst du gehen?« will Peter wissen. »Auf eine Suche«, sagt Thomas schlicht. »In den Süden, denke ich. Vielleicht siehst du mich wieder, vielleicht nicht. Ich gehe in den Süden, auf eine Suche ...« »Was für eine Suche?« will Peter wieder wissen. »Flagg zu finden«, antwortet Thomas. »Er ist irgendwo dort draußen. In dieser Welt oder in einer anderen. Ich weiß es; ich spüre sein Gift im Wind.« Das Ende von »Die Augen des Drachen« läßt somit die Tür weit offen für eine Fortsetzung. Die Saga »Der dunkle Turm« wird's auf jeden Fall zeigen, denn in → »Der dunkle Turm II: Drei« (»Der Mörder«, Kapitel 3, Abschnitt 13) erinnert sich der → Revolvermann → Roland Deschain in einer jähen Vision an Thomas aus Delain und dessen Kampf mit dem Zauberer Randall Flagg ...

Die Augen des Drachen

Die Augen des Drachen = Der dunkle Turm?

In dem Roman → »Schlaflos« kommentiert der kleine → Patrick Danville seine Zeichnung, die einen dunklen Turm, einen roten König (d.i. der → »Scharlachrote König«) und einen Cowboy zeigt: »Der heißt Roland, Mama. Manchmal träume ich von ihm. Der ist auch ein König« (Kapitel 30, Abschnitt 4, Absatz 8). Wie sich wenig später herausstellt (der Dauerleser weiß es schon), meint Patrick damit den → Revolvermann → Roland Deschain aus der Saga → »Der dunkle Turm«. Moment! Roland ist ein König? Wer den Roman → »Die Augen des Drachen« gelesen hat, weiß, daß der König des Königreichs Delain (man beachte die Ähnlichkeit mit dem Nachnamen Deschain) dort Roland heißt. Die Welt in »Die Augen des Drachen« ist der mittelalterlichen Welt, der → Mittwelt in »Der dunkle Turm« sehr ähnlich. In beiden Welten existiert ein Bösewicht → (Randall) Flagg, der als jahrhundertealte Hofzauberer erbitterter Widersacher vom König/Revolvermann Roland ist. Darüber hinaus existiert in »Die Augen des Drachen« eine Hexe mit Namen → Rhiannon, die auf dem Berg → Coos und den Menschen in der Stadt das Fürchten lehrt. In → »Der dunkle Turm IV – Glas« heißt trifft der Revolvermann Roland auf die Hexe → Rhea Dubadivo, die vor den Toren der Stadt auf dem Berg → Cöos lebt.

In Anbetracht dieser vielzähligen Überschneidungen steht die These im Raum: Ist die Welt in »Die Augen des Drachen« eine weitere Parallelwelt zu der Welt in »Der dunkle Turm«? Kann es sein, daß in der Welt von → »Die Augen des Drachen« keine Revolution durch → Gesetzlose und → John Farson gegeben hat, die Welt sich nicht weiter drehte und Rolands Vater → Steven Deschain irgendwann gestorben ist, Roland ihn als Baron und König abgelöst hat und als solcher sich nun der dunklen Machenschaften des Hofzauberers Flagg erwehren muß?

Die Ballade von der flexiblen Kugel (The Ballad of the Flexible Bullet)

Erzählung. In: O: »Skeleton Crew«, Putnam, New York 1985 /
Dt.: »Blut«, Heyne Verlag, München 1996; Ü.: Joachim Körber

Die Erzählung wird bereits 1985 unter dem Titel → »Der Fornit« im Sammelband → »Der Fornit« veröffentlicht.

Die Dämonischen (Invasion of the Body Snatchers)

Kultfilm (USA 1956) von Regisseur Don Siegel, in dem Samenkapseln aus dem Weltraum menschliche Gestalt annehmen, die Personen, die sie imitieren, aus dem Weg schaffen, und schließlich die gesamte Menschheit heimsuchen (→ »Das Monstrum« von Stephen King).

Die Firma

Die »Firma« (im Original genannt: »Shop«) ist in dem Roman → »Feuerkind« das → Department of Scientific Intelligence, das als eine Art CIA, nur geheimnisvoller und dadurch noch gefährlicher, Experimente zur Erforschung paranormaler Fähigkeiten für das Militär durchführt. Zehn Jahre nach »Feuerkind« greift King erneut auf die Idee einer geheimen »Firma« zurück: In der von ihm konzipierten, siebenteiligen Fernsehserie → »Stephen King's Golden Years«, in der ebenfalls eine auf ungewöhnliche Ereignisse spezialisierte Firma Jagd auf Menschen macht. Abermals in Erscheinung tritt die auf Übersinnliches spezialisierte Firma in dem Roman → »Das Monstrum«, als in dem Örtchen → Haven nahe → Derry ein außerirdischen Raumschiff für zahllose Tote sorgt: »Sind Sie vom Pentagon?« fragt ein unschuldiger Bürger, der in »Das Monstrum« im Buch 3, Kapitel 9, Abschnitt 4 mit dem Hubschrauber ausgeflogen wird. Der Pilot sieht ihn mit einer ausdruckslosen dunklen Sonnenbrille an. »Shop.« Es ist das einzige Wort, das er vor, während oder nach dem Flug sagt.

Die Frau im Zimmer (The Woman in the Room)

Kurzgeschichte. In: O.: »Nightshift«, Doubleday, Garden City 1978 / Dt.: »Nachtschicht«, Bastei-Lübbe Verlag, Bergisch Gladbach 1984; Ü.: Harro Christensen

Johns und Kevins Mutter ist schwer krank. Während Kevin sie nur zwei Mal die Woche im Krankenhaus besucht, bekommt John jeden Tag ihr grausames Leiden zu sehen. Bis er es nach Tagen des inneren Diskurses nicht mehr aushält und ihrem Wunsch nachkommt. Er hat ihr Tabletten mitgebracht. So? Starke Tabletten. Tatsächlich? Er kann nur albern lächeln. Er bringt kein Wort heraus. Es ist, wie es bei seiner ersten Nummer war. Es passierte auf dem Rücksitz im Wagen seines Freundes. Zu Hause fragte ihn seine Mutter, ob er sich amüsiert habe. Und er konnte nur genauso albern lächeln wie heute. Dann nimmt seine Mutter die Tabletten und entschläft. John legt ihr die Beine zusammen, wie sie es wünscht. Er fühlt sich genau wie vorher, nicht besser, nicht schlechter.

Die Geistermutanten (The Slow Mutants)

→ »Die langsamen Mutanten«

Die Grauen

→ Gesetzlose

Die Höllenkatze (Cat from the Hell)

Erzählung. In: O.: »Cavalier«, New York 1977 /
Dt.: »Top Horror«, Heyne Verlag, München 1984; Ü.: Rolf Jurkeit

Der Profikiller Halston soll eine Katze töten, die den Vorsitzenden Drogan einer pharmazeutischen Firma verfolgt, in der bei Tierversuchen tausende

Katzen umgebracht werden. Allerdings obsiegt die Katze und bereitet dem Killer ein fürchterliches Ende: »Es war der Katze gelungen, ihren ganzen Körper in seinen Mund einzuführen. Sein Hals schwoll an wie ein Gartenschlauch, der unter Druck gesetzt wird. Sein Körper zuckte, die Händen fielen auf die Schenkel zurück.« Na denn Mahlzeit!

Die Kiste (The Crate)

Kurzgeschichte. In: O.1: »Gallery«, New York 1979; O.2.: »Creepshow«, Penguin, New York 1982 (als Comic-Adaption) / Dt.: »Creepshow«, Bastei-Lübbe Verlag, Bergisch Gladbach 1989; Dt.: Hajo F. Breuer

Der Hausmeister der Horlicks University findet beim Spielen mit einer Münze eine Kiste unter der Kellertreppe, in der ein Monster haust, mit dessen Hilfe sich der Professor Henry Northrup seiner bösartigen, herrschsüchtigen Frau Wilma entledigt, bevor er die Kiste im Meer versenkt. Unverkennbar die Anspielung an die von Stephen King heißgeliebten → Cartoons der → E.C. Comics: Das blutrünstige Monster in der Kiste hat verblüffende Ähnlichkeit mit dem → Tasmanischen Teufel.

Die Körperfresser kommen (Invasion of the Body Snatchers)

Remake (USA 1977, Regisseur: Philip Kaufman) des Kultfilms → »Die Dämonischen«, in dem außerirdische Sporen die Macht über die Menschen, deren Handeln und Denken übernehmen. Die besondere Kraft des Remakes, und damit stellt sich eine wichtige Parallele zu Stephen Kings gern gezeichnetem → Realismus und dem Roman → »Das Monstrum« her, liegt in der Visualisation des alltäglichen Lebens einer großen Metropole, die langsam von einer gefühllosen, außerirdischen Macht infiltriert wird. Erst gegen Schluß zeigen sich die äußerlich nicht ungewöhnlich wirkenden Geschöpfe als etwas völlig Unmenschliches. Der Gleichgültigkeit der Masse steht dabei der Enthusiasmus eines Einzelnen gegenüber (in »Das Monstrum« ist das → Jim Gardener), der dem Treiben der finsteren Macht ein Ende zu setzen versucht. Dabei kann man leicht sein Leben verlieren ...

Die langsamen Mutanten (The Slow Mutants)

Erzählung. In: O.1: »The Magazine of Fantasy and Science Fiction«, Juli 1981, O.2: »The Dark Tower I: The Gunslinger«, NAL, New York 1988 / Dt.1: »Die besten Geschichten aus dem Magazine of Fantasy & Science Fiction 66 – Im fünften Jahr der Reise«; Heyne Verlag, München 1983«; Dt.2: »Schwarz«, Heyne Verlag, München 1988; Ü.: Joachim Körber

Der Revolvermann → Roland Deschain und → John Jake Chambers gelangen auf ihrer Jagd nach dem → Mann in Schwarz in die Berge. Sie betreten eine Mine, die immer tiefer führt. Bis sie auf eine Draisine stoßen. Jake zeigt dem ahnungslosen Roland, wie diese zu benutzen ist. Unterwegs müssen sie sich seltsamen Wesen stellen. Es sind → langsame Mutanten. »Das Gesicht eines ausgehungerten Idioten. Der zierliche nackte Körper war in eine wulstige Masse tentakelähnlicher Gliedmaßen mit Saugnäpfen verwandelt worden.« Roland und Jake können diesen widerlichen Viechern trotzen und erreichen einen alten, unterirdischen Bahnhof, das Relikt ehemaliger Zivilisation. »Wie in der U-Bahn«, erinnert sich Jake. »U-Bahn?« Roland weiß nichts damit anzufangen. Zuviele Jahre sind ins Land gezogen seit der großen Katastrophe. Roland erinnert sich: »Mein Vater hatte die Macht übernommen, er war auserwählt und anerkannt worden, Marten war der Anerkenner, mein Vater der Lenker. Und seine Frau, meine Mutter, ging zu ihm, das Bindeglied zwischen beiden. Verräterin. Mein Vater war der letzte Herr des Lichts.« Jetzt herrscht in → Mittwelt Dunkelheit. Bevor die beiden ans Tageslicht zurückkehren, müssen sie eine gewaltige, zusammenstürzende Stahlbrücke überqueren. Auf der anderen Seite wartet der Mann in Schwarz. Rolands Ahnung bewahrheitet sich, das → Orakel tritt ein: Jake ist der Schlüssel zum Mann in Schwarz. Jake stürzt. Baumelt über dem Abgrund, »eine lebende Tarotkarte, der Gehängte«. Roland muß sich entscheiden: Jake retten oder den Mann in Schwarz fassen. Indem Roland Jake dem Tod anheimstellt, wirft er endgültig den Ehrenkodex der Revolvermänner (die Liebe und das Licht zu wahren) über Bord, um ein größeres Ziel, den Turm, zu erreichen. Kurz bevor Jake fällt, fallen wird, fallen gelassen wird, sagt er dem Revolvermann: »Es gibt andere Welten als diese.« Die Wahrheit dieser Worte wird Roland erst viel später begreifen.

Die Erzählung, die in Deutschland als → »Die Geistermutanten« erstmals in »Das Beste aus dem Magazine of Fantasy and Science Fiction« veröffentlicht wird, ist das Kapitel 4 in → »Der dunkle Turm I: Schwarz«.

Die Leiche (The Body)

Novelle. In: O.: »Different Seasons«, Viking, New York 1982 / Dt.: »Frühling, Sommer, Herbst und Tod«, Bastei-Lübbe Verlag, Bergisch Gladbach 1984, Harro Christensen

Die vier zwölfjährigen Freunde Chris Chambers, Teddy Duchamp, Vern Tessio und der spätere → Schriftsteller Gordie Lachance machen sich im Sommer des Jahres 1960 auf die Suche nach der Leiche des Jungen → Ray Brower, der von einem Zug überrollt worden ist und irgendwo neben den Gleisen liegen soll. Im Grunde ist die Story handlungsarm, ihren Reiz machen jedoch die wehmütigen Erinnerungen an die Jugendzeit aus. Die Novelle beruht laut Stephen King auf einer wahren Begebenheit. »Als ich ungefähr vier Jahre alt war, spielte ich mit einem Freund draußen. Nach ungefähr einer Stunde kam ich totenblaß nach Hause. Ich hatte mir in die Hosen gemacht.

Und ich wollte nicht reden. Meine Mutter fragte mich, was passiert war, aber ich ging nach oben, machte die Tür zu und blieb den ganzen Nachmittag in meinem Zimmer. Am Abend fand Mom heraus, daß der Junge, mit dem ich gespielt hatte, von einem Güterzug überrollt worden war. Ich erinnere mich daran, daß sie mir später erzählte, sie hätten die Stücke von ihm in einem Korb eingesammelt. In einem Weidenkorb.« Hinzu kommt, daß ein Bursche namens George McCloud, mit dem King auf dem College ein Zimmer teilt, ihm von einem Erlebnis berichtet, das sich in seiner Kindheit zugetragen hat. McCloud erzählt, daß in der Nähe des Ferienlagers, in dem er im Sommer stets war, einmal ein toter Hund auf den Bahngleisen lag, der von einem Zug erwischt worden ist, und man bloß den Gleisen folgen mußte, um ihn sich anzusehen. King zufolge gaben diese beiden Dinge den Ausschlag dafür, daß er »Die Leiche« schrieb.

Der Ich-Erzähler Gordie Lachance weist deshalb wohl auch die meiste Ähnlichkeit mit King auf – Jugendfreundschaften, die Wehmütigkeit über das Erwachsenwerden und den Verlust der Freunde, der tote Junge am Bahnstrang, die Konflikte mit der Halbstarken-Gang um → Ace Merrill. »Eine Menge davon ist mir wirklich passiert«, bekennt King. »Zum Beispiel die Geschichte von den Jungen, die in einem Teich schwimmen, und als sie wieder rauskommen, sind sie vollkommen bedeckt mit Blutsaugern. Das ist mir wirklich passiert! Und zwar war es so, daß ich aus dem Wasser kam, mir eine von diesen Nacktschnecken abstreifte und entdeckte, daß ein großer Blutegel mitten in meinem Nabel steckte. Also bin ich in der Geschichte einen Schritt weitergegangen und hab' die Schnecke auf die Hoden von dem Jungen gesetzt. Das war das Ekligste, das ich mir vorstellen konnte.« In »Die Leiche« findet sich im übrigen ein kurzer Link auf den Roman → »Brennen muß Salem«. Chris Chambers sagt seinen Freunden, kurz bevor sie die Leiche entdecken und sich mit Ace Merrill auseinandersetzen müssen, der ebenfalls einen Blick auf den toten Henry werfen will: »Viele richtige Städte hören sich dumm an. Was ist zum Beispiel mit Alfred, Maine? Oder Saco, Maine? Oder → Jerusalem's Lot? Oder → Castle Rock? Die meisten Städtenamen sind albern. Wir merken es bloß nicht, weil wir daran gewöhnt sind ...«

Die letzte Sprosse (The Last Rung on the Ladder)

Kurzgeschichte. In: O.: »Nightshift«, Doubleday, Garden City 1978 / Dt.: → »Nachtschicht«, Bastei-Lübbe Verlag, Bergisch Gladbach 1984; Ü.: Barbara Heidkamp

Larry, heute einer der besten freien Rechtsberater in Amerika, wuchs mit seinem Vater, seiner Mutter und seiner zwei Jahre älteren, bildhübschen Schwester Katrine, die alle nur Kitty nannten, auf einer Farm nahe Hemingford Home achtzig Meilen westlich von Omaha auf. Damals streunten sie durch eine Scheune und machten sich einen Heidenspaß, von einem Dachbalken sechzehn Fuß hinab auf einen Heuhaufen zu springen. Dann aber knarzt etwas, die Leiter knackt, und Kitty klammert sich verzweifelt an die letzte Sprosse des abgebrochenen Leiterendes. Larry läuft hinüber zum Heuhaufen, greift sich einen Armvoll, rennt zurück und wirft es hin. Dann rennt er wieder zurück. Und wieder. Und wieder. Er rennt hin und her, bis er einen kleinen Heuhaufen aufgeschichtet hat und ihr, die blindlings springt, weil sie weiß, daß ihr Bruder sie retten wird, tatsächlich das Leben rettet. Doch das Leben geht weiter, und während Kitty von einer Pechsträhne in die nächste rutscht und dabei die neuerliche Hilfe ihres Bruders vermißt, steigt Larry die Erfolgsleiter nach oben. Bis ihn ein Brief erreicht: »Lieber Larry, ich habe in letzter Zeit sehr viel nachgedacht ... und ich glaube jetzt, daß es besser für mich gewesen wäre, wenn die letzte Sprosse abgerissen wäre, bevor Du das Heu unter mich legen konntest.« Kitty ist vom Hochhaus gesprungen, Larry hat ein schlechtes Gewissen: Schließlich war es Kitty, die immer gewußt hatte, daß das Heu da sein würde. Die Geschichte ist bar jeglichen Horrors, handelt von Entfremdung, Schuld und Sühne und beweist eindrucksvoll, daß King auch andere, literarische Wege beschreiten kann.

Die Lotterie (The Lottery)
Kurzgeschichte von → Shirley Jackson.
In: O.: »The New Yorker«, New York 1948
Eine der beliebtesten Erzählungen von Shirley Jackson mit großem Einfluß auf nachfolgende Autoren. Auch Stephen King führt sie in seinen Erzählungen und Romanen mehrfach an (z.B. → »Der Fornit«). »Die Lotterie« dient der Erzählung → »Regenzeit« und dem Drehbuch → »Der Sturm des Jahrhunderts« als Vorlage. Wie Stephen King in »Regenzeit« entführt Shirley Jackson mit ihrer Kurzgeschichte den Leser in ein ländliches Sommeridyll im Amerika der Gegenwart, eine Welt, in der die Farmer ihrer Arbeit nachgehen und die Kinder Schulferien haben, eine Welt, zu der man Zutrauen haben kann. Wie alljährlich Ende Juni (in »Regenzeit« ist es der 17. Juni) findet eine Lotterie statt, deren Ursprung längst vergessen ist (Was auch für die »Regenzeit« gilt, von der der alte Henry sagt: »Dauert nur eine Nacht, ist aber schon immer Regenzeit genannt worden. Keine Ahnung, warum.«) Man scherzt und man lacht (so wie es auch das junge Paar tut, das man vor der »Regenzeit« warnt), bis dann schließlich die Lose gezogen werden. Dann fällt plötzlich die Maske der Gemeinsamkeit und Friedfertigkeit (wie Kröten vom Himmel!): Mit Steinen in den Händen stürzen sich die Nachbarn, ja selbst eigene Kinder und ihr Ehemann auf das wehrlose Opfer, die Farmersfrau Mrs. Hutchinson, die das Los mit dem schwarzen Punkt gezogen hat. Blitzartig enthüllt sich der bestialische Sinn der Lotte-

rie, wird das Gesellschaftsspiel (wie der Krötenregen) zum Opferritual. Und warum? Es ist halt so. Die makabre Parabel führt den Glauben an die Sicherheit zivilisierter Ordnungen ad absurdum und macht sinnfällig, daß unter einer dünnen, brüchigen Oberfläche das Chaos lauert (und daß der Mensch letztendlich das größte Monster sein kann). Der Preis, den die Gesellschaft immer wieder für eine präsentable Fassade bezahlt, ist die Steinigung des Mitmenschen. In »Regenzeit« werden alle sieben Jahre wehr- und ahnungslose Touristen (mit Kröten) gesteinigt, damit der Frieden und damit die Fassade des beschaulichen Örtchens erhalten bleibt. Absurdität am Rande: Als »Die Lotterie« 1949 in »The New Yorker« erscheint, löst sie einen Sturm der Entrüstung aus, andererseits aber auch Anfragen, wo man denn an der geschilderten Lotterie teilnehmen könne.

Die Meerenge (The Reach)

Erzählung. In: O: »Skeleton Crew«, Putnam, New York 1985 / Dt.: »Blut«, Heyne Verlag, München 1996; Ü.: Joachim Körber

Die Erzählung wird bereits 1985 unter → »Der Gesang der Toten« im Sammelband → »Der Gesang der Toten« veröffentlicht.

Die Nacht des Tigers (The Night of the Tiger)

Erzählung. In: O.: »Magazine of Fantasy and Science Fiction«, New York 1978 / Dt.: E. L. Ferman & Anne Jordan (Hg.): Die besten Horror-Stories, Droemer Knaur Verlag, München 1989

Erstmals erscheint die Geschichte im → »Magazine of Fantasy and Science Fiction«. Bis heute ist sie in keinem Sammelband mit anderen King-Werken vereint. Die Geschichte erzählt von Mr. Legere, der einem Zirkus nachreist und sich vom Dompteur Indrasil und dessen Tiger »Green Terror« beeindruckt zeigt. In einer dunklen und stürmischen Nacht kommt es zum Showdown zwischen dem Fremden und Indrasil und zur vorhersehbaren Pointe: Der Dompteur verwandelt sich in seinen Lieblingstiger.

Die Offenbarungen der Becka Paulson (The Revelations of Becka Paulson)

Erzählung. In: O.1: »Rolling Stone«, New York 1984; O.2: Skeleton Crew (Limited edition), Scream Press, Santa Cruz 1985

Die dümmliche Rebecca Paulson findet beim Hausputz die Pistole ihres herrschsüchtigen Ehemannes Joe. Die Waffe geht los und jagt Becka eine Kugel in den Kopf. Doch sie stirbt nicht, sondern steht wenig später munter wieder auf und wird seitdem von unglaublichen Visionen heimgesucht, die ihr mittels Fernseher Geheimnisse von Freunden und Bekannten offenbaren. Diese zeigen ihr, daß ihr Gatte sie mit der drallen Nancy auf dem Postamt betrügt. Dank der Kugel im Kopf erlangt Becka plötzlich ein technisches Know-how, mit dem sie die Kabel des Fernsehers umpolt, damit Joe beim Einschalten einen Schlag bekommt. Rache ist süß! Die Geschichte hielt in abgewandelter Form Einzug in den Roman → »Das Monstrum« und wurde 1997 als → »Kugel im Kopf« für die Mystery-Serie → »Outer Limits« verfilmt. Als Erzählung fand sie Aufnahme in eine limitierte Fassung von »Skeleton Crew«, die nicht ins Deutsche übersetzt wurde.

Die purpurne Wolke (The Purple Cloud)

Roman von → Matthew Phipps Shiel

O.: 1901 / Dt.: Heyne Verlag, München 1982

Einem Vulkan entweicht eine ätzende Säure, die die Menschheit bis auf eine geringe Anzahl Überlebender dahinrafft. Die wenigen Menschen, die übrigbleiben, geraten zwischen die Fronten hoher, kosmischer Mächte, die auf der Erde ihren endgültigen Kampf austragen. Shiels Roman ist zweifelsfrei Inspiration für → »Das letzte Gefecht«.

Die Reploiden (The Reploids)

Kurzgeschichte. In: O.: »Night Visions 5«, Dark Harvest, Virginia 1988 / Dt.: »Nachtvisionen«, Heyne Verlag, München 1988; Ü.: Joachim Körber

Der berühmte Talkmaster der »Tonight Show«, Johnny Carson, wird aufgrund einer Dimensionsverschiebung von einem Moment auf den anderen von seinem Gegenstück aus einem anderen Kontinuum, einem gewissen Ed Paladin, ersetzt. Der aber weiß nicht, wie ihm geschieht, als er sich auf der Bühne der »Tonight Show« im Hier und Jetzt wiederfindet. Wie also soll er der flugs herbeigerufenen Polizei eine Antwort liefern? Der Polizist Cheyney sieht »Paladin an und stellte plötzlich sehr zu seinem Erstaunen fest, daß ihm der Mann leid tat. Bis jetzt hatte er verwirrt ausgesehen; nun sah er verblüfft und ängstlich aus, wie ein Mann, der aus einem Alptraum aufwacht und feststellt, daß der Alptraum immer noch andauert.« Ein kafkaesker Alptraum, wo plötzlich keiner mehr weiß, wo er ist und warum er da ist. In der Anthologienreihe »Night Visions« werden von Band zu Band jeweils drei Autoren von einem anderen Herausgeber zusammengestellt; in Band 5 veröffentlicht King neben »Die Reploiden« die beiden Erzählungen → »Turnschuhe« und »Entschlossenheit« (→ Zueignung), beide werden später im Sammelband → »Alpträume« mit aufgenommen.

Die Todesbotschaft

→ »Entschuldigung, richtig verbunden«

Die Verurteilten

1999 haben mehrere Zehntausend Internetnutzer auf den Seiten des Filmdienstes IMDB (http://www. imdb.com) den Film »Die Verurteilten« (Regie:

Frank Darabont), der auf der Erzählung → »Pin Up« basiert, zum besten Film aller Zeiten gewählt. Der Film war 1994 in den USA zwar in sieben Kategorien für den Oscar nominiert, aber keine der begehrten Trophäen wurde verliehen. Wenngleich die Kinofassung nur 28,3 Millionen Dollar einspielte, war der Film im Videoverleih und der Fernsehausstrahlung 1995 absoluter Spitzenreiter. Er hat sich über die Jahre hinweg als Kultfilm etabliert. Von Regisseur Frank Darabont ist für das Jahr 2000 die Verfilmung von → »The Green Mile« mit Tom Hanks in der Hauptrolle vorgesehen.

Die Wüste, die der Inbegriff aller Wüsten ist.
Dieser Satz wird zum Inbegriff der Saga → »Der dunkle Turm«, und auch an anderer Stelle von Stephen King zur Kenntlichmachung der Verknüpfung angeführt (→ »Schlaflos«, Kapitel 30, Abschnitt 5, Absatz 19). Die Wüste heißt → Parsek, sie muß der → Revolvermann → Roland Deschain in dem Buch → »Der dunkle Turm I: Schwarz« auf seiner Jagd nach dem → Mann in Schwarz allen Widrigkeiten zum Trotz durchqueren.

Die Zehn-Uhr-Leute (The Ten O'Clock People)
Kurzgeschichte. In: O.: »Nightmares & Dreamscapes«, Verlag Viking, New York 1993 / Dt.: »Alpträume«, Hoffmann & Campe, Hamburg 1993; Ü.: Joachim Körber
»Für eine bestimmte Klasse amerikanischer Stadtbewohner hat die Sucht die Kaffeepause zur Zigarettenpause gemacht«, sagt Stephen King. Die teuren Bürogebäude sind inzwischen fast ausschließlich Nichtraucherzonen, während das amerikanische Volk eine der erstaunlichsten Kehrtwendungen des zwanzigsten Jahrhunderts vollzieht. »Wir gewöhnen uns unsere alte, schlechte Angewohnheit ab, und zwar ohne Fanfarenstöße, und die Folge davon sind einige sehr seltsame Nischen soziologischen Verhaltens«, erklärt Stephen King eingangs dieser Erzählung. Brandon Pearson ist einer von denen, die sich weigern, ihre schlechten Angewohnheiten aufzugeben, den Zehn-Uhr-Leuten, und bewohnt eine solche Nische: er trifft sich mit Zimmerleuten, Geschäftsmännern, Hausmeistern und elegant frisierten Frauen zu einer Zigarette – doch eines Tages sieht er einen Menschen mit einer unförmigen Fleischmasse als Kopf, in der sich Tentakel winden. Dud-

ley Rhineman, ein farbiger Geschäftsmann, kann ihn gerade noch davon zurückhalten, laut aufzuschreien. Rhineman weiht ihn ein, daß die Menschheit von fremden Wesen, den Bats, unterwandert ist, die man nur dann erkennt, wenn sich eine bestimmte Menge Nikotin im Körper befindet. Pearson schließt sich einer Untergrundbewegung an, die diese Wesen bekämpft. Ein Treffen der Bewegung wird in einen Hinterhalt gelockt, aber Pearson kann mit einigen entkommen, die den Kampf gegen die Unholde wieder aufnehmen, mit mäßigem Erfolg, aber Pearson hat gelernt »daß das Töten von Bats und das Einschränken des Zigarettenkonsums zumindest eines gemeinsam hatte: irgendwo mußte man anfangen.«

Dodd, Frank

Frank Dodd ist kein Werwolf, Vampir oder Gespenst, und er ist auch keine namenlose Kreatur aus dem Hexenwald oder aus den Schneewüsten. Frank Dodd verkörpert das Grauen, das tagtäglich vor der Tür liegt, ohne übersinnliches Brimborium. In dem Roman → »Das Attentat« ist Frank Dodd ein Cop im beschaulichen → Castle Rock, an sich eine respektierte Person, leider mit einigen seelischen und sexuellen Problemen behaftet, so daß er 1970 eine Serviererin namens Alma Frechette tötet; 1971 eine Frau namens Pauline Toothaker und eine Studentin namens Cheryl Moody; 1974 ein hübsches Mädchen namens Carol Dunbarger; im Herbst 1975 eine Lehrerin namens Etta Ringgold; und schließlich, Ende desselben Jahres, eine Schülerin namens Mary Kate Hendrasen, bevor er vom telepathisch begabten → Johnny Smith entlarvt wird. Er entzieht sich seinem Schicksal, indem er sich selbst umbringt. Der Fall sorgt für derart viel Aufsehen, daß sogar die Menschen im entfernten → Derry im Roman → »Es« darüber reden.

Dolan's Cadillac

Kurzgeschichte. In: O.1: »Castle Rock Magazine«, Bangor 1985; O.2: »Nightmares & Dreamscapes«, Verlag Viking, New York 1993 / Dt.: »Alpträume«, Hoffmann & Campe, Hamburg 1993; Ü.: Joachim Körber

Der verzweifelte Grundschullehrer Robinson rächt den Tod seiner Frau Elisabeth, die als Kronzeugin gegen den Mafioso Dolan hätte aussagen sollen, zuvor aber mittels Autobombe von diesem ins Jenseits befördert wird. Robinson macht sich an einer Baustelle in der Wüste von Nevada zu schaffen, die er zu einem großen Grab für den Paten Dolan mitsamt seines Cadillac umfunktioniert. Er schüttet Erde in das Loch, in das Dolan gerast ist, und hat endlich wieder seinen Frieden.

Dolores (Dolores Claiborne)

Roman. O.: Viking, New York 1993 /
Dt.: Heyne Verlag, München 1993; Ü.: Joachim Körber

Vierter und letzter Roman, mit dem Stephen King seinen Supervertrag mit dem Verlag → Viking erfüllt. Die Stammleserschaft schenkt dem Roman besondere Aufmerksamkeit, geht ihm doch die Androhung voraus, nie mehr Horror schreiben zu wollen. Vordergründig scheint er diese Absicht – wie in dem vorangegangenen Roman → »Das Spiel« – wahrzumachen: King schildert das Leben von Dolores Claiborne. Im Subtext aber findet sehr wohl die Darstellung des Grauens Platz. Die Dämonen der Seele nämlich, die in der Psyche der Menschen und in ihren Mitmenschen begraben liegen (→ Realismus): Mißhandlung, Vergewaltigung, psychische Folter. King schildert sie auf eindringliche Weise, daß es seine Befähigung zum »echten« Literaten durchaus unter Beweis stellen sollte. Selbst strenge King-Kritiker wie S. T. Joshi sehen in »Dolores« eine »gelungene Leistung und ganz sicher nicht die Art von Roman, die man von einem Schriftsteller wie King erwarten würde« (in: Moderne Horrorautoren, Edition Metzengerstein, Kerpen 1999). Dies ist wohl auch der Grund, warum der Roman, was die Verkaufszahlen anbelangt, deutlich hinter den »Frühwerken« zurückbleibt. Zu Unrecht, denn »Dolores« ist wie »Das Spiel« ein einfühlsames Porträt einer Frau, der das Leben und die Männer übel mitspielen, die aber darum kämpft, über die entmutigendsten Hindernisse zu triumphieren. Dolores Claiborne St. George, dreiundsechzigjährige Haushälterin der reichen Vera Donovan auf → Little Tall Island vor der Küste Maines, wird nach dem Tod ihrer Arbeitgeberin vom Polizeichef und dem Gerichtsmediziner vernommen, und eine Stenotypistin nimmt ihre Aussage auf Tonband auf. Hören wir, was sie sagt: Denn statt des Mordes an der verbitterten, lebensmüden Vera, die eines natürlichen Todes – Alter! – starb, erklärt Dolores sich des Mordes an ihrem Ehemann vor dreißig Jahren schuldig. Apropos schuldig. Ist sie das wirklich? Ist die in demütigenden Verhältnissen gefangene Dolores nicht viel mehr → »unschuldig schuldig«? Sie gibt zu Beginn ihres Monologes zu, daß »ich ... nur eine alte Frau mit einem üblen Temperament und einer noch übleren Gosche [bin], aber das ist's, was passiert, wenn man ein übles Leben hinter sich hat«. Ihr Bericht gibt dieser Aussage eindeutig recht. Sie hat den faulenzenden, biersaufenden Tunichtgut Joe St. George geheiratet, ein

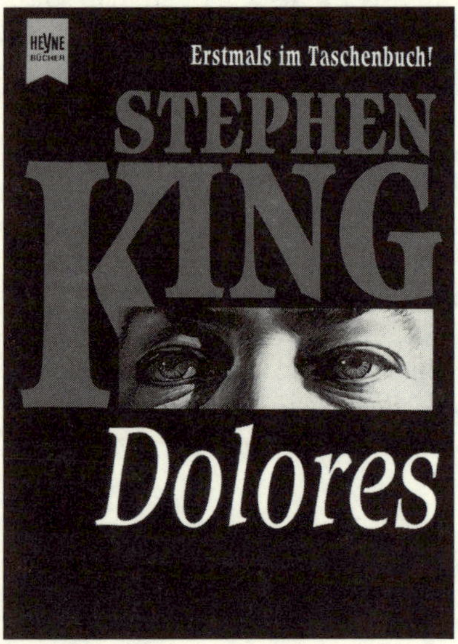

»nichtsnutziges Stück Scheiße«, wie sie sagt. Sie arbeitet bis zum Umfallen, um für die arrogante, alternde und ständig orientierungsloser werdende Vera zu sorgen, und, um dem Ganzen die Sahnehaube aufzusetzen, bringt sie auf Anraten dieser inzwischen zur garstigen »Hexe« mutierten Frau (eine Idee, die King bereits 1988 in der Erzählung → »Zueignung«, sozusagen in Form einer Vorstudie zu »Dolores« umsetzte) ihren Mann um.

Der Mord geschieht während derselben Sonnenfinsternis am 20. Juli 1963, die auch Schlüsselereignis im Roman »Das Spiel« ist. Kurz bevor Dolores Joe in den Garten lockt, wo sie den Brunnenschacht sorgfältig verdeckt hat, hat Dolores Visionen von einem kleinen Mädchen, das eindeutig niemand anderes ist als die zehnjährige → Jessie Burlingame aus »Das Spiel«. Dolores erinnert sich: »Ich sah sie, so wie man Leute im Traum sieht oder so, wie die Propheten des Alten Testaments vielleicht irgendwelche Dinge in ihren Visionen gesehen haben: ein kleines Mädchen, vielleicht zehn Jahre alt, mit seiner eigenen Reflektorbox in den Händen. Sie trug ein kurzes Kleid mit roten und gelben Streifen – eine Art Sonnenkleid mit Trägern anstelle von Ärmeln ... und Lippenstift in der Farbe von Pfefferminzbonbons. Ihr Haar war blond und hinten hochgesteckt, als wollte sie älter aussehen, als sie in Wirklichkeit war. Und noch etwas sah ich, etwas, das mich an Joe denken ließ: die Hand ihres Daddys lag auf ihrem Bein, ziemlich hoch oben. Vielleicht höher, als sie hätte sein dürfen.« Diese Vision bekräftigt Dolores nur in ihrer Entscheidung. Joe stürzt in den Brunnenschacht, und seine Hilferufe bleiben im Feuerwerk der Feierlichkeiten dieses Sommers 1963 unerhört. Dolores begeht diesen Mord aber nicht, um dem Gefängnis ihrer Ehe zu entfliehen. Sie nimmt die Schuld auf sich, weil Joe angefangen hat, seine Tochter Selena sexuell zu belästigen, und jetzt lüsterne Blicke auf seine Söhne Joe Junior und Little Pete wirft. Sie tut es auch, weil er die Sparbücher heimlich geplündert hat, die sie für die spätere Schulbildung ihrer Kinder angelegt hat. »Hab dich gründlich reingelegt«, sagte Joe lapidar, als sie ihn darauf ansprach, und lachte dabei und schüttelte den Kopf, wie man es tut, wenn jemand einen tollen Witz erzählt. Jetzt kann Joe keine Witze mehr erzählen. Der Roman »Dolores« gibt ein überzeugendes Bild vom Leben der Unterschicht – voller Ignoranz, Grobheiten und Schmutz –, das perfekt eingefangen wird über Dolores' eigenen ignoranten, groben und schmutzigen Monolog. Aber King gewährt seine Sympathie nicht nur ihr, sondern auch der der Oberschicht zugehörigen Vera, die, wie wir am Ende erfahren, ihren Ehemann ebenfalls vor vielen Jahren ermordete. Sie ist dadurch erpreßbar geworden, schenkte ihren Kindern einen Wagen, in dem sie ein Jahr nach dem Tod ihres Mannes starben. Vera empfindet Schuld (die Dolores im übrigen fremd ist, selbst als sie Joe mit einem wuchtigen Stein eins auf den Schädel knallt, als er sich halbverletzt aus dem Brunnen retten möchte), und fühlt sich bis zu ihrem

Tod von den Geistern ihrer Kinder (kleine, weiße Wollmäuse) heimgesucht. Es knüpft sich trotzdem zwischen den beiden Frauen ein Band, das alle Klassenschranken überwindet. Und Vera hinterläßt Dolores Millionen von Dollar, die Dolores, als sie vom Verdacht des Mordes an Vera freigesprochen wird, an ein Kinderheim spendet.

Donald M. Grant
Kleinverleger aus West Kingston in New Hampshire, der jeweils als limitierte Sammlerausgabe die Erstausgaben der Romane der Saga → »Der dunkle Turm« veröffentlicht, bevor NAL(→ New American Library) die Taschenbücher auf den Markt brachte: → »Der dunkle Turm I: Schwarz« (1982), → »Der dunkle Turm II: Drei« (1987), → »Der dunkle Turm III: Tot, 1991«, → »Der dunkle Turm IV: Glas« (1997).

Donnerhall
Am Ende von → »Der dunkle Turm IV: Glas« reisen der → Revolvermann → Roland Deschain und seine Freunde einem unbekannten Land namens Donnerhall entgegen. Was sie dort erwartet, ist bislang noch ungeschriebene Geschichte. Dort sitzt aber bereits der Pater → Callahan, der verfluchte Priester aus → »Brennen muß Salem«, der das Örtchen → Jerusalem's Lot in Neuengland mit dem Greyhound-Bus verließ und an der Grenze eines schrecklichen Landes von → Mittwelt namens Donnerhall herauskam.

Dosenbier
→ »Graue Masse«

Doubleday
Verlagshaus in Garden City, das 1973 mit → »Carrie« den bis heute anhaltenden Welterfolg von Stephen King begründet. Es erscheinen in den darauffolgenden Jahren noch → »Brennen muß Salem« (1975), → »Shining« (1977), → »Das letzte Gefecht« (1978) und → »Nachtschicht« (1978) bei Doubleday, bevor King für über zwanzig Jahre zum Verlag → Viking wechselt. Fünf Jahre danach meldet sich Doubleday aber noch einmal zu Wort, weil sie behaupten, Kings ehemaliger Vertrag mit ihnen sei noch nicht zu hundert Prozent erfüllt. King legt, obwohl er bei Viking ist, → »Friedhof der Kuscheltiere« (1983) nach, der dem Verlagshaus in Garden City noch einen weiteren King-Bestseller beschert.

Dracula
Roman von → Bram Stoker.
O.: London 1897 / Dt.: Leipzig 1908; Ü.: H. Widtmann

Jonathan Harker reist nach Transsylvanien aufs Schloß des Grafen Dracula und sieht sich jäh mysteriösen Ereignissen gegenübergestellt, die sich bis nach London zu seiner Frau Mina erstrecken. Rettung bringt nur der holländische Vampirjäger Abraham van Helsing. Ähnlichkeiten zwischen »Dracula« und Stephen Kings Vampirroman → »Brennen muß Salem« sind nicht zufällig: Den unerschrockenen Vampirjägern in »Dracula«, Jonathan Harker, Mina Murray-Harker, Dr. John Seward, Lord Arthur Holmwood Godalming, Quincey Morris und Professor Abraham van Helsing stehen bei King Ben Mears, Mark Petrie, Dr. Jimmy Cody, Matt Burkes und Pater Callahan gegenüber. Bei beiden Autoren gibt es Frauen, die geliebt werden (Stoker: Lucy Westenra; King: Susan Norton), dann zu einem Geschöpf des Vampirs werden und am Ende durch die Hand des Geliebten erlöst werden. Sowohl bei King als auch bei Stoker ist der eigentliche Vampir den größten Teil des Romans außen vor. Einzig das Grauen, das Unheimliche ist allgegenwärtig, aber nie richtig greifbar. Kleine Auffälligkeiten am Rande: Bei King heißt Draculas Gehilfe (Richard Thockett) Straker. Der Autor von »Dracula« heißt (Bram) Stoker. Auch Straker stirbt wie Draculas Gehilfe Mr. Renfield, nachdem er seine Pflicht erfüllt hat.

Drehbücher

Viele seiner Werke hat erst Stephen King selbst filmreif gemacht (was nicht immer für eine gute Verfilmung sorgte). Drehbücher schrieb er für »Desperation« (1999), »The Storm of the Century«, (1999) »The Shining« (1997), »Sleepwalkers« (1994), »Stephen King's Golden Years« (1991, die ersten fünf Episoden), »Pet Sematary« (1989), »Maximum Overdrive« (1986), »Silver Bullet« (1985), »Cat's Eye« (1984), »Creepshow« (1982), »The Stand« (1994) und »Ghosts« (1996), ein Musikfilm mit Michael Jackson. Darüber hinaus für eine Menge seiner Short Stories, »Chinga« (1998, für Akte X), »The Revelation of Rebecca Paulson« (1997, für The Outer Limits), »Chattery Teeth« (1997) und »Sorry, Right Number« (1987).

Dreizehnte Pforte

Die dreizehnte Pforte liegt in der Mitte der ringförmig um → Mittwelt gelegenen → Portale und ist die Achse aller Raum-Zeit-Kontinuen, sie ist → »Der dunkle Turm«.

Dretto, Carlocimi

Carlocimi Dretto, auch Cimi genannt, ist in »Der dunkle Turm II: Drei« der 250 Pfund schwere Bodyguard vom New Yorker Mafioso → Enrico Balazar. Dieser wiederum baut leidenschaftlich gerne Kartenhäuser. Als dieses Bauwerk einmal über neun Ebenen in den Raum ragt, hat Carlocimi 'Cimi Dretto eine Vision, die die ungefähre Bedeutung des dunklen Turms wiedergibt: 'Cimi hat »Balazar einmal etwas bauen sehen, was kein Kartenhaus mehr war, sondern ein Turm, der neun Ebenen hoch gewesen war, ehe er einstürzte ... ein spitzenähnliches Gebilde aus Buben und Damen und Königin und Zehnen und Assen, eine rote und schwarze Konfiguration von Papierdiamanten, die einer Welt zum Trotz standen, welche sich kreisend durch ein Universum unverständlicher Bewegungen und Kräfte bewegte; ein Turm, der für 'Cimis staunende Augen ein schallendes Leugnen sämtlicher unfairen Paradoxen des Lebens zu sein schien. Hätte er gewußt wie, hätte er gesagt: ›Ich habe gesehen, was er gebaut hat, und für mich hat es die Gestirne erklärt.‹«

Drogen

Im ersten Interview nach seinem schweren Unfall gesteht Stephen King der BBC im November 1999 seine Drogensucht: »Ich war drogenabhängig. Es gab nichts, was ich nicht geschluckt habe.« In seinem Buch → »Das Leben und das Schreiben« räumt er seine jahrelange Sucht ebenfalls unumwunden ein. Jay Leno, der Nighttalker auf NBC, erklärt in seiner »Tonight Show« daraufhin: »Stephen King und Kokain? Keine Überraschung, solche Horrorstories schreibt man schließlich nicht bei Kräutertee!«

Dubadivo, Rhea

In der Saga → »Der dunkle Turm« war Rhea eine alte Hexe, die auf dem Berg → Cöos vor den Toren der Stadt → Hambry hauste und dafür sorgte, daß die erste und einzige Geliebte vom → Revolvermann → Roland Deschain auf dem Scheiterhaufen endete (→ »Der dunkle Turm IV: Glas«). Gewisse Ähnlichkeiten zur Hexe → Rhiannon auf dem Berg → Coos in → »Die Augen des Drachen« sind nicht ungewollt (→ »Die Augen des Drachen = Der dunkle Turm?«).

Duddits – Dreamcatcher (Dreamcatcher)

Roman. O.: Scribners, New York 2001; Dt.: Ullstein, München 2001; Ü.: Hedda Pänke.

Zeitgleich in den USA, Großbritannien und Deutschland erscheint im März 2001 Kings neues Opus; die britische Romanfassung ist übrigens länger als die amerikanische. Der deutsche Titel ist im Gegenstaz zum ursprünglich angekündigten »Albtraumfänger« nun »Duddits – Dreamcatcher«. Die Internet-Autorin und King-Expertin Regina Cuno (www.clickfish.com/stephenking) weiß zum Inhalt zu berichten: »Einst fanden sich in Derry (Handlungsschauplatz von → »Es« und → »Schlaflos«) tapfere Jungen zusammen und besiegten das aus dem Weltraum kommende Monster Es. Zweifellos eine gute Sache, möglicherweise eine große Sache. Aber auch etwas, das sie unmerklich veränderte ... Fünfundzwanzig Jahre später treffen sich die

Jungen – jetzt gestandene Männer mit unterschiedlichem Lebensstandard – in alter Freundschaft wieder. Jedes Jahr zur Jagdzeit kommen sie in Maine zusammen. Dieses Jahr stolpert jedoch ein Fremder in ihr Lager, welcher zusammenhanglos über Lichter im Himmel berichtet. Die Freunde werden in einen erschreckenden Kampf mit einem Geschöpf von einer anderen Welt verwickelt. Ihre einzige Überlebenschance liegt in der Vergangenheit – und beim Dreamcatcher – Traumfänger ...«

Der Verlag schreibt: »Mit seinem neuen Roman knüpft Stephen King literarisch und thematisch an seine klassischen Erfolge wie ›Der Friedhof der Kuscheltiere‹ oder ›Es‹ an: Was für die vier Freunde Pete, Henry, Jonesy und Beaver als harmloser Jagdausflug in die Wälder von Maine geplant war, endet für sie völlig unverhofft in einem bizarren Alptraum; Rettung kann nur noch ihr alter Freund Duddits mit seinen hellseherischen Gaben verheißen.«

Die Filmrechte hat sich Castle Rock Entertainment bereits gesichert. Das Drehbuch wird William Goldman (Misery) schreiben.

Dünenwelt (Beachworld)

Kurzgeschichte, O.1: Weird Tales, 1985; O.2: Skeleton Crew, Putnam, New York 1985; Dt.: Der Fornit, Heyne Verlag, München 1987; Ü.: Alexandra von Reinhardt

»Dünenwelt« ist der Titel der Erstübersetzung, die in dem Sammelband → »Der Fornit« erscheint. Später wird die Story als → »Der Dünenplanet« in dem Sammelband »Blut« veröffentlicht.

Du Maurier, Daphne

Englische Schriftstellerin, geboren 1907, gestorben 1989. Die Enkelin des Schriftstellers George Louis Pamella Busson Du Maurier schrieb mit dem Roman → »Rebecca« einen Meilenstein innerhalb der langen Tradition der → Schauergeschichte, dessen Erfolg nicht zuletzt dank der gelungenen Verfilmung von Alfred Hitchcock bis heute anhält. Auch Stephen King zeigt sich von ihr beeinflußt – sein Roman → »Sara« ist eine Hommage an den Welterfolg »Rebecca«.

Dunkler Mann

In → »Das letzte Gefecht« wird → Randall Flagg der dunkle Mann genannt, der im → Westen der ausgerotteten USA die letzten überlebenden Bösewichter um sich scharrt. Der Westen wiederum ist für King so etwas wie die »dunkle« Gegend (der Staaten), daher wohl auch der Spitzname für Flagg.

E

E.C. Comics

Richtiger Name: Educational Comics, später dann Entertaining Comics. Die E.C. Comics brachten in den 50er Jahren eine Reihe von billigen Horror-Heftchen auf den Markt, unter anderem »Tales from the Creept«, »The Vault of Horror«, »The Haunt of Fear« oder »Weird Fantasy«, die Stephen King mit besonderer Vorliebe verschlang (»Herrgott, wie ich diese Dinger geliebt habe!«) und sein Interesse an unheimlichen Geschichten weckte. Jahre später zollte er gemeinsam mit Regisseur George A. Romero und → »Creepshow – Der Film« den Groschenheftchen seiner Jugend seinen Respekt. Erzieherisch wirkten die Gruselheftchen, wie der ursprüngliche Titel implizieren will, mit Recht: Das Gute obsiegte immer. Trotzdem wurden die Comics im Herbst 1954 aus dem Verkehr gezogen. Die Comics führten sogar zu einer offiziellen Untersuchung durch den Kongreß. Verbrennungen, Boykotte und eine »freiwillige« Selbstkontrolle raubten den Heften jedoch jeglichen Spaß. In vielen seiner Romane gelingt es King unterschwellig, den Cartoons (→ Zeichentrick) literarisches Leben einzuhauchen, zum Beispiel in → »Shining«, → »Brennen muß Salem« oder ganz exzessiv in → »Regulator«, der ein realgewordenes Comicszenario schildert.

Ecke Second und Forty-sixth Street

In der Saga → »Der dunkle Turm III: Tot« gelangt → John Jake Chambers in Manhattan auf ein brachliegendes Grundstück, Ecke Second und Forty-sixth Street. Er findet darauf einen Schlüssel, der die »telepathische« Verbindung zu → Eddie Dean in → Mittwelt darstellt, und eine Rose, die auf wunderbare, unbeschreibliche Weise schimmert und funkelt. Jake versinkt in diesem Anblick – die genaue Bedeutung dieser einzigartigen Rose in einem kargen Gelände hat King bislang offengelassen. Im Nachwort zu → »Der dunkle Turm IV: Glas«, dem zuletzt erschienenen Roman zur Saga, sagt er lediglich: »Es müssen mindestens noch drei weitere [Bücher] erzählt werden, glaube ich, zwei davon werden überwiegend in Mittwelt spielen, und eine fast ausschließlich in unserer Welt – das ist diejenige, die mit dem unbebauten Grundstück Ecke Second und Forty-sixth zu tun hat, und mit der Rose, die dort wächst. Diese Rose, muß ich Ihnen sagen, ist in schrecklicher Gefahr.«

Edition Phantasia

Deutscher Kleinverlag aus Linkenheim, Spezialgebiet Phantastische Literatur, den der langjährige King-Übersetzer Joachim Körber, inzwischen selbst preisgekrönter Autor, betreibt. Die Edition Phantasia hat im Laufe der Jahre eine Reihe limitierter, signierter und numerierter Sammlerausgaben von Stephen King herausgebracht. Spektakulär ist die Sonderausgabe von → »Der Nebel«. Der zwischen der Edition und dem deutschen Rechteinhaber, dem Heyne Verlag, geschlossene Lizenzvertrag wird von Stephen King nachträglich nicht anerkannt. Die Edition Phantasia muß knapp 350 der 500 Bücher einstampfen lassen – nur 150 Exemplare von »Nebel« sind zu dem Zeitpunkt bereits verkauft und heute bei den Fans hochdotierte → Raritäten. 1986 bringt die Edition Phantasia noch vor der amerikanischen Erstveröffentlichung mit der limitierten Luxusausgabe von → »Es« die Welterstveröffentlichung auf den Markt. Weiterhin hat die Edition Phantasia in limitierten Luxusausgaben »Angst« (d.i.: → »Angst pur«) und → »Die Augen des Drachen – Portofolio« publiziert. Die Ausgaben sind inzwischen alle restlos vergriffen. Aber auch das andere phantastische Programm der Edition kann sich sehen lassen, so ist 1998 Salman Rushdis Debütroman »Grimus« in einer limitierten und signierten Luxusausgabe bei der Edition erschienen. In Planung befindet sich bei der Edition Phantasia darüber hinaus eine vollständige Gesamtausgabe zu → H. P. Lovecraft, der bekanntlich Kings großes Vorbild ist. Adresse: Edition Phantasia, Wünschelstraße 18, 76756 Bellheim, http://www.edition-phantasia.de

Edwin

Zweitname von Stephen King.

Einen auf den Weg

Kurzgeschichte. In: O.: »Nightshift«, Doubleday, Garden City 1978 /Dt.: »Nachtschicht«, Bastei-Lübbe Verlag, Bergisch Gladbach 1984; Ü.: Harro Christensen

Eines stürmischen Winterabends stürzt Mr. Gerard Lumley in »Tookeys Bar« in → Falmouth, einem Nachbarort von → Jerusalem's Lot. Er berichtet, daß er und seine Familie vom Weg abgekommen seien und ihr Wagen in Jerusalem's Lot festhinge – was bei den anwesenden Männern sogleich die Alarmglocken schrillen läßt. Immerhin ist kürzlich Jerusalem's Lot komplett abgefackelt worden, und man hört seltsame Geschichten, von Vampiren und so. Die Männer machen sich auf den Weg, begegnen aber nur einem hämisch grinsenden Mädchen, das vor dem wohlweislich mitgenommenen Kruzifix zurückweicht. Da machen sich die Männer doch besser wieder auf den Heimweg ... Vorliegende Geschichte ist eine kurze Fortsetzung zu → »Brennen muß Salem«.

Einfälle

Eine der gerngestellten Fragen (die King, wie viele andere Kollegen auch, inzwischen haßt wie die Pest) ist, woher er seine vielen Einfälle habe. Seine schlichte Antwort: »Das weiß ich eigentlich nicht; ich habe sie eben.« Wenn's ihn ganz doll überkommt, antwortet er aber auch gerne: »Ich bekomme sie in der Center Street Nr. 239, in Bangor, direkt um die Ecke des Frate-Brothers-Pfandleihers ...«

Eluria

Kleines, ausgestorbenes Örtchen in der Erzählung → »Der dunkle Turm: Die kleinen Schwestern von Eluria«, in das der → Revolvermann → Roland Deschain vor den Ereignissen aus dem Zyklus-Band → »Der dunkle Turm I: Schwarz« gerät. Nur ein humpelnder Kläffer, der das christliche Kreuzsymbol auf der Brust trug, schwarzes Fell auf weißem, machte sich über die Leiche des Jungen → James Norman her. Roland verscheuchte den Köter und nahm James' Medaillon an sich. Welche Rolle dieses Medaillon in dem Zyklus → »Der dunkle Turm« spielt, ist bisher ungeklärt. Sicher ist, daß die fünf häßlichen Klosterschwestern, die in dem Ort hausen, des nachts einen geheimnisvollen Ritus mit den Worten → »Can de lach, mi hem en tow« zelebrieren. Mit diesen Worten zollten bereits im Roman → »Desperation« (O./Dt.: 1996) die besessenen Menschen dem urzeitlichen Monster aus einer anderen (Rolands?) Welt, → TAK, ihren Respekt.

Endwelt

Mit dem Erreichen der Endwelt, d.i. die postapokalyptische Welt aus → »Das letzte Gefecht« in dem Roman → »Der dunkle Turm IV: Glas«, geht die erste Etappe der Reise vom → Revolvermann → Roland Deschain und seinen Freunden zu Ende. Dort bleiben sie jedoch nicht lange, zappen ins Land von → »Der Zauberer von Oz«, um sich dann zurück nach → Mittwelt zu begeben, Zielrichtung → Donnerhall.

Entschlossenheit (Dedication)

→ »Zueignung«

Entschuldigung, richtig verbunden (Sorry, Right Nummer)

Drehbuch. In: O.: »Nightmares & Dreamscapes«, Verlag Viking, New York 1993 / Dt.: »Alpträume«, Hoffmann & Campe, Hamburg 1993; Ü.: Joachim Körber

Das Drehbuch wurde unter dem Titel »Die Todesbotschaft« als 23minütige Episode für die TV-Serie → »Tales From The Darkside« (1987) verfilmt. Es handelt vom anstehenden Tod des Schriftstellers Bill Weidermann. Dessen Frau Kati erhält kurz zuvor einen seltsamen Anruf. Wie sich herausstellt, ist sie es selbst, die sich fünf Jahre später anruft, um ihr vergangenes Ich vor dem Herzanfall ihres Gatten zu warnen.

Erdbeerfrühling (Strawberry Spring)

Kurzgeschichte. In: O.1: »Cavalier«, New York 1975; O.2.: »Nightshift«, Doubleday, Garden City 1978 / Dt.: »Nachtschicht«, Bastei-Lübbe Verlag, Bergisch Gladbach 1984; Ü.: Barbara Heidkamp

In Neuengland nennen sie es einen Erdbeerfrühling. Niemand weiß, warum; es ist einfach eine Bezeichnung, die von den Alteingesessenen gebraucht wird. Sie sagen, daß es alle acht bis zehn Jahre einmal passiert. Mit der Dämmerung kommt dann der Nebel, der langsam, fast nachdenklich über die baumbestandenen Wege treibt und die Gebäude eins nach dem anderen verhüllt.

Er ist weich und nicht zu fassen, aber irgendwie doch erbarmungslos und beängstigend. In seinem Dunst wandert der unheimliche Jack, der Frauen tötet und ihnen die Köpfe raubt. Erst gestern abend wieder ... Der Ich-Erzähler berichtet fasziniert vom Erdbeerfrühling, den dichten Nebelschwaden, von seinen Kopfschmerzen, die einen dichten Nebel in seinem Schädel hinterlassen, von seiner Frau, die er im Nebenzimmer weinen hört. Sie denkt, er sei gestern abend mit einer anderen Frau zusammen gewesen. »Und, mein Gott, ich glaube, sie hat recht.«

Erinyes

Erinyes, Furien; Weibliche Wesen der griechischen Mythologie, die jene bestrafen, die sich gegen Bande des Blutes vergangen haben. Wenn es jemandem mißlang, die Ermordung eines Mitglieds seiner Familie zu rächen, rächten die Erinyen dessen Tod. Die Erinyen wurden oft in Verfluchungen angerufen. Was auch immer ihr genauer Ursprung war, sie spiegeln einen sehr alten griechischen Glauben an eine göttliche Gerechtigkeit wider. Ihr Werk der Vergeltung schützte diejenigen, die menschliches Recht nicht schützen konnte, gewöhnlich die, die von Mitgliedern ihrer eigenen Familie Unrecht erlitten hatten. Was ihren Einsatz im Roman → »Das Bild – Rose Madder« erklärt, als die von ihrem brutalen Mann (der auch dafür sorgte, daß sie ihr Kind verlor) vergewaltigte → Rosie Daniels in die wundersame Welt jenseits des mystischen Bildes flieht und dort von Rose Madder, einer antiken → Medusa, Hilfe bekommt, in dem diese die Erinyes herabruft.

Es (It)

Roman. O.: Viking, New York 1986 / Dt.: Heyne Verlag, München 1986; Ü.: Alexandra von Reinhardt

Vor der offiziellen Publikumsausgabe in Amerika gelangt 1986 eine erste, gekürzte Übersetzung von »Es« in der → Edition Phantasia als auf 250 normal und auf 30 mit römischen Ziffern numerierte Exemplare limitierte Luxusausgabe (Ganzlederband mit rotem Samtschuber) in den Handel. Somit war die deutsche Ausgabe die Welterstveröffentlichung von »Es«.

Stephen King sieht das nach vierjähriger Schaffenszeit im September 1986 mit 1138 Seiten erschienene, bombastische Werk als »Summe all dessen, was ich in meinem Leben getan und gelernt habe«. Auch Kollegen, Fans und Kritiker bescheinigen dem Autor das »Magnum Opus«. Und das liegt mit Sicherheit nicht nur an der gewaltigen Werbekampagne, die der Verlag → Viking im Vorfeld entfacht: Eine Erstauflage von 800.000 Exemplaren, ein Werbeetat von 400.000 Dollar und Publicity, die sich gewaschen hat. Als wäre es die Summe aller seiner bis dato veröffentlichten Werke, also quasi die ultimative Quintessenz – erwischt King den Leser mit »Es« eiskalt im Nacken, kälter als je zuvor. Fans sind sich einig, daß er viele Romane nach »Es« geschrieben hat, aber keinen von so eindringlicher Intensität wie »Es«. Alles stimmt in diesem Roman, als hätte King die Wirklichkeit, die nur aus Buchstaben, Worten und Sätzen besteht, mit einem Netz eingefangen und auf die Buchseiten geklebt. King weiß, worin der Erfolg

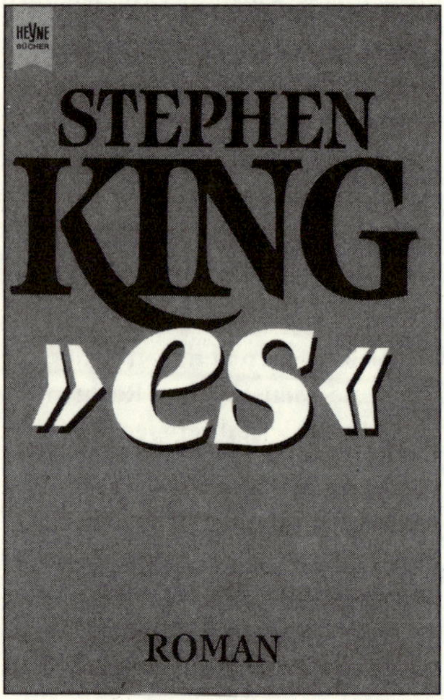

von »Es« liegt: »›Es‹ handelt eigentlich gar nicht von ES oder Ungeheuern oder so was. Es handelt von der Kindheit und meiner Vorstellung, wie man die eigene Kindheit erlebt und sie letztendlich wegstecken und ein Erwachsener werden kann.«

Was also ist ES? ES ist ein aus dem Weltraum kommendes, alterloses Wesen (→ Cthulu läßt grüßen), das seit Jahrhunderten im Abwassersystem der Stadt haust, alle 27 Jahre an die Oberfläche kommt und bevorzugt kleine Kinder goutiert. ES kennt ihre Ängste, und weil es sich beliebig verwandeln kann, gibt ES allen menschlichen Schreckensphantasien eine reale Gestalt. Dabei lernt der Leser ES zuallererst als Clown → Pennywise kennen: → Bill Denbroughs kleiner Bruder George läßt 1957 bei saumäßigem Regenwetter ein kleines Papierboot den Rinnstein entlangschippern, bis es zwischen den Gittern eines Kanaldeckels entschwindet. George will es noch ergreifen, aber da ist bereits Pennywise, der ihn aus einem offenen Kanalisationsschacht heraus angrinst – ein Clown, der glitzernde Silberdollar anstelle von Augen hat und Luftballons in der geballten, weißbehandschuhten Hand hält ... Pennywise reißt George für immer in die Tiefe. Sieben Freunde treten daraufhin den Kampf gegen das Unwesen an, die sich den Namen → »Club der Verlierer« geben. Sie sind Außenseiter, ein Mischmasch aus allen erdenklichen Mankos, die man sich als Kind bloß nie zu sein und zu haben wünscht: Der zehnjährige Bill Denbrough ist ein Stotterer, der gleichaltrige → Mike Hanlon ein Schwarzer, → Beverly Marsh wird von ihrem Vater verprügelt, → Ben Hanscom ist dick, → Richie Tozier eine Brillenschlange, → Eddie Kaspbrak ein Asthmatiker und → Stan Uris ein Jude. Sieben Freunde, die sich finden, die kurzen Momente des Glücks (dessen, was sie bisher vermißten: Liebe, Treue und Loyalität) genießen und den Widrigkeiten der Stadt trotzen, zum Beispiel dem Oberfiesling → Henry Bowers. Vielleicht ist das, was sich die Kinder untereinander antun, sogar schrecklicher als der supernatural horror, aber vielleicht ist der supernatural horror das, was wir als Kinder uns selbst immer antun: Denn wer hatte als Kind nicht panische Angst davor, nachts im Dunkeln durch die Hausdiele zu tapsen, weil er befürchtete, der schwarze Mann würde jeden Augenblick zum Fenster reinschauen, sich in der Küche hinter der Tür zwischen Rahmen und Kühlschrank verbergen ... Egal: Der »Club der Verlierer« kann ES vernichtend schlagen, nachdem sie sich gemeinsam über ihre Urängste hinweggesetzt haben. Was aber dazu führt, daran läßt King keinen Zweifel, daß die Kinder erwachsen werden, die Monster in sich besiegen und die Unschuld, ja auch die Naivität früher Tage verlieren.

Der »Club der Verlierer« schwört, sich erneut in Derry zu finden, sollte ES jemals zurückkehren. Wie der Club selbst, der sich die Freundschaft schwört, ein kindisches Versprechen, denn alle sind durch den Kampf gegen ES gereift und erwachsen geworden. Sie vergessen ES, ihre Freunde, ihre

Kindheit. Aber siebenundzwanzig Jahre später ist es soweit. Eine Mordserie erschüttert die Stadt. ES ist zurückgekehrt, blutig, beinahe wie »dieser verrückte Polizist, der die Frauen in → Castle Rock abschlachtete, erinnert sich Beverly (Kapitel 10, Abschnitt 5, Absatz 28; → »Das Attentat«). Die sieben Freunde, alle bis auf Mike Hanlon in alle Himmelsrichtungen der Staaten verstreut, werden plötzlich mit ihrer Kindheit konfrontiert. Aber das ist unmöglich: Denn sie sind Erwachsen, und die Sichtweise ist anders. Die Unschuld ist verloren. Der Roman gerät zu einer gewaltigen, pompösen Kindheitserinnerung (inklusive der in der Kindheit verschütteten Ängsten vor Monstern und Gespenstern). Für Stan, bereits als kleiner Bub Angsthase hoch zehn, ist das zuviel. Er bringt sich um. Die verbliebenen sechs rüsten sich erneut, erschließen sich gemeinsam den Weg zurück in ihre Kindheit (plötzlich stottert Bill, hustet Eddie wieder).

Sie können ES endgültig besiegen. Eine donnernde Explosion reißt das schlafende Derry nach dem Tod von ES aus der trügerischen Ruhe, und alles Mögliche fliegt in einem tobenden Sturm durch den Bundesstaat Maine: »Eine Frau namens Rebecca Paulson fand in Haven einen Fünfzig-Dollar-Schein auf der Fußmatte vor ihrer Hintertür, zwei Zwanziger in ihrem Vogelhäuschen und sogar einen Hunderter, der an einer Eiche auf ihrem Hinterhof klebte«, heißt es in Kapitel 22, Abschnitt 6, Absatz 8. In dem Roman → »Das Monstrum« (O.: 1987; Dt.: 1988) ist Rebbeca Paulson aus Haven eine der Protagonisten.

Aber ist Es damit am Ende? Offensichtlich. Aber wer glaubt, es wäre nun Zeit für ein → Happy End, der irrt gewaltig. Wir wollen doch bitte schön in der Realität bleiben. Der Weg in die Vergangenheit ist einmalig; am Ende obsiegt wieder das Vergessen über die Kindheit – denn das Paradies der Kindheit ist, das wissen wir, irgendwann für immer verloren! So ist das Leben! (→ Realismus). Wer wissen will, ob damit der Schrecken für Derry wirklich ein Ende hat, wird an den Roman → »Schlaflos« weiterverwiesen, wo mit → Ralph Robert die weitere Geschichte der Stadt bis fast an die Jahrtausendwende geschildert wird.

Zum Abschluß sei auf den Hotelkoch → Dick Hallorann (aus → »Shining«, O.: 1977; Dt.: 1980) verwiesen, der 1957 zu Zeiten von »Es« in Derry als Armeekoch stationiert ist. Eine Anspielung auf die im gleichen Jahr veröffentlichte Kurzgeschichte → »Das Ende des ganzen Schlamassels« findet sich in »Es«, Kapitel 10, Abschnitt 5, Absatz 45, als Bill, Mike, Richie, Bev, Ben und Eddie sich 1985 über amerikanische Verbrechenquoten unterhalten: »In Texas gibt es eine mittlere Großstadt«, sagt Mike Hanlon, »wo die Verbrechensrate wesentlich niedriger ist, als man bei einer Stadt dieser Größe und Rassenstruktur erwarten dürfte. Die ungewöhnliche Ausgeglichenheit und Sanftmut der Einwohner wird auf irgendeinen Bestandteil des dortigen Wassers zurückgeführt.«

Eine weitere Anspielung, und zwar auf → »Das letzte Gefecht« ist Ben Hanscoms Besuch in seiner Stammkneipe »Red Wheel« in der Kleinstadt Hemingford Home in Nebraska. In dieser Stadt wohnt auch → Abigail, die 108jährige schwarze Frau aus »Das letzte Gefecht«. Ferner interessant: Der Barkeeper (Ricky Lee) wundert sich über den Besuch von Ben (normalerweise kommt er nur am Wochenende, diesmal kommt er aus Angst vor der Fahrt nach Derry) und vermutet zunächst, daß Ben einen Virus abbekommen hat – »in der ganzen Gegend ging gerade die Grippe um.«

Es wächst einem über den Kopf (It Grows on You)

Kurzgeschichte. In: O.1: »Marshroots«, Orono 1973; O.2: »Nightmares & Dreamscapes«, Verlag Viking, New York 1993 / Dt.: »Alpträume«, Hoffmann & Campe, Hamburg 1993; Ü.: Joachim Körber

Es ist die Geschichte eines (Spuk-)Hauses in → Castle Rock, anhand dessen die Entwicklung einer Familie des kleinen beschaulichen Örtchens geschildert wird, oder vielleicht auch andersherum ... Dem Haus werden immer dann neue Anbauten hinzugefügt, wenn einer seiner Bewohner stirbt. Die Geschichte hat King lange vor dem Start seines Castle-Rock-Zyklus geschrieben, für den Sammelband jedoch überarbeitet, so daß sie mit der nun erfolgten Veröffentlichung nach dem Roman → »In einer kleinen Stadt« (O./Dt.: 1991), der das Ende der Stadt bedeutete, sozusagen ein Nachwort zum Castle-Rock-Zyklus darstellt.

Ever Et Raw Meat?

→ »Letters from Hell«

Everest House

Verlag in New York, der 1981 das vielgelobte → »Danse Macabre« veröffentlicht.

Expedition ins Tierreich

Anderer Titel für den Kurzfilm → »The Crate« in → »Creepshow – Der Film«

F

Falmouth

Nachbarort von → Jersualem's Lot (→ »Brennen muß Salem«) sowie in den Erzählungen → »Briefe aus Jerusalem« und → »Einen auf den Weg«. Aus Falmouth stammt auch Andy Dufresne in der Novelle → »Pin Up«.

Fannin, Richard

→ Randall Flagg

Fan Nummer Eins

Stephen King erhält auch heute noch täglich Unmengen an Fanpost. King selbst beantwortet keine der Briefe. Das erledigen, wenn überhaupt, seine beiden Sekretärinnen Marsha Defilippo und Julie Eugley, denn auf seiner → Homepage werden im Rahmen diverser Rubriken eine Vielzahl meistgestellter Fragen an Stephen King ausführlich beantwortet. Wenn man ihm ein Buch zur Signierung an seine → Adresse schickt, sollte man Rückporto beilegen. Nach einigen Wochen erhält man tatsächlich das Buch mit Autogramm zurück. Ein Großteil der Briefeschreiber an King maßt sich an, ihn mit »Ihr Fan Nummer Eins« zu begrüßen. King ist das äußerst suspekt. Ein Schlüsselerlebnis hatte King nämlich mit einem Autogrammjäger nach einer »Tomorrow«-Sendung im New Yorker Rockefeller Plaza, der King auf dem Weg zum Auto um eine Signierung bat und ihm ein Blatt Papier unter die Nase hielt. »Ich habe es signiert und ging zur Limousine. Und er sagte: ›Kann ich ein Foto von mir mit Ihnen machen lassen?‹ Und ich sagte: ›Klar, aber bitte schnell‹, und er gab die Kamera jemandem, und während das Polaroidbild entwickelt wurde, sagte er: ›Würden Sie es signieren? Würden Sie es signieren?‹ Und ich sagte ›Klar‹, und er holte diesen Spezialkugelschreiber heraus, weil es fast unmöglich ist, auf einem Polaroidbild zu schreiben – alles perlt ab. Und ich signierte es: ›Alles Gute für Mark Chapman von Stephen King.‹ Er war der Mann, der John Lennon erschossen hat. Und im Verlauf unserer Unterhaltung hat er sich als ... mein Fan Nummer Eins bezeichnet.« Das wirkte nachhaltig auf den Autor, der Jahre später mit → »Sie« (O./Dt.: 1987) ein ganz besonderes Erlebnis mit dem Fan Nummer Eins beschrieb.

Fans
→ Fan Nummer Eins

Farbiger
→ Oberster Richter

Farson, John
Auch irrtümlich der → »Gute Mann« genannt. John Farson war in der → Mittwelt, dem Haupthandlungsort der Saga → »Der dunkle Turm«, ursprünglich ein Bandit, Plünderer und Postkutschenräuber. Unter Einfluß der dunklen Mächte des → Scharlachroten Königs wurde er der legendäre Anführer der → Gesetzlosen, die die Ordnung im Kampf gegen den → »Bund von Mittwelt« stürzten. Dabei behilflich war ihm ein Talisman, die → Glaskugel, eine rosafarbene Glaskugel, die Dinge erblicken konnte, die Menschen gerne geheimhalten würden: nie das Gute, immer das Böse. Was ihm schließlich auch zum Erfolg seiner Revolution verhalf. Wie Farson zu Tode kam, ist eine bislang noch unerzählte Geschichte.

Faust
Tragödie von → Johann Wolfgang von Goethe. Dt.: Tübingen 1808
Viele Literaturwissenschaftler haben sich die Zähne an einer Interpretation der Tragödie ausgebissen. Im Grundtenor behandelt das Theaterstück folgenden Inhalt: Der unbefriedigte Gelehrte Faust verkauft seine Seele dem Teufel für eine Prise Glück. In diesem Sinne ist der Roman → »In einer kleinen Stadt« auch auf Goethes »Faust« zurückzuführen. Denn für ein wenig Freude, Spaß und Unterhaltung, kurz: Glück, sind die Bürger von → Castle Rock gerne bereit, dem Teufel in Menschengestalt, → Leland Gaunt, ihre Seele zu vermachen.

Fenêtre Secrète sur Stephen King
Kanadischer Fan-Club, der die gleichnamige Zeitschrift im Verlag → »Ashem Fictions« herausgibt. Adresse: Fenêtre Secrète sur Stephen King, 1425 Arsenault #8, St.-Hyacinthe, Québec, J25 8N8, Canada.

Feuer
»Es macht mir Spaß, Sachen niederzubrennen – jedenfalls auf dem Papier«, bekennt Stephen King 1983. »Ich schätze, das ist der Werwolf in mir, aber ich liebe Feuer, ich liebe Zerstörung. Sie ist groß, und schwarz und aufregend.« Tatsächlich endet ein Großteil seiner Geschichten in monumentalen Bränden. → »Carrie« legt die Schule in Brand, das → »Feuerkind« ihre Peiniger, in → »Brennen muß Salem« entflieht → Ben Mears den Vampiren durch das Niederbrennen der ganzen Stadt → Jerusalem's Lot, das →

»Overlook«-Hotel geht am Ende von → »Shining« in Flammen auf. In → »Das letzte Gefecht« läßt der → Mülleimer-Mann eine ganze Ölfraffinerie wie Bomben hochgehen, und → »In einer kleinen Stadt« bedeutet das Höllenfeuer von → Leland Gaunt gleichzeitig das Ende von → Castle Rock.

Feuerkind (Firestarter)

Roman. O.: Viking, New York 1980 / Dt.: Bastei-Lübbe Verlag, Bergisch Gladbach 1981; Ü.: Harro Christensen

»Feuerkind« erscheint unmittelbar nach → »Das Attentat« bei Phantasia Press, Hunting Woods, in einer Auflage von 700 numerierten und signierten Exemplaren und einer Auflage von 26 von A bis Z gekennzeichneten Exemplaren, die zudem in Asbest eingebunden (und deshalb unglaublich teuer) sind. Zeitgleich erscheint der Roman regulär bei → Viking. Abermals ist es – trotz → PSI – ein politischer Roman, in dem King mit zweifelhaften Ereignissen der siebziger Jahre, insbesondere Watergate und die Machtvollkommenheit der Geheimdienste, dem eigentlichen Horror damaliger Zeit, abrechnet. Vicky und Andrew McGee nehmen wie zehn andere Studenten Ende der 60er Jahre an einem Experiment des geheimdienstlichen Department of Scientific Intelligence, genannt → »Die Firma«, teil, die im Auftrag des Militärs paranormale Erscheinungen testet. Anhand des Halluzinogens Lot Sechs werden bei den Probanden verborgene übersinnliche Fähigkeiten geweckt. Natürlich ist das nicht ganz ungefährlich, was der Leser recht früh erkennt, denn einer der teilnehmenden Studenten reißt sich nach der Injektion von Lot Sechs die Augen aus. Doch die Firma macht unter der skrupellosen Leitung Captain Hollisters munter weiter, und während bei Vicky nur zögerlich die Fähigkeiten zu Tage treten, weckt die Droge bei ihrem Ehemann die Begabung, mittels Gedanken Menschen zu beeinflussen. Er weigert sich, die Fähigkeit weiter zu nutzen, einerseits, um die Firma nicht auf sich aufmerksam zu machen, andererseits, weil die Begabung bei jeder Nutzung die Lebenserwartung senkt. Ausgeprägter ist die Begabung Jahre später bei der gemeinsamen Tochter → Charlene »Charlie« McGee. Sie ist psychokinetisch veranlagt und kann mittels Gedanken Feuer entfachen. Die Eltern zwingen ihre Tochter, über Recht und Unrecht ihres Handels nachzudenken und moralische Entscheidungen zu treffen, ob sie von ihrer Fähigkeit Gebrauch macht oder nicht. Ein zwiespältiges Unterfangen, das sie den ganze Roman über immer wieder in Schwierigkeiten bringt. Zuallererst, als die Firma von ihrer Begabung erfährt und die Jagd eröffnet. Vicky wird getötet, und Charlie und ihr Vater müssen flüchten. Unterschlupf finden sie in dem Bauernhaus des netten Farmerpaares Irv und Norma Manders. Als die Häscher der Firma sie dort aufspüren, muß sich Charlie entscheiden: Freund oder Feind. Sie läßt die Dunkelmänner in Flammen aufgehen. Der Dank für das moralische (oder unmoralische?) Handeln folgt auf dem Fuß – und ist eine schallende Ohrfeige für das → »unschuldig schuldige« Mädchen. Norma Manders zischt, ihren blutenden Mann Irv in den Armen haltend, Andy zu: »Verschwinden Sie. Nehmen Sie Ihr Monstrum mit und verschwinden Sie.« Nach einer abenteuerlichen Flucht geraten die beiden dennoch in die Hände der Firma. Der Top-Killer John Rainbird macht sich als Putze verkleidet an Charlie heran, um sie zu einigen Vorführungen ihrer Fähigkeiten zu bewegen. Sie durchschaut das böse Spiel, und wieder steht sie vor einer immensen Verantwortung: Nimmt sie den Tod ihres Vaters in Kauf – oder nutzt sie ihre (unmoralischen) Fähigkeiten zur Rettung? Die Entscheidung fällt zugunsten ihres Vaters, aber auch erst, als er sich für sie opfert. Charlies Zorn, Haß, Wut, Verzweiflung und Frustration entladen sich in einem gewaltigen pyrokinetischen Feuerzauber. Die freie Presse (ausgerechnet »Rolling Stone«), der Charlie McGee schließlich ihre Geschichte erzählt – ist für Stephen King nicht nur eines der seltenen → Happy Ends, sondern, wie im Fall Nixon, ein hohes Gut, Ausdruck stabiler, innerer Sicherheit. »Unter der Oberfläche des PSI-Thrillers handelt der Roman auch von Ängsten«, glaubt Uwe Anton in seinem Buch »Wer hat Angst vor Stephen King?«. Der Angst, ein behindertes Kind zu bekommen, der Angst um sein Kind, der Angst, alles zu verlieren, und schließlich auch der Angst des Kindes um seinen Vater oder seine Eltern, der Angst vor dem Mißbrauch des Kindes (die Beziehung

Feuerkind

zwischen Charlie und Rainbird hat deutliche sexuelle Untertöne) und ganz allgemein vor der Welt, vor den Institutionen einer Gesellschaft, für die ein einzelner Mensch nichts mehr zählt und die über Leichen gehen, um ihre Ziele zu verwirklichen. 1981 sieht die American Library Association in »Feuerkind« eines der »besten Bücher für junge Erwachsene«; die New York Public Library wählt den Roman 1992 gar zu einem der besten Bücher für Jugendliche. Trotz des Lobes wird »Feuerkind« bei Erscheinen der Vorwurf gemacht, es enthalte »unverblümte Schilderungen von Geschlechtsakten, eine vulgäre Sprache und Gewalt«, und es wird 1984 in Campbell County, Wyoming, aus den Bibliotheken entfernt.

Flagg, Randall

Zu den wohl interessantesten Figuren bei Stephen King gehört ohne Zweifel Randall Flagg, jener Kotzbrocken, der sich wie ein roter Faden durch eine Vielzahl von Romanen zieht und zwischen den Welten wandelt, um ihnen stets Vernichtung und Chaos zu bescheren. Er ist inzwischen unter vielen Namen aufgetreten, wenngleich Randall Flagg (R. F.) der bekannteste ist. In → »Die Augen des Drachen« (O./Dt.: 1987) verkörpert er als Hofzauberer Flagg das Böse, das in letzter Minute seiner gerechten Strafe entgeht und flüchtet. Wohin? Prinz Thomas weiß es ganz genau: »Er ist irgendwo dort draußen. In dieser Welt oder in einer anderen.« Wie wahr! In → »Das letzte Gefecht« (O.: 1978; dt: 1985) kommt er als Randall Flagg in unsere, von dem Virus → »Captain Trips« ausgerottete Welt und entfacht einen letzten Kampf zwischen Gut und Böse, wobei er natürlich das letztere verkörpert. In dem alles umspannenden Zyklus → »Der dunkle Turm«, der in einer anderen, bis heute noch nicht genau definierten Welt, der → Mittwelt, spielt, hat Randall Flagg eine bedeutende Bösewichtrolle übernommen. Bereits im ersten Band → »Der dunkle Turm I: Schwarz« (O.: 1982; Dt.: 1988) tritt er als → Marten Broadcloak in Aktion, der sich → Gabrielle Deschain, die Mutter vom → Revolvermann → Roland Deschain, als Geliebte nimmt. Daß Flagg und Marten ein und dieselbe Person sind, erfährt man jedoch erst gegen Ende des vierten Bandes → »Der dunkle Turm IV: Glas« (O.: 1997; Dt.: 19967), wo er zu allem Übel auch als Zauberer → Maerlyn in Erscheinung tritt. Zuvor erscheint er in → »Der dunkle Turm III: Tot« kurzzeitig auch als Richard Fannin.

Häufig sind auch nur die Initialen R. F. ein versteckter Hinweis darauf, daß Flagg mal wieder hinter allem Übel steckt. In dem Roman → »Das letzte Gefecht« tritt er in Erscheinung als Ramsey Forrest (Randall Flagg's Alias in Georgia), Robert Franq (Randall Flagg's Alias in New York), Russel Faraday (Randall Flagg's Reinkarnation im Dschungel) sowie Richard Fry, Richard Freemantle, Robert Freemont, Richard Frye. In dem Roman → »Feuerkind« tritt er in Erscheinung als Richard Folsom (der ein Mitarbeiter → »Der Firma« ist, also auf jeden Fall ein Böser; deshalb kann man auch davon ausgehen, daß bereits zu diesem Zeitpunkt Stephen King die Initialen für Randall Flagg benutzt hat). In der Erzählung → »Travel« wird er durch Rudy Foggia (einen Mörder) verkörpert.

In Fachkreisen kursierte lange Zeit die These, Randall Flagg wäre die Personifizierung des urzeitlichen Monsters aus → »Es« (O./Dt.: 1986). Diese Vermutung widerlegt King jedoch spätestens mit dem Roman → »Schlaflos« (O./Dt.: 1994), in dem ein gewaltigeres und mächtigeres Wesen tätig ist, das wiederum als der → Scharlachrote König in → »Der dunkle Turm IV: Glas« erstmals namentlich genannt wird. Doch bereits in »Die Augen des Drachen« wird diese These weitestgehend entkräftet: Dort liest Flagg als magischer Bösewicht in einem Zauberbuch, das »in Menschenhaut gebunden« ist und das »auf der fernen Hochebene von Leng von einem Wahnsinnigen namens → Alhazred« geschrieben wurde, ein eindeutiger Hinweis auf das Buch → »Necronomicon« von → H. P. Locecraft, mit dem dämonische Wesen auf die Erde gerufen werden können. Es ist also offensichtlich, daß Flagg zwar ein mieser Schurke ist, aber nur ein Handlanger größerer Mächte: des Scharlachroten Königs. Wer Flagg tatsächlich ist, kann nur durch die Fortsetzung der Saga geklärt werden. Auf jeden Fall ist er ein Wanderer zwischen den Welten, denn er scheint wie selbstverständlich in (fast) allen Welten von King gleichzeitig beheimatet zu sein (Wenn es denn verschiedenen Welten sind. Man beachte dazu die gesonderten Thesen unter dem Eintrag → Mittwelt).

Fluch

Gerücht

»Liegt ein Fluch über Horror-Autor Stephen King?« fragt der deutsche Privatsender SAT.1 am 24. September 2000 auf seinen Videotext-Seiten. Denn: »Bryan Edwin Smith hatte den Schriftsteller vor 16 Monaten angefahren und schwer verletzt ... Nun ist Smith mit 43 gestorben, kam unter mysteriösen Umständen in seinem Wohnwagen ums Leben. Todesursache ungeklärt. King-Fans auf der ganzen Welt hatten Smith verflucht, er erhielt wütende Drohanrufe.«

For the Birds

Kurzgeschichte. In: O.: »Bred Any Good Rooks Lately?«, 1986

Erzählung von einer Seite, die neben zahlreichen Short Stories anderer Autoren in einer Anthologie von James Charlton herausgegeben wurde.

Four Past Midnight

Novellensammlung. O.: Viking, New York 1990

»Four Past Midnight« ist der Originaltitel der Novellensammlung, die in

Deutschland nur zweibändig im Handel erhältlich ist: → »Nachts« und → »Langoliers«. »Four Past Midnight« ist das zweite Buch, mit dem King seinen Supervertrag über 40 Millionen Mark für vier Bücher beim Verlag → Viking erfüllt. 1990 erhält er darüber hinaus für die »Four Past Midnight« den → Bram Stoker Award in der Kategorie »Best Collection«.

Fowles, John

Britischer Schriftsteller, geboren 1926, der mit ?»Der Sammler« (O: 1963; Dt.: Berlin 1964) Pate stand für Kings Roman → »Sie« (O./Dt.: 1987). »Der Sammler« ist das erste veröffentlichte Werk von Fowles, dem eine Reihe unveröffentlichter Manuskripte vorangingen. Der große Erfolg des Erstlings bei Kritikern und Lesern (und dann auch als Film) überraschte Fowles. In »Der Sammler« zeigt sich die Neigung zum erzähltechnischen Experiment, die Fowles zu einem der bedeutendsten postmodernen Erzähler machte.

Friedhof der Kuscheltiere (Pet Sematary)

Roman. O.: Doubleday, Garden City 1983 /
Dt.: Hoffmann & Campe, Hamburg 1985; Ü.: Christel Wiemken

»Friedhof der Kuscheltiere« ist Kings erstes Buch, in dem er bewußt eines der zentralen Themen der Horror-Literatur aufgreift: Tod. Auf eindringliche Weise hantiert er mit den menschlichen Urängsten: dem Verlust geliebter Personen, der gewaltigen Trauer und der Isolation, die mit dem Verlust einhergehen. Noch schlimmer: Sein Protagonist, → Dr. Louis Creed, ein Arzt, der es eigentlich hätte besser wissen müssen, symbolisiert die Einstellung der Menschen im 20. Jahrhundert: Er leugnet für sich und seine Familie den Tod. Und macht damit das Erleben desselbigen umso schlimmer. Dabei beginnt alles vielversprechend. Dr. Louis Creed nimmt eine neue Stelle als Leiter der Universitätsklinik an der University of Maine an. Er zieht mit seiner Familie, Ehefrau Rachel, Sohn Gage und Tochter Ellie, in die Kleinstadt →

Friedhof der Kuscheltiere

Ludlow, wo er ein Haus neben der stark befahrenen Route 15 kauft. Schnell freunden sie sich mit den Nachbarn an, dem gemütlichen Rentnerpärchen Norma und Judson Crandall. Die Idylle ist perfekt. Zu perfekt. Denn das Leben ist grausam. Warum? Darum! (→ Realismus)

Ellies Kater Winston Churchill wird vom Laster überfahren – und Nachbar Jud ist es, der Louis den Weg zum alten Tierfriedhof der Micmac-Indianer weist. In einer Mülltüte begraben die beiden das Kuscheltier, obwohl Louis Wochen zuvor im Hospital noch von dem Verunglückten Victor Pascow vor der unheimlichen Begräbnisstätte gewarnt worden ist: »Der Tierfriedhof. Es ist nicht der richtige Friedhof«, hatte Pascow geröchelt, kurz bevor er starb. Eine mysteriöse Warnung, die Creed hätte ernst nehmen sollen. Genauso wie die seltsamen Träume, in denen Pascow ihn zum Friedhof führt (und Louis am nächsten Morgen Lehm im Bett vorfindet). Doch Creed bringt es nicht übers Herz, Ellie den Tod ihrer Katze zu erklären, und tags drauf kehrt »Church« wieder zurück, übelriechend und -launig: »An Churchs Maul klebte getrocknetes Blut, und an seinen langen Schnurrhaaren hingen zwei winzige Fetzen von grünem Kunststoff. Fetzen vom Müllbeutel.«

Spätestens zu diesem Zeitpunkt hätte Creed es ahnen müssen. »Totes ins Leben zurückholen – viel näher kann man dem Gottspielen nicht kommen, nicht wahr?« fragte Jud Louis orakelnd. Doch die Lehre, die Louis ziehen muß, ist einfach wie grausam: Wenn sich der Mensch in den natürlichen Gang der Dinge einmischt, dann stets mit katastrophalen Folgen. »Die Ansicht, es gäbe irgendwelche Grenzen für das Grauen, das der menschliche Geist zu erfassen vermag, ist vermutlich irrig. Im Gegenteil: Es sieht so aus, als stellte sich, wenn die Dunkelheit tiefer und tiefer wird, ein Steigerungseffekt ein – die menschliche Erfahrung neigt, so ungern man es auch zugeben mag, in vieler Hinsicht zu der Vorstellung, daß, wenn der Alptraum schwarz genug ist, Grauen weiteres Grauen hervorbringt, ein zufälliges Unglück weitere, oft vorsätzliche Unglücke zeugt, die Schwärze alles zudeckt. Und die erschreckendste Frage dürfte sein, wieviel Grauen der menschliche Geist zu ertragen vermag, ohne seine wache, offene, unverminderte Gesundheit einzubüßen.«

Für Louis kommt es knüppeldick: Sohnemann → Gage Creed wird von einem LKW überfahren. Auf der Beerdigung kommt es zu einem Eklat: Louis prügelt sich mit seinem Schwiegervater, der ihm die Schuld an Gages Tod gibt (wer in Wahrheit Schuld an Gages Tod hat, wird im Roman → »Schlaflos« deutlich). Von Vorwüfen gepeinigt, buddelt er Gage aus seinem Grab und schleppt ihn auf den Tierfriedhof. Gage kehrt als ein bösartiges, nach Verwesung riechendes Geschöpf zurück, das Ehefrau Rachel meuchelt. Louis gelingt es, seinen Sohn (oder das, was einmal sein Sohn war) zu töten und wagt es, dem Wahnsinn nahe, ein zweites Mal Gott zu spielen. Er begräbt seine Frau auf dem Friedhof der Kuscheltiere. Das Ende kommt abrupt. Ein offenes Ende? Eine kalte Hand legt sich auf Louis' Schulter. Rachels Stimme knirscht, war voller Erde. »Liebling«, sagt sie. Und Ende.

Frühling, Sommer, Herbst und Tod (Different Seasons)

Sammelband. O.: Viking, New York 1982 /
Dt.: Bastei-Lübbe Verlag, Bergisch Gladbach 1984; Ü.: Harro Christensen

Enthält die vier Novellen → »Atemtechnik«, → »Pin Up«, → »Der Musterschüler« und → »Die Leiche«. Bei Veröffentlichung zeigen sich Kritiker und Fans gleichermaßen überrascht, denn die Storys enthalten keinerlei Horror, Spukhäuser oder Vampire, keine übersinnlichen und extraterrestrischen Erscheinungen. Einzig »Atemtechnik« scheint durch ihre besondere Idee (eine schwangere Frau, die bei einem Unfall enthauptet wird und trotzdem ihr Kind zur Welt bringt) noch am besten in das King-Klischee zu passen. Die anderen drei jedoch sind herkömmliche Mainstream-Prosa, dafür allerdings äußerst spannend.

Für Owen (For Owen)

Gedicht. In: O.: »Skeleton Crew«, Putnam Verlag, New York 1985 / Dt.1: »Der Fornit«, Heyne Verlag, München 1985; Ü.: Joachim Körber; Dt.2: »Blut«, Heyne Verlag, München 1996; Ü.: Joachim Körber

Das Gedicht ist seinem Sohn Owen gewidmet, als dieser sich mal wieder über die Schule aufregt.

Different Seasons

G

Gardener, Jim

Archetyp des Verlierers (→ Aschenputtel), der in dem Roman → »Das Monstrum« zu ungeahnter Kraft aufläuft, als er seine ehemalige Freundin Roberta Anderson aus den geistigen Klauen der → Tommyknockers befreien möchte. Kleines King-Bonmot am Rande: Zu Beginn des Romans, als sich Jim im Hotel → Alhambra Inn am Arcadia Beach in New Hampshire betrinkt, läuft ihm der kleine Jack über den Weg. Nur der geübte King-Leser weiß, daß es sich dabei um den Helden → Jack Sawyer aus dem Roman → »Der Talisman« handelt, der zur gleichen Zeit sein Abenteuer in die → »Region« vom Alhambra Inn aus startet.

Gaunt, Leland

Das ultimativ Böse, die personifizierte Verführung (der Bruder von → Randall Flagg?). Ein Blick in die Zeitung alltäglich beweist: Leland Gaunt, der als mysteriöser Fremder in dem Roman → »In einer kleinen Stadt« nach → Castle Rock kommt, ist in Wahrheit der → Teufel, und der ist – im Grunde – immer und überall in und um uns herum. Habgier, Macht und Verderben, die wie die Dreifaltigkeit – ironischerweise das Pendant zum Teufel – schon immer miteinander einhergehen, sind ein Produkt des konsumorientierten 20. Jahrhunderts. Obwohl Gaunt also erkennbar ein übernatürliches Wesen ist, besteht seine hauptsächliche Funktion lediglich darin, ein Szenario zu liefern, bei dem ein Mensch einem anderen die Pest an den Hals wünscht. Es ist mehr als offensichtlich, daß die Stadtbewohner, nachdem Gaunt einmal den ersten Anstoß dazu gegeben hat, die meisten der immer gehässigeren Aktionen freiwillig, vorsätzlich und sogar mit sadistischer Freude begehen. Leland Gaunt ist augenscheinlich jener Satan, der auch in → »Der geheimnisvolle Fremde« von → Mark Twain das sittliche Gefühl der Menschen als eigentliche Ursache für Kriege, Folterungen, Ungerechtigkeiten entlarvt.

Geburtstag

Der Meister wurde am 21. September 1947 in Portland als Sohn von Ruth und Donald King geboren.

Genre
Genre-Grenzen kennt Stephen King offensichtlich nicht. Auch wenn er als Horror-Schriftsteller seinen Ruhm begründet hat, so hat er eine Vielzahl Exkursionen in andere Bereiche unternommen: Schauergeschichten (→ »Sara«), Fantasy (→ »Der Talisman«, → »Die Augen des Drachen«, → »Der dunkle Turm«), SF-Geschichten (→ »Das Monstrum«), Psycho-Thriller (→ »Sie«, → »Das Spiel«) und tiefgreifende Dramen (→ »Dolores«). Damit ist auch eine wichtige Forderung der Verlage gegenteilig bewiesen: Ein bekannter Autor sollte bei einem speziellen Genre bleiben, um die Leser nicht zu verwirren. King-Leser lesen King wegen seiner Art des Geschichtenerzählens, nicht wegen seiner Inhalte.

Gesamtauflage
Die Gesamtauflage aller King-Werke dürfte inzwischen bei 200 Millionen angelangt sein; bereits im April 1996 war in einem Bericht der »Frankfurter Allgemeinen Zeitung« von 150 Millionen die Rede (→ Statistik).

Gesetzlose
Die Gesetzlosen sind die ehemaligen Revolutionäre, die unter der Führerschaft von → John Farson, der unter Einfluß des → Scharlachroten Königs stand, in der Saga → »Der dunkle Turm« die → Mittwelt ihrer Ordnung aus »Licht und Liebe« beraubten. Später, als Mittwelt nur noch eine karge Welt voller Dunkelheit ist, werden die Gesetzlosen nur noch → »Die Grauen« genannt.

Getting it on
→ »Amok«

Ghosts
Drehbuch, das Stephen King gemeinsam mit Michael Jackson für dessen neuen Musikfilm »Ghosts« 1996 geschrieben hat.

Gilead
In der Saga → »Der dunkle Turm« war Gilead die Hauptstadt der → Baronie von Neu-Kanaan, in der der → Revolvermann → Roland Deschain als Kind aufwuchs und seine Lehrzeit zum Revolvermann absolvierte.

Ginelli, Richard
Mafioso aus Italien, der in der bei → Philtrum Press verlegten Fortsetzungsgeschichte → »The Plant« (O.: 1982–1985) das Restaurant »Four Fathers« in New York betreibt. Die Pizzeria ist ein Tarnunternehmen, eine Fassade, eine Geldwäscherei. Ginelli gehört auch zu den Drogenbaronen, für

die → Eddie Dean in → »Der dunkle Turm II: Drei« ein Paket Kokain durch den Flughafenzoll schmuggeln soll, kurz bevor der → Revolvermann → Roland Deschain ihn in seine Welt hinüberholt. In dem Roman → »Der Fluch« betreibt Ginelli das Restaurant »Three Brothers« in New York und wird von seinem Freund und Anwalt → Billy Halleck aus Bangor um einen Gefallen gebeten.

Glaskugel
In der Saga → »Der dunkle Turm« gewährt die rosafarbene Glaskugel den Blick zwischen die Welten, in die Vergangenheit und in die Zukunft. Durch die Glaskugel kann man Dinge erblicken, die Menschen gerne geheimhalten würden: aber nie das Gute, immer nur das Böse. Allerdings lebt die Kugel, und sie ist sehr hungrig. Am Anfang benutzt man sie, am Ende wird man von ihr benutzt. Man wird süchtig nach ihrem »Einblick« wie nach einer Droge.

Deshalb kann sie niemand lange behalten. Am besten man versteckt sie und holt sie, wenn man sie braucht. Als Vater → Steven Deschain seinen Sohn, den vierzehnjährigen, frischgebackenen → Revolvermann → Roland Deschain, nach → Hambry schickt, stößt dieser auf die Glaskugel des → Maerlyn, die der Revolutionär → John Farson dort versteckt hat (→ »Der dunkle Turm IV: Glas«). Roland kann die Kugel in seinen Besitz bringen, doch später, als er nach Gilead zurückkehrt, gelingt es der Hexe → Rhea Dubadivo, sie zu stehlen. Sie bringt die Glaskugel dem Bösewicht → Maerlyn alias → Marten Broadcloak alias → Randall Flagg zurück. In der Auseinandersetzung am Ende von »Glas« gelangt die Kugel erneut in die Hände von Roland, der mit ihr und seinen Freunden dem dunklen Turm entgegenwandert.

Goethe, Johann Wolfgang von
Deutscher Dichter, geboren 1749, gestorben 1832. Goethe schilderte mit der Tragödie → »Faust« die Geschichte vom armen, orientierungslosen Gelehrten Faust, der seine Seele dem Teufel für eine Prise Glück verkauft (→ »In einer kleinen Stadt«).

Gothic Novel
Literarische Spielart, die 1765 durch den Kurzroman »The Castle of Otranto« von Horace Walpole begründet wurde. Im Mittelpunkt dieser → »Schauergeschichten« stehen oftmals geheimnisvolle Schlösser und Häuser, häufig heimgesucht von Geistern und Gespenstern. Eine moderne Variante der »Gothic Novel« hat Stephen King mit dem Roman → »Shining« geschrieben. Sind es in den alten Schauergeschichten meist die Schlösser und Keller, die in dunkler Nacht vor ihren dämonischen Verfolgern flie-

henden Figuren, die auf unheimliche Weise belebte Natur, die alle innere Vorgänge symbolisieren, Unterdrücktes, Verdrängtes ans Tageslicht bringen, ist es bei King das → Overlook-Hotel, die undurchschaubaren, düsteren Gänge und der riesige Garten mit seinen starren Heckenfiguren, die in → Jack Torrance schließlich den Wahnsinn hervorrufen. Eine weitere, moderne Fassung der »Gothic Novel« oder der Schauergeschichte ist → »Sara«, in dem das Ferienhaus vom Schriftsteller → Michael Noonan einen unheimlichen Geist beherbergt.

Graue Masse (Gray Matter)

Kurzgeschichte. In: O.1: »Cavalier«, New York 1973; O.2.: »Nightshift«, Doubleday, Garden City 1978 / Dt.: → »Nachtschicht«, Bastei-Lübbe Verlag, Bergisch Gladbach 1984; Ü.: Harro Christensen

»Graue Masse« erzählt von einer Krankheit, die durch Bakterien im Bier verursacht wird und Richie Grenadine, ehedem schon ein großer fetter Kerl mit Schweinsbacken und Armen so dick wie Oberschenkel, in eine riesige, graue Gallertmasse mit flachen gelben und wilden Augen verwandelt, die zwei junge Mädchen und einen alten Weinsäufer der Heilsarmee verschlingt. Der Einfluß von Lovecrafts »The Colour out of Space« und Machens »The Novel of the White Powder« ist mehr als offensichtlich, und Kings Geschichte liest sich wie eine ungewollte Parodie dieser zwei Meisterwerke. In der Anthologie »Das große Horror-Lesebuch«, herausgegeben von Robert Vito (Goldmann Verlag, München 1994) heißt die Erzählung »Dosenbier«.

Gray, Bob

→ Pennywise

Gregson, George

In der Novelle → »Der Mann, der niemandem die Hand geben wollte« (in: → »Blut«), die in dem Privatclub → »Der Club« spielt, erzählt George Mitte der 80er Jahre eine schreckliche Geschichte über einen Mann mit einem Fluch an seiner Hand. George gehört auch zu den faszinierten Zuhörern, als der Club sich zu der Geschichte → »Atemtechnik« (in: → »Frühling, Sommer, Herbst und Tod«) versammelt.

(Die) Großen Alten

Gottgleiche Wesen in der Saga → »Der dunkle Turm«. Die Großen Alten lebten in der → Mittwelt, als alles neu war. Sie waren keine Götter, sondern Menschen, die das Wissen der Götter besaßen. Sie besaßen technische Errungenschaften wie Elektrizität, Eisenbahn, Waffen, darüber hinaus auch das Wissen um Raum und Zeit aller Welten. Als allesverbindende

Achse dieser Welten schufen sie den dunklen Turm als Mittelpunkt von zwölf → Portalen, die Mittwelt, die Heimat des → Revolvermannes → Roland Deschain, ringförmig umgeben. Trotz ihres ungeheuren Wissens hatten sie ihre Fähigkeiten nicht gewinnbringend einsetzen können, sondern sich mit einem Atomkrieg (oder ähnlichem) selbst ausgelöscht, der als der Alte Krieg, das Große Feuer, der Kataklysmus, die Große Verseuchung in Erinnerung blieb. Seltsame Geschöpfe wie → Oy, der → Billy-Bumbler, die zweiköpfigen → Muties, die → Langsamen Mutanten oder weiße Bienen waren das Resultat, die gemeinsam mit den Nachfahren der großen Katastrophe Mittwelt neu bevölkerten. Über die nachfolgenden Jahrhunderte sind die technischen Überreste aus der präapokalyptischen Zeit zu Götterwerkzeugen mystifiziert worden, weil man das Verständnis zur Benutzung verloren hatte. Die Vorfahren wurden zwangsläufig zu Halbgöttern, den Großen Alten. Der → »Bund von Mittwelt« gründete sich, bis die Revolution der → Gesetzlosen um → John Farson das Land vollends in Dunkelheit versinken ließ. Alles darbt seitdem, Mittwelt ist dem langsamen Sterben anheimgefallen.

Zieht man nun das Wissen der Menschen von Mittwelt über die Großen Alten in Betracht (»Sie waren keine Götter, sondern Menschen, die das Wissen der Götter besaßen«, sagt Roland.), stellt man dem dann unsere Erde und unser gegenwärtiges Wissen und Vermögen gegenüber, so kann es sein, daß Mittwelt schlicht und einfach eine Parallelwelt unserer Welt ist, mit der King zu mäßigem Fortschritt warnt, bevor die Erde ein unheilvolles Ende findet. Andererseits: Wenn die Götter nur Menschen waren, die einer großen Seuche anheimfielen, was spricht dagegen, daß Mittwelt, wie man sie als Nachfahre der »Großen Alten« kennt, die Erde ist, die in → »Das letzte Gefecht« durch → Captain Trips weitestgehend verseucht wird?

Große Räder: Eine Geschichte aus dem Wäschereigeschäft – Milchmann 2 (Big Wheels: A Tale of the Laundry Game – Milkman 2)

Erzählung. In: O: »Skeleton Crew«, Putnam, New York 1985 / Dt.: »Blut«, Heyne Verlag, München 1996; Ü.: Joachim Körber

Die Erzählung wird bereits 1985 unter → »Der Milchmann schlägt wieder zu« im Sammelband → »Der Fornit« veröffentlicht.

Große Sargjäger

In der Saga → »Der dunkle Turm« waren die Großen Sargjäger die private Leibgarde des Bürgermeisters von → Hambry, → Hart Thorin. → Eldred Jonas, → Roy Depape und → Clay Reynolds waren das, was man landläufig unter dahergelaufenen Halunken versteht. Sie hatten sich einen Sarg auf die rechte Hand tätowieren lassen, in das Häutchen zwischen Daumen und Zeigefinger. Als Roland mit seinen Freunden → Alain Johns und → Cuthbert Allgood von → Steven Deschain nach Hambry gesandt wurde, um sich dem Einfluß des heimtückischen Hofzauberers → Marten Broadcloak in → Gilead zu entziehen, trafen sie auf die Großen Sargjäger und stellten sie vor der gesamten Bevölkerung bloß (→ »Der dunkle Turm IV: Glas«), was natürlich für weiteren Ärger sorgte.

Guter Mann
→ John Farson

H

Halleck, Billy

Erfolgreicher Anwalt in → »Der Fluch«, typischer Vertreter der Gattung Mensch im 20. Jahrhundert. Während seine Frau ihm einen runterholt, überfährt er eine Zigeunerin. Was ist schon eine Zigeunerin? Billy möchte sich aus seiner Verantwortung stehlen; als das nicht gelingt, wirft er die »political correctness« über den Haufen, und plötzlich stellen selbst Terrorakte kein Problem mehr für ihn dar. Die Fassade des ehrbaren Bürgers bröckelt. Hauptsache, alles wird wieder, wie es war. Daß das Leben so natürlich nicht funktioniert, muß auch Billy erkennen. Am Ende nimmt er das Kreuz auf sich.

Hallorann, Dick

Der hellsichtige, dunkelhäutige Koch → Dick Hallorann hat in den fünfziger Jahren seine Zeit als Koch bei der Armee unter anderem in → Derry verbracht, jenem Unglücksort, der von → Es in gleichnamigem Roman heimgesucht wird. Wie der Farbige → Mike Hanlon in »Es« und → Lester Parker in → »Der Talisman« erfüllt Hallorann die Rolle des → Obersten Richters und Urteilsvollstreckers in einer Person. In dem Roman → »Shining« spielt er eine wichtige Hauptrolle, indem er wie der kleine → Danny Torrance das »Shining« besitzt, ihn vor den Gefahren des → Overlook-Hotels warnt und am Ende schließlich als Retter in der Not auftaucht.

Hambry

In der Saga → »Der dunkle Turm« war Hambry die Hauptstadt der → Baronie Mejis, in die der → Revolvermann → Roland Deschain von seinem Vater → Steven Deschain geschickt wurde, um ihn aus dem Einflußbereich des hinterlistigen Hofzauberers → Marten zu schaffen. In Hambry lernte Roland seine einzige und große Liebe → Susan Delgado kennen (→ »Der dunkle Turm IV: Glas«).

Hanlon, Michael »Mike«

Antiheld und Mitglied in → Derrys → »Club der Verlierer« in dem Roman → »Es«. Mike ist ein Farbiger, und das war in der Zeit, in der der Roman spielt, 1958, eindeutig ein gesellschaftlicher Makel. Trotzdem, oder vielleicht gerade deshalb, wächst Mike wohlbehütet auf der Farm seiner Eltern Jessica und Will Hanlon auf. Mike legt auf der Farm selbst Hand an. Er bekommt dafür seit dem sechsten Lebensjahr einen Anteil in Höhe von fünf Prozent des Reinerlöses. Jedes Jahr erhöht sich dieser Betrag um ein Prozent. Das Geld wird für seinen College-Besuch gespart. Wenn Mike mal nicht auf der Farm arbeitet, interessiert er sich für Derrys Stadtgeschichte. Und wenn er nicht mit seinem alten Fahrrad durch die Gegend radelt, dann spielt er mit seinem Hund – Mr. Chips –, der später einen grausamen Tod finden wird. Der Halbstarke → Henry Bowers wird ihm vergiftetes Hamburgerfleisch zu fressen geben. Einen Tag bevor das Schulorchester mit Mike an der Posaune die alljährliche Parade abhält, auf die sich Mike ungemein freut, wird er am 3. Juli 1958 auf dem Weg zur Generalprobe von Henry Bowers und seinen üblen Freunden mit rassistischen Sprüchen in die Barrens gejagt, wo ihm sechs andere Kinder überraschend zu Hilfe kommen. Mike vervollständigt den »Club der Verlierer«. Auch er muß seinen Beitrag leisten – schmerzhafte Krallenspuren auf dem Bauch nach dem Kampf mit einem Werwolf → ES. Als der »Club der Verlierer« das Monster besiegt, die Kinder erwachsen werden und Derry verlassen, ist Mike der Einzige, der zurückbleibt. Er wird Bibliothekar und forscht ab 1980 noch intensiver in den Geschichtsbüchern. Er veröffentlicht »Derry: Eine nicht autorisierte Stadtgeschichte«. Im Gegensatz zu den anderen Mitgliedern des »Club der Verlierer« leidet seine Erinnerung nicht. Im Gegenteil, er verfolgt das Leben seiner erfolgreichen Freunde in den Zeitungen über 27 Jahre hinweg. Die Vergangenheit zerfrißt dabei seine Seele, und obwohl er erst Ende Dreißig ist, haben sich Falten tief in sein Gesicht gegraben. Die Angst, seine (einzigen) Freunde zu verlieren, sitzt tief. Spätestens 1985 erfüllt Mike – wie der Schwarze → Lester Parker in → »Der Talisman« und der Farbige → Dick Hallorann in → »Shining« – die Rolle des → Obersten Richters und Urteilsvollstreckers in einer Person. Mike hat die schwierige Entscheidung zu treffen, seine Freunde zurück nach Derry zu rufen, als ES wieder mordet. Mike wird von Henry Bowers, der mit Hilfe von ES aus der Irrenanstalt ausbricht, schwer verletzt und kann seinen Freunden beim entscheidenden, letzten Gefecht gegen das Böse nicht beistehen. Sie obsiegen und zerstreuen sich wieder in alle Himmelsrichtungen. Nur Mike bleibt in Derry zurück, wo wir ihm schließlich als Bibliothekar in → »Schlaflos« (O./Dt.: 1994) wiederbegegnen.

Hanscom, Benjamin »Ben-Haystack«

Antiheld und Mitglied in → Derrys → »Club der Verlierer« in dem Roman → »Es«. Ben erblickt im Oktober 1947 das Licht der Welt. Als Ben vier ist, stirbt sein Vater. Seine Mutter Arlene arbeitet in einer Textilfabrik in Newport und sorgt alleine für Ben, was nicht immer einfach ist. Um ihm aber ihre Liebe zu demonstrieren, stopft sie ihn mit leckerem, aber auch kalorienreichem Essen, was den elfjährigen Ben so fett macht, daß er beliebtes Ziel allen Spotts ist. Er ist so dick, daß er selbst im heißesten Sommer dicke Sweatshirts trägt, damit sein fülliger Bauch nicht auffällt. Ben ist zwar ein sehr guter Schüler und beliebt bei den Erwachsenen, weil er rücksichtsvoll, ruhig, höflich und sehr amüsant sein kann, aber bevor er Mitglied im »Club der Verlierer« wird, sind nur Süßigkeiten und die Bücher in Derrys Bibliothek seine Freunde – und eine innere Stimme, mit der er Zwiegespräch führt. Ein Alter Ego, das ihn »Wobbit« (engl.: wobble = schwanken, wackeln, wabbeln) nennt. Liebevoller ist → Richie Tozier, der Ben als eine menschliche Version von »Moby Dick« betrachtet. Richie ist es auch, der Ben den Spitznamen »Haystack« verpaßt, nach dem gleichnamigen Ringer Haystack Calhoun. Bens Idol ist aber Broderich Crawford aus der Fernsehserie »Highway Patrol«, ein selbstbewußter dicker Mann.

Noch mehr als Bonbons oder die Bücherei liebt Ben → Beverly Marsh. Weil er Angst hat, ihr seine Zuneigung zu gestehen, schickt er ihr eine Postkarte mit einem kleinen, anonymen Haiku, mit den Zeilen: »Dein Haar gleicht Winterfeuer, Funken im Januar. Dort glüht mein Herz.« Auch Ben ist natürlich erklärtes Opfer von → Henry Bowers und seinen Halunken Victor Criss und Belch Huggins. Ben begeht die Dreistigkeit, Henry 1958 bei einer Klassenarbeit nicht abschreiben zu lassen. Das schreit natürlich nach Rache. Man jagt ihn durch die Barrens und ritzt ihm mit einem Taschenmesser ein blutiges H in den Bauch. Doch Ben kämpft und kann sich verstecken. Vor lauter Wut vergeht sich Henry an → Eddie Kaspbrak und → Bill Denbrough. Eddie erleidet dabei einen Asthmaanfall, und Bill und Ben versorgen ihn. Später bauen sie am Fluß gemeinsam einen Staudamm, Ben erweist sich als hervorragender Architekt ... 1960, zwei Jahre nach ihrem Sieg über ES, verliert Bens Mutter ihren Job, und sie ziehen nach Nebraska. Dem Spott seiner Lehrer und Mitschüler, seiner Tante und Mutter zum Trotz setzt er sich durch, nimmt ab und wird einer der erfolgreichsten Architekten. Nun ist er schlaksig, braungebrannt und hat schmale Fältchen um die Augen. Seine Erscheinung und seine Art machten ihn zehn Jahre jünger und verleihen ihm die Extravaganz eines Texaners. 1983 baut er ein Kommunikationszentrum für die BBC, das wegen seines ungewöhnlichen Aussehens heiß umstritten ist. Nur Ben selbst weiß, daß das Gebäude Ähnlichkeiten mit der heißgeliebten Bibliothek in Derry hat.

Als Kind waren es Bonbons, als Erwachsener neigt er dem Bier zu. Am Abend des 28. Mai 1985 wechselt er zu Whiskey, den er endlos in sich hineinschüttet, um schließlich → Mike Hanlons Ruf nach Derry zu folgen, wo er nicht nur ein zweites Mal gegen ES kämpft, sondern auch seine einzige Liebe Bev trifft und mit ihr endlich einen gemeinsamen Lebensweg einschlägt. Wir hören von Ben Jahre später in → »Schlaflos« (O./Dt.: 1994), daß er nach dem Gefecht gegen ES, bei dem einige wichtige Gebäude der Stadt zerstört wurden, Derry ein neues Stadthaus schenkt.

Happy End

Anders als in → Märchen, denen King oftmals seine Geschichten nachempfindet, bleibt seinen Helden das Happy End versagt. Sei's in → »Carrie«, → »Christine« oder → »Es«, seinen Frühwerken, in denen die Helden, Kinder und Jugendliche, schlichte Außenseiter, die sich als Verlierer der Gesellschaft sehen, bevor sie zu wahrer, erwachsener Stärke auftrumpfen (müssen) – ganz das → »Aschenputtel« also –, am Ende doch geschlagen geben (müssen). Aus gutem Grund: »Der Übergang von der Kindheit zum Erwachsenen ist bei King stets mit einem – häufig fatalen – Verlust der Unschuld behaftet, der irreversibel ist«, erklärt King-Kenner Joachim Körber. Wenn Kings Protagonisten zu ihren (geographischen) Reisen aufbrechen, dann dient das immer – ob es ihnen nun selbst bewußt ist oder nicht – dem Zweck, einen Versuch zu unternehmen, die einstige Unschuld wiederzuerlangen, das frühere Utopia erneut aufzubauen. »Und das ist selbstverständlich, da jeder Mensch die Summe seiner Erfahrungen ist, unmöglich«, so Körber. Daher endet die Suche nicht selten mit einer Katastrophe. Ergo: → Realismus pur!

Hausentbindung (Home Delivery)

Kurzgeschichte. In: O.1: »Book of The Dead«, Bantam Books, New York 1989; O.2: »Nightmares & Dreamscapes«, Verlag Viking, New York 1993
Dt.: »Alpträume«, Hoffmann & Campe, Hamburg 1993; Ü.: J. Körber
»Hausentbindung« ist als Auftragsarbeit für die Anthologie »The Book of Dead« von John Skipp und Craig Spector entstanden, der die Idee zugrunde lag, wie die Welt aussehen würde, wenn die Zombies aus → George A. Romeros »Zombie«-Trilogie sie regierten. Der Hummerfischer Jack Pace lebt mit seiner Frau Maddie in einer kleinen Gemeinde auf Gennesault Island nahe → Little Tall Island. Kurz nachdem Maddie schwanger wird, ertrinkt er im Meer. Zur gleichen Zeit bricht ein Unheil über die Welt herein: Die Toten stehen aus ihren Gräbern auf. Die Menschen auf der Insel indes können dieses Unheil abwehren. Die Gräber auf der Insel sind leer, da die Verstorbenen zum Großteil im Meer ertrunken sind. Die Bewohner überleben und Maddie wird eine Hausgeburt haben.

Haven

Fiktives Örtchen in der Geschichte → »Das Monstrum – Tommyknockers«. Im Rahmen der King'schen Querverweise taucht Haven außerdem auf in dem Roman → »Es« sowie → »Schlaflos«.

Heath, Arthur
→ Cuthbert Allgood in → »Der dunkle Turm IV: Glas«

Herbert, Frank
Amerikanischer SF-Autor, geboren 1920, gestorben 1986. Eigentlich amerikanischer TV-Kameramann und Reporter, später Autor des Klassikers und mehrfach mit wichtigen Preisen (Hugo- und Nebula Award) ausgezeichneten Romans → »Der Wüstenplanet«, der Pate stand für Kings Erzählung → »Der Dünenplanet«.

Heroes for Hope
Comicgeschichte. O.: Marvel Verlag, New York 1985
Cartoon für die Afrika-Hungerhilfe, an der je achtzehn Texter und Zeichner arbeiteten und die Superhelden X-Men gegen den personifizierten Hunger kämpfen ließen. Drei Seiten zeichnete → Berni Wrightson nach einem Skript von Stephen King.

Herr Roland kam zum finstern Turm (Childe Roland to the dark tower came)
Erzählendes Gedicht von → Robert Browning.
O: London 1855 / Dt.: Bremen 1894; Ü.: E. Ruete
Der thematischen Elemente dieser 34 sechszeiligen Strophen bediente sich Stephen King für seine Saga → »Der dunkle Turm«. Robert Browning läßt den Knappen Roland die Geschichte seiner Suche nach dem »dunklen Turm« erzählen. Eine schlimme, verwachsene Gestalt (bei King: → Mann in Schwarz) weist ihm mit schadenfrohem Eifer den Weg. Roland zieht, von bösen Ahnungen erfüllt (wie Kings → Revolvermann → Roland Deschain ohne Stolz und Freude) dahin, froh einzig darüber, daß die Fahrt bald zu Ende sein wird. Er hat auf ihr so viele Leiden ertragen müssen, daß es ihm fast am liebsten wäre zu scheitern wie alle seine Vorgänger. Sein Weg führt ihn durch eine öde, grauenerfüllte Landschaft (bei King: → Mittwelt). Eine lahme, blinde, wie von Rost befallene Mähre (bei King: → Mono-Zug → Blaine), die verloren am Wegrand steht, erfüllt ihn mit Schmerz und Haß; seine eigene Seele ist trostlos wie diese Kreatur. Freundliche Erinnerungen steigen in ihm auf, doch nur, um sich alsbald in Bilder von Verrat und Tod zu verwandeln (bei King: → Marten Broadcloak). Roland überquert einen Fluß, in dem Ertrunkene auf seinen Tritt zu lauern scheinen, gerät auf ein wie von irren, vergifteten Tieren zertrampeltes Ufer; eine zerborstene Maschine, die einem Marterinstrument gleicht, steht am Weg. Plötzlich tauchen Berge auf, und es ist, als sei eine Falle zugeschlagen. Roland ist angelangt: Vor ihm steht der gedrungene, runde Turm, »blind wie des Narren Herz ... ohne Gegenstück in der ganzen Welt«. Im letzten Tageslicht, verworrenes Tosen im Ohr, vor sich in einer Flammen-

wand die Gestalten aller vor ihm Gescheiterten, setzt er das Horn an und verkündet der Welt seine Ankunft. Der Turm ist bei Browning wie bei King über lange Zeit ein nicht weiter benennbar Ängstigendes. Er wirkt auf Brownings Roland wie auf Kings Roland, seinen Bezwinger und zugleich sein Opfer, einen dunklen Zwang aus.

Hier seyen Tiger! (Here There Be Tygers)

Erzählung. In: O: »Skeleton Crew«, Putnam, New York 1985
Dt.: »Blut«, Heyne Verlag, München 1996; Ü.: Joachim Körber
Die Erzählung wird bereits 1985 unter dem Titel → »Achtung – Tiger!« im Sammelband → »Im Morgengrauen« veröffentlicht.

Hobbits

Kleine Gnome in der Romantrilogie → »Der Herr der Ringe« von → J. R. R. Tolkien, die in kleinen Höhlen unter der Erde hausen.

Holmes, Odetta Susannah

Im Band → »Der dunkle Turm II: Drei« erfüllt Odetta den zweiten Teil des → Orakels in den Bergen. Die sechsundzwanzigjährige Odetta Susannah Holmes, Tochter von Sarah Walker Holmes, lebt im New York 1964, ist schwarz, kultiviert, vornehm und alleinige Erbin von Holmes Dental Industries. Sie engagiert sich als Bürgerrechtlerin im »Movement«, der Schwarzenbewegung. Als Fünfjährige hat man ihr einen Backstein auf den Schädel geworfen (was die Polizeiermittler als rassistische Tat werten; wir wissen: es war → Jack Mort). Seitdem hat sie einen Narbe am Kopf und eine gespaltene Persönlichkeit. Seit dem 19. August 1959, als jemand (abermals ist es Jack Mort) sie in der U-Bahn Station Greenwich Village vor den Zug stößt, fehlen Odetta Holmes außerdem beide Beine. Lediglich die Anwesenheit eines jungen Arztes (und möglicherweise die häßliche, aber unbezähmbare Seele von Detta Walker, ihrer heimlichen Schwester) rettet ihr das Leben ... so scheint es jedenfalls. Für Roland deutet die Verbindung auf eine größere Macht als den reinen Zufall hin; er glaubt, die titanischen Kräfte, die den dunklen Turm umgeben, sind erneut dabei, sich zu sammeln. Einzig Odettas Chauffeur Andrew Feeny ahnt ihre Schizophrenie, hat aber zuviel Respekt vor der resoluten Dame, als daß er sie darauf anspricht. Als Odetta Holmes sich, inzwischen im Rollstuhl, den sie sich im Herbst 1962 im besten Orthopädiegeschäft von New York gekauft hat, im Jahr 1964 mal wieder in Detta Walker verwandelt und im New Yorker Kaufhaus Macy Schmuck stiehlt, wird sie erwischt. Roland zappt in ihren Körper und rettet sie samt Rollstuhl nach → Mittwelt, bevor der Macy-Wachmann sie verhaften kann. Indem Roland später Jack Mort tötet, werden Detta und Odetta zu einer Person vereinigt, die den Namen → Susannah Dean annimmt und mit Roland und → Eddie Dean zum dunklen Turm reist. Eddie und Susannah werden ein inniges Paar, und wir wissen, auch wenn sie es in → »Der dunkle Turm IV: Glas« noch nicht klipp und klar ausgesprochen hat: Susannah erwartet von Eddie ein Kind.

Homepage
Unter http://www.stephenking.com finden Leser und Fans die offizielle King-Site im Internet. Dort gibt es Antworten auf alle Fragen, die man dem King of Horror schon längst hat stellen wollen. Darüber hinaus eine Biographie, Bibliographie und einige persönliche Anmerkungen vom Autor selbst. E-Mails unterdessen erreichen Kings fleißige Helfershelfer, die in der Regel mit einer kurzen Standardformel beantwortet werden.

Horror News
Deutschsprachiges Stephen-King-Fan-Magazin, das bis 1997 Wissenswertes und Kurioses zu und über King bot. »Horror News« wurde halbjährlich herausgegeben von der inzwischen aufgelösten → King Readers Association Germany, KRAG.

Hugo Gernsback Award
Der Hugo Gernsbeck Award, auch schlicht »Hugo« genannt, trägt den Namen des aus Luxemburg stammenden Amerikaners Hugo Gernsback und wird seit 1953 alljährlich von den Teilnehmern der sogenannten World Science Fiction Convention (World Con) verliehen. 1982 ging der Award

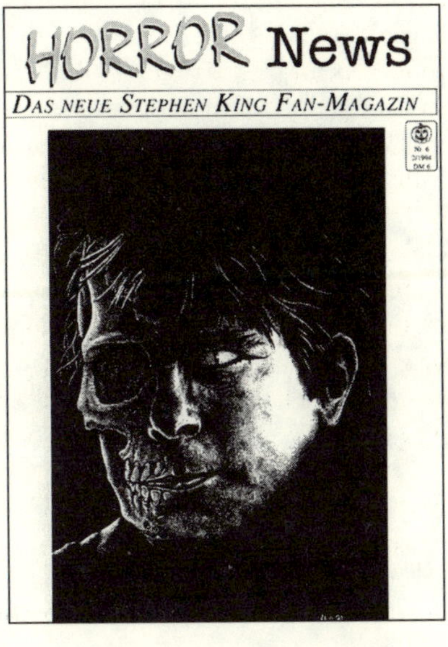

in der Kategorie »Non Fiction« an Stephen King für sein Sachbuch → »Danse Macabre«.

Hurenblüte

Seltsame Krankheit in der → Mittwelt, der Heimat vom → Revolvermann → Roland Deschain in dem Zyklus → »Der dunkle Turm«. Auch in dem Roman → »Das Bild Rose Madder« grasiert die Hurenblüte, nämlich in der Welt von Rose Madder in dem Bild. Was den Schluß nahelegt, daß Rose Madders Welt und Mittwelt gleich sind. Auch scheint → »Captain Trips«, jene eigentümliche Seuche in → »Das letzte Gefecht« der Hurenblüte nicht unähnlich zu sein. Parallelen zwischen »Das letzte Gefecht« und dem Turm-Zyklus existieren mehr als genug, z.B. der → »Dunkle Mann« → Randall Flagg. Und: Die Welt, in die Roland Deschain und seine Freunde auf der Suche nach dem dunklen Turm gelangen, ist 1986 von der Seuche Captain Trips heimgesucht, augenscheinlich also die Welt aus »Das letzte Gefecht«.

I

I was a Teenage Graverobber

Erzählung. In: O.: »Comics Review«, Alabama 1965

»I was a Teenage Graverobber« ist die erste Geschichte, die Stephen King veröffentlicht hat, und zwar 1965 in dem Horror-Fanzine »Comics Review« in Alabama. Die Geschichte, die von einem Waisenjungen handelt, der als Grabräuber für einen verrückten Wissenschaftler arbeitet und später seine Freundin aus dessen Klauen retten muß, erfährt später einen Nachdruck als »In A Half World Of Terror«.

Ich bin das Tor (I am the Doorway)

Kurzgeschichte. In: O.1: »Cavalier«, New York 1971; O.2.: »Nightshift«, Doubleday, Garden City 1978 / Dt.: → »Nachtschicht«, Bastei-Lübbe Verlag, Bergisch Gladbach 1984; Ü.: Harro Christensen

Der erste bemannte Flug zur Venus endet tragisch. Bei der Rückkehr stirbt Astronaut Cory; sein Kollege Arthur überlebt, muß den Rest seines Lebens aber im Rollstuhl verbringen. Fünf Jahre danach wachsen ihm an den Händen Augen. Er glaubt: »Eine anonyme Intelligenz. Ich fragte mich eigentlich nie, wie sie aussahen oder woher sie gekommen waren. Das mochte auf sich beruhen. Ich war jedenfalls ihr Tor, ihr Fenster zur Welt.« Die Aliens gebrauchen seinen Körper und töten einen kleinen Jungen. Als Arthur bei seinem Freund Richard Hilfe sucht, wird dieser kurzerhand in die Luft gesprengt. Voller Verzweiflung hält Arthur seine Hände in das Kaminfeuer und lebt fortan mit zwei Prothesen. »Ich rasiere mich mit ihnen und kann mir sogar die Schuhe zubinden. Und, wie Sie sehen, schreibe ich auf meiner Schreibmaschine sauber und gleichmäßig. Ich glaube nicht, daß es mir Schwierigkeiten bereiten wird, den Lauf meiner Schrotflinte in den Mund zu nehmen und den Abzug zu betätigen. Es hat nämlich vor drei Wochen wieder angefangen. In einem perfekten Kreis wachsen zwölf goldene Augen aus meiner Brust.«

Ich, der letzte Mensch (I am Legend)

Roman von → Richard Matheson. O: 1954 / Dt.: 1963

Alle Menschen werden von einem Virus in Vampire verwandelt. Nur ein einziger Mann bleibt verschont, verbarrikadiert sich in seinem kleinen Häuschen und setzt sich gegen die Widersacher zur Wehr. Am Ende muß er feststellen, daß nicht die Wesen die Abnormalen sind, sondern er, als letztes Überbleibsel einer untergegangenen Menschheit. Seine individuelle Person wird also keinen Bestand haben in der Allmacht der vampiristischen Konformität – mit dieser Erkenntnis wählt er den Freitod und überläßt die Erde den Vampiren. Der Roman steht Pate für Stephen Kings → »Amok«, in dem ein Junge, von der Konformität der Gesellschaft angewidert, aufbegehrt, am Ende aber resigniert und als »unzurechnungsfähig« (= abnormal) eingeliefert wird.

Ich weiß, was du brauchst (I Know What You Need)

Kurzgeschichte. In: O.1: »Cosmopolitan«, New York 1976; O.2.: »Nightshift«, Doubleday, Garden City 1978 / Dt.: »Nachtschicht«, Bastei-Lübbe Verlag, Bergisch Gladbach 1984; Ü.: Ingrid Herrmann

»Ich weiß, was du brauchst.« Mit diesen Worten stellt sich der junge, große und zappelige Edward Jackson Hamner Junior der Soziologiestudentin Elisabeth Rogan vor. Edward ist mit seinem schwarzen, ungepflegten Haar (das er sich wohl zum letzten Mal an Washingtons Geburtstag gewaschen hat), der dicken Hornbrille, dem Paar verschiedener Socken (schwarz und braun) und der grünen Drillich-Jacke (in der er zu versinken droht) nicht ihr Traumtyp. Aber er scheint stets ihre Wünsche und Bedürfnisse zu kennen. Selbst als ihr Freund Tony Lombard bei einem Unfall ums Leben kommt, ist er an ihrer Seite. Elisabeth verliebt sich in Edward, bis sie herausfindet, daß er sie und seine Mitmenschen seit der Kindheit mit Voodoopuppen und okkultistischen Riten beeinflußt. »Ein kleiner Junge, der mit Menschen zu spielen versuchte, als seien sie Zinnsoldaten, und sie dann in einem Anfall von Wut zertrat, wenn sie sich seinen Wünschen nicht fügten oder ihn durchschauten.«

Identifikation

→ Realismus

Im Kabinett des Todes (In the Deathroom)

Kurzgeschichte. Auf: O: »Blood & Smoke«, Scribner, New York 2000; / Dt.: »Blut und Rauch«, Hör-CD, Ullstein, München 2000, Dt. Übersetzung von Wulf Bergner

Im blutgetränkten Kellerraum eines ausländischen »Informationsministeriums« bittet Fletcher, ein Reporter, der vor Jahren das Rauchen aufgegeben hat, Escobar und seine Folterknechte Ramon, sowie eine Frau, die Fletcher irgendwie an Frankensteins Braut erinnert, um eine letzte Zigarette. Fletcher, im Bewusstsein des lächerlichen Klischees, in dem er gefangen ist, ist »überrascht festzustellen, daß sein Sinn für Humor sogar in einem solchen Zustand des Schreckens noch funktioniert«. Wenn Fletcher dann aber seinen ersten Zug nimmt, »im Bewußtsein, daß er möglicherweise tot sein wird, noch bevor die Zigarette bis zum Filter heruntergebrannt ist«, wird der Leser selbst mit auf die Folter gespannt. Die Geschichte gibt es nur als Hörfassung auf der Audio-CD → »Blut und Rauch«.

Im Morgengrauen (Skeleton Crew)

Erster von drei deutschen Sammelbänden zu »Skeleton Crew«. O.: Putnam Verlag, N.Y. 1985 / Dt.: Heyne Verlag, 1985; Ü.: A. von Reinhardt. Enthält die Erzählungen → »Der Mann, der niemandem die Hand geben wollte«; → »Achtung – Tiger!«; → »Omi«; → »Morgenlieferung«; → »Der Nebel«

In einer kleinen Stadt (Needful Things)

Vierter Roman des Castle-Rock-Zyklus. O.: Viking, New York 1991 / Dt.: Hoffmann & Campe, Hamburg 1991; Ü.: Christel Wiemken

Als Stephen King 1988 mit dem New Yorker Verlag → Viking seinen Vertrag über vier Bücher für ca. 40 Millionen Dollar abschließt, wird das Gerücht laut, King wolle sich vom Horror abkehren und andere Romane schreiben. Vorher jedoch inszeniert er mit »In einer kleinen Stadt« die Vernichtung von → Castle Rock, der fiktiven Kleinstadt, in der zahlreiche seiner Horrorromane und -geschichten bis dahin spielten. Nachdem → »Stark« (O./Dt.: 1989) und → »Zeitraffer« (O.: 1990; Dt.: 1991) für diesen Roman sozusagen den roten Teppich ausgebreitet haben, kann nun das Abschlußfeuerwerk über die Bühne gehen. Wir begegnen zuvor einer Menge bekannter Menschen, doch wir können das freudige Wiedersehen mit ihnen nicht lange genießen. Leland Gaunt, ein Fremder aus Acron, Ohio, der verblüffende Ähnlichkeiten mit → Mark Twains → »Der geheimnisvolle Fremde« aufweist, reist nach Castle Rock und eröffnet den Laden »Needful Things«. Hier finden Kunden genau das, was sie sich schon immer am sehnlichsten gewünscht haben. Doch natürlich hat die Erfüllung dieser Herzenswünsche ihren Preis, und da es sich bei Leland Gaunt um den Leibhaftigen persönlich handelt, ist es klar, daß er am Geld seiner Kundschaft nicht sonderlich interessiert ist. Statt dessen müssen alle, die in seinem Geschäft etwas kaufen, und das sind beinahe alle, einem anderen Bewohner der Stadt einen mehr oder weniger bösen Streich spielen. Diese »Späße« treffen stets die wundesten Punkte der Opfer, so daß es schon bald mit der Ruhe in dem beschaulichen Ort vorbei ist. Zwietracht macht sich in Castle Rock breit. Die von Gaunt ohne Rücksicht auf Gut und Böse aufgehetzten Bürger schlagen sich mit Freuden gegenseitig die Schädel ein, und bald versinkt die Stadt in Chaos. Sheriff → Alan Pangborn bemüht sich fassungslos zu begreifen, was um alles in der Welt in Castle Rock vor sich geht. Alans Verstand ist geschult, schließlich hat er bereits mitbekommen, wie in

→ »Das Attentat« der Cop → Frank Dodd mehrere Frauen umgebracht hat, wie in → »Cujo« der Bernhardiner draußen an der Town Road Nr. 3 tollwütig geworden ist, wie das Haus am See, das → Thad Beaumont, Romancier und Berühmtheit des Ortes, bewohnte, in → »Stark« vollkommen niederbrannte (weil Beaumont von einem Mann verfolgt worden war, der in Wirklichkeit gar kein Mann, sondern ein Geschöpf, für das es keinen Namen gab, war). Und: Pangborn hat seine Frau Annie und seinen Sohn Todd bei einem Autounfall verloren. Alan ist gewappnet gegen das Übersinnliche, Unheimliche und das Grauen, ja auch gegen den Tod (Gott und → Teufel in Personalunion). Diesmal ist es offensichtlich der Teufel höchstpersönlich, in Gestalt von Leland Gaunt, der dafür sorgt, daß die Ereignisse außer Kontrolle geraten. Doch, mal ehrlich, was tut er schon Außergewöhnliches: Er täuscht falsche Tatsachen vor, läßt die Menschen Dinge machen, damit sich ihre innigsten Wunschträume erfüllen – aber geschieht das nicht täglich? Die Gier nach Besitztümern ist so unausrottbar, daß sie uns selbst die fundamentalsten moralischen Grundsätze der Gesellschaft und des zwischenmenschlichen Verhaltens verletzen läßt. Die Habgier führt also zum Verlust unserer seelischen Unschuld. »Obwohl Gaunt erkennbar ein übernatürliches Wesen ist, besteht seine hauptsächliche Funktion lediglich darin, ein Szenario zu liefern, bei dem ein Mensch einem anderen die Pest an den Hals wünscht. Es ist mehr als offensichtlich, daß die Stadtbewohner, nachdem Gaunt einmal den ersten Anstoß dazu gegeben hat, die meisten der immer gehässigeren Aktionen freiwillig, vorsätzlich und sogar mit sadistischer Freude begehen«, erklärt Horrorexperte S. T. Joshi. »Was King – zumindest in diesem Roman – als die wesentlichen Motivationsfaktoren eines Kleinstadtlebens (und vielleicht des amerikanischen Lebensstils überhaupt) ansieht, sind Gier, Beschränktheit, Rachegelüste und Arroganz.« Die Moral von der Geschichte, die King uns erzählt, ist auch diesmal denkbar einfach, aber deshalb nicht minder zutreffend: Nur wer über den Dingen steht und sich nicht abhängig macht von Konsum und Besitztum, jemand wie Alan Pangborn, durchschaut das teuflische Spiel. Das ist keine gewaltige Lehre, aber in einen Roman dieser Art gekleidet, durchaus spannend. Nun, dem Teufel bleibt am Ende nichts anderes übrig als der Abschied, und er zieht weiter. Und zwar, wie aus dem Epilog zu »In einer kleinen Stadt« zu vernehmen ist, nach → Junction City, aber das ist eine andere (noch nicht erzählte) Geschichte. Was im übrigen auch für die eingangs zitierten Gerüchte um und von King gilt, denn das munter zerstörte Castle Rock erhebt sich in → »Sara« (1998) wie Phönix aus der Asche. Zwar kein Horrorroman im bekannten King-Stil, aber eine → Schauergeschichte ganz bestimmt. Zwei weitere Horrorromane folgen 1996: → »Desperation« und → »Regulator«. Und auch das Drehbuch → »Der Sturm des Jahrhunderts« ist ein fieser Schocker à la »In einer kleinen Stadt«.

In the path of the eclipse

Ursprünglicher Buchtitel, unter dem die Romane → »Dolores« und → »Das Spiel« veröffentlicht werden sollen. Doch → Viking entscheidet sich schließlich für eine Einzelveröffentlichung.

Inside View

Fiktives, blutrünstiges Boulevardmagazin über Aliens, Sekten und andere unerklärliche Wunder, das Stephen King immer dann anführt, wenn mysteriöse Ereignisse die Gemüter seiner Protagonisten beschäftigen und er die Sensationsgier der Menschen unterschwellig kritisieren möchte. Prominentester Reporter von »Inside View« ist → Richard Dees, der sich nicht zu schade ist, dem leidgeplagten → Johnny Smith in → »Das Attentat« einen Job als Wahrsager anzubieten. In der Story → »Der Nachtflieger« macht Dees Jagd auf einen flugzeugfliegenden Vampir. »Inside View« berichtet auch über → John Marinville, Held in → »Desperation« und → »Regulator«, und zwar doppelseitig, als dieser seine dritte Ehefrau krankenhausreif prügelt. Für den kleinen → John Jake Chambers in → »Der dunkle Turm III: Tot« mutet es wie ein spektakulärer Bericht in »Inside View« an, als er bemerkt, daß er aufgrund eines Zeitparadoxons in zwei Welten lebt – einmal tot, einmal lebendig.

Internet

Ein Versuch ist es wert, doch im World Wide Web kursieren annähernd 8.000 Seiten über Stephen King. Stephen Spignesi brachte es mit einer Suchmaschine sogar auf 8.698 Web-Seiten, wie er in seinem Buch »The Lost Work of Stephen King« zu berichten weiß. An dieser Stelle dieses Lexikons also eine Liste aller Web-Seiten zu präsentieren, dafür wäre schon wieder ein eigenes Lexikon nötig (und zwar nach Ländern sortiert). Deshalb nur ein Verweis auf Kings offizielle → Homepage sowie ausgewählte, deutschsprachige Seiten:

- www.clickfish.com/stephenking
  (ambitionierteste, informative Seite von Regina Cuno)
- www.castlerock.de (nette Fanseite mit vielen Infos)
- www.stephenking.de (nette Fanseite mit vielen Infos)
- www.matthias-schemel.de (nette Fanseite)
- www.stephenkingnews.de/king.html
  (die deutsche → Mailing-Liste)

Auch der Meister selbst hat die Möglichkeiten des Internets entdeckt: Mit → »Riding the Bullet« hat er Anfang 2000 das erste eBook veröffentlicht und einen neuen Download-Rekord aufgestellt. Im weiteren Verlauf von 2000 startet er dann die Fortsetzungsgeschichte → »The Plant«.

J

Jackson, Shirley

Amerikanische Gruselautorin, geboren 1919, gestorben 1965. In ihren »höchst eigenwilligen, stilistisch und psychologisch brillanten« Werken vermischt sie Elemente der klassischen → »Gothic Novel« mit aggressivem, schwarzen Humor, was die moderne Horrorliteratur maßgeblich beeinflußt, von der Kritik aber vielfach nicht ernst genommen wurde. »Spuren ihres schwarzen Humors und ihrer bis heute unübertroffenen Personenschilderungen finden sich noch heute bei Stephen King«, erklärt der Horror-Experte Joachim Körber in seinen vier »Büchern des Horrors« (Heyne Verlag, München 1991). Jacksons bedeutendste Werke, »Wir haben schon immer im Schloß gelebt« (O.: »We Have Always Lived in the Castle«, 1962) und → »Spuk in Hill House« (O.: »The Haunting of Hill House«, 1959), behandeln beide das Thema des Gespensterhauses, letzterer Roman vor allem den Einfluß eines Spukhauses auf eine zutiefst neurotische Frau, was maßgeblich zur Entstehung von Kings → »Shining« beigetragen hat. Ihre Erzählung → »Die Lotterie« (O.: »The Lottery«, 1948) steht wiederum Pate für Kings Short Story → »Regenzeit« und das Drehbuch → »Der Sturm des Jahrhunderts«.

Jahreszeiten (Different Seasons)

Anderer Titel für den Sammelband → »Frühling, Sommer, Herbst & Winter.

Jerusalem's Lot

Fiktive Stadt in Maine, die in der Erzählung → »Briefe aus Jerusalem« und dem Roman → »Brennen muß Salem« Schauplatz vampiristischer Ereignisse ist, bevor sie von → Ben Mears dem Erdboden gleichgemacht wird. In der Short Story → »Einen auf den Weg« erfahren wir, daß den Vampiren in Salem's Lot noch lange nicht der Garaus gemacht worden ist.

Jhonathan & the Witchs

Erzählung. In: »First Words«, 1993

Stephen King schreibt die Erzählung 1956 im Alter von neuen Jahren, was auch die vielen Rechtschreibfehler im Titel erklärt. Sie wird 1993 in der

Anthologie »First Words«, einem Sammelband diverser Frühwerke unterschiedlicher Autoren, der Öffentlichkeit zugänglich gemacht.

Johns, Alain

Besonnener, wortkarger Freund von → Roland Deschain (→ »Der dunkle Turm IV: Glas). Alain hat die Gabe des zweiten Gesichts.

Johns, Christopher

In der Saga → »Der dunkle Turm« ist Christopher Johns der Vater von → Alain Johns (→ »Der dunkle Turm IV: Glas«). Christopher Johns wurde in seiner wilden Jugend auch »Burning Chris« genannt.

Jonas, Eldred

In der Saga → »Der dunkle Turm« war Eldred Jonas der Anführer der finsteren Halunken in → Hambry, die sich die → »Großen Sargjäger« nannten. Er war langhaarig, verhärmt und ein humpelnder Krüppel. Seine Beinverletzung entstammte seiner Mannbarkeitsprüfung zum → Revolvermann, die er versiebte, wofür er nach → Westen verbannt wurde (»Der dunkle Turm IV: Glas«).

Junction City

Fiktive Stadt in der Novelle → »Der Bibliothekspolizist«, die von einem Monster heimgesucht wird, das sich von den Ängsten der Kinder ernährt. Erst nachdem dieses Monster in Gestalt der Bibliothekarin → Ardelia Lortz bereits zwei Kinder getötet hat, können die Bürger dem Grauen Einhalt gebieten. Doch damit scheint der Schrecken für die Bevölkerung von Junction City noch nicht zu Ende. Im Epilog von → »In einer kleinen Stadt« ist zu erfahren, daß der → Teufel namens → Leland Gaunt sich als nächstes Opfer die Bürger von Junction City auserwählt hat ...

K

Ka

In der → Mittwelt vom → Revolvermann → Roland Deschain in der Saga → »Der dunkle Turm« ist das »Ka« das Schicksal. »Ka« und → »tet« ergeben das → »Ka-tet«, ein Ort, wo viele Leben vom Schicksal verknüpft sind.

Kains Aufbegehren (Cain Rose Up)

Kurzgeschichte. In: O.1: »Ubris«, Frühling 1968; O.2.: »Skeleton Crew«, Putnam Verlag, New York 1985 / Dt.1: »Der Gesang der Toten«, Heyne Verlag, München 1985; Ü.: Alexandra von Reinhardt; Dt.2: »Blut«, Heyne Verlag, München 1996; Ü.: Joachim Körber

Der Student Curt Garrish entscheidet am letzten Tag vor den Ferien, daß es besser ist, die Welt zu schlucken, als von ihr geschluckt zu werden. Er schnappt sich ein Gewehr und feuert auf die Menschen im Park. Wie steht schon in der Bibel geschrieben: »Gott schuf die Welt nach Seinem Bild, und wenn man die Welt nicht frißt, wird man selbst von der Welt gefressen.«

Kaspbrak, Eddie

Antiheld und Mitglied in → Derrys → »Club der Verlierer« in dem Roman → »Es«. Auch Eddie ist, wie alle anderen Mitglieder im Club, zum Zeitpunkt der Geschichte 11 Jahre alt. Er ist das einzige Kind von Frank und Sonia Kaspbrak. Sein Vater stirbt, als Eddie drei Jahre alt ist. Seine Mutter stirbt im Alter von 64 Jahren an Herzversagen – sie wiegt 203 Kilogramm. Sonia ist zeit ihres Lebens nicht nur eine sehr üppige Frau, sie ist auch ausgesprochen ängstlich, gleichzeitig aber auch despotisch. Sie erzieht ihren Sohn zu einem übervorsichtigen, selbstmitleidigen, hypochondrischen Asthmatiker, der aus Fürsorge nicht am Sportunterricht teilnehmen darf, geschweige denn draußen spielen. Wenn sich die Gelegenheit zur Flucht ergibt, fährt Eddie mit dem Fahrrad zum Güterbahnhof an der Neibolt Street. Er beobachtet die Züge, die mit ihrer Fracht unterwegs nach Süden sind. Besonders liebt Eddie die langen Autozüge: »Eines Tages«, so schwört er sich, »werde ich ein solches Auto fahren. Ein funkelnagelneues. Vielleicht sogar einen Cadillac!« Er soll Recht behalten. Am 20. Juli 1958 erlebt Eddie das erste Mal bewußt, was Schmerzen bedeuten, und das in mehrfacher Hinsicht. Sein Apotheker Mr. Keene offenbart ihm, daß seine Asthmamedizin mit der Aufschrift »Hydrox Mix/bei Bedarf verwenden« nichts anderes als ein Placebo ist – ein Gemisch aus Wasser, Sauerstoff und einer Spur Kampfer. Was noch viel schlimmer ist: Seine Mutter weiß es! Nach der King'schen Devise »Wenn's noch schlimmer kommen kann, kommt's für gewöhnlich auch schlimmer« läuft Eddie → Henry Bowers über den Weg, der ihm nach einer wilden Verfolgungsjagd den Arm bricht. Für seine entsetzte Mutter ein untrügliches Zeichen für den schlechten Umgang ihres Sohnes; sie verbietet ihm jeglichen Kontakt zu seinen neuen Freunden, dem »Club der Verlierer«, was Eddie natürlich nicht befolgt. Denn in der Gesellschaft seiner Freunde fühlt er sich nicht klein und kränklich. Niemand macht sich über sein Asthma lustig, niemand nennt ihn ein verweichlichtes Muttersöhnchen. Ja, er besteht sogar tapfer im Kampf gegen ES. Obwohl Eddie gegen den »freudschen Kreis« ankämpfen will, heiratet er 1969 Myra McCandless. Sie könnte die Schwester seiner Mutter sein, groß, cholerisch und despotisch. Eddie dagegen ist klein und mager. Mit seinem zerfurchten Gesicht hat er Ähnlichkeit mit Anthony Perkins. Dank der randlosen Brille und der kurzen, lichten hellroten Frisur wirkt er bieder, wie ein Versicherungsvertreter. Doch er ist ein berühmter Chauffeur, nicht minder prominent wie die Personen, die er durch New York kutschiert. Er hat mit einem vier Jahre alten Fleedwood begonnen, kurz bevor er »Kaspbrak Limousine« gründet und mit 30 Limousinen das größte Chauffeur-Unternehmen in New York wird. Doch auch Eddie ist gefangen in der Vergangenheit. Noch immer benutzt er den Aspirator, mehr als Sucht, nicht als Medikament. Auch wenn das Placebo schließlich gegen ES hilft, so hilft es Eddie am Ende nicht, lebend aus der Kanalisation von Derry zu entkommen.

Ka-tet

In der → Mittwelt vom → Revolvermann → Roland Deschain in der Saga → »Der dunkle Turm« ist das »Ka-tet« eine Gruppe, in der viele Leben (→ »tet«) vom Schicksal (→ »Ka«) verknüpft sind. Jedes Mitglied eines »Ka-tet« ist wie das Teil eines Puzzles, für sich alleine genommen ein Rätsel, erst mit den anderen zusammen ergibt es ein klares Bild. Die Philosophen von Mittwelt sagen, ein »Ka-tet« ist eine lebenslange, schicksalhafte Verbindung, die nur durch Tod oder Verrat aufgelöst werden kann. Das erste »Ka-tet«, das Roland bildet, ist mit seinen Freunden → Alain Johns und → Cuthbert Allgood, die von Rolands Vater → Steven Deschain in die vermeintlich sichere → Baronie Mejis im Osten der Mittwelt geschickt werden. Doch auch hier rüsten sich die Menschen für die Revolution und den Anführer → John Farson. Das Schicksal der drei Freunde besteht im Vereiteln der abtrünnigen Pläne. Später stößt noch die 16jährige → Susan Delgado aus → Hambry hinzu, die erste und einzige Liebe von Roland. Das ›Ka-tet‹ wird beendet durch den Tod der drei Freunde von Roland (→ »Der dunkle Turm

IV: Glas«). Sein zweites »Ka-tet« hat der Revolvermann Roland nach seiner Verfolgung des → Mannes in Schwarz durch die Wüste → Parseks, als er sich aus unserer Welt seine Gefährten → Eddie Dean, → Susannah Dean und → John Jake Chambers für die Suche nach dem dunklen Turm holt. Ihnen offenbaren sich dank des »Ka-tet« neue Möglichkeiten, sie können sich auf telepathische Weise Gedanken mitteilen, das sogenannte → Khef.

Katzenauge (Cat's Eye)

Episodenfilm aus dem Jahr 1984, für das King das Drehbuch schreibt. Er verknüpft seine Erzählungen → »Quitters, Inc.« und → »Der Mauervorsprung« durch eine Rahmenhandlung über eine Katze, die in der letzten Episode ein Mädchen vor einem Troll rettet, der in der Wand ihres Zimmers haust. Zu der Geschichte gibt es keine literarische Fassung. Selbst im Drehbuch kann King seinen Hang zu Zitaten nicht unterdrücken, denn im Vorspann zu »Katzenauge« jagt ein riesiger, schlammbespritzter Bernhardiner, unschwer als tollwütiger → Cujo zu erkennen, die titelgebende Katze.

Katzenaugen – Geschichten aus dem Dunkel

Sammelband zum Film → »Katzenauge«.
Dt.: Bastei-Lübbe Verlag, Bergisch Gladbach 1986

Enthält neben einem Vorwort und Bemerkungen zum Film von Willy Loderhose die literarischen Vorlagen zu den Filmepisoden, die Erzählungen → »Quitters, Inc.« und → »Der Mauervorsprung« sowie zusätzlich die Kurzgeschichten → »Trucks« und → »Kinder des Mais« in der jeweiligen Übersetzung aus → »Nachtschicht«.

Keeton, Dan »Buster«

Dan »Buster« Keeton, der jähzornige Stadtvater von → Castle Rock in dem Roman → »In einer kleinen Stadt«, der lieber einen großen Bogen um Castle Hill macht, wo die Altvorderen sich im Sommer treffen und wieder tuscheln, was er Neues im Schilde führt. Denn Buster verzockt heimlich sein Geld am Spieltisch. Dieses leidige Laster macht ihn anfällig für die Verlockungen des → Teufels → Leland Gaunt.

Khef

In der Saga → »Der dunkle Turm« offenbart sich durch die schicksalhafte Verbindung mehrerer Menschen, → »Ka-tet«, das Khef, eine telepathische Nähe, in der man Gedanken miteinander teilt.

Kinder

Stephen hat mit Tabitha drei Kinder: → Naomi Rachel King, → Joseph Hillstrom King und → Owen Philip King.

Kinder des Mais (Children of the Corn)

Kurzgeschichte. In: O.1: »Penthouse«, New York 1977; O.2.: »Nightshift«, Doubleday, Garden City 1978 / Dt.: → »Nachtschicht«, Bastei-Lübbe Verlag, Bergisch Gladbach 1984; Ü.: Wolfgang Hohlbein

Vicky und Burt Robeson machen Urlaub in Nebraska, um ihre Ehe zu retten. Sie verfahren sich und beginnen zu streiten, bis Burt einen kleinen Jungen überfährt, der aus einem mannshohen Maisfeld am Straßenrand stürmt. Sie begeben sich zur Polizei ins nahe Gatlin, doch der Ort ist ausgestorben, bis auf die Kinder, die 1964 auf Anraten dessen, »der hinter den Reihen wandelt« (etwas Grünes mit schrecklich roten Augen in der Größe von Fußbällen) beschlossen haben, daß niemand in Gatlin älter als 19 Jahre wird. Wenig später stehen die Kinder des Mais auf der Lichtung und sehen auf die beiden gekreuzigten Körper, die noch keine Skelette sind, aber es bald sein werden. Der Mais um Gatlin raschelt und flüstert geheimnisvoll. Der Mais ist sehr zufrieden.

Kinderschreck (Suffer the Little Children)

Kurzgeschichte. In: O.1: »Cavalier«, New York 1972; O.2: »Nightmares & Dreamscapes«, Verlag Viking, New York 1993 / Dt.: »Alpträume«, Hoffmann & Campe, Hamburg 1993; Ü.: Joachim Körber

Die Lehrerin Emily Sidley, die über den sechsten Sinn aller strengen Lehrer verfügt, entwickelt Wahnvorstellungen, daß sich etwas Fremdes, Böses unter der äußerlichen Maske einer ihrer Schüler, des kleinen Robert, befindet. Sie bringt eine Waffe mit in die Schule und erschießt ihn und elf andere Kinder, um dann entsetzt festzustellen, daß es wirklich nur Kinder sind.

King, David

David, geboren 1945, ist der zwei Jahre ältere Bruder von Stephen King. David wurde als Neugeborenes von → Donald King und → Ruth Nellie King adoptiert.

King, Donald

Vater von Stephen King, der in Peru, Indiana, als Donald Spansky geboren wird. Später nennt er sich Donald Pollack, bevor er diesen Namen bei den Behörden in Donald King ändern läßt. Als Stephen zwei Jahre alt ist, geht der Vater um die Ecke Zigaretten holen und ist seitdem nie mehr zurückgekehrt. King glaubt: »Wenn mein Vater noch leben würde, dann hätte er sich ganz bestimmt gemeldet, um an meinem Reichtum Anteil zu haben.«

King, Joseph Hillstrom

Der Sohn von Tabitha und Stephen King wurde am 4. Juni 1972 geboren und strebt als Autor seinem Vater nach.

King, Naomi Rachel
Die Tochter von Tabitha und Stephen King wurde 1971 geboren und hat lange Zeit ein Restaurant in Bangor, Maine, betrieben, bevor sie begann, Theologie zu studieren.

King, Owen Phillip
Der zweite Sohn von Tabitha und Stephen King spielt Baseball im Bangor West Team. In den Bangor Daily News hat King regelmäßig Artikel über die Spiele der Mannschaft geschrieben, die später in dem Essay → »Kopf runter« (in: → »Alpträume«) zusammengefaßt werden.

King Readers Association Germany
Deutschlands Stephen-King-Fan-Club wurde 1990, kurz nach Einstellung des → »Castle Rock Magazines«, mit Mitgliedern aus allen Teilen Deutschlands, Österreichs, der Schweiz und der Niederlande von Peter Schmitz gegründet. Die KRAG gibt von 1991 bis zu ihrer Auflösung im August 1997 für ihre zwischenzeitlich über 200 Mitglieder zweimal jährlich die → Horror News als deutsches Fan-Magazin heraus.

King, Ruth Nellie
Mutter von Stephen King, geboren am 3. Februar 1913 als Nellie Ruth Pillsbury. Nachdem ihr Ehemann sie überraschend verließ, zog sie Stephen und seinen älteren Bruder → David King alleine auf. Sie erlebte noch, wie Stephen das Manuskript → »Carrie« an den Verlag → Doubleday verkaufen konnte, doch vor der eigentlichen Veröffentlichung starb sie.

King's Garbage Truck
Wöchentliche Kolumne in der Studentenzeitung »The Maine Campus«, in der Stephen King vom 20. Februar 1970 bis 21. Mai 1970 regelmäßig das aktuelle Geschehen kommentierte.

King, Tabitha
Geborene Spruce. Seit dem 2. Januar 1971 Ehefrau von Stephen King, vom Autor liebevoll »Tabby« genannt. Tabitha machte im Mai 1971 ihren Universitätsabschluß in Geschichte, kurz darauf wurde ihr erstes Kind, die Tochter Naomi Rachel, geboren. Tabitha King ist ebenfalls als – durchaus erfolgreiche – Schriftstellerin tätig. Von ihr erschienen sind bisher »Small World« (O.: 1981; Dt.: »Das Puppenhaus«, Heyne Verlag München 1986), »Caretakers« (O.: 1983; Dt.: »Die Seelenwächter«, Heyne Verlag, München 1986), »The Trap« (O.: 1985; Dt.: »Die Falle«, Heyne Verlag, München 1987), »Pearl« (O.: 1988; Dt.: »Die Entscheidung«, Heyne Verlag, München 1989), »One on one« (O.: 1993; dt: »Bad Girl«, Heyne Verlag,

München 1996), »The Book of Reuben« (1995; dt: »Das Buch Reuben« Heyne Verlag, München 1996), »Survivor« (O.: 1997). Wie ihr Mann hat sie in ihren Büchern einen eigenen Mikrokosmos entworfen, der meist in dem fiktiven Örtchen Nodd's Ridge in Maine angesiedelt ist.

Kirche

King wurde methodistisch erzogen und von seiner Mutter stets zum Kirchgang und zum Besuch der Bibelschulen angehalten. Angeblich waren die Geschichten in der Bibel die ersten, die ihn gefesselt haben sollen. Was seine gelegentliche Lust, mit biblischen Szenen zu kokettieren, erklären würde. Am deutlichsten wird das in dem Roman → »Desperation«.

Klapperzähne (Chattery Teeth)

Kurzgeschichte. In: O.: »Nightmares & Dreamscapes«, Verlag Viking, New York 1993 / Dt.: »Alpträume«, Hoffmann & Campe, Hamburg 1993; Ü.: Joachim Körber

Der Vertreter Bill Hogan kauft in einem kleinen Laden am Rande der Wüste für seinen Sohn Jack daheim ein defektes Kinderspielzeug, ein Blechgebiß mit kleinen Füßen daran, die sogar laufen, wenn man sie aufzieht. Wenig später gabelt er einen jugendlichen Anhalter namens Bryan Adams auf, der ihn kurz darauf mit dem Messer bedroht. Bill Hogan steuert den Wagen vor Verzweiflung in den Graben, und es kommt zu einem erbitterten Kampf zwischen den beiden, im Verlauf dessen die Zähne zum Leben erwachen und den Anhalter töten. Als Bill Hogan neun Monate später den Laden erneut passiert, findet er die Klapperzähne wieder im Schaufenster.

Klotho

griech.: Clothoi

In der griechischen Mythologie ist Klotho eine der drei (antiken) Schicksalsgöttinnen (die Parcen oder Moren), die den Ablauf der Ereignisse im menschlichen Leben bestimmen. Sie verkörpern die Idee des unerbittlichen Schicksals, wurden von verschiedenen Schriftstellern aber unterschiedlich aufgefaßt. In manchen Fällen scheinen sie nur den Willen der Götter auszuführen, in anderen beugt sich sogar Zeus ihrem Willen. So oder so, sie stellen das ordnungsgemäße Funktionieren des Universums sicher: Klotho spinnt den Lebensfaden, → Lachesis reicht ihn an → Atropos, der ihn abschneidet. In dem Roman → »Schlaflos« von Stephen King sind sie drei kleine, bleiche, kahlköpfige Gestalten, die der schlaflose → Ralph Roberts in einer ihm plötzlich offenbarten Hyperrealität wahrnimmt, die sich an den Lebensschnüren seiner Mitmenschen, seltsam farbige Auren, zu schaffen machen. Während Klotho und Lachesis den »Großen Plänen«, dem → »Ka«, entsprechen, ist Atropos bei King für den Zufall verantwortlich.

Kopf runter (Head Down)

Essay. In: O.1: »The New Yorker«, New York 1990; O.2: »Nightmares & Dreamscapes«, Verlag Viking, New York 1993 / Dt.: »Alpträume«, Hoffmann & Campe, Hamburg 1993; Ü.: Joachim Körber

Notizen aus den Bangor Daily News zu den Baseball-Spielen von Kings 12jährigem Sohn → Owen King, der sich mit der Baseball-Jugendmannschaft Bangor West, obwohl chancenlos, bis in das Finale des Bundesstaates vorkämpft und mit viel Glück auch dieses noch gewinnt.

Körperfresser

Außerirdische Parasiten in dem Film → »Die Dämonischen« und dem Remake → »Die Körperfresser kommen«. Sie verwandeln die Menschen zu seelenlosen Charakteren. Die Filme mit den sich ausdehnenden Nichtwesen, materialisiertem Unterbewußten und Mutationen sind → Vorbild für lebenzehrende Monster in dem King-Roman → »Das Monstrum«, in dem sich ein seit Millionen Jahren im Wald verborgenes Raumschiff negativ auf die Bewohner der Stadt → Haven auswirkt. Die Menschen verwandeln sich körperlich, dann geistig. In den Romanen → »Regulator« und »Desperation« ist es das unheimliche Monster → TAK aus den Tiefen des Weltalls – → Cthulhu nachempfunden –, das in die Körper der Menschen schlüpft und deren Denken und Handeln übernimmt. In der Novelle → »Der Bibliothekspolizist« ist es ein außerirdisches Monster, das in Gestalt einer Bibliothekarin den armen Sam Peebles heimsucht und versucht, seinen Verstand auszuhöhlen, um am Ende in seinem Körper weiterzuleben.

KRAG

→ King Readers Association Germany

Krippe

In der Saga → »Der dunkle Turm« wird eine Krippe in → Mittwelt als Bahnhof bezeichnet.

Kruger, Barbara

New Yorker Künstlerin, die 1989 für die limitierte Ausgabe von → »My Pretty Pony« die grafischen Highlights und Illustrationen entwarf. Die Werke der Werbegrafikerin waren unter anderem auf der Documenta in Kassel, im Museum of Modern Art in New York und auf der Biennale in Venedig zu sehen.

Kugel im Kopf

Filmtitel der 1997 im Rahmen der TV-Serie → »Outer Limits« gezeigten Short Story → »Die Offenbarung der Becka Paulson«.

L

L.T.'s Theory of Pets Kurzgeschichte.
In: O.: »Six Stories«, Philtrum Press, Bangor 1997
Veröffentlicht in der auf 1100 Stück limitierten, numerierten und signierten Sammlung → »Six Stories« in Kings Eigenverlag → Philtrum Press.

Lachesis
In der griechischen Mythologie eine der drei (antiken) Schicksalsgöttinnen (Parcen), die den Ablauf der Ereignisse im menschlichen Leben bestimmen. Sie verkörpern die Idee des unerbittlichen Schicksals. Sie wurden von verschiedenen Schriftstellern unterschiedlich aufgefaßt. In manchen Fällen scheinen sie nur den Willen der Götter auszuführen, in anderen beugt sich sogar Zeus ihrem Willen. So oder so, sie stellen das ordnungsgemäße Funktionieren des Universums sicher: → Klotho spinnt den Lebensfaden, Lachesis reicht ihn zu → Atropos, der ihn abschneidet. Im Roman → »Schlaflos« sind es drei kleine, bleiche, kahlköpfige Gestalten, die der schlaflose → Ralph Roberts in einer ihm plötzlich offenbarten Hyperrealität wahrnimmt, die sich an den Lebensschnüren seiner Mitmenschen, seltsam farbige Auren, zu schaffen machen. Während Klotho und Lachesis den »Großen Plänen« entsprechen, ist Atropos bei King für den Zufall verantwortlich.

Langoliers (Four Past Midnight)
Erster, deutscher Band der Novellensammlung → »Four Past Midnight«. O.: Viking, New York 1990 / Dt.: Heyne Verlag, München 1991; Ü.: Joachim Körber
Sie enthält die beiden Geschichten → »Das heimliche Fenster, der heimliche Garten« und → »Langoliers«. Der zweite deutsche Titel lautet → »Nachts«.

Langoliers (Langoliers)
Novelle. In: O.: »Four Past Midnight«, Viking, New York 1990 / Dt.: »Langoliers«, Heyne Verlag, München 1991; Ü.: Joachim Körber
In »Langoliers« wird ein Flugzeug durch einen Riß in unserer Dimension in eine seltsam leblose und starre Welt geschleudert, und die zehn Überle-

benden (Personen, die schliefen, als das »Unglück« geschah) müssen feststellen, daß die übrigen Passagiere (einschließlich des Bordpersonals) bis auf Herzschrittmacher, Prothesen, Uhren, Brillen und Brieftaschen verschwunden sind. Zum Glück ist ein Pilot an Bord, der das Schiff sicher auf dem Bangor International Airport landen kann. Hier schmecken die Lebensmittel äußerst fad und haben keinen Geruch mehr. Die Reisenden erkennen, daß dieses statische Universum die Vergangenheit ist: eine leere Hülle. Diese leblosen Überreste werden von kugelförmigen Dämonen aufgefressen, die einer der Fluggäste, der die Katastrophe überlebt hat, »Langoliers« nennt. Die Passagiere können sich gerade noch vor den gefräßigen Monstern retten, indem sie ihre Route zurückverfolgen und durch den Zeitriß fliegen. Inzwischen scheint ein wenig Licht in das Zeitriß-Mysterium gekommen zu sein. King-Kenner glauben, daß die Anomalie, durch die das Flugzeug in die Vergangenheit katapultiert wird, ähnlich dem ist, was der → Revolvermann → Roland Deschain aus → Gilead in → »Der dunkle Turm IV: Glas« als → Schwachstelle bezeichnet. Ein Beweis dafür könnte sein, daß beide Zeittore, sowohl in »Langoliers« als auch in »Der dunkle Turm« offensichtlich in die Vergangenheit der Erde führen (→ »Mittwelt« und → »Der dunkle Turm«). Andererseits liegt die Vermutung nahe, daß es zwei von einander unabhängige Anomalien sind. Denn es gibt einen Hinweis darauf, daß man eine Schwachstelle auch ohne Schlaf durchqueren kann: Roland und seine Freunde haben, als sie in »Der dunkle Turm IV: Glas« von Mittwelt in die Welt, die dem des Romans → »Das letzte Gefecht« gleicht, nicht geschlafen. Dazu waren sie viel zu sehr mit dem Rätselraten beschäftigt.

Langsame Mutanten

Als in → »Der dunkle Turm: Die kleinen Schwestern von Eluria« der → Revolvermann → Roland Deschain auf der Jagd nach dem → Mann in Schwarz in das ausgestorbene Örtchen → Eluria gelangt, pirschen sich acht Leute mit grünen, bleichen Gesichtern an ihn heran, Opfer der großen Katastrophe von → Mittwelt. Es sind die langsamen Mutanten. Er kann sich ihrer erwehren. Als ihn in → »Der dunkle Turm I: Schwarz« die Jagd auf den Mann in Schwarz durch eine Bergmine führt, stößt Roland im Kapitel 4, → »Die langsamen Mutanten«, abermals auf die mutierten Menschen, die die Jagd auf ihn eröffnen.

Lastwagen (Trucks)

Kurzgeschichte. In: O.1: »Cavalier«, New York 1973; O.2.: »Nightshift«, New York 1978 / Dt.: »Nachtschicht«, Bergisch Gladbach 1984; Ü.: Harro Christensen

Die Erzählung wird später unter dem Namen → »Rhea M – Es begann ohne Warnung« unglückselig – von King persönlich – in Szene gesetzt. In der Erzählung erwachen aus einem unbekannten Grund die Lastwagen zum Leben und terrorisieren die Menschen, zusammengepfercht in »Contants Raststätte und Imbiß« am Interstate Highway. Simple Story, die der Idee »Maschinen greifen ihren Schöpfer an« (→ Maschinen) folgt. In der Verfilmung begehren nicht nur die Autos auf, alle elektrischen Geräte spielen verrückt.

Leaf-Peepers

Erzählung. O.: »New York Magazine«, New York 1998

Am 28. Dezember 1998 im »New Yorker« erschienen.

Leben ohne Ende (Earth Abides)

Roman von → George R. Stewart. O.: 1949 / Dt.: Gütersloh 1952

Der Roman gehört zu den besten SF-Katastrophenromanen und wird 1951 mit dem »International Fantasy Award« ausgezeichnet. Die Menschheit wird darin bis auf einige wenige Ausnahmen von einer Epidemie ausgerottet. Der Roman steht Pate für → »Das letzte Gefecht« von Stephen King.

Letters from Hell

Essay. O.: Lord John Press, 1987

In einer Auflage von 500 numeriertes, dreifarbig auf schwerem Arches-Papier gedrucktes Heft, in dem King über die Briefe seiner Fans referiert. Der Text wurde bereits im gleichen Jahr in der New York Times unter dem Titel »Ever Et Raw Meat? And Other Weird Questions« veröffentlicht.

Linoge, Andre

Andre Linoge hat weiße Haare, die ihm fast bis auf die Schulter fallen. Seine Wangen und seine Stirn sind runzlig, seine Lippen sind eingesunken, aber es ist trotzdem ein starkes, einflußreiches Gesicht. In dem Drehbuch → »Der Sturm des Jahrhunderts« sucht der alte Zauberer die Bürger des eingeschneiten → Little Tall Island in Maine heim. Er kennt ihre dunkelsten

Geheimnisse und kann die Menschen gegeneinander und gegen sich selbst ausspielen. Manche morden durch das erwachende Schuldgefühl, andere begehen Selbstmord. Er stellt die Bürger vor die Wahl: »Gebt mir was ich will und ich gehe weg.« Was er will? Linoge ist viele Jahrtausende alt, aber sein Leben neigt sich dem Ende zu. Er will eines der acht Kinder von Little Tall Island, will es großziehen, zu seinem Nachfolger machen. »In einer solchen Angelegenheit kann ich mir nicht einfach nehmen, was ich will ...«, gesteht er, »aber ich kann strafen, ich versichere euch, ich kann strafen.« Linoge legt die dunklen Seiten der Menschen bloß. Menschen, deren kleinstädtisches Miteinander nichts anderes ist als ein scheinheiliges, ein geheucheltes Wir-Gefühl.

Little Tall Island

Fiktiver 400-Seelen-Ort an der Küste in Maine, den King erstmals 1992 in dem Roman → »Dolores« begründet, wobei die Bevölkerung noch von übersinnlichen Schrecken verschont bleibt. In der Erzählung → »Hausentbindung« wird die Menschheit, auch auf Little Tall Island, von Zombies ausgelöscht – was wohl nicht von Dauer ist, denn 1999 ist die kleine Gemeinde in dem ABC-Dreiteiler und dem dazu veröffentlichten Drehbuch → »Der Sturm des Jahrhunderts« erneut Handlungsort, diesmal mysteriöser Mordanschläge, für die sich → Andre Linoge verantwortlich zeigt. Aus gutem Grund. Er entlarvt das vielzitierte kleinstädtische Miteinander als reine Heuchelei, die nur dazu dient, seinen eigenen Vorteil zu erlangen. Litte Tall Island ist also, wenn man so will, für King das stellvertretende Symbol amerikanischer, kleinbürgerlicher Scheinheiligkeit. Was uns natürlich nicht überrascht, denn schon zu Zeiten von »Dolores« wird das »liebe Miteinander« zelebriert. Aber in Wahrheit interessiert es die Leute keinen Deut, welche Nöte und Ängste ihre Mitmenschen plagen. Oder wie war das in »Dolores« mit dem fleißigen Bankdirektor Mr. Pease, der das Sparbuch (fürs College) des kleinen Joe Junior und Little Pete auflöst und das Geld an dessen Vater Joe aushändigt, obwohl stadtbekannt ist, daß dieser ein Säufer, ein Schläger und überhaupt ein übler Bursche ist? Tja, wen interessiert's, jeder ist sich selbst schließlich der Nächste ... Auch in Little Tall Island.

Locus Award

Seit 1971 führt die Zeitschrift »Locus – The Newspaper of the Science Fiction Field« eine Umfrage unter ihren Lesern durch, den »Locus Poll«, bei dem die besten SF-Romane, -Erzählungen usw. durch Abstimmung mittels Fragebögen ermittelt werden. 1982 ging der Award in der Kategorie »Non Fiction« an Stephen King für sein Sachbuch → »Danse Macabre«. 1997 ging der Award in der Kategorie »Dark Fantasy/Horror« an ihn für seinen Roman → »Desperation«. 1999 ging der Award in der Kategorie »Horror-Roman« an King für seinen Roman → »Sara«.

Lord John Press
1977 von Herb Yellin in Northridge, Kalifornien, als Spezialverlag für zeitgenössische, amerikanische Literatur in limitierten Liebhaberausgaben gegründet. Verlegte 1986 als Sonderausgabe → »Dolan's Cadillac« und 1988 → »Letters from Hell«.

Lortz, Ardelia
Eine höllisch mißgestaltete Kreatur, fett und nackt mit Armen und Beinen, die in scherenähnlichen Klauen enden. Aus ihrem Gesicht wächst ein monströser Rüssel, mit dem es sich von den Ängsten der Menschen ernährt. In der Novelle → »Der Bibliothekspolizist« kommt jenes Monster – als Manifestation unserer Kindheitsängste – in Gestalt der Ardelia Lortz in die Stadt → Junction City, erzählt als Bibliothekarin den Kindern schaurige Märchen, um ihnen dann mit ihrem Rüssel die Angst aus den Augen zu saugen.

Lot Sechs
Halluzinogenes Stimulanzmittel in dem Roman → »Feuerkind«, das die in den Menschen schlummernden, übersinnlichen Fähigkeiten weckt.

Lovecraft, H. P.
Amerikanischer Autor, geboren 1890, gestorben 1937. Gilt als der berühmteste phantastische Erzähler Amerikas. Sein Einfluß auf die modernen Horror-Autoren ist unübersehbar. Selbst King hat sich mehr als einmal auf Lovecraft berufen. Am deutlichsten wird dessen Wirken auf Kings Werke in → »Es« oder → »Desperation« Ähnlicher Abstammung wie ES ist Lovecrafts Monster → Cthulhu, eine außerirdische Monstrosität, die aus dem All zur Erde kam, um das Grauen unter die Menschen zu bringen.

Lud
In der Saga → »Der dunkle Turm« ist Lud eine große, verfallene Stadt (ähnlich New York in unserer Welt/Zeit) am Rande von → Mittwelt, in der sich die Überlebenden der großen Revolution, die → Pubes, in blutige Scharmützel mit den ehemaligen → Gesetzlosen, → »Die Grauen«, verwickeln. Unter der Stadt befindet sich ein unentwirrbares Labyrinth, in dem die → Großen Alten, die Schöpfer von Mittwelt, einst ein gewaltiges Computersystem bauten, das die Stadt unterhielt. Nach ihrem Tod ging das Wissen um die Nutzung der Technik verloren. Einzig der Einschienenzug → Blaine wußte die Computer zu nutzen und entwickelte aufgrund ihrer Kapazität ein sensibles Eigenleben.

Ludlow

Fiktive Stadt in Maine, Regierungsbezirk → Castle Rock, in der → Louis Creed in → »Friedhof der Kuscheltiere« den Tierfriedhof der Micmac-Indianer hinterm Haus entdeckt. In Ludlow lebt auch der unglückselige Schriftsteller Thad Beaumont in dem Roman → »Stark«.

Lunch im Gotham Café (Lunch At The Gotham Cafe)

Erzählung. In: O.1: »Dark Love«, Hodder & Stoughton, London 1995; O.2: »Six Stories«, Philtrum Press, Bangor 1997; O.3: »Blood & Smoke«, Scribner, New York 2000 / Dt.1: »Schwingen der Finsternis«, Heyne Verlag, München 1997, Ü.: Sepp Leeb; Dt.2: »Blut und Rauch«, Hör-CD, Ullstein Verlag, München 2000, Ü.: Wulf Bergner

Die Geschichte gewinnt 1995 den Bram Stoker Award in der Kategorie »Novelle«. In ihr erzählt Steven Davies, wie er eines Tages heimkommt und auf dem Eßzimmertisch eine Nachricht von seiner Frau vorfindet: Sie habe ihn verlassen, brauche etwas Zeit für sich und er höre noch von ihrem Therapeuten William Humboldt. Steven ist konsterniert, fühlt eine Mischung aus Unglaube, Hilflosigkeit und Wut. Aus lauter Verzweiflung gibt er das Rauchen auf, doch seine Gedanken kehren wieder zu Diane zurück. Die Wahrheit ist: Trotz der Enttäuschung liebt er sie immer noch. Deshalb willigt er zwei Wochen später, auch wenn sein Anwalt ihm dringendst davon abrät, zu einem Treffen mit Diane und ihrem Therapeuten ein. Sinn und Zweck des Treffens im Gotham Café ist jedoch nicht die Versöhnung, sondern einzig und allein das Bankschließfach, in dem Wertpapiere für 30.000 Dollar und eine Diamantkette liegen. Denn nur Steven besitzt den Schlüssel dazu. Bevor das Gespräch zu einem halbwegs vernünftigen Ende kommt, erweist sich der Oberkellner Guy in dem Café als psychopathischer Hundegegner. Obwohl sich kein Hund im Lokal befindet, läuft er mit einem Fleischermesser Amok. Als erstes muß Therapeut William Humbold dran glauben. Steven kann sich und Diane gerade noch vor dem blutrünstigen Kellner in Sicherheit bringen. Obwohl Steven ihr wagemutig das Leben rettet, wagt sie einen Versuch, ihn Guys Messer auszuliefern. »Ich habe dir das Leben gerettet«, brüllt Steven entsetzt. »Wenn ich nicht gewesen wäre, wärst du jetzt tot!« Diane zeigt sich unbeeindruckt: »Wenn du nicht gewesen wärst, wäre ich erst gar nicht in diesem Lokal gesessen.« Das also zum Thema Versöhnung.

M

Madder, Rose
→ Medusa

Maerlyn
Maerlyn ist die dunkle Macht in der Saga → »Der dunkle Turm«, er ist der Zeitlose Fremde. Er lebt rückwärts in der Zeit. Er dunkelt. Er szintilliert. Er lebt in allen Zeiten. Maerlyn nennt sich auch → Marten Broadloak, und ist als solcher der Hofzauberer in der → Baronie von Kanaan, die er in einem Pakt mit dem Revolutionär → John Farson zu Fall bringt. Er ist, das zeigt sich am Ende von → »Der dunkle Turm IV: Glas«, in Wahrheit → Randall Flagg, der in vielen (Roman-)Welten von Stephen King das Böse verkörpert. Aber es gibt jemanden, der größer ist als er: den Hüter des Turms, den → Scharlachroten König.

Mailing-Liste
Es gibt eine deutsche Mailing-Liste für King-Fans. Anmelden kann man sich dazu auf der Site von http://www.stephenkingnews.de/king.html

Magazine of Fantasy & Science Fiction
Oder auch: »F&SF«. Seit 1949 traditionsreiches Magazin in Amerika. »Würde die Kritik SF und Fantasy nicht von ›echter‹ Literatur abgrenzen, müßte sie F&SF zubilligen, seit fast einem halben Jahrhundert Heimat vieler der besten amerikanischen Kurzgeschichten zu sein«, glaubt Genre-Kenner John Clute. Die Zusammenarbeit zwischen Stephen King und dem »Magazine of Fantasy & Science Fiction« reicht bis ins Jahr 1978 zurück, als mit → »Die Nacht des Tigers« die erste Erzählung Kings veröffentlicht wurde. In den darauffolgenden Jahren publizierte das Magazin auch die fünf ersten Kurzgeschichten zur Saga → »Der dunkle Turm«, die später in → »Der dunkle Turm I: Schwarz« zusammengefaßt wurden.

Man with A Belly
Erzählung. In: O.: »Cavalier«, New York 1978.
Die Story beschreibt die Frau eines Mafia-Gangsters, die von einem Killer

»zurechtgestutzt« werden soll, weil sie dem Clan nicht genug Respekt zollt. Doch die Frau kann den Spieß umdrehen und heuert den Killer an, sie zu schwängern. Und das ist eine noch größere Schande für den Clan.

Manchmal kommen sie wieder (Sometimes They Come Back)

Kurzgeschichte. In: O.1: »Cavalier«, New York 1974; O.2.: »Nightshift«, Doubleday, Garden City 1978 / Dt.: → »Nachtschicht«, Bastei-Lübbe Verlag, Bergisch Gladbach 1984; Ü.: Barbara Heidkamp

Nach einem Nervenzusammenbruch tritt Jim Norman seinen neuen Job als Lehrer an der Harold David High School an, doch dort begegnen ihm Vincent Corey, David Garcia und Robert Lawson. Roberts rechte Augenbraue ist von einer kleinen Narbe geteilt, einer Narbe, die Jim kennt. Ein Irrtum ist ausgeschlossen. Es ist verrückt, völlig verrückt, aber wahr. Diese Jungs hatten vor sechzehn Jahren ein Messer in seinen Bruder Wayne gestoßen. Das Problem: Die drei Rabauken sind eigentlich schon lange tot. Aber manchmal kommen sie halt wieder, und bringen Schrecken, Wahnsinn und den Tod. Jims Ehefrau Sally muß dran glauben, und als Jim sich den Wiedergängern stellt, schreitet der Geist seines Bruders ein. Aber ist der Alptraum wirklich vorbei?

Mann in Schwarz

Im Roman → »Der dunkle Turm I: Schwarz« folgt der Revolvermann → Roland Deschain dem Mann in Schwarz, der ihm den Weg zum dunklen Turm, dem Geheimnis allen Wissens, weisen wird. Der Mann in Schwarz entpuppt sich am Ende von »Schwarz« als → Walter. Walter war die rechte Hand vom Hofzauberer → Marten Broadcloak, dem abtrünnigen Berater von Rolands Vater → Steven Deschain in der → Baronie von Kanaan. Als Marten gemeinsame Sache machte mit dem Revolutionär → John Farson, der wiederum den dunklen Mächten des → Scharlachroten Königs diente, wurde Walter als Abgesandter in die → Baronie Mejis gesandt, die sich inzwischen darauf vorbereitete, John Farson in den Kampf zu folgen (→ »Der dunkle Turm IV: Glas«). Unglücklicherweise hat Steven Deschain seinen Sohn Roland mit seinen Freunden → Alain Johns und → Cuthbert Allgood zum Schutz vor den Revolutionswirren nach Mejis geschickt. Dort deckt Roland die finsteren Bestrebungen der Bürger auf, leider zu spät. Der Mann in Schwarz kann entkommen, die Revolution siegt. Roland folgt dem Mann in Schwarz als einzig Überlebender.

Manni

In der Saga → »Der dunkle Turm« sind die Manni eine Sekte, die außerhalb der Stadt → Gilead in der → Baronie von Kanaan lebte und wußte, daß es noch andere Welten neben der → Mittwelt gibt. Zum ersten Mal erfährt der Leser von der sektiererischen Gemeinschaft in dem Band → »Der dunkle Turm IV: Glas«.

Märchen

Vielen der frühen King-Romane liegen Märchen zugrunde. Beliebtestes Motiv ist zweifelsohne jenes von → Aschenputtel, wie z.B. in → »Carrie«, → »Christine« oder → »Es«, in denen Außenseiter zu Helden werden. Trotz der geschickten Adaption (und oftmals raffiniert versteckten Hinweise) ist King aber stets um → Realismus und einen hohen Wiedererkennungswert bemüht. Deshalb gibt es in seinen Geschichten auch kein → Happy End – ganz wie in der Wirklichkeit.

Marinville, John Edward

In dem Roman → »Desperation« ist John Marinville ein schmieriger, langhaariger, alternder Kotzbrocken, offensichtlich nach dem → Vorbild von Norman Mailer gestrickt. Er bildet sich viel darauf ein, Hollywoods schönste und reichste Frauen gefickt zu haben, und das, weil er als die literarische Hoffnung der USA gilt. Doch tatsächlich ist Marinville am Ende, gerade den anonymen Alkoholikern entflohen, als Autor ausgebrannt, einsam und alleine. Auf Anraten seiner Ex-Frau Terry schwingt er sich auf seine Harley und durchquert die Staaten, um später ein Buch darüber zu schreiben: »Travels with Harley« soll es heißen; und ist eine Anspielung auf John Steinbecks kommerziell erfolgreichstes Buch »Travels with Charley«. Unterwegs, auf dem Highway 50, wird er jedoch von dem durchgeknallten Cop → Collie Entragian aufgegabelt und ins Wüstenkaff → Desperation verschleppt, um dem Monster → TAK als Futter zu dienen. So zufällig die Begegnung erscheint, die göttliche Vorherbestimmung hat John Edward Marinville dazu ausersehen, das Monster TAK unter Einsatz seines Lebens zur Strecke zu bringen. »Gott ist grausam«, weiß John, der bereits in Vietnam als Berichterstatter haarscharf dem Tod entronnen ist und jetzt erkennen muß, warum Gott so ist: »Das Leben besteht nicht nur darin, daß man dem Schmerz ausweicht.« Er tritt den Kampf gegen TAK an, besiegt es, wobei er ein großes, ein selbstloses Opfer bringen muß, das wiederum den anderen die Rettung bringt (wie einstmals Jesus, der sich für die Menschen ans Kreuz nageln ließ). In dem gleichzeitig erschienenen Roman → »Regulator« ist Marinville der Sturm- und Drangzeit entwachsen und nur ein Kinderbuchautor, der sich in dem ruhigen Ort → Wentworth in Ohio zur Ruhe gesetzt hat.

Marlow, Stephen

Kleine Absurdität am Rande: Von Stephen Marlowe ist in der Reihe »Horror-Bibliothek« des Bastei-Lübbe Verlags, Bergisch Gladbach, 1979 das

Buch »Die Stadt und der Fluch« erschienen. Der Klappentext lautet folgendermaßen: »Stephen Marlowe hat unter dem Pseudonym Stephen King die Horror-Thriller ›Carrie – Des Satans jüngste Tochter‹ und ›Salem muß Brennen‹ geschrieben.« Weiß der Teufel, was den Lektor bei dieser hanebüchenen Behauptung geritten hat; schlimmer ist, daß der Roman »Salem muß Brennen« in Wahrheit → »Brennen muß Salem« heißt.

Marsh, Beverly

→ Beverly Rogan

Marsten-Haus

In dem Roman → »Brennen muß Salem« gilt das von Vampiren heimgesuchte Marsten-Haus in → Jerusalem's Lot aufgrund bizarrer Ereignisse um Hubie Marsten als → Spukhaus. Das Marsten-Haus gibt es tatsächlich, und zwar in Kings Heimatstadt Durham, Maine; ein verfallenes Herrenhaus in der Deep Cut Road, das für die Kinder der Stadt nur »Spukhaus« hieß. Dieses Haus wurde, wie bei verlassenen Wohnstätten nicht unüblich, nach dem Namen des letzten Bewohners genannt. In Durham hieß es nur das Marsten-Haus.

Marten

→ Marten Broadcloak und → Randall Flagg

Maschinen

In den Geschichten von Stephen King wimmelt es vor bösartigen Maschinen. Aus gutem Grund: »Maschinen machen mich nervös«, gesteht der Bestseller-Autor. »Sie machen mich einfach nervös. Weil ich in einer Welt lebe, die voll von ihnen ist. Man kann ihnen unmöglich entkommen.« Maschinen sind für ihn das technologische oder, noch treffender, das zeitgenössische Schreckgespenst. In der Erzählung → »Der Wäschemangler« macht sich ein industrielles Dampfbügeleisen daran, Menschen zu verspeisen. In → »Lastwagen« (auch »Trucks«) sieht sich ein Haufen erschöpfter Fernfahrer in einer Raststätte plötzlich den zum Leben erwachten, gar nicht freundlichen LKWs gegenübergestellt. In → »Onkel Ottos Lastwagen« rückt ein alter, klappriger Transporter aus reinem Vergeltungswillen unaufhaltsam seinem Lieblingsopfer entgegen. In → »Der dunkle Turm III: Tot« ist es ein Zug, der sich von seinen Schöpfern löst. In → »Christine« ist es der Plymouth Fury, der eine liebevolle Beziehung zu → Arnie Cunningham aufnimmt – und in dem Roman → »Das Monstrum« ist es ein außerirdisches Flugschiff, das Besitz ergreift von Handeln und Denken der Menschen. Ihnen allen ist die grundsätzliche Idee – und fundamentale Furcht des Menschen – gemein: Maschinen greifen ihre Schöpfer an – und wir wissen noch nicht einmal warum. Darin liegt das ganze moralische Dilemma unserer Zeit verborgen: Zunehmend mehr Maschinen werden erfunden, und die Menschen haben nicht die geringste Ahnung, was diese lärmenden, krachenden, elektronischen, selbständig arbeitenden Maschinen da eigentlich machen oder welche Konseqenzen es haben kann, diese Geräte zu benutzen.

Matheson, Richard Burton
Amerikanischer Phantastik-Autor, geboren 1926. In vielen seiner Werke verbindet er SF mit Horror-Elementen. Gleich seine erste SF-Geschichte »Born of Man and Woman« wurde gleichzeitig auch seine berühmteste. Matheson übt mit seinem Werk einen wesentlichen Einfluß auf Stephen King aus. Sein Roman → »Ich, der letzte Mensch« steht Pate für → »Amok«, den King unter dem Pseudonym → Richard Bachman publizierte.

McCarron, Emlyn
In der Novelle → »Atemtechnik« (in: → »Frühling, Sommer, Herbst & Tod«), die in dem Privatclub → »Der Club« spielt, erzählt Emlyn Mitte der 70er Jahre »eine schreckliche Geschichte über eine Frau, die unter ungewöhnlichen Umständen geboren hatte«. Emlyn gehört zu den faszinierten Zuhörern, als der Club sich zu der Geschichte → »Der Mann, der niemandem die Hand geben wollte« (in: → »Blut«) versammelt.

McClendon, Rosie
Mädchenname von → Rosie Daniels.

McGee, Charlie
Siebenjähriges Mädchen in dem Roman → »Feuerkind«. Charlie gehört der amerikanischen Mittelschicht an. Sie ist arglos und (eigentlich) völlig normal, wäre da nicht jene zweifelhafte Begabung, mittels Gedanken Feuer entfachen zu können. Die Welt gerät also aus den Fugen, und Charlie kämpft sich durch einen Strudel moralischer Entscheidungen, als → »Die Firma«, ein streng geheimes Unternehmen im Auftrag des Militärs, die Fähigkeit für sich nutzen möchte. Nimmt Charlie den Tod unschuldiger Menschen in Kauf – oder tötet sie die bösen Widersacher? Im Prinzip wird Charlie also, ganz im Sinne des klassischen Theaters, → »unschuldig schuldig«. Kann sie sich freisprechen? Im Gegensatz zu vorangegangenen Protagonisten wie → Carietta White in dem Roman → »Carrie« oder → Jonathan Smith in → »Das Attentat«, die ebenfalls aufgrund ihrer übersinnlichen Fähigkeiten vor moralisch immanenten Entscheidungen stehen, wird sie von ihrer Schuld freigesprochen. Sie unterrichtet die Medien über das schreckliche Treiben der Firma.

Medusa

Griechisches, weibliches Sagenungeheuer, dessen Anblick die Gegner versteinert. Kings Version der Medusa ist → Rose Madder in dem Roman → »Das Bild – Rose Madder«, in dem die von ihrem Ehemann Norman mißhandelte Rosie Daniels wie → »Alice im Wunderland« in eine andere Welt jenseits dieser flieht und dort auf Rose Madder trifft: Sie trägt ein rotes, in zahlreiche Falten gelegtes Gewand. Es reicht ihr bis zu den Knöcheln, ist aber gazeartig, fast transparent; Rosie kann den warmen Farbton ihrer milchkaffeebraunen Haut unter den kunstvollen Falten erkennen. Rose Madders Stimme ist alles andere als irdisch: »Es war, als wäre die Stimme darum bemüht, wie die eines Menschen zu klingen; bemüht, sich zu erinnern, wie man sich wie ein Mensch anhörte.« Wie bei der Medusa sollte man sich vor ihren Anblick in Acht nehmen: »›Sieh sie nicht direkt an‹, sagte die Frau in dem roten Gewand. Sie klang besorgt. ›Der Anblick ist nichts für deinesgleichen.‹« Aus gutem Grund: »Da wurde sie [Rosie] von einer kurzen, aber schrecklichen Erleuchtung überkommen. Wenn sie den kurzen, dunkelroten Chiton anziehen würde, dann würde sie die rechte Schulter statt der linken unbedeckt lassen, und wenn sie einen goldenen Armreif tragen würde, dann über dem linken Ellbogen, statt über dem rechten. Die Frau auf dem Hügel war ihr Spiegelbild. Die Frau auf dem Hügel war – ›Sie sind ich, richtig?‹ fragte Rosie.«

Mein hübsches Pony (My Pretty Pony)

Kurzgeschichte. O.1: »Whitney Museum of Modern Art«, New York 1988; O.2: »Nightmare & Dreamscapes«, Viking, New York 1993 / Dt.: »Alpträume«, Hoffmann & Campe Verlag, Hamburg 1993

Großvater George Banning versucht seinem Neffen Clive »Clivey« Banning Leben und Tod und das Verstreichen der Zeit klarzumachen. Wer, der im raschen Alter auf sein Leben zurückblickt, würde nicht seine Seele verkaufen, um ein Stück jener Zeit zurückzubekommen, in der es für einen Jungen nichts Schöneres gibt, als ein kleines, hübsches Pony zu besitzen. Denn das Problem ist: Niemand habe Zeit, sagt der greise George, »sondern die Zeit hat dich.« Die Geschichte wird bereits 1989 als limitierte Luxuskunstausgabe → »My Pretty Pony« herausgegeben. Ursprünglich war sie Teil eines Romans unter dem Pseudonym → Richard Bachman, in dem ein Auftragskiller Clive Banning auf einem Hochzeitsempfang eine Reihe mächtiger Unterweltsbosse umbringen soll, und während er zur Tat schreitet, erinnert er sich an den Versuch seines Großvaters, ihm die dehnbare Natur der Zeit zu erklären. Der Roman wird nie vollendet.

Menschenjagd (The Running Man)

Roman. O.: NAL, New York 1982 / Dt.: Heyne Verlag, München 1986; Ü.: Nora Jensen.

Das vierte Buch unter dem Pseudonym → Richard Bachman. »Für ›Menschenjagd‹ kann kein Lob zu hoch sein. Es ist bei weitem Kings bestes Werk«, glaubt der erklärte King-Gegner S. T. Joshi. Wie in → »Todesmarsch« haben wir es auch in »Menschenjagd« wieder mit einer relativ nahen Zukunft zu tun, dem Jahr 2025, einer Zeit, in der die Kluft zwischen reich und arm so groß geworden ist, daß die unteren Klassen gezwungen sind, in weiträumigen, verdreckten Slums zu leben, die sich Co-op-City nennen, ständig bedroht von Gewalt und Seuchen. Die Regierung und das Fernsehen haben sich in einer unheiligen Allianz zusammengetan, um die Macht den wenigen Reichen zu erhalten. Das Volk hält man bei Laune mit einer Unzahl makabrer Gameshows. »Tretmühle zum Glück« beispielsweise, für die nur chronisch Herz-, Leber- oder Lungenkranke antreten dürfen, und ab und zu mal, zur Erheiterung, ein Krüppel. Die populärste Spielshow allerdings ist »Menschenjagd«, in der die Zuschauer im Fernsehen das Schicksal einer Person verfolgen, die einen Monat lang, von einem Killertrupp der Sendung verfolgt, unerkannt in der Welt dort draußen überleben muß. Für jede Stunde, die er überlebt, bekommt er hundert Dollar, sollte er den Monat durchhalten, den Jackpot: eine Milliarde Dollar. Doch zugleich versuchen alle Zuschauer des weltweiten Programms diese Person aufzuspüren und einen ebenso enormen Preis für ihre Gefangennahme oder Tod zu kassieren. Diesmal ist es der achtundzwanzigjährige Benjamin Richards, verheiratet (»ein altmodischer Kontrakt auf Lebenszeit«) mit der sechsundzwanzigjährigen Sheila Catherine Richards. Um ihrer schwerkranken, achtzehnmonatigen Tochter Catherine Sarah die teure Medizin kaufen zu können, meldet er sich für »Menschenjagd«. Aber ist das der einzige Grund? »Ich habe schon lange keine Arbeit mehr«, gesteht Ben, »ich möchte wieder arbeiten, auch wenn es nur der miese Job ist, den Trottel in einem abgekarteten Spiel zu spielen. Ich will wieder arbeiten und meine Familie ernähren. Ich habe meinen Stolz!« Ständiger Bedrohung ausgesetzt und in allgegenwärtiger Lebensgefahr schwebend, für eine TV-Show, die mehr ist als nur Massenunterhaltung, die auch dafür sorgt, daß die Gesellschaft von gefährlichen Objekten befreit wird, findet er heraus, daß die Regierung die Städte absichtlich schutzlos den tödlichen Folgen der Luftverschmutzung überläßt, um deren Bewohner auszurotten.

Der erschreckendste Aspekt des ganzen Szenarios ist jedoch Richards Isolation: »Richard hängte sein Jackett auf, schlüpfte aus seinen Schuhen und legte sich aufs Bett. Ihm wurde bewußt, wie elend und unbekannt und verwundbar er in dieser Welt war. Das Universum schien um ihn herum zu schreien und zu klappern und zu brüllen wie ein gewaltiger und unbekümmerter Schrotthaufen, der einen Berg hinunterraste, auf den Rand eines bodenlosen Abgrunds zu. Seine Lippen fingen zu zittern an, und dann weinte er ein wenig.« Als die Regierungskiller ihn schließlich aufgespürt haben, entführt er ein Flugzeug, muß erfahren, daß Cathy und Sheila von Herumtreibern getötet worden sind, und jagt, jetzt völlig sinnentleert, mit dem Flugzeug in das Hochhaus des brutalen Fernsehsenders. Damit nicht alles vergebens war.

Merrill, Ace

Jede Stadt hat ihren Halunken. In → Derry ist es beispielsweise → Henry Bowers, in → Castle Rock der schmierige Ace Merill, der uns mehr als einmal über den Weg läuft. Er fährt einen frisierten Ford Baujahr 1952, pflegt mit pomadeglänzenden Haaren wie ein König in den Castle-Rock-Jugendclub zu stolzieren, ein paar Spielchen zu machen, Betsy eine Coke zu bezahlen und dann mit ihr zusammen zu verschwinden. Alle Anwesenden atmen spürbar auf, wenn die zerkratzte Tür hinter ihm zufällt. Niemand geht mit Ace Merrill auf den Parkplatz hinaus. In → »Pin Up« sitzt Ace für vier Jahre im Shawshank-Gefängnis, in die → »Die Leiche« ist Ace – natürlich – einer der schmierigen Halbstarken, der den Kindern der Stadt mit dummen Streichen das Leben schwermacht. In → »Nona« gibt er sich als Schleimscheißer, der anderen Jugendlichen den Spaß verdirbt, und in dem Roman → »In einer kleinen Stadt« ist er willkommenes Kanonenfutter für den Oberfiesling → Leland Gaunt. Was für ein Leben, das von Officer → Norris Ridgewick mit einem Kopfschuß beendet wird, als Ace im Banne von Leland Gaunt drauf und dran ist, Sheriff → Alan Pangborns neue Freundin Polly zu ermorden.

Mir

→ Shardik

Mittwelt

In der Saga → »Der dunkle Turm« ist Mittwelt die Welt vom → Revolvermann → Roland Deschain. Es ist eine surrealistische Mischung aus unserer Vergangenheit und Zukunft. Vielleicht ist Mittwelt nur eine Parallelwelt zu unserer; vielleicht ist sie aber auch viel mehr: Denn Mittwelt war, das wissen wir aus den gelegentlichen Bemerkungen von Roland, eine einst blühende Gesellschaft, von feudaler Natur, die die gottgleichen → Großen Alten vor vielen Jahrtausenden gründeten. Die Großen Alten lebten in der Mittwelt, als alles neu war. »Sie waren keine Götter, sondern Menschen, die das Wissen der Götter besaßen«, sagt Roland. Sie besaßen technische Errungenschaften wie Elektrizität, Eisenbahn, Waffen. Sie besaßen auch das Wissen um Raum und Zeit aller Welten. Als allesverbindende Achse dieser Welten schufen sie den dunklen Turm als Mittelpunkt von zwölf → Portalen, die Mittwelt, die Heimat des → Revolvermannes → Roland Deschain, ringförmig umgeben. Trotz ihres ungeheuren Wissens hatten sie ihre Fähigkeiten nicht gewinnbringend einsetzen können, sondern sich mit einem gewaltigen Unglück selbst ausgelöscht, der als der Alte Krieg, das Große Feuer, der Kataklysmus, die Große Verseuchung in Erinnerung blieb. Seltsame Geschöpfe wie → Oy, der → Billy-Bumbler, die zweiköpfigen → Muties, die → Langsamen Mutanten oder weiße Bienen waren das Resultat, die gemeinsam mit den Überlebenden der großen Katastrophe Mittwelt resozialisierten. Über die nachfolgenden Jahrhunderte sind die technischen Überreste aus der präapokalyptischen Zeit zu Götterwerkzeugen mystifiziert worden, weil man das Verständnis zu deren Benutzung verloren hatte. Die Vorfahren wurden zwangsläufig zu Halbgöttern, eben den Großen Alten. Zieht man nun das verschwommene, mystifizierte Wissen der Menschen von Mittwelt über die Großen Alten in Betracht, stellt man dem dann unsere Erde und unser gegenwärtiges Wissen gegenüber, so ist anzunehmen, daß Mittwelt schlicht und einfach eine inhaltsgleiche Parallelwelt zu unserer Welt ist, mit der King zu mäßigem Fortschritt warnt, bevor die Menschheit sich selbst ein unheilvolles Ende bereitet. Andererseits: Wenn die Götter nur Menschen waren, die einer großen Seuche anheimfielen, wie Roland berichtet, was spricht dagegen, daß Mittwelt, wie er sie als Nachfahre der Großen Alten kennt, in Wahrheit die Erde selbst ist, die in → »Das letzte Gefecht« durch → Captain Trips weitestgehend verseucht wird? Sind die Großen Alten also niemand anders als wir selbst, die Menschen am Ende des 20. Jahrhunderts, und Roland einer unserer Nachfahren? Daß zweifelsfrei eine Parallele besteht, beweist → Randall Flagg, der sowohl in »Das letzte Gefecht« als auch »Der dunkle Turm« eine tragende Rolle als Bösewicht spielt. Wie wir auch wissen, endet der in »Das letzte Gefecht« angezettelte Kampf zwischen Gut und Böse zugunsten des Guten. Randall Flagg muß von der Bildfläche verschwinden. In den nachfolgenden Jahrhunderten bilden die Überlebenden von Captain Trips eine neue Gesellschaft, aufgeteilt in Baronien, die später als → »Bund von Mittwelt« bekannt werden sollte. Benzinpumpen, Flugzeuge, Elektrizität, Lokomotiven, Ölraffinerien, gewaltige Computersysteme und bestimmte Songs (»Hey Jude« zum Beispiel, das in → »Der dunkle Turm I: Schwarz« im Salon von → Tull gesungen wird; »See you later, Alligator, after awhile, Crocodile«, das Lieblingslied vom → Mono-Zug → Blaine in → »Der dunkle Turm III: Tot« und »Velcro Fly« von ZZ Top in → »Der dunkle Turm IV: Glas«, oder das Liedchen »Es grünt so grün, wenn Spaniens Blüten blühen«, abermals im Band »Schwarz«, eindeutig Kennzeichen unserer Vergangenheit) überdauern den Neuaufbau, sind ein untrügliches Zeichen einer Verbindung zwischen Mittwelt und unserer Erde aus der Zeit vor »Das letzte Gefecht«. Wie sonst sollten die Menschen in Mittwelt an Songs der Beatles oder ZZ Top kommen? Anderes Beispiel: Eine schwärende Krankheit sucht Menschen heim, → Hurenblüte, die den Symptomen von Captain Trips sehr ähnlich ist.

So oder so, die Jahre ziehen ins Land. Eine der vielen Baronien im Bund von Mittwelt ist die → Baronie von Kanaan von → Steven Deschain, Rolands Vater. An dieser Stelle teilt sich nun der Pfad der Geschichte:

ERSTER PFAD: Mittwelt wird von keiner Revolution heimgesucht und Roland übernimmt irgendwann die Baronie seines Vaters. Er wird bekannt als König Roland, und da tritt der viele Jahrhundert alte Bösewicht Randall Flagg wieder in Erscheinung. Er ist der Hofzauberer, der die Macht in Delain anstrebt. Das Ganze schildert Stephen King in dem Roman → »Die Augen des Drachen« (→ »Die Augen des Drachen = Der dunkle Turm?«). Daß eine Ähnlichkeit besteht (möglicherweise eine Parallelwelt), zeigt nicht nur die Anwesenheit von Randall Flagg, sondern auch die verblüffende Ähnlichkeit zwischen Roland Deschain in »Der dunkle Turm« und dem Namen des Königreichs Delain in »Die Augen des Drachen«. Weitere Parallelen bestehen, unter anderem mit der Hexe → Rhea Dubadivo vom Berg → Cöos (in »Der dunkle Turm«) und → Rhinnia vom Berg → Coos (in »Die Augen des Drachen«).

ZWEITER PFAD: Viele Jahrhunderte später, die Erde hat mit dem Bund von Mittwelt wieder das Niveau eines mittelalterlichen Wilden Westens erreicht, kommt es zu einer Revolution, die die → Gesetzlosen mit → John Farson entfachen. Natürlich mischt auch wieder Randall Flagg als Bösewicht und Hofzauberer mit. Die weitere Geschichte von Mittwelt ist jene, wie wir sie aus → »Der dunkle Turm I: Schwarz«, → »Der dunkle Turm II: Drei«, → »Der dunkle Turm III: Tot« und → »Der dunkle Turm IV: Glas« kennen. In Kürze: → Marten Broadcloak, das ist Randall Flagg, der Hofzauberer Kanaans, tötet Rolands Vater. Die Revolution gegen den Bund von Mittwelt gelingt, Mittwelt (die Erde) versinkt abermals in Dunkelheit; Zucker und Papier sind kostbare Raritäten, und die wenigen Menschen, die überleben, die alternden → Pubes und → Die Grauen, die Nachfahren der Gesetzlosen, liefern sich letzte, blutige Scharmützel. Das letzte Gefecht, das seinerzeit im gleichnamigen Roman gescheitert ist, ist offensichtlich endlich geglückt. Und nur Roland kann mit seiner Reise zum dunklen Turm Rettung bringen. Aber nicht nur Rettung, sondern auch Antwort auf viele Spekulationen und Thesen, denn der Turm, das ist klar, ist die Achse aller Raum-Zeit-Kontinuen. Er birgt als sogenannte → Dreizehnte Pforte das Wissen um Raum und Zeit und alle Welten, die sich darin bewegen. Er hat also zweifelsohne symbolischen Charakter. In diesem Zusammenhang sollte man schließlich auch die Bedeutung des Talismans in dem Roman → »Der Talisman« berücksichtigen: Er ist für den kleinen Helden → Jack

Sawyer eine Kristallkugel von vielleicht einem Meter Umfang – die Korona, die sie umgibt, ist so hell, daß sich ihre genaue Größe nicht feststellen läßt. Anmutig gerundete Linien scheinen sich über ihre Oberfläche zu ziehen wie Längen- und Breitengrade – und warum nicht? »Es ist die Welt – ALLE Welten – ein Mikrokosmos. Mehr noch; es ist die Achse aller denkbaren Welten.«

Dann gibt es wiederum Parallelen zwischen dem Talisman und dem dunklen Turm. Frage: Ist der dunkle Turm der Talisman? Ist Mittwelt der Talisman? Ist vielleicht alles Leben der Talisman? Symbole, Metaphern und Spekulationen en masse, eine Antwort bleibt uns King bisher schuldig ...

Mondgestein (Weeds)

→ »Der einsame Tod des Jordy Verrill«

Mono

In der Saga → »Der dunkle Turm« ist der Mono eine Einschienenbahn mit Namen → Blaine, den der → Revolvermann → Roland Deschain am Ende von → »Der dunkle Turm III: Tot« antrifft und der sie im Anfang von → »Der dunkle Turm IV: Glas« befördert.

Moon Spinners

Stephen King hat schon am College in einer Band namens »Moon Spinners« gespielt. Für ihn gäbe es, so gesteht er, neben dem Schreiben noch eine andere Laufbahn, die er sich vorstellen könne: »Ich würde gerne Rock 'n' Roll spielen. Ich spiele ganz gut Rhythmusgitarre, bin aber nicht besonders geübt.« Die Leidenschaft sucht ihn viele Jahre später wieder heim; dann gründet er mit anderen Schriftstellern die Band → »Rock Bottom Remainders«.

Morgenlieferung (Morning Deliveries, Milkman #1)

Kurzgeschichte. O.: »Skeleton Crew«, Putnam Verlag, New York 1985 / Dt.1: »Im Morgengrauen«, Heyne Verlag, München 1985; Ü.: Alexandra von Reinhardt; Dt.2: »Blut«, Heyne Verlag, München 1996; Ü.: Joachim Körber

Die Stadt schläft, der Morgen dämmert. Spike Milligan ist der Milchmann, der für Cramers Molkerei ausliefert. Jeder seiner Kunden bekommt eine Gratis-Beigabe: eine Tarantel statt Schokolade für Mrs. McCarthy, Säure-Gel statt Sahne für die Webbers, Belladonna im Eierpunsch von Miß Ordway, Zyanidgas für die Kincaids. Die Mertons brauchen nichts mehr. Spike öffnet ihre Tür und tritt ein. An einer Wand ist ein riesiger Blutfleck. In der Mitte weist der Verputz ein kraterförmiges Loch auf, in dem ein verfilzter Haarklumpen und einige Knochensplitter kleben. Der Milchmann nickt. Den Mertons ist die Milch durch Mark und Bein gegangen ...

Mort, Jack

Wirtschaftsprüfer im New York unserer Zeit. Jack Mort erfüllt in dem Roman → »Der dunkle Turm II: Drei« das → Orakel in den Bergen, dem zufolge er der »Mörder« ist. Und siehe da: Jack Mort trägt nicht nur den lateinischen Namen »Mort« für Tod, Jack Mort ist auch ein irrer Serienmörder, der mit Vorliebe Backsteine aus Hochhäusern auf die Köpfe von ahnungslosen Menschen schmeißt (während er dabei zum Orgasmus kommt) oder Menschen am Straßenrand vor fahrende Autos schubst, was eine ebensolche Wirkung auf sein Geschlecht hat. Die → Odetta Holmes, die ebenfalls dazu ausersehen ist, → Roland Deschains Orakel zu erfüllen, läuft dem irren Jack zwei Mal über den Weg: Als Odetta ein Kind war, hat er ihr einen Backstein auf den Kopf fallen lassen, worauf das kleine Mädchen in Ohnmacht fiel; dies war gleichzeitig auslösender Moment ihrer Schizophrenie, die Geburtsstunde von → Detta Walker, ihrer heimlichen Schwester. Jahre später, im August 1959, trifft Jack Odetta wieder und stößt sie in Greenwich Village vor eine einfahrende U-Bahn. Odetta überlebt Morts Anschlag, doch zu einem hohen Preis. Die U-Bahn trennt ihr beide Beine ab. Ein weiteres Opfer ist → John Jake Chambers, der 1977 von Mort vor ein Auto geschubst wird. Indem Roland in den Körper von Jack Mort zappt und im Jahr 1977 landet, hält er ihn von seinem Mord an Jake ab und rettet diesem das Leben.

Mr. Jingles

Kleine, putzige Maus in dem Fortsetzungsroman → »The Green Mile«, die ihren Weg in den Todestrakt E des Staatsgefängnisses findet. Diese überaus lernfähige und geheimnisvolle Maus stellt den ergrauten, reumütigen, alten Wärter Paul Edgecombe am Ende vor große Zweifel: Verkörpert die Maus vielleicht die unschuldig auf dem elektrischen Stuhl Gestorbenen? Lebt vielleicht auch John Coffey in ihr weiter?

Mrs. Todds Abkürzung (Mrs. Todd's Shortcut)

Kurzgeschichte. In: O.1: »Redbook«, May 1984; O.2: »Skeleton Crew«, Putnam Verlag, New York 1985 / Dt.1: »Der Gesang der Toten«, Heyne Verlag, München 1985; Ü.: Alexandra von Reinhardt; Dt.2: »Blut«, Heyne Verlag, München 1996; Ü.: Joachim Körber

Dave Owens und Homer Buckland sind zwei alte Tattergreise, die ihren Lebensabend bestreiten mit Hausmeister- und Reparaturarbeiten für die Sommergäste am Castle Lake in → Castle Rock, jenem Örtchen, in dem die Einheimischen die Geschichten der Leute mit den Sommerhäusern ziemlich schnell wieder vergessen, wie Homer Buckland weiß, ihre eigenen Liebes- und Haßgeschichten, ihre eigenen Skandale und Gerüchte über Skandale umso aufregender finden. Zum Beispiel »über Joe Camber, der von seinem eigenen Hund getötet wurde, reden die Leute immer noch« (→ »Cujo«). Doch eines Tages erzählt Homer seinem Kumpel von Ophelia Todd, die eine dieser typischen Sommerfrischler ist, denen die Zeit am meisten am Herzen zu liegen scheint. »Sie geizen damit, und wenn sie sich Zeitvorräte in Einmachgläsern anlegen könnten«, glaubt Homer »so würden sie's mit Sicherheit auch tun.« 'Phelia hat Blei in den Füßen und Kugellager hinten in den Knöcheln, stets auf der Suche nach dem kürzesten und schnellsten Weg. Bis sie die ideale Abkürzung für ihre Fahrten gefunden hat: »Falten Sie die Karte und stellen Sie fest, wieviel Meilen es dann noch sind? Es können ein paar weniger sein als die Luftlinie, wenn Sie die Karte nur ein wenig falten, es können aber auch eine ganze Menge weniger sein, wenn Sie die Karte stark falten.« Dann ist 'Phelia von einem Tag auf den anderen verschwunden. Sie hat die ideale Abkürzung gefunden.

Musical

Der Roman → »Carrie« « wird am 12. Mai 1988 von Regisseur Terry Hands als → Musical im Virginia Theatre am → Broadway in New York aufgeführt. Die Reaktionen der Presse sind vernichtend, und das Musical wird nach nur fünf Aufführungen am 15. Mai 1988 als »Größter Flop der Broadway-Geschichte« abgesetzt. Insgesamt sind zu dem Zeitpunkt bereits 8 Millionen Dollar in den Sand gesetzt. Seither hat es keinen weiteren Versuch gegeben, einen Roman Kings als Musical zu verwurschten.
Allerdings hat der Rockmusiker John Mellencamp laut »Billboard Magazine« dem Autor im Jahr 2000 die Idee eines neuen Theatermusicals für den Broadway unterbreitet. Das »Billboard Magazine« berichtet, das Musical drehe sich um Brüder und deren Vater, die in einer Zelle landen, die von den Geistern ihrer Vorfahren heimgesucht wird. Die Idee für das Theaterstück ist bei King auf Begeisterung gestoßen und er hat in Aussicht gestellt, daran mitzuarbeiten.

Musty

In der Saga → »Der dunkle Turm« war Musty der sechsbeinige Kater der Hexe → Rhea Dubadivo in → Hambry (→ »Der dunkle Turm IV: Glas«).

Muties

Zottige Tiere wie Bisons, die in → »Der dunkle Turm III: Tot« die Steppe entlang des Flusses Send bevölkern. Manche von ihnen haben zwei Köpfe.

My Pretty Pony (Limitiert)

Das wohl teuerste Buch Stephen Kings. Herausgegeben 1989 von den Library Fellows des Whitney Museums of American Art als sechstes Buch der »Artists and Writers«-Serie, war es mit einer limitierten Auflage von 280

Exemplaren innerhalb kürzester Zeit vergriffen, und das trotz eines Einzelpreises von 2000 Dollar. Das 34 mal 53 Zentimeter messende Buch wurde von der in New York City lebenden Werbegrafikerin und Künstlerin → Barbara Kruger entworfen und von ihr mit einer funktionierenden Digitaluhr in dem als Deckblatt fungierenden rostfreien Stahl versehen. Gebunden ist das Buch in Leder, Stoff und Metall. Der Text ist handgesetzt. Des weiteren enthält der Band neun Farblitographien von Maurice Sanchez und James Miller von den Derriere L'Etoile Studios in New York. 150 Exemplare gingen zu einem Subskriptionspreis von 1800 Dollar pro Buch in den Handel, die übrigen Exemplare wurden für 2000 Dollar angeboten.

N

Nachtgesichter (Nightmares in the Sky – Gargoyles and Grotesques)

Bildband. O.1: Penthouse, New York 1998; O.2: Viking, New York 1988 / Dt.: Heyne Verlag, München 1989; Ü.: Joachim Körber

Bilder von f-stop Fitzgerald, die vorab in dem Männermagazin »Penthouse« veröffentlicht werden, zu deren Buchfassung King ein einleitendes Essay und die Bildkommentare schreibt. Die Veröffentlichung hat einen Grund: Nach → »Das Monstrum« legt King eine kreative (manche Kritiker munkeln auch: verlegerische) Pause ein. Um seinen Namen aber weiterhin im Gespräch zu halten, zumindest in den Regalen mit Neuerscheinungen präsent zu sein, verfaßt er einen Aufsatz zu den Fotos von f-stop Fitzgerald, die eine Menge steinerner Basilisken präsentieren, sogenannte Gargoyles an Portalen und Gesimsen in Amerikas Großstädten. Auch wenn der Absatz nach den hohen Erwartungen enttäuscht, verkauft sich das Buch – dank King auf dem Umschlag – doch besser, als es Fotobände in der Regel tun.

Nächtliche Brandung (Night Surf)

Kurzgeschichte. In: O.1: »Cavalier«, New York 1974; O.2: »Nightshift«, Doubleday, Garden City 1978 / Dt.: »Nachtschicht«, Bastei-Lübbe Verlag, Bergisch Gladbach 1984; Ü.: Michael Kubiak

Die Erzählung ist eine düstere Synopsis für → »Das letzte Gefecht«. Die Seuche → Captain Trips hat auch in »Nächtliche Brandung« alle Menschen getötet. Bis auf eine Gruppe überlebender Jugendlicher, die eine ziellose, gewalttätige Existenz führen, möglicherweise als versprengte Überlebende abseits des großen Konflikts zwischen → Mutter Abigail und → Randall Flagg in »Das letzte Gefecht«. Beinahe aus Langeweile verbrennen die Kids einen Mann. »Dabei war es am Anfang eher ein Scherz«, erklärt der Ich-Erzähler Bernie, dann redeten sie sich ein, »wir sollten den dunklen Göttern ein Opfer darbringen, damit deren Geister uns vor A6 beschützen.« A6 ist eine besondere Form der Grippe. Anschließend feiern die Jugendlichen eine Strandparty, mit Alkohol, Crackern, Zigaretten und Musik, während Bernie über Leben, Tod und Zerstörung reflektiert. Gemeinsam warten die Kids auf den nächsten Tag. Worauf auch sonst?

Nachts (Four Past Midnight)

2. dt. Band der Novellensammlung → »Four Past Midnight«. O.: Viking, New York 1990 / Dt.: Heyne Verlag, München 1991; Ü.: Joachim Körber
Enthält die beiden Geschichten → »Zeitraffer« und → »Der Bibliothekspolizist«. Der erste Teil trägt den Titel → »Langoliers«.

Nachtschicht (Nightshift)

Sammelband. O.: Doubleday, Garden City 1978 / Dt.: Bastei-Lübbe Verlag, Bergisch Gladbach 1984; Ü.: Barbara Heidkamp, Harro Christensen, Michael Kubiak, Karin Balfer, Ulrike A. Pollay, Sabine Kuhn, Ingrid Hermann, Wolfgang Hohlbein, Stefan Sturm
20 Kurzgeschichten, von denen elf in der Zeit zwischen 1970 und 1975 in dem Herrenmagazin »Cavalier« erschienen sind und für die King 250 bis 300 Dollar pro Stück bekam. Weitere der Geschichten wurden in besser zahlenden Magazinen wie »Gallery«, »Cosmopolitan« und »Penthouse« abgedruckt. Ein Großteil der Geschichten ist reine Unterhaltung mit einer prickelnden Spur Horror, Schrecken oder Grauen, wie z.B. → »Spätschicht« oder → »Der Rasenmäher-Mann«. Andere dagegen weisen eindeutig tiefere Stärken auf, nicht zuletzt, weil sie Querverweise auf andere Werke von King enthalten. → »Briefe aus Jerusalem« spielt vor den Ereignissen von »Brennen muß Salem«. → »Einen auf den Weg« spielt nach den Ereignissen von → »Brennen muß Salem«. → »Nächtliche Brandung« ist eine Erzählung, die eindeutig in der postapoklyptischen Welt vom Roman → »Das letzte Gefecht« angesiedelt ist. Im einzelnen sind es die Erzählungen: → »Ich bin das Tor«; → »Der Wäschemangler«; → »Das Schreckgespenst«; → »Spätschicht«; → »Der Rasenmäher-Mann«; → »Briefe aus Jerusalem«; → »Einen auf den Weg«; → »Nächtliche Brandung«; → »Graue Masse«; → »Schlachtfeld«; → »Lastwagen«; → »Manchmal kommen sie wieder; → »Erdbeerfrühling«; → »Der Mauervorsprung«; → »Quitters, Inc.«; → »Ich weiß, was du brauchst«; → »Kinder des Mais«; → »Die letzte Sprosse«; → »Der Mann, der Blumen liebte«; → »Die Frau im Zimmer«.

NAL

→ New American Library

Necronomicon

Das Buch »Necronomicon« führt zum → Cthulhu-Mythos von → H. P. Lovecraft. »Der Grundgedanke des Mythos ist«, so Lovecraft-Forscher Rein A. Zondergeld, »daß vor Äonen die Rasse der Elder Beings das Universum regierten, ihre Herrschaft aber verloren und jetzt, in tiefem Schlaf versunken wie Cthulhu, eines dieser Wesen, oder eingesperrt die Rückkehr ihrer Herrschaft erwarten.« Dämonische Wesen stehen in ihren Diensten und einige nur in wenigen Exemplaren vorhandene Bücher berichten von ihrer Existenz und von den Möglichkeiten, Kontakt zu ihnen aufzunehmen. Das berühmteste dieser Bücher ist das »Necronomicon« des ›mad → Arab Alhazred‹ ... «, das in Menschenhaut gebunden ist und bei Cthulhu-Fans eine solche Beliebtheit genießt, daß sie es, obwohl eine fiktive Geburt von Lovecraft, antiquarisch suchen. Auch King gehört zu den Lovecraft-Fans. Seinen Dauerbösewicht → Randall Flagg läßt er in dem Roman → »Die Augen des Drachen« in jenem Zauberbuch des Arab Alhazred lesen.

New American Library

Taschenbuch-Verlag in New York, der Kings Werke als Paperback veröffentlicht. NAL ist 1989 ebenfalls am Mega-Deal zwischen dem Verlag → Viking und King beteiligt. Nur als Taschenbuch bei NAL erschienen sind → »Todesmarsch« (1979), → »Amok« (1977), → »Sprengstoff« (1981), → »Menschenjagd« (1982), → »Creepshow« (1982), → »Der Fluch« (1984), → »Der Werwolf von Tarker Mills« (1985), → »The Green Mile« (1996).

Nightmares in the Sky

→ »Nachtgesichter«

9th Annual Collectors Award

Der Preis wird jährlich von der SF-Spezialbuchhandlung »Barry R. Levin Science Fiction & Fantasy Literature« für sammelnswerte Autoren und Einzelausgaben verliehen. 1996 ging der Preis an Stephen King für seinen sechsteiligen Fortsetzungsroman → »The Green Mile«.

Nona (Nona)

Kurzgeschichte. In: O.1.: »Shadows«, Doubleday, Garden City 1978; O.2: »Skeleton Crew«, Putnam Verlag, New York 1985 / Dt.1: »Der Gesang der Toten«, Heyne Verlag, München 1985; Ü.: Alexandra von Reinhardt; Dt.2: »Blut«, Heyne Verlag, München 1996; Ü.: Joachim Körber

Das Studium geschmissen, den Rucksack geschultert, gelangt der langhaarige Ich-Erzähler in eine Kneipe, deren Gäste ein Problem mit Hippies haben. »Du verpestest das Lokal, Junge?« tritt ein Lastwagenfahrer an ihn heran. »Du bist doch ein Junge, oder? Es ist nämlich ziemlich schwer, das herauszufinden?« Der Junge gibt sich tapfer: »Du bist selbst auch nicht gerade ein Prachtstück. Was ist das für ein edles Aftershave? Eau de Getriebegehäuse?« Glücklicherweise kann er sich der daraufhin erfolgenden Prügel entziehen und nietet den Trucker um. Das Mädchen Nona, das ihn in der Kneipe angesprochen hat, schließt sich ihm bei der Flucht an. Er gerät unter ihren unheilvollen Bann und beginnt zu morden. Mit einem gestohlenen Wagen fahren sie durch Maine bis in seine Heimatstadt → Castle

Rock, wo er sich einst mit dem Castle-Rock-Raufbold → Ace Merill um ein Mädchen geprügelt hat. Er geht mit Nona auf den Friedhof, und sie treiben es auf dem Grab seiner Familie, bis sie sich in eine Ratte verwandelt. Man findet ihn allein. Nona ist weg. Er landet in der Irrenanstalt, wo er sich umbringt, weil er die Geräusche in den Wänden nicht mehr ertragen kann. Die Erzählung wird 1985 in einer gekürzten Fassung als Heyne-Mini-Taschenbuch unter dem Titel »Nona und die Ratten« veröffentlicht.

Nona und die Ratten
→ »Nona«

Noonan, Michael
Alter Ego von Stephen King in seinem bislang persönlichsten Roman → »Sara«, in dem er seine eigenen Ängste und Befürchtungen sowohl als Ehemann als auch als Schriftsteller verarbeitet: Angst vor dem Tod seiner geliebten Ehefrau, Angst vor der Schreibblockade. Michael Noonan ist ein erfolgreicher Schriftsteller, den die Kritiker am liebsten eine »V. C. Andrews mit Pimmel« nennen wollen. Er ist das, was in den vierziger Jahren die Midlist-Literatur war: von der Kritik ignoriert, Genre-orientiert, aber stattlich entlohnt und von der Form schäbigen Wohlwollens begleitet, wie man es staatlich sanktionierten Hurenhäusern in Nevada entgegenbringt, wobei die einhellige Meinung zu sein scheint, daß ein Ventil für die niederen Instinkte bereitgestellt werden sollte und schließlich irgend jemand »diese Art Job« erledigen muß. Noonan: »Wir waren nicht so reich, daß wir einen Privatjet besaßen (Grisham), oder ein Profi-Footballteam (Clancy), aber nach den Maßstäben von → Derry, Maine, schwammen wir im Geld.« Ausgerechnet ein Roman von → Thad Beaumont (→ »Stark«) verhinderte, daß Michael Noonan in den Bestsellerlisten der »Times« auf Platz fünf kam.

Norman, James
Verstorbener Junge in der Erzählung → »Der dunkle Turm: Die kleinen Schwestern von Eluria«. Der → Revolvermann → Roland Deschain stößt auf die Leiche des Jungen in dem ausgestorbenen Örtchen → Eluria, wo die fünf merkwürdigen Vetteln Michela, Coquina, Louise, Tamra und Mary (die ihn beängstigenderweise an die Hexe → Rhea Dubadivo aus → Hambry erinnerten) und die junge, hübsche Schwester namens Jenna, die noch nicht lange dem Orden angehört, ein Kloster und Hospital betreiben. Roland entwendet dem Jungen ein Medaillon, daß ihn vor den alten, blutrünstigen Schachteln verschont. Er trägt dieses und das von James' Bruder John auch auf seiner weiteren Reise durch die → Mittwelt mit sich, um sie deren Eltern zu übergeben. Welche Funktion diese Medaillons noch übernehmen werden, ist ungewiß.

O

O. Henry Award

In der Kategorie »Best American Short Story« erhält King 1994 den O. Henry Award für die Erzählung → »The Man in the Black Suit«.

Oberster Richter

In den frühen King-Werken sind es stets die alten, weisen Schwarzen, die die Rolle des obersten Richters und Urteilsvollstreckers erfüllen. In → »Der Talisman« ist es → Lester Parker, der den jungen → Jack Sawyer in die Kunst des »Flippen« einweiht, damit dieser in die → »Region« – eine Parallelwelt – hinüber und dort das Unheil stoppen kann. In → »Shining« ist es → Dick Hallorann, der wie → Danny Torrance das »Shining« besitzt, ihn vor den Gefahren des → Overlook-Hotels warnt und schließlich als Retter auftaucht. In → »Es« ist es → Mike Hanlon, der als einziger in → Derry zurückbleibt und darauf acht gibt, daß das Böse nicht erneut erwacht. Als das jedoch der Fall ist, ist er es, der die Entscheidung zu treffen hat, die alten Weggefährten vom → »Club der Verlierer« für einen neuerlichen Kampf zu vereinen.

Omi (Gramma)

Kurzgeschichte. In: O.1: »Weirdbook«, Frühling 1984; O.2: »Skeleton Crew«, Putnam Verlag, New York 1985 / Dt.1: »Im Morgengrauen«, Heyne Verlag, München 1985; Ü.: Alexandra von Reinhardt; Dt.2: »Blut«, Heyne Verlag, München 1996; Ü.: Joachim Körber

George Bruckners Bruder Buddy bricht sich ein Bein bei einem Baseballspiel und kommt ins Krankenhaus von → Castle Rock. Mutter Ruth fährt ihn besuchen und läßt George daheim – allein mit Omi. Was dem elfjährigen George gar nicht behagt. »Sie ist doch nur eine alte Dame, die manchmal ›schlimme Anfälle‹ hat«, beruhigt er sich. Aber Omi sieht überhaupt nicht so aus, wie Leute aussehen sollen, die alt sind und sich auf den Tod vorbereiten müssen. Sie sieht nicht friedlich wie ein Sonnenuntergang aus. Sie sieht verrückt aus und gefährlich. Dann erinnert er sich: Opa und Omi waren aus der Kirche ausgeschlossen, und Omi war in der Firma gekündigt worden, weil sie etwas Falsches getan hatte. Es hatte irgend etwas mit

Büchern (→ Necronomicon und → Cthulhu-Mythos) zu tun. Als Omi an diesem Nachmittag stirbt, steht sie kurze Zeit später wieder auf und macht dem kleinen George die Hölle heiß, bevor er sie mit einem Zauberspruch aus ihren Büchern beruhigen kann.

Onkel Ottos Lastwagen (Uncle Otto's Truck)

Kurzgeschichte. In: »Skeleton Crew«, Putnam Verlag, New York 1985 / Dt.1: »Der Gesang der Toten«, Heyne Verlag, München 1985; Ü.: Martin Bliesse; Dt.2: »Blut«, Heyne Verlag, München 1996; Ü.: Joachim Körber

Eine leicht abgewandelte Form der bereits 1978 erschienenen Story → »Lastwagen«, in dem → Maschinen zum Leben erwachen. Der gräßlich-monströse Cresswell steht 30 Jahre auf jener Wiese in → Castle Rock, auf dem Onkel Ottos Partner McCutcheon wie ein Kürbis unter dem LKW zermantscht wurde. Es war ein Unfall, sagt Onkel Otto ... Und trotzdem macht sich der Laster Jahr um Jahr an Onkel Otto heran, als müsse eine Schuld gesühnt werden. Irgendwann findet Neffe Quentin die Leiche seines Onkels, Diamond-Gem-Öl strömte aus Otto Schenks Mund, und heraus fiel ein Kolben – glatt und ölig und sehr, sehr alt.

Orakel

Folgenden Wortlaut trägt das Orakel, das dem → Revolvermann → Roland Deschain in → »Der dunkle Turm I: Schwarz« offenbart wird. Es steht in folgendem Zusammenhang mit den Tarot-Karten, die der → Mann in Schwarz ihm legt. Diese sind symbolisch gleichzusetzen mit den folgenden Personen. (siehe Abbildung auf Seite 245)

Outer Limits

Erfolgreiche TV-Serie aus den 60er Jahren, die unglaubliche Erlebnisse und mysteriöse Erscheinungen unterhaltsam aufbereitet. In den 90er Jahren erlebt die Serie im Rahmen des Mystery-Booms eine Neubelebung. Als → »Kugel im Kopf« wird die frühe King-Story → »Die Offenbarung der Becka Paulson« verfilmt, in der die dümmliche → Rebecca Paulson dank einer versehentlich in den Kopf gejagten Pistolenkugel die Erkenntnis hat, wie sie ihren untreuen Ehemann um die Ecke bringen kann.

Overlook Connection

Die Overlook Connection ist die beste Möglichkeit, an limitierte und signierte Ausgaben von King zu gelangen. Im Programm finden sich aber auch Erstausgaben anderer Länder. Adresse: Overlook Connection, PO Box 526, Woodstock GA 30188, Telefon 404/926-1762, Telefax 404/516-1469, http://www.overlookconnection.com, e-mail: overlooken@aol.com

Das Orakel in den Bergen	Das Tarot des Mann in Schwarz	Das Symbol für folgende Personen
»Der Junge ist deine Pforte zum Mann in Schwarz. Der Mann in Schwarz ist deine Pforte zu den Dreien. Die Drei sind dein Weg zum dunklen Turm.«	1. Karte: **Der Gehängte**	Der Junge Jake, das »Bauernopfer«, der Schlüssel zum Mann in Schwarz, der für Roland stirbt
»Drei, das ist deine Schicksalszahl. Drei ist mystisch.«	2. Karte: **Der Seefahrer**	Der Revolvermann Roland, der zwischen den Welten flippt, um seine drei Gefolgsleute zu erhalten
»Der erste ist jung und dunkelhaarig. Er steht am Rand von Raub und Mord. Ein Dämon hat von ihm Besitz ergriffen. Der Name des Dämon heißt Heroin	3. Karte: **Der Gefangene** Pavian auf der Schulter eines Mannes	Eddie Dean, Heroinabhängiger und Kleinkrimineller
»Sie kommt auf Rädern. Ihr Verstand ist hart wie Stahl, doch ihr Herz und ihre Augen sind weich.«	4. Karte: **Die Herrin der Schatten** »ein wahrhaftiger Janus, als hätte sie zwei Gesichter«	Odetta Holmes Schizophrene Frau
»In Ketten«	5. Karte: **Der Sensemann** (der Tod)	Jack Mort, Massenmörder
	6. Karte **Der Turm** Die Erkenntnis	
	7. Karte **Die Sonne** Amor und Elfen schwirren um sie herum; die Sonne ist das Leben	

Overlook-Hotel

In den Bergen Colorados nahe → Sidewinder liegt das Overlook-Hotel. Es ist → Schauplatz von → »Shining«. Entgegen vieler anderer Handlungsorte gibt es das Overlook-Hotel tatsächlich: Es ist das Stanley-Hotel in Colorado, wo sich lange Zeit auch die hartgesottenen King-Fans zum alljährlichen Horrorfest trafen. King erinnert sich: »Ich wollte ein Jahr von Maine entfernt verbringen, damit mein nächster Roman einen anderen Hintergrund bekommen konnte. Während wir dort lebten, hörten wir von diesem außergewöhnlichen alten Berghotel und beschlossen, es auszuprobieren. Aber als wir dort eintrafen, bereiteten sie sich gerade darauf vor, saisonbedingt zu schließen, und wir mußten feststellen, daß wir die einzigen Gäste waren – nur lange, einsame Flure ...« Das Overlook-Hotel und die düsteren Ereignisse aus »Shining« finden – ebenso wie die Stanley-Kubrick-Verfilmung – Erwähnung in den Romanen → »Sie«, → »Regulator« und im Romanzyklus → »Der dunkle Turm«.

Oy

Oy ist ein → Billy-Bumbler, ein mutiertes Tier. Er wird der Freund von → John Jake Chambers im Roman → »Der dunkle Turm III: Tot«.

P

Pangborn, Alan

Der sympathische Alan Pangborn hat die Mitte seines Lebens erreicht, als er in dem dritten → Castle-Rock-Roman »Stark« (O./Dt.: 1989) die Nachfolge von Sheriff → George Bannerman antritt, der in → »Cujo« (O.: 1981; Dt.: 1983) sein Leben lassen mußte. Alan, der bis 1980 Chef der Verkehrspolizei in einer mittelgroßen Stadt in der Nähe von Syracuse im Staate New York gewesen ist, bevor er mit Frau Annie und Sohn Todd nach Castle Rock zieht, ist die Freundlichkeit in Person. Er verkörpert das, was die Leute im Ort gerne »bodenständig« nennen. Kein Mann fürs Grobe. Ein Officer zum Anpacken. Allseits beliebt. Rechtschaffen. Alan steht zweifelsohne über den Dingen, und das aus gutem Grund. Annie und Todd kommen bei einem Autounfall ums Leben, und wenn es etwas gibt, was Alan beschäftigt, dann sind das nicht Bilder, Uhren oder Autos – sondern schlicht und einfach Trauer. In dem letzten Castle-Rock-Roman → »In einer kleinen Stadt« (O./Dt.: 1991) erwächst er zu voller Größe, zwangsläufig. Er widersteht den dunklen Verlockungen des großen Verführers → Leland Gaunt, und das, obwohl (oder vielleicht gerade weil) er mit Polly Chalmers die Liebe neu entdeckt. Da steckt dann auch die ganze Symbolkraft des Alan Pangborn: Nur wer über den Dingen steht, sein Herz für Gefühle öffnet, wer sich nicht abhängig macht vom Materialismus des konsumorientierten 20. Jahrhunderts – also eine reine Seele wie Alan Pangborn –, der durchschaut das teuflische Spiel in den seelischen Abgründen der Menschen. Das ist keine gewaltige Lehre, aber doch eine kraftvolle Wahrheit.

Paranoid: Ein Gesang (Paranoid: A Chant)

Eine Art Gedicht. In: O.: »Skeleton Crew«, Putnam Verlag, New York 1985 / Dt.1: »Der Fornit«, Heyne Verlag, München 1985; Ü.: Joachim Körber; Dt.2: »Blut«, Heyne Verlag, München 1996; Ü.: Joachim Körber)

Das Gedicht handelt von einem Mann, der chronischen Verfolgswahn hat.

Parker, Lester

Auch Speedy Parker genannt. Alter, greiser Schwarzer, der als Wachmann im leeren Vergnügungspark des Badeortes New Hampshire arbeitet und wie → Mike Hanlon in → »Es« und → Dick Hallorann in → »Shining« die

Rolle des → Obersten Richters und Urteilsvollstreckers erfüllt. Parker sucht den kleinen → Jack Sawyer auf, um ihn über die Kunst des »Flippens« in Kenntnis zu setzen, damit dieser in die Parallelwelt namens → »Region« zappen und dort das Böse stoppen kann. Auch Lester hat in der »Region« einen Doppelgänger, der sich »Parkus« nennt.

Parkus
→ Lester Parker

Parsek
Landstrich in → Mittwelt in der Saga → »Der dunkle Turm«. Hier findet sich auch → »Die Wüste, die der Inbegriff aller Wüsten ist«, die der → Revolvermann → Roland Deschain in dem Buch → »Der dunkle Turm I: Schwarz« auf der Jagd nach dem → Mann in Schwarz durchqueren muß.

Parzen
Oder auch: »Moirai«. In der griechischen Mythologie die (antiken) Schicksalsgöttinnen, die den Ablauf der Ereignisse im menschlichen Leben bestimmen. Sie verkörpern die Idee des unerbittlichen Schicksals. Sie wurden von verschiedenen Schriftstellern unterschiedlich aufgefaßt. In manchen Fällen scheinen sie nur den Willen der Götter auszuführen, in anderen beugt sich sogar Zeus ihrem Willen. So oder so, sie stellen das ordnungsgemäße Funktionieren des Universums sicher: → Klotho spinnt den Lebensfaden, → Lachesis reicht reicht ihn an → Atropos, der ihn abschneidet. Im Roman → »Schlaflos« sind sie drei kleine, bleiche, kahlköpfige Gestalten, die der schlaflose → Ralph Roberts in einer ihm plötzlich offenbarten Hyperrealität wahrnimmt. Die Gnome machen sich an den Lebensschnüren seiner Mitmenschen, seltsam farbige Auren, zu schaffen. Während Klotho und Lachesis den »Großen Plänen« des → »Ka« entsprechen, ist Atropos bei King für den Zufall verantwortlich.

Paulson, Rebecca
Dumme, aber sehr erfindungsreiche Ehefrau von Joe Paulson in dem Roman → »Das Monstrum«, wo sie, an das Superhirn der → Tommyknockers angeschlossen, einen geschickten Weg findet, ihren untreuen Gatten im wahrsten Sinne des Wortes in der Hölle schmoren zu lassen: Sie verknüpft die Kabel am Fernseher, daß Joe beim Einschalten einen Schlag bekommt. In der Kurzgeschichte → »Die Offenbarungen der 'Becka Paulson«, einer Art Vorstudie zu »Das Monstrum«, ist es eine Kugel, die sie sich versehentlich in den Kopf schießt und die ihr zur technischen Raffinesse verhilft. Die Erzählung wird für die Serie → »Outer Limits« (1997) verfilmt.

Pennywise

Aka Bob Gray. Das ist der lustige Clown in dem Roman → »Es« (O./Dt.: 1986), der uns aus einem offenen Kanalisationsschacht in → Derry heraus angrinst – ein Clown, eine Mischung zwischen Ronald McDonald und Bozo, der glitzernde Silberdollar anstelle von Augen hat und Luftballons in der geballten, weißbehandschuhten Hand hält ... Doch dann ist Schluß mit lustig, denn hinter der amüsanten Verkleidung steckt ein abgrundtief böses Monster. Wohl nie gelang es Stephen King besser, sich das Vertrauen des Lesers zu erschleichen als in der arglosen Gestalt des Clowns Pennywise. Jahrmarkt, Zirkus, Straßenfest – der Clown ist ein Freund der Menschen, der uns zum Lachen bringt. Ein Clown, der – wie King – zu uns sagt: »He, möchtest du etwas sehen? Es ist toll! Warte, bist du es siehst. Es wird dir wirklich gefallen.« Natürlich wollen wir es sehen, denn was der Clown uns zu zeigen hat, ist immer lustig. Ist es das? Was kann also teuflischer sein für uns und unsere Kinder als ein Schrecken hinter der weißroten Maske des lustigen Clowns? Pennywise treffen wir noch einmal wieder in → »Das Monstrum«, als die außerirdischen → Tommyknockers die Menschen in Derrys Nachbarstadt → Haven geistig in Besitz nehmen und der junge Tommy halluziniert: Aus einem Gullydeckel sieht ihn ein Clown an, der glitzernde Silberdollar anstelle von Augen hat und Luftballons in der geballten, weißbehandschuhten Hand hält ...

People, Places And Things

Fanzine (O.: Eigenverlag, Durham 1960), das King gemeinsam mit seinem Jugendfreund → Chris Chesley im Alter von dreizehn Jahren herausgibt. Es enthält die kurzen Erzählungen »The Hotel at the End of the Road«, »I've got to get Away«, »The Dimension Warp«, »The Stranger«, »I'm Falling«, »The Cursed Expedition«, »The Other Side of the Fog«, »Never Look Behind You«. Letztere entsteht gemeinsam mit Chris Chesley und steht wie die anderen Erzählungen unter dem Einfluß der → E.C. Comis und der Horrorfilme der 50er Jahre.

Phantasmagoria

Amerikanischer King-Newsletter vom Haus-Biographen → George Beahm, der regelmäßig über neue Veröffentlichungen, Pläne und anderes berichtet. Adresse: Phantasmagoria, P.O. Box 3602, Williamsburg, Va.

23187, Telefon 001/757/221-0119, Telefax 001/757/221-0121, http://members.aol.com/geobeahm/index.html, eMail: geobeahm @aol. com

Philtrum Press

Stephen Kings eigener Kleinverlag, in dem er fern kommerzieller Aspekte in unregelmäßigen Abständen Bücher veröffentlicht. Erschienen sind bislang → »The Plant« (drei Hefte in Form einer Fortsetzungsgeschichte als Weihnachtsgrüße für Freunde), die Erstausgabe von → »Die Augen des Drachen« (in einer limitierten Auflage), der Roman »The Ideal, Genuine Man« von Don Robertson sowie der Story-Band → »Six Stories«. Zuletzt publiziert er 1999 die Erzählung »The Lieutenant's Rap« als Vorabauszug aus seinem Roman → »Atlantis«.

Pin Up (Rita Hayworth and the Shawshank Redemption)

Novelle. In: O.: »Different Seasons«, Viking, New York 1982 / Dt.: »Frühling, Sommer, Herbst & Tod«, Bastei-Lübbe Verlag, Bergisch Gladbach 1984, Harro Christensen

1947 wird der Bankier Andy Dufresne, ein Finanzgenie aus → Falmouth, für den Mord an seiner Frau und ihrem Liebhaber zu zweimal lebenslänglicher Haft verurteilt. Daß er unschuldig ist, kann er leider nicht beweisen. Also wandert er ins Shawshank-Staatsgefängnis nahe → Castle Rock. Im Bau erwartet ihn eine wahre Hölle: ein fanatisch bibeltreuer, diktatorischer Gefängnisdirektor Norton, sadistische, prügelnde Wärter und brutale Mitgefangene, die die »schwachen Schwestern« unter den Häftlingen vergewaltigen. Doch inmitten dieser schauderhaften Schar findet Andy auch Freunde; zum Beispiel den rothaarigen, baumlangen Iren »Red« Redding (aus dessen Perspektive die Geschichte erzählt wird) aus Castle Rock, der seine Frau umbrachte, um deren Lebensversicherung zu kassieren. Red fungiert im Knast als sogenannter »Organisator« von Zigaretten, Marihuana über Pornohefte, Brandy, Scherzartikel und Juckpulver bis hin zu übergroßen Wandpostern von Marilyn Monroe, Raquel Welch und Rita Hayworth. Ein Poster mit letzterer, Originaltitel gebenden Dame hängt sich Andy in seine Zelle – und tarnt damit einen Tunnel, den er sich über zwanzig bittere Jahre in die Freiheit gräbt. Das Credo, das King der Novelle zugrunde legt, ist schlicht: »Ob schuldig oder unschuldig – du darfst die Hoffnung nie aufgeben.« Abgesehen vom Inhalt (herkömmliches Thema ohne übernatürliche Erscheinungen) bietet King dem Leser auch eines seiner eher seltenen → Happy Ends.

Pittsburgh

Städtchen in Maine in dem Roman → »Christine« und in der Erzählung → »Das Floß«.

Playboy

Das wohl berühmteste, äußerst umfassende Interview mit Stephen King erscheint 1983 in dem Herren-Magazin »Playboy«. Damit erfüllt sich für den Autor ein inniger Wunschtraum, denn der Protagonist von → »Brennen muß Salem«, der junge, aufstrebende Autor Ben Mears, der nicht umsonst gewisse Ähnlichkeiten mit King aufweist, gesteht an einer Stelle: »Wenn ich manchmal nachts im Bett liege, denke ich mir ein Playboy-Interview mit mir selbst aus. Zeitverschwendung. Sie nehmen nur Autoren, wenn ihre Bücher groß rausgekommen sind.« Zehn Jahre nach »Brennen muß Salem« ist es für King soweit!

Poe, Edgar Allan

Amerikanischer Schriftsteller, geboren 1809, gestorben 1849. Sohn von Schauspielern, mit zehn Jahren verwaist und herumgestoßen. 1826 Studium an der Universität von Virginia, seit 1827 Militärdienst. 1838 heiratete er seine Cousine Virginia Clemm, die 1847 starb und ihn in bitterer Hilflosigkeit zurückließ. Zeit seines Lebens lebte Poe in Armut, bis er 1849 unter nicht geklärten Umständen starb. Er ist Autor phantastischer Schauergeschichten und Detektiverzählungen, deren Bild durch den Nachlaßverwalter verfälscht wurde. »Der Untergang des Hauses Usher« und »Die seltsame Geschichte des Arthur Gordon Pym aus Nantucket« gehören zu seinen berühmtesten Werken. Seine Erzählung → »William Wilson« ist die Vorlage zu Kings → »Stark«.

Popsy (Popsy)

Kurzgeschichte. In: O.1: »Masques«, Baltimore 1987; O.2: »Nightmares & Dreamscapes«, Verlag Viking, New York 1993 / Dt.: »Alpträume«, Hoffmann & Campe, Hamburg 1993; Ü.: Joachim Körber

Sheridan, ein zwielichtiger Typ, der immense Spielschulden hat, wird von dem Betreiber des Casinos, Mr. Reggie, dazu gezwungen, kleine Jungs zu entführen. Als Sheridan wieder einmal einen kleinen Jungen in seiner Gewalt hat, gerät er ausgerechnet an den Enkel eines Vampirs, der sich das Kind dann auch flugs wieder zurückholt. Ist der Großvater des kleinen Jungen dieselbe Kreatur, die am Ende von → »Der Nachtflieger« vom Sensationsreporter → Richard Dees verlangt, daß er seine Kamera öffnet und den Film vernichtet? King: »Irgendwie glaube ich, daß er es ist.«

Portale

In der Saga »Der dunkle Turm« umgeben zwölf Portale → Mittwelt ringförmig. Die Portale entscheiden in ihrer Gesamtheit über das angemessene Zusammenwirken von Raum und Zeit. Die Portale sind die Kräfte, die alles zusammenbinden. Sechs Linien, genannt → Balken, die die Portale paarweise miteinander verbinden, ergeben einen Mittelpunkt. Das ist die sogenannte → Dreizehnte Pforte, die nicht nur diese Welt, Mittwelt, beherrscht, sondern alle Welten. An dieser Stelle findet sich auch der dunkle Turm als Achse aller Raum-Zeit-Kontinuen.

Preise

→ Auszeichnungen

Pseudonyme

King arbeitete bislang unter zwei Pseudonymen. Das bekannte ist → Richard Bachman, das weniger bekannte ist → John Swithen.

PSI

Gerade in den frühen King-Werken spielen PSI-Fähigkeiten eine große Rolle. In → »Carrie« ist es die Telekinese, in → »Das Attentat« und → »Shining« die Präkognition, in → »Feuerkind« die Pyrokinese. Für King ist die Begabung das Stigmata, das aus den normalen Menschen plötzlich Schuldige im Sinne des antiken Theaters macht. Aufgrund ihrer Fähigkeiten und Begabungen stehen die Protagonisten vor moralischen Entscheidungen, die sie – so oder so – schuldig machen. Sie sind also → »unschuldig schuldig«.

Psycho (Psycho)

Roman von → Robert Bloch. O.: 1959 /
Dt.: Molden Verlag, Wien 1993

Das Buch, das erst durch die geniale Verfilmung von Alfred Hitchcock Weltruhm erlangte, ist ein modernes Beispiel für eine → »Gothic Novel«. Unvergeßlich die Duschszene, in die der durchgeknallte Norman Bates in seinem Motel der armen Mary Crane an den Kragen will. Das schaurige »Bates Motel« inspirierte King zu → »Shining« und mit Sicherheit auch zum → Marsten-Haus in → »Brennen muß Salem«.

Pubes

In der Saga → »Der dunkle Turm« sind die Pubes die letzten alten, verbitterten Überlebenden der großen Revolution, die → John Farson mit den → Gesetzlosen über → Mittwelt entfachte und die die Dunkelheit brachte. Die Pubes sind heimgesucht von einer schwärenden, eitrigen Hautkrankheit, der → Hurenblüte, die sie langsam dahinsiechen läßt.

Putnam

New Yorker Verlag, der von Stephen King → »Blut« (1985) und → »Das Monstrum« (1987) veröffentlicht hat.

Q

Quick, Andrew

In der Saga → »Der dunkle Turm« ist Andrew Quick der Anführer der letzten, an → Hurenblüte leidenden Überlebenden der → Gesetzlosen in der Stadt → Lud. Quick wird der »Ticktackmann« genannt, weil er ein Faible für Uhren hat. Er ist der Neffe des Gesetzlosen → David Quick. Andrew Quick läßt im gleichen Roman den Jungen → John Jake Chambers entführen, wird dafür aber von Roland getötet. Der → Zeitlose Fremde, der sich → Maerlyn nennt, in Wahrheit der Weltenwanderer und Bösewicht → Randall Flagg ist, erweckt ihn zum Leben, um ihn in → »Der dunkle Turm IV: Glas« gegen seinen Erzfeind Roland zu verwenden.

Quick, David

Legendärer → Gesetzloser, dessen Leichnam der → Revolvermann → Roland Deschain und seine Freunde im Band → »Der dunkle Turm III: Tot« auf dem Weg in die Stadt Lud in einem abgestürzten Flugzeug eingezwängt finden. Sein Neffe ist → Andrew Quick.

Quitters, Inc. (Quitters, Inc.)

Kurzgeschichte. In: O.: »Nightshift«, Doubleday, Garden City 1978 / Dt.: → »Nachtschicht«, Bastei Lübbe Verlag, 1984; Ü.: Ingrid Herrmann

Jimmy McCann erzählt seinem Freund Richard Morrison von einer Firma, die dabei behilflich ist, sich das Rauchen abzugewöhnen: Die Nonfuma Gesellschaft, Quitters, Inc. Deren Geschäftsführer Victor Donatti verschwendet keine Zeit mit Propaganda, er diskutiert nicht über gesundheitliche Probleme oder Rücksichtnahme auf die Umwelt. Er ist ein Mann der Praxis. Er erklärt Richard die Zehn-Punkte-Skala: Sollte dieser einmal rückfällig werden, wird seine Frau Lucinda mit Elektroschocks malträtiert. Beim 2. Verstoß erhält Richard die Schocktherapie. 3. Verstoß: Gemeinsamer Elektroschock. 4. Verstoß: Schlagtherapie für den geistig behinderten Sohn Alvin. 5. Verstoß: Schock- und Schlagtherapie für die ganze Familie. 6./7./8.: Erhöhung von 5.; 9. Verstoß: Alvin werden die Arme gebrochen. 10. Verstoß: Unheilbar. Aber Donatti stellt klar: »Selbst die unbehandelbaren zwei Prozent rauchen nie wieder. Dafür sorgen wir.« Eine todsichere Art, sich das Rauchen abzugewöhnen. Was auch Richard erkennen muß ...

R

Raritäten

Der deutsche Kleinverlag → Edition Phantasia des langjährigen King-Übersetzers Joachim Körber veröffentlichte 1987 die auf 500 Exemplare limitierte Liebhaberausgabe von → »Nebel«. Da King nachträglich den Lizenzvertrag zwischen der Edition und dem Heyne Verlag nicht anerkannte, wurde die Auflage auf seine Bitte hin vernichtet. Rund 150 Bücher sind zu dem Zeitpunkt bereits verkauft und heute heißbegehrte Sammlerexemplare. 1987 hat das deutsche Phantastik-Magazin »Transgalaxis« ebenfalls diverse King-Bücher in kleinen Auflagen veröffentlicht, in Leder gebunden, mit Goldschnitt, Lesebändchen und Goldprägung auf Titel und Rücken. → »Die Augen des Drachen« erschien in weinrotem Leder zum Preis von DM 120,–. → »Sie« erschien in sandfarbenem Kalbsleder mit exklusiver Ausstattung zum Preis von DM 148,–, soviel kostet auch »Es« in gleicher Ausstattung. In den USA wird beinahe jeder neue Roman von Stephen King in einer gesonderten, limitierten Luxusfassung, meist auch signiert vom Autor, veröffentlicht. Eine gute Adresse, um sich über derartige King-Publikationen zu informieren, ist die → Overlook-Connection.

Realismus

Stephen King ist in seinen Romanen und Erzählungen um eine nahe Anlehnung an die Wirklichkeit bemüht. Diese Authentizität ist Grund für Kings anhaltende Popularität. In King vereinen sich eine Aufrichtigkeit im Schreibstil, die einem den Schriftsteller vertrauen läßt, eine umgangssprachliche Ausdruckswiese, die widerspiegelt, wie wirkliche Menschen miteinander reden, eine reale Welt voller Hoffnung (und Ängste), die wir, die Leser, eindeutig als die uns vertraute wiedererkennen. Das wohl gelungenste Beispiel dafür ist der bedeutsame Roman → »Es«, in dem sieben Kinder, sinnigerweise Mitglieder des → »Clubs der Verlierer«, all das verkörpern, wovor man in der Kindheit hofft, verschont zu bleiben: Stotterer, Brillenträger, Fettsack, mißhandelte Tochter, Asthmakranker, Jude und Schwarzer. Oder, ganz banal, jener → Arnie Cunningham in → »Christine«, dessen Gesicht aussieht »wie eine doppelt belegte Pizza«, und das, obwohl er versucht, mindestens fünfmal am Tag die Pickel mit dem Waschlappen wegzuscheuern, mindestens zwei Dutzend Mal die Woche unter die Dusche geht und jede neue Creme kauft, die das Werbefernsehen anpreist. Na, weckt das Erinnerungen? Oder wie ist das mit der auf der High School gedemütigten → »Carrie«, als sie an ihren Mitschülern und Lehrern Rache nimmt. Gibt es einen Leser, der nicht auch gewisse schlechte Erinnerungen an seine Schulzeit hat und den Gedanken, sich für das vermeintlich oder tatsächlich erlittene Unrecht zu rächen, nicht mit einem gewissen süffisanten Genuß hegen würde? Sind wir doch ehrlich: Wer verzweifelt nicht an unserer bigotten und heuchlerischen Gesellschaft, die Konformität zur Norm und zum höchsten Gut erhebt und keinen Platz für Abweichler hat (in der heutigen, konsumorientierten, schnellebigen Zeit mehr denn je) – Kings Werke gewinnen, je älter sie werden, dadurch vielleicht noch mehr an Aktualität!

Wie schnell wird man heutzutage ein Außenseiter: Arbeitslosigkeit, finanzieller Ruin, ungewisse Zukunft in einem ständig von der Vernichtung bedrohten Jahrhundert, gescheiterte Beziehungen – die Ängste sind täglich in uns. »Es mag in den Romane von Stephen King von übernatürlichen Schrecken und Monstern wimmeln, aber die größten – weil menschlichen, allzu menschlichen – Schrecken sind stets die Furcht vor wirtschaftlicher Depression oder der Verfall der Familie als Grundeinheit eines funktionierenden und gesunden Staatswesens«, erklärt King-Kenner Joachim Körber. »Der Subtext dieser gesellschaftlichen und sozialen Belange ist es, der sein Werk weit über den Durchschnitt hinaus erhebt und Grund für seine anhaltende Faszination auf das Lesepublikum ist.« Wie wahr also, King schafft keine neuen Welten, zeichnet nur die bekannte in seinem postmodernen »bürgerlichen Realismus« detailgetreu nach.

Wir lernen Menschen kennen, die uns vertraut sind, in deren Umgebung wir uns heimisch fühlen, aufgehoben und geborgen. Die King'sche Gesellschaft als sozialer und psychologischer Mikrokosmos (auch wenn das in diesen sozial schwachen Zeiten für viele nur noch ein Wunschtraum ist – aber vielleicht erklärt auch das den Erfolg Kings, das geschickte Zeichnen unserer sehnlichsten Wünsche). Sei's drum, es sind Menschen wie du und ich, die Kuchen essen und Kaffee trinken, sich mit Mythen des 20. Jahrhunderts umgeben. Coca Cola, Hershey-Schokoriegel, Diamond Blue Tip-Streichhölzer, Ovral, Datsun sind Markenzeichen geworden. Man hat King den Vorwurf gemacht, er würde für diese Werbung bezahlt werden. »In Wirklichkeit dienen diese Stilmittel nur dazu, das Netz der vom Leser erkennbaren Wirklichkeiten dichter zu knüpfen, was den Realismus der Geschichte ungeheuer steigert und die Wirkung des Unrealen glaubwürdiger macht«, urteilt Joachim Körber. Wobei unreal nicht immer nur das unirdische Monster sein muß. In → »Cujo« ist es der tollwütige Hund (Und sind wir ehrlich: Wer weiß schon, was Bello in diesem Augenblick zu unseren Füßen gerade wirklich denkt?). In → »Sie« ist es der fanatische Fan, der sein Idol an sich kettet. In späteren Büchern wie → »Das Spiel«, → »Dolores« oder → »Das Bild – Rose Madder« präsentiert er uns das »echte« Grauen, das in der Psyche der Menschen und in ihren Mitmenschen begraben liegt: Mißhandlung, Vergewaltigung, psychische Folter. Die Romane verzichten (größtenteils) auf übernatürliche Ereignisse, sondern lassen den Alltagsschrecken wirken. Der Leser weiß: Das ist real, weil's immer (und jedem) passieren kann. Täglich. Ein Blick in die Zeitung genügt – diese Dinge geschehen einfach. Ohne Rücksicht auf Alter, Schönheit oder Rang. Wir können nichts dagegen unternehmen. Wie sagt der New Yorker Mafioso und passionierte Kartenhausbauer → Enrico Balazar in dem Band → »Der dunkle Turm II: Drei«: »Dies ist die Antwort für jede Mutter, die jemals Gott verflucht hat, weil ihr Kind tot auf der Straße lag, für jeden Vater, der jemals den Mann verfluchte, der ihn ohne Arbeit von der Fabrik fortgeschickt hat, für jedes Kind, das jemals geboren wurde, Schmerzen zu erdulden, und sich nach dem Warum fragt. Unser Leben ist wie diese Häuser, die ich baue. Manchmal stürzen sie mit Grund ein, manchmal stürzen sie völlig ohne Grund ein.«

Das ist auch Kings Credo: »Guten Menschen stoßen böse Dinge zu, weil das Leben nun einmal so ist.« Auch hier gibt die Tageszeitung hinreichend Aufschluß. So makaber es klingt, King freut's natürlich: »Das gefällt mir. Ich mag das Gefühl, daß ich jemandem so zwischen die Beine greifen kann.« Daß seine Protagonisten dann in der Regel, gezwungenermaßen, Helden wider Willen (vom Außenseiter zum Supermann) werden, auch das ist ein reales Phänomen. In Krisensituationen reifen wir, reift der Schwächste, zur vollen Stärke heran. Das ist dann zwar märchenhaft (→ Märchen), aber so sehr Stephen sich in seinen Geschichten an bekannte Sagen anlehnt – die Wandlung vom → Aschenputtel zum starken Individuum, manchmal sogar zum Weltenretter –, am Ende steht keinesfalls das → »Happy End«. Gibt's das etwa in der Realität? Ich bitte Sie, Authentizität muß sein!

Rebecca

Roman von → Daphne Du Maurier. O.: London 1938 / Dt.: Zürich 1940
Unter den zahlreichen Erfolgsromanen von Daphne Du Maurier erfreut sich dieser Welt-Bestseller noch heute der größten Beliebtheit. Er ist ein Musterbeispiel für die Wirksamkeit des angelsächsischen Rezepts, das eine wohl dosierte Mischung aus Spannung, Romantik und psychologischer Einfühlung solider Unterhaltungsliteratur ergibt. »Rebecca« ist aber ein wenig mehr als das, es ist auch eine klassische → Schauergeschichte, in der Du Maurier mit der Beschreibung eines unheimlichen Einflusses des vom Geist der Toten erfüllten Landsitzes Manderley auf die Ich-Erzählerin (die namentlich genannt wird) die stärksten Effekte erzielt. Der Roman steht

Pate für Kings »Sara«, in dem der Schriftsteller → Michael Noonan in seinem Sommerhaus am → Dark Score Lake vom Geist der gemeuchelten ehemaligen Besitzerin heimgesucht wird.

Regenzeit (Rainy Season)

Kurzgeschichte. In: O.1: »Midnight Graffity«, 1989; O.2: »Nightmares & Dreamscapes«, Verlag Viking, New York 1993 / Dt.: »Alpträume«, Hoffmann & Campe, Hamburg 1993; Ü.: Joachim Körber

John und Elise Graham wollen den Sommer in einem Ferienhaus in Willow, Maine, verbringen. Als sie in dem kleinen, idyllischen Dorf, das abseits aller Touristenrouten liegt, ankommen, werden sie von dem alten Henry Eden, von dem sie den Schlüssel abholen, gewarnt, die folgende Nacht in dem Dorf zu verbringen. Doch das junge Paar läßt sich nicht abhalten, auch nicht, als der Mann ihnen mitteilt, es würde Kröten regnen, und zwar alle sieben Jahre am 17. Juni. »Dauert nur eine Nacht«, erklärt ihnen Henry, »ist aber schon immer Regenzeit genannt worden. Keine Ahnung, warum.« John und Elise lachen und nicken, schlagen alle Ratschläge in den Wind. John Graham denkt an alles, ironischerweise sogar an die Kurzgeschichte → »Die Lotterie« von → Shirley Jackson (die eindeutig Pate stand für vorliegende »Regenzeit«). Dann kehren John und Elise ein in ihr Ferienhaus. Natürlich regnet es in der Nacht tatsächlich eine Menge riesiger, aggressiver Kröten, vor denen sich die Grahams im Kohlenkeller verbarrikadieren, doch die Falltür gibt unter dem Gewicht der fetten Viecher nach und das Paar wird getötet. Wie der Leser im Abspann erfährt, verlangen die Kröten von den Willow-Bewohnern alle sieben Jahre ein derartiges Opfer. Hier schließt sich der Kreis zu Shirley Jacksons »Die Lotterie«, in der jedes Jahr im Juni eine Lotterie veranstaltet, an deren Ende ein Mitmensch gesteinigt wird, damit die präsentable Fassade des Ortes erhalten bleibt. Unter einer dünnen, brüchigen Oberfläche, so die Moral von der Geschichte, lauert also immer das Chaos. Der Preis, den die Gesellschaft für eine präsentable Fassade bezahlt, ist die Steinigung des Mitmenschen.

Region

Parallelwelt in dem Roman → »Der Talisman«, in der jeder Mensch unserer Welt einen Doppelgänger besitzt, einen sogenannten Twinner. Die »Region«, eine Agrarmonarchie, ist eine Welt der Magie und der Phantasie. Sie wird bedroht, als Menschen aus dem Diesseits in die »Region« flippen und das rationalistische Prinzip blinder Fortschrittsgläubigkeit und kapitalistischer Profitsucht mitschleppen. Die »Region« bringt Kings Sorge vor gesellschaftlicher Verelendung und zunehmender Umweltverschmutzung im Amerika der Gegenwart zum Ausdruck. Der amerikanische Traum wird somit abermals zum Alptraum. Die »Region« liegt in einer Welt, die der Welt des Königreichs Delain im Roman → »Die Augen des Drachen« nicht unähnlich ist. Auch lassen sich Parallelen zum Land → Mittwelt in der Saga → »Der dunkle Turm« ziehen.

Regisseur

Nur ein einziges Mal wagt Stephen King den Ausflug in das Regie-Fach: 1986 mit »Maximum Overdrive« (Dt.: »Rhea M – Es begann ohne Warnung«), was zweifelsohne in die Hose geht (sowohl Kritiker als auch Fans zerreißen den Film gnadenlos), so daß King sich auf seine eigentlichen Fähigkeiten als Autor von Romanen und (bisweilen) → Drehbüchern besinnt.

Regulator (The Regulators)

Roman. O.: Viking, New York 1996 /
Dt: Heyne Verlag, München 1996; Ü.: Joachim Körber

Nach → »Desperation« (O.:/Dt.: 1996) zweiter Roman um das Monster → TAK in dem Bergwerkskaff → Desperation, allerdings unter dem alten Pseudonym → Richard Bachman veröffentlicht. »Regulator« ist der unkonventionelle und originellere der beiden Romane. Der Stil des Autors Stephen King ist zwar noch zu erkennen, präsentiert sich jedoch zynischer und ungestümer, wie man King unter seinem Pseudonym bereits in den 80er Jahren kennengelernt hat. Der Aufbau des Romans ist von einer ungewohnten Wildheit; er setzt sich aus Abschnitten mit wechselnden Zeitformen, Tagebucheinträgen, Briefen und Skizzen zusammen, die alles in allem einen Handlungszeitraum von gerade mal zwei Stunden beschreiben. Das für Stephen King wohl Untypischste dürfte jedoch die Handlung sein, die zwar ebenfalls vom Monster TAK ausgeht, das aus der Tiefe der alten China-Mine im Bergwerkskaff Desperation (Nevada) befreit wird, sonst aber gar nichts mit dem Roman »Desperation« zu tun hat. Auch ein Großteil der aus »Desperation« bekannten Helden spielt mit, aber alle erfüllen eine andere Funktion, so daß die Vermutung naheliegt, daß es sich in »Regulator« um eine Parallelwelt handelt, in der die Leben der Menschen und die Ereignisse eine andere Wende genommen haben.

Während die Familie Carver in »Desperation« aus Vater Ralph, Mutter Ellen und den Geschwistern David und Kirsten besteht, setzt sich die Familie in »Regulator« aus Vater David, Mutter Kirsten und den Geschwistern Ralph und Ellen zusammen. Der Cop Collie Entragian ist in »Desperation« der vom Monster TAK heimgesuchte Bösewicht, in »Regulator« kämpft er als (zu Unrecht) vom Dienst suspendierter Cop auf der Seite der Guten. Der Tierarzt Tom Billingsley hat sich in »Regulator« zur Ruhe gesetzt, Peter und Mary Jackson lieben sich nicht wie in »Desperation« heiß und innig, sondern Mary betrügt ihren Mann. → Cynthias Smith ist nicht wie in »Desperation« eine Tramperin, die nach den Ereignissen im Roman → »Das Bild – Rose Madder« zu ihren Eltern heimkehrt, sondern sie arbeitet im Einkaufszentrum EZ Stop 24. Während in »Desperation« der Schriftsteller → John Marinville ein stürmischer, wenngleich auch alternder Hitzkopf ist, hat er in »Regulator« seine Sturm- und Drangphase bereits beendet und sich als Kinderbuchautor in → Wentworth zur Ruhe gesetzt. Dagegen scheint Steve Ames, der in »Desperation« als Marinvilles Aufpasser tätig ist, in »Regulator« selbst ein stürmischer Alt-Hippie zu sein, der per Zufall (immerhin das verbindet ihn mit »Desperation«) in die Ereignisse in Wentworth schliddert.

Wentworth ist eine beschauliche Kleinstadt in Ohio. → Schauplatz der Ereignisse ist dort nur eine einzige Straße, die Poplar Street, die im Laufe der Geschichte Kraft der Gedanken des jungen, autistischen und deshalb geradezu prädestinierten Seth, seit seinem Besuch in dem Wüstenort Desperation vom → »Körperfresser« TAK besessen, zunehmend in eine → Zeichentrick-Landschaft verwandelt wird und die Menschen nach dem Zehn-Kleine-Negerlein-Prinzip auslöscht. Der Roman ist keinesfalls handlungsarm, im Gegenteil, King vergeudet nicht wie in »Desperation« viel Zeit mit ausgebreiteten Charakterisierungen, sondern treibt die Handlung wie in einem bunten Cartoon atemberaubend voran. Mehr noch: Der Roman gerät zu einer schrillen, literarischen Adaption eines Zeichentrickfilms. Damit verschafft King seiner anhaltenden Cartoon-Liebe einen absoluten Höhepunkt: »Dieser Alptraum, in dem wir uns befinden«, so müssen auch die Helden erkennen, »ist eine Mischung aus ›Die Regulatoren‹, seinem [Seth] Lieblingswestern, und ›MotoKops 2200‹, seiner liebsten Zeichentrickserie.«

Immer wieder gelingen King plastische Schilderungen, die uns durchaus aus den Loony Tunes bekannt sind. Eine Kostprobe: »›Ich finde, Sie sollten das keifende Weib abservieren‹, sagt Steeter lächelnd, und dann explodieren Lärm und weißes Feuer aus beiden Läufen von Murdocks abgesägter Flinte. Eben noch steht Kim Geller am Ende des Carverschen Fußwegs; im nächsten Augenblick ist sie völlig verschwunden. Nein; nicht ganz verschwunden. Ihre Turnschuhe stehen noch da, und ihre Füße stecken noch darin.« Eine typische Cartoon-Szene (hallo Duffy Duck!) ist auch: »Dann schwillt sein Schädel an; die Überreste von Cammies Kopf sehen aus wie ein monströser Pilz. Johnny hört ein reißendes Geräusch, wie von Papier, und erkennt, daß die dünne Haut über dem Schädelknochen auseinandergezogen wird. Die verschmierten Augenhöhlen dehnen sich und werden zu langen Schlitzen; der aufquellende Kopf verzerrt ihre Nase zu einer Schnauze mit langen trapezförmigen Nasenlöchern. Dann explodiert Cammie Reeds Kopf. Heiße Fetzen, in denen teilweise noch Leben pulsiert, prasseln gegen Johnnys Gesicht.«

Dazu paßt auch, daß King dem Roman kein metaphorisches Ende wie in »Desperation« verpaßt, sondern zügig und mit einem Knalleffekt seine Helden siegen läßt (ironischerweise all jene, die in »Desperation« ihr Leben lassen müssen). Nichtsdestotrotz wirft King im Subtext die Frage auf, inwieweit die alltägliche Gewalt, die uns umgibt – speziell im Fernsehen – uns beeinflußt. Seth Garins geistige Kost besteht ausschließlich aus Filmen und Fernsehserien, in denen Gewalt die einzige Möglichkeit ist, Konflikte zu lösen. Konsequenterweise ist die Welt, die TAK aus den Informationen in seinem Kopf erschafft, eine rauhe Welt, in der die Stärkeren sich rücksichtslos durchsetzen. In einer Welt, die von solchen Denkmustern beherrscht wird, hat das Gute keine Chance. Natürlich läßt King die Gelegenheit für ein kleines Bonmot nicht verstreichen. Seine Helden lesen auch diesmal wieder Bücher von ihm. So schreibt eine Patricia Allen an eine gewisse Katherine Anne Goodlow unter anderem: »Du bist der einzige Mensch, den ich kenne, der nicht nur ein Exemplar von ›Shining‹ in Fetzen gelesen hat, sondern zwei!« Das mag vielleicht auch ein Hinweis darauf sein, daß »Regulator« trotz aller Fantasy-Elemente in keiner Parallelwelt, sondern in unserer eigenen, realen Welt spielt. Dagegen spricht allerdings, daß es die Zeichentrickserie »MotoKops«, deren Figuren sich mit TAKs Kraft materialisieren und Schrecken über die Menschen in der Popular Street bringen, in Wirklichkeit nicht gibt.

Religion
→ Kirche

Revolvermann
Im Zyklus → »Der dunkle Turm« ist der Revolvermann eine Art tapferer, entschlossener, ehrlicher Ritter. Einer derjenigen, deren Aufgabe es war, eine Welt, die sogenannte → Mittwelt, welche von »Liebe und Licht erfüllt« war, zu bewahren; zu verhindern, daß sie sich weiter dreht. Ihre Ausbildung ist hart und unerbittlich, getreu dem Katechismus: »Ich ziehe nicht mit der Hand; wer mit der Hand zieht, hat das Gesicht seines Vaters vergessen. Ich ziehe mit dem Auge. Ich schieße nicht mit der Hand; wer mit der Hand schießt, hat das Gesicht seines Vaters vergessen. Ich schieße mit dem Verstand. Ich töte nicht mit meiner Waffe; wer mit seiner Waffe tötet, hat das Gesicht seines Vaters vergessen. Ich töte mit dem Herzen.« Als der junge → Roland Deschain im Alter von 14 Jahren das Verhältnis seiner Mutter → Gabrielle Deschain mit dem Hofzauberer → Marten Broadcloak entdeckt, ist das der Beginn einer blutigen Revolte, die über das ganze Land zieht. Ihr Anführer ist → John Farson, der unter Einfluß des → Scharlachroten Königs steht und mit seinen → Gesetzlosen dafür sorgt, daß die Welt sich weiter dreht, ohne daß die Revolvermänner es verhindern können. Die

Kaste der Revolvermänner stirbt aus, Roland ist der letzte seiner Art, somit auch eine Art Symbol seiner sterbenden Welt.

Reynolds, Clay

In der Saga → »Der dunkle Turm« war Clay Reynolds einer der finsteren Halunken in → Hambry, die sich die → »Großen Sargjäger« nannten (»Der dunkle Turm IV: Glas«).

Rhea M – Es begann ohne Warnung (Maximum Overdrive)

Verfilmung (USA 1986) der 30seitigen Story → »Lastwagen«, in der einige Trucks verrückt spielen und ihre Fahrer angreifen. In »Maxium Overdrive« sind es alle elektrischen → Maschinen, Gerätschaften und Fahrzeuge der Welt, die sich infolge der Strahlung eines erdnahen Meteroiten über die Menschen hermachen. Der Film ist gleichzeitig Kings erste Arbeit als → Regisseur – und bis heute einzige. Der Film gerät zu einem grottenschlechten, splatterartigen Machwerk, von dem King selbst meint, er werde Ed Woods »Plan Nine from Outer Space« als erwiesenermaßen schlechtesten Film aller Zeiten ablösen.

Rhiannon

In dem Roman → »Die Augen des Drachen« lebt → Rhiannon, die Dunkle Hexe, auf dem Berg Coos vor den Toren der Stadt Delain. Ähnlichkeiten zu der Hexe → Rhea Dubadivo sind nicht ungewollt (→ »Die Augen des Drachen = Der dunkle Turm?«), denn diese lebte auf dem Berg → Cöos vor den Toren der Stadt → Hambry, in die der Revolvermann → Roland Deschain im Alter von 14 Jahren reist (→ »Der dunkle Turm IV: Glas«).

Ridgewick, Norris

Officer in → Castle Rock, der in dem Roman → »Stark« dem Sheriff → Alan Pangborn bei den Ermittlungen um → Thad Beaumont behilflich ist. Ridgewick ist auch den seltsamen Ereignissen um → Pop Merrill und einer Fotokamera in → »Zeitraffer« auf der Spur. In dem Roman → »In einer kleinen Stadt« kämpft er abermals an der Seite von Alan Pangborn gegen den Teufel → Leland Gaunt. Später begegnen wir Norris Ridgewick in → »Das Spiel«, wo er gegen Ende des Romans die Ermittlungen gegen einen Serienmörder in Castle County leitet.

Riding the Bullet – Achterbahn (Riding the Bullet)

Novelle. O.: eBook, Simon & Schuster 2000/Dt.: Ullstein Verlag, München 2000; Dt.: Hedda Pänke

Diese kurze Novelle wird in den USA nicht im Buchladen verkauft – Fans können sie nur im Internet auf der Seite des Verlages Simon & Schuster erwerben, als sogenanntes → eBook, das ausschließlich an Besteller, die 2,50 Dollar bezahlt haben, verschickt wird. Laut Simon & Schuster ist King auf die Idee gekommen, die 16.000-Wörter-Story in dieser Form zu veröffentlichen, nachdem ihm sein Agent Ralph Vicinanza das Ganze vorgeschlagen hat. King: »Ich bin neugierig, welcher Art die Reaktionen auf diese Form der Veröffentlichungen sind.«

Diese sind gemischt: Agenten, Verlage, Vertriebe und Buchhändler, die King mit diesem Experiment umgeht, sind sauer, kann King doch den kompletten Gewinn für sich alleine verbuchen. Und das ist nicht wenig, denn gleich am ersten Tag gehen über 700.000 Downloads über den PC. Experiment gelungen, läßt King verlauten. Was man von der Geschichte nur bedingt sagen kann. Darin wird der 21jährige Student Alan Parker ans Krankenbett seiner Mutter gerufen. Sie hat einen Schlafanfall erlitten. Da sein Auto schrottreif ist, trampt er nach Hause. Er läßt sich von George Staub mitnehmen. Unglücklicherweise ist der aber schon lange tot (Er fuhr betrunken Auto!) und arbeitet jetzt als Bote des Todes. Er stellt Alan vor die Wahl: entweder er oder seine Mutter muß mit ihm ins Jenseits. Alan entscheidet sich für seine Mutter. Die Reue folgt auf dem Fuß, erinnert Alan sich doch an die Mühen, die seine Mutter hatte, um sie beide auf der Achterbahn des Lebens durchzubringen. Als Alan im Krankenhaus anlangt, lebt seine Mutter und erholt sich. Er erkennt den wahren Schrecken seiner Entscheidung: Staub wird seine Mutter holen – nur eben nicht sofort!

Eines vorab: Die Story liest sich wie ein echter King. Witzig und makaber, spannend und mysteriös. Doch das soll nicht darüber hinwegtäuschen, daß der Tenor von »Achterbahn« eher dürftig ist. Er läßt sich wohl nur mit Kings ureigener Erfahrung erklären, als ihn im Sommer 1999 ein betrunkener Autofahrer angefahren und schwer verletzt hat – die Story entsteht nach dem Unfall: Das Leben kann von einem Moment auf den anderen vorbei sein, und zwar unabhängig davon, was wir Menschen dafür oder dagegen tun. In Deutschland wird die Story ein knappes halbes Jahr

Riding the Bullet – Achterbahn

später als kleines Taschenbüchlein veröffentlicht. Die Veröffentlichung in einer Anthologie hätte auch gereicht, zumal der deutsche Titel »Achterbahn« eine höchst einfallslose Übersetzung ist.

Rimer, Kimba

In der Saga → »Der dunkle Turm« war Kimba Rimer der Kanzler von → Hambry und eigentlicher Strippenzieher der Ereignisse (→ »Der dunkle Turm IV: Glas«).

Rite-Aid-Drogerie

Drogerie in → Derry, deren Betreiber → Joe Wyzer in → »Schlaflos« und → »Sara« mehrmals Zentrum seltsamer Ereignisse ist.

River Crossing

Kleines, verkommenes Örtchen, das der → Revolvermann → Roland Deschain und seine Freunde → Susannah Dean, → John Jake Chambers und → Eddie Dean auf ihrer Suche nach dem dunklen Turm in dem Band → »Der dunkle Turm III: Tot« passieren. In River Crossing erhält Roland von → Talitha Unwin eine feine Silberkette, die er am Fuß des dunklen Turms niederlegen soll. Seitdem trägt er sie mit sich, ohne daß wir wissen, welche Bedeutung diese Kette haben wird.

Roberts, Ralph

70jähriger Rentner aus → Derry im Roman → »Schlaflos«, der nach dem Tod seiner Ehefrau immer weniger Schlaf findet. Das wiederum dient dazu, ihn irgendwann wahrnehmungsfähig für die Welt zwischen unserer Welt und den anderen zu machen, in denen sich der → Scharlachrote König tummelt. Der Scharlachrote König plant ein Attentat auf den jungen → Patrick Danville, der in der Zukunft, in einer bisher ungeschriebenen Geschichte zur Saga → »Der dunkle Turm«, dem → Revolvermann → Roland Deschain, dem erbitterten Widersacher des Scharlachroten Königs, das Leben retten wird. Ralph ist nun wiederum ausersehen, das Attentat zu vereiteln. Was natürlich gelingt. Ralph Roberts stirbt, als er sich am Ende vor ein Auto schmeißen muß, um der Tochter von → Ed Deepneau das Leben zu retten. Die Tatsache, daß auch der Junge → John Jake Chambers in → »Der dunkle Turm I: Schwarz« durch einen Autounfall in die Welt von Roland gerät, und das King-Nachwort in → »Der dunkle Turm IV: Glas«, in dem er schreibt, in → Mittwelt gäbe es einen Platz für Ralph Roberts, lassen erahnen, daß uns der sympathische alte Mann zu einem späteren Zeitpunkt der Saga »Der dunkle Turm« sehr wohl noch einmal begegnen wird.

Rock Bottom Remainders

Al Kooper, Greil Marcus, Dave Marsh, Dave Berry, Ridley Pearson und Amy Tan sind nur einige der Schriftsteller und Künstler, die neben Stephen King die Rockband »Rock Bottom Remainders« bilden. In ihr spielt der erklärte → Rock-'n'-Roll-Fan King die Rhythmusgitarre. Band-Mitglied Dave Berry glaubt: »Diese Band spielt so gut Musik, wie Metallica Romane schreibt.« Trotzdem sind die »Rock Bottom Remainders« in den USA einige Male für Benefizzwecke aufgetreten, zum ersten Mal am 25. Mai 1992 in »Cowboy Boogie«, einer kleinen Bar in Anaheim, Kalifornien. King selbst hat schon am College in einer Band gespielt. Für ihn gäbe es, so gesteht King einmal in einem Interview, neben dem Schreiben noch eine andere Laufbahn, die er sich vorstellen könne: »Ich würde gerne Rock and Roll spielen. Ich spiele ganz gut Rhythmusgitarre, bin aber nicht besonders geübt.«

Rock 'n' Roll

Stephen King ist ein großer Liebhaber guter Rock-'n'-Roll-Musik. »Meine erste Schallplatte war eine 78er-Version von Elvis Presleys »Hound Dog«. Von dem Augenblick an wußte ich, was ich wollte, und ich wollte alles, was ich in die Finger bekommen konnte.« Am College spielt King in einer Band namens »MoonSpinners«. 1986 investiert er in den Regionalsender WACZ, den er → WZON tauft. Am 25. Mai 1992 tritt er erstmals mit anderen Schriftstellern als Band → »Rock Bottom Remainders« auf.

Rogan, Beverly »Bev«

Antiheldin und Mitglied in → Derrys → »Club der Verlierer« in dem Roman → »Es«. Die kleine Beverly Rogan, geborene Marsh, hat es von allen besonders schwer. Sie lebt in einem verwahrlosten Mietshaus in der Lower Main Street mit ihren Eltern Alvin »Al« und Elfrida Marsh. Al arbeitet als Hausmeister im Derry Home Hospital. Das ist – wie sein Leben generell – nicht gerade erfüllend, was mitunter dazu führt, daß ihm im Umgang mit seiner Familie die Hand ausrutscht. Bevs Mutter arbeitet von drei bis elf Uhr nachts im Green's Farm Restaurant als Kellnerin und duldet die brutalen Attacken ihres Mannes. Beverly ist unbeschreiblich hübsch, schlank, hat graugrüne oder graublaue Augen (hier scheint sich King – oder der Übersetzer? – nicht ganz sicher zu sein) und tiefrote, lange Haare. Nicht nur die äußere Erscheinung macht sie zu etwas Besonderem, sie besitzt, durch die wiederholten Attacken ihres Vaters gestählt, Kraft und Tapferkeit. Unerschrocken verteidigt sie → Ben Hanscom beispielsweise vor → Henry Bowers. Die Prügel, die ihr dafür droht, nimmt sie in Kauf. Sie ist Schlimmeres von ihrem Vater gewohnt. Bev verfügt über eine ruhige Hand, die sie zu einer guten Steinschleuderschützin werden läßt, was ihr das eine oder andere Mal im Kampf gegen ES sehr hilfreich sein wird. Sie liebt → Bill Denbrough schon von Kindheitsbeinen an, getraut sich aber nicht, es ihm zu sagen. Den Mut findet Bill, als er am 10. August 1958 als letzter Bevs Kraft und Stärke erhält, indem sie, als 11jährige, dem »Club der Verlierer« ihre Jungfräulichkeit (und damit symbolisch ihre Macht) schenkt, damit sie alle gegen ES siegreich sein können.

Diese Kraft wird ihr viele Jahre danach fehlen. 1981 lernt Bev, inzwischen erfolgreiche Modezeichnerin, Tom Rogan in einer Singlebar kennen. Tom, in einer Chicagoer PR-Agentur tätig, verhilft ihr zwar zur Selbständigkeit mit der Kollektion »Beverly Fashions«, allerdings zu einem teuren Preis. In seiner Kindheit wurde Tom von seiner Mutter regelmäßig verprügelt. Er schlägt nun Beverly, die die Schläge wie damals von ihrem Vater ergeben hinnimmt. Rogan hält Bev für schwach, was sie in gewisser Weise auch ist. Als Bev 1985 → Mike Hanlons Anruf erhält, verwandelt sich ihre Schwäche endlich wieder in Entschlossenheit. Sie bietet Tom die Stirn und reist nach Derry, um mit ihren ehemaligen Freunden ein weiteres Mal gegen ES anzutreten. Bev ist ein wenig eifersüchtig auf Bill Denbroughs Frau. Doch Bev und Bill können sich endlich ihre innige Zuneigung gestehen, bevor sie in den Kampf gegen ES ziehen. Am Ende verläßt Bev Derry überraschenderweise nicht an Bills, sondern an → Ben Hanscoms Seite.

Roland von Gilead

→ Roland Deschain

Romero, George A.

Kultregisseur, geboren 1940. Vater der modernen Zombie-Mythologie. Regisseur von »Night of the Living Dead« (1968, »Nacht der lebenden Toten«), »The Crazies« (1973, »Crazies«), »Martin« (1978), »Dawn of the Dead« (1979, »Zombie«) und »Monkey Shines: An Experiment in Fear« (1980, »Der Affe im Menschen«). Enger Freund von Stephen King, mit dem dieser 1982 in Anlehnung an die in den 50er Jahren beliebten → E.C. Comics den Anthologie-Film → »Creepshow« realisiert.

S

Salem's Lot

→ Jerusalem's Lot

Sänger

→ »Stranger than Fiction«

Sara (Bag of Bones)

Roman. O.: Scribner, New York 1998 /
Dt.: Heyne Verlag, München 1998; Ü.: Joachim Körber

»Sara« wird im Juni 1999 mit dem → »Bram Stoker Award 1999« als bester Roman von den Horror Writers of America ausgezeichnet, im Juli 1999 mit dem → »Locus Award 1999« in der Kategorie »Bester Horror-Roman«. King zollt mit dem Roman nicht nur einem großen Vorbild, → Daphne Du Mauriers weltberühmter Geisterhaus-Geschichte → »Rebecca«, Tribut, erneut arbeitet er auch seine eigenen Ängste und Befürchtungen (sowohl als Ehemann als auch als Schriftsteller) auf. »Sara« ist mit Abstand der persönlichste Roman von King; er handelt von der Angst, einen geliebten Menschen zu verlieren und nicht mehr zu wissen, wozu man jetzt noch lebt.

Der erfolgreiche → Schriftsteller → Michael Noonan, überdeutlich ein Alter Ego von King (»von der Kritik ignoriert, Genre-orientiert, aber stattlich entlohnt ...«), wird vom plötzlichen Tod seiner Frau Jo mit voller Wucht getroffen. Auf dem Weg zur → Rite-Aid-Drogerie in → Derry, die der fabulöse → Joe Wyzer leitet, ereilt sie ein Gehirnschlag. Noch größer ist der Schock, als er erfährt, daß Jo schwanger war. Keine einzige Zeile bringt er daraufhin mehr zustande. Er erinnert sich an den berühmten Schriftsteller → Thad Beaumont alias → George Stark (→ »Stark«), der ihn mit »Steel Machine« einst daran hinderte, höher in die Bestsellerliste der »Times« zu gelangen. »Thad ist tot. Selbstmord«, erinnert sich Michael verzweifelt. »Ich weiß nicht, ob es etwas mit einer Schreibblockade zu tun hatte oder nicht.« Vier Jahre lang lebt Michael nun von den verstaubten, nie veröffentlichten Manuskripten aus der Schublade, vier Jahre, in denen ihn seltsame Visionen vom Sommerhaus »Sara Lacht« am → Dark Score Lake nahe → Castle Rock im Castle County heimsuchen. Er beschließt, diesen Träumen auf den Grund zu gehen. Offensichtlich hat sein Unterbewußtsein den Ort »als Schutz vor der zunehmenden Dunkelheit identifiziert«. Doch das Sommerhaus entpuppt sich als → Spukhaus, das zwar seine Schreibblockade beseitigt, andererseits mit seltsamen Klopfgeräuschen und unheimlichen Ereignissen zu verwirren weiß. Und: Warum hat Jo das Sommerhaus mehrmals hinter seinem Rücken besucht? Was bedeuten die eigenartigen Skulpturen, die sie heimlich gekauft und rund um das Gebäude plaziert hat?

Als wären diese schmerzvollen Erkenntnisse nicht schon genug, wird er in den Zwist der jungen Witwe Mattie und ihrer liebreizenden Tochter Kyra gerissen, denen ihr skrupelloser, despotischer Schwiegervater Max Devore das Leben zur Hölle macht. Er will das Sorgerecht für Kyra, weil er die leichtlebige Mattie, die er seit der Hochzeit mit seinem Sohn verachtet, für unfähig hält. Michael gewährt Mattie seine Hilfe, und sie verlieben sich. Doch »Sara Lacht« macht ihm einen Strich durch die Rechnung, denn die unheimlichen Geräusche, die mysteriösen Erscheinungen nehmen wie in einer klassischen → Schauergeschichte zu, laut deren Definition eine geheimnisvolle Gefahr, gegen die man sich nicht wehren und vor der man nicht fliehen kann, sich einem in den Weg stellt. Als Michael zu recherchieren beginnt, stößt er auf eine eisige Wand der Ablehnung bei den Bewohnern. Er findet heraus, daß »Sara« einst der schwarzen Bluessängerin Sara Tidwell und ihrer Familie gehörte, die von den Bürgern des Ortes nicht nur vertrieben wurde. Sara wurde von ein paar Burschen heimtückisch vergewaltigt, ermordet und verscharrt, eine Tat, in die auch Max Devore verwickelt ist. Sara Tidwells pietätlos verscharrte Knochen geben am Fuße des tiefsten und saubersten Sees in Maine nicht eher Ruhe, bevor Sühne getan worden ist. Jo muß das geahnt haben, als sie das Haus (und Michael) mit den mystischen Skulpturen vor dem bösen Bann der Sara Tidwell schützen wollte. Ihr früher Tod hat das vereitelt, aber als schemenhafter Geist kommt sie Michael im furiosen Finale zur Hilfe. Mattie stirbt, aber Michael erhält mit Kyra (s)eine Tochter (zurück).

Übrigens: In »Sara« haben auch der Schriftsteller → Bill Denbrough aus → »Es« und → Ralph Roberts, die in Derry lebende Hauptfigur aus → »Schlaflos«, einen kurzen Gastauftritt.

Satan
→ Leland Gaunt

Sawyer, Jack
Junger, zwölfjähriger Held in dem Roman → »Der Talisman«, dessen Suche nach dem heilbringenden Talisman durch unsere und die Welt der → »Region« gleichzeitig die Reife, die Reise des Kindes zum Erwachsenen,

versinnbildlicht. Ein wiederkehrendes Thema bei Stephen King, das er insbesondere in dem epochalen Roman → »Es« anhand der sechs Kinder im → »Club der Verlierer« erzählt. Wie → Mark Twain in → »Tom Sawyers Abenteuer« schreibt (und King/Straub ihn in einer Art Epilog am Ende von »Der Talisman« zitieren), muß die Geschichte aber enden, als Jack den Talisman gefunden hat. »Da es, strenggenommen, die Geschichte eines Jungen ist, muß hier Schluß sein; die Geschichte könnte nicht weitergehen, ohne zur Geschichte eines Mannes zu werden.«

Scharlachroter König

Die Herkunft und Wesensart des Scharlachroten Königs, der in der Saga → »Der dunkle Turm« namentlich, in dem Roman → »Schlaflos« höchstpersönlich als klauenbewehrte Kreatur auftaucht, ist bis heute noch nicht geklärt. Gesichert scheint nur, daß ihm die Revolutionäre um → John Farson dienten und auch der Hofzauberer → Marten Broadcloak, der die → Baronie von Kanaan, die Heimat vom → Revolvermann → Roland Deschain, stürzte, unter seinem Einfluß stand. Zweifellos ist er noch mächtiger als der Vorzeige-Bösewicht → Randall Flagg, der bereits in einer Vielzahl von King-Werken als mephistotelische Konstante auftrat.

Schauergeschichten

Erzählungen, in denen das Moment des Geheimnisvollen eine wesentliche Rolle spielt. »Unheimlich ist die geheimnisvolle Gefahr, gegen die man sich nicht wehren und vor der man nicht fliehen kann. Von wem diese Gefahr ausgeht, ist zweitranging«, erklärt das »Lexikon der phantastischen Literatur«. Kings → »Shining« ist eine solche Schauergeschichte, mit größeren Tendenzen jedoch zur → »Gothic Novel«. Weitaus deutlicher ist Kings Roman → »Sara«, in dem das Ferienhaus des Schriftstellers Michael Noonan von dem Geist der verstorbenen, mißgünstigen Blues-Sängerin Sara heimgesucht wird.

Schauplatz

Ein Großteil der Schauplätze, an denen Kings Romane spielen, sind fiktive Orte. Die meisten erscheinen den Städten und Dörfern unserer Welt sehr ähnlich. Sie liegen häufig im nordostamerikanischen Bundesstaat Maine, also in Kings unmittelbarer Umgebung. Allen voran gibt es das Örtchen → Castle Rock, dem der Autor einen ganzen Roman-Zyklus widmet. Dann sind da noch → Derry in → »Es«, → »Sara« und → »Schlaflos«, → Jerusalem's Lot in → »Brennen muß Salem«, → »Briefe aus Jerusalem« und → »Einen auf den Weg«, → Haven in → »Das Monstrum«, → Little Tall Island in → »Der Sturm des Jahrhunderts«, → »Hausentbindung« und → »Dolores«, → Ludlow in → »Friedhof der Kuscheltiere«. Wo genau diese Städte im King'schen Mikrokosmos liegen, wird aus der Karte ersichtlich, die im Buch »Das Spiel« (1992) abgedruckt ist. Darüber hinaus gibt es Städte wie Arnette (Texas), Sidewinder (Colorado), Desperation (Nevada) und Junction City (Iowa). Sie alle sind in Stephen Kings Welt eingebettet.

Fleißige King-Fans haben inzwischen aber herausgefunden, daß Castle Rock mitnichten fiktiv ist. In der Nähe von Boulder, Colorado, liegt ein realer Ort mit diesem Namen (der aber keine Ähnlichkeit mit Kings Castle Rock hat). Ganz in der Nähe des realen Castle Rock wohnt zufälligerweise Kings Kollege Dan Simmons, ein berühmter Horror- und SF-Autor, und nicht weit entfernt steht das Stanley Hotel, das Vorbild stand fürs → Overlook-Hotel in dem Roman → »Shining«.

Schlachtfeld (Battle Ground)

Kurzgeschichte. In: O.1: »Cavalier«, New York 1972; O.2: → »Nightshift«, New York 1978 / Dt.: → »Nachtschicht«, Bastei-Lübbe Verlag, Bergisch Gladbach 1984; Ü.: Ulrike A. Pollay

Der Auftragskiller John Renshaw erhält von einem Unbekannten ein seltsames Päckchen voller Infanterie-Spielfiguren. In der Nacht erwachen die Militärs ähnlich der von King geschätzten Cartoons (→ Zeichentrick) zum Leben, doch anders als in Zeichentrickfilmen erstarren die Zinnsoldaten nicht auf der Stelle, sobald sie der Blick eines Menschen trifft. Nein, diesmal marschiert die Miniaturarmee mit MG und Kanonen voran, bis von Renshaw nichts weiter übrigbleibt als ein zerfetztes Irgendetwas. Rache ist süß!

Schlaflos (Insomnia)

Roman. O.: Viking Verlag, New York 1994 /
Dt.: Heyne Verlag, München 1994; Ü.: Joachim Körber

Das kleine Städtchen → Derry ruht nach den schrecklichen Ereignissen von 1985, als es von → ES heimgesucht wurde, in Frieden. → Mike Hanlon, einer der Jungs aus dem → »Club der Verlierer«, lebt als Bibliothekar in der Stadt. Nach dem Sturm und der Überschwemmung, den die Ereignisse um ES mit sich brachten, ist viel zerstört worden, der berühmte Architekt → Ben Hanscom, ebenfalls Mitglied des → »Clubs der Verlierer«, hat der Stadt ein neues Bürgerzentrum entworfen. → Ralph Roberts, greiser Held in vorliegendem Roman, findet, daß sich die Atmosphäre der Stadt seit der großen Überschwemmung deutlich verbessert hat, aber es ist trotzdem nicht wie anderswo. Derry hat einen Hang zum Bösen, und wenn seine Einwohner in Rage kommen, können sie bekanntlich ausgesucht scheußliche Taten vollbringen. Das scheint sich im Herbst 1992 zu bewahrheiten, als die Stadt abermals aufgerüttelt wird. Susan Day, eine prominente, aber umstrittene Frauenrechtlerin, spaltet die Stadt in zwei Lager: Woman Care (die Verfechter der Abtreibung sowie Betreiber einer Abtreibungsklinik) und Friends of Life (die Gegner der Abtreibung, die gerne auch gewaltsam ihren Protest kundtun). Einer dieser ambitionierten Gegner ist Ralphs junger Freund → Ed Deepneau, der vor lauter Eifer durchdreht, seltsame Wesen sieht und seine Ehefrau Helen blutig schlägt, bis sie vor ihm in ein Frauenhaus von Woman Care flieht.

Schlimme Probleme, wie wahr, doch Ralph Roberts hat ganz andere. Ralph, dessen Ehefrau Carolyn vor knapp einem Jahr auf der Intensivstation des Derry Home Hospitals, Zimmer 217, gestorben ist, kann nicht mehr schlafen. Von Tag zu Tag findet er weniger Schlaf. Niemand kann ihm helfen, selbst dem fabulösen → Joe Wyzer (»Früher war ich Joe Wyze, heute bin ich älter und Wyzer«) in der → Rite-Aid-Drogerie fehlen die Worte. Ralph führt es auf seinen seelischen Zustand zurück, bis auch er eines Tages um seine Mitmenschen seltsame Auren wahrnimmt. Auren, die über die Lebenskraft eines Menschen Auskunft geben und an denen Ballonschnüre hängen. Plötzlich sieht er kleine, bleiche, kahlköpfige Gestalten, die aussehen wie »Miniaturversionen von Meister Propper«: Ärzte in weißen Kitteln, die wie Außerirdische anmuten, wie sie dem Sensationsblatt → »Inside View« entspringen. Die Ärzte machen sich mit Scheren an den Ballonschnüren zu schaffen. Doch Ralph bleibt nicht viel Zeit, an seinem Seelenzustand zu zweifeln, denn als seine Bekannte Lois ähnliche Wesen sieht, wird ihnen offenbar, daß die Schlaflosigkeit sie auf eine andere Wahrnehmungsebene katapultiert hat und daß diese Wesen »Ärzte des letzten Stück Weges« sind, die moderne Version der → Parzen aus der griechischen Mythologie. Drei von ihnen machen sich in Derry zu schaffen, die friedlichen → Klotho und → Lachesis, die mit ihren hell schimmernden Scheren den Tod ganz nach Plan (der Mensch würde sagen: Vorhersehung; → Roland Deschain würde sagen: → »Ka«) bringen; → Atropos, der mit einem rostigen Skalpell den Zufall ins Spiel bringt.

Atropos steht mit einer bösen Macht im Bunde, und wie es der »Zufall« also will, hat sich Atropos diesmal Ed Deepneau geschnappt, der dadurch zum Spielball des →

Scharlachroten Königs wird, einer bösartigen Wesenheit, die der King-Leser bereits aus der Saga → »Der dunkle Turm« kennt. Der Scharlachrote König veranlaßt Ed Deepneau, die Kundgebung von Susan Day vor geplanten 4.000 Menschen zu einem explosiven Kamikaze-Massaker zu nutzen. Lois und Ralph indes sind von »Höherem Plan«, offenbar der Gerechtigkeit, dazu ausersehen, diesen teuflischen Plan zu vereiteln. Was unabdingbar ist, denn durch das Eingreifen des Scharlachroten Königs sind die Prinzipien Plan und Zufall in ihrem Gleichgewicht bedroht. Aber noch viel mehr ...

Doch zuvor machen Ralph und Lois Jagd auf Atropos, finden seinen Unterschlupf, eine → Hobbit-ähnliche Höhle unter der Erde. Atropos hat dort Souvenirs aller Menschen versammelt, denen er die Lebensschnur geraubt hat. Neben Taschen, Uhren, Hüten, Spielzeug findet sich auch der »Turnschuh eines kleinen Jungen namens → Gage Creed, den ein zu schnell fahrender Laster auf der Route 15 in Ludlow überfahren hatte«. (→ »Friedhof der Kuscheltiere«). Endlich erfahren Ralph und Lois, worum es tatsächlich geht: Sie müssen den Jungen → Patrick Danville retten, der sich unter den 4.000 Menschen der Kundgebung befinden wird. Patrick Danville, dessen »Leben nicht nur seine direkte Umwelt oder auch nur alle in der Welt der Kurzfristigen [Menschen] beeinflußt, sondern auch diejenigen auf vielen Ebenen über und unter der Welt der Kurzfristigen«, wird dem → Revolvermann → Roland Deschain in einem zukünftigen Roman der Saga → »Der dunkle Turm« das Leben retten. Die Schlüsselszene von »Schlaflos« – und somit wohl des bisherigen Werkes von Stephen King – befindet sich in Kapitel 30, Abschnitt 4, als Patrick Danville ein Bild malt: In der Mitte ragt ein Turm aus dunklen, rußfarbenen Steinen in einen blauen Himmel mit vereinzelten dicken weißen Wolken auf. Ringsum liegt ein Feld mit roten Rosen. Auf einer Seite steht ein Mann in verblichenen Blue Jeans, Revolvergurte überkreuzen sich auf seinem flachen Bauch; an jeder Hüfte hängt ein Halfter. Ganz oben auf dem Turm sieht ein Mann im roten Gewand mit einer Mischung aus Haß und Angst auf den Revolverhelden herunter. Seine Hände, die er um die Brüstung geklammert hat, scheinen ebenfalls rot zu sein. »Wer ist das?« fragt Patricks Mutter Sonia. »Der ist der Rote König«, sagt Patrick. »Und wer ist der mit den Revolvern?« Patrick antwortet: »Der heißt → Roland, Mama. Manchmal träume ich von ihm.«

In letzter Sekunde gelingt es Ralph Roberts, den irren Ed und sein Flugzeug vom Todeskurs abzubringen, nicht ohne vorher auch noch dem Scharlachroten König zu begegnen, wobei er diesen aber in die andere Welt (andere Zeit?) zurückzuschleudert. »Und in sämtlichen Ebenen des Universums setzten Plan und Zufall ihren vorherbestimmten Kurs fort. Welten, die einen Augenblick auf ihren Bahnen erbebt waren, wurden wieder stabil, und auf einer dieser Welten, in einer Wüste, die der Inbegriff aller Wüsten war, drehte sich ein Mann namens Roland in seinem Schlafsack um und schlief wieder ruhig unter den fremdartigen Sternbildern.« Wie selten zuvor betont King in diesem Roman das → »Ka« der Menschen, das Schicksal, und postuliert die Abhängigkeit von höheren Mächten. Immerhin wird der große Plan, der die Geschicke von allem bestimmt, vom Element des Zufalls bedroht, wobei der Scharlachrote König andeutet, daß der Zufall mit einer bösen Macht verbündet ist. Ralph Roberts muß sich am Ende vor ein Auto schmeißen, um der Tochter von Ed Deepneau das Leben zu retten. Das und die Tatsache, daß der Junge → John Jake Chambers in → »Der dunkle Turm I: Schwarz« durch einen Autounfall in die Welt von Roland gelangte, sowie auch das King-Nachwort in → »Der dunkle Turm IV: Glas«, in dem er schreibt, in → Mittwelt gäbe es einen Platz für Ralph Roberts, lassen erahnen: Ralph Roberts wird uns zu einem späteren Zeitpunkt der Saga wohl noch einmal begegnen.

Schmalzarsch Hogans Rache (The Revenge of Lard Ass Hogan)

Kurzgeschichte. In: O.1: »The Maine Review«, Bangor 1975; O.2. »The Body«, Viking, New York 1982 / Dt.: → »Die Leiche«, Bastei-Lübbe Verlag, Bergisch Gladbach 1984, Ü.: Harro Christensen
Die Geschichte erzählt den ausgeklügelten Racheplan des von den Bewohnern von Gretna verspotteten, dicken David Hogan, der das alljährliche Pastetenwettessen zu einer gewaltigen Abreibung nutzt. Vor dem Kampf hat er gelbes Rizinusöl getrunken, und dessen Wirkung wird durch das Verschlingen der Pasteten nur beschleunigt. Er übergibt sich volle Kanne in das Publikum, das nun selbst angewidert zu kotzen beginnt, bis am Ende der ganze Festsaal rülpst, kotzt und heult. Nur David strahlt über alle vier Backen, denn seine Rache ist geglückt. Die Erzählung findet sich als Fragment wieder in der Novelle → »Die Leiche« im Band → »Frühling, Sommer, Herbst und Tod«.

Schriftsteller

Für Schriftsteller gilt im allgemeinen folgende Faustregel: Schreibe nie über Schriftsteller – wen sollte dein Job schon interessieren? Bei King scheint es dessen ungeachtet zu funktionieren. Ein Großteil seiner Protagonisten gehört der schreibenden Zunft an. Seine Helden sind Schriftsteller wie er, gefangen oftmals in absurden Situationen, psychischen Klemmen, versehen mit autobiographischen Zügen. Der erfolglose Autor → Jack Torrance verkörpert in → »Shining« die Gefahr von innen, die einem Autor in der klaustrophobischen Enge seiner schriftstellerischen Einsamkeit droht. Der Schriftsteller → Paul Sheldon in → »Sie« ist der Gefahr von außen ausgesetzt: Er wird von einem fanatischen Fan terrorisiert – Kings größte Angst. Mit dem Schreiberling → Thad Beaumont in → »Stark« verarbeitet King sein Alter Ego und langjähriges Pseudonym → Richard Bachman. → Michael Noonan in → »Sara« verkörpert die Angst des Autors vor einer Schreibblockade. Gordie Lachance in die → »Die Leiche« hat wohl die meiste Ähnlichkeit mit King – die Freunde der Jugend, der tote Junge am Bahnstrang, die Blutegel am Körper. »Vieles an dieser Geschichte ist wahr«, sagt King selbst. Weitere Schriftsteller in seinen Romanen sind: Bill Denbrough in → »Es«, Mort Rainey in → »Das heimliche Fenster, der heimliche Garten«, Bobbie Anderson und → Jim Gardener in → »Das Monstrum«, → Johnny Marinville in → »Desperation«, Ben Mears in → »Brennen muß Salem«, Reg Thorpe in → »Der Fornit«.

Schwachstelle

In der Saga → »Der dunkle Turm« ist die Schwachstelle eine flimmernde Schnittstelle zwischen zwei Welten – oder zwischen den Zeiten (Vergangenheit, Gegenwart und Zukunft; → »Mittwelt« und → »Der dunkle Turm«). Sie sehen ein wenig aus wie ein langsam brennendes Torffeuer, ein wenig wie ein Sumpf mit fauligem grünen Brackwasser. Nebel steigt von ihnen auf. Einige der Schwachstellen in → Mittwelt tauchten plötzlich aus dem Nichts auf, und sie wachsen ständig an. Ein untrügliches Zeichen, daß in unserem Raum-Zeit-Gefüge etwas nicht in Ordnung ist. Der → Revolvermann → Roland Deschain hat allen Grund, den dunklen Turm aufzusuchen, der die wichtige Achse zwischen allen Raum-Zeit-Kontinuen darstellt. Übrigens: Das Flugzeug in der Novelle → »Langoliers« poltert ebenfalls durch eine derartige Schwachstelle. Eine weitergehende Verbindung zwischen der Novelle und der Saga ist nicht zu erkennen, bis auf die Tatsache, daß beide Schwachstellen offensichtlich in unsere Vergangenheit führen.

Scribner

New Yorker Verlagshaus, mit dem Stephen King – nach über 20jähriger Zusammenarbeit mit → Viking – einen neuen Vertrag eingeht, der ihn neben einer Millionen-Pauschale mit 50 Prozent am Verkauf beteiligt. Drei Bücher enthält der Vertrag: → »Sara« (1998), → »Atlantis« (1999) und ein Sachbuch über die Kunst des Schreibens, gegenwärtiger Arbeitstitel: »On Writing«. Außerhalb des Vertrags erscheint zusätzlich bei Scribner → »The Girl who loved Tom Gordon« (1999).

Secret Windows

Anthologie, O.: Book of the Month Club, Exklusive Edition, 2000
»Secret Windows« ist eine Anthologie mit unveröffentlichten Kurzgeschichten von Stephen King und weitgehend unbekannten Interviews sowie Artikeln mit und über Stephen King und stellt eine Zusatzlektüre zum Sachbuch → »Das Leben und das Schreiben« dar. »Secret Windows« ist bislang

nur im amerikanischen Original und ausschließlich im Book-of-the-Month-Club erhältlich. Ausländer können diesem Club nicht beitreten.

King-Fan Regina Cuno hat das Buch gelesen. Sie schreibt auf ihrer Web-Site (www.clickfish.com/stephenking): »›Jumper‹ (Springer) ist eine Fortsetzungsgeschichte, die King als Junge für seinen Bruder schrieb. Die in Form eines ›Nachbarschafts-Newsletters‹ gehaltene Erzählung über Gewalt und einen bevorstehenden Selbstmord besticht durch äußerste Spannung. In ›An Evening with Stephen King‹ (Ein Abend mit Stephen King) scherzt Steve über den »Druck seiner zwanghaften Besessenheit«. Er spricht über die Todesstrafe und ›The Green Mile‹ sowie über seine Begeisterung für die Horror-Geschichten von Shirley Jackson und Jack Finney. ›Secret Windows‹ enthält außerdem Interviews, in denen King beschreibt, wie er seine Stimmungen und Ideen einfängt und zu Papier bringt – spontane Einfälle, Subversionen, Eigenarten – doch stets auf Moral und Ästhetik bedacht ...«

Seth

In dem Buch → »Der dunkle Turm I: Schwarz« trifft der → Revolvermann → Roland Deschain am Rand der Wüste aller Wüsten auf die Stadt → Tull, wo er in Seth's Salon einkehrt. Seth (auch: Setech oder Sutech) bezeichnet in der ägyptischen Mythologie den Gott der Wüste, der Dürre, der Stürme und der Unwetter. Er herrscht über die Randgebiete der geordneten Welt und ist der Schutzgott der Fremden.

Sex

Sex wird immer mit dem Bösen verbunden. Das Begehren scheint etwas Teuflisches zu sein. Im Horrorfilm gilt das Credo: Wer Sex hat, sündigt! Die Strafe in Form des durchgedrehten Psychopathen folgt auf dem Fuß. »Ich glaube«, so erklärt King, »die meisten ahnen, daß die Sexualität eine destruktive Macht in unserem Leben sein kann. Schließlich wissen doch die meisten, glaube ich, daß wir, wenn wir uns voller Leidenschaft sexuell hingeben, außer uns sind. Wir verlieren die Kontrolle über uns selbst.« Wie war das mit dem Film »The Beginning of the End«, in dem riesige Grashüpfer über Chicago herfallen. Die Menschen entledigen sich der Grashüpfer, indem sie den Paarungsruf wilder Grashüpfer aufzeichnen; sie fahren mit einem Boot auf den Michigansee hinaus, senden ihn über Lautsprecher. Sämtliche Grashüpfer kommen von den Häusern herunter, gehen in den See und ertrinken. »Weil Sex einen letzten Endes immer erwischt«, sagt King. »Deshalb haben wir auch solche Angst vor Sexualität. Ich glaube, wir haben vor jedem Impuls in uns Angst, den wir nicht kontrollieren können.« Ob das die Gründe sind, warum King lange Zeit in seinen Romanen auf Sex verzichtete, ist bis heute trotz mehrfachen Bemühens nicht geklärt. Sex fand bei King nur am Rande statt, verschämt. Er hat ihn benutzt, weil er nun mal dazugehört und er ihn nicht außen vor lassen kann. Meist war er aber etwas Schlechtes oder Unreines. Zum ersten Mal wird eine Sex-Szene ausführlich in → »Das Spiel« beschrieben, wo → Jessie Burlingame sich von ihrem Ehemann Gerald ans Bett fesseln läßt, bevor ihr erste Zweifel an ihrem Handeln kommen. Daß diese Situation letztendlich auf ein sexuelles Erlebnis ihrer Kindheit zurückzuführen ist (ihr Vater mißbrauchte sie), schließt den Kreis: Sex ist wieder das Böse, dem höllische Probleme folgen. Wenn auch King in dem Roman → »Der dunkle Turm IV: Glas« mit → Roland Deschain und → Susan Delgado eine der ergreifendsten Liebesbeziehungen schildert, die in einer wirklich wunderbaren Szene zur geschlechtlichen Vereinigung führt (Fans sind der Auffassung: den besten Sex, den King je beschrieben hat!) und es in erster Linie auch »nur« ein Fantasy-Roman ist, so folgt auch hier ab jenem Augenblick, in dem der Sex ins Spiel kommt, das Verderben für die beiden jungen Menschen ... Sie sündigen, indem sie sich über Vereinbarungen und Konventionen hinwegsetzen. Susan Delgado stirbt, Roland versinkt in Lethargie.

Shai-Huluds

Auch: Geonemotodium arraknis oder: Shaihuludata gigantica. Sandwurmartige Geschöpfe in dem Roman → »Der Wüstenplanet« im gleichnamigen Roman von → Frank Herbert. Die Shai-Huluds passen sich der Umgebung an. In gewisser Weise standen diese Geschöpfe Pate für die monströsen Sandwesen in Kings Kurzgeschichte → »Der Dünenplanet«, in der ein gestrandeter Raumfahrer am Ende eine Symbiose mit dem Sand eingeht.

Shardik

Ein 20 Meter großer Cyborg in Gestalt eines Bären im dritten Band → »Der dunkle Turm III: Tot«, der seit 2000 bis 3000 Jahren einer der zwölf → Wächter (u.a. Bär, Adler, Wolf, Fisch, Löwe, Fledermaus, Schildkröte), ist, geschaffen von den → Großen Alten in grauer Vorzeit. Die Wächter bewachen die 12 Portale, die die → Mittwelt des → Revolvermannes → Roland Deschain umgeben und deren Mittelpunkt → der dunkle Turm als → Dreizehnte Pforte ist, die als Raum-Zeit-Achse alle Welten beherrscht. Shardik wird auch Mir genannt.

Sheldon, Paul

Erfolgreicher → Schriftsteller im Roman → »Sie«, der als populärer Autor der Liebesromane um Misery Chastain von seinem → Fan Nummer Eins, der durchgeknallten Krankenschwester → Annie Wilkies, gefangen gehalten wird. Ihr begrenztes Leben besteht aus Misery, Misery und noch mal Misery. Selbst die Sau auf ihrer kleinen Farm heißt Misery. Wen wundert's, daß sie Sheldon zwingt, nur für sie persönlich einen Roman über das weitere Leben von Misery zu schreiben. Das Übel ist, daß Sheldon die Heldin seiner Romane inzwischen haßt wie die Pest. Sheldon möchte endlich von der internationalen Literaturkritik ernst genommen werden und hat deshalb mit »Misery Kind« den Tod seiner langjährigen Protagonistin vorbereitet. Paul Sheldon ist im Grunde das Alter Ego von Stephen King, dem die Fans Jahr um Jahr einen Horrorroman abverlangen, während die Kritiker seine Werke als Trivialliteratur verunglimpfen. Im Grunde sind also beide, Annie Wilkes und Paul Sheldon (und in letzter Instanz King selbst), Gefangene, nämlich im Gefängnis einer engen Welt, die sie hassen, der sie aber nicht entfliehen können. Übrigens: In der Novelle → »Der Bibliothekspolizist« finden sich in den weitläufigen Regalen der Bücherei von → Junction City auch Misery-Romane von Paul Sheldon. Zu seiner treuen Fangemeinde zählt auch → Rosie Daniels in dem Roman → »Das Bild – Rose Madder«, die aus ihrer Ehehölle mit ihrem Gatten Norman in die romantische Romanwelt der Misery Chastain flüchtet.

Shiel, Matthew Phipps

Britischer Schriftsteller, geboren 1865, gestorben 1947. Shiel war eine der bizarrsten Gestalten der britischen Phantastik. Er machte durch eine extrem reaktionäre Überzeugung auf sich aufmerksam. Sein Roman »Die purpurne Wolke« stand Pate für Kings »Das letzte Gefecht«. In diesem Roman wird ein Großteil der Menschheit durch ein entsetzliches Gas, das einem Vulkan entströmt, ausgelöscht. Die letzten Überlebenden sind das Werkzeug kosmischer Kräfte, die auf der Erde ihren mystischen Kampf austragen.

Shining (The Shining)

Roman. O.: Doubleday, Garden City 1977 /
Dt.: Bastei-Lübbe Verlag, Bergisch Gladbach 1980; Ü.: Harro Christensen

Es stellt sich die Frage, was am Ende erfolgreicher ist: 1980 die kongeniale Verfilmung von Stanley Kubrick mit dem unvergeßlichen Jack Nicholson in der Hauptrolle (die cineastische Umsetzung, mit der King nie zufrieden war), oder die literarische Vorlage, die auf stringente Weise in die Abgründe menschlicher Seelen entführt. Unzweifelhaft ist: Mit »Shining«, seinem dritten Roman, gelingt King endgültig der literarische Durchbruch, mit dem er seine ganzen Stärken und Qualitäten auf einmal zeigt: »Eine lebhafte Phantasie, eine kraftvolle Erzählweise, lebendige Charaktere, ein interessanter Handlungsschauplatz und das zwangsläufige Eindringen des Bösen«, erklärt King-Biograph George Beahm. »Shining ist der erste Roman Kings, in dem sich der Verfall der amerikanischen Gesellschaft symbolisch auf der kleinsten Ebene abspielt, nämlich im Zerfall der Familie als unterster Einheit eines funktionierenden gesellschaftlichen Gebildes«, erläutert Joachim Körber den von King zelebrierten → Realismus.

Diesmal ist es der gefeuerte Lehrer und erfolglose Schriftsteller → Jack Torrance, der ausgesprochene Verlierertyp, der vom Alkohol gezeichnet mit Ehefrau Wendy und Sohnemann Danny nach Colorado zurückkehrt, wo er dank der Beziehungen eines Onkels im abgelegenen → Overlook-Hotel in → Sidewinder eine Stelle als Hausmeister für den Winter bekommt. Was Torrance nicht weiß: Das Overlook hat eine dunkle Vergangenheit, voller Korruption und Morde im Stil der Mafia, eine Tatsache, die er herausfindet, nachdem er im Keller ein Album entdeckt. Einige der dubiosen Geheimnisse des Hotels: Delbert Grady, der Winter-Hausmeister der 1970/71er Saison, drehte durch und tötete seine beiden Töchter und seine Frau, zerstückelte ihre Leichen und erschoß sich selbst. Im bedeutungsschwangeren → Zimmer 217 (dessen Zutritt Jack seinem Sohn verbietet) hat sich die sechzigjährige Mrs. Massey in der Badewanne umgebracht. Doch ist das ein Grund zu verzweifeln? Höchstens für den beflissenen Leser, der bereits jetzt weiß, woher der Wind weht: »Shining« ist auf den Roman → »Spuk in Hill House« von der → »Gothic-Novel«-Autorin → Shirley Jackson zurückzuführen, in der sie die Geschichte eines Gespensterhauses schildert.

Auch »Shining« ist eine klassische → Schauergeschichte, doch offensichtlich hat Jack noch keine gelesen. Entschlossen, seine eigene Vergangenheit hinter sich zu lassen, plant Torrance, seine Freizeit zu nutzen, um ein Theaterstück »Die kleine Schule« in fünf Akten zu schreiben. Ausgerechnet fünf Akte – ist doch bereits »Shining« wie die klassische Tragödie aufgeteilt, mit Beginn, Verwicklung, Steigerung, Auflösung und Schluß. Und der Held (Jack!) ist am Ende → »unschuldig schuldig« geworden. Das Schlimme und für den Leser Verdrießliche ist: Sohn Danny weiß das, auch wenn er mit seinem Wissen noch herzlich wenig anfangen kann. Aber Danny besitzt die Gabe – eben das »Shining« –, mit der er flüchtige Blicke in die Zukunft werfen kann. Genauso wie es seinem Vater bestimmt war, zu diesem Hotel zu kommen, ist Danny vom Schicksal mit hellseherischen Fähigkeiten bedacht worden. Dannys imaginärer Freund Tony offenbart ihm die Zukunft in Träumen. In einem davon sieht Danny das Wort »Redrum«, doch er weiß nicht, was es

bedeutet. Als er seinen Vater mit einem Roquet-Schläger in der Hand durch das Hotel rasen und auf die Wände einschlagen sieht, kristallisiert sich die Bedeutung des Wortes heraus: Das rückwärts geschriebene »Murder« [Dt.: Mörder]! Dannys einziger Verbündeter ist der Hotelkoch → Dick Halloran, jener gemütliche Dunkelhäutige, dessen Vorleben wir im späteren Roman → »Es« genauer kennenlernen und der wie Danny das Shining besitzt. Halloran beschwichtigt den Jungen, dann macht er sich auf den Weg nach Florida, nicht ohne vorher noch zu versichern, daß Danny, wann immer Gefahr drohe, auf ihn rechnen könne.

Das wird schon bald bitter nötig, denn das Hotel ergreift langsam und schleichend Besitz von Jack Torrance: Ein Fahrstuhl, der sich aus eigenen Stücken bewegt; der Geist einer alten Frau, der in der Badewanne erscheint, in der sie gestorben ist; eine Bar, deren Gäste sich materialisieren. Wirklichkeit oder Wahn? Unheimlich ist die geheimnisvolle Gefahr, gegen die er sich nicht wehren und vor der man nicht fliehen kann. Es ist wie die beklemmende Spannung, die der Leser zunehmend erleidet: Spannung ist kein äußeres Monster, sie entwickelt sich von innen heraus. Jack Torrances Schrecken sitzt in seiner Seele, ihren Zwängen, ihren Alpträumen, der Paranoia. Einmal befreit, erschaffen sie ein Monster aus Jack – und dem Menschen allgemein. Entsetzliche Qualen warten auf Wendy und Danny, physischer und psychischer Natur. In allerletzter Sekunde gelingt es dem mittels Telepathie herbeigerufenen Halloran, Danny und seine Mutter vor dem verrückten Jack zu retten. Das Hotel geht mit Jack in Flammen auf, als der von ihm bediente Kessel im Heizungskeller explodiert. Die reinigende Kraft des → Feuers läutert die Helden, die lange Dunkelheit ist vorüber. Ende. Der Vorhang fällt. In Campbell County, Wyoming, wird dem Roman 1984 der Vorwurf gemacht, »die Geschichte enthält Gewaltszenen, dämonische Besessenheit und verspottet die christliche Religion«. In Vancouver, Washington, wird »Shining« 1986 gar aus den

MAD-Parodie auf Shining

Bibliotheken von vier Junior High Schools entfernt, da es aufgrund der »widerlich obszönen Sprache« für jugendliche Leser nicht geeignet sei. Dabei gelingt es King gerade die bei Jugendlichen so beliebten, die von ihm hochgeschätzten Cartoon-Szenen (→ Zeichentrick) einzubauen. »Shining« quillt förmlich über vor Cartoon-Anleihen. Die Heckentiere, so ergründet Comic-Experte Howard Wornom in dem Buch »Die Welt des Stephen King«, seien bedrohlich, regungslos, und dennoch wisse der Leser ohne darüber nachzudenken, daß die Dinger, sobald Jack ihnen den Rücken zukehre, zum Leben erwachen. Anerkennung oder nicht – King ist stolz auf den Roman. In seinem Buch → »Regulator« (O./Dt.: 1996) schreibt eine Patricia Allen an eine Katherine Anne Goodlow unter anderem: »Du bist der einzige Mensch, den ich kenne, der nicht nur ein Exemplar von ›Shining‹ in Fetzen gelesen hat, sondern zwei!« Daß es King darüber hinaus in Sidewinder gefallen hat, beweist der Roman → »Sie« (O.:/Dt.: 1987), der ebenfalls in Sidewinder spielt und sogar auf die Ereignisse um Jack Torrance hinweist: Die durchgeknallte → Annie Wilkes erzählt dem Schriftsteller → Paul Sheldon, wie sie einen Künstler mit Namen Fink Pomeroy getötet hat. Pomeroy wollte für einen Artikel einer New Yorker Illustrierten Bilder zeichnen von den Ruinen des ausgebrannten Overlook-Hotels.

Sidewinder
Fiktive Stadt in den Romanen → »Sie« und → »Shining«.

Sie (Misery)
Roman. O.: Viking Verlag, New York 1987 /
Dt.: Heyne Verlag, München 1987; Ü.: Joachim Körber
Ursprünglich ist vom Verlag die Veröffentlichung unter dem Pseudonym → Richard Bachman geplant, da King unter diesem Pseudonym größtenteils Romane ohne übernatürliche Effekte schreibt. Nach der Enttarnung wird »Sie« regulär publiziert. Tatsächlich hätte der Roman aber in das Bachman-Schema gepaßt. Der Roman enthält keinerlei übernatürlichen Elemente, mehr noch, King arbeitet die Erfahrung eines populären → Schriftstellers mit fanatischen Fans auf. »Sie« ist im Grunde das entsprechende Pendant zu → »Shining«. Während es dort für den erfolglosen Schriftsteller → Jack Torrance der innere Schrecken ist, der ihn zerbricht, ist es in »Sie« für den Starautor → Paul Sheldon der Schrecken von außen, der ihn zerhackstückt. Paul Sheldon ist nämlich Bestsellerautor von Liebesromanen um die Heldin Misery Chastain, der er inzwischen mehr als überdrüssig ist. In dem Roman »Miserys Kind« läßt er seine Heldin sterben und schreibt einen neuen Roman mit dem orakelhaften Namen »Schnelle Autos«. In der freudigen Erwartung, daß dieser Roman ihm endlich die ersehnte Aufmerksamkeit der Kritiker beschert, ist es ausgerechnet sein Auto, der 1974er

Camarao, das ihm einen Strich durch die Rechnung macht. Er gerät bei → Sidewinder, einem abgelegenen Örtchen in Colorado, in einen Schneesturm, verunglückt schwer und wird von → Annie Wilkes, einer durchgeknallten, ehemaligen Krankenschwester gerettet, die zurückgezogen auf einer Farm lebt – mit einem halben Dutzend Legehennen, zwei Kühen und der Sau namens Misery. Schon jetzt wird klar, woher der Wind weht. Annie, verhärmt und gefühlskalt, bezeichnet sich als Sheldons → »Fan Nummer Eins«, und ein solcher läßt seinem großen Idol natürlich eine besondere Pflege zuteil werden. Oder etwa nicht? Wilkes hält Sheldon gefangen, und als sie erfährt, daß ihre Lieblingsheldin Misery in »Miserys Kind« stirbt, dreht sie vollends durch: »Schmutzfink! Oh, Sie elender Schmutzfink, wie konnten Sie nur! Sie haben sie umgebracht! Sie haben sie ermordet!«
Annie zwingt ihn, entgegen aller schriftstellerischen Konkordanz eine Fortsetzung zu schreiben, in der Misery wieder zum Leben erweckt wird – eine durchsichtige Metapher auf Kings Leser, die jedes Jahr nach einem neuen Horrorknüller verlangen. An dieser Stelle durchschaut Sheldon (King?) aber auch zum ersten Mal seine Leserschaft: »Annie Wilkes war das perfekte Publikum, eine Frau, die Geschichten liebte, ohne das geringste Interesse für die Mechanismen aufzubringen, wie sie zustande kamen. Sie war die Verkörperung des viktorianischen Archetyps des Dauerlesers.« Und gerade diese fesseln und knebeln Autoren wie Sheldon (King?). »All unsere ›freien‹ Entscheidungen sind vielleicht letztlich einer Prägung zuzuschreiben, über die wir keine Kontrolle haben. Wir leben in einer Gefängniszelle«, schreibt auch → John Fowles in seinem Roman → »Der Sammler«, der unzweifelhaft Pate stand für »Sie«.

Annie macht Paul abhängig von Schmerzmitteln, und für den Fall, daß Paul sich ihr trotzdem widersetzt, hat sie ja noch die Axt im Garten ... So zum Beispiel kommt auch der persönliche Geburtstagskuchen für Paul zustande, mit seinem Daumen als Kerze. »Sie« erzählt von Sheldons Versuchen, aus Wilkes Klauen zu entkommen, und dem psychotischen Bemühen, für Annie mit der antiquierten Royal-Schreibmaschine, die zunehmend mehr Buchstaben verliert, »Miserys Rückkehr« zu schreiben. Auszüge aus diesem Manuskript werden eingestreut, die Kings manchmal bizarren Humor unter Beweis stellen, wenn er zeigt, wie einfach sich Alltägliches in Phantastisches umsetzen läßt. Der gefangene Sheldon läßt seine realen Erlebnisse in das Manuskript »Miserys Rückkehr« einfließen, als er beispielsweise in Annies linkes Ohr blickt, ist er angewidert vom Ohrschmalz. Wenig später dürfen wir lesen, wie seine Heldin Misery von Eingeborenen in Afrika entführt wird und sie ins linke Ohr eines gigantisches Götzenbildes entführen. Ein wahrhaftig limitiertes, einzigartiges Exemplar für den größten aller großen Fans. Paul erfährt, daß Annie eine wahre Serienmörderin ist, die bereits Dutzende von Leuten umgebracht hat, sowohl vor als auch während ihrer Laufbahn als Krankenschwester. Eines der Opfer ist zum Beispiel der Künstler Fink Pomeroy, der für einen Artikel einer New Yorker Illustrierten Bilder zeichnen wollte von den Ruinen des im Roman »Shining« ausgebrannten → Overlook-Hotels, das ebenfalls in Sidewinder liegt. Es scheint, als gäbe es für Paul keinen Ausweg mehr, bis es zum großen Finale kommt. Paul gibt vor, das fertige Manuskript des neuen Misery-Romans zu verbrennen, aber in Wahrheit hat er das wirkliche Manuskript versteckt und verbrennt nur leere Seiten: Sheldon bringt es nicht über sich, seinen Trivialroman zu vernichten, selbst wenn es ihm das Leben kosten würde. Doch soweit kommt es nicht. Paul, der genesen ist und heimlich mit der Schreibmaschine die Muskeln trainiert hat, bittet Annie zum Tanz. Er hämmert ihr die alte Royal auf den Schädel. Annie stirbt. Paul wird gerettet. »Miserys Rückkehr« wird der neue Bestseller. Nichts hat sich geändert. Paul ist zwar befreit, absurderweise aber auch nicht. Der Konsumentenmarkt, die Fans, die Verleger, tun ihr übriges.

Simpsons

Trickfilmserie

Bei der 12. Season der Trickfilmserie »Die Simpsons« hat Stephen King einer Figur seine Stimme geliehen. In der Episode »Bart« trifft eben jener kleine Lümmel auf einem Bücherfestival ein Mädchen (gesprochen von Drew Barrymore), das von sich behauptet, die Tochter von Krusty, dem Clown, zu sein.

Six Stories

Sammelband. O.: Philtrum Press, Bangor 1997.

Von King's eigener → Philtrum Press 1997 auf 1100 Stück limitiert, numeriert und signiert herausgebrachte Kurzgeschichtensammlung (900 öffentlich verkauft) mit zwei bisher unveröffentlichten Geschichten und vier Geschichten, die in verschiedenen Magazinen veröffentlicht wurden.
→ »Autopsy Room 4«; → »Blind Willie«; → »The Lucky Quarter«; → »L.T's Theory Of Pets«; → »Lunch im Gotham Cafe«; → »The Man In The Black Suit«.

Skingfo

Deutscher King-Club, der nach Auflösung des deutschen Vereins → »King Readers Association Germany« ins Leben gerufen wurde, sich kurze Zeit später aber bereits wieder auflöste.

Skybar

Do-It-Yourself-Erzählung. In: O.: »The Do-It-Yourserf-Bestseller – A Workbook«, Doubleday Verlag, New York 1982

Tom Silberkleit und Jerry Biederman geben 1982 eine Anthologie für Nachwuchsautoren zum Selberstricken heraus. Renommierte Autoren wie Isaac Asimov, Robin Cook, Irving Wallace, Colin Wilson und Stephen King geben den Anfang und das Ende ihrer Kurzgeschichte geschrieben, deren Mittelteil man selber schreiben muß. Kings Anfang lautet: »Wir waren zwölf, als wir in die Nacht gingen, aber nur zwei kehrten heim – mein Freund Kirby und ich. Und Kirby war verrückt.«

Slade

Erzählung. In: O.: »The Maine Campus«, Orono 1970).

»Slade« wird in acht Fortsetzungen im Juni und August 1970 in der Studentenzeitung »The Maine Campus« veröffentlicht. Es handelt sich dabei um eine überdrehte Western-Parodie um Jack Slade, den »härtesten Revolvermann im Südwesten«, der in dem Kaff Dead Steer Springs aufräumt, aber schließlich die Belohnung in Gestalt seiner großen, alten Liebe ausschlägt (die unter Gedächtnisverlust leidet), die sich unsterblich in einen Bösewicht verliebt hat. Slade nietet daraufhin so ziemlich alles um, was sich bewegt, einschließlich alter Freundin und Schurke, bevor er auf seinem geliebten Pferd in den Sonnenuntergang reitet. I'm a poor, lonesome cowboy ...

Smith, Cynthia

Cynthia hat mit 17 Jahren ihr Elternhaus verlassen, um den ständigen Mißbilligungen ihrer Eltern zu entkommen. Sie verbringt kurze Zeit an der Ostküste, kehrt danach in den Mittelwesten zurück, wo sie bei den Anonymen Alkoholikern den jungen Pete kennenlernt. Als dieser ihr Ohr als Lesezeichen benutzen will und deshalb einen Teil davon abbeißt, flüchtet sie ins Frauenhaus D&S, wo sie in → »Das Bild – Rose Madder« auf → Rosie Daniels stößt. Cynthia hat eine kurze, schmerzhafte Begegnung mit deren gewalttätigem Ehemann → Norman Daniels – er haut ihr auf die Nase –, bevor sie sich entschließt, wieder ihren Eltern gegenüberzutreten und sich in dem Roman »Desperation« als Tramperin auf den Weg macht. Cynthia spielt auch eine Rolle in dem Roman → »Regulator«, dort trifft sie der Leser als Verkäuferin in einem EZ-Shop in → Wentworth.

Smith, Joan

Journalistin der »Bangor Daily News«, die mit ihrem Artikel »Fünf King-Romane durch ein Pseudonym zum Mysterium gemacht« für die endgültige Enttarnung des → Richard Bachman sorgt.

Smith, Johnny

Held wider Willen in dem Roman → »Das Attentat«. Bereits mit fünf Jahren erleidet Johnny beim Eislaufen eine Kopfverletzung und kommt in den Genuß einer hellseherischen Vision, ohne diese wirklich ernst zu nehmen. Mit 23 Jahren, ein Jahr nachdem er seine Stelle als Lehrer an der Cleaves Mills High School angetreten hat, hat er einen Autounfall, ausgerechnet an Halloween 1970, einem Abend, der gemeinsam mit seiner Freundin Sarah so vielversprechend beginnt. Er fällt für fünf Jahre ins Koma. Als er erwacht, brechen die hellseherischen Fähigkeiten (dank eines Gehirntumors) vollends hervor. Viele halten ihn für einen Scharlatan, andere für einen Messias. Und tatsächlich: Aus dem unscheinbaren Johnny, einem Durchschnittsamerikaner, wird der Weltenretter, als er die Menschen von dem faschistischen Politiker Greg Stillson befreit, von dem niemand – außer Johnny – weiß, daß er die Erde in die Luft sprengen wird.

Spätschicht (Graveyard Shift)

Kurzgeschichte. In: O.: »Nightshift«, Doubleday, Garden City 1978 / Dt.: → »Nachtschicht«, Bastei-Lübbe Verlag, Bergisch Gladbach 1984; Ü.: Harro Christensen

Hal ist ein Lebemann, den es nach seinem Studium in Berkley als Aushilfskellner nach Lake Tahoe, als Schauermann nach Galveston, als Koch in einen Schnellimbiß in Miami und als Taxifahrer und Tellerwäscher nach Wheeling verschlagen hat. Nun ist er in einer Spinnerei in Gates Fall gestrandet, wo er in der Spätschicht heißer Sommertage den Picker bedient. Ohne Frau, ohne Freundin, ohne Alimente läßt er sich von den Dingen des Zufalls treiben, und als der Vorarbeiter ihm anbietet, sich während der Feiertage zum Unabhängigkeitstag an den Reinigungsarbeiten im Untergeschoß zu beteiligen, willigt er ein. Wer schlägt schon gerne einen Bonus aus? Zwölf Jahre lang ist der Keller der Spinnerei nicht mehr gereinigt worden, und deshalb finden sie neben Dreck, Staub und Rattenschiß auch menschliche Skelette. Täter? Die monströsen Ratten, die sich sodann auch gleich über die Spätschicht hermachen ...

Sprengstoff (Roadwork)

Roman. O.: NAL, New York 1981 /
Dt.: Heyne Verlag, München 1986; Ü.: Nora Jensen

Das dritte Buch unter dem Pseudonym → Richard Bachman. Wie in → »Amok« eine Exkursion in die dunklen Abgründe des Ichs. Barton George Dawes ist Geschäftsführer einer Wäschereifiliale, ein Verlierer-Typ, der ohne Hoffnung auf sein verpfuschtes Leben zurückblickt, eine zutiefst gespaltene Persönlichkeit. Auch nach drei Jahren hat er den Tod seines kleinen Sohnes Charlie noch nicht überwunden. Jetzt bricht die Welt vollends für ihn auseinander. Stabile Säulen seines Lebens brechen auseinander: Sowohl sein Haus, in dem sich so viele Erinnerungen an Charlie verbergen, als auch das Gebäude der Firma, die ihm den letzten Rest Ablenkung verschafft, müssen einer neuen Autobahn weichen. Dawes weigert sich, Alternativen zu akzeptieren. Er will bleiben. Der Abriß des Hauses würde Charlie ein zweites Mal töten, so viel ist klar. Und: »Wir ziehen also um, und wo sind wir dann? Was sind wir dann? Zwei Fremde in einem fremden Haus inmitten von fremden Häusern?«

Doch Ehefrau Mary drängt und freut sich, als Barton einwilligt, sich andere Wohnungen anzuschauen. Doch zwischen Wort und Tat liegen Welten. Wie groß wird der Ärger sein, wenn er Mary erzählt, »daß ihr kein Haus habt, in das ihr einziehen könnt, und daß es auch nie eines geben wird.« Wie soll er ihr das erklären? Er braucht es nicht, denn Mary verläßt ihn. Die Firma kündigt ihm. George rast mit seinem Auto als Ersatz für die verlorene Arbeit über die Autobahn und besäuft sich abends vor dem Fernseher. In Alpträumen und verrückten Ausbrüchen, Gesprächen mit imaginären Freunden, mit Fred, dem Alter Ego seines verstorbenen Sohnes, beginnt unweigerlich die Selbstzerstörung von George. Ein letzter, kurzer Halt ist die neunzehnjährige Anhalterin Olivia, die er mit nach Hause nimmt. Doch sie geht wieder. Dem Ende ist kein Aufschub mehr gewährt. George stattet sich mit Waffen und Sprengstoff aus, und als die Bulldozer anrücken, jagt er sie in die Luft. Die Polizei kommt, um ihn aus seinem Haus zu entfernen. George eröffnet er das Feuer. Die Belagerung beginnt. Als er sich ausreichend Aufmerksamkeit für seinen letzten, spektakulären Protest gegen eine Gesellschaft, der er nicht länger angehören will, sicher ist, jagt er sich und das Haus in die Luft, während die Rolling Stones noch im Radio singen: »Du kannst nicht alles kriegen, was du dir wünschst.« George weiß, wie wahr das ist. Die Stones singen weiter, kurz bevor die Bombe zündet: »Aber wenn du es versuchst, dann findest du vielleicht heraus, daß du das kriegst, was du brauchst.« Und Schluß!

Spruce, Christopher

Schwager von Stephen King. Bis Dezember 1989 Herausgeber des → Castle Rock Magazine.

Spuk in Hill House (The Haunting of Hill House)

Roman von → Shirley Jackson. O.: 1959 / Dt.: Diogenes Verlag, Zürich 1993
Shirley Jackson schildert den zunehmenden Einfluß eines → Spukhauses auf die psychische Stabilität eines Menschen. Der Roman inspiriert Stephen King zu → »Shining.

Spukhaus

Aus gutem Grund: »Das Spukhaus hat mich«, so King in → »Danse Macabre«, »stets als Emblem speziellen Horrors deutlich und direkt angesprochen. Vielleicht liegt das daran, daß ein Haus für eine Frau viel mehr als nur das ist: Es ist ein Königreich, Verantwortung, Trost, eine vollkommene Welt für sie ... für die meisten von uns jedenfalls, ob uns das bewußt ist oder nicht. Es ist eine Verlängerung unserer selbst; es erklingt als Antwort auf den allergrundlegendsten Akkord, den die Menschheit jemals hören wird. Mein Schutz. Mein Boden. Meine zweite Haut. Mein. Das ist so tief verwurzelt, daß seine Entweihung durch etwas Fremdes ein eigentümliches und tiefes Gefühl von Entsetzen und Abscheu auslöst. Es ist furchteinflößend ... und vergewaltigend wie ein listiger, schrecklicher Einbrecher. Ein Haus, das nicht in Ordnung ist, ist eines der unrichtigsten Dinge auf der Welt.« Das Spukhaus wird zum Archetyp des Ortes des Bösen, den King in drei seiner Romane als zentrales Element verwendet: → »Brennen muß Salem«, wo es das von Vampiren heimgesuchte → Marsten-Haus verkörpert, → »Shining«, wo es als Overlook-Hotel bezeichnet wird, → »Sara«, wo es das Sommerhaus »Sara Lacht« ist. Kings »Spukhäuser« sind eine Art psychische Batterie, die die Emotionen absorbieren, die dort abgegeben werden. Sie saugen sie auf wie eine Autobatterie eine elektrische Ladung absorbieren kann. → Jack Torrance beispielsweise wird von den schlechten Erinnerungen des → Overlook-Hotels in den Wahnsinn getrieben. Und der Schriftsteller → Michael Noonan wird in seinem Sommerhaus von dem Geist der vergewaltigten und dabei verstorbenen Vorbesitzerin heimgesucht. Spukhäuser spielen vor allem in den klassischen → Schauergeschichten eine große Rolle. Eine der bedeutendsten ist → Shirley Jacksons »The Haunting of Hill House«, die für King in oben genannten Erzählungen Pate stand.

Spur der Balken

In der Saga → »Der dunkle Turm« ist die »Spur der Balken« die Linie, die die zwölf ringförmig um → Mittwelt gelegenen → Portale miteinander verbindet. Die Portale entscheiden in ihrer Gesamtheit über das angemessene Zusammenwirken von Raum, Größe und Dimension aller Welten. Ihren Mittelpunkt bildet die → Dreizehnte Pforte als Achse aller Raum-Zeit-Kontinuen: der dunkle Turm. Der → Revolvermann → Roland Deschain muß mit seinen Gefährten nur der Spur eines Balken folgen, dann gelangt er zu seinem Ziel.

Squad D

Geschichte. In: O.: »The Last Dangerous Visions«, 1974 ff

Die Erzählung wird von Stephen King für den dritten und letzten Teil einer von Harlan Ellison herausgegebenen Anthologie-Reihe mit provokanten SF-Geschichten verfaßt, ist leider bis heute aber noch nicht erschienen.

St. George, Dolores Claiborne

63jährige Heldin in dem Roman → »Dolores«. Dolores hat beinahe vier Jahrzehnte lang als Haushälterin für die reiche, arrogante, rücksichtslose Vera Donovan gearbeitet. Beide Frauen verbindet zunehmend eine Haßliebe. Vera als das herrische Miststück, das zunehmend ergreist, Dolores als aufopfernde Pflegerin. Als Vera stirbt, hat sie Dolores ihr ganzes Vermögen vermacht. Die Polizei ermittelt gegen sie, doch statt dieses Mordes (der keiner war, sondern die freie Entscheidung von Vera, aus dem Leben zu treten), gesteht Dolores den Mord an ihrem Ehemann vor dreißig Jahren. Wie → Jessie Burlingame in dem Roman → »Das Spiel« war Dolores Gefangene ihrer Ehe, die aus Mißhandlung und psychischer Folter besteht. Dolores selbst gelingt es nicht, sich aus der Rolle der unterdrückten Ehefrau von Joe St. George zu befreien. Erst als sie erfährt, daß Joe ihre Tochter Selena mißbraucht, bringt sie die Kraft auf, dem einstigen Mann ihrer Liebe die Stirn zu zeigen. Der Roman ist ein einfühlsames Porträt Dolores', die von einem Mann zum Opfer gemacht wird, aber darum kämpft, ihre Identität als starkes und kompetentes Individuum zu etablieren und es schließlich auch schafft, über die entmutigendsten Hindernisse zu triumphieren. Sie sprengt ihre Fesseln, bringt Joe um, während der Sonnenfinsternis am 20. Juli 1963, die auch für Jessie Burlingame eine einschneidende Wende in ihrem Leben war. King verknüpft die schicksalhaften Parallelen beider Frauen miteinander: Während Dolores ihren Mann zum alten Brunnen im Garten führt, wo er, besoffen wie er ist, elendig hinabstürzen wird, hat sie Visionen von einem kleinen Mädchen, das eindeutig niemand anderer ist als die zehnjährige Jessie aus »Das Spiel«, die an jenem Abend von ihrem Vater mißbraucht wird. Diese Erscheinung, und der Gedanke, daß Joe Gleiches mit Selena anstellt, verscheuchen ihre letzten Skrupel: Joe muß sterben!

Stark, George

Unsympathisches Pseudonym von → Thad Beaumont in dem Roman → »Stark«. George Stark möchte nicht sterben, als Thad entscheidet, endlich unter seinem eigenen Namen zu veröffentlichen.

Stark (The Dark Half)

Dritter Roman des Castle-Rock-Zyklus. O.: Verlag Viking, New York 1989 / Dt.: Hoffmann & Campe, Hamburg 1989; Ü.: Christel Wiemken

»Stark« ist der erste Roman, mit dem King seinen Megavertrag bei → Viking erfüllt (40 Millionen Dollar für vier Bücher), der dritte Roman des Castle-Rock-Zyklus und wie der Roman → »Sie« selbst-obzessiv. Der Roman, der in den Staaten mit einer Startauflage von sensationellen 1,5 Millionen Exemplaren in die Buchhandlungen kam, ist eine literarische Auseinandersetzung mit der Enttarnung des Bachman-Pseudonyms. Der Schriftsteller Thad Beaumont aus → Ludlow schreibt Literatur. Die Novellen »The Sudden Dancers« und »Purple Haze« sind enttäuschenderweise erfolglos. Als George Stark indes schreibt er blutrünstige Bestseller, »Machine's Way«, »Oxford Blues«, »Sharkmeat Pie« und »Riding to Babylon«, die die Leser allesamt in Atem halten. Das geht zehn Jahre gut, bis ein junger Bursche namens Frederick Clawson (ein »Kriechozoide«, wie ihn Gattin Liz Beaumont in Anlehnung an einen Horrorfilm nennt) dahinterkommt und ihn erpreßt. Beaumont, der nie glücklich war über das Pseudonym, das ihn in der Öffentlichkeit als einen unsympathischen Rohling verkauft, entschließt sich, im Rahmen eines großen Werbefeldzuges seine »Dunkle Hälfte«, wie er George Stark nennt, feierlich beerdigen zu lassen. Inschrift des Grabsteins aus Pappmaché, neben dem sich Beaumont ablichten läßt: »George Stark, 1975–1988. Kein angenehmer Zeitgenosse.«

Thad Beaumont kehrt in sein Landhaus am Ufer des Castle Lake in → Castle Rock ein, um dort anzufangen, Belletristik unter seinem eigenen Namen zu schreiben. Für ihn beginnt damit der Schrecken. Denn das Scheingrab öffnet sich, Menschen werden ermordet. »Castle Rock war«, so weiß der neue Sheriff → Alan Pangborn, Nachfolger des in → »Cujo« zerfleischten → George Bannerman, »zumindest in den letzten Jahren, ein vom Unglück verfolgter Ort.« Als er die zerschmetterte Leiche des Truckers Homer Gamaches im Graben am Rand der Route 35 findet, weiß er, daß das Unglück von Castle Rock mit Sheriff Bannerman nicht gestorben ist. Als die Spurensicherung am Gamaches Truck Fingerabdrücke von Thad Beaumont findet, gerät dieser in Bedrängnis. Thad spürt einen Einfluß von außen. Denn Stark ist auferstanden. Stark will weiterleben. Und Stark schaut aus wie der skrupellose, ungestüme Zwilling von Thad Beaumont. Tatsächlich hatte Thad als Junge eine seltsame Operation, bei der aus seinem Gehirn ein »pulsierendes Auge, ... Teile eines Nasenflügels, drei Fingernägel und zwei Zähne« entfernt wurden – die Überbleibsel eines Zwillings, den Beaumont im Mutterleib aufgefressen oder absorbiert hat.

Die wahre Identität von Stark wird nicht geklärt. King versucht auf unterschiedliche Weise, die Herkunft des mysteriösen Thad/Stark-Doppelgängers zu erklären. Es findet sich sogar ein flüchtiger Hinweis auf → Edgar Allan Poes Erzählung → »William Wilson«, in der der gleichnamige Held mit einer anderen Person konfrontiert wird, die sein Zwillingsbruder sein könnte und ihn zum Verbrecher macht. Die endgültige Entscheidung über die Identität Starks überläßt King der Phantasie seines Lesers. George Stark unterdessen tötet gemeinerweise jeden, der in die Enthüllung des Pseudonyms verwickelt ist, und versucht Beaumont dazu zu zwingen, ihm durch das Schreiben eines neuen Stark-Romans wieder Leben einzuhauchen. Er, Stark, verliere an Kohäsion und falle wortwörtlich auseinander, weil Beaumont das Pseudonym nicht verwendet. Erst am Ende gibt King schließlich ansatzweise die psychologische Verbindung zwischen Beaumont und Stark preis: »War da nicht immer ein Teil von ihm [Beaumont] gewesen, der in George Starks einfache, gewalttätige Art vernarrt war? Hatte nicht ein Teil von ihm George immer bewundert, einen Mann, der nicht über die Sachen stolperte oder gegen sie stieß, einen Mann, der niemals die in seinem Schrank weggeschlossenen Dämonen zu fürchten haben würde? Einen Mann ohne Frau oder Kinder, über die er sich Gedanken machen müßte, mit keinen Beziehungskrisen, die ihn ketteten oder behinderten? Einen Mann, der niemals sich durch einen beschissenen Studentenessay hatte durchkämpfen oder eine Haushaltskomiteesitzung hatte aushalten müssen? Einen Mann, der eine scharfe, klare Antwort auf alle komplizierteren Lebensfragen parat hatte?« Die Auseinandersetzung zwischen den beiden eskaliert in einem letzten Kampf, bis der gewaltige Schwarm Sperlinge, der Thad seit Kindheitsbeinen immer wieder in seinem Kopf kreischen hört, dämonisch aufschreit und George Stark zerhackt. Eine Idee, die King aus → »Das Grauen von Dunwich« von → H. P. Lovecraft borgt und das »Davontragen« der Seele versinnbildlicht.

Statistik

Eine Umfrage der Stiftung Lesen zu Beginn 1996 ergibt, daß Stephen King in Deutschland, weit vor Simmel und Eco, bei fast einem Drittel aller Männer und Frauen unter dreißig Jahren der bevorzugte Autor ist. Seine → Gesamtauflage dürfte inzwischen bei annähernd 200 Millionen liegen. Bereits im April 1996 war in einem Bericht der »Frankfurter Allgemeinen Zeitung« von 150 Millionen die Rede. Seitdem sind bereits wieder sieben neue Romane erschienen. Der Roman → »Stark« erscheint in Amerika 1989 mit einer Startauflage von 1,5 Millionen Exemplaren. Die erste Auflage des Fortsetzungsromans → »The Green Mile« beträgt in Deutschland sensationelle 700.000 Exemplare. Der spektakuläre Vertrag mit dem Verlag → Viking beschert King 1989 für vier Bücher einen Vorschuß von 40 Millio-

Die Gesamtauflage von Stephen King dürfte inzwischen bei 200 Millionen Büchern liegen. Ein Ende ist nicht abzusehen. Das Bild zeigt Stephen Kings Archiv in Bangor.

nen Mark. Nach über 20jähriger Zusammenarbeit mit Viking geht er 1997 einen neuen Vertrag mit dem Verlag → Scribner ein, der ihm neben einer Millionen-Pauschale mit 50 Prozent am Verkauf seiner Bücher beteiligt. Mit über 40 Verfilmungen ist King mit Abstand der meistverfilmte Autor der Gegenwart. Die Filmrechte an »Das Bild – Rose Madder« gehen für 1,5 Millionen Mark unter den Hammer.

Stephen King's F13

Computerspiel. Blue Byte Software, 1999. Auslieferung Januar 2000

Der Werbetext für »F13« ist vielversprechend: Eine bisher noch nicht erschienene Story soll das Spiel enthalten. Aber viel spannender ist der Gedanke daran, welches grausame, Gänsehaut hervorrufende Ereignis dem Fan (und seinem Computer) bevorsteht, wenn der Meister des Horrors selbst dahinter steckt? Was wird geschehen, wenn wir die von King erfundene F13-Taste, die es ja eigentlich gar nicht gibt, betätigen würden? Die King-vorbelastete Phantasie läßt den PC-Spiele-Fan entzückt warten – und zwar nur den PC-Spiele-Fan, denn der eifrige Mac-User weiß: F13-Tasten sind gar nichts Ungewöhnliches; was wiederum eine Schande für King ist, denn der ist selbst erklärtermaßen Apple-Arbeiter.

Und wenn wir schon von Schande reden, kommen wir kurz zu den drei Spielchen auf der CD: Bei »Totengräber«, »Baden verboten« und »Kammerjagd« dürfen Kakerlaken zermalmet, Skelette erschlagen und Piranhas gefüttert werden. »Absolut niveaulos und in wenigen Minuten gespielt«, so das einhellige Urteil der King-Fans, deren Phantasie schlimmer war als das Spiel. Immerhin entschädigen die sechs Bildschirmschoner, und auch die Bildschirmhintergründe mit effektvollem Soundmix trösten über die Enttäuschung hinweg. Das wirkliche Highlight und vermutlich der einzige Beitrag, an dem King mitgewirkt hat, ist die Geschichte → »Alles ist riesig«, die erstmalige Übersetzung von »Everything's Eventual«. Allerdings lassen sich die Zeilen nicht ausdrucken. Kleiner Bonus des Vertriebs Blue Byte für Schnellbesteller: 3.500 Exemplare von »F13« sind limitiert und enthalten eine handsignierte Hülle von Joachim Körber, einen Horrorschlüsselanhänger, einen CD-Hänger und eine King-spezifische Postkarte.

Stephen King's Golden Years

Siebenteilige Fernsehserie aus dem Jahr 1991, für deren erste fünf Folgen Stephen King das Drehbuch schreibt und selbst in eine kleine Rolle schlüpft. Konzipiert ist die Geschichte als eventuelle Dauerserie – aber die Story ist der von → »Feuerkind« nachempfunden und bietet im Grunde nicht viel Neues: Ein Hausmeister kommt in einem Forschungslabor der US-Regierung in Berührung mit einer mysteriösen Mixtur und wird daraufhin jünger. → »Die Firma« macht Jagd auf den jungen Opa. Sind die Einschaltquoten am Anfang dank Stephen King noch sehr hoch, läßt die Begeisterung für die Story recht schnell nach, so daß die Serie nach der siebten Folge eingestellt wird. Erstaunlicherweise besitzt die Serie im amerikanischen Fernsehen ein ganz anderes Ende als in der deutschen Videofassung (was vielleicht daran liegt, daß King für die Fernsehversion ein offenes Ende plant, die Produzentenfirma für die Videovermarktung indes einen abgeschlossenen Film will).

Steve's Rag
Magazin des französischen King-Fanclubs → »Club Stephen King Lille«.

Stevens
Im Privatclub → »Der Club« in der 249 B East 35th Street von Manhattan betreut der Butler Stevens seit vielen Jahren die alten Männer, die sich zum Geschichtenerzählen treffen. King läßt Stevens Herkunft offen, aber in der Geschichte → »Der Mann, der niemandem die Hand geben wollte«, zu der sich die Männer irgendwann Mitte der 80er treffen, hegt → George Gregson den Verdacht, es könne sich 1919 bereits um den weisen, greisen Stevens gehandelt haben.

Stewart, George R.
Amerikanischer SF-Autor, geboren 1895, gestorben 1985. Sein Roman → »Leben ohne Ende« gehört zu den bekanntesten Katastrophen-Romanen der SF und gewinnt 1951 den International Fantasy-Award. Eine Epidemie vernichtet fast die gesamte Menschheit; die wenigen Überlebenden schließen sich zu einem Stamm zusammen, der allmählich auf steinzeitliches Niveau absinkt. Der Roman inspiriert – neben → M. P. Shiels »Die purpurne Wolke« – Stephen King zu seinem Roman → »Das letzte Gefecht«.

Stockworth, Richard
→ Alain Johns

Stoker, Bram
Britischer Schriftsteller, geboren 1847, gestorben 1912. Aus Stokers Feder stammen nur wenige Werke. Das berühmteste ist, nicht zuletzt dank zahlreicher Verfilmungen, → »Dracula«, das von Kritikern als das »Meisterwerk der trivialen Literatur« bezeichnet wird. Trotzdem hat das Werk, das sich vieler Elemente der → »Gothic Novel« bedient, einen großen Einfluß auf viele Autoren ausgeübt. Auch für King war »Dracula« ein großes → Vorbild. Er adaptiert den Vampir-Mythos ohne große Änderungen (Weihwasser, Pfählung, Knoblauch) und verlegt ihn mit → »Brennen muß Salem« ins Amerika der 70er Jahre.

Straub, Peter
Amerikanischer Schriftsteller, geboren 1943. In seinen Werken sind es die dunklen Schatten eines meist weit zurückliegenden Ereignisses, die die Protagonisten unweigerlich einholen, denn die von Geheimnis und Tod geprägte Vergangenheit bestimmt die Gegenwart. Straub, der selbst als großer Autor der internationalen Horror-Literatur gilt, gehörte lange Zeit zu den engen King-Vertrauten. Gemeinsam veröffentlichten sie 1984 den Roman → »Der Talisman«, eine Reise in die Welt der Phantasie.

Swithen, John
Nur eine einzige Erzählung hat King unter diesem Deckmäntelchen veröffentlicht, und zwar → »Das fünfte Viertel« in der Aprilausgabe 1972 der Zeitschrift »Cavalier«.

Sword in the Darkness
Erzählung, auch: »Babylon Here«, ist mit 485 Manuskriptseiten Kings längstes unveröffentlichtes Werk und wurde am 30. April 1970 in Orono fertiggestellt. In ihm schildert King das Highschool-Leben des verzweifelten Arnie Kalowski, dem der plötzliche Tod seiner Mutter (Gehirntumor) und der Selbstmord seiner Schwester (Schwangerschaft) arg zugesetzt haben. Ähnlich wie der Highschoolabsolvent → Arnie Cunningham in dem späteren Roman → »Christine« sucht auch Kalowski einen Sinn in seinem Leben. Die Beziehung zu Janet Cross endet schnell, Arnie fühlt sich zu der drallen Blondine Kit Longtin hingezogen, die ähnlich John Steinbecks Cathy Ames in »Jenseits von Eden« Sex einsetzt, um Männer für ihre Zwecke zu benutzen. Am Rande schildert King außerdem den Besuch des schwarzen Bürgerrechtsanwalts Marcus Slade, der an der High School spricht und Grund für Rassenkrawalle ist. Entgegen anderer Frühwerke enthält der Roman »Sword in the Darkness« keinerlei Horror-Elemente. »Hauptsächlich handelt der Roman vom Leben an einer High School, woraus er auch seine Stärke zieht«, urteilt King-Biograph George Beahm. Der Roman lagert in der Stephen-King-Abteilung der → Universität von Maine in Orono.

T

TAK

TAK ist das gestaltlose Monster aus den Tiefen der Chinamine in dem Bergwerksdorf → Desperation im gleichnamigen Roman → »Desperation« und dem Roman → »Regulator«. In »Desperation« ist TAK der → Ungeformte, das körperlose Monster, das sich in den Körpern der Menschen einnistet, um mit diesen dann einen blutigen Feldzug zu starten. Für TAK gibt es viele Beschreibungen. Die Helden im Roman vermuten, daß es sich bei TAK um die → Tommyknockers handeln könnte, die dem Roman → »Das Monstrum« ihren amerikanischen Originaltitel geben. Zieht man jedoch die Bibelfestigkeit der Romanhelden in Betracht, liegt auch die Vermutung des elfjährigen religiösen → David Carver nahe, daß es sich bei TAK um das Pendant zu Gott, also den Teufel, einen Dämon, handelt. Wahrscheinlich ist auch die These, daß TAK ein dem Lovecraftschen Kosmos (→ Lovecraft) des → Cthulhu entlehntes, übernatürliches Wesen ist, das die ihm verfallenen Menschen mit »Can de lach« ([kändi lätsch]: Herz des Ungeformten) und »Mi him en tow« ([mei him än tau]: Unser Gott ist stark!) anbeten (→ TAK-Sprachkurs). Letztere Gebete deuten wiederum auf eine eindeutige Verbindung zum Zyklus → »Der dunkle Turm« hin, denn in der Erzählung → »Der dunkle Turm: Die kleinen Schwestern von Eluria« huldigen die Nachtschwestern, denen der → Revolvermann → Roland Deschain begegnet, ebenfalls einem nicht näher bestimmten Wesen mit dem Ritus: → »Can de lach, mi him en tow«. Man beachte: TAK ist seit Jahrtausenden im rostrotschimmernden »Brunnen der Welten« in der alten Chinamine gefangen, bei dem es sich um einen Zugang in eine andere Welt, eine andere Zeit, höchstwahrscheinlich in die von Roland, handeln könnte.
So oder so – das Böse wird, zumindest in »Desperation«, am Ende besiegt, und die Erkenntnis ist das Ziel: »Auch Gott ist grausam!« In dem Roman »Regulator« ist TAK ungleich trivialer: Dort ist er nur ein kleiner Geist, dessen verkümmerte Phantasien sich in hirnlosen kleinen Grausamkeiten und einer unerfüllten Lust auf Sex erschöpft, was dem Klischee von der Banalität des Bösen (im krassen Gegensatz zu »Desperation«) neue Dimensionen erschließt.

TAK-Sprachkurs

In Amerika gibt es viele Geisterstädte. Orte, die von einem Tag auf den anderen leergefegt sind. Zu diesen Orten gehören so klangvolle Namen wie → Jerusalem's Lot, das nach vampiristischen Aktivitäten niedergebrannt wurde, → Castle Rock, das nach dämonischen Niederträchtigkeiten in die Luft flog, und seit 1996 auch → Desperation in Nevada. Ein Trip dorthin lohnt sich allemal, denn Desperation ist trotz der Leere ein sehr beschauliches Städtchen. Man sollte allerdings gewarnt sein: Ab und zu taucht doch noch eine Menschenseele auf, und wenn die einen in einem seltsamen Kauderwelsch begrüßt, dann sollte man tunlichst mitreden können. In Desperation hat eine alte Sprache überlebt, die sogenannte Sprache der Ungeformten, → TAK, die »Stimme der Vorzeit, als alle Tiere außer dem Menschen noch eins waren:

Tak ah lah [mögl. Aussprache: tak allach]; Bedeutung: Gehorche TAK!
Mi him en tow [mei him än tau]: Unser Gott ist stark!
Ah lah [allach]: Wo sind sie?
En tow, Ras [An tau räs]: Hört auf, es ist gut.
Ini [inni]: Tak's Ort. Brunnen der Welten.
Mi him can ini [Mei him kän inni]: Der leere Brunnen des Auges.
Tak ah ten [Tak ach tän]: Bald.
Can de lach [kändi lätsch]: Herz des Ungeformten.
Si em, tow en can de lach [Sei äm, tau än kändi latsch]: Wir sprechen die Sprache des Ungeformten.
Can Tah [Kän Tach]: Kleine Götter.
Can Tak [Kän Tak]: Große Götter.
Timoh sen cah [Teimoh sän cach]: Niedere Tiere.
Mi him [Mei him]: Kreis der Beobachter.
Pirin Moh [Peirin Moch]: Bauwerk mit vorspringender Fassade.
Os pa [Oss pa]: Schimpfwort für »weiblich«.
Os dam [Oss damm]: Schimpfwort für »männlich«.
Dama/damane [dama/daman]: Vater/Sohn.
So tah [So tach]: Nimm das!
Mi ental [Mei ental]: Von TAK besessen sein/an TAK glauben.
(Quelle: Nicole & Dirk Rensmann; mit freundlicher Genehmigung).

Tales from the Dark Side

TV-Serie, die Kings Freund → George A. Romero gemeinsam mit Partner Richard P. Rubinstein Mitte der 80er für den amerikanischen Fernsehsender ABC realisiert. Von King werden die Short Stories »Sorry, Right Number« (→ »Entschuldigung, richtige Nummer«), »The Word Processor of the Gods« (→ »Der Textcomputer der Götter«) und »Cat from the Hell« (→ »Die Höllenkatze«) verfilmt.

Tasmanischer Teufel
→ Zeichentrick

Tet
In → Mittwelt aus der Saga → »Der dunkle Turm« bezeichnet »tet« eine Gruppe von Menschen mit denselben Interessen und Zielen. → »Ka« und »tet« ergeben das → »Ka-tet«, einen Ort, wo viele Leben vom Schicksal verknüpft sind.

Teufel
Bei → Goethe hieß er Mephistopheles, bei King → Leland Gaunt. Nach der Adaption des → Vampir-Mythos, der Neuschaffung der → Werwolf-Saga, der Modernisierung des → Cthulhu-Schreckens muß auch die vierte große Persönlichkeit der Horrorliteratur herhalten: Der Teufel.

In dem Roman → »In einer kleinen Stadt« kommt dieser in Gestalt von Leland Gaunt in den Ort → Castle Rock, der den Bürgern getreu der mephistotelischen Devise: »Nur frisch hinunter! Immer zu! Es wird dir gleich das Herz erfreuen. Bist mit dem Teufel du und du« Herzenswünsche erfüllt und dafür die Seelen der Bürger kassiert. Die Faust-Tragödie, das Ur-Thema, die Versuchung und Verführung, nacherzählt von Stephen King.

Teufelsgras
In der Saga → »Der dunkle Turm« ist Teufelsgras eine Pflanze aus → Mittwelt, die wie Heroin als Rauschmittel konsumiert wird.

The Aftermath
Unveröffentlichtes, 76seitiges Romanmanuskript, das King mit sechzehn Jahren schrieb. Es umfaßt rund fünfzigtausend Worte und ist Kings erster Versuch eines Kurzromanes.

Darin infiltriert der Protagonist, der achtzehnjährige Larry Talman, gemeinsam mit dem Ex-Sun-Corps-Soldaten Ian Vannerman das Sun Corps, eine paramilitärische Organisation, die für Recht und Ordnung in den am 14. August 1967 durch eine Atombombe in einen postapokalyptischen Zustand versetzten US-Staaten sorgt. Talman und Vannerman gelingt es, das Sun Corps zu vernichten, das, wie sich herausstellt, eine Tarnung für den Denebianer war. Dieses → Lovecraft-Monster wurde zur Erde geschickt, um die Invasion Außerirdischer vorzubereiten. Das Manuskript ist wie viele andere unveröffentlichte King-Dokumente in der → Universität von Maine in Orono hinterlegt.

The Bear
Kurzgeschichte. In: O.: »Magazine of Fantasy & Science Fiction, Dez. 1990

The Blue Air Compressor

Kurzgeschichte. In: O.: »Onan«, Orono 1971

Der von Mrs. Leighton verspottete Nachwuchsautor Gerald stopft der armen, fetten Frau einen Kompressorschlauch ins Maul, auf daß ihr Körper sich noch mehr aufbläht und schließlich explodiert. Unverkennbar das Cartoon-Motiv (→ Zeichentrick).

The Cannibals

Unvollendeter, 450seitiger Roman aus dem Jahr 1981, über dessen Inhalt nichts bekannt ist.

The Corner

Unvollendete Kurzgeschichte aus dem Jahr 1976, über deren Inhalt nichts bekannt ist.

The Glass Floor

Erste, verkaufte Erzählung. In: O.: »Startling Mystery Stories«, 1966

»The Glass Floor« wird 1966 in dem Magazin »Startling Mystery Stories« veröffentlicht, wofür King 35 Dollar erhält. Kurz nach dem Tod seiner Schwester, die in einem »verfluchten« Zimmer von einer Leiter fiel, besucht Charles Warton seinen Schwager und besteht darauf, das Zimmer zu sehen. Es verfügt über einen gläsernen Boden, der Wartons Wahrnehmung völlig durcheinanderbringt. Er erleidet dasselbe Schicksal wie seine Schwester.

The Green Mile (The Green Mile)

Roman. O.: NAL/Signet, New York 1996 / Dt.: Bastei Lübbe, Bergisch Gladbach 1996; Ü.: Joachim Honnef

Viele seiner Romane hat Charles Dickens als Fortsetzungsgeschichte veröffentlicht, entweder als Beilage in Zeitschriften oder als eigene Ausgabe, sogenannte »Chapbooks«. An einigen der Romane schrieb und korrigierte Dickens noch, während die ersten Folgen bereits veröffentlicht wurden. Diese Fortsetzungsromane waren enorm beliebt; was Stephen King, selbst erklärter Anhänger von Charles Dickens, dazu veranlaßt, die Idee 1996 einer Neuauflage zuzuführen. »Bei einer Geschichte, die in Fortsetzungen veröffentlicht wird, gewinnt der Schriftsteller eine Überlegenheit über den Leser, die er sonst nicht genießen kann: einfach gesagt, sie können nicht vorausblättern und sehen, wie die Sache ausgeht.« Von März bis August 1996 veröffentlicht Stephen King in sechs 128seitigen Folgen die Geschichten» Teil 1: Der Tod der jungen Mädchen«, »Teil 2: Die Maus im Todesblock«, »Teil 3: Coffey's Hände«, »Teil 4: Der qualvolle Tod«, »Teil 5: Reise in die Nacht« und »Teil 6: Coffey's Vermächtnis« weltweit (allein in Deutschland in einer Rekordauflage von 700.000 Exemplaren) gleichzeitig. Die Idee hat durchschlagenden Erfolg: Im gleichen Jahr erhält Stephen King den → »Bram Stoker Award« sowie den → »9th Annual Collectors Award« für sammelnswerte Autoren und Einzelausgaben.

»The Green Mile«, im übrigen einer der wenigen Romane, der jeglicher Querverweise auf andere King-Werke entbehrt, erzählt über das Leben und über den allgegenwärtigen Tod im Todestrakt eines Gefängnisses. Wie erleben die Verurteilten ihre letzten Tage? Welche Gefühle haben sie, wenn sie überhaupt welche haben? Und wie leben die Gefängnisaufseher mit den Verbrechern, Mördern, Kriminellen, die sie schon bald auf ihrem letzten Weg über die »Green Mile« zum elektrischen Stuhl begleiten müssen? Und was bedeutet es, einen Menschen sozusagen legal zu töten? Was geht in einem Menschen vor, der den Knopf betätigt und somit Gleiches mit Gleichem vergilt? Die zentralen Fragen bilden den Rahmen für eine spannende Fortsetzungsgeschichte über Menschen, Morde und Mysterien.

Wir begegnen dem sadistischen Gefängniswärter Percy Wetmore, der seinen Job nur durch Beziehungen erhalten hat und mit seiner brutalen Ader fortan die Gefangenen schikaniert. Wir lernen Dean Stanton, Harry Terwilliger und Brutus »Brutal« Howell kennen, die ihren Job als Wärter erledigen, weil irgendjemand ihn machen muß. Wir erleben aber auch den gerechten und verantwortungsbewußten Paul Edgecombe, der leitende Wächter im Todestrakt E des Staatsgefängnisses, der den Gefangenen die letzten Tage und Wochen vor ihrem Tod erleichtert. Er ist es auch, von dem wir die Geschichte erfahren, die 1932 im Cold Mountain Staatsgefängnis beginnt und 1996 in Georgia Pines, einem Seniorenheim, endet. 1932 wird in Block E ein Mann, John Coffey, eingeliefert, der zwei Mädchen getötet haben soll. Er wurde blutverschmiert am Tatort festgenommen, für das Gericht eindeutig ein Zeichen seiner Schuld. Wenn man bedenkt, daß John Coffey schwarz ist, dann ist es kein Wunder, daß das Gericht keine Anstrengungen für eine weitere Beweisführung unternommen hat. 1932 besteht die Welt noch aus Schwarz und Weiß, und das ist das jeweilige Schicksal der Menschen. Trotzdem beeindruckt Coffey die Wärter mit seiner hünenhaften Erscheinung, und irgendwie jagt er ihnen auch Angst ein. Aber hinter der riesigen Fassade steckt ein mitleiderregender, armer, hilfsbereiter, verstörter, liebenswerter Naivling, der ein weitaus schwereres Los gezogen hat, als nur auf dem elektrischen Stuhl zu landen. Spätestens nach dem zweiten Teil, »Die Maus im Todesblock«, ahnt der Leser, daß Coffey die Kinder nicht getötet hat. Ein wenig später bestätigt sich diese Ahnung, als der durch und durch böse William Wharton eingeliefert wird. Er weiß ein bißchen viel vom Tod der beiden Mädchen, was den infantilen John Coffey gleich ein wenig sympathischer macht. Aber da ist mehr als das ... Auch Edgecombe spürt die magische Kraft, die von Coffey ausgeht. Er entwickelt über die Zeit ein freundschaftliches Verhältnis zu Coffey, und dieser schlägt

Edgecombe derart in seinen Bann, daß Edgecombe ohne Vorsichtsmaßnahme in die Zelle kommt. Coffey offenbart ihm dabei seine wahre Kraft: Coffey's Hände greifen Edgecombe in den Schritt, aber nicht um ihn zu verletzen, sondern um dessen schmerzende Blasenentzündung zu heilen.

Coffey besitzt heilende Kräfte. Er selbst kann diese Fähigkeiten nicht verstehen, doch er weiß sie nutzbringend einzusetzen. Edgecombe weiß spätestens jetzt, daß Coffey den beiden getöteten Mädchen lediglich helfen wollte, als er am Tatort gefunden wurde. Er versucht, Coffey auf freien Fuß zu bekommen, doch die Mühlen der Behörden mahlen langsam. Viel schlimmer ist: Coffey sträubt sich gegen Edgecombes Hilfe. Viel lieber möchte er sterben, denn seine Fähigkeiten gehen über das Heilen von Mensch und Tier weit hinaus: Coffey liest die Gedanken der Lebenden, hört die Stimmen der Toten und spürt das Leiden der Gequälten. An dieser Stelle tritt → Mr. Jingles in Erscheinung, das physische Gegenteil von Coffey. Mr. Jingles ist klein, eher winzig, er ist grau und eine Maus. Von einem Tag auf den anderen ist sie da, niemand kann sagen, wie sie in den Block E gekommen ist. Mutig und entschlossen wuselt sie durch die Gänge; schaut in jede einzelne der sechs Zellen, so als würde sie nach etwas Ausschau halten. Und dann schlüpft sie zu Eduard Delacroix, der wie alle anderen darauf wartet, über das grüne Linoleum zu Old Sparky, dem elektrischen Stuhl, geführt zu werden. Delacroix, der Franzose, wurde wegen Vergewaltigung, Mord und Brandstiftung zum Tode verurteilt. Trotz der erwiesenen brutalen Straftat ist er ein liebenswerter, witziger Kerl, der mit seinem französischen Akzent Wärme in die Geschichte bringt. Delacroix ist entzückt über seinen kleinen Freund, der ihn die letzten seiner Tage begleitet. Er bringt Mr. Jingles Tricks und Kunststücke bei. Auch die Wärter sind verblüfft über die lernfähige kleine Maus, und mit der Zeit wird sie zur wahren Attraktion. Lediglich der irre Percy Wetmore betrachtet Mr. Jingles mit Argwohn. Er kann keinen Spaß an diesem Winzling empfinden. Freude empfindet er nur in Leid und Qualen anderer. Es ist also kein Wunder, daß Wetmore gerne den Hebel am elektrischen Stuhl

betätigt. Wann hat man schon die Möglichkeit, auf legale Weise seine Mordlust zu befriedigen? Seine unmenschliche Gier eskaliert, als er Mr. Jingles mit dem Absatz seines Stiefels zerquetscht. Für einen Moment scheint die Zeit stillzustehen und das Atmen fällt schwer. Es ist Coffey, der das kleine, graue Tier ins Leben zurückruft. Die kleine Show wird von Edgecombe, Howell, Stanton und Terwilliger bestaunt. Es ängstigt sie für einen Moment, dann akzeptieren sie Coffey als etwas Besonderes. Sie hecken einen Plan aus: Melinda, die Ehefrau des hochgeschätzten Gefängnisdirektors Hal Moores, hat eine tödliche Krankheit. In Coffey haben sie ein Wunder gefunden. In einer Nacht-und-Nebel-Aktion wird Coffey zu ihr befördert. Es gelingt ihm, Melinda zu heilen, indem er die Krankheiten, die er heilt, in sich aufsaugt. Kurz bevor es für Coffey auf den Todesstuhl geht, springt er, ein letztes Mal, über seinen Schatten. Es gelingt ihm, Pery Wetmore an sich zu reißen, und haucht ihm alle krankheitsbringenden Substanzen ein. Ihn ereilt somit die gerechte Strafe für seine »legalen« Missetaten. In den Jahren danach geht beinahe alles seinen normalen Gang. Bis eines Tages Mr. Jingles zu Edgecombe zurückkehrt, dem voller Staunen bewußt wird, daß Coffey ihn und Mr. Jingles resistent gegen den normalen Alterungsprozeß gemacht hat. Nicht ewiglich, aber doch für eine lange Zeit. Mr. Jingles ist inzwischen 64 Jahre, und Paul Edgecombe gesegnete 104 Jahre, als er im Lehnstuhl des Seniorenheimes versucht, sein Gewissen zu bereinigen. Vielleicht geistert Edgecombe noch heute durch die kalten Flure seines Pflegeheimes und quält sich mit Schuldgefühlen herum. Denn »The Green Mile«, also Edgecombes Geschichte, ist nicht nur eine spannende Mystery-Geschichte, die von Leben und Tod in einem Gefängnis handelt; sie prangert auch die Todesstrafe an. Wenn King diese Kritik auch nur wie Nebel über allen sechs Bänden schweben läßt, so ist die Frage nach dem Richtig oder Falsch doch allgegenwärtig. Doch was ist richtig oder falsch? John Coffey ist gutmütig, aber dumm. Er ist schwarz, ein Heiler und gleichzeitig Sündenbock. Kings Credo findet sich auch in »The Green Mile«: Die Welt ist ungerecht und gemein. Schlimme Dinge passieren, unabhängig von Person, Alter und Schicht. Sie geschehen, einfach weil das Leben so ist. Aber immerhin: Coffey stirbt nicht, weil er die Zwillinge getötet haben soll (als unschuldiger Bösewicht), sondern weil er es selber möchte. Es stellt sich die Frage: Ist Coffey eine Art Messias? Besitzt Coffey die Hand Gottes? Er ist in der Lage zu heilen. Er stirbt für etwas, was er nicht getan hat, und findet dennoch die Erlösung. Wie heroisch. Doch für den Leser bleibt der bittere Nachgeschmack der Ungerechtigkeit.

The House of Value

Unvollendete Kurzgeschichte aus dem Jahr 1974, über deren Inhalt so gut wie nichts bekannt ist. Andererseits ist bekannt, daß King vor dem Roman

→ »Das letzte Gefecht« an einem Roman über die Patty-Hearst-Entführung gearbeitet hat, der den Titel tragen soll: → »The House on Value Street«. Der Roman wurde nicht beendet. Ob gewisse Parallelen zwischen diesem geplanten Roman und der unvollendeten Kurzgeschichte vorliegen (bzw. diese identischen Inhalts sind), ist ungewiß.

The House on Value Street
Unvollendeter Roman über die Patty-Hearst-Entführung. Siehe dazu auch → »The House of Value«.

The Killer
Zweiseitige Short Story, die King als Teenager unter dem Namen »Steve King« an das Magazin »Famous Monsters of Filmland« von Forrest Ackerman schickt. Veröffentlicht wird sie jedoch erst, nachdem King als Autor erfolgreich ist.

The Land of Enchantment
Kleinverlag in Westland, der sich auf aufwendige Sammlerausgaben spezialisiert hat. Von Stephen King erscheint die Kalendergeschichte → »Das Jahr des Werwolfs« (1983).

The Leprechaun
Unveröffentlichte, fünfseitige Erzählung, die King 1983 für seinen Sohn → Owen King schreibt und zur Novelle ausarbeiten möchte. Sie geht später verloren ...

The Lieutenant's Rap
Erzählung. O.: Philtrum Press, Bangor 1999
Die Geschichte erscheint im Rahmen der Party anläßlich des 25jährigen King-Veröffentlichungs-Jubiläums in den USA in geringer Auflage im Eigenverlag → Philtrum Press. Sie ist ein Auszug aus dem neuen Roman → »Atlantis«.

The Lucky Quarter
Kurzgeschichte. In: O.1: »Six Stories«, Philtrum Press, Bangor 1997
Veröffentlicht in der auf 1100 Stück limitierten, numerierten und signierten Sammlung »Six Stories«.

The Man In The Black Suit
Kurzgeschichte. In: O.1: »New Yorker Magazine«, New York 1994; O.2. »Six Stories«, Philtrum Press, Bangor 1997
Veröffentlicht in der auf 1100 Stück limitierten, numerierten und signier-

ten Sammlung »Six Stories«. Die Erzählung erhält 1994 den O. Henry Award als »Beste Kurzgeschichte Amerikas«; im gleichen Jahr den World Fantasy Award in der Kategorie »Best Short Fiction«.

The Plant

Erzählung. O.1: Philtrum Press, Bangor 1982–85; O.2: eBook, Bangor 2000
Eine dreiteilige Geschichte, die King auf 226 Exemplare limitiert und signiert im Selbstverlag → Philtrum Press zwischen 1982 und 1985 herausbringt. Sie gelangt nicht in den Buchhandel, sondern wird zu Weihnachten an Freunde verschenkt, ist demzufolge auch nicht in Deutschland erhältlich. Es ist die Geschichte des bisher unveröffentlichten Horrorschriftstellers Carlos Detweiler, der seinen Roman »True Tales of Demon Infestations« an den Lektor John Kenton bei Zenith Books schickt. Dieser entdeckt darin Fotografien von tatsächlichen Mordriten und übergibt das Manuskript umgehend der Polizei. Die Jagd auf Detweiler wird eröffnet, die unter anderem auch in die Kneipe »Four Fathers« des Mafioso → Richard Ginelli führt. Vergeblich. Derweil schwört Detweiler dem Verlag Rache. Eines Tages trifft eine seltsame Pflanze ein, die offensichtlich von Detweiler stammt ... An dieser Stelle bricht die Erzählung ab.

Nach dem phänomenalen Erfolg des → eBooks → »Riding the bullet« entschließt sich King Anfang 2000 dazu, »The Plant« als weitere, exklusive Netz-Geschichte aufleben zu lassen. Der Obulus für den ersten, überarbeiteten Teil der Geschichte beträgt 1 Dollar und wird auf freiwilliger Basis entrichtet. Das Buch wird auf Kings offizieller Site angeboten; jeder kann das Buch kostenlos downloaden und soll den 1 Dollar an den Autoren überweisen. Für Stephen King ist das Ganze ein Experiment. Seine Assistentin Julie Eugley erklärt, King habe die Idee gehabt, weil ihm eine Leserin die 2,50 Dollar für »Riding the Bullet« direkt zugesandt habe, obwohl sie das eBook kostenlos im Internet von einer inoffiziellen Site bekommen hatte. Sie hatte in einem Brief dazu geschrieben, sie hätte ein schlechtes Gewissen bekommen, eben weil sie die Story sehr gut gefunden habe. King sei sehr erstaunt darüber gewesen und wolle nun testen, wie ehrlich seine Leser seien. Allerdings: Erst wenn 75 Prozent aller Downloader den Dollar überweisen, wird King den zweiten Teil der Geschichte ins Netz stellen ...

Als King den ersten Teil von »The Plant« Juli 2000 ins Netz stellt, sind knapp 76 Prozent der Leser ehrlich und bezahlen ihren Dollar für die Lektüre. Laut www.stephenking.com haben 116.229 von 152.132 Lesern ihren Obulus entrichtet. Daraufhin stellt er den zweiten Teil ins Netz. Weitere vier Teile folgen, bis er den sechsten Teil am Montag, 18. Dezember 2000, als Weihnachtsgeschenk kostenlos anbietet. Dabei hat es lange so ausgesehen, als würde Stephen King den sechsten Teil von »The Plant« nicht mehr ins Netz stellen, da die Zahlungsmoral seiner Leser nachgelassen habe: Er und Marsha, seine Sekretärin, seien enttäuscht darüber, so King in seiner offiziellen Mailing-Liste, daß für den vierten und fünften Teil nur noch knapp 50 Prozent aller Downloader ihren Obulus bezahlt haben.

Mit dem sechsten Teil indes ist die Geschichte noch nicht abgeschlossen. King sagte in seinem Nachwort des fünften Teils, daß der sechste Teil zum einen sehr lang und vorerst der letzte Teil sein wird. Wenn »The Plant« ein richtiges Buch wäre, könnte man Teil 6 als Ende des ersten Teils ansehen, der einen eigenständigen Höhepunkt hat. King erklärte, daß eine Pause vonnöten sei, um die Arbeit an »Black House« – der Fortsetzung von → »Der Talisman« – aufzunehmen, den Roman → »Duddits – Dreamcatcher« fertigzustellen und den fünften Teil seiner Reihe → »Der dunkle Turm« zu beginnen. Außerdem soll den Übersetzungen von »The Plant«, die auch im Netz erscheinen, Zeit zum Aufholen gegeben werden. King erklärte weiter, daß die letzte Pause von »The Plant« 19 Jahre dauerte, und eine Pause von ein bis zwei Jahren das Buch deshalb wohl überleben dürfte.

The Star Invader

Kurzes Frühwerk (Durham 1964). SF-Story, in der heldenhafte Menschen eine neue Waffe gegen böse Invasoren aus dem All entwickeln.

Theater

Nach dem unglücklichen Versuch, → »Carrie« als Musical zu präsentieren, gibt es seit Beginn 1997 eine Theaterversion von → »Sie«, wesentlich erfolgreicher. Verfaßt wurde die Bühnenfassung von Simon Moore.

Thorin, Hart

In der Saga → »Der dunkle Turm« war Hart Thorin der über 60jährige, spindeldürre, zappelige Bürgermeister von → Hambry, in das → Roland Deschain und seine Freunde → Alain Johns und → Cuthbert Allgood von → Steven Deschain geschickt werden, um sie aus dem Einfluß vom listigen Hofzauberer → Marten Broadcloak zu schaffen (→ »Der dunkle Turm IV: Glas«).

Ticktackmann

→ Andrew Quick

Time Tunnel

Neben der → Overlook Connection und → Bett's Bookstore ist »Time Tunnel« eine weitere gute Quelle, um sich als Fan mit außergewöhnlichem, oftmals limitiertem Stephen-King-Stoff einzudecken. Adresse: Time Tunnel, Craig Goden, 313 Beelwood Avenue, Middlesex, NY 08846

Todesmarsch (The Long Walk)
Roman. O.: NAL, New York 1979 /
Dt.: Heyne Verlag, München 1987; Ü.: Nora Jensen
»Todesmarsch« ist das zweite Buch unter dem Pseudonym → Richard Bachman. Die Zukunft der USA (in diesem Fall 1989) sieht düster aus. Die Bevölkerung ist verarmt, das Militär hat die Macht. Staatschef ist der »Major«, der zur allgemeinen Belustigung einen »Todesmarsch« organisiert – einen weltweit im Fernsehen übertragenen Marathon-Marsch auf Leben und Tod, an dem nur die besten hundert Jugendlichen der Staaten im Alter von vierzehn bis sechzehn Jahren teilnehmen dürfen. Sie werden von Soldaten begleitet, die jeden im Schnellverfahren hinrichten, der dreimal zwei Minuten am Stück unter eine Geschwindigkeit von vier Meilen pro Stunde fällt. Perfide und hinterhältig, denn man darf nicht vom Weg abkommen, Verpflegung nur zu festen Zeiten zu sich nehmen, schlafen überhaupt nicht, und wer mal muß, sollte sich spurten. Am Ende erhebt der letzte der hundert Teilnehmer, der noch am Leben ist, Anspruch auf den Preis: Luxus bis zum Lebensende! Die Gewinnchancen: 1:100.

Dieses Szenario erlaubt es King, eine ganze Anzahl deutlicher Seitenhiebe auf die zunehmende Leistungsgesellschaft, die Macht der Medien in unserer Gesellschaft sowie die Dominanz gewalttätiger Sportarten anzubringen. Doch scheint er – wie in → »Amok« – mehr an den wechselnden Emotionen der jungen Wettkämpfer unter dem Druck dieser gräßlichen Situation interessiert zu sein. Trotz des (Überlebens-) Drucks entwickeln sich unter den ausgesprochen sympathischen Teilnehmern des Todesmarsches freundschaftliche Beziehungen, die am Ende aber doch dem Leistungsdruck weichen müssen, freiwillig oder mit Gegenwehr: Nur einer darf gewinnen. Aber so ist doch das Leben, oder? Mitnichten.

Natürlich ist das Leben nur ein Lauf. Gehen, treffen, sterben. Probleme, Freunde, Liebe. Man läuft einfach weiter, doch das Ziel ist – der Tod. Es gibt keinen Gewinner im Lebenslauf. Für Kings Protagonist Garraty Raymond Davis geht es deshalb trotz Sieg und anscheinendem Zieleinlauf (ein echtes Ziel gibt es im Grunde nicht: marschiert wird, bis der letzte übrig bleibt) weiter, denn da winkt bereits die schwarze Gestalt, der Schatten, das Ende, der Tod: »Eine Hand auf seiner Schulter. Er schüttelte sie ungeduldig ab. Die dunkle Gestalt winkte ihm, winkte ihm durch den Regen, zu ihr zu kommen, mit ihr weiterzugehen. Das Spiel weiterzuspielen. Und es wurde langsam Zeit, daß er losging. Er hatte noch so einen langen Weg vor sich.«

Tolkien, John Ronald Reuel
Britischer Autor, geboren 1892, gestorben 1973. Tolkien ist bis 1959 Professor für germanische Philologie in Oxford und wird durch langjährige

Mythenforschung und vor allem durch philologische Experimente und Spielereien mit dem Altenglischen und den keltischen Sprachen dazu angeregt, ein Phantasiereich zu erfinden, dessen Bewohner – er nennt sie »Hobbits« – eine eigene Sprache mit voll ausgebildeter Grammtik besitzen. Die Idee erstreckt sich über drei Bände, die von 1937 bis 1949 entstehen und 1954/55 als → »Der Herr der Ringe« erscheinen. Die Fantasy-Literatur, die in den siebziger und achtziger Jahren an Breitenwirkung gewinnt, verdankt diesem Epos entscheidende Impulse, auch auf King und sein gewaltiges Endzeitdrama → »Das letzte Gefecht« hat Tolkiens Epos nicht unbedeutenden Einfluß.

Tom Sawyers Abenteuer (The Adventures of Tom Sawyer)
Roman von Mark Twain. O.: American Publishing Company, San Francisco 1876 / Dt.: Heyne Verlag, München 1997; Ü.: Gisbert Haefs
Mark Twains Jugendroman steht für eine Reihe von King-Büchern (→ »Carrie«, → »Christine«, → »Der Talisman«; → »Es«) Pate. Denn Twain schildert die Abenteuer und insbesondere das Erwachsenwerden von Kindern. Da »Tom Sawyers Abenteuer« für Twain aber »strenggenommen, die Geschichte eines Jungen ist, muß hier Schluß sein; die Geschichte könnte nicht weitergehen, ohne zur Geschichte eines Mannes zu werden«. King dagegen fügt seinen Geschichten eine weitere Komponente hinzu. Es ist eine Welt, deren Realität aus den Fugen gerät und die Kinder um so schneller reifen läßt, ihnen das (geistige) Erwachsensein bereits früh abverlangt.

Tommyknockers
Waldgeister, die eigentlich dem amerikanischen Volksmund entsprungen sind: »Letzte Nacht und die Nacht davor, Tommyknockers, Tommyknockers klopften an mein Tor. Ich möchte hinaus, weiß nicht, ob ich's kann, ich hab' solche Angst vor dem Tommyknocker-Mann.« Als der Dichter → Jim Gardener in dem Roman → »Das Monstrum« erfährt, daß seiner Ex-Freundin Roberta Anderson Gefahr droht, erinnert er sich an den Kinderreim und formuliert ihn in seinem Sinne um: »Letzte Nacht und die Nacht davor, Tommyknockers, Tommyknockers klopften an mein Tor. Ich war verrückt und Bobbi klar, weil das noch vor den Tommyknockers war.« Die volkstümlichen Tommyknockers werden daher zum Synonym für die außerirdische Bedrohung.

Topeka
Eine reale Stadt in Kansas. In der Saga → »Der dunkle Turm« ist Topeka aber eine Stadt in → Mittwelt, zwischen der und → Lud einst der → Mono-Zug → Blaine verkehrte. Als der → Revolvermann → Roland Deschain mit seinen Gefährten in → »Der dunkle Turm IV: Glas« Topeka erreicht, stel-

len sie voller Entsetzen fest, daß sie sich im Topeka aus dem Roman → »Das letzte Gefecht« befinden. Das Topeka ist ausgestorben und von einer Seuche namens → »Captain Trips« heimgesucht.

Torrance, Jack

Held (oder Anti-Held) in dem einer klassischen Tragödie nachempfundenen Roman → »Shining«. Torrance ist der typische Verlierer, dem das Leben übel mitspielt, der durchdreht und am Ende die Rechnung für alle zu begleichen hat. Torrance ist → »unschuldig schuldig«. Torrance wurde bereits als Kind körperlich mißhandelt. Sein Vater war Alkoholiker, hat seine Frau verprügelt und die Kinder mit ständig ausrutschender Hand erzogen. Er starb, als Jack dreizehn Jahre alt war, hinterließ aber, wir kennen das, wir wissen das, einen bleibenden Eindruck auf seinen Sohn. Jetzt ist Jack erwachsen, als Lehrer gefeuert, als Schriftsteller erfolglos, von Selbstzweifeln zerfressen. Natürlich weiß Jack nicht, daß er im Grunde auf den auslösenden Moment wartet, das weiß nur sein Unterbewußtsein, aber als jener unheilschwangere Augenblick gekommen ist, drängt der in ihm verborgene Schrecken an die Oberfläche. Ist es also das stille, klaustrophobisch einsame → Overlock-Hotel, das ganz dem Schema der → Schauergeschichte einer → Shirley Jackson entspricht, oder ist es schlicht die ungewisse Zukunft, die hohen Erwartungen seiner Frau Wendy, für sie und ihren kleinen Sohn Danny zu sorgen? Jack dreht durch und läuft Amok. Ist es das Übersinnliche, was ihn die Ereignisse von vor Jahren wiederholen läßt, als ein anderer Hausmeister des Overlock-Hotels in der Abgeschiedenheit von Sidewinder seine Familie tötete, oder ist es schlichtweg der Druck von innen, der ihn am Ende wie sein Vater werden läßt?

Tower, Calvin

In → »Der dunkle Turm III: Tot« verkauft der gemütliche, alte Antiquar mit dem vielsagenden Namen Calvin Tower dem kleinen → John Jake Chambers in New York das Buch → »Charlie Tschuff-Tschuff«, das eine Warnung für den → Revolvermann → Roland Deschain und seine Gefährten enthält, nämlich vor dem Mörderzug → Blaine.

Tozier, Richard »Richie«

Antiheld und Mitglied in → Derrys → »Club der Verlierer« in dem Roman → »Es«. Richie wird 1947 geboren. Er hat ein gutes Verhältnis zu seinen Eltern Maggie und Wentworth Tozier, die Methodisten sind. Richie ist das »Schandmaul«. Immer sagt er Dinge zum falschen Zeitpunkt, was ihm das ein oder andere Mal eine ganze Menge Ärger einbringt. Vor allem mit → Henry Bowers, dem Oberhalunken in Derry, der Richie »Vierauge« nennt. Richie trägt eine Hornbrille, und haßt diese wie die Pest. Bei einer Schlägerei mit Henry wird auch ein Bügel abgebrochen, den seine Freunde mit Leukoplast ankleben: Für einen Sommer ist das sein unverkennbares Markenzeichen. Sein größter Wunsch ist es, der beste Bauchredner aller Zeiten zu werden. Im »Club der Verlierer« rufen ihn seine Freunde »Piep, Piep, Richie«, wenn er einen Gag oder eine Stimmenimitation bringt. Das ist immer noch besser, als zu schweigen, denn seine Gags sind, zumindest als Kind, grottenschlecht. Am liebsten imitiert er einen irischen Polizisten; die Stimme ist so gräßlich, daß sogar ES im entscheidenden Kampf 1958 davor zurückschreckt ... 1960, zwei Jahre danach, zieht er mit seiner Familie aus Derry fort. Sein Vater stirbt 1973 an Kehlkopfkrebs. Seine Mutter zwei Jahre später. Richie hat wie die anderen seiner Freunde aus dem »Club der Verlierer« Erfolg. In Kalifornien steigt er bei dem Radiosender KLAD als Wochenend-DJ ein, was zur Trennung von seiner Freundin Sandy führt, die zum gleichen Zeitpunkt einen Job in einer Kanzlei in Washington annimmt. Mit der Zeit wird Richie zum erfolgreichsten Discjockey der Vereinigten Staaten. In seiner Radiosendung gibt er – inzwischen ausgereift – Stimmenimitationen zu Gehör, daß er den Beinamen »Mann der tausend Stimmen« erhält. Für ihn eigentlich ein großer Erfolg, aber das täuscht. In Wahrheit versteckt er sich und seine Ängste hinter den vielen Stimmen und Menschen, die er imitiert. Als → Mike Hanlon ihn am 28. Mai 1985 zum zweiten Kampf nach Derry ruft, gesteht sich Richie ein: »Jetzt mußte er wieder er selbst sein, und das war schwierig – es fiel ihm von Jahr zu Jahr schwerer. Es war viel einfacher tapfer zu sein, wenn man jemand anderer war.« Die Platte, die er im Hintergrund hört, als er die Koffer packt und die Erinnerungen an seine Kindheit in ihm aufsteigen, ist Marvin Gaye's »I Heard It Trough the Grapevine ...«

Travel (The Jaunt)

Kurzgeschichte. In: O.1: »Twilight Zone Magazine«, Juni 1981; O.2: »Skeleton Crew«, Putnam Verlag, New York 1985 / Dt.1: »Der Gesang der Toten«, Heyne Verlag, München 1985; Ü.: Rolf Jurkeit; Dt.2: »Blut«, Heyne Verlag, München 1996; Ü.: Joachim Körber

Flughafen New York, irgendwann in der Zukunft, Terminal für den Flug nach Whitehead City auf dem Mars. Gereist wird mittels Transmitterantrieb, bei dessen Anwendung die Notwendigkeit zur Bewußtlosigkeit besteht. Familie Oates bereitet sich vor, und Vater Mark, Mutter Marilys und Tochter Patricia schlummern friedlich ein. Nur Sohnemann Ricky, von Kindheitsbeinen an neu- und wißbegierig, läßt sich nicht einschläfern. Er erlebt die Reise durch einen fremden Raum bei vollem Bewußtsein. Als sie ankommen, ist Ricky älter als die Zeit selbst. »Es dauert länger als du denkst, Daddy«, kreischt er. »Länger als du denkst!« Die Erzählung wird in der Neuauflage des Sammelbandes → »Blut« umbenannt in → »Der Jaunt«.

Trenton, Donna

In dem Roman → »Cujo« ist Donna eine gewöhnliche Vertreterin der amerikanischen Mittelschicht, das Symbol für die Ängste vor privaten, finanziellen, ja existentiellen Verlusten, aber auch für die alltägliche Wahrheit über Betrug und Untreue und Vergewaltigung im American Way of Life. Donna folgt ihrem Ehemann → Vic Trenton aus New York in die kleinstädtische Idylle → Castle Rock, obwohl sie nicht nach Maine hatte übersiedeln wollen. Trotz verschiedener Urlaubsreisen (und die Urlaubsreisen selbst hatten diesen Eindruck noch verstärkt) war ihr der Staat immer wie eine bewaldete Wüste vorgekommen, eine Gegend, wo der Schnee im Winter fünf Meter hoch liegt und die Leute dann von der Welt abgeschnitten sind. Der Gedanke, ihr Baby, Sohnemann Tad, dorthin mitzunehmen, war schrecklich. Während Vic versucht, seine Werbeagentur »Ad Worx« vor dem Untergang zu bewahren, beginnt Donna sich daheim zu langweilen: Ihre engeren Freunde kann sie an den Fingern einer Hand abzählen, denn in eine eingeschworene Dorfgemeinschaft läßt sich jemand aus der Großstadt nun mal nur schwerlich integrieren. »Ich bin die berühmte, wunderbare amerikanische Hausfrau geworden«, stellt sie verbittert fest, und ihr Leben besteht aus Tad, Fernseh-Soaps und der Angst, etwas zu versäumen. Sie geht mit dem muskulösen, braungebrannten Sunnyboy und Tennislehrer Steve Kemp ein Verhältnis ein, während Vic vollends mit seiner Werbeagentur »Ad Worx« Schiffbruch erleidet. Auch in ihrem Fall gilt: Im Grunde ist Donna eine herzensgute Frau, aber Unglück widerfährt den guten Menschen, einfach, weil das Leben so ist, eine existentielle Wahrheit von Stephen King. Oder folgt ihr für das außereheliche Verhältnis die Strafe auf dem Fuß? → Sex ist nun einmal unser Verderben.

Als Donna im Sommer 1980 das Verhältnis mit dem Tennislehrer Steve Kemp beendet und mit ihrem Sohn Tad zur Autoreparatur auf den Hof von → Joe Camber herausfährt, werden die beiden bei brütender Hitze tagelang vom tollwütigen Bernhardiner → Cujo in ihrem Auto eingeschlossen. Den realen Schrecken unserer Existenz können wir eben nicht so leicht entkommen – und diese sind schlimmer, weil sie keine rächenden Helfer der Gerechtigkeit sind, sondern Verkörperungen eines gleichgültigen Schicksals. Noch so eine verdammte Wahrheit!

Trenton, Vic

In dem Roman → »Cujo« ist auch Vic ein gewöhnlicher Vertreter der amerikanischen Mittelschicht. Das Scheitern seiner Werbeagentur »Ad Worx«, die Untreue seiner Frau, der Tod seines Sohnes versinnbildlichen private, finanzielle, ja existentielle Verluste, die sich hinter der schönen Fassade des American Way of Life verbergen. Im Grunde ist Vic ein herzensguter Familienvater, aber wenn sich ein Rädchen im Getriebe verhakt, dann kann das Schiff ganz schön schnell sinken.

Tschuff-Tschuff, Charlie

→ »Charlie Tschuff-Tschuff«

Tull

Ödes Städtchen, auf das der → Revolvermann → Roland Deschain in → »Der dunkle Turm I: Schwarz« auf seinem beschwerlichen Weg durch die Wüste → Parsek trifft und nach einer wilden Auseinandersetzung alle Bürger erschießt.

Turnschuh (Sneakers)

Kurzgeschichte. In: O.1: »Night Visions 5«, Airlington Heights 1988; O.2: »Nightmares & Dreamscapes«, Verlag Viking, New York 1993 / Dt.1. »Nachtvisionen«, Heyne Verlag, 1990, Ü: Joachim Körber; Dt.2: »Alpträume«, Hoffmann & Campe, Hamburg 1993; Ü.: Joachim Körber

John Tell, der als Toningenieur in einem Aufnahmestudio arbeitet, sieht unter der verschlossenen Klokabine immer ein Paar Turnschuhe, die darauf hindeuten, daß jemand auf der Toilette sitzt. Er stellt fest, daß es sich um das Gespenst eines Kokaindealers handelt, der vor einigen Jahren in der Toilette erschossen worden ist, ausgerechnet von Johns bestem Kollegen Paul Jannings. Nachdem der Geist John seine Geschichte erzählt hat, verblaßt er und ist endgültig dem Tod anheimgefallen.

Twain, Mark

Heißt eigentlich: Samuel Langhorne Clemens; amerikanischer Schriftsteller, geboren 1835, gestorben 1910. Twain beherrschte von der Burleske bis zum Traktat alle Formen des Prosaschreibens. Mit »Huckleberry Finns Abenteuer« schreibt er 1884 ein Schlüsselwerk der amerikanischen Literatur, das sich bis heute einer ungebrochenen weltweiten Beliebtheit erfreut und mit dem er Autoren wie Sherwood Anderson, Ernest Hemingway, J. D. Salinger und Saul Bellow nachhaltig beeinflußte. Nicht minder erfolgreich ist der bereits 1876 veröffentlichte Roman → »Tom Sawyers Abenteuer«, der wiederum den beiden Autoren Stephen King und → Peter Straub Pate stand für den Roman → »Der Talisman«. Mit der Erzählung → »Der geheimnisvolle Fremde« läßt Twain Satan in menschlicher Gestalt auf die Erde kommen, in ein abgelegenes Dorf in Österreich (dem King'schen Idyll → Castle Rock nicht unähnlich), und beeindruckt die Bewohner durch seine Fähigkeiten, wobei er still und heimlich auch auf deren Leben Einfluß nimmt. Die Erzählung stand unzweifelhaft Pate für King's Roman → »In einer kleinen Stadt«.

U

Überlebenstyp (Survivor Type)

Kurzgeschichte. In: O.1: »Terrors«, Playboy Press, New York 1982; O.2.: → »Skeleton Crew«, Putnam, New York 1985 / Dt.1.: »Das Weißbuch des schwarzen Humors«, Heyne Verlag, München 1984; Ü.: Monika Hahn; Dt.2: »Der Fornit«, Heyne Verlag, München 1985; Ü.: Monika Hahn; Dt.3: »Blut«, Heyne Verlag, München 1996; Ü.: Joachim Körber

Eigentlich ist Richard Pine (ursprünglicher Name: Pinzetti, weil in New Yorks Little Italy geboren) als Chirurg ein Erfolgstyp. Wäre da nicht die Sache mit den Drogen. Er wird Dealer. Auf der Rückreise von Saigon sinkt der Luxusliner, und Pine wird an ein ödes, felsiges Eiland mitten im Südpazifik gespült. In Ermangelung irgendwelcher Alternativen verlegt er sich auf Selbst-Kannibalismus als Antwort auf die Frage: »Wie stark ist der Überlebenswille des Patienten?« Der Patient, Dr. Pine himself, dreht immer mehr am Rad, ein Trip zum Wahnsinn, während er sich seine eigenen fleischigen Teile abschneidet. Von irgendetwas muß der Mensch ja schließlich leben. Er steht vor der Wahl: »Linke Hand oder die rechte? Was soll's – weiß die linke Hand, was die rechte tut! Löffelbiskuits, sie schmecken genau wie Löffelbiskuits.«

Umneys letzter Fall (Umneys last Case)

Kurzgeschichte. In: O.: »Nightmares & Dreamscapes«, Verlag Viking, New York 1993 / Dt.: »Alpträume«, Hoffmann & Campe, Hamburg 1993; Ü.: Joachim Körber

Ganz im atmosphärischen Stil eines Raymond Chandler entwirft King die Welt des Clyde Umney, eines Privatdetektivs irgendwo im Amerika der dreißiger oder vierziger Jahre, dessen Leben plötzlich aus den Fugen gerät, als ein Fremder in seinem Büro auftaucht und sagt: »Ich kenne alle deine Gedanken, Clyde. Schließlich bin ich du.« Der Mann entpuppt sich als sein Schöpfer, der Schriftsteller Samuel D. Landry, der alle Umney-Geschichten geschrieben hat. »Ich glaube«, erklärt er, »zu Hause suchen sie nach einem verschwundenen Schriftsteller ... und haben keine Ahnung, daß er im Speicher seines eigenen Textcomputers verschwunden ist.« Er hat die reale, die ächzende Welt mit ihrer Last von Krankheiten und sinnloser

Gewalt verlassen, um mit Umneys schmerzfreiem, geruchsfreiem und scheißefreiem Leben zu tauschen. Der findet sich jählings vor der Schreibmaschine von Landry wieder, im L.A. 1994, erkennt aber, daß er damit Bilder erzeugen kann, die man selbst sehen will, weil sie alle aus dem eigenen Kopf stammen. Er setzt alles daran, wieder in die Scheinwelt der Detektivgeschichten zurückzukehren. Was ihm irgendwann natürlich auch gelingen wird ...

Im Rahmen der Reihe »Penguin 60s« – Bücher im Mini-Format – erscheint »Umneys last Case« 1995 zusätzlich als eigenständige Publikation.

UMO

→ Universität von Maine in Orono.

Ungeformte

→ TAK

Universität von Maine in Orono

Im Special-Collections-Archiv der Fogler-Bibliothek der University of Maine in Orono (UMO) läßt Stephen King seine Originalmanuskripte, Korrekturfassungen, Druckfahnen aufbewahren. Hier lagern auch eine ganze Reihe an unveröffentlichten Romanen und Geschichten (u.a. → »Sword in the Darkness«, → »Your Kind of Place«, → »Culch« und → »Blaze«. Kopien und Auszüge werden zwar nicht verschickt, aber wer Zeit und Geld hat, darf getrost einen Blick hineinwerfen und soviel abschreiben, wie er will (und kann).

Unschuldig schuldig

Impliziert die Vorherbestimmung unseres Schicksals im klassischen Theater. Bedeutet soviel wie: Die negativen Widrigkeiten des Lebens lassen einem keine andere Wahl, als die gesellschaftliche Moral zu verletzen.

Unwin, Talitha

Matriarchin des kleinen, verkommenen Örtchens River Crossing, das der → Revolvermann → Roland Deschain und seine Freunde → Susannah Dean, → John Jake Chambers und → Eddie Dean in dem Band → »Der dunkle Turm III: Tot« passieren. Zum Abschied überreicht die greise Dame Roland eine Silberkette, die er am Fuße des dunklen Turmes für sie niederlegen soll. Über die Bedeutung dieser Kette hat King bislang keine weiteren Aussagen getätigt, im Band → »Der dunkle Turm IV: Glas« wird sie an keiner Stelle der Haupthandlung erwähnt.

Uris, Stanley »Stan«

Antiheld und Mitglied in → Derrys → »Club der Verlierer« in dem Roman → »Es«. Stan wird 1947 von Andrea Bertoly geboren. Sein Vater ist Donald Uris. Stan ist Jude, und das ist zur damaligen Zeit (1958) eindeutig ein Makel. In Ermangelung irgendwelcher Freunde studiert er Derrys Vogelwelt und ist stets mit lateinischen Namen zur Stelle. Stan ist klein und schmal. Um dieses Manko wettzumachen, ist es stets korrekt gekleidet und viel zu gepflegt für einen elfjährigen Jungen. Die oberlehrerhafte Brille auf seiner Nase läßt ihn aussehen »wie der kleinste Erwachsene der Welt.« Nur wenn er lächelt, ist er wieder ein einfacher, netter Junge, der über alle Maßen hinweg die Ordnung liebt. Sie ist ihm heilig, und als ES 1958 die kleine, heile Kinderwelt von Derry zerstört, verliert sich Stan beinahe in Panik und Furcht. Doch zum Glück können er und seine Freunde vom »Club der Verlierer« das Monster besiegen. Er ist der letzte, der die Hand auf den Kreis legt, als sie sich schwören, zurückzukehren, falls ES wieder zu morden beginnt.

Auch Stan verläßt Derry wenige Jahre nach dem Kampf gegen ES und richtet sich ein Leben ein, das aus wohlbehüteter Ordnung besteht. Am 19. August 1972 heiratet er die Jüdin Patricia Blum. Sie ziehen nach Traynor, wo Patty eine Stelle als Englischlehrerin annimmt. Stan fährt den Lieferwagen einer Bäckerei für 100 Dollar wöchentlich, bevor er 1975 eine eigene Agentur gründet. Stan, ordentlich und penibel, ist ehrgeizig, zuversichtlich und dank der florierenden Agentur mit guten Kontakten versehen. Er hat als selbständiger Marktforscher phänomenalen Erfolg, doch ihren größten Wunsch, Kinder, können Stan und Patricia sich nicht erfüllen. In ihrem Haus sind zwar bereits zwei Zimmer für die Babys vorhanden, selbst die Namen sind schon ausgewählt – Andy für einen Jungen, Jenny für ein Mädchen –, doch die Schwangerschaft stellt sich leider nicht ein. Als gegen 19 Uhr am Abend des 28. Mai 1985 Stans alter Kumpel → Mike Hanlon anruft, um ihn an sein Versprechen zu erinnern, bricht Stans sorgsam gehütete Weltordnung auseinander. Furcht und Angst drängen zurück an die Oberfläche. Seine letzten Worte an Patricia sind: »Ich glaube, ich werde ein Bad nehmen.« Dort findet sich wenig später auf den Kacheln, mit dem Blut aus seinen Pulsadern geschrieben: »ES«.

V

Vampire

Stephen King hat nie einen Hehl aus seiner Begeisterung für → Bram Stokers Roman → »Dracula« gemacht. King sagt: »Bram Stokers Dracula ist für mich eine herausragende Leistung, weil dort das Konzept des äußeren Bösen vermenschlicht wird.« Eine gelungene Hommage an Stoker schrieb King mit dem Roman »Brennen muß Salem«. Darüber hinaus verfaßte King vier Kurzgeschichten über Vampire: → »Briefe aus Jerusalem« und → »Einen auf den Weg« sowie → »Der Nachtflieger« und → »Popsy«.

Vatertag (Father's Day)

Kurz-Comic. In: O.: »Creepshow«, Penguin, New York 1982 / Dt.: »Creepshow«, Bastei-Lübbe Verlag, Bergisch Gladbach 1989; Ü.: Hajo F. Breuer.
Zeichnerisch von Berni Wrightson zum Film → »Creepshow« von → George A. Romero und Stephen King umgesetzt. Typische Rache-Story, in der der Familienpatriarch Nathan Grantham beschließt, daß er sich nach seinem Ableben seinen verdienten Nachtisch holen wird. Er wird seinen Kuchen bekommen, und er wird ihn auch essen, selbst wenn das bedeutet, daß irgendjemand dabei den Kopf verliert. Nämlich die hochnäsige Lady Sylvia Grantham, deren kerzengeschmückter Kopf den Kuchen ziert.

Verdammt gute Band haben die hier (You Know They Got a Hell of a Band)

Kurzgeschichte. In: O.1: »Shock Rock«, 1992; O.2: »Nightmares & Dreamscapes«, Verlag Viking, New York 1993 / Dt.: »Alpträume«, Hoffmann & Campe, Hamburg 1993; Ü.: Joachim Körber
Kings Huldigung an die Rock-'n'-Roll-Heroen und den Mythos vom Rockhimmel. Mary und Clark befinden sich auf einer Urlaubsfahrt mit dem Auto in einem abgelegenen Teil von Orgeon. Plötzlich stellen sie fest, daß sie die falsche Abzweigung genommen und sich verfahren haben. Die Straße wird immer schlechter, dann aber überraschenderweise wieder besser. Sie gelangen in eine nette, kleine Ortschaft namens Rock and Roll Heaven (sic!). Als sie in dem Café an der Hauptstraße essen und trinken, bemerken sie, daß der Ort von all den verstorbenen Rockgrößen wie Jim Morrison, Janis Joplin, Jimi Hendrix und Elvis Presley bewohnt ist. Ihre panische Flucht

wird vereitelt, und sie müssen mit den anderen, denen es in der Vergangenheit ebenso ergangen ist, jeden Abend einem endlosen Rockkonzert der großen Helden lauschen.

Vereine
Nachdem die → »King Readers Association Germany« 1997 aufgelöst wurde, gründete sich der Nachfolgeverein → SkingFo, der es jedoch selbst nur auf ein halbes Jahr brachte. Gegenwärtig existieren nur im Ausland noch Vereine, und zwar der → »Club Stephen King Lille« in Frankreich, der → »Fenêtre Secrète sur Stephen King« in Kanada und → »Cleaver« in Italien.

Verlierertyp
→ Aschenputtel

Viking
New Yorker Verlagshaus, das neben Doubleday die meisten Bücher von Stephen King publiziert. Im einzelnen sind das: → »Das Attentat« (1979), → »Feuerkind« (1980), → »Cujo« (1981), → »Frühling, Herbst, Sommer und Tod« (1982), → »Christine« (1983), → »Der Talisman« (1984), → »Es« (1986), → »Die Augen des Drachen« (1987), → »Sie« (1987), → »Nightmares in the Sky« (1988), → »Stark« (1989), → »Langoliers« (1990), → »Nachts« (1990), → »In einer kleinen Stadt« (1991), → »Das Spiel« (1992), → »Dolores« (1993), → »Alpträume« (1993), → »Schlaflos« (1994), → »Das Bild – Rose Madder« (1995), → »Desperation« (1996), → »Regulator« (1996). Mit Viking schließt Stephen King 1989 einen Mega-Deal ab: Das Verlagshaus zahlt 40 Millionen Dollar für vier Bücher, die allesamt noch geschrieben werden müssen. Der Vertrag umfaßt die nordamerikanischen Rechte am Hardcover und Taschenbuch (das der Verlag NAL (→ New American Library) publiziert) folgender Werke: des Romans »Stark«, der Novellensammlung »Nachts« und »Langoliers«, des abschließenden Romans des Castle-Rock-Zyklus »In einer kleinen Stadt« und des Romans »Dolores«. King überrascht den Verlag (und die Leser) zwischenzeitlich mit der Nachricht, er habe auch noch den Roman → »Das Spiel« geschrieben, den der Verlag umgehend kauft und – noch vor »Dolores« – 1992 veröffentlicht. Durch die zusätzlich hinzukommenden Auslands- und Filmrechte ist das der bis dahin gewaltigste Buchvertrag der Welt.

Vorbilder
Ein wesentlicher Bestandteil der King'schen Romane sind traditionelle Motive der klassischen phantastischen Literatur von → H. P. Lovecraft, → Robert Bloch, → Ray Bradbury, → Shirley Jackson oder → William P. Blatty,

die er mit großer Vorliebe ausschmückt und erweitert. → »Carrie«, so bekennt King im berühmten → Playboy-Interview, wurde zum Beispiel von einem gräßlichen alten B-Film mit dem Titel »Die Augen des Satans« abgeleitet. → »Shining« ist auf den Roman → »Spuk im Hill House« von der → »Gothic-Novel«-Autorin Shirley Jackson zurückzuführen. → »Es« verdankt sein Leben dem → Cthulu-Mythos von → H. P. Lovecraft. → »Das letzte Gefecht« verdankt er → George R. Stewarts → »Leben ohne Ende« und → M. P. Shiels → »Die Purpurne Wolke«. Auch der Einfluß von → »Der Herr der Ringe« von → J. R. R. Tolkien ist nicht zu verleugnen. → »Feuerkind« hat zahlreiche Vorgänger in der SF. → »Brennen muß Salem« wurde maßgeblich vom großen Klassiker, → Bram Stokers → »Dracula«, beeinflußt. Das Roman-Double → »Desperation« und → »Regulator« hat offensichtlich seine Anfänge in den Horrorfilmen → »Die Dämonischen« und → »Die Körperfresser kommen«, wesentlicher Einfluß der Cartoons (→ Zeichentrick) aus den Loony Tunes ist bei »Regulator« spürbar, wo King seinen Hang zu Comic-Strips in wahrer Formvollendung betreibt. Der Einfluß des Kinoklassikers → »Alarm im Weltall« ist bei → »Das Monstrum« bemerkbar. Literaturkritiker werfen dem Autor zwar vor, nur »abgenutztes Material neu aufzuarbeiten« ... »Selten findet man in Kings Geschichten übernatürliche Schöpfungen, die nicht wenigstens auf frühere Werke hindeuten oder sogar offen daraus geborgt sind«, so Don Herron, Verfasser kritischer Essays über King. Der hält dem entgegen: »Ich versuche neuen Wein aus alten Gläsern einzuschenken. Ich bestreite jedoch nicht, daß die meisten meiner Bücher bis zu einem gewissen Grad nachahmenden Charakter haben.«

W

Wächter

In der Saga → »Der dunkle Turm« sind die zwölf Wächter (u.a. Bär, Adler, Wolf, Fisch, Löwe, Fledermaus, Schildkröte) von den → Großen Alten in der Vorzeit geschaffen worden. Die Wächter bewachen die 12 Portale, die die → Mittwelt des → Revolvermanns → Roland Deschain umgeben und deren Mittelpunkt der dunkle Turm als → Dreizehnte Pforte ist. Auf seiner Reise zum dunklen Turm begegnet Roland in → »Der dunkle Turm III: Tot« dem ersten Wächter → Shardik, einem 20 Meter großen Cyborg-Bären.

Walker, Detta

Alter Ego der schizophrenen → Odetta Susannah Holmes, die der → Revolvermann → Roland Deschain gemäß des → Orakels in den Bergen im Band → »Der dunkle Turm II: Drei« in seine → Mittwelt holen muß. Detta kommt zum ersten Mal zum Vorschein, als der Serienmörder → Jack Mort der kleinen Odetta Holmes im Alter von fünf Jahren einen Backstein auf den Schädel schmeißt. Detta ist haßerfüllt, vulgär und eine Kleptomanin, die gerne billigen Tineff stiehlt. Als Roland in ihren Körper switcht, hat er das Gefühl, sich in einer Schlangengrube aus Haß und Ekel zu befinden. Dank einer Begegnung mit ihrer Vergangenheit kann Roland ihre innere Zerrissenheit überwinden, und zum Vorschein kommt der Hybride → Susannah Dean.

Walter

Walter war in der Saga → »Der dunkle Turm« der → Mann in Schwarz, die rechte Hand vom Hofzauberer → Marten Broadcloak in der → Baronie von Kanaan.

Warum ich mich für Batman entschied (Why I choose Batman)

Essay. In: O.: »Batman #400«, DC Comics, New York 1986 / Dt.: »Warum ich mich für Batman entschied«, Carlsen Comics 16, Stuttgart 1991

Welcome to Clearwater

Unvollendete Kurzgeschichte aus dem Jahr 1976, über deren Inhalt so gut wie nichts bekannt ist.

Wenn das Grauen dich überrollt (Something To Tide You Over)

Kurz-Comic. In: O.: »Creepshow«, Penguin, New York 1982 / Dt.: »Creepshow«, Bastei-Lübbe Verlag, Bergisch Gladbach 1989; Ü.: Hajo F. Breuer

Comic-Strip, den → Berni Wrightson zum Film → »Creepshow« von → George A. Romero und Stephen King entwirft. »Wenn das Grauen dich überrollt« ist eine klassische Rachegeschichte. Harry Wentworth und Becky Vickers lieben sich, was ihnen gut gefällt, jedoch weniger Becks Ehemann Richard, der von der Affäre erfährt und die beiden bei Ebbe bis zum Hals am Strand eingräbt. Als die Flut kommt, ist nicht nur Land unter. Aber manchmal werden selbst die besten Pläne einfach weggespült, denn die aufgeblähten Zombie-Leichen der beiden kehren zurück und führen Richard dem gleichen Schicksal zu.

Wentworth

Eine beschauliche, aber fiktive Kleinstadt in Ohio. → Schauplatz der Ereignisse in dem Roman → »Regulator« ist allerdings nur eine einzige Straße in Wentworth, die Poplar Street, die im Laufe der Geschichte Kraft der Gedanken des jungen, autistischen und deshalb geradezu prädestinierten Seth, seit seinem Besuch in dem Wüstenort → Desperation vom → »Körperfresser« → TAK besessen, zunehmend in eine → Zeichentrick-Landschaft verwandelt wird, und die Menschen nach dem Zehn-Kleine-Negerlein-Prinzip auslöscht.

Werbeauftritte

Schriftsteller, die Werbung machen, sind eher eine Seltenheit. Bei King ist nichts unmöglich. Er machte Werbung für → »American Express« (1989), die »Comedy Central« und »Barnes & Noble« (1998), die amerikanische Buchhandelskette.

Werwolf

King hat eine Reihe bekannter Kreaturen der Horror-Literatur in moderne Gewänder gekleidet. Neben dem → Vampir, → Teufel und → Cthulhu hat es auch einen Werwolf des öfteren in Kings Mikrokosmos verschlagen. In der Geschichte → »Das Jahr des Werwolfs« ist er der Grund allen Übels. In dem Roman → »Es« erscheint gleichnamiges Monster dem → »Club der Verlierer« als Werwolf, in dem Roman → »Der Talisman« trägt der Werwolf mit Namen Wolf mit Vorliebe Oshkosh-Latzoveralls.

Westen

Aufmerksamen Lesern wird nicht entgangen sein, daß Stephen King auf den westlichen Teil der Staaten nicht gut zu sprechen ist. In der Novelle → »Der Bibliothekspolizist« beschreibt er eine Bücherei beispielsweise als typisch »Mittelwesten-scheußlich. Im Frühling, Sommer und Herbst dämpften die Ahornbäume, die eine Art Hain darum bildeten, das bedrohliche Äußere des Bauwerks, aber jetzt, am Ende eines strengen Iowa-Winters, waren die Ahornbäume noch kahl, und die Bibliothek sah wie eine überdimensionale Gruft aus.« Überhaupt entspringt das Üble in seinen Werken oft dem Westen, einer »dunklen« Gegend. Im Roman → »Das letzte Gefecht« schart der → Dunkle Mann → Randall Flagg die überlebenden Bösewichter der großen Seuche → »Captain Trips« im Westen der USA, Las Vegas, um sich. Und in der Saga → »Der dunkle Turm« treibt die Revolution, die → Mittwelt, zweifelsfrei eine Parallelwelt zur Erde (vielleicht sogar die Erde selbst!), in einen Strudel der Vernichtung reißen wird, ihre ersten Blüten im Westen. Ob es daran liegt, daß die jungen Lehrlinge, die bei der Aufnahmeprüfung zum → Revolvermann scheitern, als Geächtete in den Westen der Mittwelt verbannt werden, ist eine bislang nicht geschriebene Geschichte.

White, Carietta

Die sechzehnjährige Carietta White ist in dem Debüt-Roman → »Carrie« die Heldin, oder in diesem Fall wohl eher Antiheldin. In ihr vereint King alles, was einen guten Horrorroman (und schlußendlich auch seinen Erfolg) ausmacht: Sie ist die Außenseiterin an der Ewan High School in dem fiktiven Örtchen Chamberlein, die ihrer Opferrolle nicht entfliehen kann, nie entfliehen wird. Ein tragisches → »Märchen«-Schicksal. → Margarete White bringt Carrie am 21. September 1963 unter bizarren Umständen zur Welt. (Anmerkung am Rande: Der 21. September 1963 ist der 16. → Geburtstag von Stephen King; als Carrie in den Sog der Ereignisse gerät, ist sie 16 Jahre alt. Zufall?)

Im Februar des gleichen Jahres verstirbt ihr Vater Ralph White, als ein Stahlträger von einem Baugerüst in Portland fällt, und da die Mutter aufgrund fanatisch-religiöser Einstellungen jegliche Hilfe der Bevölkerung von Chamberlein ablehnt, bringt sie Carrie alleine und unter heftigen Schmerzen zur Welt. Die Nachbarn rufen zwar später die Polizei, weil die Schreie aus dem Haus in der Carlin Street nicht enden wollen, aber da hat Margarete White ihre Tochter bereits selbst mit einem Metzgermesser entbunden. Noch blutverschmiert präsentiert sich der kleine Würmling den Beamten.

Auch Carries weiteres Leben soll bizarr bleiben. Mit drei Jahren, am 17. August 1966, will ihre Mutter sie im Anfall religiösen Wahns umbringen, und Carrie kann sich nur dank ihrer telekinetischen Fähigkeiten aus der brenzligen Situation retten: Sie läßt einen Steinregen auf das Hausdach prasseln. Zum ersten Mal tritt ihre unheimliche Gabe hervor, doch statt ihr zur Seite zu stehen, wirft Margate White ihrer Tochter vor: »Teufelskind. Kind des Satans.« Carries weiterer Weg ist vorgezeichnet. Dreizehn Jahre später (Carrie ist 16 Jahre!), während die Mädchen nach dem Sportunterricht gemeinsam voller pubertärer Spannung duschen, »stand Carrie regungslos unter ihnen, ein Frosch unter Schwänen. Sie war ein rundliches Mädchen. Ihr nasses Haar war vollkommen farblos. Es klebte stumpf an ihrer Wange, und sie stand mit gebeugtem Kopf einfach da und ließ das Wasser auf sich herabprasseln. Sie sah aus wie ein Opfertier, wie die ewige Zielscheibe des Spottes, und sie war es.«

White, Margarete

Wahnsinnige Mutter von → Carietta White in dem Roman → »Carrie«. Offensichtlich ist Margarete White von der Schwangerschaft überrascht worden, denn einer Freundin hat sie vom fünften Monat an mehrmals brieflich geschrieben, sie habe Unterleibskrebs und würde bald zu ihrem Mann in den Himmel kommen. Was nicht verwundert, denn Margarete White fährt den strengreligiösen Trip, der alles verteufelt, was nicht mit Beten und Beichten zu tun hat. Woher also soll sie auch wissen, daß sie schwanger ist, wenn sie nicht einmal weiß, was sie vor einigen Monaten mit ihrem Mann getrieben hat? Daß das natürlich Auswirkungen auf Tochter Carrie hat, liegt auf der Hand. Der Unwille, ihre beinahe erwachsene Tochter Carrie ihr Leben leben zu lassen, steht für alle Eltern, die voll Schmerz und Schrecken feststellen, daß sie ihre Kinder verloren haben, ohne zu begreifen, wie oder warum es geschieht. Das sittenstrenge, strengreligiöse Gebahren als Reaktion auf den Abnablungsprozeß ihrer Tochter ist das Symbol für die schrecklichen Auswirkungen des religiösen Fundamentalismus auf das Leben von Menschen.

Wilkes, Annie

Mit der irren Annie Wilkes schafft King in dem Roman → »Sie« eine für ihn unerträgliche Person: Annie ist der → »Fan Nummer Eins« vom Erfolgsautor → Paul Sheldon, dem Alter Ego Kings. Annie ist verrückt, lebt wie Frederick Clegg in dem Roman → »Der Sammler« von → John Fowles in einer prüden, gefühlskalten Umgebung ohne eigene Identität. Sie ist wie Clegg eine Gefangene, im Gefängnis ihrer haßerfüllten, engen Welt, die nur aus der Romanheldin Misery Chastain besteht. Wie Clegg das Leben der hübschen Miranda verfolgt, verfolgt Wilkes manisch das ihres Lieblingsschriftstellers Paul. Clegg entführt Miranda, und als Paul praktisch vor Wilkes Haustür verunglückt, hält sie ihn gefangen und pflegt ihn gesund.

Oder das, was sie für gesund hält ... Denn schon in der Vergangenheit machte die ehemalige Krankenschwester von sich reden; als sie nämlich für den Tod mehrerer Patienten der Klinik verantwortlich war.

William Wilson (William Wilson)

Erzählung von → Edgar Allan Poe. In: O.: »Burton's Gentleman's Magazine, Philadelphia 1840 / Dt.: »Der Untergang des Hauses Usher«, detebe, Zürich 1984; Ü.: Th. Etzel

Die Erzählung von Poe steht Pate für den Roman → »Stark« von Stephen King. Der Ich-Erzähler wird im Internat zum ersten Mal mit einem anderen William Wilson konfrontiert, der sein Zwillingsbruder sein könnte: Er hat die gleichen Gewohnheiten, das gleiche Aussehen und ist ebenfalls am 19. Januar 1813 geboren. Wie eine Gestalt aus nebelhafter Kindheitsvisionen folgt der Doppelgänger – von den Mitschülern unbemerkt – dem »echten« Wilson und quält ihn mit seiner Flüsterstimme, die ihm Ratschläge für einen besseren Lebenswandel erteilen. Nachdem aus der engen Bindung Haß geworden ist, verschwindet das Ebenbild für einige Zeit aus dem Gesichtskreis Wilsons, der immer haltloser wird und den seine Ausschweifungen schließlich zum Verbrecher machen. Während der falsche Wilson aber nur noch auftaucht, um den echten Wilson von seinen Fehltritten zu bewahren, ist und bleibt bei King George Stark der Bösewicht.

Zwischen Wilson und Wilson kommt es zu einem Duell, an dessen Ende Wilson dem blutüberströmten »anderen« Wilson vor einem imaginären Spiegel gegensteht und aus dessen Mund mit seiner Stimme hört: »Du hast mich besiegt, und ich weiche. Doch von nun an bist auch du tot – tot für die Welt, den Himmel und die Hoffnung! In mir hast du gelebt – nun sieh in diesem Abbild, das dein eigenes ist, wie unwiderruflich du dich selbst gemordet hast.« Was auch auf die Situation von Kings → Thad Beaumont zutrifft, der sich durch die »Vernichtung« seines erfolgreichen → Pseudonyms jeglichen Erfolgs beraubt hat.

Winsconsin

Kleine, verschlafene Stadt in → »Das Bild – Rose Madder«, das Provinznest mit dem Tante-Emma-Laden, dem Einfamilienhaus in der Vorstadt, dem McDonald's gleich um die Ecke, in dem der Leser sich heimisch fühlt. Bis wir merken, daß der Schrecken im Detail lauert. Der Mann, der seine Frau schlägt.

World Fantasy Award

Die Gewinner des World Fantasy Awards werden alljährlich von den Teilnehmern der World Fantasy Convention ermittelt. 1982 ging der Preis in der Kategorie »Kurzprosa« an King für die Erzählung → »Der Gesang der

Toten«. 1994 ging der Preis in der Kategorie »Best Short Fiction« an King für die Erzählung → »The Man in the Black Suit«.

Wrightson, Berni

Amerikanischer Zeichner. King und Wrightson arbeiten im Laufe der Jahre an diversen Projekten gemeinsam. Wrightson liefert die Vorlagen für die Comic-Adaption von → »Creepshow«; er illustriert außerdem die Kalendergeschichte → »Das Jahr des Werwolfs«, die in den USA bereits 1983 als limitierte und signierte Ausgabe erscheint. Weiterhin gestaltet Wrightson im Comic-Band → »Heroes for Hope starring the X-men« das Script von Stephen King.

Wyzer, Joe

Apotheker in der Drogerie → Rite-Aid in → Derry, der sich 1992 bereits → Ralph Roberts in dem Roman → »Schlaflos« mit dem Kalauer vorstellt: »Früher war ich Joe Wyze, aber heute bin ich älter und Wyzer.« Joe gibt dem armen, schlaflosen Ralph einige Tips zum besseren Schlaf (die natürlich nicht helfen!) und erwähnt am Rande die »Hyperrealität«, von der Ralph natürlich erst einmal nichts hören will. Erst später stellt er fest, daß Joe sich selbst in derselbigen tummelt. 1994 besucht in dem Roman → »Sara« auch die Ehefrau Jo vom → Schriftsteller → Michael Noonan die Drogerie von Joe Wyzer, kurz bevor sie auf dem Weg zum Auto an einem Gehirnschlag stirbt.

WZON

Radiosender in Bangor, den der → Rock-'n'-Roll-Fan King 1986 aufkauft, »weil die scharfe Klinge des Rock 'n' Roll dieser Tage gefährlich stumpf geworden war«. King will sich mit dem Kauf eines eigenen Senders seine Musik erhalten, doch nach finanziellen Talfahrten verkauft er den Sender 1988.

XYZ

Your Kind of Place
Vierseitiges, unveröffentlichtes Essay.

Zauberer von Rotz
Ungnädige King-Titulierung eines Kritikers in Anspielung an Kings besondere Vorliebe für die Erzählung → »Der Zauberer von Oz«.

Zeichentrick
Die Geschichten von Stephen King lehnen sich bisweilen auf amüsante Weise an die Welt der von ihm heißgeliebten Bildgeschichten der → E.C. Comics an. Noch beliebter sind die rasanten Zeichentrickfilme der Warner Brothers, die Loony Tunes. → »Christine«, der chromeblickende 57 Plymouth Fury als Zwilling von Roger Rabbits Benny the Cab, der über Menschen mit so comicesken Namen wie Moochie hinwegrollt. In → »Shining« ist die Szene beispielgebend, in der → Jack Torrance den regungslosen Heckentieren den Rücken kehrt und der Leser weiß, daß diese in jenem Augenblick zum Leben erwachen. Ein sehr beliebter Gag aus der Welt der Cartoons.

Bekannt ist auch, daß in Zeichentrickfilmen niemand wirklich stirbt. Kanonen werden da bisweilen ins Gesicht gefeuert, aber kein Blut, kein Gehirn, nichts spritzt durch die Gegend. Daffy Duck trägt plötzlich nur die Nase am Hinterkopf. Kings Anlehnung an diese Situation findet sich in → »Brennen muß Salem«. Eva Millers Ehemann Ralph (ein Cartoon-Name!) findet sein Ende in einem Häcksler, er stirbt und er bleibt tot – das Absurde daran: er (dank seines Namens das Sinnbild der Zeichentrickfigur) ist einer der wenigen, der in Jerusalems Lot auch wirklich tot bleibt. Verkehrte King-Welt!

In → »The Blue Air Compressor« wird die dicke Mrs. Leighton zum Platzen gebracht, und das Monster in → »Die Kiste« ist laut King ein Monster von solcher Bösartigkeit, »daß es eigentlich ein Comic ist«. Und tatsächlich: Das zähnestarrende Monster unter der Kellertreppe hat verblüffende Ähnlichkeit mit dem → »Tasmanischen Teufel« der E.C. Comics. Die Geschichte → »Schlachtfeld« wiederum erinnert an die Weihnachtscartoons der dreißiger Jahre, in denen die Kinder ins Bett gehen und ihre Spielsachen zum Leben erwachen, um sich in ihren eigenen Festtagsfreuden zu ergehen. Zum Leben erwacht in → »Der Wäschemangler« auch der Bügel- und Faltautomat und verschluckt mit seinem »offenen Maul mit einer Zunge aus Segeltuch und elektrischen Augen, groß wie Fußbälle, die sie böse anfunkelten«, jeden, der ihm zu nahekommt.

Zum absoluten Höhepunkt treibt King seine Cartoon-Liebe in dem Roman »Regulator«, dessen Handlung zunehmend eine schräge Adaption der schrillen Filme aus den Hollywood-Studios wird. Eine Szene soll beispielgebend für Kings ungeheure Cartoon-Faszination sein: »›Ich finde, Sie sollten das keifende Weib abservieren‹, sagt Steeter lächelnd, und dann explodieren Lärm und weißes Feuer aus beiden Läufen von Murdocks abgesägter Flinte. Eben noch steht Kim Geller am Ende des Carverschen Fußwegs; im nächsten Augenblick ist sie völlig verschwunden. Nein; nicht ganz verschwunden. Ihre Turnschuhe stehen noch da, und ihre Füße stecken noch darin.« Eine typische Cartoon-Szene (hallo Duffy Duck!) ist auch: »Dann schwillt sein Schädel an; die Überreste von Cammies Kopf sehen aus wie ein ein monströser Pilz. Johnny hört ein reißendes Geräusch, wie von Papier, und erkennt, daß die dünne Haut über dem Schädelknochen auseinandergezogen wird. Die verschmierten Augenhöhlen dehnen sich und werden zu langen Schlitzen; der aufquellende Kopf verzerrt ihre Nase zu einer Schnauze mit langen trapezförmigen Nasenlöchern. Dann explodiert Cammie Reeds Kopf. Heiße Fetzen, in denen teilweise noch Leben pulsiert, prasseln gegen Johnnys Gesicht.«

Zeitloser Fremder
→ Randall Flagg

Zeitraffer (The Sun Dog)
Novelle. In: O.: »Four Past Midnight«, Viking, New York 1990 / Dt.: »Nachts«, Heyne Verlag, München 1991; Ü.: Joachim Körber
»Zeitraffer« gehört zum Zyklus um die Kleinstadt → Castle Rock und verbindet die Romane → »Stark« (1989) und → »In einer kleinen Stadt« (1991) miteinander. Tatsächlich ebnet »Zeitraffer« den Weg für das Faust'sche Drama, ist sozusagen der Prolog von »In einer kleinen Stadt«. Kevin Delevan bekommt zum fünfzehnten Geburtstag seinen sehnlichsten Wunsch erfüllt: die Polaroidkamera Sun 660. Doch anstatt ordentlicher Bilder zeigt sie nur ein Motiv: einen zähnefletschenden Hund, der von Foto zu Foto näherkommt. Die Familie entscheidet, die Kamera möglichst schnell zu entsorgen.

Der Trödelhändler Reginald »Pop« Merrill ist ein beinahe ebenso großer Schurke wie sein Neffe → Ace Merrill, dem wir übrigens als Vorzeige-

Halbstarken in den Castle-Rock-Geschichten → »Die Leiche« und → »Nona« bereits mehrmals begegnet sind. Es gelingt diesem Schurken, sich die Kamera unter den Nagel zu reißen. Respekt zeigt »Pop« dabei noch nicht einmal vor Sheriff → Alan Pangborn und seinem Officer → Norris Ridgewick. Im Gegenteil, er schießt so viele Fotos, daß das bösartige Viech zum Schluß tatsächlich aus der Kamera herausmaterialisiert, doch Kevin gelingt es in letzter Sekunde, das Tier mit einer Polaroid Sun-Kamera wieder einzufangen. Amüsant ist die Pointe im Epilog, in dem Kevin zum sechzehnten Geburtstag seinen sehnlichst gewünschten WordStar 70 Textcomputer geschenkt bekommt. Dieser spuckt folgenden Satz aus dem Printer: »Der Hund ist wieder auf freiem Fuß. Er schläft nicht. Er ist nicht faul. Er ist hinter dir her, Kevin. Er ist sehr hungrig. Und er ist SEHR wütend.«

Zensur
Eine Vielzahl von Bibliotheken weigert sich anfangs, Kings Bücher in die Regale zu stellen. → »Carrie« wird als Schund bezeichnet und aus den Schulbibliotheken in Las Vegas und Vermont entfernt. Gleiches Schicksal ereilt → »Shining« in Campbell County und Vancouver, da es »dämonische Besessenheit« in einer »widerlich obszönen Sprache« enthalte. Weiterhin werden → »Feuerkind« und → »Cujo« auf dem Index prüder Schulbibliotheks-Archivare gesetzt. Für King ist das kein Grund, stilistisch umzudenken: »Ich habe viele Geschichten über verzweifelte Menschen in verzweifelten Situationen geschrieben, und irgendwann läuft das einmal darauf hinaus: Da haben wir einen Mann, der etwas in seiner Garage zusammenbaut, er ist allein und schlägt einen Nagel in ein Brett, verfehlt den Nagel und trifft stattdessen seinen Daumen. Blut spritzt, und so weiter. Sagt dieser Mann etwa ›Ach du liebe Zeit‹? Strengen Sie Ihre Phantasie an. Mit anderen Worten, ich spreche davon, daß man die Wahrheit sagen sollte.« Die Wahrheit ist: Heute sind die Bibliotheken froh, wenn sie Kings Werke in ihre Regale stellen können, denn das erhöht die Besucherzahl um ein Doppeltes. Wie die Zeiten sich ändern ...

Zimmer 217
Für belesene King-Fans impliziert das Zimmer 217 die Angst vor Krankheit und vor dem Tod. Eins der dubiosen Geheimnisse des → Overlook-Hotels in dem Roman → »Shining« ist nämlich das Zimmer 217. Dort brachte sich die sechzigjährige Mrs. Massey um, die dem durchgedrehten → Jack Torrance wiederholt als blutiger Geist erscheint. In dem Roman → »Schlaflos« stirbt die Ehefrau des Protagonisten → Ralph Roberts nach langem Krebsleiden im Derry Home Hospital auf Zimmer 217.

Zueignung (Dedication)

Kurzgeschichte . In: O.1: »Night Visions 5«, Airlington Heights 1988; O.2: »Nightmares & Dreamscapes«, Verlag Viking, New York 1993 / Dt.1: »Nachtvisionen«, Heyne Verlag, München 1988; Ü.: Joachim Körber; Dt.2: »Alpträume«, Hoffmann & Campe, Hamburg 1993; Ü.: Joachim Körber

»Zueignung« berichtet vom armen, schwarzen Zimmermädchen Martha Rosewall, deren Mann Johnny sie brutal mißhandelt. Sie sucht Hilfe bei einer Hexe, der Bruja-Frau Mama Delorme, die ihr nicht nur den Unterschied zwischen biologischem und natürlichem Vater erklärt. Martha arbeitet in einem großen Hotel, in dem stets der bekannte Schriftsteller Peter Jefferies absteigt. Dieser wiederum masturbiert häufig und ergießt seinen Samen auf das Bettlacken. Die Hexe rät Martha, das Sperma vom Laken abzukratzen und zu verspeisen, was diese auch macht. Siehe da: Jahre später hat ihr Sohn Peter ein erfolgreiches Buch herausgebracht, und die handschriftliche Widmung in dem Buch, das ihr Jefferies, der wie Johnny inzwischen tot ist, vor langer Zeit geschenkt hat, gleicht sowohl vom Tenor her als auch graphologisch genau der ihres Sohnes. Die Erzählung sei, so erklärt King im Nachwort, eine Art Vorstudie für den Roman → »Dolores«, in dem die mißhandelte Dolores ebenfalls Hilfe bei einer »Hexe« sucht, wenngleich dort der übernatürliche Aspekt entfällt.

1964

In der Saga → »Der dunkle Turm« ist 1964 ein schicksalhaftes Jahr. → Odetta Holmes wird als künftige Gefährtin des → Revolvermanns → Roland Deschain nach → Mittwelt gezogen, während zur gleichen Zeit → Eddie Dean in New York geboren wird. Eddie wird 21 Jahre später ebenfalls in Rolands Welt geholt (→ »Der dunkle Turm: Drei«).

1408 (1408)

Kurzgeschichte. Auf: O: »Blood & Smoke«, Scribner, New York 2000; / Dt.: »Blut und Rauch«, Hör-CD, Ullstein, München 2000, Dt. Übersetzung von Wulf Bergner

»1408« handelt von Mike Enslin, einem Schriftsteller, der einst mit Jane Smiley studierte und davon träumte, ein »Junger Dichter« zu sein, und nun »für einen Hungerlohn für ›The Village Voice‹ arbeitet«, darauf reduziert, anspruchsloses Zeug wie »Zehn Nächte in zehn Gruselhäusern« oder »Zehn Tage auf zehn Gräbern« in die Tasten zu hämmern. Im Zuge einer Recherche für das neue Buch »Zehn Nächte in zehn Spukhotels« besucht er das Zimmer 1408 des film-noir-haften Dolphin Hotels. »Fünf Frauen und ein Mann sind aus dem Fenster dieses Zimmers gesprungen, Mr. Enslin«, bemerkt der Inhaber. »Zwölf Selbstmorde in 68 Jahren.« Und die 30 natürlichen Tode nicht zu vergessen.

Keine Sorge, beruhigt Mike, er trage heute sein »Glück bringendes Hawaiihemd – das mit der Geisterabwehr«, und überhaupt, lacht er zum Abschluß, er selbst glaube doch sowieso nicht an solchen Hokuspokus. Doch dann betritt er das Zimmer 1408, das in der dreizehnten Etage des »Dolphin« liegt, und dessen Zimmernummer die Quersumme 13 hat. Das Lachen vergeht ihm. Bilder bewegen sich und verändern ihren Inhalt. Die Tapete verwandelt sich in fahle Menschenhaut, aus der gierige Münder nach Mike schnappen. Das Licht bekommt die Farbe eines blutigroten Sonnenuntergangs und kündet von der Ankunft einer bedrohlichen Wesenheit, die hinter dem Zimer 1408 lebt. Das Leben rettet ihm seine Zigarette, die er seit dem Tag, an dem er aufgehört hat zu rauchen, wie einen Talisman hinter seine Ohren klemmt. Er will sie entflammen mit der Zündschachtel aus dem Jahre 1956, die auf dem Zimmertisch liegt, doch stattdessen geht sein Hemd in Flammen auf. Das rückt seine Sinne wieder gerade und läßt ihn aus dem Zimmer flüchten.

Seit diesem Tag hat Mike seinen Job an den Nagel gehängt, und jeden Abend, wenn die Sonne untergeht und den Himmel blutigrot färbt, verriegelt er die Türen und Fenster seines Hauses und hofft darauf, daß er in dieser Nacht endlich einmal nicht träumt. Träumt von der Wesenheit hinter dem Zimmer 1408 ...

Die Geschichte gibt es nur als Hörfassung auf der Audio-CD → »Blut und Rauch«.

217

→ Zimmer 217

DIE WICHTIGSTEN QUERVERWEISE AUF EINEN BLICK

Die Querverweise der Romane und Erzählungen untereinander sind jeweils mit Teil oder Buch und/oder Kapitel, Abschnitt und/oder Absatz und/oder Seitenzahlen angegeben. Sofern Seitenzahlen angegeben, beziehen sich diese auf die Hardcover-Ausgabe.

Roman/Erzählung:	**Andeutung auf:**	**Hier steht's geschrieben:**
1. Das Attentat	Carrie	Teil 2, Kapitel 23, Abschnitt 5
2. Cujo	Das Attentat	Absatz 1, Seite 278 ff
3. Die Leiche	Cujo	Kapitel 11, Abschnitt 8
	Cujo/Das Attentat	Kapitel 9, 1. Drittel
		Zeitraffer (Ace Merril) Kapitel 9, Mitte
4. Der Musterschüler	Pin Up	Kapitel 1
5. Der Mann, der niemandem die Hand geben wollte	Atemtechnik	Abschnitt 1
6. Mrs. Todds Abkürzung	Cujo	Seite 2, oben
	The Tommyknockers	Seite 8, oben
7. Es	Shining	Teil 2, Kapitel 23, Abschnitt 5
8. Drei	Shining	Herrin der Schatten
		Kapitel 3, Abschnitt 3
9. Sie	Shining	Teil 2, Kapitel 21
10. Das Monstrum	Der Talisman (Jack)	Buch 1, Kapitel 6, Absatz 2
	Das Attentat (Inside View)	Buch 2, Kapitel 8, Absatz 5
		Buch 3, Kapitel 9, Absatz 1
	Friedhof der Kuscheltiere	Buch 2, Kapitel 8, Absatz 9
	Es (Clown)	Buch 2, Kapitel 10, Absatz 14
	Shining	Buch 3, Kapitel 4, Absatz 3
	Feuerkind (Shop)	Buch 3, Epilog, Absatz 4
Stark	Cujo/Das Attentat	Teil 1, Kapitel 4, Absatz 1
Der Bibliothekspolizist	Sie (P. Sheldon/Misery)	Kapitel 2, Absatz 2
Zeitraffer	Die Leiche (Ace Merril)	Kapitel 2, Absatz 2
In einer kleinen Stadt	Stark	Kapitel 3, Absatz 1
		Kapitel 4, Absatz 4, Anfang
		Kapitel 7, Absatz 9
		Kapitel 23, Absatz 16, 1. Drittel
	Stark, Cujo, Das Attentat	Kapitel 7, Absatz 7
	Cujo	Kapitel 5, Absatz 5, Anfang

		Kapitel 18, Absatz 1–4
	Das Attentat	Kapitel 21, Absatz 7, Ende
	Die Leiche	Kapitel 4, Absatz 10, Ende
		Kapitel 12, Absatz 7, Anfang
		Kapitel 20, Absatz 12
	Zeitraffer	Kapitel 5, Absatz 1, 2. Seite
		Kapitel 9, Absatz 7, Mitte
		Kapitel 12, Absatz 7, 2. Seite
Brennen muß Salem	Friedhof der Kuscheltiere	Teil 1, Kapitel 6, Abschnitt 5, Ende
		Teil 3, Kapitel 14, Absatz 20 Ende
	In einer kleinen Stadt	Teil 3, Kapitel 14, Absatz 8 Ende
		Teil 2, Kapitel 9, Absatz 4
Das letzte Gefecht	Feuerkind	Kapitel 4, Ende
Omi	Cujo	
Nona	Die Leiche	Ace Merrill
Tot	Das Attentat/Nachtflieger	Buch 1, Teil 2, Kapitel 6 Anfang
	Es	Buch 1, Teil 1, Kapitel 13 Anfang
	Das letzte Gefecht	Buch 2, Teil 5, Kapitel 40
Einen auf den Weg	Brennen muß Salem (J's Lot)	
Der Nachtflieger	Das Attentat (Inside View)	
	Brennen muß Salem (J's Lot)	
Hausentbindung	Dolores (Salene St. George)	Absatz 16
	Das Attentat (Inside View)	
	Nachtflieger (Inside View)	
Das Spiel	Dolores	Abschnitt 18, Ende
Dolores	Das Spiel	
	Brennen muß Salem	
	Es	
Schlaflos	Es	Prolog, Abschnitt 3, Absatz 13
	Es (Mike Hanlon)	Erster Teil, Kapitel 1, Abschnitt 1
	Es (Ben Hanscom)	Zweiter Teil, Kapitel 18, Abschnitt 2
	Sara (Joe Wyzer)	Erster Teil, Kapitel 4, Abschnitt 3ff
	Sara (Rite Aid)	Erster Teil, Kapitel 4, Abschnitt 3ff
	Friedhof der Kuscheltiere	(Gage) Dritter Teil, Kapitel 25, Abschnitt 4

	Das Attentat (Inside View)	Erster Teil, Kapitel 4, Abschnitt 2
	Der Nachtflieger (Inside View)	Erster Teil, Kapitel 4, Abschnitt 2
	Shining (Zimmer 217)	Erster Teil, Kapitel 8, Abschnitt 1
	Der dunkle Turm (Roland)	Dritter Teil, Kapitel 30, Abschnitt 4–5
	Der dunkle Turm (Scharlachrote König)	Dritter Teil, Auftakt ff Dritter Teil, Kapitel 28 ff
	Der dunkle Turm (Ka-tet)	Dritter Teil, Kapitel 23, Abschnitt 2
Das Bild – Rose Madder	Schlaflos	
	Der dunkle Turm (Ka)	Kapitel 6, Abschnitt 10
	Der dunkle Turm (Lud)	Kapitel 5, Abschnitt 6
	Sie (Misery)	Prolog
Desperation	Das Attentat (Inside View)	Kapitel 3, Abschnitt 1, Absatz 1
	Das Bild – Rose Madder (Cynthia)	Kapitel 4, Abschnitt 3, Absatz 1ff
	Das Bild- Rose Madder (Norman)	Kapitel 4, Abschnitt 3, Absatz 9
	Regulator (Protagonisten /TAK)	durchgehend
Sara	Schlaflos (Rite Aid)	Kapitel 1, Absatz 1 ff
	Schlaflos (Joe Wyzer)	Kapitel 1, Absatz 3 ff
	Es (Bill Denborough)	
	Stark (Thad Beaoumont)	Kapitel 2, Absatz 26
Regulator	Desperation (Protago nisten/TAK)	durchgehend
	Shining	Brief von Mrs. Patricia ...
Die kleinen Schwestern von Eluria	Desperation (Can de lach ...)	Mitte
Atlantis	Der dunkle Turm (Der Scharlachrote König)	Kapitel 1

(Quelle: Nicole & Dirk Rensmann, mit freundlicher Genehmigung)

BIOGRAPHIE

Stephen Edwin King erblickt am 21. September 1947 in Portland, Maine, als Sohn von Donald und Nellie Ruth King (geborene Pillsbury) das Licht dieser Welt. Zwei Jahre später geht sein Vater eines Abends Zigaretten holen und kommt nie mehr zurück. Er läßt Stephen, seinen älteren Bruder David und Ruth King zurück.

Seine Kindheit verbringen David und Stephen zwischen Fort Wayne, Indiana, Massachusetts und Maine, hauptsächlich bei den Verwandten und Bekannten ihrer Mutter, die eine Vielzahl verschiedener Jobs annimmt, um mit ihren beiden Söhnen über die Runden zu kommen. Stephen ist zudem ein kränkliches Kind und verbringt viel Zeit zu Hause. Er beginnt dabei erste Geschichten zu schreiben, überwiegend Adaptionen großer Vorbilder des Genres. Einmal bekommt er von seinem Lehrer eine Erzählung zurück, die rot mit dem Wort »Schund« überkritzelt worden ist.

1958 lassen sie sich in Durham, Maine, nieder, wo er und David auch die Schule besuchen. Stephen lernt Christopher Chesley kennen, ebenfalls ein Anhänger phantastischer Themen, mit dem er 1960 das Heftchen »People, Places und Things« herausgibt, 18 kurze Erzählungen, acht von King, eine gemeinsam mit Chesley, der Rest von Chesley allein. Die einleitenden Worte an die Leser: Wenn ihr Phantasie habt, dann laßt ihr freien Lauf. Wenn ihr aber keine Phantasie habt, dann solltet ihr hier aufhören. Dieses Buch ist nichts für euch.«

Sechs Jahre später wird Stephens erste Geschichte »I was a Teenage Grave Robber« im Fanzine »Comics Review« veröffentlicht. 1967 gelingt es ihm, mit »The Glass Floor« zum ersten Mal eine Geschichte zu verkaufen, an »Startling Mystery Stories«.

King schließt 1966 die Lisbon Falls High School ab und erhält eine Auszeichnung in Englisch von der University of Maine in Orono. Während seiner Studienzeit trifft er Tabitha Spruce zwischen den Regalen der Fogler Campus Bibliothek, wo beide als Studenten jobben. King schließt 1970 die Universität ab und heiratet ein Jahr später Tabitha, in einem »geliehenen Anzug, der viel zu groß für mich war«, erinnert er sich.

Erste Probleme zeichnen sich ab: Eine Lehrerschwemme herrscht, King bleibt erwerbslos und das junge Ehepaar zieht in einen Wohnwagen in Hermon, Maine.

Dort leben sie von der Hand in den Mund. Ab und zu kommt ein wenig Geld in die Haushaltskasse, meist wenn Stephen eine Kurzgeschichte verkauft. Die meisten dieser Erzählungen werden in Herrenmagazinen wie »Cavalier« und »Penthouse« veröffentlicht. Viele dieser Geschichten sollen später in dem Sammelband »Nachtschicht« nachgedruckt werden.

Er arbeitet zunächst als Tankwart in einer Tankstelle und später für sechzig Dollar die Woche als Bügler in einer Großwäscherei. »Wir waren so arm wie Kirchenmäuse«, erinnert er sich heute, »und hatten zwei kleine Kinder, und es erübrigt sich wohl zu sagen, daß es nicht leicht war, mit diesem Gehalt auszukommen.« Seine Tochter trägt meistens nur geschnorrte Kleider.

Tabitha sucht sich Arbeit in einem benachbarten Dunkin' Donuts und kommt jeden Abend heim und riecht wie ein Krapfen. »Anfangs ein ganz netter Geruch«, erklärt King. »Sie wissen schon, angenehm und süß, aber nach einer Weile wurde er verdammt penetrant – ich war seither nicht mehr imstande, einem Krapfen ins Gesicht zu sehen.«

Im Herbst 1971 bekommt er schließlich einen Job als Englischlehrer an der Hampden Academy, jenseits des Penobscot Rivers in Bangor, aber sie zahlen nur sechstausendvierhundert Dollar jährlich, kaum mehr, als er vorher in der Wäscherei verdient hat. Schlimmer noch: »Ich mußte sogar nachts wieder in der Wäscherei arbeiten, damit wir uns über Wasser halten konnten.«

Sie leben auf einer kahlen, verschneiten Bergkuppe in Hermon, Maine, in einem Wohnwagen – »was nicht der Arsch des Universums sein mag, aber bestensfalls einen Furz weit davon entfernt«, glaubt er heute. Stephen kommt täglich erschöpft von der Schule heim und zwängt sich in den Heizraum des Wohnwagens, wo er Tabbys kleine tragbare Olivetti auf einen Kindertisch stellt, den er auf den Knien balancieren muß, und dort versucht, funkelnde Prosa zu tippen.

Dort hat er übrigens »Brennen muß Salem« geschrieben. Es ist sein zweites veröffentlichtes Buch, aber er hat den größten Teil davon fertigstellt, bevor »Carrie« von Doubelday angekauft worden ist.

»Wenn ich nach einem Tag des Unterrichts nach Hause kam und mit ansehen mußte, wie Tabby kühn mit einem Berg unbezahlter Rechnungen jonglierte, war es ein Vergnügen, mich in diesen engen Heizraum zu zwängen und mit einer Horde blutsaugender Vampire zu kämpfen. Verglichen mit unseren Gläubigern, waren sie eine verdammte Erleichterung.«

Eine Zeitlang steht deswegen sogar die junge Ehe auf Messers Schneide, und die Lage ist ziemlich angespannt. Doch Stephen gibt nicht auf. An den Abenden und am Wochenende schreibt er Kurzgeschichten und beginnt an einer Geschichte über ein Mädchen mit telekinetischen Fähigkeiten zu schreiben.

Als »Carrie« fertiggestellt ist, legt er das Manuskript zur Seite. Er ist unzufrieden. Erst auf Tabithas Drängen hin legt er das Manuskript dem Verlag Doubelday vor. Der entscheidende Tag kommt. Stephen King hält gerade eine Englischstunde. Und das Verhängnisvolle: Der Lektor Bill Thompson, der sich für »Carrie« interessiert, kann ihn nicht erreichen. »Wir hatten unser Telefon abgemeldet«, erinnert sich King, »weil wir das Ding nicht mehr bezahlen konnten.«

Das ändert sich ab sofort.

Als »Carrie« 1974 veröffentlicht wird, ist das Buch für ein Erstlingswerk ein beachtlicher Erfolg, und Doubleday verkauft die Paperback-Rechte für die damals hohe Summe von 400.000 Dollar an NAL. Stephen King ist plötzlich in der Lage, seine Lehrerstelle aufzugeben und sich nur noch auf das Schreiben zu konzentrieren. »Carrie« wird 1976 auf die Kinoleinwand gebracht. Der Film ist mit 1,8 Millionen Dollar im Grunde ein kleines Projekt, besetzt mit einer Reihe unbekannter Schauspieler und einem wenig bekannten Regisseur. 15 Millionen Dollar werden eingespielt, für zwei der Schauspieler folgen Oscar-Nominierungen. Der Film etabliert Brian DePalma als Director, verwandelt Sissy Spacek und John Travolta in Stars – und befördert King in die Top Liga der amerikanischen Horrorautoren. Spätestens seit der kongenialen Verfilmung seines Romans »Shining« durch Stanley Kubrick ist King in aller Munde. Auch die Romane »Das letzte Gefecht«, »Das Attentat«, »Feuerkind« und »Cujo« erklimmen die Bestsellerlisten. Bis zum heutigen Tag wird jedes veröffentlichte Buch ein Bestseller. King bricht alle Rekorde. 1988 erhält er für vier Bücher, die noch zu schreiben sind, 40 Millionen Dollar Vorschuß. Er hält sein Versprechen:

Ein Blick in Kings Bücherschrank.

In beständiger Reihenfolge erscheinen »Stark«, »Langoliers/Nachts«, »In einer kleinen Stadt«, »Dolores«, und zwischendurch noch »Das Spiel«.

Die meisten seiner Bücher und einige seiner Kurzgeschichten finden zusätzlich den Weg auf die Leinwand, meist nur mit spärlichem Erfolg. Ausnahmen: »Carrie«, »Das Attentat«, »Sie« (mit einem Oscar für Hauptdarstellerin Kathy Bathes), »Das Geheimnis eines Sommers« oder »Die Verurteilten«. Mit über 40 Verfilmungen ist King mit Abstand der meistverfilmte Autor der Gegenwart. Die Qualität der meisten Verfilmungen scheint King nicht sehr zu beschäftigen, und mit Ausnahme von »Feuerkind«, »Kinder des Zorns« oder »Shining«, das 1997 nach eigenem Drehbuch erneut verfilmt wird, mag er die meisten (mehr, als viele von uns sie mögen).

Zwischenzeitlich versucht er sein Glück als Regisseur: »Maximum Overdrive«, oder auch »Rhea M – Es begann ohne Warnung« ist eine heillose Katastrophe, und er bleibt bis auf weiteres dem Stuhl des Regisseurs fern. Er beschränkt sich auf Cameo-Auftritte und Drehbücher für seine Filme.

1996 wird ein außergewöhnliches Jahr für Stephen King. Er stellt erneut einen Rekord auf, als die sechs Episoden-Bände der Fortsetzungsgeschichte »The Green Mile« alle zur gleichen Zeit in der Bestsellerliste auftauchen. Viele Kritiker sprechen vom Ausverkauf des Namen Kings, als im gleichen Jahr der Roman »Desperation« erscheint und er mit dem Parallelroman »Regulator« sein altes Pseudonym Richard Bachman aufleben läßt, unter dem er von 1977 bis 1984 fünf Romane veröffentlicht hat. Gleichzeitig kommen die Filmrechte an »Das Bild – Rose Madder« für 1,5 Millionen Mark unter den Hammer.

Die Leser und Fans haben unterdessen kein Problem mit der Flut – bereits im April 1997 stürzen sie sich auf den langerwarteten vierten Band seines Dunklen-Turm-Epos, »Glas«. Die Glückssträhne Kings ist damit aber noch nicht beendet. Nach fast 20 Jahren verläßt er seinen alten Verlag, Penguin/Viking. Er unterschreibt bei Simon & Schuster/Scribner, die ihn neben einer Millionen-Pauschale mit 50 Prozent am Verkauf beteiligen, einen Vertrag über drei Bücher: »Sara«, den Band »Atlantis« (ein Kurzgeschichten/Roman-Experiment) und ein Sachbuch über die Kunst des Schreibens – Sein zweites Non-Fiction-Buch nach »Danse Macabre«, für das er 1982 alle wichtigen internationalen SF-Preise erhielt.

Zwischenzeitlich erscheinen noch das Drehbuch »Der Sturm des Jahrhunderts« und die Novelle »The Girl who loved Tom Gordon«, mit denen er Gerüchten entgegentritt, er würde mit dem Schreiben aufhören, weil alles gesagt ist, was er zu sagen hat. Aber das ist wohl nur eine falsche Hoffnung seiner ärgsten Kritiker.

Diese werfen ihm einen populistischen, trivialen Genre-Mix aus Science-Fiction, Fantasy und Horror, mit Monstern, Dämonen und Vampiren vor. Was soll's! Er sitzt hinter seinem Schreibcomputer, einem Apple Macintosh Powerbook, das nach einer Reihe von Umzügen schließlich in einem alten, viktorianischen Herrenhaus in Bangor, Maine steht und sagt: »Meine Bücher sind das literarische Äquivalent eines Big Mac mit einer großen Portion Pommes.«

Nun, für einen Großteil der Menschheit ist das heute schließlich die Hauptspeise. Doch tatsächlich steckt mehr dahinter. Der Mann, der lieber Hamburger als französisch ißt, sich regelmäßig die Baseball-Spiele der Boston Red Sox ansieht und überhaupt gern als stinknormaler Amerikaner gelten möchte, beschreibt in seinen Büchern die beiden Seiten der menschlichen Natur. Hier die »heile Welt« mit intakter Familie, deren Oberhäupter samstags vormittags den Rasen mähen; dort unsagbares Grauen, das unvermittelt hereinbricht – als tödliche Epidemie wie in »Das letzte Gefecht«, als Ufo wie in »Das Monstrum«, oder als simpler Herzinfarkt wie in »Das Spiel«, als Tod der geliebten Ehefrau in »Schlaflos« und »Sara«, als brutaler Ehemann in »Das Bild – Rose Madder« und »Dolores«.

DIE ZEIT zollt ihm im November 1998 Respekt, »weil er die Dramaturgie des Schreckens in der Tat ganz unvergleichlich beherrscht, vor allem aber, weil er auch jenseits oder vielmehr diesseits seiner special effects bestehen kann: als ein ernsthafter Schriftsteller.«

DER SPIEGEL lobt ihn als »brillanten Geschichtenerzähler aus Maine«. Das liegt daran, daß King die seltene Fähigkeit besitzt, auf Gefühle zu hören; er nimmt Unsicherheiten, wie sie in jedem Gespräch vorkommen, geschickt auf, reduziert sie nicht auf rationale Erklärungen, die sich letztlich immer als Beruhigungen erweisen, sondern spinnt sie genießerisch ins Grauen aus – genau da hat der Horror seinen Ursprung.

Tatsächlich aber hat sich Stephen King mit den Jahren herausgeschrieben aus dem Ghetto des Horrorgenres. Und seine Leser sind ihm gefolgt auf seinem Weg vom »Gespensterbuchschreiber« zum Verfasser bestechender Psycho-Dramen um Kindesmißbrauch, Technikabhängigkeit, um menschliche Fehlbarkeit und tragische Unglücke.

Er selbst bleibt davon nicht verschont.

Am Samstag, den 19. Juni 1999, hält die weltweite Fangemeinde den Atem an. Beinahe alle Tageszeitungen verbreiten die dpa-Nachricht: »Der amerikanische Bestsellerautor Stephen King ist von einem Kleinlaster angefahren und dabei offenbar schwer verletzt worden. Wie der amerikanische CNN berichtet, wurde der 51jährige Schriftsteller in ein Krankenhaus gebracht. King sei zu Fuß am Straßenrand unterwegs gewesen. Der Unfall ereignete sich am Samstagnachmittag (Ortszeit) in North Lovell im US-Bundesstaat Maine, heißt es in einem Polizeibericht. Stephen King besitzt dort ein Haus. Der Unfallfahrer sei durch einen Hund in seinem Wagen abgelenkt worden, habe die Kontrolle über das Fahrzeug verloren und King von hinten angefahren.«

Wenig später läßt die Klinik verlauten, King sei bei Bewußtsein. Sein Gesundheitszustand sei stabil, er könne mit Familienangehörigen sprechen. Die Verletzungen seien im »orthopädischen« Bereich, heißt es. Einzelheiten werden von der Familie nicht mitgeteilt. Noch in der Nacht zum Sonntag seien Vorbereitungen für eine Operation getroffen worden, heißt es. Seine Frau Tabitha, mit der er drei Kinder hat, Owen Phillip, Joseph Hillstrom und Naomi Rachel, sind an seiner Seite.

Der Unfall wird für Stephen King ein langes Nachspiel haben: Nach weiteren Operationen am Montag, 21. Juni 1999, meldet die Nachrichtenagentur Reuters, Stephen King könne frühestens in einigen Wochen wieder mit Gehhilfen laufen können, die Rehabilitationstherapie würde rund neun Monate in Anspruch nehmen. King selbst sei ein einfacher Patient und würde das Ganze nicht sonderlich schwer nehmen, sagt eine Ärztin. Unterdessen hat eine enorme Welle des Mitgefühls für den Autoren eingesetzt: Das Krankenhaus wird mit Karten, Briefen und Blumen eingedeckt – einige Läden in der Gegend haben keine Blumen mehr im Sortiment, die Angehörigen Kings verteilen die Geschenke unter anderen Patienten des Krankenhauses.

Die Anzahl der Hits auf der Webpage des Krankenhauses steigt um 3000 Prozent an. Scherzbolde schreiben unterdessen, daß King großes Glück hatte – er hätte ja auch von seinem Fan Nummer Eins, »Annie Wilkes«, gefunden werden können ... Kaum, daß er sich erholt hat, kauft er den Unfallwagen auf: »Um mit dem Hammer kräftig draufzuhauen«, so King. Der Unfallfahrer Bryan Edwin Smith, ein Arbeitsloser, der in einem Wohnwagen lebt, stirbt am 24. September 2000. »Liegt ein Fluch über Horror-Autor Stephen King?« fragt der deutsche Privatsender SAT.1 daraufhin. Denn die Todesursache von Smith sei ungeklärt. SAT.1 spekuliert: »King-Fans auf der ganzen Welt hatten Smith verflucht, er erhielt wütende Drohanrufe.«

Der Unfall hat aber auch sein Gutes. King bilanziert, jetzt, wo er haarscharf dem Tod von der Schippe gesprungen ist, sein Leben und verfaßt »Das Leben und das Schreiben«, mehr als eine Biographie. Es ist stellenweise ein intimes Geständnis: »Ich war drogenabhängig. Es gab nichts, was ich nicht geschluckt habe.« In dem Buch schildert King, warum und wie er zum Schreiben gekommen ist, er beschreibt, wie er das Schreiben handhabt. Ein gelungenes Lehrstück für Nachwuchsautoren.

Auch »Riding the Bullet«, im Deutschen »Achterbahn«, ist auf Kings unmittelbare Unfallerfahrung zurückzuführen. Die Geschichte wird als eBook veröffentlicht und sprengt alle Rekorde: 700.000 Downloads an einem Tag. Dieser Erfolg ermuntert King zu weiteren Internet-Spielchen: Er erweckt »The Plant«, eine Uralt-Geschichte, zu neuem Leben, überarbeitet sie und veröffentlicht sie als sechsteilige Fortsetzungsgeschichte im

Internet. Diesmal ist der Erfolg nicht so gewaltig. Der freiwillige Obolus, den die Leser entrichten sollen, wird von Mal zu Mal weniger überwiesen, so daß King im Dezember 2000 »The Plant« vorläufig einstellt und sich an neue Romane und die Fortsetzung seiner gewaltigen Saga »Der dunkle Turm«, die schon jetzt als sein opus magnum gilt, zu machen.

PS: Der amerikanische Newsletter »The Book Report« hat seine Leser in einer Umfrage aufgefordert, darüber abzustimmen, welchen Autoren sie zum Präsidenten der Vereinigten Staaten wählen würden. »Gruseliges« Ergebnis: Fast 16 Prozent sagen, sie würden Stephen King gerne als Präsident haben! [Eine weitere Kandidantin ist Joyce Carol Oates (5 Prozent), und immerhin noch 3 Prozent stimmen für Thomas Harris, der den Amerikanern mit »Das Schweigen der Lämmer« und »Hannibal« das Gruseln lehrt ...)

BIBLIOGRAPHIE

Romane & Sammelbände

»Ich spreche nicht oft darüber, weil es mir peinlich ist und weil es anmaßend klingt, aber ich sehe in Erzählungen immer noch etwas Hervorragendes, etwas, das das Leben nicht nur verbessert, sondern tatsächlich rettet. Und ich meine das auch nicht im übertragenen Sinn. Gute Literatur – gute Storys – sind der Schlagbolzen der Phantasie, und der Zweck der Phantasie ist es, glaube ich, uns Trost und Zuflucht vor Situationen und Lebensabschnitten zu bieten, die sich andernfalls als unerträglich erweisen würden.«

Stephen King

Die Bibliographie seiner Romane und Sammelbände listet chronologisch anhand der amerikanischen Erstveröffentlichung die Romane, Kurzgeschichtenbände und bibliophilen Einzelveröffentlichungen von Stephen King auf. Die jeweils deutsche Erstveröffentlichung wird mit entsprechendem Titel angegeben; mit Verweis auf den jeweiligen Übersetzer. Sofern eine neubearbeitete/ungekürzte Fassung wiederveröffentlicht wurde, wird auch diese aufgeführt. Weiterhin fanden gesonderte amerikanische und deutsche Einzel- und Sammlerausgaben ihre Aufnahme. Unveränderte Lizenzausgaben sowie Taschenbuch-Ausgaben bzw. -Neuauflagen werden nicht aufgeführt.

ALS STEPHEN KING

- PEOPLE, PLACES AND THINGS. Eigenverlag, Durham 1960. Enthält die Erzählungen: The Hotel at the End of the Road; I've got to get Away; The Dimension Warp; The Stranger; I'm Falling; The Cursed Expedition; The Other Side of the Fog; Never Look Behind You (mit Chris Chesley)
- CARRIE. Doubleday, Garden City 1974; 1) CARRIE. Schneekluth Verlag, München 1977, Deutsche Übersetzung von Elisabeth Epple; 2) CARRIE. Gustav Lübbe Verlag, Bergisch-Gladbach 1992. Dt. Neuübersetzung von W. Neuhaus
- SALEM'S LOT. Doubleday, Garden City 1975; 1) BRENNEN MUSS SALEM. Paul Zsolnay Verlag, Wien 1979. Gekürzte Fassung. Dt. Übersetzung von Ilse Winger & Christoph Wagner; 2) BRENNEN MUSS SALEM. Paul Zsolnay Verlag, Wien 1995. Ungekürzte Fassung. Dt. Übersetzung von Peter Robert
- THE SHINING. Doubleday, Garden City 1977 / SHINING. Bastei-Lübbe Verlag, Bergisch-Gladbach 1980. Dt. Übersetzung von Harro Christensen; Bemerkung: Als »Schein-Ding« gibt es eine Comic-Satire im MAD-Magazin, Nr. 143
- NIGHT SHIFT. Doubleday, Garden City 1978 / NACHTSCHICHT. Bastei-Lübbe Verlag, Bergisch-Gladbach 1984. Enthält die Kurzgeschichten: 1) Foreword (Vorwort) Dt. Übersetzung von Harro Christensen; 2) Jerusalem's Lot (Briefe aus Jerusalem) Dt. Übersetzung von Barbara Heidkamp; 3) Graveyard Shift (Spätschicht) Dt. Übersetzung von Harro Christensen; 4) Night Surf (Nächtliche Brandung) Dt. Übersetzung von Michael Kubiak; 5) I Am the Door-

way (Ich bin das Tor) Dt. Übersetzung von Harro Christensen; 6) The Mangler (Der Wäschemangler) Dt. Übersetzung von Karin Balfer; 7) The Boogeyman (Das Schreckgespenst) Dt. Übersetzung von Harro Christensen; 8) Gray Matter (Graue Masse) Dt. Übersetzung von Harro Christensen; 9) Battleground (Schlachtfeld) Dt. Übersetzung von Ulrike A. Pollay; 10) Trucks (Lastwagen) Dt. Übersetzung von Harro Christensen; 11) Sometimes They Come Back (Manchmal kommen sie wieder) Dt. Übersetzung von Barbara Heidkamp; 12) Strawberry Spring (Erdbeerfrühling) Dt. Übersetzung von Barbara Heidkamp; 13) The Ledge (Der Mauervorsprung) Dt. Übersetzung von Harro Christensen; 14) The Lawnmower Man (Der Rasenmähermann) Dt. Übersetzung von Sabine Kuhn; 15) Quitters, Inc. (Quitters, Inc.) Dt. Übersetzung von Ingrid Hermann; 16) I Know What You Need (Ich weiß, was du brauchst) Dt. Übersetzung von Ingrid Hermann; 17) Children of the Corn (Kinder des Mais) Dt. Übersetzung von Wolfgang Hohlbein; 18) The Last Rung on the Ladder (Die letzte Sprosse) Dt. Übersetzung von Barbara Heidkamp; 19) The Man Who Loved Flowers (Der Mann, der Blumen liebte) Dt. Übersetzung von Bernd Seligmann; 20) One for the Road (Einen auf den Weg) Dt. Übersetzung von Stefan Sturm; 21) The Woman in the Room (Die Frau im Zimmer) Dt. Übersetzung von Harro Christensen

- THE STAND. Doubleday, Garden City 1978 / DAS LETZTE GEFECHT. Bastei-Lübbe Verlag, Bergisch Gladbach 1985. Dt. Übersetzung von Harro Christensen
- THE DEAD ZONE. Viking, NEW YORK 1979; 1) DEAD ZONE – DAS ATTENTAT. Arthur Moewig Verlag, Rastatt 1981. Gekürzte Fassung. Dt. Übersetzung von Alfred Dunkel; 2) DEAD ZONE – DAS ATTENTAT. Heyne Verlag, München 1987. Ungekürzte Fassung. Dt. Übersetzung von Joachim Körber
- FIRESTARTER. Viking, New York 1980 / FEUERKIND. Bastei-Lübbe Verlag, Bergisch-Gladbach 1981. Dt. Übersetzung von Harro Christensen
- CUJO. Viking, New York 1981 / CUJO. Bastei-Lübbe Verlag, Bergisch-Gladbach 1983. Dt. Übersetzung von Harro Christensen
- DANSE MACABRE. Everest House, New York 1981 / DANSE MACABRE – DIE WELT DES HORRORS IN LITERATUR UND FILM. Heyne Verlag, München 1988. Dt. Übersetzung von Joachim Körber
- CREEPSHOW. Plume, New York 1982 / CREEPSHOW. Bastei-Lübbe Verlag, Bergisch Gladbach 1989. Dt. Übersetzung von Hajo F. Breuer. Enthält die Erzählungen: 1) Father's Day (Vatertag); 2) The Lonesome Death of Jordy Verrill (Der einsame Tod des Jordy Verrill); 3) The Crate (Die Kiste); 4) Something To Tode You Over (Wenn das Grauen dich überrollt); 5) They're Creeping Up On You (Der Wanzenhasser)
- THE DARK TOWER: THE GUNSLINGER. Donald M. Grant, West Kingston 1982 / SCHWARZ. Heyne Verlag, München 1988. Dt. Übersetzung von Joachim Körber. Enthält die Erzählungen: 1) The Gunslinger (Der Revolvermann); 2) The Way Station (Das Rasthaus); 3) The Oracle and the Mountains (Das Orakel und die Berge); 4) The Slow Mutants (Die langsamen Mutanten); 5) The Gunslinger and the Dark Man (Der Revolvermann und der Mann in Schwarz)
- DIFFERENT SEASONS. Viking, New York 1982 / FRÜHLING, SOMMER, HERBST & TOD. Später Band 1: Jahreszeiten: Frühling, Sommer. Band 2: Jahreszeiten: Herbst & Winter, Bastei-Lübbe Verlag, Bergisch-Gladbach 1984. Dt. Übersetzung von Harro Christensen. Enthält die Novellen: 1) Hope Springs Eternal: Rita Hayworth and

Shawshank Redemption (Frühlingserwachen: Pin Up); 2) Summer of Corruption: Apt Pupil (Sommergewitter: Der Musterschüler); 3) Fall from Innocence: The Body (Herbstsonate: Die Leiche); 4) A Winter's Tale: The Breathing Method (Ein Wintermärchen: Atemtechnik); 5) Nachwort

- CHRISTINE. Viking, New York 1983 / CHRISTINE. Bastei-Lübbe Verlag, Bergisch Gladbach 1983. Dt. Übersetzung von Harro Christensen
- PET SEMATARY. Doubleday, Garden City 1983 / FRIEDHOF DER KUSCHELTIERE. Hoffmann & Campe, Hamburg 1985. Dt. Übersetzung von Christel Wiemken
- CYCLE OF THE WEREWOLF. Land of Enchantment, New York 1983 / DAS JAHR DES WERWOLFS. Bastei-Lübbe Verlag, Bergisch-Gladbach 1985. Dt. Übersetzung von Harro Christensen
- THE PLANT. Philtrum Press, Bangor 1982, 1983, 1985. Bemerkung: Im Eigenverlag von Stephen King in einer Auflage von 100 Exemplaren gedruckt, an Freunde jeweils zu Weihnachten verschickt.
- THE EYES OF THE DRAGON. Philtrum Press, Bangor 1984. Auf 1250 Exemplare limitierte, numerierte und vom Autor handsignierte Ausgabe. Halbleinenband mit Buntpapierüberzug im Schuber, von Kenneth R. Linkhauser illustriert. 250 mit roter Tinte signierte Exemplare gelangten nicht in den Handel.
- THE TALISMAN (mit Peter Straub). Viking, New York 1984 / DER TALISMAN. Hoffmann & Campe, Hamburg 1986. Dt. Übersetzung von Christel Wiemken
- SILVER BULLET. NAL, New York 1985 / DER WERWOLF VON TARKER MILLS. Bastei-Lübbe Verlag, Bergisch-Gladbach 1986. Dt. Übersetzung von Harro Christensen
- TRUCKS – Die Filmerzählungen. Bastei-Lübbe Verlag, Bergisch-Gladbach 1985. Dt. Übersetzung aus »Nachtschicht«, 1978. Enthält: 1) Über das Phänomen des Schrifstellers, Drehbuchautors und Regisseurs Stephen King, von Willy Loderhose; 2) Trucks; 3) Kinder des Zorns; 4) Der Mauervorsprung; 5) Quitters, Inc.
- SKELETON CREW. Putnam, New York 1985. 1.1) IM MORGENGRAUEN (TEIL 1). Heyne Verlag, München 1985. Dt. Übersetzung von Alexandra v. Reinhardt. Enthält die Erzählungen: 1) The Man Who Wouldn't Shake Hands (Der Mann, der niemandem die Hand geben wollte); 2) Here There Be Tygers (Achtung – Tiger!); 3) Gramma (Oma); 4) Morning Deliveries (Morgenlieferung); 5) The Mist (Der Nebel)
- 1.2) DER GESANG DER TOTEN (TEIL 2) Heyne Verlag, München 1985. Enthält die Erzählungen: 1) Mrs. Todd's Shortcut (Mrs. Todds Abkürzung) Dt. Übersetzung von Alexandra von Reinhardt; 2) The Wedding Gig (Der Hochzeitsempfang) Dt. Übersetzung von Alexandra von Reinhardt; 3) The Jaunt (Travel) Dt. Übersetzung von Rolf Jurkeit; 4) Cain Rose Up (Kains Aufbegehren) Dt. Übersetzung von Alexandra von Reinhardt; 5) The Raft (Das Floß) Dt. Übersetzung von Rolf Jurkeit; 6) The Reach (Der Gesang der Toten) Dt. Übersetzung von Alexandra von Reinhardt; 7) The Reaper's Image (Der Sensenmann) Dt. Übersetzung von Alexandra von Reinhardt; 8) Nona (Nona) Dt. Übersetzung von Alexandra von Reinhardt; 9) Uncle Otto's Truck (Onkel Ottos Lastwagen) Dt. Übersetzung von Martin Bliesse
- 1.3) DER FORNIT (TEIL 3) Heyne Verlag, München 1985. Enthält die Erzählungen: 1) The Monkey (Der Affe) Dt. Übersetzung von Alexandra von Reinhardt; 2) Paranoid: A Chant (Paranoid: Ein Gesang) Dt. Übersetzung von Joachim Körber; 3) Word Processor of the Gods (Der Textcomputer der Götter) Dt. Übersetzung von Alexandra von

Reinhardt; 4) For Owen (Für Owen) Dt. Übersetzung von Joachim Körber; 5) Survivor Type (Überlebenstyp) Dt. Übersetzung von Monika Hahn; 6) Big Wheels. A Tale of the Laundry Game (Der Milchmann schlägt wieder zu) Dt. Übersetzung von Alexandra von Reinhardt; 7) The Ballad of the Flexible Bullet (Der Fornit) Dt. Übersetzung von Alexandra von Reinhardt; 8) Beachworld (Der Dünenplanet) Dt. Übersetzung von Alexandra von Reinhardt

- 2) BLUT. Heyne Verlag, München 1996. Dt. Übersetzung: Joachim Körber. 1) The Mist (Der Nebel); 2) Here There Be Tygers (Hier seyen Tiger!); 3) The Monkey (Der Affe); 4) Cain Rose Up (Kains Aufbegehren); 5) Mrs. Todd's Shortcut (Mrs. Todds Abkürzung); 6) The Jaunt (Der Jaunt); 7) The Wedding Gig (Der Hochzeitsempfang); 8) Paranoid: A Chant (Paranoid: Ein Gesang); 9) The Raft (Das Floß); 10) Word Processor of the Gods (Der Textcomputer der Götter); 11) The Man Who Wouldn't Shake Hands (Der Mann, der niemandem die Hand geben wollte); 12) Beachworld (Der Dünenplanet); 13) The Reaper's Image (Das Bildnis des Sensenmanns); 14) Nona (Nona); 15) For Owen (Für Owen); 16) Survivor Type (Überlebenstyp); 17) Uncle Otto's Truck (Onkel Ottos Lastwagen); 18) Morning Deliveries (Morgenlieferung – Milchmann 1); 19) Big Wheels. A Tale of the Laundry Game (Große Räder: Eine Geschichte aus dem Wäschereigeschäft – Milchmann 2); 20) Gramma (Omi); 21) The Ballad of the Flexible Bullet (Die Ballade von der flexiblen Kugel); 22) The Reach (Die Meerenge)
- THE BACHMAN BOOKS: FOUR EARLY NOVELS BY STEPHEN KING. NAL, New York 1985. Enthält: 1) Why I Was Bachman (Warum ich Richard Bachman war); 2) Rage (Amok); 3) The Long Walk (Todesmarsch); 4) Roadwork (Sprengstoff); 5) Running Man (Menschenjagd) Bemerkung: Das Vorwort »Warum ich Richard Bachman war« findet später Aufnahme in »Das Stephen King Buch« im Heyne Verlag.
- NONA UND DIE RATTEN. Heyne Verlag, München 1985. Dt. Übersetzung: Joachim Körber. Bemerkung: Eigenständige Veröffentlichung als Heyne-Mini-Pocketbuch, gekürzte Übersetzung der Erzählung aus »Skeleton Crew« (Bd. 2: Der Gesang der Toten).
- KATZENAUGEN – GESCHICHTEN AUS DEM DUNKEL. Bastei-Lübbe Verlag, Bergisch-Gladbach 1986. Dt. Übersetzung aus »Nachtschicht«, 1978 Enthält: 1) »Über das Phänomen des Schriftstellers, Drehbuchautors und Regisseurs Stephen King« von Willy Loderhose; 2) Quitters, Inc.; 3) Der Mauervorsprung; 4) Trucks; 5) Kinder des Mais; 6) »Bemerkungen zur Verfilmung« von W. Loderhose
- IT. Viking, New York 1986 – ES.; 1) Edition Phantasia, Linkenheim 1986. Dt. Übersetzung Alexandra von Reinhardt. Bemerkung: »Es« erscheint in einer einmaligen Auflage von 250 Exemplaren als Hardcover im Ledereinband mit rotem Blattschnitt und eingeprägtem Buchtitel in rotem Samtschuber. Zusätzlich erscheinen 30 römisch I bis XXX numerierte Exemplare, die nicht in den Handel gelangen. 2) Heyne Verlag, München 1986. Dt. Übersetzung von Alexandra von Reinhardt
- THE EYES OF THE DRAGON. Viking, New York 1987. Bemerkung: Revidierte Fassung. 1) DIE AUGEN DES DRACHEN. Heyne Verlag, München 1987. Dt. Übersetzung von J. Körber; 2) DIE AUGEN DES DRACHEN. Edition Phantasia, Linkenheim 1987. Bemerkung: Portfolio mit 13 Illustrationen von Johann Peterka zum Roman. In einer einmaligen Auflage von 100 numerierten Exemplaren. Die römisch I bis XXX numerierten Exemplare gelangten nicht in den Handel.
- THE DARK TOWER II: THE DRAWING OF THE THREE. Donald M.

Grant, West Kingston, 1987

- DREI. Heyne Verlag, München 1989. Dt. Übersetzung von Joachim Körber
- MISERY. Viking, New York 1987 / SIE. Heyne Verlag, München 1987. Dt. Übersetzung von Joachim Körber
- NEBEL. Edition Phantasia, Linkenheim 1987. Dt. Übersetzung von Alexandra von Reinhardt. Bemerkung: Auf 500 Exemplare limitierte, dt. Sonderausgabe der Novelle als Leinen-Hardcover mit Schutzumschlag in grauem Samtschuber; gegenüber der ersten Übersetzung in »Skeleton Crew« (Bd. 1: Im Morgengrauen) leicht revidiert. Zusätzliche 30 Exemplare, römisch I bis XXX numeriert, gelangen nicht in den Handel.
- THE TOMMYKNOCKERS. Putnam, New York 1987 / DAS MONSTRUM – TOMMYKNOCKERS. Hoffmann & Campe, Hamburg 1988. Dt. Übersetzung von Joachim Körber
- MY PRETTY PONY. The Whitney Museum, New York 1988. Library Fellows of American Art; limitierte Ausgabe.
- NIGHTMARES IN THE SKY. Viking, New York 1988 / NACHTGESICHTER. Heyne Verlag, München 1988. Dt. Übersetzung von Joachim Körber
- LETTERS FROM HELL. Lord John Press, Northridge 1988. Auf 500 Exemplare limitierte, vom Autor signierte Ausgabe von »Ever Et Raw Meat?«
- BARE BONES – CONVERSATIONS ON TERROR WITH STEPHEN KING. McGraw-Hill Book Company, New York 1988. 1) ANGST. Edition Phantasia, Linkenheim 1989. Dt. Übersetzung von Joachim Körber. Bemerkung: Auf 300 Exemplare limitierte Ausgabe, Hardcover in schwarzem Leinen, Samtschuber. Die römisch I bis XXX numerierten Exemplare gelangten nicht in den Handel. 2) ANGST PUR – GESPRÄCHE MIT DEM KING DES HORRORS. Heyne Verlag, München 1990. Dt. Übersetzung von Joachim Körber
- THE DARK HALF. Viking, New York 1989 / STARK – THE DARK HALF. Hoffmann & Campe, Hamburg 1989. Dt. Übersetzung von Christel Wiemken
- DOLAN'S CADILLAC. Lord John Press, N. Y. 1989
- THE STAND – The Complete and Uncut Version
- Doubleday, Garden City 1990 / DAS LETZTE GEFECHT – Die ungekürzte Fassung. Bastei-Lübbe Verlag, Bergisch-Gladbach 1990. Dt. Übersetzung von Joachim Körber
- FOUR PAST MIDNIGHT. Viking, New York 1990
- 1) LANGOLIERS. Heyne Verlag, München 1990 Dt. Übersetzung von Joachim Körber. Enthält die Novellen: 1) The Langoliers (Langoliers); 2) Secret Window, Secret Garden (Das heimliche Fenster, der heimliche Garten)
- 2) NACHTS. Heyne Verlag, München 1991. Dt. Übersetzung von Joachim Körber. Enthält die Novellen: 1) The Library Policeman (Der Bibliothekspolizist); 2) The Sun Dog (Zeitraffer)
- THE DARK TOWER III: THE WASTELANDS. Donald M. Grant, West Kingston 1991 / TOT. Heyne Verlag, München 1992. Dt. Übersetzung von Joachim Körber
- NEEDFUL THINGS. Viking, New York 1991 / IN EINER KLEINEN STADT – NEEDFUL THINGS. Hoffmann & Campe, Hamburg 1991. Dt. Übersetzung von Christel Wiemken
- GERALDS GAME. Viking, New York 1992 / DAS SPIEL. Heyne Verlag, München 1992. Dt. Übersetzung von Joachim Körber
- DOLORES CLAIBORNE. Viking, New York 1992 / DOLORES. Hoffmann & Campe, Hamburg 1993 Dt. Übersetzung von Christel Wiemken
- NIGHTMARES & DREAMSCAPES. Viking, New York 1993. 1) ALPTRÄUME. Hoffmann & Campe, Hamburg 1993. Dt. Übersetzung von Joachim Körber. Enthält die Erzählungen: 1)

Mythen, Glauben, Überzeugung und Ripley's Believe It or Not; 2) Dolan's Cadillac (Dolans Cadillac); 3) The End of the Whole Mess (Das Ende des ganzen Schlamassels); 4) Suffer the Little Children (Kinderschreck); 5) The Night Flier (Der Nachtflieger); 6) Popsy (Popsy); 7) It Grows on You (Es wächst einem über den Kopf); 8) Chattery Teeth (Klapperzähne); 9) Dedication (Zueignung); 10) The Moving Finger (Der rasende Finger); 11) Sneakers (Turnschuh); 12) You Know They Got a Hell of a Band (Verdammt gute Band haben die hier); 13) Home Delivery (Hausentbindung); 14) Rainy Season (Regenzeit); 15) My Pretty Pony (Mein hübsches Pony); 16) Sorry, Right Nummer (Entschuldigung, richtig verbunden); 17) The Ten O'Clock People (Die Zehn-Uhr-Leute); 18) Crouch End (Crouch-End); 19) The Fifth Quarter (Das fünfte Viertel); 20) The House on Maple Street (Das Haus in der Maple Street); 21) The Doctor's Case (Der Fall des Doktors); 22) Umneys last Case (Umneys letzter Fall); 23) Head Down (Kopf runter); 24) Brooklyn August (August in Brooklyn); 25) The Beggar and the Diamond (Der Bettler und der Diamant); 26) Afterword (Anmerkungen)

- 2.1) ALPTRÄUME. Heyne Verlag, München 1995. Dt. Übersetzung von Joachim Körber. Enthält die Erzählungen: 1) Mythen, Glauben, Überzeugung und Ripley's Believe It or Not; 2) Dolan's Cadillac (Dolans Cadillac); 3) The End of the Whole Mess (Das Ende des ganzen Schlamassels); 4) Suffer the Little Children (Kinderschreck); 5) The Night Flier (Der Nachtflieger); 6) Popsy (Popsy); 7) It Grows on You (Es wächst einem über den Kopf); 8) Chattery Teeth (Klapperzähne); 9) Dedication (Zueignung); 10) The Moving Finger (Der rasende Finger); 11) Sneakers (Turnschuh); 12) You Know They Got a Hell of a Band (Verdammt gute Band haben die hier); 13) Home Delivery (Hausentbindung); 14) Afterword (Anmerkungen)
- 2.2) ABGRUND. Heyne Verlag, München 1995. Dt. Übersetzung von Joachim Körber. Enthält die Erzählungen: 1) Mythen, Glauben, Überzeugung und Ripley's Believe It or Not; 2) Rainy Season (Regenzeit); 3) My Pretty Pony (Mein hübsches Pony); 4) Sorry, Right Nummer (Entschuldigung, richtig verbunden); 5) The Ten O'Clock People (Die Zehn-Uhr-Leute); 6) Crouch End (Crouch-End); 7) The Fifth Quarter (Das fünfte Viertel); 8) The House on Maple Street (Das Haus in der Maple Street); 9) The Doctor's Case (Der Fall des Doktors); 10) Umneys last Case (Umneys letzter Fall); 11) Head Down (Kopf runter); 12) Brooklyn August (August in Brooklyn); 13) The Beggar and the Diamond (Der Bettler und der Diamant); 14) Afterword (Anmerkungen)
- INSOMNIA. Viking, New York 1994. SCHLAFLOS – INSOMNIA. Heyne Verlag, München 1994. Dt. Übersetzung von Joachim Körber
- ROSE MADDER. Viking, New York 1995. DAS BILD – ROSE MADDER. Heyne Verlag, München 1995. Dt. Übersetzung von Joachim Körber
- UMNEYS LAST CASE. Penguin 60s, New York 1995, Mini-Book
- THE GREEN MILE. NAL/Signet, New York 1996. The Two Dead Girls – DER TOD DER JUNGEN MÄDCHEN. Bastei-Lübbe Verlag, Bergisch-Gladbach 3/1996. Dt. Übersetzung von Joachim Honnef. The Mouse on the Mile – DIE MAUS IM TODESBLOCK. Bastei-Lübbe Verlag, Bergisch-Gladbach 4/1996. Dt. Übersetzung von Joachim Honnef. Coffey's Hands – COFFEY'S HÄNDE. Bastei-Lübbe Verlag, Bergisch-Gladbach 5/1996. Dt. Übersetzung von Joachim Honnef. The Bad Death of Eduard Delacroix – DER QUALVOLLE TOD. Bastei-Lübbe Verlag, Bergisch-Glad-

bach 6/1996. Dt. Übersetzung von Joachim Honnef. Night Journey – REISE IN DIE NACHT. Bastei-Lübbe Verlag, Bergisch-Gladbach 7/1996. Dt. Übersetzung von Joachim Honnef.

- Coffey on the Mile – COFFEY'S VERMÄCHTNIS Bastei-Lübbe Verlag, Bergisch-Gladbach 8/1996. Dt. Übersetzung Joachim Honnef
- DESPERATION. Viking, New York 1996 / DESPERATION. Heyne Verlag, München 1996. Dt. Übersetzung von Joachim Körber
- THE DARK TOWER IV: Wizard And Glass. Donald M. Grant, West Kingston 1997 / GLAS – DER DUNKLE TURM. Heyne, München 1997. Dt. Übersetzung von J. Körber
- SIX STORIES. Philtrum Press, Bangor 1997. Enthält die Erzählungen: 1) Autopsy Room 4; 2) Blind Willie; 3) The Luckey Quarter; 4) L.T's Theory Of Pets; 5) Lunch At The Gotham Cafe; 6) The Man In The Black Suit
- BAG OF BONES. Scribner, New York 1998 / SARA. Heyne Verlag, München 1998. Dt. Übersetzung von Joachim Körber
- THE LIEUTENANT'S RAP. Philtrum Press, Bangor 1999
- STORM OF THE CENTURY. Pocket Books, New York 1999 / DER STURM DES JAHRHUNDERTS. Heyne Verlag, München 1999. Dt. Übersetzung von Peter Robert
- HEARTS OF ATLANTIS. Scribner, New York 1999, ATLANTIS, Heyne Verlag, München 1999, Dt. Übersetzung von Peter Robert
- THE GIRL WHO LOVED TOM GORDON. Scribner, New York 1999 / DAS MÄDCHEN. SchneekluthVerlag, München 2000, Dt. Übersetzung von Wulf Bergner
- BLOOD AND SMOKE. Scribner, New York 1999 / BLUT UND RAUCH. Ullstein Verlag, München 2000, Dt. Übersetzung von Wulf Bergner
- ON WRITING. Scribner, New York 2000 / DAS LEBEN UND DAS SCHREIBEN. Ullstein Verlag, München 2000; Dt. Übersetzung von Andrea Fischer
- SECRET WINDOW. Book ot the Month-Club, New York 2000
- RIDING THE BULLET. eBook, Simon & Schuster 2000 / RIDING THE BULLET – ACHTERBAHN. Ullstein Verlag, München 2000; Dt. Übersetzung von Hedda Pänke
- DREAMCATCHER. Scribner, New York 2001 / DUDDITS – DREAMCATCHER. Ullstein Verlag, München 2001, Dt. Übersetzung von Hedda Pänke
- FROM A BUICK EIGHT. Scribner, New York 2002
- THE DARK TOWER V: THE CRAWLING SHADOW. Scribners, New York 2002

STEPHEN KING ALS RICHARD BACHMANN

- RAGE. NAL/Signet, New York 1977 / AMOK. Heyne Verlag, München 1988. Dt. Übersetzung von Joachim Honnef
- THE LONG WALK. NAL/Signet, New York 1979 / TODESMARSCH. Heyne Verlag, München 1987. Dt. Übersetzung von Nora Jensen
- ROADWORK. NAL/Signet, New York 1981 / SPRENGSTOFF. Heyne Verlag, München 1986. Dt. Übersetzung von Nora Jensen
- THE RUNNING MAN. NAL/Signet, N. Y. 1982 / MENSCHENJAGD. Heyne Verlag, München 1986. Deutsche Übersetzung von Nora Jensen
- THINNER. NAL, New York 1984 / DER FLUCH. Heyne Verlag, München 1985. Dt. Übersetzung von Nora Jensen
- THE REGULATORS. Dutton, New York 1996 / REGULATOR. Heyne Verlag, München 1996. Dt. Übersetzung von Joachim Körber

Kurzgeschichten & Essays

Die Bibliographie listet die Kurzgeschichten und Erzählungen alphabetisch anhand der amerikanischen Originaltitel auf. Angegeben werden die Magazine, Zeitschriften, Anthologien und Sammelbände, in denen die Erzählungen veröffentlicht wurden. Der dt. Titel mit Verweis auf deutschsprachige Anthologien und Sammelbände ist angegeben, sofern die Erzählung übersetzt wurde.

- 1408. Auf: Blood & Smoke, Scribner, New York 2000. 1408. Auf: HörCD »Blut und Rauch«, Ullstein, München 2000
- A HARDCASE SPEAKS. Gedicht
- A NOTE FROM STEVEN KING. Essay unter fehlerhaftem Namen auf dem Inlet zum Film-Soundtrack »Evil Dead« (Tanz der Teufel), 1982
- A WARNING FROM STEPHEN KING. Essay für einen Autorenwettbewerb für Gruselgeschichten; King sitzt in der Jury. In: Disney Adventures
- ACCIDENT. Ein Stück
- AFTER THE PLAY. Unveröffentlichtes Nachwort zu »The Shining«
- THE AFTERMATH. Unveröffentlichte Novelle
- AN EVENING AT GODS. ein Ein-Minuten-Stück
- AUTOPSY ROOM 4. In: Six Stories, Philtrum Press, Bangor 1997
- APT PUPIL – SUMMER OF CORRUPTION. In: Different Seasons, Viking, New York 1982 / SOMMERGEWITTER: DER MUSTERSCHÜLER. In: 1) Frühling, Sommer, Herbst und Tod, Bastei-Lübbe, Bergisch-Gladbach 1984; 2) Jahreszeiten: Frühling & Sommer, Bastei-Lübbe, Bergisch-Gladbach 1987 3) Frühling, Sommer, Herbst & Tod, Heyne Verlag, München 1992; 4) Die Verurteilten, Heyne Verlag, München 1995
- BABYLON HERE; auch als Sword In The Darkness, 1970, nie veröffentlichte Story
- THE BALLAD OF THE FLEXIBLE BULLET. In: 1) The Magazine of Fantasy & Science Fiction, Juni 1984; 2) Skeleton Crew, Putnam, New York 1985
- DER FORNIT. 1) Günther Pelzer (Hg.): Heyne Jahresband 1986, Heyne Verlag, München 1986; 2) Der Fornit, Heyne Verlag, München 1987; 3) Günther Pelzer (Hg.): Heyne Jahresband 1990, Heyne Verlag, München 1990 / DIE BALLADE DER FLEXIBLEN KUGEL. In: Blut, Heyne Verlag, München 1996
- BATTLEGROUND. In: 1) Cavalier, September 1972; 2) Night Shift, Doubleday, Garden City 1978
- SCHLACHTFELD. In: Nachtschicht, Bastei-Lübbe, Bergisch Gladbach 1984
- BEACHWORLD. In: 1) Weird Tales, 1985; 2) Skeleton Crew, Putnam, New York 1985 / DER DÜNENPLANET. In: 1) Der Fornit, Heyne Verlag, München 1987; 2) Güntzer Petzer (Hg.): Heyne Jahresband 1992, München 1992 / DÜNENWELT. In: Blut, Heyne Verlag, München 1996
- THE BEAR. Vorabveröffentlichung zu »Tot« (1. Kapitel). In: Magazine of Fantasy and Science Fiction, Dezember 1990
- BEFORE THE PLAY. Vorwort zu »Shining«; In: 1) Whispers 17/18, 1982; 2) TV Guide (gekürzt), 1997
- THE BEGGAR AND THE DIAMOND. In: Nightmares & Dreamscapes, Viking, New York 1993 / DER BETTLER UND DER DIAMANT. In: 1) Alpträume, Hoffmann & Campe, Hamburg 1993; 2) Abgrund, Heyne Verlag, München 1995
- BETWEEN ROCK AND A SOFT PLACE. In: Playboy, Januar 1982
- BIG WHEELS: A TALE OF THE LAUNDRY GAME (MILKMAN #2) In: 1) Ramsey Campbell (Hg.): New Terrors 2, Pan Books, London 1980; 2) Skeleton Crew, Putnam, New York

1985 / DER MILCHMANN SCHLÄGT WIEDER ZU. In: 1) Der Fornit, Heyne Verlag, München 1987; 2) Günther Petzer: Das Ferien-Lesebuch, Heyne Verlag, München 1989

- GROSSE RÄDER: EINE GESCHICHTE AUS DEM WÄSCHEREIGESCHÄFT (MILCHMANN 2) In: Blut, Heyne Verlag, München 1996
- THE BIRD AND THE ALBUM. Auszug aus »Es«. In: Jeff Frane & Jack Rems (Hg.): A Fantasy Reader, Berkeley 1981
- BLAZE. Nie veröffentlichte Novelle, 1973
- BLIND WILLIE. In: 1) Anthologie »Antaeus: The Final Volume«; 2) Six Stories, Philtrum Press, Bangor 1997
- THE BLUE AIR COMPRESSOR. In: 1) Onan, 1971; 2) Heavy Metal, 1981
- THE BODY – FALL FROM INNOCENCE. In: Different Seasons, Viking, New York 1982 / HERBSTSONATE – DIE LEICHE. In: 1) Frühling, Sommer, Herbst und Tod, Bastei-Lübbe, Bergisch-Gladbach 1984; 2) Jahreszeiten: Herbst & Winter, Bastei-Lübbe, Bergisch-Gladbach 1987; 3) Frühling, Sommer, Herbst und Tod, Heyne Verlag, München 1992; 4) Die Verurteilten, Heyne Verlag, München 1995
- THE BOOGEYMAN. In: 1) Cavalier, 1973; 2) Night Shift, Viking, New York 1978 / DAS SCHRECKGESPENST. In: 1) Nachtschicht, Bastei-Lübbe, Bergisch Gladbach 1984; 2) Jason Dark (Hg.): 50 Mal Gänsehaut, Bastei-Lübbe, Bergisch-Gladbach, 1986; 3) Joachim Körber (Hg.): Das Stephen-King-Buch, Heyne Verlag, München 1989; 4) Gisela Eichhorn (Hg.): Sanfter Schrecken, Scherz Verlag, München 1994
- THE BREATHING METHOD – A WINTER'S TALE. In: Different Seasons, Viking, New York 1982
- EIN WINTERMÄRCHEN – ATEMTECHNIK. In: 1) Frühling, Sommer, Herbst und Tod, Bastei-Lübbe, Bergisch Gladbach 1984; 2) Jahreszeiten: Herbst und Winter, Bastei-Lübbe, Bergisch-Gladbach 1987; 3) Frühling, Sommer, Herbst und Tod, Heyne Verlag, München 1992; 4) Die Verurteilten, Heyne Verlag, München 1995
- BROOKLYN AUGUST. In: 1) Io 10, 1971; 2) Tyson Blue (Hg.): The Unseen King, Starmont House, Mercer Island 1989; 3) Nightmares & Dreamscapes, Viking, New York 1993 / AUGUST IN BROOKLYN. In: 1) Alpträume, Hoffmann & Campe Verlag, Hamburg 1993; 2) Abgrund, Heyne Verlag, 1995
- CAIN ROSE UP. In: 1) Ubris, Frühling 1968; 2) Skeleton Crew, Putnam, New York 1985 / KAINS AUFBEGEHREN. In: 1) Der Gesang der Toten, Heyne Verlag, München 1987; 2) Das Ferien-Lesebuch 1988, Heyne Verlag, München 1988; 3) Blut, Heyne Verlag, 1996
- THE CANNIBALS. Auch bekannt als »Under The Dome«
- THE CAT FROM HELL. In: 1) Cavalier Magazine, Juni 1977; 2) Peter Haining (Hg.) Tales of Unknown Horror, NEL, London 1978; 3) Terry Carr (Hg.): The Year's Best Fantasy, Berkeley Books, New York 1979; 4) Jack Dann & Gardner R. Dozois (Hg.): Magicats!, Ace Books, New York 1984; 5) New Bern Magazine, April/Mai 1984; 6) Castle Rock: The Stephen King Newsletter, Juni 1985 / DIE HÖLLENKATZE. In: 1) Josh Pachter (Hg.): Top Horror, Heyne Verlag, München 1984; 2) Joachim Körber (Hg.): Das Stephen-King-Buch, Heyne Verlag, München 1989. 3) John Harrisson (Hg.): Geschichten aus der Schattenwelt, Bastei-Lübbe Verlag, Bergisch Gladbach 1991 / DIE KATZE AUS DER HÖLLE. In: Jack Dann & Gardner R. Dozois (Hg.): Das große Katzen-Lesebuch der Fantasy, Goldmann 1993 / CHATTERY TEETH. In: 1) Cemetary Dance, 1992; 2) Nightmares & Dreamscapes, Viking, New York 1993 / KLAPPERZÄHNE. In: 1) Joachim Körber (Hg.): Horror vom Feinsten 2, Heyne Verlag, München 1993; 2) Alpträume, Hoffmann &

Campe Verlag, Hamburg 1993; 3) Alpträume, Heyne Verlag, München 1995

- CHILDREN OF THE CORN. In: 1) Penthouse, März 1977; 2) Night Shift, Doubleday, Garden City 1978 / KINDER DES MAIS. In: 1) Nachtschicht, Bastei-Lübbe Verlag, Bergisch-Gladbach 1984; 2) Katzenauge, Bastei-Lübbe Verlag, Bergisch-Gladbach1986 / KINDER DES ZORNS. 1) Michael Görden (Hg.): Totentanz – Gespensterbuch 3, Bastei-Lübbe Verlag, Bergisch-Gladbach 1984; 2) Trucks, Bastei-Lübbe Verlag, Bergisch-Gladbach 1986
- THE CORNER. Unvollendete Erzählung
- THE CRATE. In: 1) Gallery, Juli 1979; 2) Terry Carr (Hg.): Fantasy Annual III, Pocket Books, New York 1981; 3) Pronzini, Malzberg & Greenberg: The Arbor House Treasury of Horror und The Supernatural, Arbor House, New York 1981; 4) Comic-Adaption für »Creepshow«, Plume, New York 1982 / DIE KISTE. In: 1) Pronzini, Malzberg & Greenberg (Hg.): Unheimliches, Heyne Verlag, München 1985; 2) Joachim Körber (Hg.): Das Stephen King Buch, Heyne Verlag, München 1989; 3) Comic-Adaption für »Creepshow«, Bastei-Lübbe Verlag, Bergisch-Gladbach 1989
- CROUCH END. In: 1) Ramsey Campbell (Hg.): New Tales of the Cthulhu Mythos, Arkham House, Sauk City 1980; 2) David G. Hartwell (Hg.): The Dark Descent, Tor Books, New York 1987; 3) Nightmares & Dreamscapes, Viking, New York 1993 / CROUCH END. In: 1) Alpträume, Hoffmann & Campe Verlag, Hamburg 1993; 2) Abgrund, Heyne Verlag, München 1995
- CULCH. Unveröffentlichtes, vierseitiges Essay
- THE CURSED EXPEDITION. In: People, Places & Things, Eigenverlag, Durham 1960
- THE DARK MAN. Gedicht. In: 1) Ubris, Frühling 1969; 2) Moth, 1970
- THE DARK TOWER. »An Excert from the upcomping Wizard and Glass«. In: A Gift from Stephen King, Mini-Book, Penguin, N.Y. 1996
- DARKSHINE. Erster Entwurf für »Shining«
- DEDICATION. In: 1) Douglas E. Winter (Hg.): Night Visions 5, Dark Harvest, Arlington Heights 1988; 2) Nightmares & Dreamscapes, Viking, New York 1993 / ENTSCHLOSSENHEIT. 1) Douglas E. Winter (Hg.): Nachtvisionen, Heyne Verlag, München 1990 / ZUEIGNUNG. In: 1) Alpträume, Hoffmann & Campe Verlag, 1993; 2) Alpträume, Heyne Verlag, 1995
- THE DIMENSION WARP. In: People, Places & Things, Eigenverlag, Durham 1960
- DIAMONDS ARE FOREVER. In: Life, Mai 1994
- DIGGING THE BOOGENS. In: Twilight Zone Magazine, Juli 1982
- DO THE DEAD SING? (THE REACH) In: 1) Yankee, November 1981; 2) Skeleton Crew, Putnam, New York 1985; 3) American Gothic Tales, 1996 (als »The Reach«) / DER GESANG DER TOTEN. 1) Der Gesang der Toten, Heyne Verlag, München 1987; 2) Manfred Kluge (Hg.): Das Winterlesebuch, Heyne Verlag, 1986; 3) Joachim Körber (Hg.): Das Stephen King Buch, Heyne Verlag, 1989 / DIE MEERENGE. In: Blut, Heyne Verlag, 1996
- THE DOCTOR'S CASE. In: 1) Greenberg & Rössel-Waugh (Hg.): The New Adventures of Sherlock Holmes, Carrol & Graf, New York 1987; 2) Nightmares & Dreamscapes, Viking, New York 1993 / DER FALL DES DOKTORS. In: 1) Bernhard Matt (Hg.): Krimi Jahresband 1988, Heyne Verlag, München 1988; 2) Greenberg & Rössel-Waugh (Hg.): Die neuen Abenteuer des Sherlock Holmes, Bastei-Lübbe Verlag, Bergisch-Gladbach 1989; 3) Alpträume, Hoffmann & Campe Verlag, Hamburg 1993; 4) Abgrund, Heyne Verlag, München 1995

- DOLAN'S CADILLAC. In: 1) Castle Rock – The Stephen King Newsletter 2–5, 1985; 2) Dolan's Cadillac (Luxusausgabe, Lord John Press, 1986; 3) Nightmares & Dreamscapes, Viking, New York 1993 / DOLANS CADILLAC. In: 1) Alpträume, Hoffmann & Campe Verlag, Hamburg 1993; 2) Alpträume, Heyne Verlag, 1995
- THE DOLL WHO ATE HIS MOTHER. In: Whispers 11/12, Oktober 1978
- DONOVAN'S BRAIN. Gedicht. In: Moth, 1970
- THE DOORS. Nie beendet und veröffentlicht
- DON'T BE CRUEL. In: TV Guide, April/Mai 1983
- THE DREADED X. 15seitiges Essay über ungerechte und willkürliche Zensur bei US-Kinofilmen. In: Gauntlet 2, 1991
- DR. SEUSS AND THE TWO FACES OF FANTASY Essay. In: Fantasy Review 68, Juni 1984
- THE END OF THE WHOLE MESS. In: 1) Omni, Oktober 1986; 2) Nightmares & Dreamscapes, Viking, New York 1993 / DAS ENDE DES GANZEN SCHLAMASSELS. In: 1) Alpträume, Hoffmann & Campe Verlag, 1993; 2) Alpträume, Heyne Verlag, München 1995
- AN EVENING AT GOD'S. In: American Repertory Theater, 1990
- EVER ET RAW MEAT? And other weird questions. In: 1) New York Times, 6. Dezember 1987; 2) Twilight Zone Magazine, Juni 1988; 3) Letters from Hell, Lord John Press, Northridge 1988. LESERBRIEFE! In: Esquire 161
- EVERYTHING YOU NEED TO KNOW ABOUT WRITING SUCCESFULLY – IN TEN MINUTES
- Essay. In: 1) The Writer, Juli 1986; 2) Sylvia K. Burack (Hg.): The Writers Handbook, The Writer Inc., Boston 1987
- EVERYTHING'S EVENTUAL. In: Magazine of Fantasy and Sience Fiction, 10/11 1997 / ALLES IST RIESIG. In: F13 (Computerspiel), Blue Byte Software, 1999
- THE EVIL DEAD: WHY YOU HAVEN'T SEEN IT AND WHY YOU SHOULD HAVE. In: Twilight Zone Magazine, November 1982
- FATHER'S DAY. Comic-Adaption. In: Creepshow, Plume, New York 1982 / VATERTAG. In: Creepshow, Bastei-Lübbe Verlag, 1989
- THE FIFTH QUARTER. In: 1) Cavalier, April 1972 (unter Pseudonym John Swithen); 2) Twilight Zone Magazine, Februar 1986. 3) Nightmares & Dreamscapes, Viking, New York 1993 / DAS FÜNFTE VIERTEL. In: 1) Alpträume, Hoffmann & Campe Verlag, Hamburg 1993; 2) Abgrund, Heyne Verlag, 1995
- THE FLOAT (THE RAFT). In: Adam Magazine. Neuveröffentlicht unter dem Titel »The Raft«
- FOREWORD. In: Harlan Ellison's Stalking the Nightmare, Phantasia Press, 1982
- FOREWORD. In: Neil Gaiman: The Sandman – World's End, Juni 1994
- FOR OWEN. Gedicht. In: Skeleton Crew, Putnam, N.Y. 1985 / FÜR OWEN. In: 1) Der Fornit, Heyne Verlag, München 1987; 2) Blut, Heyne Verlag, München 1996
- FOR THE BIRDS. In: James Charlton (Hg.): Bread Any Good Rooks Lately?, Doubleday, Garden City 1986
- THE FRIGHT REPORT. In: Oui, Januar 1978
- GENERAL. In: Screamplays, 1997
- THE GLASS FLOOR. In: Startling Mystery Stories 6, Herbst 1967
- GRAMMA. In: 1) Weird Book, Frühling 1984; 2) Skeleton Crew, Putnam, New York 1985 / OMI. In: 1) Im Morgengrauen, Heyne Verlag, München 1987; 2) Ernst M. Frank (Hg.): Hexengeschichten, Heyne Verlag, München 1988; 3) Günther Petzer: Heyne Jahresband 1993, Heyne Verlag, Mün-

chen 1993; 4) Blut, Heyne Verlag, München 1996

- GRAVEYARD SHIFT. In: 1) Cavalier, Oktober 1970; 2) Night Shift, Doubleday, Garden City 1978; 3) Herbert v. Thal: The 21st Pan Book of Horror Stories, Pan Books, London 1980 / SPÄTSCHICHT In: 1) Nachtschicht, Bastei-Lübbe Verlag, Bergisch-Gladbach 1984; 2) Schock & Schreck, Bastei-Lübbe Verlag, Bergisch-Gladbach 1990; 3) Joachim Körber (Hg.): Ratten, Heyne Verlag 1993
- GRAY MATTER. In: 1) Cavalier, Oktober 1973; 2) Night Shift, Doubleday, Garden City 1978; 3) Bill Pronzini (Hg.): The Arbor House Necropolis, Arbor House, N. Y. 1981; 4) Clarence Paget (Hg.): The 28th Pan Book of Horror Stories, Pan Books, London 1987 / GRAUE MASSE. In: 1) Nachtschicht, Bastei-Lübbe Verlag, Bergisch-Gladbach 1984 / DOSENBIER. 2) Robert Vito (Hg.): Das große Horror-Lesebuch IV, 1994
- THE GUNSLINGER. In: 1) Magazine of Fantasy and Sience Fiction, Oktober 1978; 2) Terry Carr (Hg.): The Years Finest Fantasy, Vol. II, Berkley Books, New York 1980; 3) The Dark Tower I: The Gunslinger, Donald M. Grant, West Kingston 1982
- DER REVOLVERMANN. In: 1) Manfred Kluge: Die besten Geschichten aus dem Magazine of Fantasy & Science Fiction 55 – Sterbliche Götter, Heyne Verlag, München 1980; 2) Der dunkle Turm I: Schwarz, Heyne Verlag, München 1988
- THE GUNSLINGER AND THE DARK MAN. In: 1) Magazine of Fantasy and Sience Fiction, November 1981; 2) The Dark Tower I: The Gunslinger, Donald M. Grant, West Kingston, 1982 / DER REVOLVERMANN UND DER MANN IN SCHWARZ. In: 1) Ronald M. Hahn (Hg.): Die besten Geschichten aus dem Magazine of Fantasy & Science Fiction 68 – Mythen der nahen Zukunft, Heyne Verlag, München 1984; 2) Der dunkle Turm I: Schwarz, Heyne Verlag, München 1988
- HANNIBAL THE CANNIBAL. In: New York Times, 13. Juni 1999. / DAS SPUKSCHLOSS DER SEELE. In: Der Spiegel, 25/1999
- HÄNSEL UND CARRIE. Artikel über die Schrecken von Märchen und über Zensur. In: Esquire 192, November 1987
- HARRISON STATE PARK ’68. Gedicht. In: Ubris, Herbst 1968
- HEAD DOWN. Essay, in: 1) The New Yorker, 1990; 2) Nightmares & Dreamscapes, Viking, New York 1993 / KOPF RUNTER. In: 1) Alpträume, Hoffmann & Campe Verlag, Hamburg 1993; 2) Abgrund, Heyne Verlag, 1995
- HEAD ON WITH STEPHEN KING Essay und Interview sowie eine Besprechung vom Film »Trucks«. In: Voice, September 1991
- HERE THERE BE TYGERS. In: 1) Ubris, Herbst 1968. 2) Skeleton Crew, Putnam, New York 1985 / ACHTUNG – TIGER! In: 1) Im Morgengrauen, Heyne Verlag, München 1987; 2) Gisela Eichhorn (Hg.): Der Katzen-Krimi, Scherz Verlag 1996 / HIER SEYEN TIGER! In: Blut, Heyne Verlag, München 1996
- HEROES FOR HOPE – STARRING THE X-MEN Kurzes Script für das Comic-Heft (mit Bildern von Bernie Wrightson); In: The X-Men, 1985
- HOME DELIVERY. In: 1) John Skipp & Craig Spector (Hg.): Book of the Dead, Bantam Books, New York 1989; 2) Nightmares & Dreamscapes, Viking, New York 1993 / HAUSENTBINDUNG. In: 1) Frieder Middelhauve: Das große Horror-Lesebuch, Goldmann Verlag, München 1991; 2) Alpträume, Hoffmann & Campe Verlag, Hamburg 1993; 3) Alpträume, Heyne Verlag, München 1995
- THE HORROR MARKET WRITER AND THE TEN BEARS. In: 1) Writers

Digest, November 1973; 2) Tim Underwood & Chuck Miller: Kingdom of Fear, NAL, New York 1987
- HOTEL AT THE END OF THE ROAD. In: People, Places & Things, Eigenverlag, Durham 1960
- THE HOUSE ON MAPEL STREET. In: Nightmares & Dreamscapes, Viking, New York 1993 / DAS HAUS IN DER MAPLE STREET. In: 1) Alpträume, Hoffmann & Campe Verlag, Hamburg 1993; 2) Abgrund, Heyne Verlag, 1995
- THE HOUSE ON VALUE STREET. Unvollendete Erzählung.
- HOW I CREATED GOLDEN YEARS ... AND SPOOKED DOZENS OF TV EXECUTIVES. In: Entertainment Weekly, 2. August 1991
- I AM THE DOORWAY. In: 1) Cavalier, März 1971; 2) Night Shift, Doubleday, Garden City 1978 / ICH BIN DAS TOR. In: 1) Nachtschicht, Bastei-Lübbe Verlag, Bergisch-Gladbach 1984; 2) Michael Görden (Hg.): Dämonengeschenk – Gespensterbuch 5, Bastei-Lübbe Verlag, Bergisch-Gladbach 1985
- I KNOW WHAT YOU NEED. In: 1) Cosmopolitan, September 1976; 2) Night Shift, Doubleday, Garden City 1978; 3) Isaac Asimov, M. Greenberg & Charles S. Waugh (Hg.): Isaac Asimovs Magical Worlds of Fantasy, Vol. 4, NAL, New York 1985; 4) Robert Benard (Hg.): All problems are simple and other stories, Dell Laurel-Leaf, New York 1988 / ICH WEISS, WAS DU BRAUCHST. In: 1) Nachtschicht, Bastei-Lübbe Verlag, Bergisch-Gladbach 1984; 2) Michael Görden (Hg.): Schattenhochzeit – Gespensterbuch 7, Bastei-Lübbe Verlag, Bergisch-Gladbach 1985; 3) Isaac Asimov (Hg.): Märchenwelt der Fantasy, Bastei-Lübbe Verlag, Bergisch-Gladbach 1987; 4) Gisela Eichhorn (Hg.): 13 Alpträume, Scherz Verlag, München 1996
- I WAS A TEENAGE GRAVEROBBER. In: Comic Reviews, 1965. Nachdruck als »In A Half World Of Terror«
- IHR SOLLT IM KINO EINEN HERZINFARKT BEKOMMEN! Essay. In: Cinema, Mai 1991
- I'M FALLING. In: People, Places & Things, Eigenverlag, 1960
- IMAGERY AND THE THIRD EYE. In: 1) The Writer, Oktober 1960; 2) Maine Alumnus, Dezember 1981, 3) Sylvia K. Burack (Hg.): The Writer's Handbook, The Writer Inc., Boston 1984
- THE IMPORTANCE OF BEING BACHMAN. In: The Bachman Books, NAL, New York 1996
- IN A HALF WORLD OF TERROR. In: Stories Of Suspense, 1966. Auch bekannt als »I Was A Teenage Graverobber«
- IN THE DEATHROOM, Auf: Blood & Smoke, Scribner, New York 2000. IM KABINETT DES TODES Auf: HörCD »Blut und Rauch«, Ullstein, München 2000
- INTRODUCTION TO FRANKENSTEIN. Einleitung. In: Bernie Wrightson's Frankenstein, Charles F. Miller Book, 1994
- UNTITLED: IN THE KEY CHORDS OF DAWN ... Gedicht. In: Onan, 1971
- IT GROWS ON YOU. In: 1) Marshroots, 1975; 2) Whispers 17/18, August 1982; 3) Stuard David Schiff (Hg.): Death, Playboy Press, New York 1982; 4) Nightmares & Dreamscapes, Viking, New York 1993 / ES WÄCHST EINEM ÜBER DEN KOPF. In: 1) Alpträume, Hoffmann & Campe Verlag, Hamburg 1993; 2) Alpträume, Heyne Verlag, 1995
- I'VE GOT TO GET AWAY! In: People, Places & Things, Eigenverlag, 1960
- THE JAUNT. In: 1) Twilight Zone Magazine, Juni 1981; 2) Gallery, Dezember 1981; 3) Great Stories from the Twilight Zone Magazine, September 1982; 4) Skeleton Crew, Putnam, New York 1985 / TRAVEL. In: 1) Rolf Jurkeit (Hg.): Schattenlicht – Unheimliche Geschichten, Heyne Verlag, München 1984; 2) Der Gesang der Toten, Heyne

Verlag, München 1984 / DER JAUNT. In: Blut, Heyne Verlag, München 1996

- JHONATHAN & THE WITCHS. Mit vielen Rechtschreibfehlern (!) geschrieben 1956 im Alter von neun Jahren. In: First Words, 1993
- JERUSALEM'S LOT. In: 1) Night Shift, Doubleday, Garden City 1978; 2) Schiffer/Leiber: The World Fantasy Awards Vol. II, Doubleday, Garden City 1980 / BRIEFE AUS JERUSALEM. In: 1) Michael Görden (Hg.): Phantastische Literatur 84, Bastei-Lübbe Verlag, Bergisch-Gladbach 1983; 2) Nachtschicht, Bastei-Lübbe Verlag, Bergisch-Gladbach 1984
- KEYHOLES. Unvollendete Erzählung
- THE KILLER. In: Famous Monsters of Filmland 202, 1994
- THE KING FAMILY AND THE WICKED WITCH Illustriert von King's Kindern
- KING'S GARBAGE TRUCK. Wöchentliche Kolumne. In: The Maine Campus, 20. Februar 1969 – 21. Mai 1970
- L.T'S THEORY OF PETS. In: 1) Six Stories, Philtrum Press, Bangor 1997; 2) Best of the Best, Signet, New York 1997
- LAND OF 100 THOUSAND YEARS AGO. 1959/60
- THE LANGOLIERS. In: Four Past Midnight, Viking, New York 1990 / LANGOLIERS. In: Langoliers, Heyne Verlag 1990
- THE LAST OF HERE. Unveröffentlichte Kurzgeschichte, auch bekannt als »Time In A Glass That Ran«
- THE LAST RUNG ON THE LADDER. In: Night Shift, Doubleday, Garden City 1978 / DIE LETZTE SPROSSE. In: 1) Nachtschicht, Bastei-Lübbe Verlag, Bergisch-Gladbach 1984; 2) Winter Krimi Festival, Scherz Verlag, München 1996
- THE LAWNMOWER MAN. In: 1) Cavalier, Mai 1975; 2) Night Shift, Doubleday, Garden City 1978; 3) Bizarre Adventures 29, 1981 (Comic-Adaption) / DER RASENMÄHERMANN. In: 1) Nachtschicht, Bastei-Lübbe Verlag, Bergisch-Gladbach 1984; 2) Michael Görden (Hg.): Der letzte Kuß, Bastei-Lübbe Verlag, Bergisch-Gladbach 1986; 3) Michael Görden (Hg.): Teufelsladen – Gespensterbuch 9, Bastei-Lübbe Verlag, Bergisch-Gladbach 1986; 4) Rolf Tobias (Hg.): Alptraumbuch, Bastei-Lübbe Verlag, Bergisch-Gladbach 1993
- LEAF-PEEPERS. In: New Yorker, 27. Dezember 98
- THE LEDGE. In: 1) Penthouse, Juli 1976; 2) Night Shift, Doubleday, Garden City 1978 / DER MAUERVORSPRUNG. In: 1) Nachtschicht, Bastei-Lübbe Verlag, Bergisch-Gladbach 1984; 2) Trucks, Bastei-Lübbe Verlag, Bergisch-Gladbach 1986; 3) Katzenauge, Bastei-Lübbe Verlag, Bergisch-Gladbach 1986; 4) Robert Vito (Hg.): Das große Horror-Lesebuch II, Goldmann Verlag, München 1993
- THE LEPRECHAUN. Unveröffentlichte Erzählung
- THE LIBRARY POLICEMAN. In: Four Past Midnight, Viking, New York 1990 / DER BIBLIOTHEKSPOLIZIST. In: Nachts, Heyne Verlag, München 1990
- THE LIEUTENANT'S RAP. In: Philtrum Press, Bangor 1999
- THE LITTLE SISTERS OF ELURIA. In: Robert Silverberg (Hg.): Legends, 1999 / DIE KLEINEN SCHWESTERN VON ELURIA. In: Robert Silverberg (Hg.): Der 7. Schrein, 1999
- THE LONESOME DEATH OF JORDY VERRILL. Comic-Adaption von »Weeds«. In: Creepshow, Plume, New York 1982 / DER EINSAME TOD DES JORDY VERRILL. In: Creepshow, Bastei-Lübbe Verlag, Bergisch-Gladbach 1989
- LUCKEY QUARTER. In: 1) USA Weekend Magazine, 1995; 2) Six Stories, Philtrum Press, Bangor 1997
- LUNCH AT THE GOTHAM CAFE. In: 1) Collins, Kramer & Greenberg:

Dark Love, Hodder & Stoughton, London 1995; 2) Six Stories, Philtrum Press, Bangor 1997; 3) Blood & Smoke, Scribner, New York 2000 / LUNCH IM GOTHAM CAFÉ In: 1) Collins, Kramer & Greenberg: Schwingen der Finsternis, Heyne Verlag, München 1996; 2) Blut und Rauch, Ullstein Verlag, München 2000

- THE MAN IN THE BLACK SUIT. In: 1) New Yorker Magazine, 31. Oktober 1994 / 2) Six Stories, Philtrum Press, Bangor 1997
- MAN WITH A BELLY. In: 1) Cavalier, Dezember 1978; 2) Gent Magazine, November/Dezember 1979
- THE MAN WHO LOVED FLOWERS. In: 1) Gallery, August 1977; 2) Night Shift, Doubleday, Garden City 1978 / DER MANN, DER BLUMEN LIEBTE. In: 1) Michael Görden (Hg.): Phantastische Literatur 84, Bastei-Lübbe Verlag, 1983; 2) Nachtschicht, Bastei-Lübbe Verlag, Bergisch-Gladbach 1984; 3) Michael Görden (Hg.): Der letzte Kuß, Bastei-Lübbe Verlag, Bergisch-Gladbach 1986
- THE MAN WHO WOULD NOT-SHAKE HANDS In: 1) Charles L. Grant (Hg.): Shawdows 4, Doubleday, Garden City 1981; 2) Terry Carr (Hg.): Fantasy Annual, Pocket Books, New York 1982; 3) Skeleton Crew, Putnam, New York 1985 / DER MANN, DER NIEMANDEM DIE HAND GEBEN WOLLTE. In: 1) Viragilio Lafraie (Hg.): Mordslust 2, Westarp, 1987; 2) Im Morgengrauen, Heyne Verlag, München 1987; 3) Güntzer Petzer (Hg.): Heyne Jahresband 1991, Heyne Verlag, München 1991; 4) Blut, Heyne Verlag, München 1996
- THE MANGLER. In: 1) Cavalier, Dezember 1972; 2) Night Shift, Doubleday, Garden City 1978; 3) Herbert van Thal (Hg.): The 21st Pan Book of Horror Stories, Pan Books, London 1980; 4) Greenberg & Waugh (Hg.): The Arbor House Celebrity Book of Horror Stories, Priam, New York 1982; 5) Jack Dann (Hg.): Demons!, Ace Books, New York 1987 / DER WÄSCHEMANGLER. In: 1) Nachtschicht, Bastei-Lübbe Verlag, Bergisch-Gladbach 1984; 2) Joachim Körber (Hg.): Das erste Buch des Horrors, Heyne Verlag, München 1991
- THE MILKMAN. Unvollendete Erzählung, aus der King einzelne Geschichten machte
- THE MIST: In: 1) Kirby McCauley (Hg.): Dark Forces, Viking, New York 1980; 2) Skeleton Crew, Putnam, New York 1985 / DER NEBEL. In: 1) Im Morgengrauen, Heyne Verlag, München 1987; 2) Horror-Jubiläumsband 21, Heyne Verlag, München 1987; 3) Nebel, Edition Phantasia, Linkenheim 1987; 4) Blut, Heyne Verlag, 1996
- THE MONKEY. In: 1) Gallery, November 1980; 2) Terry Carr (Hg.): Fantasy Annual IV, Pocket Books, New York 1981; 3) Charles L. Grant (Hg.): Horrors, Playboy Press, New York 1981; 4) Frank Coffey (Hg.) Modern Masters of Horror, Ace Books, New York 1982; 5) Skeleton Crew, Putnam, New York 1985; 6) Karl Edward Wagner (Hg.): The Years Best Horror Stories Vol IX, Daw Books, New York 1981; 7) David G. Hartwell (Hg.): The Dark Descent, Tor Books, New York 1987 / DER AFFE. In: 1) Günther Petzer (Hg.): Heyne Jahresband 1986, Heyne Verlag, München 1986; 2) Der Fornit, Heyne Verlag, München 1987; 3) Blut, Heyne Verlag, München 1996
- MONSTER IN THE CLOSET. Auszug aus »Cujo«. In: Ladies' Home Journal, 1981
- MORNING DELIVERIES (MILKMAN #1) In: Skeleton Crew, Putnam, New York 1985 / MORGENLIEFERUNG (MILCHMANN 1) In: 1) Im Morgengrauen, Heyne Verlag, München 1987; 2) Blut, Heyne Verlag, München 1996
- THE MOVING FINGER. In: 1) Ma-

gazine of Fantasy & Sience Fiction, Dezember 1990; 2) Nightmares & Dreamscapes, Viking, New York 1993 / RISIKO. In: Günther Petzer (Hg.): Heyne Jahresband 1994, Heyne Verlag, München 1994 / DER RASENDE FINGER. In: 1) Alpträume, Hoffmann & Campe Verlag, Hamburg 1993; 2) Alpträume, Heyne Verlag, 1995

- MRS. TODD'S SHORTCUT. In: 1) Redbook, Mai 1984; 2) Karl Edward Wagner (Hg.): The Years best Horror Stories, Daw Book, New York 1985; 3) Skeleton Crew, Putnam, New York 1985; 4) Karl Edward Wagner (Hg.): Horrorstorys, Underwood Miller, San Francisco 1989 / MRS. TODD'S ABKÜRZUNG. In: 1) Der Gesang der Toten, Heyne Verlag, München 1987; 2) Karl Edward Wagner (Hg.): Die Gruselgeschichten des Jahres 2, Heyne Verlag, München 1987; 3) Blut, Heyne Verlag, München 1996
- MY FIRST CAR. In: Gentleman's Quarterly, Juli 1984
- MY HIGH SCHOOL HORROR. In: Sourcebook – The Magazine for Seniors, 1982
- MY PRETTY PONY. In: 1) Whitney Museum of Modern Arts, New York 1989; 2) Nightmares & Dreamscapes, Viking, New York 1993 / MEIN HÜBSCHES PONY. In: 1) Alpträume, Hoffmann & Campe Verlag, Hamburg 1993; 2) Abgrund, Heyne Verlag, 1995
- THE NEIGHBORHOOD OF THE BEAST. Artikel. In: Mid-Life Confidential – The Rock Bottom Remainders Tour, Plume, New York 1995
- NEVER LOOK BEHIND YOU. Mit Chris Chesley. In: People, Places & Things, Eigenverlag, Durham 1960
- THE NIGHT FLIER. In: 1) Douglas E. Winter (Hg.) Prime Evil, NAL, New York 1988; 2) Nightmares & Dreamscapes, Viking Verlag, New York 1993 / DER NACHTFLIEGER. In: 1) Douglas E. Winter (Hg.): Horror vom Feinsten 1, Heyne Verlag, München 1989; 2) Alpträume, Hoffmann & Campe Verlag, Hamburg 1993; 3) Alpträume, Heyne Verlag, München 1995
- NIGHTMARES IN THE SKY. Foto-Essay. In: Penthouse, 9/1988
- THE NIGHT OF THE TIGER. In: 1) Magazine of Fantasy & Sience Fiction, Februar 1978; 2) Peter Haining (Hg.): More Tales of Unknown Horror, NEL, London 1979; 3) Gerald W. Page: The Year's Best Horror Stories, Daw Books, New York 1979; 4) Anonym (Hg.): Chamber of Horrors, Octopus Books, London 1984; 5) Ferman & Jordan (Hg.): Best Horror Stories from The Magazine of Fantasy & Science Fiction, St. Martins Press, New York 1988 DIE NACHT DES TIGERS. In: Ferman & Jordan (Hg.): Die besten Horror-Stories, Droemer Knaur Verlag, München 1989
- NIGHT SURF. In: 1) Ubris, Herbst 1969; 2) Cavalier, 1974; 3) Night Shift, Doubleday, Garden City 1978 / NÄCHTLICHE BRANDUNG. In: Nachtschicht, Bastei-Lübbe Verlag, Bergisch-Gladbach 1984
- NONA. In: 1) Charles L. Grant (Hg.): Shadows, Doubleday, Garden City 1978; 2) Charles L. Grant (Hg.): The Dodd Mead Gallery of Horror, Dodd Mead, New York 1983; 3) Skeleton Crew, Putnam, N. Y. 1985 / NONA. In: 1) Charles L. Grant (Hg.): Das große Gruselkabinett, Heyne Verlag, München 1984; 2) Der Gesang der Toten, Heyne Verlag, München 1985; 3) Nona und die Ratten, Heyne Verlag, München 1985 (Heyne-Mini, gekürzt); 4) Joachim Körber (Hg.): Ratten, Heyne Verlag, München 1993; 5) Blut, Heyne Verlag, München 1996
- A NOVELIST'S PERSPECTIVE ON BANGOR. Vortrag vom 27. März 1983 aus Anlaß einer Wohltätigkeitsveranstaltung. In: Black Magic and Music, The Bangor Historical Society, Bangor 1983
- ON BECOMING A BRAND NAME.

In: 1) Adelina, Februar 1980; 2) Tim Underwood & Chuck Miller (Hg.): Fear Itself – The Horrorfiction of Stephen King, NAL, New York 1984

- ONE FOR THE ROAD. In: 1) Maine, März/April 1977; 2) Night Shift, Doubleday, Garden City 1978; 3) Charles G. Waugh (Hg.): Strange Maine, Taplinger, New York 1986; 4) Martin H. Greenberg (Hg.): Vamps, Daw Books, New York 1987; 5) Cemetary Dance's: Legacies, 1999 / EINEN AUF DEN WEG. In: 1) Nachtschicht, Bastei-Lübbe Verlag, Bergisch-Gladbach 1984; 2) Martin H. Greenberg (Hg.): Vampire, Bastei-Lübbe Verlag, Bergisch-Gladbach 1988; 3) Gisela Eichhorn (Hg.): Das Beste vom Bösen, Scherz Verlag, München 1996
- ON J. K. POTTER: THE ART OF THE MORPH. Einleitung. In: Horripilations The Art of J. K. Potter, Dragon's World 1993
- ON THE FAR SIDE. Vorwort. In: O.: Gary Larson: The Far Side Gallery 2, Warner Book, New York 1984 / AUF DER ANDEREN SEITE: Dt.: Gary Larson: Die andere Seite, Goldmann Verlag, München 1988
- THE OPERA AIN'T OVER: In: Bangor Daily News, Oktober 1986
- ORACLE AND THE MOUNTAINS: In: 1) The Magazine of Fantasy and Sience Fiction, Februar 1981; 2) The Dark Tower I: The Gunslinger, Donald M. Grant, West Kingston1982 / DAS ORAKEL UND DIE BERGE. In: 1) Ronald M. Hahn (Hg.): Die besten Geschichten aus dem Magazine of Fantasy & Science Fiction 65 – Cyrion in Bronze, 1983; 2) Der dunkle Turm I: Schwarz, Heyne Verlag, München 1988
- OTHER SIDE OF THE FOG. In: The People, Places & Things, Eigenverlag, Durham 1960
- PARANOID: A CHANT. Gedicht. In: Skeleton Crew, Putnam, New York 1985 / PARANOID: Ein Gesang. In: 1) Der Fornit, Heyne Verlag, München 1987; 2) Blut, Heyne Verlag, München 1996
- PEOPLE, PLACES & THINGS. Eigenverlag, mit Chris Chesley, Durham 1960
- PETER STRAUB – AN INFORMAL APPRECIATION. In: World Fantasy Convention '82 Program Book
- A PILGRIM'S PROGRESS. In: American Bookseller, Januar 1980
- PINFALL. Script, 1984
- THE PLANT 1. Christmas card, Philtrum Press, Bangor 1982
- THE PLANT 2. Christmas card, Philtrum Press, Bangor 1983
- THE PLANT 3. Christmas card, Philtrum Press, Bangor 1985
- THE POLITICS OF LIMITED EDITIONS. In: Castle Rock – The Stephen King Newsletter, Juni/Juli 1985
- POPSY. In: 1) J. N. Williamson (Hg.): Masques 2, Maclay & Associates, Baltimore 1987; 2) J. N. Williamson (Hg.): Best of Masques, Berkley Books, New York 1988; 3) Nightmares & Dreamscapes, Viking, New York 1993 / POPSY. In: 1) J. N.Williamson (Hg.): Popsy, Bastei-Lübbe Verlag, Bergisch-Gladbach 1988; 2) Joachim Körber (Hg.): Das Stephen King Buch, Heyne Verlag, München 1989; 3) Alpträume, Hoffmann & Campe Verlag, Hamburg 1993; 4) Alpträume, Heyne Verlag, München 1995; 5) Joachim Körber (Hg.): Abgründe, Scherz Verlag, München 1996
- QUITTERS, INC. In: 1) Night Shift, Doubleday, Garden City 1978; 2) Edward D. Hoch (Hg.): The best Detective Stories of the Year, Dutton, New York 1979; 3) Isac Asimov, George R.R. Martin & Martin H. Greenberg (Hg.): The Science Fiction Weightloss Box, Crown, New York 1983 / QUITTERS, INC. In: 1) Nachtschicht, Bastei-Lübbe Verlag, Bergisch-Gladbach 1984; 2) Trucks, Bastei-Lübbe Verlag, Bergisch-Gladbach 1986; 3) Katzenauge, Bastei-Lübbe Verlag, Bergisch-Gladbach 1986

- THE RAFT. In: 1) Gallery, Oktober 1982; 2) Twilight Zone Magazine, Mai/Juni 1983; 3) Skeleton Crew, Doubleday, Garden City 1985 / DAS FLOSS. In: 1) Rolf Jurkeit (Hg.): Dämmerlicht – Neue unheimliche Geschichten, Heyne Verlag, München 1985; 2) Der Gesang der Toten, Heyne Verlag, München 1987; 3) Joachim Körber (Hg.): Das Stephen King Buch, Heyne Verlag, München 1989; 4) Blut, Heyne Verlag, München 1996
- RAINY SEASON. In: 1) Midnight Graffity 3, März 1989, 2) Nightmares & Dreamscapes, Viking, New York 1993 / REGENZEIT. In: 1) Alpträume, Hoffmann & Campe Verlag, Hamburg 1993; 2) Abgrund, Heyne Verlag, 1995
- THE REACH (DO THE DEAD SING?) In: 1) Yankee, November 1981 (unter »Do the dead sing?«); 2) Skeleton Crew, Putnam, New York 1985; 3) American Gothic Tales, 1996 / DER GESANG DER TOTEN. 1) Der Gesang der Toten, Heyne Verlag, München 1987; 2) Manfred Kluge (Hg.): Das Winterlesebuch, Heyne Verlag, 1986; 3) Joachim Körber (Hg.): Das Stephen King Buch, Heyne Verlag, 1989 / DIE MEERENGE. In: Blut, Heyne Verlag, München 1996
- THE REAPER'S IMAGE. In: 1) Startling Mystery Stories, Frühling 1969; 2) Ronald Chetwynd-Hayers (Hg.): The 17th Fontana Book of Great Ghosts Stories, Fontana, London 1981; 3) Skeleton Crew, Putnam, New York 1985 / DER SENSENMANN. In: 1) Der Gesang der Toten, Heyne Verlag, München 1987; 2) Joachim Körber (Hg.): Das Stephen King Buch, Heyne Verlag, München 1989 / DAS BILDNIS DES SENSENMANNS. In: Blut, Heyne Verlag, München 1996
- RED SOX FAN CROWS ABOUT TEAM, BUT MAY HATE TO EAT CHICKEN. In: Bangor Daily News, 17.–18. Mai 1986
- RED SOX STRETCH OUT THE WORLD SERIES In: Bangor Daily News, 12. September 1986
- THE REPLOIDS. In: Douglas E. Winter (Hg.): Night Visions 5, Dark Harvest, Arlington Heights 1988 / DIE REPLOIDEN. In: Douglas E. Winter (Hg.): Nachtvisionen, Heyne Verlag, München 1990
- THE RETURN OF TIMMY BATERMAN. Ein Auszug aus »Friedhof der Kuscheltiere«. In: Rusty Burke (Hg). Satyricon II Program Book, Knoxville 1983
- THE REVELATIONS OF 'BECKA PAULSON. In: 1) The Rolling Stone Magazine, 19. Juli & 2. August 1984; 2) Skeleton Crew (Limited edition), Scream Press, Santa Cruz 1985; 3) Michele Slung (Hg.): I shudder at your touch, NAL, 1991 / DIE OFFENBARUNGEN DER 'BECKA PAULSON. In: Michele Slung (Hg.): Ich bebe, wenn du mich berührst, Bastei-Lübbe Verlag, Bergisch-Gladbach 1992
- REVENGE OF LARD ASS HOGAN. Eingearbeitet in »The Body«. Maine Review, 1975 / SCHMALZARSCH HOGANS RACHE. In: Die Leiche, Bastei-Lübbe Verlag, 1984
- RITA HAYWORTH AND THE DARABONT REDEMPTION. Einleitung zum Drehbuch von »Shawshank Redemption«, März 1995
- RITA HAYWORTH AND THE SHAWSHANK REDEMPTION – HOPE SPRINGS ETERNAL. In: Different Seasons, Viking, New York 1982. FRÜHLINGSERWACHEN – PIN UP. In: 1) Frühling, Sommer, Herbst und Tod, Bastei-Lübbe Verlag, Bergisch-Gladbach 1984; 2) Jahreszeiten: Frühling & Sommer, Bastei-Lübbe Verlag, Bergisch-Gladbach 1987; 3) Frühling, Sommer, Herbst und Tod, Heyne Verlag, München 1992; 4) Die Verurteilten, Heyne Verlag, München 1995
- THE ROAD VIRUS HEADS NORTH. In: Al Sarrantonio (Hg.): New York 1999. DER STRASSENVIRUS ZIEHT NACH NORDEN, In: Al Sarrantonio

(Hg.): 1999, Piazza Verlag, München 1999

- ROSS THOMAS STIRS THE POT. In: Washington Post Book World, 16. Oktober 1983
- SALEM'S LOT. In: Cosmopolitan, März 1976
- SAY NO TO THE ENFORCERS. In: The Maine Sunday Telegraph, 1) Juni 1986
- SCARE MOVIES. In: Cosmopolitan, April 1981
- SECOND COMING. Unveröffentlichte Story, die überarbeitet später in den Roman »Brennen muß Salem« einfließt.
- SECRET WINDOW, SECRET GARDEN. In: Four Past Midnight, Viking, New York 1990 / DAS HEIMLICHE FENSTER, DER HEIMLICHE GARTEN. In: Langoliers, Heyne Verlag, München 1990
- THE SHINING. Auszug aus dem Roman »Shining«. In: Ramada Reflections, Juni 1977
- SILENCE. Gedicht. In: Moth, 1970
- SKYBAR. Anfang und Ende einer Erzählung. Den Mittelteil darf der Leser selber schreiben. In: T. Silberkleit & J. Biederman (Hg.): The Do-It-Yourself Bestseller – A Work Book, 1982
- SLADE. Mehrteiler. In: The Maine Campus, Juni-August 1970
- THE SLOW MUTANTS. In: 1) The Magazine of Fantasy & Sience Fiction, Juli 1981; 2) The Gunslinger, Donald M. Grant, West Kingston 1982 / DIE GEISTERMUTANTEN. In: Ronald M. Hahn (Hg.) Die besten Geschichten aus Magazin of Fantasy & Science Fition 66 – Im fünften Jahr der Reise, Heyne Verlag, München 1983 / DIE LANGSAMEN MUTANTEN. In: Der dunkle Turm I: Schwarz, Heyne Verlag, München 1988
- SNEAKERS. In: 1) Douglas E. Winter (Hg.): Night Visions 5, Dark Harvest, Arlington Heights 1988; 2) Nightmares & Dreamscapes, Viking, New York 1993 / TURNSCHUHE. In: 1) Douglas E. Winter (Hg.) Nachtvisionen 5, Heyne Verlag, München 1990; 2) Alpträume, Hoffmann & Campe Verlag, Hamburg 1993; 3) Alpträume, Heyne Verlag, München 1995
- SOMETHING TO TIDE YOU OVER. Comic-Adaption. In: Creepshow, Plume, New York 1982 / WENN DAS GRAUEN DICH ÜBERKOMMT. In: Creepshow, Bastei-Lübbe Verlag, Bergisch-Gladbach 1989
- SOMETIMES THEY COME BACK. In: 1) Cavalier, März 1974; 2) Night Shift, Doubleday, Garden City 1978 / MANCHMAL KOMMEN SIE WIEDER. In: 1) Michael Görden (Hg.): Nachtspuk – Gespensterbuch 1, Bastei-Lübbe Verlag, Bergisch-Gladbach1984; 2) Nachtschicht, Bastei-Lübbe Verlag, Bergisch-Gladbach 1984; 3) 10 Gruselgeschichten, Bastei-Lübbe Verlag, Bergisch-Gladbach 1991
- THE SORRY STATE OF TV SHOWS. Auszug aus »Danse Macabre«. In: TV Guide, 5. Dezember 1981
- STEPHEN KING COMMENTS ON IT. In: Castle Rock – The Stephen King Newsletter, Juli 1986.
- SORRY, RIGHT NUMBER. Drehbuch. In: Nightmares & Dreamscapes, Viking, New York 1993 / ENTSCHULDIGUNG, RICHTIG VERBUNDEN. In: 1) Alpträume, Hoffmann & Campe Verlag, Hamburg 1993. 2) Abgrund, Heyne Verlag, München 1995
- SPECIAL MAKE UP EFFECTS AND THE WRITER In: Tom Savini Grande Illusions, Imagine Inc., Pittsburg 1983
- SQUAD D. In: Harlan Ellison (Hg.): Dangerous Visions 3, noch nicht erschienen
- THE STAR INVADERS: Eigenverlag. In: A Gaslight Book, 1964
- THE STRANGER: In: People, Places & Things, Eigenverlag, Durham 1960
- STRAWBERRY SPRING. In: 1) Ubris, 1968. 2) Cavalier, November 1975. 3) Night Shift, Doubleday, Garden City 1978 / ERDBEERFRÜHLING. In:1)

Nachtschicht, Bastei-Lübbe Verlag, Bergisch-Gladbach 1984. 2) Robert Vito (Hg.): Das große Horror-Lesebuch III, Goldmann Verlag, München 1994

- STUD CITY. Eingearbeitet in »The Body«. In: Ubris, 1969 / HURENSTADT. In: Die Leiche, Bastei-Lübbe Verlag, Bergisch-Gladbach 1984
- SUFFER THE LITTLE CHILDREN. In: 1) Cavalier, Februar 1972; 2) Charles L. Grant (Hg.): Nightmares, Playboy Press, New York 1979; 3) Patricia L. Skarda/Nora Crow Jaffe (Hg.): The Evil Image, NAL, New York 1981; 4) Mary Danby (Hg.): 65 Great Spine Chillers, Octopus Books, London 1982; 5) Nightmares & Dreamscapes, Viking, New York 1993 / KINDERSCHRECK. In: 1) Alpträume, Hoffmann & Campe Verlag, Hamburg 1993; 2) Alpträume, Heyne Verlag, 1995
- THE SUN DOG. In: Four Past Midnight, Viking, New York 1990 / ZEITRAFFER. In: Nachts, Heyne Verlag, München 1991
- SURVIVOR TYPE. In: 1) Charles Grant (Hg.): Terrors, Playboy Press, New York 1982; 2) Skeleton Crew, Putnam, New York 1985 / ÜBERLEBENSTYP. In: 1) Hans Gamber (Hg.): Das Weißbuch des schwarzen Humors, Heyne Verlag, München 1984; 2) Der Fornit, Heyne Verlag, München 1987; 3) Joachim Körber (Hg.): Das Stephen King Buch, Heyne Verlag, München 1989; 4) Blut, Heyne Verlag, München 1996
- THEODORE STURGEON, 1918–1985. In: Washington Post Bookworld, 1985
- SWORD IN THE DARKNESS. Auch bekannt als »Babylon Here«. Unveröffentlicht.
- THE TEN O'CLOCK PEOPLE. In: Nightmares & Dreamscapes, Viking, New York 1993 / DIE ZEHN-UHR-LEUTE. In: 1) Alpträume, Hoffmann & Campe Verlag, Hamburg 1993; 2) Abgrund, Heyne Verlag, 1995
- THAT FEELING, YOU CAN ONLY SAY WHAT IT IS IN FRENCH. In: The New Yorker, 22/29, 1998
- THE THING AT THE BOTTOM OF THE WELL. In: People, Places & Things, Eigenverlag, 1960
- TOUGH TALK TOOTSIES, JUST 25 CENTS. In: USA Today, 23. Mai 1986
- THEY'RE CREEPING UP ON YOU. Comic-Adaption. In: Creepshow, Plume N.Y. 1982 / DER WANZENHASSER. Creepshow, Bastei-Lübbe, 1989
- TIME IN A GLASS THAN RAN. Auch bekannt als »The Last Of Here«
- TRUCKS. In: 1) Cavalier, Juni 1973; 2) Night Shift, Doubleday, Garden City 1978; 3) William Patrick (Hg.): Mysterious Motor Stories, W.H. Allen, London 1987 / LASTWAGEN. In: Nachtschicht, Bastei-Lübbe Verlag, Bergisch-Gladbach 1984 / TRUCKS. In: 1) Trucks, Bastei-Lübbe Verlag, Bergisch-Gladbach, 1986; 2) Katzenauge, Bastei-Lübbe Verlag, Bergisch-Gladbach, 1986
- TURNING THE THUMBSCREWS ON THE READER. In: Book of the Month Club News, Juni 1987
- THE ULTIMATE CATALOGUE. Artikel. In: The Register, Bangor, Juni 1988
- UMNEY'S LAST CASE. In: Nightmares & Dreamscapes, Viking, New York 1993 / UMNEYS LETZTER FALL. In: 1) Alpträume, Hoffmann & Campe Verlag, Hamburg 1993; 2) Abgrund, Heyne Verlag, 1995
- UNCLE OTTO'S TRUCK. In: 1) Yankee, Oktober 1983; 2) Karl Edward Wagner (Hg.): The Years Best Horror Stories Vol. XII, Daw Books, New York 1984; 3) Skeleton Crew, Putnam, New York 1985 / ONKEL OTTOS LASTWAGEN. In: 1) Der Gesang der Toten, Heyne Verlag, München 1987; 2) Karl Edward Wagner (Hg.): Die Gruselgeschichten des Jahres, Heyne Verlag, München1986; 3) Michael Görden (Hg.): Phantastische Literatur 86, Bastei-Lübbe Verlag, Bergisch-Gladbach 1986; 4) Blut, Heyne Verlag, München 1996

- UNDER THE DOME. Auch bekannt als »The Cannibals«
- VISIT WITH AN ENDANGERED SPECIES. In: Playboy, Januar 1982
- THE WAY STATION. In: 1) Magazin of Fantasy and Sience Fiction, April 1980; 2) The Dark Tower I: The Gunslinger, Donald M. Grant, West Kingston 1982 / DAS RASTHAUS. In: 1) Manfred Kluge (Hg.): Die besten Geschichten aus dem Magazine of Fantasy & Science Fiction 58 – Grenzstreifzüge, Heyne Verlag, München 1981; 2) Der dunkle Turm I: Schwarz, Heyne Verlag, München 1988
- THE WEDDING GIG. In: 1) Ellery Queens Mystery Magazine, 1980; 2) Skeleton Crew, Putnam, New York 1985 / DER HOCHZEITSEMPFANG. In: 1) Der Gesang der Toten, Heyne Verlag, München 1987; 2) Günther Petzer (Hg.): Heyne Jahresband 1987, Heyne Verlag, München 1987; 3) Blut, Heyne Verlag, München 1996 / DIE HOCHZEITSFEIER. In: Cynthia Manson & Charles Arda (Hg.): Der Stille Don und andere Bosse, Bastei-Lübbe Verlag, Bergisch Gladbach 1992
- WEEDS. In: 1) Cavalier, Mai 1976; 2) Nugget, April 1979; 3) Creepshow, Plume, N.Y. 1982 (Comic-Adaption als »The Lonesome Death of Jordy Verrill«) / DER EINSAME TOD DES JORDY VERRILL. In: 1) Creepshow, Bastei-Lübbe Verlag, Bergisch-Gladbach 1989
- WELCOME TO CLEARWATER. Unvollendete Erzählung
- WHAT WENT DOWN WHEN THE MAGYK WENT UP. In: New York Times Book Review, 10. Februar 1985
- WHEN IS TV TOO SCARY FOR CHILDREN. In: TV Guide, 13.–19. Juni 1981
- WHINING ABOUT THE MOVIES IN BANGOR: TAKE THAT, »TOP GUN«. In: Bangor Daily News, 9. April 1987
- WHY I AM FOR GARY HART. In: The New Republic, 4. Juni 1984
- WHY I CHOSE BATMAN. In: Batman #400, DC Comics, New York 1986 / WARUM ICH MICH FÜR BATMAN ENTSCHIED. In: Sonderheft, Carlsen Comics 16, August 1991
- WHY I WAS BACHMAN. Vorwort. In: The Bachman Books: Four Early Novels by Stephen King, NAL, New York 1985 / WARUM ICH RICHARD BACHMAN WAR. In: 1) Phantastische Zeiten 5, April 1988; 2) Joachim Körber (Hg.): Das Stephen King Buch, Heyne Verlag, München 1989
- WHY I WROTE THE EYES OF THE DRAGON. In: Castle Rock – The Stephen King Newsletter, März 1987
- WHY WE CRAVE HORROR MOVIES. Auszug aus »Danse Macabre«. In: Playboy, 01/1981
- THE WOMAN IN THE ROOM. In: Night Shift, Doubleday, Garden City 1978 / DIE FRAU IM ZIMMER. In: Nachtschicht, Bastei-Lübbe Verlag, Bergisch-Gladbach 1984
- THE WORD PROCESSOR OF THE GODS. In: 1) Playboy, Januar 1983; 2) Skeleton Crew, Putnam, New York 1985 / DER TEXTCOMPUTER DER GÖTTER. In: 1) Günther Petzer (Hg.): Das Ferienlesebuch, Heyne Verlag, 1986; 2) Der Fornit, Heyne Verlag, 1987; 3) Blut, Heyne Verlag, 1996
- WRITING A FIRST NOVEL. In: The Writer, Juni 1975
- YOU GOTTA PUT ON THE GRUESOME MAKS AND GO BOOGA-BOOGA. In: TV Guide, 5.–11. Dezember 1981
- YOU KNOW THEY GOT A HELL OF A BAND. In: 1) Jeff Gelb (Hg.): Shock Rock, 1992; 2) Nightmares & Dreamscapes, Viking, New York 1993 / VERDAMMT GUTE BAND HABEN DIE HIER. In: 1) Alpträume, Hoffmann & Campe Verlag, Hamburg 1993; 2) Jeff Gelb (Hg.): Faszination des Bösen, Heyne Verlag, München 1994; 3) Alpträume, Heyne Verlag, München 1995
- YOUR KIND OF PLACE. Unveröffentlichtes Essay

FILMOGRAPHIE

Filme und Serien

- »Das ist, als wenn man eine Tochter hat, die zu Hause aufwuchs und schließlich das Haus verließ. Du hoffst, daß sie nicht schwanger wird, aber wenn sie es schließlich wird, dann wird sie wohl glücklich damit sein. Wie man es auch dreht, sie ist erwachsen und fort, also gibt es wirklich nichts, was man selbst dazu tun kann.« Stephen King
- Stephen King ist der erfolgreichste und meistverfilmte Autor der modernen Literatur. Die meisten Verfilmungen werden der literarischen Vorlage jedoch nicht gerecht. Selbst King urteilt inzwischen über die Herrschaft williger Regisseure: »Alles was die können, ist, Bilder auf einer Leinwand visualisieren. Diese Schwachköpfe lesen jetzt meine Bücher und sagen dann: ›Ich kann alles sehen, ich weiß jetzt, wie das aussehen muß.‹ Aber wenn man etwas sehen kann, dann muß das nicht bedeuten, daß man es auch begreift.« Schaut man sich also im Laufe eines Popcorn-haltigen Videoabends eine Reihe der Filme an, hat man das Gefühl: Nicht einer der Regisseure hat etwas begriffen. Schlimmer noch, inzwischen kursieren eine Menge Filme (oftmals unzählige, unsägliche Sequels), die (aus kommerziellen Gründen) nur Kings Namen tragen und sonst nichts mehr mit der Vorlage zu tun haben: Sie sind grottenschlecht!
- CARRIE – CARRIE – SATANS JÜNGSTE TOCHTER. USA 1976. 97 Minuten (OF/DF). Regie: Brian de Palma, Drehbuch: Larry D. Cohen, Darsteller: Sissy Spacek (Carrie White), John Travolta (Billy Noan), Piper Laurie, (Margarete White), Amy Irving (Sue Snell), William Katt (Tommy Ross), Nancy Allen (Chris Hargensen), Betty Buckles (Miß Collins), P. J. Soles (Norma Watson). »Carrie« ist der erste Film, der nach einer Vorlage von Stephen King entsteht, und viele Fans und Kritiker sind sich einig, daß es bis heute auch die gelungenste Adaption ist.
- SALEM'S LOT – BRENNEN MUSS SALEM. USA 1979. 210 Minuten (OF), 170 Minuten (DF). Regie: Tobe Hooper, Drehbuch: Paul Monash, Darsteller: David Soul (Ben Mears), James Mason (Richard T. Straker), Lance Kerwin (Mark Petrie), Bonnie Bedelia (Susan Norton), Lew Ayres (Jason Burke), Julie Cobb (Bonnie Sawyer), Reggie Nalder (Kurt Barlow). Dreieinhalbstündige TV-Serie, die sich nicht sonderlich an die literarische Vorlage hält (und deshalb auch jegliche Spannung vermissen läßt): Während Vampir Kurt Barlow bei King eine elegante Kopie von Bela Lugosi ist, ist er im Film ein glatzköpfiges, stummes Monstrum. In der Fernsehfassung auch als »Der Schrecken im Marstenhaus« gelaufen.
- THE SHINING. SHINING. GB 1980. 144 Minuten (OF), 119 Minuten (DF). Regie: Stanley Kubrick, Drehbuch: Stanley Kubrick, Diane Johnson, Darsteller: Jack Nicholson (Jack Torrance), Shelley Duvall (Wendy Torrance), Danny Lloyd (Danny Torrance), Scatman Crothers (Dick Halloran). Von den Kritikern euphorisch als erster »intellektueller Horrorfilm« entgegengenommen, von den Fans (und dem Autor selbst) verdammt, da er »wohlgefällig« mit der literarischen Vorlage umgeht. Wohl deshalb gibt's 17 Jahre später eine von King höchstpersönlich autorisierte Neufassung.
- CREEPSHOW – DIE UNHEIMLICH VERRÜCKTE GEISTERSTUNDE. USA 1982. 120 Minuten (OF/DF). Regie: George A. Romero, Drehbuch: Stephen King, Darsteller: Iva Jean Sarace-

ni (Billys Mutter), Tom Atkins (Billys Vater), Joe King (Billy), Carrie Nye (Sylvia Grantham), Ed Harris (Hank Blaine), Stephen King (Jordy Verrill). Der gelungene Versuch von Romero und King, die alten Horrorcomics ins Medium Film zu übertragen. Enthält die Storys »Father's Day« (Vatertag), »The Lonesome Death of Jordy Verrill« (Mondgestein), »The Crate« (Expedition ins Tierreich), »Something to Tide You Over« (Weggespült) und »They're Creeping Up On You« (Insektenspray).

- THE DEAD ZONE – DEAD ZONE – DER ATTENTÄTER. USA 1983. 103 Minuten (OF), 102 Minuten (DF). Regie: David Cronenberg, Drehbuch: Jeffrey Boam, Darsteller: Christopher Walken (Johnny Smith), Brooke Adams (Sarah Bracknell), Tom Skerritt (George Bannermann), Herbert Lom (Dr. Sam Weizak), Martin Sheen (Greg Stillson. Cineastische Horror-Vision, von der sich Kritiker und Fans gleichermaßen überzeugt zeigen.
- CUJO. USA 1983. 93 Minuten (OF/DF). Regie: Lewis Teague, Drehbuch: Don Carlos Dunaway & Lauren Currier, Darsteller: Dee Wallace (Donna Trenton), Danny Pintauro (Tad Trenton), Daniel Hugh-Kelly (Vic Trenton), Christopher Stone (Steve Kemp), Ed Lauter (Joe Camber), Kaiulani Lee (Charity Camber), Billy Jacoby (Brett Camber), Sandy Ward (George Bannermann). Simple Geschichte mit hohem Spannungswert, wenngleich der eigentliche, kleinstädtische Psycho-Rahmen des Romans verloren geht.
- CHRISTINE. USA 1983. 110 Minuten (OF/DF). Regie: John Carpenter, Drehbuch: Bill Phillips, Darsteller: Keith Gordon (Arnie Cunningham), John Stockwell (Dennis Guilder), Alexandra Paul (Leigh Cabot), Robert Prosky (Will Darnell). Ermüdende Verfilmung eines psychologisch tiefen Buches. Rollt nur so dahin!
- STEPHEN KING: THE NIGHT OF THE CROW. USA 1984. 84 Minuten. Regie: Damian Harris. Hochschulabschlußarbeit, in der die zwei Erzählungen »Children of the Corn« (als »Jonah Oklahoma 1971«) und »Zimmer 321« (als: »The Night Waiter«) von Stephen King und zwei Erzählungen von Dennis Etchison verfilmt wurden.
- CAT'S EYE – KATZENAUGE. USA 1984. 94 Minuten (OF/DF). Regie: Lewis Tague, Drehbuch: Stephen King, Darsteller: Drew Barrymore (Amanda), James Wood (Morrison), Alan King (Dr. Donati), Kenneth McMillan (Cressner), Robert Hays (Norris), Candy Clark (Sally Ann), James Naughton (Hugh), Charles Dutton (Dom). Anthologiefilm, in dem eine Katze die drei Episoden »Quitters, Inc« (Quitters, Inc.), »The Ledge« (Der Mauervorsprung) und »The General« (Der General) miteinander verbindet. Nette und weniger nette Menschen in netten und weniger netten Filmchen.
- FIRESTARTER – DER FEUERTEUFEL. USA 1984. 115 Minuten (OF/DF). Regie: Mark L. Lester, Drehbuch: Stanley Mann, Darsteller: Drew Barrymore (Charlie McGee), David Keith (Andrew McGee), Freddie Jones (Dr. Joseph Wanless), Heather Locklear (Vicky McGee), Martin Sheen (Captain Hollister), George C. Scott (John Rainbird). Viel pyrotechnischer Zauber, der zwar nahe am Buch bleibt, deren Authentizität am Ende aber doch nur entschärft. King urteilt selbst: »Ich weiß ja längst, daß solche Filme nicht genau meine Vorstellungen wiedergeben können – dafür haben einfach zu viele Leute daran mitinterpretiert. Aber irgend etwas mag ich immer daran, denn man muß bedenken, daß die Idee von mir ist und manchmal ein, zwei Jahre in meinem Kopf herumgespukt ist, bevor ich es schrieb und bevor der Film daraus entstand.«
- CHILDREN OF THE CORN – KINDER DES ZORNS. USA 1984. 92

Minuten (OF), 89 Minuten (DF). Regie: Fritz Kiersch, Drehbuch: George Goldsmith, Darsteller: Peter Horton (Dr. Burt Stanton), Linda Hamilton (Vicky Baxter), R. G. Amstrong (Diehl), John Franklin (Isaak), Courtney Gaines (Malachai), Annemarie McEvoy (Sarah). Kurzgeschichte, die zu einem abendfüllenden Spielfilm aufgeblasen wird. Ernüchternd und kein Muß! Trotzdem folgen weitere Fortsetzungen. Graus!

- SILVER BULLET – DER WERWOLF VON TARKER MILLS. USA 1985. 95 Minuten (OF), 94 Minuten (DF). Regie: Daniel Attias, Drehbuch: Stephen King, Darsteller: Gary Busey (Onkel Red), Everett McGill (Reverent Lester Lowe), Corey Haim (Marty Coslaw), Megan Follows (Jane Coslaw), Robin Groves (Nan Coslaw), Leon Russom (Bob Coslaw), Terry O'Quinn (Sheriff Joe Haller). Eine Werwolfgeschichte. Gesundes Mittelmaß? Naja ...
- MAXIMUM OVERDRIVE – RHEA M – ES BEGANN OHNE WARNUNG. USA 1986. 97 Minuten (OF), 95 Minuten (DF). Regie: Stephen King, Drehbuch: Stephen King, Darsteller: Emilio Estevez (Bill Robinson), Pat Hingle (Hendershot), Laura Harrington (Brett), Yeardley Smith (Connie), John Short (Curt), Ellen McElduff (Wanda June), Christopher Murray (Camp Lohman). »Schuster, bleib bei deinen Leisten!« Das ist das einhellige Urteil der Fans und Kritiker nach Kings Regiedebüt, in dem er seine Short Story »Trucks« zu einem Drehbuch mit Spielfilmlänge aufbläst. Selbst der schönste Luftballon besteht halt nur aus heißer Luft ...
- STAND BY ME – DAS GEHEIMNIS EINES SOMMERS. USA 1986. 87 Minuten (OF/DF). Regie: Rob Reiner, Drehbuch: Raynold Gideon, Bruce A. Evans, Darsteller: Will Wheaton (Gordie Lachance), River Phoenix (Chris Chambers), Corey Feldman (Teddy Duchamp), Jerry O'Conell (Vern Tessio), Richard Dreyfuss (Schriftsteller), Kiefer Sutherland (Ace Merrill), Andy Lindberg (Schmalzarsch Hogan), Dick Durock (Bill Travis). Solide Verfilmung der (autobiographischen) Erzählung »The Body« (Die Leiche) aus »Different Seasons« (Jahreszeiten). Bar jeglicher übernatürlicher Elemente hängt der Zuschauer von Anfang bis zum Ende am Bildschirm, und trotzdem wunderbar!
- CREEPSHOW II – CREEPSHOW – KLEINE HORRORGESCHICHTEN. USA 1987. 90 Minuten (OF), 89 Minuten (DF). Regie: Michael Gornick, Drehbuch: George A. Romero, Darsteller: Domenick John (Billy), Lois Chiles (Annie Lansing), Tom Savini (Creep), George Kennedy (Ray Spruce), Dorothy Lamour (Martha Spruce), Philip Doré (Curly), David Holbrook (Fatso Gribbens), Stephen King (Lastwagenfahrer). Eigens geschriebene Storys »Old Chief Wood'nHead« (Alter Häuptling Holzkopf) und »The Hitchhiker« (Der Anhalter) sowie die aus »Skeleton Crew« bekannte Erzählung »The Raft« (Das Floß) bilden hier ein blutbuntes Sammelsurium. Auch diesmal läßt es sich der Autor nicht nehmen, eine kleine Rolle zu spielen.
- RETURN TO SALEM'S LOT – SALEM II – DIE RÜCKKEHR. USA 1987. 97 Minuten (DF). Regie: Larry D. Cohen, Drehbuch: Larry D. Cohen & James Dixon, Regie: Larry D. Cohen, Darsteller: Michael Moriarty (Joe Weber), Ricky Addison Reed (Jeremy Weber). Kino-, später TV-, noch später Video-, irgendwann überhaupt keine Fassung mehr. Und das ist auch gut so. Schwachsinnige Fortsetzung, die auf die von King »kreierten« Charaktere baute, ansonsten aber nichts mit ihnen zu tun hat. Wird im Fernsehen unter dem Titel »Stadt der Vampire« gezeigt.
- TALES FROM THE DARKSIDE 2. USA 1987. 23 Minuten. Regie: John Sutherland, Drehbuch: Stephen King, Darsteller: Arthur Taxier (Bill Weider-

man), Deborah Harmon (Katie Weiderman), Rhonda Dotson (Dawn), Katherine Britton (Polly), Brandon Stewart (Jeff). Zusammenschnitt mehrerer Folgen der amerikanischen TV-Serie »Tales from the Darkside«. Von King stammt »Sorry, Right Number«, die anderen beiden Geschichten haben mit King nichts zu tun.

- THE RUNNING MAN – RUNNING MAN. USA 1987. 101 Minuten (OF), 98 Minuten (DF). Regie: Paul Michael Glaser, Drehbuch: Steven E. De Souza, Darsteller: Arnold Schwarzenegger (Ben Richards), Richard Dawson (Damon Killian), Maria Conchita Alonso (Amber Mendez). Mittelmäßige Adaption, der die Kritik folgendes Urteil bescheinigt: »Rambo-meets-Rollerblade-meets-Blade Runner-Remake«. Und hübsch ist Arnie noch nie gewesen ...
- PET SEMATARY – FRIEDHOF DER KUSCHELTIERE. USA 1989. 103 Minuten (OF), 102 Minuten (DF). Regie: Mary Lambert, Drehbuch: Stephen King, Darsteller: Dale Midkiff (Louis Creed), Fred Gwynne (Jud Crandall), Denise Crosby (Rachel Creed), Brad Greenquist (Victor Pascow), Michael Lombard (Irwin Goldman), Stephen King (Priester). Durchweg akzeptable, sensible Filmfassung eines ergreifenden Buches. Was man von dem blutrünstigen Sequel »Pet Sematary II« (USA 1992, Regie: Mary Lambert) nicht unbedingt behaupten kann, das außer dem Namen mal wieder nichts mit dem Autor gemein hat. Deshalb schnell vergessen.
- IT – STEPHEN KING's ES. USA 1990. 180 Minuten (OF/DF). Regie: Tommy Lee Wallace, Drehbuch: Larry D. Cohen, Tommy Lee Wallace, Darsteller: Harry Anderson (Ritchie Tozier), Dennis Christopher (Eddie Kaspbrak), Richard Masur (Stan Uris), Annette O'Toole (Beverly Marsh), Tim Reid (Mike Hanlon), John Ritter (Ben Hanscom), Richard Thomas (Bill Denborough), Tim Curry (Pennywise). TV-Miniserie, die das bis dahin bombastischste (und bis heute als Meilenstein moderner Horror-Literatur geltende) Werk Kings gelungen umsetzt. Nur der Spinne am Ende sieht man die Plastikbeinchen deutlich an. Aber das nimmt man gerne in Kauf.
- TALES FROM THE DARKSIDE – THE MOVIE – GESCHICHTEN AUS DER SCHATTENWELT. USA 1990. Regie: John Harrison, Drehbuch: Michael McDowell, George A. Romero, Darsteller: Deborah Harry (Betty), Christian Slater (Andy), David Johansen (Halston), William Hickey (Drogan), James Remar (Preston), Rae Dawn Chong (Carola), Matthew Lawrence (Timmy). Nach Ansicht der Kritiker der beste Episodenfilm, der nach Material von King entstand, wobei nur eine der drei verfilmten Erzählungen, »The Cat from Hell« (»Die Höllenkatze«), tatsächlich aus der Feder des Autors stammt. Die beiden anderen stammen von Arthur Conan Doyle (Lot 249) und Michael McDowell (Der Schwur der Liebenden).
- GRAVEYARD SHIFT – NACHTSCHICHT. USA 1990. 87 Minuten (OF), 86 Minuten (DF). Regie: Ralph S. Singleton, Drehbuch: John Esposito, Darsteller: David Andrews (John Hall), Kelly Wolf (Jane Wisconsky), Stephen Macht (Warwick), Brad Dourif (Tucker Cleveland), Andrew Divoff (Danson), Vic Polizos (Brogan). Üble Filmfassung der zwanzigseitigen (!) Erzählung »Graveyard Shift« (»Spätschicht«) aus dem gleichnamigen Sammelband. Stephen King: »Klar beuten sie meinen Namen aus, aber was kann man machen?« Das sagt alles!
- MISERY – MISERY. USA 1990. 107 Minuten (OF/DF). Regie: Rob Reiner, Drehbuch: William Goldman, Darsteller: James Caan (Paul Sheldon), Kathy Bates (Annie Wilkes), Richard Farnsworth (Sheriff Buster), Frances Sternhagen (Virginia), Lauren Bacall (Marcia

Sindell). Herausragende Verfilmung, die allein in den USA über 160 Millionen Dollar einspielt. Kathy Bates bekommt für die Darstellung der durchgeknallten Annie 1991 den Oscar für die beste weibliche Hauptrolle. Zurecht!

- SOMETIMES THEY COME BACK – MANCHMAL KOMMEN SIE WIEDER. USA 1991. 94 Minuten (OF/DF). Regie: Tom McLoughlin, Drehbuch: Marc Rosenthal, Lawrence Konner, Tom McLouglin, Tom Cring, Darsteller: Tim Matheson (Jim Norman), Brooke Adams (Sally Norman), William Sanderson (Mueller), Nicholas Sadler (Vinnie), Robert Rusler (Lawson). Und wieder eine Kurzgeschichte (aus »Nachtschicht«), die zu einem Film mit Überlänge mutiert. Kein Wunder, daß Spannung und Grusel auf halber Strecke verrecken.
- GOLDEN YEARS – STEPHEN KING'S GOLDEN YEARS. USA 1991. 360 Minuten (OF), 230 Minuten (DF). Regie: Kenneth Fink (1), Allen Coulter (2, 4, 6), Michael Gornick (3, 7), Stephen Tolkin (5), Drehbuch: Stephen King (1–5), Josef Anderson (6–7), Darsteller: Keith Szarabajka (Harlan Williams), Frances Sternhagen (Gina Williams), R. D. Call (Jude Andrews), Ed Lauter (General Crewes), Felicity Huffmann (Terrilynn Spann), Matt Malloy (Redding), Stephen King (Busfahrer). TV-Mini-Serie, für die King Story und (für die ersten fünf Episoden) das Drehbuch schreibt, in der ein Hausmeister in einem Forschungslabor der US-Regierung in Berührung mit einer mysteriösen Mixtur kommt und daraufhin jünger wird. Die Firma macht Jagd auf den jungen Opa, was alles in allem arg an »Firestarter« (»Der Feuerteufel«) erinnert. Dementsprechend schnell sinkt die Begeisterung der Zuschauer. Nach der siebten Folge wird die Serie abgesetzt (und hat, ganz nach Wunsch von King, ein offenes Ende). Die Videofassung, die auch in Deutschland erhältlich ist, besitzt auf Wunsch der Produktionsfirma allerdings eine abgeschlossene Handlung.
- THE LAWNMOWER MAN – DER RASENMÄHERMANN. USA 1992. 105 Minuten (OF/DF). Regie: Brett Leonard, Drehbuch: Brett Leonard, Gimel Everett, Darsteller: Jeff Fahey (Jobe Smith), Pierce Brosnan (Dr. Lawrence Angelo), Colleen Coffey (Caroline Angelo), Jenny Wright (Marnie Burke), Dale Raoul (Dolly). Wissenschaftliche Experimente eines Vorstadt-Gärtners mit dem Cyberspace, die bis auf einige Namen rein gar nichts mit der eigentlichen, zehnseitigen Vorlage von King zu tun haben (in der nämlich dreht ein Gärtner durch und rattert mit dem Rasenmäher munter über alles, was sich ihm in den Weg stellt). Deshalb auch strengt King einen Prozeß gegen die Produktionsfirma an – vergeblich! Die alten Rechte an der Story liegen bei ihr, und sie darf mit King's gutem Namen werben. Dem Autor bleibt unterdessen nichts anderes übrig als selbst zu verkünden: »Ich habe mit diesem Film nichts zu tun.«
- PET SEMATARY II – FRIEDHOF DER KUSCHELTIERE II. USA 1992. 100 Minuten (OF), 97 Minuten (DF). Regie: Mary Lambert, Drehbuch: Richard Outten, Darsteller: Edward Furlong (Jeff Matthews), Anthony Edwards (Chase Matthews), Jared Rushton (Clyde Parker), Jason McGuire (Drew Gilbert), Clancy Brown (Sheriff Gus Gilbert). Wo King draufsteht, ist nicht immer King drin. Schlechter Aufguß, der nichts, wirklich rein gar nichts mit dem ersten Teil, noch weniger mit dem Schöpfer King zu tun hat.
- SLEEPWALKERS – DIE SCHLAFWANDLER. USA 1992. 91 Minuten (OF), 83 Minuten (DF). Regie: Mick Garris, Drehbuch: Stephen King, Darsteller: Brian Krause (Charles Brady), Mädchen Amick (Tanya Robertson),

Alice Krige (Mary Brady), Jim Haynie (Ira), Cindy Pickett (Mrs. Robertson), Ron Perlman (Captain Soames) Stephen King (Friedhofswärter), Clive Barker (1) Techniker), Tobe Hooper (2. Techniker), Joe Dante (Laborassistent). Erster Film, der nur auf einem Drehbuch von King basiert. Hemmungsloses Gemetzel um Mutter und Sohn, die als Gestaltwandler die Lebensenergie von Jungfrauen benötigen. Neben dem inzwischen fast obligatorischen Cameo-Auftritt von King selbst geben sich bekannte Kollegen wie Clive Barker, Tobe Hooper, John Landis und Joe Dante die Ehre.

- CHILDREN OF THE CORN 2: THE FINAL SACRIFICE – KINDER DES ZORNS – TÖDLICHE ERNTE. USA 1992. 89 Minuten (OF), 83 Minuten (DF). Regie: David F. Price, Drehbuch. A. L. Katz, Gilbert Adler, William Froehlich, Darsteller: Terence Knox (Garrett), Christie Clark (Lacey), Paul Scherrer (Danny), Rosalind Allen (Angela), Ned Romero (Frank Red Bear), Ryan Bollmann (Micah). »Einer der trostlosesten Heuler, die je gedreht wurden«, klagt Andreas Kasprzak in »Stephen King und seine Filme«. Die cineastische Fortsetzung einer Story, die bereits wenig Material für den ersten Teil bietet, ist schlicht und einfach Müll.
- STARK – THE DARK HALF – STEPHEN KING'S STARK. USA 1993. 124 Minuten (OF/DF). Regie: George A. Romero, Drehbuch: George A. Romero, Darsteller: Timothy Hutton (Thad Beaumont/Georg Stark), Amy Madigan (Liz Beaumont), Julie Harris (Reggie DeLesseps), Michael Rooker (Sheriff Alan Pangborn), Patrick Brannan (Thad Beaumont als Junge), Larry John Meyers (Dr. Pritchard). Werkgetreue Verfilmung. Alles in allem ansprechend.
- STEPHEN KING'S GOLDEN TALES – STEPHEN KING'S GOLDEN TALES. USA 1993. 139 Minuten. Regie: Michael Gornick, Drehbuch: Michael McDowell, Darsteller: Brude Davison (Richard Hagstrom), Karen Shallo (Lina Hagstrom), Bill Cain (Mr. Nordhoff), Jon Matthews (Jonathan), Patrick Piccininni (Seth Hagstrom). Absoluter Beschiß, denn von den fünf hier aus der Fernsehserie »Tales from the Darkside« zusammengeschnittenen Storys stammt nur »The Word Processor of the Gods« (»Der Textcomputer der Götter«) tatsächlich aus der Feder von King. Die anderen vier Episoden (»Do Not Open This Box«, »My Ghostwriter – The Vampire«, »Strange Love«, »The Old Soft Shoe«) haben nichts mit dem Autor zu tun.
- NEEDFUL THINGS – IN EINER KLEINEN STADT. USA 1993. 121 Minuten (OF), 120 Minuten (DF). Regie: Fraser C. Heston, Drehbuch: W. D. Richter, Darsteller: Ed Harris (Alan Pangborn), Max von Sydow (Leland Gaunt), Bonnie Bedelia (Polly Chalmers), Amanda Plummer (Nettie Cobb), J. T. Walsh (Buster Keaton), Shane Meier (Brian Rusk), Ray McKinnon (Norris Ridgewick). Während das Buch einen wahrlich genüßlichen Blick auf die seelischen Abgründe der Menschen wirft, streift der Film sie nur im Vorbeigehen, was ihm alle Dramaturgie nimmt. Schade!
- THE TOMMYKNOCKERS – TOMMYKNOCKERS. USA 1993. 165 Minuten (OF/DF). Regie: John Power, Drehbuch: Lawrence D. Cohen, Darsteller: Jimmy Smits (Jim Gardener), Marg Helgenberger (Bobbi Anderson), Joanna Cassidy (Ruth McCausland), Traci Lords (Nancy Voss), E. G. Marshall (Opa Brown), Allyce Beasley (Rebecca Paulson). Kleine TV-Serie, die sich eng an die Vorlage hält, daher aber auch genauso zähflüssig daherkommt wie die literarische Vorlage.
- THE STAND – STEPHEN KING'S THE STAND – DAS LETZTE GEFECHT. USA 1994. 320 Minuten (OF/DF). Regie: Mich Garris, Dreh-

buch: Stephen King, Darsteller: Gary Sinise (Stu Redman), Molly Ringwald (Fran Goldsmith), Jamey Sheridan (Randall Flagg), Laura San Giacomo (Nadine Cross), Ossie Davis (Richter Farris), Ruby Dee (Mother Abagail), Kathy Bates (Radiomoderatorin), Stephen King (Teddy Weizak). Neben dem obligatorischen Cameo-Auftritt bringt sich Meister King auch noch als Drehbuchautor und Executive Producer mit in die monumentale TV-Serie ein. Im übrigen eine sehr routinierte Adaption des Gut-gegen-Böse-Klassikers. Der Musiker Al Kooper setzt Larry Underwoods Song »Baby, can you dig your man« für den Film musikalisch um; der Titel ist aber nicht auf dem zugehörigen Soundtrack oder auf Kooper's Alben zu finden. Rarität!

- CHILDREN OF THE CORN III: URBAN HARVEST – KINDER DES ZORNS III: Das Chicago-Massaker. USA 1994. 96 Minuten (OF), 95 Minuten (DF). Regie: James D. R. Hickox, Drehbuch: Dode B. Levenson, Darsteller: Ron Melendez (Joshua), Daniel Cerny (Eli), Jon Clair (Malcom), Mari Morrow (Maria), Duke Stroud (Earl), Rif Hutton (Arnold), Garvin Funches (T-Log), Gina St. John (Diane). Krude Story um zwei Stiefbrüder, von denen einer dem Feld aus Teil 1 entstammt und nun mitten in der Großstadt ein Maisfeld pflanzt und so das Böse hervorruft. Da stehen nicht nur Stephen King die Haare zu Berge.
- THE SHAWSHANK REDEMPTION – DIE VERURTEILTEN. USA 1994. 142 Minuten (OF/DF). Regie: Frank Darabont, Drehbuch: Frank Darabont, Darsteller: Tim Robbins (Andy Dufresne), William Sadler (Heywood), Morgan Freeman (Red Redding), Bob Gunton (Gefängnisdirektor Norton), Clancy Brown (Captain Hedley), Gil Bellows (Tommy), James Whitmore (Brooks), Brian Delate (Dekins). Gefühlvolles Drama, das für sieben Oscars nominiert wird (bester Film, beste Regie, bestes adaptiertes Drehbuch u.a.), am Ende aber leer ausgeht. Egal! Anfang 1999 haben mehrere Zehntausend Internetnutzer auf den Seiten des Filmdienstes IMDB (http://www.imdb.com) den Film zum besten Film aller Zeiten gewählt. Auch King hält ihn für eine der besten Adaptionen seiner Erzählungen und Romane.
- THE LANGOLIERS – DIE LANGOLIERS. USA 1995. 180 Minuten (OF/DF). Regie: Tom Holland, Drehbuch: Tom Holland, Darsteller: Tom Holland (Harker), Mark Lindsay Chapman (Nick Hopewell), Kate Maberly (Dinah Bellman), Julie Arnold Lindsey (Tante Vicky), Bronson Pinchot (Craig Toomey), Michael Louden (Richard Logan), Patricia Wettig (Laurel Stevenson), Stephen King (Tom Hulby). Neuerliche, zweiteilige, ziemlich aufgeblasene TV-Serie, in der die Langoliers wie Pac Man aussehen. Der ist aber zu dem Zeitpunkt schon lange tot.
- THE MANGLER – THE MANGLER. USA 1994. 198 Minuten (OF), 106 Minuten (DF). Regie: Tobe Hooper, Drehbuch:Tobe Hooper, Stephen Brooks, Peter Welbeck, Darsteller: Robert Englund (Bill Gartley), Ted Levine (John Hunton), Daniel Matmor (Mark Jackson), Jeremy Crutchley (Picture-Man), Vanessa Pike (Sherry Ouelette), Demetre Phillips (George Stanner). Auch drei Drehbuch-Autoren können die Adaption von »Der Wäschemangler« (in »Nachtschicht«) nicht retten – ein unerträglich schwerfälliges Irgendetwas, das alles bereitet, nur keine Freude. Gut, daß der schreckliche Mangler am Ende davonrennt. Etwa weil er sich langeweilt?
- DOLORES CLAIBORNE – DOLORES. USA 1995. 131 Minuten (OF/DF). Regie: Taylor Hackford, Drehbuch: Tony Gilroy, Darsteller: Kathy Bates (Dolores Claiborne), Jennifer Jason Leigh (Selena St. George), Judy Parfitt

(Vera Donovan), Christopher Plummer (Detective John Mackey), David Strathairn (Joe St. George), Eric Bogosian (Peter), John C. Reilly (Frank Stamshaw). Stimmungsvolle, tiefsinnige Verfilmung eines ebenso anspruchsvollen Romanes, der (beinahe) ganz ohne übersinnliche Effekte auskommt.

- THE LAWNMOWER MAN 2: BEYOND CYBERSPACE – DER RASENMÄHERMANN 2. USA 1995. 87 Minuten (OF/DF). Regie: Farhad Mann, Drehbuch: Gimes Everett, Brett Leonard, Darsteller: Matt Frewer (Jobe), Patrick Bergin (Dr. Trace), Ely Pouget (Dr. Corie Platt), Austin O'Brian (Peter), Kevin Conway (Walker). Hatte schon Teil 1 so gut wie gar nichts mit King zu tun, ist Teil 2 ein noch haarsträubenderer Abklatsch, in dem Cyberspace-Krüppel Jobe als VR-Messias nach der Alleinherrschaft trachtet. Bald habe ich keine Haare mehr!
- CHILDREN OF THE CORN 4: The Gathering – KINDER DES ZORNS 4. USA 1996. 85 Minuten. Regie: Greg Spence, Drehbuch: Stephen Berger, Darsteller: Karen Black (June Rhodes), Kay Bower (Janet McLellan), Stephen Earnhart (Wilks), John Edson (Concerned Father's Sohn), Salle Ellis (Jane Nock), Lewis Flamagan (Marcus Atkins), Samaria Graham (Mary Anne), Evan Greenwalt (Convulsive Boy), Richard Gross (Sheriff Biggs), Brent Jennings (Donald Atkins). Herrgott, und das Grauen hatte immer noch kein Ende! Langsam werde ICH zornig ...
- SOMETIMES THEY COME BACK ... AGAIN – MANCHMAL KOMMEN SIE WIEDER 2. USA 1996. 98 Minuten (OF). Regie: Adam Grossmann, Drehbuch: Adam Grossmann, Darsteller: Michael Gross (Jon Porter), Alexis Arquette (Tony Reno), Hilary Swank (Michelle Porter), Bojesse Christopher (Vinnie Ritacco), Glen Beaudin (Sean Patrick), Jennifer Elise Cox (Jules Martin), Jennifer Aspen (Maria Moore), William Morgan Sheppard (Pater Archer Roberts), Michael Malota (Young Jon), Gabriel Dell Jr. (Steve Pagel). Ohne Worte ...
- THINNER – DER FLUCH. USA 1996. 93 Minuten (OF/DF). Regie: Tom Holland, Drehbuch: Tom Holland, Michael McDowell, Darsteller: Robert John Burke (Billy Halleck), Joe Mantegna (Richie Ginelli), Michael Constantine (Tadzu Lempke), Lucinda Jenney (Heidi Halleck). Zigeunerfluch kommt über korpulenten Anwalt, der darauf abmagert bis zum Geht-Nicht-Mehr. Soweit noch in Ordnung. Das Ende dagegen ist zuviel Crash-Boom-Bang um des Effektes Willen.
- THE SHINING – THE SHINING. USA 1997. 240 Minuten (OF/DF). Regie: Mick Garris, Drehbuch: Stephen King, Darsteller: Steven Weber (Jack Torrance), Rebecca DeMornay (Wendy Torrance), Courtland Mead (Danny Torrance), Melvin Van Peebles (Dick Hallorann), Will Horneff (Tony), Elliott Gould (Stuart Ullmann), Stephen King (Gage Creed). Vierstündige TV-Marathon-Neufassung von »Shining«, dessen Kubrick-Version King bekanntlich nie akzeptiert hat. Die Folge sind ausufernde Charakterisierungen, größere Textbezogenheit, mehr Horror und überhaupt, mehr, mehr mehr.
- QUICKSILVER HIGHWAY – STEPHEN KING'S QUICKSILVER HIGHWAY. USA 1997. 87 Minuten (OF/DF). Regie: Mick Garris, Drehbuch: Stephen King, Darsteller: Christopher Lloyd (Quicksilver), Matt Frewer (Dr. George), Raphael Sbarge (Kerry/Bill), Christopher Hart (Lefty), Cynthia Garris (Ellen), Clive Barker (Anästhesist). Kings »Chattery Teeth« (»Klapperzähne«) um ein mordendes Spielzeuggebiß und Barkers »Body Politic« um selbständige Chirurgenhände. Da haben wir schon Aufregenderes erlebt.
- STEPHEN KING'S THE NIGHT

FLIER – STEPHEN KING'S THE NIGHT FLIER. USA 1997. 93 Minuten (OF/DF). Regie: Mark Pavia, Drehbuch: Jack O'Donnell, Darsteller: Miguel Ferrer (Richard Dees), Michael H. Moss (Dwight Renfield), Julie Entwisle (Katherine Blair), Dan Monahan (Merton Morrison), John Bennes (Ezra Hannon), Beverly Skinner (Selida McCamon), Rob Wildes (Buck Kendall), Richard K. Olsen (Claire Bowie), Elizabeth McCormick (Ellen Sarch). Paparazzo Richard Dees auf den Spuren eines Cessna-fliegenden Vampirs. Aufgeblasene TV-Fassung einer Kurzgeschichte.

- TRUCKS – TRUCKS. USA 1997. 95 Minuten (OF). Regie: Chris Thomson, Drehbuch: Chris Thomson, Darsteller: Brendan Fletcher (Logan), Amy Stewart (Abby), Sharon Bajer, Brenda Bakke, Jay Brazeau, Timothy Busfield, Victor Cowie, Aidan Devine. Es gibt Dinge, die müssen einfach nicht sein, z.B. erneute Verfilmungen alter Novellen, deren erste Kino-Adaption schon in die Hose ging. Bitte schön!
- APT PUPIL – DER MUSTERSCHÜLER. USA 1998. 111 Minuten (OF). Regie: Brian Singer, Drehbuch: Brandon Boyce, Darsteller: Brad Renfro (Todd Bowden), Ian McKellen (Kurt Dussander), Joshua Jackson (Joey), Mickey Cottrell (Sociology Teacher), Michael Reid MacKay (Nightmare Victim), Ann Dowd (Monica Bowden), Bruce Davidson (Richard Bowden), Marjorie Lovett (Agnes Bowden), David Cooley (Gym Teacher), Blake Anthony Tibbetts (Teammate), Heather McComb (Becky Trask). Kann man mit leben, muß man aber nicht.
- CHILDREN OF THE CORN V: FIELDS OF TERROR – KINDER DES ZORNS 5. USA 1998. Regie: Ethan Wiley, Drehbuch: Ethan Wiley, Darsteller: Stacey Galina (Allison), Alexis Arquette (Greg), Ahmet Zappa (Lazlo), Greg Vaughan (Tyrus), Adam Whylie (Ezeekial), Eva Mendez (Kir), Fred Williamson (Sheriff). Jetzt bin ich aber wirklich zornig!
- CARRIE 2 – THE RAGE – CARRIE 2. USA 1998. 94 Minuten (OF/DF). Regie: Katt Shea, Drehbuch: Rafael Moreau, Darsteller: Emily Bergl (Rachel), Jason London (Jessie), Amy Irving (Sue Snell), Dylan Bruno (Mark), J. Smith-Cameron (Barbara), Justin Urich (Brad). Fast 30 Jahre nach der ersten Verfilmung jetzt das Sequel – was sollen wir bloß davon halten? Nichts! Denn King hält auch nichts davon.
- SOMETIMES THEY COME BACK AGAIN FOR MORE – MANCHMAL KOMMEN SIE WIEDER 3. USA 1999. Regie: Daniel Zelik Berk, Darsteller: Max Perlich, Clayton Rohner, Chase Masterson. Auf einer Forschungsstation in der Antarktis tobt das Grauen. Mal gut, daß das so weit von uns entfernt ist. Warum der entsetzliche Film trotzdem zu uns gelangt, wird wohl immer ein Rätsel bleiben.
- STORM OF THE CENTURY – DER STURM DES JAHRHUNDERTS. USA 1999. Regie: Craig R. Baxley, Drehbuch: Stephen King, Darsteller: Timothy Daly (Mike Anderson), Debra Farentino (Molly Anderson), Colm Feore (Andre Linoge), Casey Siemaszko (Alton Hatch Hatcher), Jeffrey DeMunn (Robbie Beals), Juliane Nicholson (Cat Withers), Dyllan Christopher (Ralph Anderson), Soo Garay (Melinda Hatcher). TV-Miniserie, für die King ein Original-Drehbuch schrieb. Inzwischen ist das Drehbuch als solches in Deutschland veröffentlicht; die Serie wird noch einige Zeit bis zur Ausstrahlung brauchen.
- THE GREEN MILE – THE GREEN MILE. USA 1999. Regie: Frank Darabont, Drehbuch: Frank Darabont, Darsteller: Tom Hanks (Paul Edgecombe), Bonnie Hunt (Janice Edgecombe), James Cromwell (Hal Moores), Michael Clarke Duncan (John Coffey), Graham Greene (Bitterbuck), Patricia

Clarkson (Melinda Moores), Doug Hutchison (Percy Wetmore). Gelungene Verfilmung, die King sogar den Saturn Award einbrachte.

- STUD CITY. USA 1999. Regie: Sean Parlaman, Drehbuch: Sean Parlaman, Darsteller: Austin O'Brian (Edward Chico May), Trever O'Brian (Young Chico), Jason James Richter (Johnny May), Annette O'Toole (Virginia May), Bridgette Wilson (Sally Morrison), Matt Ross (Bob Cormier), Ann Curry (Catherine Harris), Catherine E. Coulson (Elisabeth Tessio), Clayton Corzatte (Milo Pressman). Basiert auf der Erzählung »Stud City« (»Hurenstadt«) in der bereits verfilmten Novelle »The Body« (»Die Leiche«).

GEPLANT:

- THE SUN DOG. USA 2000. Regie: Lawrence D. Cohen, Drehbuch: Lawrence D. Cohen, Michael Göre
- CREEPSHOW 3. Mit der Story »Dolan's Cadillac«
- GERALD'S GAME. Regie: Stephen King, Drehbuch: Stephen King
- THE MIST. Regie: Frank Darabont
- TALES FROM THE DARKSIDE – THE MOVIE 2. Regie Marv Newland, Drehbuch: George A. Romero, Gahan Wilson. Mit der Story »Pinfall« und »Rainy Season«
- THE TALISMAN. Regie: Steven Spielberg, Drehbuch: Richard La Gravenese. Vierstündige TV Miniserie für ABC, Dreamworks and Kennedy-Marshall Production Company
- THE GIRL WHO LOVED TOM GORDON. Verfilmung von Castle Rock. Regie & Drehbuch: George Romero
- HEARTS IN ATLANTIS. Die 13jährige Mika Boorem – bekannt für die Darstellung der »kleinen« Ally in der Serie »Ally McBeal« – wird neben Anthony Hopkins in der Stephen-King-Verfilmung »Atlantis« zu sehen sein.
- THE EYES OF THE DRAGON. Comicverfilmung des Romans »Die Augen des Drachen«.
- DREAMCATCHER. Castle Rock hat sich die Filmrechte gesichert.

KURZFILME & EPISODEN

- THE BOOGEYMAN – WER HAT ANGST VORM SCHWARZEN MANN. USA 1982. 30 Minuten. In: STEPHEN KING'S NIGHTSHIFT COLLECTION. Regie: Jeffrey C. Schiro, Drehbuch: Jeffrey C. Schiro, Darsteller: Michael Reid (Lester Billings), Burt Linder (Dr. Harper), Terence Brady (Sergeant Copeland), Minda Silvermann (Rita Billings). Mit einem Budget von 20.000 Dollar als Abschlußarbeit an der New York University Film School in Szene gesetzte Short Story, die beim NYU Film Festival als bester Kurzfilm ausgezeichnet wurde.
- WOMAN IN THE ROOM – VERGIFTET. USA 1983. 30 Minuten. In: STEPHEN KING'S NIGHTSHIFT COLLECTION. Regie: Frank Darabont, Drehbuch: Frank Darabont, Darsteller: Michael Cornelison (Johnny), Dee Croxton (Mutter), Brian Libby (Gefangener), Bob Brunson (1.) Wache), George Russel (2. Wache). Als Hochschulabschlußarbeit mit einem Budget von 35.000 Dollar verfilmte Erzählung »Woman in the Room« (»Die Frau im Zimmer«) aus »Nightshift« (»Nachtschicht«). Ansehnlich und von den Kritikern hochgelobt.
- JONAH OKLAHOMA 1971. USA 1984. 20 Minuten. In: STEPHEN KING: THE NIGHT OF THE CROW. Regie: Damian Harris. Hochschulabschlußarbeit, in der die zwei Erzählungen »Children of the Corn« (als »Jonah Oklahoma 1971«) und »Zimmer 321« (als: »The Night Waiter«) von Stephen King und zwei Erzählungen von Dennis Etchison verfilmt wurden.
- THE NIGHT WAITER. USA 1984. 20 Minuten. In: STEPHEN KING: THE NIGHT OF THE CROW. Regie. Damian Harris. Hochschulabschlußarbeit, in der die zwei Erzählungen »Children of the Corn« (als »Jonah Oklahoma 1971«) und »Zimmer 321« (als: »The Night Waiter«) von Stephen King und zwei Erzählungen von Dennis Etchison verfilmt wurden.
- THE WORD PROCESSOR OF THE GODS – DER TEXTCOMPUTER DER GÖTTER. USA 1985. 23 Minuten. In: 1) TALES FROM THE DARK SIDE (TV); 2) STEPHEN KING'S GOLDEN TALES (VIDEO). Regie: Michael Gornick, Drehbuch: Michael McDowell, Darsteller: Brude Davison (Richard Hagstrom), Karen Shallo (Lina Hagstrom), Bill Cain (Mr. Nordhoff), Jon Matthews (Jonathan), Patrick Piccininni (Seth Hagstrom). Mittelprächtige Verfilmung einer guten Geschichte.
- GRAMMA – TEE FÜR DIE OMI. USA 1986. 19 Minuten. In: TWILIGHT ZONE. Regie: Bradford May, Drehbuch: Harlan Ellison, Darsteller: Barrett Oliver (Georgie), Darlanne Fluegel (Georgies Mutter), Frederick Long (Grammas Stimme, OF). Gelungene Umsetzung einer atmosphärisch sehr klammen Kurzgeschichte.
- DISCIPLES OF THE CROW – STEPHEN KING'S DISCIPLES OF THE CROW. USA 1986. 17 Minuten. Regie: John Woodward, Drehbuch: John Woodward, Darsteller: Gabriel Folse (Burt), Steven Young (Malachai). Weitere Hochschulabschlußarbeit, die auf »Children of the Corn« (»Kinder des Zorns«) beruht, leider aber wenig Ähnlichkeiten aufweist. Schlecht, schlechter, Woodward.
- THE LAST RUNG ON THE LADDER. USA 1987. SORRY, RIGHT NUMBER – DIE TODESBOTSCHAFT. USA 1987. 30 Minuten. In: TALES FROM THE DARK SIDE. Regie: John Sutherland, Drehbuch: Stephen King, Darsteller: Arthur Taxier (Bill Weiderman),

Deborah Harmon (Katie Weiderman), Rhonda Dotson (Dawn), Katherine Britton (Polly), Brandon Stewart (Jeff). Mittelprächtige Umsetzung für eine ABC Television-Serie.

- THE MOVING FINGER – DER RASENDE FINGER. USA 1990. In: MONSTERS. Regie: Ken Meyers, Drehbuch: Haskell Barkin, Darsteller: Tom Noonan (Howie), Alice Payten (Howies Frau), Sharon Cornell (Polizistin), Robert E. Weil (Nachbar). Effektvolle Umsetzung der absurden Geschichte.
- CAT FROM HELL / DIE HÖLLENKATZE. USA 1990. In: TALES FROM THE DARK SIDE – THE MOVIE. Regie: John Harrison, Drehbuch: Michael McDowell, George A. Romero, Darsteller: Deborah Harry (Betty), Matthew Lawrence (Timmy), David Johansen (Halston), William Hickey (Drogan). Blutigeffektvolle Vorlage für den Kinofilm »Tales from the Dark Side« (»Geschichten aus der Schattenwelt«).
- GHOSTS – GHOSTS. USA 1996. 35 Minuten. Regie: Mick Garris, Drehbuch: Stephen King & Michael Jackson, Darsteller: Michael Jackson. Grusel-Tanz-Film gemeinsam vom King of Horror und dem King of Pop. Ganz ehrlich, da haben wir Besseres erwartet.
- CHATTERY TEETH – DIE KLAPPERZÄHNE. USA 1997. 43 Minuten. In: STEPHEN KING'S QUICKSILVER HIGHWAY. Regie: Mick Garris, Drehbuch: Stephen King, Darsteller: Christopher Lloyd (Quicksilver), Matt Frewer (Dr. George), Raphael Sbarge (Kerry/Bill), Christopher Hart (Lefty), Cynthia Garris (Ellen). Kings »Chattery Teeth« (»Klapperzähne«) um ein mordendes Spielzeuggebiß für eine Anthologie-Verfilmung mit Kollege Clive Barker. So lala.
- THE REVELATIONS OF BECKA PAULSON – KUGEL IM KOPF. USA 1997. 45 Minuten. In: THE OUTER LIMITS. Regie: Steven Weber, Drehbuch: Stephen King, Darsteller: Catherine O'Hara (Rebecca Paulson), John Diehl (Joe Paulson), Bill Dow (Dr. Fink), Steven Weber (Ratgeber). Die naive Hausfrau Rebecca Paulson leidet unter ihrem Ehemann, dem Macho Joe. Bei der Suche nach dem Christbaumschmuck findet sie eine Pistole. Sie spielt damit herum, dabei löst sich ein Schuß. Als Rebecca aus ihrer Ohnmacht erwacht, stellt sie fest, daß in ihrem Kopf eine Kugel steckt. Anstatt sich zu wundern, daß sie noch lebt, hat sie plötzlich mysteriöse Erlebnisse: Der Mann auf einer Fotografie fängt an zu sprechen und gibt ihr Ratschläge. Ihr toter Vater ruft sie an, sie entdeckt ungeahnte geistige Fähigkeiten an sich. Als Rebecca erfährt, daß ihr Mann ein Verhältnis mit einer Kollegin hat, dreht sie durch: Sie beschließt, Joe am Weihnachtsabend zu töten. Schon erstaunlich, daß ein Fernseher auch als Toaster zu gebrauchen ist ...
- CHINGA – USA 1998. 45 Minuten. In: AKTE X, (5. Staffel, 10. Folge). Regie: Kim Manners, Drehbuch: Stephen King, Chris Carter, Darsteller: Gillian Anderson (Dana Scully), David Duchovny (Fox Mulder), Susannah Hoffmann (Melissa Turner), Larry Musser (Jack Bonsaint), William MacDonald (Buddy Riggs), Jenny-Lynn Hutcheson (Polly Turner), Carolyn Tweedle (Jane Froelich). Während ihres Urlaubs in Maine (!) wird Dana Scully in einen seltsamen Fall verwickelt, bei dem die Opfer sich anscheinend selber Verletzungen zugefügt haben – offensichtlich auf Befehl eines seltsamen Mädchens. Mit Verlaub: Ich habe zwar nicht alle Akte-X-Folgen gesehen, aber diese Folge ist eine der schlechtesten, die ich je gesehen habe. King hat als Drehbuch-Autor wirklich weitaus mehr auf dem Kasten.

KING ALS DREHBUCHAUTOR

- CREEPSHOW – DIE UNHEIMLICH VERRÜCKTE GEISTERSTUNDE. USA 1982. 120 Minuten (OF/DF). Regie: George A. Romero
- CAT'S EYE – KATZENAUGE. USA 1984. 94 Minuten (OF/DF). Regie: Lewis Tague
- SILVER BULLET – DER WERWOLF VON TARKER MILLS. USA 1985. 95 Minuten (OF), 94 Minuten (DF). Regie: Daniel Attias
- MAXIMUM OVERDRIVE – RHEA M – ES BEGANN OHNE WARNUNG. USA 1986. 97 Minuten (OF), 95 Minuten (DF). Regie: Stephen King
- SORRY, RIGHT NUMBER – DIE TODESBOTSCHAFT. USA 1987. 30 Minuten. In: TALES FROM THE DARK SIDE. Regie: John Sutherland
- TALES FROM THE DARKSIDE 2 – TALES FROM THE DARKSIDE 2. USA 1987. 23 Minuten. Regie: John Sutherland
- PET SEMATARY – FRIEDHOF DER KUSCHELTIERE. USA 1989. 103 Minuten (OF), 102 Minuten (DF). Regie: Mary Lambert
- GOLDEN YEARS – STEPHEN KING'S GOLDEN YEARS. USA 1991. 360 Minuten (OF), 230 Minuten (DF). Regie: Kenneth Fink
- SLEEPWALKERS – DIE SCHLAFWANDLER. USA 1992. 91 Minuten (OF), 83 Minuten (DF). Regie: Mick Garris
- THE STAND – STEPHEN KING'S THE STAND – DAS LETZTE GEFECHT. USA 1994. 320 Minuten (OF/DF). Regie: Mick Garris
- THE SHINING – THE SHINING. USA 1997. 240 Minuten (OF/DF). Regie: Mick Garris
- QUICKSILVER HIGHWAY – STEPHEN KING'S QUICKSILVER HIGHWAY. USA 1997. 87 Minuten (OF/DF). Regie: Mick Garris
- GHOSTS – GHOSTS. USA 1996. 35 Minuten. Regie: Mick Garris
- CHATTERY TEETH – DIE KLAPPERZÄHNE. USA 1997. 43 Minuten. In: STEPHEN KING'S QUICKSILVER HIGHWAY. Regie: Mick Garris
- THE REVELATIONS OF 'BECKA PAULSON – KUGEL IM KOPF. USA 1997. 45 Minuten. In: THE OUTER LIMITS. Regie: Steven Weber
- CHINGA – USA 1998. 45 Minuten. In: AKTE X, (5. Staffel, 10. Folge). Regie: Kim Manners
- STORM OF THE CENTURY – DER STURM DES JAHRHUNDERTS. USA 1999. Regie: Craig R. Baxley
- THE GREEN MILE – USA 1998/1999. Regie: Frank Darabont
- DESPERATION. USA 1999. Regie: Mick Garris

DEUTSCHE HÖRFASSUNGEN • THEATERFASSUNGEN • COMPUTERSPIELE • SOUNDTRACK COMPILATIONS • SOUNDTRACKS SINGLES • WEITERFÜHRENDE LITERATUR

- SCHWARZ. Heyne Audio, München 1989. 5 MusicCassetten, Dauer: 7 Stunden. Sprecher: Klaus Gnuth und Stephen King (einleitende Worte)
- NACHTSCHICHT – Ausgewählte Meistererzählungen. Audio Lübbe, Bergisch-Gladbach 1996. 3 MusicCassetten, Dauer: 256 Minuten. Sprecher: Joachim Kerzel
- KINDER DES ZORNS. Audio Lübbe, Bergisch-Gladbach 1997. 1 MusicCassette, Dauer: 92 Minuten. Sprecher: Joachim Kerzel
- DER WERWOLF VON TARKER MILLS. Audio Lübbe, Bergisch-Gladbach, 1997. 1 MusicCassette, Dauer: 111 Min. Sprecher: Joachim Kerzel
- TRUCKS/DER RASENMÄHERMANN. Audio Lübbe, Bergisch-Gladbach 1999. 1 CD, Dauer: 74 Minuten. Sprecher: Joachim Kerzel
- FRIEDHOF DES GRAUENS (FRIEDHOF DER KUSCHELTIERE). Der HörVerlag, München 1999. 2 MusicCassetten, Dauer: 165 Minuten. Hörspielbearbeitung: Gregory Evans. Regie: Thomas Werner. Sprecher: Lazlo Kish, Christin Marquitan, Manfred Steffen
- BRIEFE AUS JERUSALEM. Lübbe Audio, Bergisch-Gladbach 1999. 2 MusicCassetten/2 CD, Dauer: 140 Minuten. Sprecher: Joachim Kerzel
- DAS BILD – ROSE MADDER. Heyne Hörbuch, München 1999. 4 MusicCassetten/5 CD, Dauer: 350 Minuten. Sprecher: Vadim Glowna
- BLUT UND RAUCH. (Enthält die Erzählungen »Lunch in Gotham Café/1408/Im Kabinett des Todes«). Ullstein Hörverlag, München 2000. 1 CD/2 MC, 205 Minuten, Sprecher: Ulrich Pleitgen
- VERBORGENES FENSTER, VERBORGENER GARTEN, WDR 5, 3teiliges Hörspiel am 30.10, 6.11. und 13.11.2000.

MUSICALFASSUNGEN

- CARRIE. Erstaufführung im Virginia Theater, Broadway New York, Donnerstag, 12. Mai 1988. Regie: Terry Hand; Musik: Michael Göre; Drehbuch: Lawrence D. Cohen; Texte: Dean Pitchford; Set: Ralph Koltai; Kostüme: Alexander Reid; Choreographie: Debbie Allen. Darsteller: Betty Buckley (Margarete White), Linzi Hateley (Carrie White), Charlotte d'Ambroise (Chris), Paul Gyngell (Tommy), Darlene Love (Miss Gardner), Gene Anthony Ray (Billy), Sally Ann Triplett (Sue)

THEATERFASSUNGEN

- MISERY. Dt. Erstaufführung am 10. Februar 1996. Nach Stephen King von Simon Moore. Übersetzung: Frank Küster; Inszenierung: Klaus J. Rumpf; Bühne: Susanne Müller. Darsteller: Dagmar Biener (Annie Wilkes), Friedhelm Ptok (Paul Sheldon)

COMPUTERSPIELE

- THE RUNNING MAN. Domark, London 1990. Läuft auf: Amiga
- STARK – THE DARK HALF. Capstone, New York 1994. Vertrieb: Orion Interactive. Läuft auf: 1) Win/Mac (CD-ROM). 2) Sony Play Station. Adventure-Spiel, in dem der Spieler Thad Beaumont ist, dessen totgeglaubtes Pseudonym George Stark mordend durch die Gegend läuft und ihn tiefer in den

Schlamassel zieht. Man muß nun die dunkle Hälfte aufhalten, bevor noch mehr Menschen umgebracht werden.

- THE LAWNMOWER MAN. Sony Electronic Pool, New York 1994. Vertrieb: SCI Sales Curve Interactive. Läuft auf: Win (CD-ROM). Das Spiel hat natürlich nichts mit der Erzählung, dafür aber mehr mit dem Film zu tun (der ja ebenfalls nichts mit dem Buch zu tun hat). Das Spiel geht in einer 3-D-animierten, virtuellen Welt über die Bühne, in der Cyberjobe über 30 verschiedene Levels Rache gegen Dr. Angelo nehmen muß.
- STEPHEN KING'S F13. Blue Byte Software, 1999. 3.500 Exemplare einer limitierten Edition, die für den schnellen King-Fan ein paar kleine Bonbons bereit hält: eine handsignierte CD-Hülle von Joachim Körber, einen Horrorschlüsselanhänger, einen CD-Hänger und eine King-spezifische Postkarte. Ansonsten müder FlicFlac und die Story »Alles ist riesig« in deutscher Erstveröffentlichung.

SOUNDTRACK COMPILATIONS

- CARRIE. Label: Ryko Records, 1976. Komponist: Pino Donaggio. Inklusive Original-Dialoge aus dem Film; ausführliches Booklet mit DIN A4-Poster des französischen Filmplakats
- CREEPSHOW. Varese Sarabande, 1982. Komponist: John Harrison. Instrumental Songs
- CHRISTINE. Varese Sarabande, 1983. Komponist: John Carpenter und Alan Howarth. Instrumental Songs
- CHRISTINE (Rock 'n' Roll). Varese Sarabande, 1983. Various Artists
- THE DEAD ZONE. Milan, 1983. Komponist: Michael Kamen. Instrumental Songs
- FIRESTARTER. Varese Sarabande, 1984. Komponist: Tangerine Dream. Instrumental Songs
- STAND BY ME. Atlantic, 1986. Various Artists (und Ben E. King: »Stand by me«)
- RUNNING MAN. Colosseum, 1988. Komponist: Harold Faltermeyer. Instrumental Songs
- PET SEMATARY. Varese Sarabande 1989. Komponist: Elliot Goldenthal. Instrumental Songs
- TALES FROM THE DARKSIDE – THE MOVIE. Crescendo, 1990. Komponist: John Harrison. Instrumental Songs
- MISERY. Bay Cities, 1990. Komponist: Marc Shaiman. Instrumental Songs
- CHILDREN OF THE CORN II – THE FINAL SACRIFICE. Bay Cities, 1992. Komponist: Daniel Licht. Instr. Songs
- SCHLAFWANDLER. Milan, 1992. Komponist: Nicholas Pike. Instrumental Songs (und Santo & Johnny: »Sleepwalk«, The Contours: »Do you love me« und Enya: »Boadicea«)
- NEEDFUL THINGS. Varese Sarabande, 1993. Komponist: Patrick Doyle. Instrumental Songs (und Schubert: »Ave Maria«)
- STARK – THE DARK HALF. Varese Sarabande, 1993. Komponist: Christopher Young. Instrumental Songs
- THE BEST OF STEPHEN KING VOL. 1. Cinerama, 1993. Enthält Tracks aus »The Shining«, »Creepshow«, »Graveyard Shift«, »Children of the Corn«, »Christine«, »The Running Man«.
- THE STAND. Varese Sarabande, 1994. Komponist: W. G. Snuffy Walden. Instrumental Songs. Inline Notes von Mick Garris und Stephen King, von King unter dem Titel »Setting the End of the World to Music«
- THE SHAWSHANK REDEMPTION. Epic Soundtrax, 1994. Komponist: Thomas Newman. Instrumental Songs (und The Inkspots: »If I didn't care«; Hank Williams: »Lovesick Blues«, Dt. Oper Berlin: »The Marriage of Figaro – Duettino – Sull ›Aria‹«
- DOLORES CLAIBORNE. Varese Sarabande, 1995. Komponist: Danny Elfman. Instrumental Songs
- THINNER. Varese Sarabande, 1996. Komponist: Daniel Licht. Instrumental

Songs (und Nighthawk Jackson & The Iceman: »Always You«, Clair Marlo: »Universal Love«)
- STEPHEN KING COLLECTION. Warner Bros. Inc., 1998. Various Artists. Songs aus »Friedhof der Kuscheltiere«, »In einer kleinen Stadt«, »Christine«, »Die Verurteilten« u.a.

SOUNDTRACKS SINGLES
- THE RAMONES: »LEAVE HOME« (Album). AIM, 1977. Das Album enhält den Titel »Pet Sematary« aus dem gleichnamigen Film »Pet Sematary«.
- CROWDED HOUSE: »CROWDED HOUSE« (Album). Capitol, 1985. Das Album enthält den Titel »Don't dream it's over«, der in dem Film »The Stand« verwendet wurde.
- AC/DC: »WHO MADE WHO« (Album). Atlantic, 1986. Das Album enthält die Titel aus dem Film »Maximum Overdrive«.
- THE RAMONES: »BRAIN DRAIN« (Album). Chrysalis, 1989. Das Album enthält den Titel »Sheena is a Punk Rocker« aus dem Film »Pet Sematary«.
- ANTHRAX: »AMONG THE LIVING« (Album). Polygram, 1990. Mitnichten Filmsongs enthaltend. Aber das Album enhält Titel, die vom Roman »Sie« und der Novelle »Der Mùsterschüler« (in: »Frühling, Sommer, Herbst und Tod«) inspiriert sind.
- BLIND GUARDIAN: »TALES FROM THE TWILIGHT WORD« (Album). Virgin Records, 1991. Mitnichten Filmsongs enthaltend. Das Album enthält aber zwei Songs mit dem Titeln »Tommyknockers« und »Altair 4«, die laut Band vom Roman »Das Monstrum« inspiriert worden sind.
- BARRY McGUIRE: »UPON A PAINTED OCEAN« (Album). MCA, 1992. Das Album enthält den Titel »Eve of Destruction«, der in dem Film »The Stand« verwendet wurde.
- THE SYLVERS: »GREATEST HITS« (Album). WEA Atlantic, 1994. Das Album enthält den Titel »Boogie Fever« aus dem Film »The Stand«.
- BLUE OYSTER CULT: »SUPER HITS« (Album). Sony, 1998. Das Album enthält den Titel »Don't fear the reaper« aus dem Film »The Stand«.

WEITERFÜHRENDE LITERATUR
- THE ANNOTATED GUIDE TO STEPHEN KING. Bibliographie von Michael R. Collings. O.: Starmount House, Mercer Island 1986. Ausführliche Bibliographie. Im Handel nicht mehr erhältlich.
- ANGST – GESPRÄCHE ÜBER DAS UNHEIMLICHE – (BARE BONES: CONVERSATIONS ON TERROR). Interviews mit Stephen King, herausgegeben von Tim Underwood und Chuck Miller. O.: Underwood/Miller, San Francisco 1988. Dt.1: Edition Phantasia, Linkenheim 1989. Dt.2: Heyne Verlag, 1990. Gespräche mit dem King, inzwischen aber vergriffen.
- DEMON DRIVEN: STEPHEN KING AND THE ART OF WRITING. Essaysammlung, herausgegeben von George Beahm. O.: GB Publishing, Williamsburg 1994
- DISCOVERING STEPHEN KING. Bibliographie, herausgegeben von Darrell Schweitzer. O.: Starmount House, Mercer Island 1985. Im Handel nicht mehr erhältlich.
- ENTERPRISE INCIDENTS PRESENTS STEPHEN KING. Kommentierte Bibliographie von James Van Hise. O.: New Media, 1984. Informativer Überblick über Romane und Kurzgeschichten im Zeitschriftenformat. Vergriffen.
- FACES OF FEAR: ENCOUNTERS WITH THE CREATORS OF MODERN HORROR. Biographie von Douglas E. Winter. O.: Berkeley Books, New York 1985
- FEAR ITSELF: THE HORROR FICTION OF STEPHEN KING. Essays über King, herausgegeben von Tim Un-

derwood und Chuck Miller. O.: Underwood/Miller, San Francisco 1982. Die erste Sammlung von Essays über King. Vergriffen.

- FEAST OF FEAR: CONVERSATIONS WITH STEPHEN KING. Interviews mit Stephen King, herausgegeben von Tim Underwood und Chuck Miller. O.: Underwood-Miller, San Francisco 1989. Sammlung von 47 Interviews. Limitierte Auflage von 500 Exemplaren. Vergriffen.
- THE FILMS OF STEPHEN KING. Die Filme im Überblick, von Ann Lloyd. O.: Brown Books, London 1993. DIN A4-Format mit vielen Filmfotos.
- FORTSCHREIBUNG UND NEUBESETZUNG VON STEREOTYPEN DER HORROR-LITERATUR BEI STEPHEN KING. Studie von Frauke Czwikla. Dt.: Oros Verlag, Altenberg 1996, (87 S.)
- THE GOTHIC WORLD OF STEPHEN KING: LANDSCAPE OF NIGHTMARES. Wissenschaftliche Artikel, herausgegeben von Gary Hoppenstand und Ray B. Browne. O.: Popular Press, 1987. Vergriffen.
- DAS GROSSE STEPHEN KING FILMBUCH. Filmographie von Willy Loderhose. Dt.: Bastei-Lübbe Verlag, Bergisch-Gladbach 1990. Vergriffen
- THE ILLUSTRATED STEPHEN KING. Biographie von James von Hise. O.: Pioneer Books, Las Vegas 1989
- IN THE DARKEST NIGHT: A STUDENT'S GUIDE TO STEPHEN KING. Bibliographie von Tim Murphy. O.: Starmount House, Mercer Island 1990
- KINGDOM OF FEAR. Essays über Stephen King, herausgegeben von Tim Underwood und Chuck Miller. O.: Underwood-Miller, San Francisco 1986. Zweite Sammlung von Essays über King. Vergriffen.
- LANDSCAPE OF FEAR: STEPHEN KING'S AMERICAN GOTHIC. Philologische Studie von Tony Magistrale. O.: Popular Press, 1988
- THE MANY FACETS OF STEPHEN KING. Studie der Kurzgeschichten von Michael R. Collings. O.: Starmont House, Mercer Island 1986
- MASTERS OF THE DARK: STEPHEN KING/CLIVE BARKER. Autorenporträt, herausgegeben von Anthony Timpone/Fangoria. O.: Harper, New York 1997
- THE MORAL VOYAGES OF STEPHEN KING. Philosophische Ansätze von Anthony Magistrale. O.: Starmont House, Mercer Island 1989
- REIGN OF FEAR. Essays über Stephen King, herausgegeben von Don Herron. O.: Underwood/Miller, San Francisco 1988
- THE SHAPE UNDER THE SHEET: THE COMPLETE STEPHEN KING ENCYCLOPEDIA. Nachschlagewerk von Stephen Spignesi. O.: Contemporary Books, Chicago 1991. Viele Namen, Orte und Dinge (über 15.000 Einträge), aber leider bar jeglichen Hintergrunds oder Charakteristika.
- THE SHINING READER. 15 Essays zu »Shining«, herausgegeben von Anthony Magistrale. O.: Starmont House, Mercer Island, 1989
- THE SHORTER WORKS OF STEPHEN KING. Bibliographie der Kurzgeschichten von Michael R. Collings und David Engebretson. O.: Starmont House, Mercer Island 1985
- STEPHEN KING. Studie über Stephen King von Douglas E. Winter. O.: Starmont House, Mercer Island 1982. Vergriffen
- STEPHEN KING. Biographie von Marjorie & Amy Keyishian. O.: Chelsea House, New York, 1996
- STEPHEN KING COMPANION – REVISED EDITION. Biographischer Werkführer von George Beahm. O.: Andrews and McMeel, Kansas City 1995. Ein aufschlußreicher Werkführer für die Frühwerke Kings, der sich mitunter aber in vielen, alles in allem doch unwichtigen Details ergeht. Im Gegen-

satz zur Erstausgabe (Dt.: »Die Welt des Stephen King«) gibt es keine dt. Übersetzung. Dafür eine auf 200 Exemplare limitierte, amerikanische Edition mit Signatur vom George Beahm.

- STEPHEN KING: AMERICAS BEST-LOVED BOOGEYMAN. Biographie von George Beahm. O.: Andrews and McMeel, Kansas 1998. Erneuter Aufguß von »Die Welt des Stephen King« und »Stephen King: Leben und Werk«
- STEPHEN KING AS RICHARD BACHMAN. Studie der Bachman-Bücher von Michael R. Collings. O.: Starmont House, Mercer Island 1985
- DAS STEPHEN-KING-BUCH. Sammelsurium, herausgegeben von Joachim Körber. Dt.: Heyne Verlag, München 1989. Taschenbuch mit Artikeln und Interviews, deutschen Originalbeiträgen, mit Storys von King und Interviews. Nicht mehr erhältlich.
- STEPHEN KING: CARRIE. Lernmaterial von Thomas Möbius. Dt.: Bange Verlag, Hollfeld 1998. Enthält Kurzdarstellung von King, Zeittafel, Werkübersicht, Literarhistorischer Standort, Merkmale seines Schreibens; zu Carrie speziell: Entstehungshintergrund, Inhaltsskizze, Aufbau und Erzählstruktur, Personengefüge und Charakterisierung, erzähltechnische Mittel. Weitere Aspekte: Religion und Sozialisation, Parapsychologie und Psychokinese, Stephen King und Franz Kafka, die Verfilmung von Brian de Palma. Entstanden im Schuljahr 1997/98 im Literatur-Grundkurs der Friedrich-List-Schule Mannheim
- STEPHEN KING COLLECTIBLES: A PRICE GUIDE. Preisführer von George Beahm. O: GB Publishing, 1998. Was kosten die limitierten, signierten und sonstigen Sammelausgaben? Beahm sagt's, wie er inzwischen wohl jedes kleine Haar, das King im vorderen Mittelscheitel hinteres Drittel links verloren hat, notiert.
- STEPHEN KING: DAS WUNDER, DAS BÖSE UND DER TOD. Studie von Burkhard Müller. Dt.: Klett-Cotta Verlag, Stuttgart 1998
- DAS STEPHEN KING FANBUCH. Mini-Buch von Peter Schmitz, Carolin Mühlschwein, Christian Meißner. Dt.: Heyne Verlag, München 1994
- STEPHEN KING FROM A TO Z. Biographie von George Beahm. O.: Andrews and McMeel, Kansas 1998. Erneuter Aufguß von »Die Welt des Stephen King« und »Stephen King: Leben und Werk« und »Stephen King: Americans Best-Loved Boogeyman«, diesmal in Lexikonform, jedoch ohne die Tiefe, die man sich von einer Enzyklopädie wünschen würde.
- STEPHEN KING GOES TO HOLLYWOOD. Filmographie von Jeff Conner. O.: NAL, New York 1987
- STEPHEN KING – LEBEN UND WERK (THE STEPHEN KING STORY). Biographie von George Beahm. O.: Andrews and McMeel, Kansas City 1991 / Dt.: Bastei-Lübbe Verlag, Bergisch-Gladbach 1995; Ü.: Adelheid Hartmann. Erweiterte Fassung von »Die Welt des Stephen King«, ziemlich eilig übersetzt. Das Inhaltsverzeichnis hat nicht einmal die Seitenzahlen der einzelnen Kapitel angegeben. Viele Zitate von Stephen King und Freunden, Bekannten, Weggefährten.
- STEPHEN KING: MAN AND ARTIST. Diskurs über Fiktion und Subtext von Carroll F. Terrell. O.: Northern Lights, Orono 1991
- STEPHEN KING: MASTER OF HORROR. Blick auf Stephen King als Bestseller-Autor von Anne Saidman. O.: Lerner Publications, 1992
- STEPHEN KING: MISERY. Lehrmaterial von Robin Waterfield. O.: Penguin Readers Level 6, New York 1994. Nacherzählt von Robin Waterfield, interpretiert von Andy Hopkins und Jocelyn Potter, illustriert von Ian Andrew.
- STEPHEN KING'S AMERICA. Inter-

views über Kings Amerika, von Jonathan P. Davis. O.: Popular Press, Bowling Green 1994

- STEPHEN KING: THE ART OF DARKNESS. Studie über Stephen King, von Douglas E. Winter. O.: NAL, New York 1984. Die beste Biographie.
- STEPHEN KING UND SEINE FILME (STEPHEN KING AT THE MOVIES). Filmographie von Jesse Horsting. O.: NAL, New York 1986. Dt.: Bastei-Lübbe Verlag, Bergisch-Gladbach 1987. Reich bebildert. Vergriffen.
- STEPHEN KING UND SEINE FILME. Filmographie von Andreas Kasprzak. Dt.: Heyne Verlag, München 1996. Sorgfältig recherchierter Filmführer, der die literarische Vorlage stets mit der cineastischen Adaption in Verbindung bringt. Im Handel nicht mehr erhältlich.
- STEPHEN KING UND SEINE FILME (THE FILMS OF STEPHEN KING). Filmographie von Michael R. Collings. O.: Starmount House, Mercer Island 1986 / Dt.: Heyne Verlag, München 1987, Ü.: Norbert Stresau. Eine Studie über die Verfilmungen Kingscher Bücher. Keine Fotos und Illustrationen. Im Handel nicht mehr erhältlich.
- STEPHEN KING: THE FIRST DECADE. Studie von Joseph Reino. O.: Twayne Publishers, 1988. Bücherschau von »Carrie« bis »Friedhof der Kuscheltiere«
- STEPHEN KING: THE SECOND DECADE. Studie von Tony Magistrale. O.: Twayne Publishers, 1992. Bücherschau von »Danse Macabre« bis »Stark«
- THE STEPHEN KING PHENOMENON. Studie von Michael R. Collings. O: Starmont House, Mercer Island 1987
- THE STEPHEN KING QUIZ BOOK. Rätselbuch von Stephen Spignesi. O.: NAL, New York 1990
- THE SECOND STEPHEN KING QUIZ BOOK. 2. Rätselbuch von Stephen Spignesi. O.: NAL, New York 1992
- TEACHER'S MANUAL: NOVELS OF STEPHEN KING. Lehrbuch von Edward J. Zagorski. O.: NAL, New York 1981
- THE UNSEEN KING. Studie über Jugendwerke von Stephen King, von Tyson Blue. O.: Starmont House, Mercer Island
- DIE WELT DES STEPHEN KING (THE STEPHEN KING COMPANION). Biographischer Werkführer von George Beahm. O.: Andrews and McMeel, Kansas City 1989. Dt.: Heyne Verlag, München 1992, Ü.: Joachim Körber und Ute Thiemann. Ein aufschlußreicher Werkführer für die Frühwerke Kings, der sich mitunter aber in vielen, alles in allem doch unwichtigen Details ergeht
- WER HAT ANGST VOR STEPHEN KING? Biographie von Uwe Anton. Dt.: Thomas Tilsner Verlag, München1994. Solide Arbeit im handlichen Taschenformat. Kurz, knapp und äußerst kompakter Führer über Leben und Werk von King. Flüssig geschrieben. Von allen Werkführern mein heimlicher Favorit!

SCHWARZKOPF & SCHWARZKOPF

VERLAG · BERLIN

Überall im Buchhandel erhältlich.

LEXIKON
Berndt Schulz
Woody Allen Lexikon
Alles über den Autor, Regisseur, Darsteller, Komiker, Entertainer und Privatmann aus Manhattan

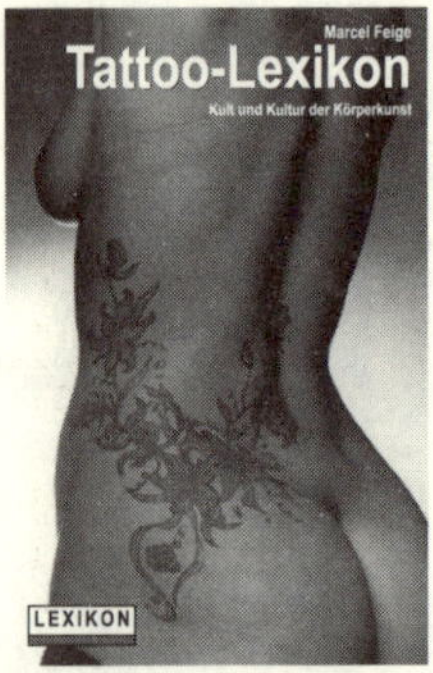

Marcel Feige
Tattoo-Lexikon
Kult und Kultur der Körperkunst
LEXIKON

Volkmar Kuhnle / Conny Bruckbauer
Gothic- und Dark Wave-Lexikon
The Cure, Deine Lakaien, Sisters of Mercy & Co.: Das Lexikon zu Dark Wave und Black Romantic
LEXIKON

Bernhard Kosciuszko (Hg.)
LEXIKON
Karl May Figurenlexikon
Die Figuren Karl Mays nach den Originaltexten
Dritte, verbesserte und ergänzte Auflage

Jovan Evermann
Lexikon der deutschen Soaps
LEXIKON
Alles über die erfolgreichen Soap Operas im deutschen TV: Gute Zeiten – Schlechte Zeiten, Marienhof, Unter uns, Verbotene Liebe u.v.a.

Jürgen Wölfer
Das große Lexikon der Unterhaltungs-Musik
Die populäre Musik vom 19. Jahrhundert bis zur Gegenwart – vom Wiener Walzer bis zu Swing, Latin Music and Easy Listening

Bernhard van Treeck
Das große Cannabis-Lexikon
Alles über Hanf als Kulturpflanze und Droge
LEXIKON

Rocklexikon Deutschland
Von Christian Graf
The Rattles, Tangerine Dream, Can, Kraftwerk, Udo Lindenberg, BAP, Eloy, Kraan, Marius Müller-Westernhagen, Ton Steine Scherben, Herbert Grönemeyer, Fury In The Slaughterhouse, Echt u.v.a.
LEXIKON

LEXIKON
Das Lexikon von Jenseits und Anderswelt, Unterwelt und Olymp, Hades und Elysium, Erebos und Paradies, Fegefeuer und Nirwana, Göttern und Teufeln, Engeln und Dämonen.
Das Lexikon von Himmel und Hölle

INHALT

DER AUTOR

Marcel Feige, geboren 1971, lebt und arbeitet als freier Autor und Journalist in der Nähe von Köln. Bücher von ihm sind u.a. »Wirrni – Zwei Erzählungen«, »Schatten über Deutschland – 100 Jahre deutschsprachige Phantastik«, »Science Fiction – Die Geschichte« und der Roman »Wächter der Gerechten«. Bei Lexikon Imprint erschienen sind das »Fantasy-Lexikon«, »Das Alien-Lexikon«, »Das Tattoo- & Piercing-Lexikon«. Bei Schwarzkopf & Schwarzkopf erschienen »Deep in Techno – Die ganze Geschichte des Movements«, »Tattoo-Theo – Der Tätowierte vom Kiez« und »Big Brother, Girlscamp & Co. – Wie Reality-Soaps das Fernsehen verändern«.

IMPRESSUM

Das große Lexikon über Stephen King. Das Kompendium des King of Horror – die Romane und Filme, Orte und Figuren. 2. erweiterte Auflage. Von Marcel Feige. ISBN 3-89602-228-8

KATALOG

Wir senden Ihnen gern unseren kostenlosen Katalog.
Lexikon Imprint Verlag / Abt. Service. Kastanienallee 32, 10435 Berlin.
Service-Telefon: 030 – 44 11 778. Service-Fax: 030 – 44 11 783

INTERNET

Ausführliche Informationen zum Verlagsprogramm finden Sie im Internet.
www.lexikon-imprint.de
www.schwarzkopf-schwarzkopf.de

E-MAIL

info@schwarzkopf-schwarzkopf.de